Reform von Staat und Verwaltung in Europa –
Jenseits von New Public Management?

Réforme de l'État et de l'administration en Europe –
Au-delà de la Nouvelle Gestion Publique?

Kooperationspartner / Partenaires

Joachim Beck / Fabrice Larat (Hrsg./Éd.)

Reform von Staat
und Verwaltung in Europa –
Jenseits von
New Public Management?

Réforme de l'État
et de l'administration en Europe –
Au-delà de la
Nouvelle Gestion Publique ?

ISBN 978-3-03751-330-9 (Dike Verlag Zürich/St. Gallen)
ISBN 978-3-8329-6923-3 (Nomos Verlag, Baden-Baden)

Bibliografische Information der ‹Deutschen Bibliothek›.
Die Deutsche Bibliothek verzeichnet diese Publikation in der Deutschen Nationalbibliografie; detaillierte bibliografische Daten sind im Internet über ‹http://dnb.ddb.de› abrufbar.

Alle Rechte, auch des Nachdrucks von Auszügen, vorbehalten. Jede Verwertung ist ohne Zustimmung des Verlages unzulässig. Das gilt insbesondere für Vervielfältigungen, Übersetzungen, Mikroverfilmungen und die Einspeicherung und Verarbeitung in elektronische Systeme.

© Dike Verlag AG, Zürich/St. Gallen 2011

Inhaltsverzeichnis / Sommaire

Vorwort / Avant-propos

JEAN WEBER (PEAP)   XV

JEAN-PAUL CHAUVET (CONSEIL DE L'EUROPE / EUROPARAT)   XIX

KLAUS-ECKART GEBAUER (IIAS)   XXIX

Einführung / Introduction   1

JOACHIM BECK / FABRICE LARAT
New Public Management und Staats- und Verwaltungsreformen in
Europa – Modeerscheinung oder Tiefenwirkung?   3

FABRICE LARAT / JOACHIM BECK
Nouvelle Gestion publique et réformes de l'Etat et de l'administration en
Europe: effet de mode ou impact en profondeur?   23

Teil I / Section I:
Die Konturen der Staats- und Verwaltungsreform: jenseits von New Public Management?
Les contours de la réforme de l'Etat et de l'administration: au-delà de la nouvelle gestion publique?   45

Kapitel 1 / Chapitre 1:
Aktuelle Konzepte und Debatten / Concepts et débats actuels   45

JEAN-BERNARD AUBY
Réflexions générales sur la Nouvelle gestion publique et sur les
perspectives de réforme en Europe continentale / Anmerkungen zum
Stand der NPM und zu der Perspektive der Reformen in
Kontinentaleuropa   47

HERMANN HILL
NPM in Deutschland: Was bleibt? Was kommt? / La nouvelle gestion
publique en Allemagne. Ce qu'il en reste et ce qu'il en ressort.   51

JÜRGEN KEGELMANN
Organisationspolitik in der Staats- und Verwaltungsreform: Konzepte,
Entwicklungslinien, Folgerungen / Réforme organisationnelle et réforme
de l'Etat et de l'administration: concepts, évolutions et conséquences   65

SABINE KUHLMANN
Performanzsteuerung und Leistungsvergleich: Verwaltungsmodernisierung im kontinentaleuropäischen, angelsächsischen und skandinavischen Kontext / Gestion et étalonnage des performances: La modernisation de l'administration dans le contexte continental européen, anglo-saxon et scandinave 89

YVES EMERY
Possibilités et limites de la gestion du personnel dans l'administration publique, dans une perspective post-Nouvelle Gestion Publique / Möglichkeiten und Grenzen des öffentlichen Personalmanagements jenseits von NPM 109

JOEY-DAVID OVEY / SUSANNE BIRK / AXEL SEIDEL
Die öffentliche Verwaltung im Jahr 2020 – Ergebnisse einer Delphi-Studie zur Zukunft der Verwaltung / L'administration publique en 2020 – Résultats d'une enquête Delphi sur l'avenir de l'administration 129

Kapitel 2 / Chapitre 2:
Die Facetten von New Public Management in Deutschland, Frankreich und der Schweiz / Les différents visages de la nouvelle gestion publique en Allemagne, France et en Suisse 143

JÖRG BOGUMIL
Jenseits von New Public Management: Konzepte, Diskussionslinien und Entwicklungspfade der Staats- und Verwaltungsreform in Deutschland / Au-delà de la nouvelle gestion publique: concepts, débats et sentiers empruntés dans le cadre des réformes en Allemagne 145

MICHEL CASTEIGTS
Réformer l'administration publique en France: histoire d'une réforme en dehors du New Public Management / Reform der öffentlichen Verwaltung in Frankreich: Eine Geschichte jenseits von New Public Management 159

DANIEL KETTIGER
NPM in der Schweiz: Konturen und Bewertungen eines länderspezifischen Entwicklungspfads / Nouvelle gestion publique en Suisse: Contours et évaluation d'un mode de développement particulier 173

Teil II / Section II:
Neuordnung öffentlicher Aufgaben
La nouvelle répartition des compétences publiques   189

Kapitel 3 / Chapitre 3:
Vertikaler Aufgabentransfer / Transfert vertical de compétences   189

RUDOLF HRBEK
Föderalismusreform in Deutschland: Inhalte, Verfahren und Bewertung /
La réforme du fédéralisme en Allemagne: contenus, approches et
évaluation   191

FRANÇOIS LAFARGE
La première phase de la Révision générale des politiques publiques en
France / Die erste Phase der Generalrevision öffentlicher Aufgaben in
Frankreich   211

GÉRARD WETTSTEIN
Die Neugestaltung des Schweizer Finanzausgleichs und der
Aufgabenteilung zwischen Bund und Kantonen – NFA / La réforme de la
péréquation financière et de la répartition des tâches (RPT) entre l'Etat
fédéral et les cantons suisses   223

Kapitel 4 / Chapitre 4:
Horizontaler Aufgabentransfer / Transfert horizontal
de compétences   229

MANFRED RÖBER
Aufgabenkritik – Schwachstelle in der Staats- und Verwaltungs
modernisierung in Deutschland? / La critique des tâches publiques:
le point faible de la modernisation de l'Etat et de l'administration en
Allemagne?   231

BERTRAND DU MARAIS
Les enjeux de la privatisation et de la délégation contractuelle du service
public en France / Herausforderungen der Privatisierung und der
vertragtlichen Übertragung öffentlicher Aufgaben in Frankreich   247

TANJA POHLE / GERHARD GIRMSCHEID
Möglichkeiten und Grenzen von PPP in der Schweiz / Les opportunités
et limites des partenariats public privé en Suisse   257

Teil III / Section III:
Neue Ansätze in der Organisationspolitik
Innovations en matière de politique organisationnelle 269

Kapitel 5 / Chapitre 5:
Veränderung der territorialen Organisation der öffentlichen Verwaltung / Les transformations de l'organisation territoriale des administrations publiques 269

STEPHAN JAUD

Reform der Landesverwaltung Baden-Württemberg: Ziele, Implementierung, Bewertung der Eingliederung von Sonderbehörden / La réforme de l'administration en Bade-Wurtemberg: objectifs, mise en œuvre et évaluation de l'intégration des services déconcentrés 271

GUY SIAT

La coopération intercommunale en France: substitut efficace aux fusions impossibles? / Interkommunale Zusammenarbeit in Frankreich: Ein effizienter Ersatz für nicht machbare Fusionen? 285

HANS MARTIN TSCHUDI

Kooperation als Alternative zur Neugliederung – Die interkantonale Zusammenarbeit zwischen Basel-Stadt und Basel-Landschaft / La coopération comme alternative à la réforme territoriale: la coopération inter-cantonale entre Bâle-ville et Bâle-campagne 299

Kapitel 6 / Chapitre 6:
Schaffung von «Agencies»: Mehr Effizienz durch mehr Autonomie? / Le processus d'agencification: plus d'autonomie pour plus d'efficacité? 307

DIRK KÜHNAU

Die Bundesanstalt für Immobilienaufgaben in Deutschland / L'office fédéral allemand des biens immobiliers de l'Etat 309

JOËLLE ADDA

Autorités administratives indépendantes et autorités publiques indépendantes en France / Die «autorités administratives indépendantes (AAI)» und die «autorités publiques indépendantes (API)» in Frankreich 315

JEAN-PHILIPPE AMSTEIN
Das Schweizer Bundesamt für Landestopografie (swisstopo):
Möglichkeiten und Grenzen von FLAG / L'office fédéral de topographie
(swisstopo): possibilités et limites d'une gestion par mandat de
prestations et enveloppe budgétaire (GMEB) ... 325

Kapitel 7 / Chapitre 7:
Modernisierung der Aufbau- und Ablauforganisation /
La modernisation des structures et des processus ... 337

HERMANN R. BOLZ
Strategische Geschäftsprozessoptimierung in der Forstverwaltung des
Landes Rheinland-Pfalz / Optimisation stratégique des processus dans le
cadre de l'administration des forêts en Rhénanie-Palatinat ... 339

PHILIPPE VRIGNAUD
L'approche LEAN et la modernisation de l'organisation structurelle et
des processus en France / Modernisierung von Aufbau- und
Ablauforganisation in Frankreich: der Ansatz LEAN ... 349

HANSJÖRG KAUFMANN
Strategische Organisationsentwicklung im Finanzdepartement des
Kantons Luzern / Le développement organisationnel stratégique –
L'exemple du département des finances publiques du canton de Lucerne ... 355

Teil IV / Section IV:
Optimierung der öffentlichen Handlungsressourcen
L'optimisation des ressources de l'action publique ... 365

Kapitel 8 / Chapitre 8:
Steuerung und Evaluierung / Pilotage et évaluation ... 365

LESSLI EISMANN / BERND KRAFT
Einführung neuer Steuerungsinstrumente in der Landesverwaltung
Baden-Württemberg: Ziele, Implementierung und Bewertung /
L'introduction de nouveaux instruments de pilotage dans l'administration
du Land de Bade-Wurtemberg: objectifs, mise en œuvre et évaluation ... 367

DOMINIQUE DUBOIS
Politique de la ville et mesure de la performance en France /
Leistungsbemessung am Beispiel der Stadtpolitik in Frankreich ... 383

MICHAEL UMBRICHT
Evaluation und Weiterentwicklung der Wirkungsorientierten
Verwaltungsführung (WOV) im Kanton Aargau / Evaluation et
développement de la gestion administrative efficace dans le canton
d'Argovie 389

Kapitel 9 / Chapitre 9:
Modernisierung des Finanzmanagements / La modernisation
de la gestion budgétaire 395

KLEMENS FICHT
Modernes Haushaltsmanagement im Regierungspräsidium Freiburg /
La gestion budgétaire moderne dans la région administrative de Freiburg
en Breisgau 397

MICHEL LE CLAINCHE
Les services déconcentrés de l'Etat en France: de la gestion budgétaire
au management de la performance? / Dekonzentrierte Staatsverwaltung
in Frankreich: Vom Finanzmanagement zum Leistungsmanagement? 403

ANDREAS BÜHLMANN
Finanzmanagement unter WOV im Kanton Solothurn:
Bestandsaufnahme und Ausblick / La gestion budgétaire dans le cadre de
la gestion administrative efficace dans le canton de Soleure: état des
lieux et perspectives 411

Kapitel 10 / Chapitre 10:
Modernisierung des Personalmanagements / La modernisation
des ressources humaines 419

GERT FIEGUTH
Konzepte und Entwicklungslinien des öffentlichen Personalmanagements
in Deutschland / Concepts et grandes lignes de la gestion des ressources
humaines dans les administrations allemandes 421

DOMINIQUE SCHUFFENECKER
La rénovation de la gestion des ressources humaines de l'Etat en France:
enjeux et perspectives / Das neue Management der Personalressourcen in
der französischen Staatsverwaltung: Herausforderungen und
Perspektiven 433

THOMAS SCHMUTZ / SIBYLLE SCHMID/THIERRY BOREL
Modernisierung des Personalmanagements in der Schweizerischen
Bundesverwaltung / La modernisation de la gestion du personnel dans
l'administration fédérale suisse 441

Abkürzungen / Abbréviations   453

Weiterführende Internet-Ressourcen zum Thema Reform von Staat
und Verwaltung / Sites internets dédiés à la réforme de l'Etat et de
l'administration publique   457

Verzeichnis der Autoren / Liste des auteurs   459

Vorwort / Avant-propos

Avant-propos du Président du Pôle Européen d'Administration publique (PEAP)

JEAN WEBER

La gestion publique captive l'attention. Elle se trouve à la croisée de multiples aspirations, et aussi de contraintes croissantes. Aspirations à la meilleure administration, qui doit entendre ce que souhaite le citoyen, l'associer plus que le commander; qui doit aussi apporter à l'administré une qualité de service comparable à celle qu'il trouve auprès d'entreprises privées toujours plus performantes. Contraintes croissantes puisque le coût de l'administration pèse sur les productions nationales, et qu'en définitive, il n'y a qu'un seul marché, le marché mondial; puisqu'aussi le crédit des Etats n'est plus sans limites. Les marchés soupèsent leur capacité de remboursement, et gare à celui dont l'administration perce la bourse: le coût de son crédit étouffera ses actions et barrera son avenir. Contrainte encore parce que les robustes règles de nos vieux Etats démocratiques s'imposent toujours. Ainsi, l'égalité de tous devant le service public s'oppose-t-elle à la première pratique des entreprises qui est de segmenter leur marché; ou encore, le respect des procédures imposées par la pratique démocratique freine-t-il la rapidité des adaptations indispensables.

Entre ces aspirations et ces contraintes, il faut trouver la voie. Les participants aux deux conférences dont il est rendu compte ici ont voulu voir loin. Leurs regards se sont portés «au-delà de la nouvelle gestion publique», mêlant les considérations générales et les études ponctuelles, visant plus particulièrement la France, l'Allemagne et la Suisse. Il faut savoir gré aux organisateurs de cette ambition large, accompagnée d'une attention aiguë portée à l'application concrète dans ces trois pays.

Le Pôle Européen d'Administration Publique a soutenu ce projet majeur et l'a volontiers accueilli dans le cadre des recherches qu'il encourage. On sait que ce pôle réuni les exceptionnels moyens de formation et de recherche en gestion publique présents à Strasbourg: l'École Nationale d'Administration, l'Institut National d'Études Territoriales, L'Université de Strasbourg, l'Institut d'Études Politiques de Strasbourg, l'Euro-Institut, ainsi que l'État français, la région Alsace, la ville et la communauté urbaine de Strasbourg, le département du Bas-Rhin. Ce réseau d'excellence en gestion publique a trouvé dans les travaux de cette manifestation organisée par le Centre d'expertise et de recherche administrative de l'ENA et l'Euro-Institut de grandes perspectives de renouvellement des connaissances et par extension d'enrichissement des formations. Il est heureux de les voir publier dans le présent ouvrage.

* * *

Die öffentliche Verwaltung steht zunehmend im Fokus des öffentlichen Interesses. Dabei ist sie heute sowohl mit vielfältigen Erwartungen als auch mit nach wie vor bestehenden Begrenzungen konfrontiert: Erwartungen an eine bessere Verwaltung, die auf die Belange des Bürgers eingeht, diesen einbezieht und nicht dominiert und die eine Dienstleistungsqualität gewährleistet, welche mit immer leistungsfähigeren privaten Unternehmen vergleichbar ist; Begrenzungen, weil die nationalen Verwaltungskosten die zunehmend internationalisierte Wirtschaft belasten und die öffentlichen Haushalte nicht endlos ausgeweitet werden können. Die Märkte fordern nach Rationalisierung des öffentlichen Sektors und schränken damit die Handlungsmöglichkeiten der öffentlichen Verwaltung und ihre Perspektiven ein – die Kostendimension scheint zum primären Bewertungsmassstab zu werden. Und dies in einer Situation, in der die Regulierungsintensität der klassischen Staats- und Wohlfahrtsdemokratie nach wie vor ansteigt. Der Gleichbehandlungsgrundsatz der öffentlichen Verwaltung ist ein Funktionsprinzip, welches diese vom ökonomischen Zweckprinzip privater Unternehmen unterscheidet. Hinzu kommen demokratische Verfahrensgrundsätze, welche einer schnellen Anpassungsfähigkeit tendenziell entgegenstehen.

Zwischen diesen Erwartungen und Beschränkungen gilt es einen gangbaren Weg zu finden. Die Teilnehmer der beiden Tagungen, deren Ergebnisse im vorliegenden Band veröffentlicht werden, haben versucht, in ihrer analytischen Perspektive einen Blick «Jenseits von New Public Management» zu werfen. Dabei wurden grundlegende Erörterungen fruchtbar mit praktischen Beispielen zum jeweiligen Stand der Staats- und Verwaltungsreform in Frankreich, Deutschland und der Schweiz verbunden. Mit diesem Ansatz ist den Organisatoren nicht nur die notwendige vergleichende Perspektive, sondern auch ein faszinierender Brückenschlag zwischen Wissenschaft und Praxis gelungen.

Der Pôle Européen d'Administration Publique (PEAP) hat dieses große Projekt im Rahmen seines Forschungsprogramms aktiv unterstützt. Er vernetzt die wichtigsten Wissenschafts- und Fortbildungseinrichtungen des öffentlichen Sektors am Standort Strasbourg: die École Nationale d'Administration (ENA), das Institut National d'Études Territoriales (INET), die Universität Strasbourg, das Institut d'Études Politiques (IEP) de Strasbourg, das Euro-Institut, sowie den Französischen Staat, die Région Alsace, die Stadt und Stadtgemeinschaft Strasbourg und das Département du Bas-Rhin. Dieses Exzellenz-Netzwerk der öffentlichen Verwaltung legt mit den Ergebnissen dieses vom Centre d'expertise et de recherche administrative (CERA) der ENA und dem Euro-Institut organisierten Forschungsprojekts nunmehr einen perspektivischen Meilenstein im Diskurs um die Modernisierung von Staat und Verwaltung vor. Ich freue mich über die Veröffentlichung des vorliegenden Tagungsbands des PEAP und hoffe, dass dieser sowohl die wissenschaftliche Debatte wie auch die Ausrichtung konkreter Handlungsansätze und Fortbildungen inspirieren wird.

Avant-propos du Conseil de l'Europe

Jean-Paul Chauvet

1. Introduction

Depuis la création du Conseil de l'Europe, la consolidation de la démocratie locale et régionale fait partie des priorités de notre institution, qui encourage ses Etats membres à adapter leurs structures territoriales conformément aux valeurs démocratiques et à l'Etat de droit. Le Congrès des pouvoirs locaux et régionaux contribue par son action à la promotion de ces valeurs en travaillant avec des élus locaux et régionaux de l'ensemble des 47 Etats membres du Conseil de l'Europe et en assurant, de par sa composition, l'ancrage de son action au plus proche possible des citoyens. Une des priorités du Congrès est de suivre l'état et l'évolution de la démocratie locale et régionale en Europe et d'assurer le renforcement des processus démocratiques aux niveaux local et régional.

Le Congrès base l'essentiel de son action sur la Charte européenne de l'autonomie locale[1], convention européenne actuellement ratifiée par 44 des 47 Etats membres du Conseil de l'Europe. Le 1er septembre 1988, lors de l'entrée en vigueur de cette Charte, les communautés locales ont été officiellement reconnues comme des acteurs à part entière dans le paysage politique européen.

Depuis plus d'une décennie, le Congrès milite en faveur d'un instrument comparable pour les régions européennes avec comme justification le fait que le niveau régional, très diversifié en Europe, comme on le sait, ne dispose jusqu'à présent d'aucun système de référence, d'aucune orientation qui puisse guider les Etats lors des processus de réformes régionales en gestation dans de nombreux pays.

Les conséquences de la mondialisation et de l'intégration européenne, mais également les effets des changements climatiques et, bien entendu, les retombées de la crise économique, placent les entités territoriales face à de nouveaux défis. Ces derniers nécessitent que les collectivités territoriales soient dotées de compétences et de ressources financières adéquates pour apporter des réponses adaptées aux besoins et aux attentes des citoyens européens. La proximité du niveau régional du secteur privé et de la société civile fait qu'il est une échelle adéquate pour une action efficace et adaptée. Par ailleurs, la demande des ci-

---

[1] Charte européenne de l'autonomie locale du Conseil de l'Europe, Strasbourg, 15.10.1985.

toyens d'une participation démocratique accrue sous-tend également la promotion des entités régionales. Dans cette perspective, le Congrès a proposé un certain nombre d'initiatives et d'instruments visant à garantir une bonne gouvernance locale et régionale.

Le Congrès estime en effet nécessaire d'adopter un cadre juridiquement contraignant permettant une pleine reconnaissance des pouvoirs régionaux en Europe. Comme l'a écrit J.C. Van Cauwenberghe, Rapporteur du Congrès sur la régionalisation, il s'agit «de mettre en marche le binôme parfait local-régional, socle de base indispensable à la solidité démocratique et à l'efficience fonctionnelle des Etats modernes. Pour s'avancer sur le chemin de la subsidiarité[2], de la proportionnalité[3] et de la proximité des citoyens, le Conseil de l'Europe effectuerait un progrès déterminant s'il se dotait d'un outil complémentaire dans son arsenal de sauvegarde démocratique».

2. La demande constante du Congrès en faveur d'une Charte européenne de la démocratie régionale

Si le Conseil de l'Europe a réussi, il y a déjà longtemps, à se doter d'un instrument juridique européen au niveau local, cet objectif est loin d'avoir été atteint au niveau régional. Les gouvernements ont en effet refusé jusqu'à présent d'adopter un instrument juridique européen sur ce qu'on qualifie aujourd'hui de «démocratie régionale». Cette question de la reconnaissance des régions dans un texte européen contraignant continue de préoccuper nombre de gouvernements européens et suscite des controverses, y compris au sein des Etats fédéraux. Il est en effet difficile, voire impossible, de trouver un dénominateur commun entre les différents gouvernements sur une définition commune de ce qu'est une «région», et de ce que devraient être ses compétences. C'est un lieu commun d'affirmer que les systèmes d'organisation des collectivités régionales et, plus globalement, des architectures institutionnelles des Etats en Europe, sont très diversifiées.

Les différentes formes d'autonomie régionale en Europe procèdent de différents systèmes politiques dans lesquels elles s'inscrivent[4]. Le nombre des collectivités

---

[2] Le principe de subsidiarité vise à assurer une prise de décision la plus proche possible du citoyen en vérifiant que l'action à entreprendre au niveau supérieur est justifiée par rapport aux possibilités qu'offre l'échelon national, régional et local. Ce principe a été conçu pour rapprocher les lieux décisionnels des citoyens et éviter l'éloignement des lieux de pouvoir.
[3] En vertu de ce principe, l'intensité d'une action entreprise doit être en rapport avec la finalité poursuivie, elle doit être proportionnelle à l'objectif final.
[4] Cf. GROSS, 2003, Doc.9824 du 03/06/2003, § 30.

régionales varie considérablement d'un pays à l'autre: de trois régions en Belgique jusqu'à quatre vingt huit sujets pour la Fédération de Russie, en passant par les seize Länder allemands, ou les dix-sept régions autonomes espagnoles pour ne citer que quelques exemples. En outre, les écarts, en termes de compétences, entre les entités régionales au sein même des pays, sont frappants.

Au-delà de la diversité des situations en Europe, pour le Congrès des Pouvoirs locaux et régionaux, en tant qu'instance politique, l'absence d'un instrument juridique contraignant en matière de démocratie régionale, est un obstacle à ses missions. Le suivi régulier de l'état de la démocratie au niveau des collectivités territoriales souffre en effet du manque d'un instrument normatif permettant d'apprécier, sur la base de normes claires, le niveau de la démocratie régionale en Europe.

3. Première tentative en 1997: le Projet de Charte européenne de l'autonomie régionale

Convaincu de la nécessité d'un instrument juridique contraignant en matière «d'autonomie régionale», le Congrès a élaboré, en 1997, un premier projet destiné à devenir le pendant pour le plan régional, de la Charte européenne de l'autonomie locale. Ce projet, soumis aux gouvernements des Etats membres n'a cependant pas recueilli le soutien politique nécessaire pour devenir une Convention européenne.

Dans ce projet initial, l'«autonomie régionale» était conçue comme «le droit et la capacité effective pour les collectivités territoriales les plus vastes au sein de chaque Etat membre, dotées d'organes élus, situées entre l'Etat et les collectivités locales et disposant soit de prérogatives d'auto-administration, soit de prérogatives d'ordre étatique, de prendre en charge, sous leur propre responsabilité et dans l'intérêt de leurs populations, une part importante des affaires d'intérêt public conformément au principe de subsidiarité»[5]. L'autonomie dans ce projet était compris comme droit de se gouverner soi-même et d'élaborer ses propres règles, de disposer de «compétences définies constitutionnellement, (...) d'une identité régionale, de la capacité d'agir et de financer son action et [d'avoir] des structures décisionnelles propres qui s'appuient sur une légitimité démocratique»[6].

---

[5] Congrès des Pouvoirs locaux et régionaux, Recommandation 34(1997) sur le Projet de Charte européenne de l'autonomie régionale, 5 juin 1997.
[6] VAN CAUWENBERGHE, 2008, p.5.

Les obstacles à l'adoption d'une telle Charte provenaient des craintes et des réserves exprimées par les gouvernements centraux. Elles portaient notamment sur le risque de perte d'influence et de contrôle de l'Etat central/fédéral, la crainte d'un développement régional incontrôlé et trop radical qui aurait pu présenter des risques pour l'intégrité nationale et territoriale, voire des dangers découlant de tendances séparatistes. Certains gouvernements centraux étaient tout simplement réservés du fait d'expériences de régionalisation peu satisfaisantes. Ces réserves très diverses, variaient en fonction de la situation politique et institutionnelle dans chaque Etat et en particulier du degré de régionalisation.

4. La question de la régionalisation demeure en pleine actualité

De nombreuses régions européennes développent des approches politiques en vue de valoriser leurs particularités et augmenter leur niveau d'autonomie. Il s'agit d'un développement très actuel en Europe aujourd'hui. Une analyse de l'évolution de la démocratie régionale dans quelques Etats membres du Conseil de l'Europe depuis 2000 a abouti au constat suivant: dans presque tous les Etats membres, des réformes profondes des collectivités régionales ont été accomplies, sont en cours, ou en préparation. Le niveau infra-étatique régional a acquis un rôle incontournable dans l'enrichissement des processus démocratiques: de façon directe, dans le cas d'élections au niveau régional ou bien de façon indirecte, par d'audacieuses politiques de participation des citoyens. Cette émergence du fait régional paraît incontournable pour donner vie aux principes de subsidiarité, de proportionnalité et de proximité. Or il n'existe pas de normes spécifiques au niveau régional permettant de garantir la mise en œuvre et le respect des principes de la démocratie régionale.

Dans un monde radicalement transformé par une économie mondialisée, dans une Europe élargie, dans une société où les demandes de participation des citoyens aux affaires publiques s'est accrue, le Congrès considère qu'une Charte de la démocratie régionale serait d'une grande utilité politique: elle pourrait apporter une contribution à la stabilité démocratique, à la bonne application des principes de subsidiarité, et au soutien d'une exigence élevée de gouvernance à la fois éthique et efficiente.

5. Le Projet d'une Charte européenne de la «Démocratie régionale» (2008)

Tirant les leçons de sa première tentative et suite à de nombreuses consultations d'experts, le Congrès a élaboré, en 2008, un projet de «Charte européenne de la démocratie régionale»[7]. Avec ce nouveau libellé, le Congrès a présenté un texte qui se voulait plus souple et répondant davantage à la diversité des structures régionales en Europe. Pour le Congrès, la refonte de la Charte de 1997 était devenue une nécessité, dictée autant par l'évolution institutionnelle des Etats et de leurs structures politiques, de leurs modes de gouvernance, que par les imperfections constatées de son contenu. La souplesse et l'adaptabilité ont donc été recherchées pour mieux correspondre aux situations institutionnelles des Etats européens tout en rassemblant un corpus d'obligations et de droits régionaux qui devaient constituer un socle minimum de référence[8]. Lors de la 15e session plénière du Congrès, au printemps 2008, le Congrès a adopté à une très large majorité le texte du projet, annexé à la Recommandation 240(2008). Dans le dernier alinéa de sa Recommandation, le Congrès se déclare «fermement convaincu qu'en dépit des différences juridiques et institutionnelles majeures, il est toujours souhaitable et possible de définir un cadre général commun pour la démocratie régionale et de coordonner les processus actuels ou futurs»[9].

Toutefois, au niveau ministériel, le scénario de 1997 s'est reproduit en 2008. L'absence de soutien politique nécessaire à l'adoption de ce nouveau projet de Charte n'a pas permis de donner une suite positive à la Recommandation du Congrès. En effet, nombre d'oppositions et de réserves se sont à nouveau manifestées. Elles reprennent pour l'essentiel, en s'amplifiant, celles avancées pour le premier projet: opposition à de nouvelles contraintes juridiques imposées au niveau européen, crainte d'une réduction des moyens financiers au niveau central, aggravation des disparités régionales, etc. Les gouvernements se sont donc opposés au projet de 2008, une nouvelle fois.

---

[7] Annexe à la Recommandation 240(2008) du 29.05.2008.
[8] Voir par exemple l'article 2 du Projet de la Charte de 2008, sur la flexibilité et le fait de préciser pour chaque Etat à quel type de collectivités territoriales la Charte s'appliquerait.
[9] Recommandation 240(2008), § 10.

6. Le compromis: un «cadre de référence sur la démocratie régionale»

Pour répondre aux démarches persistantes du Congrès, appuyé en cela par l'Assemblée Parlementaire du Conseil de l'Europe, le Comité des Régions de l'Union européenne et de nombreuses Organisations représentatives des régions européennes, le Comité spécialisé du Conseil de l'Europe (CDLR) chargé de préparer la Conférence du Conseil de l'Europe des Ministres responsables des collectivités locales et régionales s'est vu confier le mandat de préparer un «cadre de référence pour la démocratie régionale», en partenariat avec le Congrès. Ce document élaboré au cours du 1er semestre 2009 est, pour l'essentiel, une compilation et la synthèse de décisions antérieures des Ministres (Conférence d'Helsinki en 2002) et de certaines parties de la Recommandation 240 du Congrès. Il se présente sous la forme d'un référentiel pour tout gouvernement voulant entamer une procédure de régionalisation ou de réforme de ses structures[10]. Ce texte s'efforce de définir ce que pourrait être le niveau régional, ses compétences, ses pouvoirs, les limites de ses pouvoirs, et insiste en outre sur les principes de subsidiarité, de cohésion sociale et territoriale, ainsi que sur la nécessaire solidarité entre les composantes d'un Etat souverain. Ce nouveau texte se veut souple et adaptable à chaque Etat européen.

Plus concrètement, il est fondé sur l'actualisation des «principes d'Helsinki» (2002), sur la Recommandation Rec(2004)12 du Comité des Ministres du Conseil de l'Europe concernant «les processus de réforme des limites territoriales et des structures des collectivités régionales», sur le projet de Charte européenne de la démocratie régionale du Congrès de 2008 (Recommandation 240), et sur un rapport du CDLR sur les pratiques européennes et les développements récents en matière d'autonomie régionale.

A défaut d'être doté d'une forme juridique lui conférant une véritable portée contraignante, ce cadre de référence devrait, selon le Congrès et l'Assemblée parlementaire du Conseil de l'Europe, constituer un document politique de base pour toutes les questions touchant la gouvernance régionale, et incarner un point de départ d'un processus d'élaboration d'un texte normatif, sous la forme d'une Charte ou d'une Convention, auquel l'évolution institutionnelle devrait conduire très certainement à moyen terme.

---

[10] MCL-16(2009)11 – Conférence du Conseil de l'Europe des Ministres responsables des collectivités locales et régionales, «La bonne gouvernance locale et régionale en période difficile: le défi du changement – Cadre de référence du Conseil de l'Europe pour la démocratie régionale», 16e Session, Utrecht, 16–17 novembre 2009.

En effet, les soutiens à l'élaboration d'une Charte de la démocratie régionale sont nombreux et importants. L'Assemblée parlementaire du Conseil de l'Europe apporte son soutien politique à un tel instrument depuis 1997[11]. Le Comité des Régions de l'Union européenne, ainsi que l'Assemblée des Régions d'Europe, le Conseil des Communes et Régions d'Europe, et d'autres organisations représentatives des régions ont reconnu l'importance d'un tel instrument. Mentionnons également la prise de position favorable de la Conférence des assemblées législatives régionales européennes (CALRE)[12] et l'intérêt porté à ce projet par la Conférence des régions européennes à pouvoirs législatifs (REGLEG). Enfin, lors des dernières sessions plénières du Congrès, nombreux ont été les représentants des collectivités régionales qui se sont prononcés positivement en la matière.

7. Utrecht, novembre 2009: les Ministres prennent note du «Cadre de référence du Conseil de l'Europe pour la démocratie régionale»

Le Congrès a reporté beaucoup d'espoir sur la 16e Conférence du Conseil de l'Europe des Ministres responsables des collectivités locales et régionales qui s'est tenue aux Pays-Bas, à Utrecht les 16 et 17 novembre 2009. A cette occasion, la délégation du Congrès a réitéré sa ferme volonté de voir naître un instrument politique et juridique en matière de démocratie régionale, qui consoliderait le respect du principe de subsidiarité au niveau régional et surtout permettrait d'ancrer juridiquement les droits et devoirs, ainsi que les intérêts et les responsabilités des régions européennes. L'adoption de ce cadre de référence est considéré par le Congrès comme une première étape dans cette direction[13].

Bien que la délégation du Congrès ait réitéré à Utrecht sa prise de position, les Ministres ont conclu leurs travaux par l'adoption de la Déclaration d'Utrecht à laquelle est annexé le cadre de référence. Il est important de relever – dans ce genre de texte chaque mot est bien compté –, que les Ministres ont décidé de «prendre note» de ce cadre de référence tel qu'annexé à la Déclaration

---

[11] En particulier, Recommandation 1349(1997) de l'Assemblée parlementaire du Conseil de l'Europe et Recommandation 1811(2007) du 3 octobre 2007 sur la régionalisation en Europe.
[12] CALRE – Déclaration de Berlin – pt.21 – 15 et 16/10/2007.
[13] CG/INST(16)14 «Conférence des Ministres européens responsables des collectivités locales et régionales (Utrecht, 16–17 novembre 2009). Le cadre de référence sur la démocratie régionale. Position du Congrès des Pouvoirs locaux et régionaux du Conseil de l'Europe», 27.08.2009.

XXV

d'Utrecht, «en tant que document que peuvent utiliser ceux qui réfléchissent à réformer les institutions et la gouvernance au niveau régional, y compris l'Assemblée Parlementaire et le Congrès des Pouvoirs locaux et régionaux dans leurs travaux»[14].

Une nouvelle fois, les Ministres européens ont montré qu'ils ne sont pas prêts à consacrer le fait régional dans un texte juridiquement contraignant. Pour sa part, le Congrès, avec à ses côtés l'Assemblée Parlementaire et les autres organisations représentatives des régions, reste déterminé dans les années qui viennent à poursuivre le dialogue avec les représentants des ministères compétents, à répondre aux critiques, à lever les réserves et à démontrer l'utilité de sa démarche. Le fonctionnement efficace des administrations et une meilleure participation des citoyens aux décisions des autorités locales et régionales sont les conditions fondamentales pour un bon fonctionnement de la démocratie en Europe. C'est ce que garantit la Charte européenne de la démocratie locale et ce que le Congrès souhaite également que garantisse la Charte européenne de la démocratie régionale. Il est particulièrement important que la dimension locale et régionale de la démocratie fasse l'objet d'une réflexion distincte et approfondie.

Le «Cadre de référence du Conseil de l'Europe pour la démocratie régionale» va maintenant pouvoir servir de base au Congrès dans ses travaux futurs sur la régionalisation. Il va constituer également un document de référence pour les responsables régionaux et gouvernementaux. La question reste ouverte de savoir quand et sous quelle forme une nouvelle étape verra le jour, pour relancer le débat en faveur d'une Convention européenne dans le domaine de la «démocratie régionale»!

Bibliographie

Charte européenne de l'autonomie locale du Conseil de l'Europe, Strasbourg, 15.10.1985.
Déclaration de Berlin – pt.21 – 15 et 16/10/2007.
GROSS, M., «Expérience positives des régions autonomes comme source d'inspiration dans la résolution de conflits en Europe», in: Rapport – Assemblée Parlementaire du Conseil de l'Europe, Doc.9824 du 03/06/2003, § 30.
VAN CAUWENBERGHE, J.C., «Tout savoir sur la Charte européenne de la démocratie régionale» in: Congrès des Pouvoirs locaux et régionaux du Conseil de l'Europe, novembre 2008, p. 5.

---

[14] MCL-16(2009)12 Final, Conférence du Conseil de l'Europe des Ministres responsables des collectivités locales et régionales, «La bonne gouvernance locale et régionale en période difficile: le défi du changement – Déclaration d'Utrecht», 16e Session, Utrecht, 16–17 novembre 2009.

MCL-16(2009)11 – Conférence du Conseil de l'Europe des Ministres responsables des collectivités locales et régionales, «La bonne gouvernance locale et régionale en période difficile: le défi du changement – Cadre de référence du Conseil de l'Europe pour la démocratie régionale», 16ᵉ Session, Utrecht, 16–17 novembre 2009.

CG/INST(16)14 «Conférence des Ministres européens responsables des collectivités locales et régionales (Utrecht, 16–17 novembre 2009). Le cadre de référence sur la démocratie régionale. Position du Congrès des Pouvoirs locaux et régionaux du Conseil de l'Europe», 27.08.2009.

MCL-16(2009)12 Final, Conférence du Conseil de l'Europe des Ministres responsables des collectivités locales et régionales, «La bonne gouvernance locale et régionale en période difficile: le défi du changement – Déclaration d'Utrecht», 16ᵉ Session, Utrecht, 16–17 novembre 2009.

Grusswort des Internationalen Instituts für Verwaltungswissenschaften (IIAS)

New Enough Public Management?

KLAUS-ECKART GEBAUER

Auf der Homepage des Internationalen Instituts für Verwaltungswissenschaften (*IIAS/IISA*) berichtet die Frühjahrsausgabe 2009 der Nouvelles Internationales über die jüngste Sitzung des Exekutivkomitees.Thema: «Révitalisation des relations avec des Etats membres».

Generaldirektor Loretan – ein Schweizer – hat mit diesem Ziel von Brüssel aus manchen Besuch abgestattet und zum Erfahrungsaustausch ermutigt. So ist es ganz im Sinne des IIAS, daß sich die Sektionen aus Frankreich, der Schweiz und Deutschland – gemeinsam mit starken Partnern – als Mitveranstalter dieser Tagung zusammengefunden haben: Verwaltungswissenschaft auch insoweit als discipline carrefour. Ich freue mich, *die Grüße unserer drei Sektionen* zu übermitteln.

New Public Management: Kollegen in der deutschen Ministerialverwaltung und auch in der Wissenschaft haben in den 90er Jahren den Ansturm dieser Idee mit beruflicher Neugier, aber nicht ohne gewisse Zurückhaltung beobachtet. Manches erschien zwar für die kommunale Ebene plausibel, zumal in der Aufbereitung durch das Neue Steuerungsmodell, anderes jedenfalls auf die Entscheidungsvorbereitung und -umsetzung im staatlich-politiknahen Raum nicht übertragbar. Wie sollte die Produktbeschreibung für einen Referenten in der Regierungszentrale aussehen? Die Bedenken richteten sich dabei weniger gegen die gezielte Nutzung des Instrumentenkastens, eher gegen einen zuweilen als bedrängend empfundenen Herrschaftsanspruch der neuen Lehre. Vielleicht war es auch eine Art Abwehrhaltung gegen die Zerlegung komplexer Zusammenhänge in quantifizierbare, ökonomisierbare Teilprodukte und – vor allem aus Sicht der Juristen – gegen eine befürchtete Mutation des citoyen zum consommateur?

Auf den internationalen Konferenzen des IIAS sind wir dann immer wieder dem NPM und auch zahlreichen Anhängern begegnet. Aber wir hatten den Eindruck, daß – vor allem auch aus französischer Sicht – eine kontinentaleuropäisch geprägte Skepsis blieb.

Ich erinnere mich an die IIAS – Konferenz in Athen von 2001. Man sah scheinbar unausweichliche Reibungen zwischen effizienzorientierten Managementkonzepten und der rule of law. Heute sind wir da weiter: Zumal in der Entwicklungszusammenarbeit ist nicht mehr bestritten, dass die Gewährleistung der rule of law eine unverzichtbare Voraussetzung aller Managementerfolge ist. Herr HILL arbeitete in Athen konkrete Themenfelder für Reformansätze heraus, das hat weitergeführt. Aber nicht ohne Grund stand unser Gesamtbericht über Athen unter der Überschrift «Reinventing Institutions and Values».

Abu Dhabi – 2007 – brachte den dringenden Ruf aus Ländern der Entwicklungszusammenarbeit nach mehr Integration regionaler Verwaltungskulturen, und ich denke an eine Bemerkung von Pollitt, der in Bezug auf das Qualitätsmanagement – aber wohl auch weiter zu verstehen – davon sprach, mancher hätte die moderne Begrifflichkeit allzu gern als Vehikel benutzt, um im modischen Mainstream alte Wünsche erfüllt zu bekommen.

Alle Sammlungsbewegungen, zumal wenn sie mit der Verheißung eines new oder modern oder good bis better auftreten, sind nach einer Weile zu hinterfragen, wie new oder modern oder good sie eigentlich waren oder jedenfalls noch sind. So erging es auf der IIAS-Konferenz in Ankara (2008) dem Good Governance-Konzept. Leitgedanke waren Beschränkung und Selbstbeschränkung im Sinne einer «Good *Enough* Governance-Bewegung».

«Good Enough Governance» – gibt es nicht zu Recht inzwischen auch so etwas in Richtung «*New Enough Public Management*»?

Wie also ist der Stand in unseren drei Ländern? Jeder von uns ist mit seinen persönlichen Erfahrungen und Erkenntnisinteressen nach Straßburg gekommen. Wird es möglich sein, durch Zusammenfügen der Einzelansätze doch am Ende vor einem geordneten Puzzle zu stehen, einem fortgeschriebenen plausiblen Gesamtbild – vielleicht sogar unter einem neuen Leitbegriff? Oder werden (und sollten) wir es – auch um der internationalen Anschlussfähigkeit willen – nicht eher bei einem pragmatischen, aber lernbereiten und integrationsoffenen Pluralismus unter dem eingefahrenen Sammelbegriff des NPM belassen?

Die Tagungsregie hat sich für eine Analyse anhand von vier Schwerpunkten entschieden: Aufgaben, Organisation, Ressourcen, Steuerung. Aber an diesem ersten Vormittag sollen wir uns dem Thema zunächst grundsätzlich annähern – sozusagen als Reformgeneralisten. Dafür sind drei Statements mit Länderberichten sowie die Präsentation einer Delphi-Studie vorgesehen, und ich freue mich, die anschließende Podiumsdiskussion zu moderieren.

Grusswort des Internationalen Instituts für Verwaltungswissenschaften (IIAS)

Die Teilnehmer der Gesprächsrunde und die Titel ihrer Beiträge lassen erwarten, dass manches hinüberreichen wird in die folgenden Tagungsblöcke, ich denke, sogar bis in den zweiten Konferenzabschnitt im Dezember. Und es drängen sich vorab schon zentrale Fragen auf, die wir beim Zuhören und bis in die Schlussdebatten mit im Auge behalten sollten.

So wird es spannend sein, ob die Ergebnisse der Delphi-Umfrage zu den Zukunftstrends der Staats- und Verwaltungsreform in Deutschland von allen Gesprächspartnern ähnlich gewichtet werden. Vielleicht gibt es einfach andere Prämissen, wenn ich etwa an die demographische Entwicklung in Frankreich denke; wichtig auch die Frage nach der Wertschätzung des Öffentlichen Dienstes. Und sind wir nicht allesamt längst auf dem Weg, einen frühen Glaubenssatz des NPM, die durchgängige Trennbarkeit von Politik und Verwaltung, Schritt um Schritt zu modifizieren?

Müssen wir nicht fragen, ob es neben allen Managementansätzen vor allem um ein neues Nachdenken zum Staatverständnis geht? Was ist die Realität der klassischen Drei-Gewalten-Lehre, wer ist Motor der Reformen, was ist die Rolle der Parlamente? In Frankreich gibt es offenbar eine Stärkung des Parlaments im Zusammenhang mit LOLF (Loi Organique relative aux Lois de Finance), in der Schweiz intensive Kooperationen von Kantonsparlamenten mit der Verwaltung.

Schon der Titel des französischen Beitrages deutet Modernisierung an, ohne diese einem NPM-Konzept zuzurechnen.

Vor zehn Jahren gab es in der Schweiz eine Tagung, die ihrerseits auf zehn Jahre NPM-Erfahrung zurückschaute. Rida sagte damals: «Die schwierige Leistungs- und Wirkungsmessung ist die Achillesferse des ganzen Systems.» Sind wir da weitergekommen – bis hin zu flächendeckend plausiblen Zieldefinitionen?

Und was wird Professor HILL aus seiner doppelten Erfahrung als Wissenschaftler und Regierungsmitglied berichten?

Wir werden in diesen Tagen wieder erleben: Die Befassung mit NPM zeigt immer aufs Neue ganz praktische, aber eben auch grundsätzliche Facetten. Mit Statements dazu wollen wir anschließend beginnen. Einiges wird man dann im Podium aufarbeiten, anderes wird uns, so denke und hoffe ich, über alle Stationen begleiten. Und ganz am Ende, also zum Schluß der Dezembersitzung, werden wir vielleicht ein Resümee ziehen können:

Welche Reformschritte brauchen wir, um den Herausforderungen in Staat und Verwaltung gerecht zu werden – und wird deren Umsetzung dann diesseits, mithilfe oder jenseits von New Public Management geschehen?

Einführung / Introduction

New Public Management und Staats- und Verwaltungsreformen in Europa – Modeerscheinung oder Tiefenwirkung?

Joachim Beck / Fabrice Larat

> «Was wir brauchen, sind flache Hierarchien», sagte die Eule, «ein schlankes Management, Besinnung aufs Kerngeschäft. Fusionen stärken den Wald und schützen ihn vor feindlichen Übernahmen. Und übrigens: Ich mache keine Beratung, sondern Consulting.»
> «Verstehe», sagte der Auerhahn, «das ist Englisch und bedeutet ...»
> «... Beratung. Ich weiß. Aber es klingt besser – dynamischer.»
>
> Robert Griesbeck[1]

Inhaltsverzeichnis

1. Ein gemeinsamer Ansatz 4
2. Aufbau und Inhalte der Publikation 5
3. Die Versuchung Europas 19

Die oben zitierte Fabel ist so überzeichnet, dass sie zwangsläufig die Frage aufwirft, inwiefern der inzwischen in die unterschiedlichsten Fach- und Lebensbereiche eingeführte Managementjargon hier am richtigen Platz ist. Sogar die Tiere im Wald, wie in dieser Fabel, sind empfänglich für derartige Argumente, weil Denken und Sprache des Managements unsere Welt immer stärker prägen – wie auch die öffentliche Verwaltung in vielen Ländern der Welt. Die gemeinhin unter dem Begriff *New Public Management* (NPM) zusammengefasste Lehre und Modernisierungswelle hat in vielerlei Hinsicht die Diskussion über Staats- und Verwaltungsreform der letzten fünfzehn Jahre in den meisten europäischen Ländern bestimmt.

---

[1] Robert Griesbeck, Unser Wald muss moderner werden. Eine Fabel von der schönen neuen Zeit München, Droemer, 2008

Diese Feststellung wirft viele Fragen auf. Wie weit hat sich NPM tatsächlich durchgesetzt? Handelt es sich hierbei um eine Modeerscheinung? Wie wichtig ist NPM in der administrativen Realität? Sind die verschiedenen Reformen und Umstellungen der letzten beiden Jahrzehnte in der Staats- und Verwaltungsorganisation tatsächlich alle direkt dem NPM zuzuschreiben? Und wenn überall ein und dieselbe Doktrin angewandt wurde, ist dann auch überall eine in Art und Tragweite ähnliche Wirkung eingetreten? Die Kernfrage ist also, wie es um den in der Theorie häufig bemühten Begriff des NPM in der Reformwirklichkeit bestellt ist, d.h., ob die im vorliegenden Band untersuchten Veränderungen, die auf die Funktionsweise von Staat und Verwaltung wirken, tatsächlich in das Bild dieser Lehre passen oder ob sie in Wirklichkeit ganz anderer Art sind und vielleicht nur am Rande oder gar nichts mit NPM zu tun haben.

1. Ein gemeinsamer Ansatz

Um dieser Frage nachzugehen, haben das Euro-Institut Kehl und das Forschungszentrum der Verwaltungshochschule ENA (*Centre d'expertise et de recherche administrative de l'Ecole nationale d'administration*) mit Unterstützung des PEAP (*Pôle européen d'administration publique*), dem beide Institute angehören, im Jahr 2009 zwei Konferenzen in Straßburg abgehalten. Die erste Konferenz fand am 28. und 29. Mai 2009 im Europarat statt und befasste sich mit der staatlichen Aufgabenverteilung und organisatorischen Reformen. Die zweite fand am 3. und 4. Dezember 2009 in der ENA statt und beleuchtete die direkten und indirekten Auswirkungen des New Public Management in den Bereichen Steuerung und Evaluierung staatlichen Handelns sowie Haushalts- und Personalmanagement.[2]

In beiden Veranstaltungen ging es um die vergleichende Analyse von Verwaltungsreformen in den drei Nachbarstaaten Deutschland, Frankreich und Schweiz, die unterschiedliche Reformpfade beschritten haben. Ungeachtet ihrer geographischen Nähe und des Interesses der elsässischen Partner des PEAP an diesen Ländern, haben die drei nationalen Fallbeispiele gemeinsame Traditionen und ähnliche Funktionsweisen; sie sehen sich außerdem – bei bisweilen weitreichenden strukturellen Unterschieden, insbesondere im politischen System – den gleichen Herausforderungen gegenüber.

---

[2] Die Autoren bedanken sich an dieser Stelle herzlich bei Herrn Eddie Pradier, Studienleiter am Euro-Institut, ohne dessen unermüdlichen Einsatz weder die beiden Tagungen noch die Herstellung der vorliegenden Publikation möglich gewesen wäre.

Mit diesem vergleichenden Ansatz auf der Grundlage konkreter Beispiele sollen die im vorliegenden Band erörterten Fälle zu einem besseren Verständnis der aktuellen Entwicklung und der Perspektiven der Verwaltungsreformen in den genannten Ländern beitragen. Der vergleichende, trinationale Untersuchungsansatz ist somit zum einen eine Grundvoraussetzung für die Betrachtung dieses ganz offenkundig internationalen Phänomens und stellt zum anderen den eigentlichen Mehrwert des vorliegenden Sammelbands dar. Wie die dieser Veröffentlichung zu Grunde liegende zweiteilige Konferenz selbst, richtet sich auch die vorliegende Publikation an ein Fachpublikum aus Wissenschaft und Praxis. Analyse und Vergleich von Sichtweisen verschiedener Länder ermöglichen einen Blick hinter die bekannten Systemunterschiede und Besonderheiten der jeweiligen Länder und Fachbereiche; diese Herangehensweise spiegelt sich auch in der Herkunft der Autoren sowie in der Kombination von wissenschaftlichen und empirischen Untersuchungen, die auf praktischen Erfahrungswerten in der Umsetzung entsprechender Reformansätze beruhen.

2. Aufbau und Inhalte der Publikation

Die verschiedenen, im vorliegenden Band veröffentlichten Beiträge sind in vier Teile mit jeweils zwei bis drei Kapiteln gegliedert, die die verschiedenen Aspekte des Verhältnisses zwischen New Public Management und den praktischen Ausprägungen der Staats- und Verwaltungsreform am Beispiel der drei untersuchten Länder beleuchten.

Der erste Teil analysiert die Konturen der jeweiligen Reformen, die Besonderheiten der Staats- und Verwaltungsreform in Deutschland, Frankreich und der Schweiz, sowie die bestimmenden Faktoren der verschiedenen nationalen Reformpfade in den letzten 15 Jahren. Die Definition der jeweiligen Konzepte und der Stand der aktuellen wissenschaftlichen Auseinandersetzung in Kapitel 1 liefern die Grundlage für ein fundiertes Verständnis der Fragestellung. Durch einige grundlegende Überlegungen zum New Public Management und zur Reformperspektive in Kontinentaleuropa liefert Jean-Bernard AUBY den Kontext der Reformen, nennt die Herausforderungen, die die verschiedenen europäischen Staaten zu bewältigen haben, und zeigt die ihnen auferlegten strukturellen Grenzen auf. Im Hinblick auf die Steuerung staatlichen Handelns lässt sich ein konstanter Anstieg der Komplexität des Staatsapparates feststellen. Aufgrund zahlreicher wechselseitiger Abhängigkeiten ist jede auch noch so kleine Reform bestimmt durch das, was jenseits der Grenzen geschieht, und muss folglich, zumindest in Frankreich und Deutschland, die Besonderheiten der Governance-Systeme auf vielen verschiedenen Ebenen der Europäischen Union berücksichtigen. Klaus-Eckart GEBAUER ruft insofern zu Recht in seinem Vorwort in Erinnerung, dass bei allen Modeerscheinungen, vor allem solchen, die verheißen, neue, modernere oder gar bessere Verhältnisse zu schaffen, sorgfältig geprüft werden muss, inwiefern die angekündigten Verbesserungen – oder auch nur Veränderungen – tatsächlich eingetreten sind. In diesem Sinne untersucht Hermann HILL in seinem Beitrag über NPM in Deutschland die Wirkung neuer Steuerungsmodelle in der Binnenorganisation, der dezentralen Ressourcen- und Ergebnisverwaltung. Im Ergebnis wird gezeigt, dass sich der Staat durch NPM in Richtung Gewährleistungsstaat weiterentwickelt hat. Durch die neue Aufgabenverteilung und die daraus erwachsenden Verantwortlichkeiten entsteht zugleich ein wachsender Bedarf an Koordinierungsarbeit unter den verschiedenen Akteuren, vor allem auch im Hinblick auf eine stärkere Einbindung der Bürger als «Kunden». Jürgen KEGELMANN bezieht sich auf die von H. HILL angesprochenen «Reformruinen» und zeichnet im Hinblick auf die durch NPM intendierte Optimierung der Organisation von Staat und Verwaltung ebenfalls ein differenziertes Bild der Reformeuphorie. Er beleuchtet interessante Ähnlichkeiten zwischen den drei untersuchten Ländern etwa im Hinblick auf Normen und Vorschriften wie z.B. die Elemente Zusammenarbeit, Outsourcing und Zielvereinbarung, mit denen positive Marktmechanismen eine Dynamik innerhalb der Verwaltung anstoßen sollen. Im Ergebnis, so die These, könne aber nicht von einem grundlegenden verwaltungskulturellen Wandel ausgegangen werden. Unter Einbeziehung angelsächsischer und skandinavischer Erfahrungen in ihre vergleichende Untersuchung über Verwaltungsmodernisierung stellt Sabine KUHLMANN fest, dass die Verbreitung des Prinzips der indikatorengestützten Leistungsmessung im öffentlichen Sektor in der Tat zum Teil der Doktrin des New Public Management zuzuschreiben ist. Selbst wenn es sich hierbei um einen internationalen Trend handelt, nimmt diese doch in der Praxis – sowohl bei der Umsetzung als auch im Hinblick auf Wirkung und Ergebnisse – sehr unterschiedliche und spezifische Formen an. Ihrem Beitrag zufolge darf im Allgemeinen die tatsächliche Bedeutung der Leistungsmessung nicht überschätzt werden; dies gilt in Kontinentaleuropa gleichermaßen für die Messung von Veränderung und Innovation auf institutioneller Ebene wie für die Messung der Wirkung im Sinne einer Leistungsverbesserung. Für den Bereich des Personalmanagements stellt Yves EMERY die These des Eintritts in die Phase des «Post-Beamtentums» auf; diese ist charakterisiert durch eine große Vielfalt unterschiedlicher Anstellungs- und Beschäftigungsverhältnisse und durch den – häufig kritisierten – Trend, Instrumente aus dem betriebswirtschaftlichen Management einzusetzen. Ungeachtet der ständigen Versuchung, die für NPM charakteristische Tool-Box auch im Bereich des Personalmanagements zu nutzen, ist festzustellen, dass Personalmanagement in der öffentlichen Verwaltung einen wichtigen Beitrag zu Veränderungsprozessen leistet, dieser jedoch nicht immer richtig gewürdigt wird. Es handelt sich hierbei um einen wesentlichen Hebel, mit dem Veränderung im Verhalten, in der Praxis und somit in der für die öffentliche Verwaltung typischen Handlungs- und Arbeitsweise herbeigeführt werden kann. Schließlich stellen Joey-David OVEY, Susanne BIRK und Axel SEIDEL die Ergebnisse ihrer prospektiven Studie nach der DELPHI-Verfahren vor, die die wichtigen Herausforderungen und Trends in der öffentlichen Verwaltung im Jahr 2020 umreißt; sie weisen insbesondere auf eine Zunahme der vertikalen und horizontalen Zusammenarbeit und die wachsende Bedeutung der Strategiefähigkeit der Verwaltung hin.

Nach diesem allgemeinen einführenden Kapitel beschäftigt sich das zweite Kapitel mit den spezifischen Ausprägungen des New Public Management in Deutschland, Frankreich und der Schweiz. In Deutschland wurde NPM insbesondere auf kommunaler Ebene als neues Steuerungsmodell bekannt. Jörg BOGUMIL betont hierzu, dass die Erwartungen an die Managementinstrumente zur Effizienzsteigerung überzogen waren und die Umsetzung der Verfahren zur Ergebnissteuerung von erheblichen Schwierigkeiten begleitet war. Ferner ist die im NPM systematische Trennung zwischen Politik («Was») und der für die Umsetzung zuständigen Verwaltung («Wie») ein Konzeptfehler, der seines Erachtens im Widerspruch zum Wesen der politisch-administrativen Handlungslogik steht. Auch wenn die Modernisierung der administrativen Strukturen auf Bundes- und Länderebene nach J. BOGUMIL als Sisyphusarbeit zu bezeichnen ist, so belegt die Geschichte der Verwaltungsreformen in Frankreich im Beitrag von Michel CASTEIGTS, dass die Staatsreformen in Frankreich letztlich einen normalen Bestandteil des Regierungshandelns darstellen. Hier liegt ein grundsätzliches Paradoxon vor: Obwohl der Begriff «Reform» einen zeitlich begrenzten Übergangsprozess bezeichnet, der somit immer eine vorübergehende Ausnahmesituation darstellt, ist in Frankreich Reform ein Dauerzustand und Teil der staatlichen Regierungsroutine geworden – mit oder ohne New Public Management. Der Beitrag von Daniel KETTIGER über die Konturen des New Public Management in der Schweiz wiederum hebt hervor, dass es sich hier um eine besondere Entwicklung handelt, die tiefe Spuren hinterlassen und zu echten Managementreformen geführt hat (wie dem allgemeinen Trend zur Steuerung mit Zielvereinbarungen), die letztlich auch die Mentalitäten verändert haben. So wäre ohne die Diskussion über die Grundsätze des NPM in der Schweiz die Einführung von Public Private Partnerships nicht vorstellbar gewesen.

Auf Basis dieser grundsätzlichen Überlegungen und Analysen zum Stand des NPM in den drei Ländern widmet sich der zweite Teil der Publikation den aufgabenpolitischen Reformen und damit der Frage, zu welchen vertikalen als auch horizontalen Aufgabentransfers die einzelnen Reforminitiativen geführt haben.

Der vertikale Aufgabentransfer erlangt in föderalen Staaten wie Deutschland oder der Schweiz natürlich nicht die gleiche Tragweite wie in einem zentralistischen Staat wie Frankreich. Rudolf HRBEK zeichnet in seinem Beitrag die beiden Schritte der Föderalismusreform in Deutschland in den Jahren 2006 und 2009 nach. Der Bund und die Länder sollten in ihren jeweiligen Aufgaben gestärkt und gemeinsame Aufgabenbereiche so weit wie möglich entflochten werden; es stellte sich jedoch heraus, dass die an die Föderalismusreform geknüpften Modernisierungserwartungen nicht erfüllt wurden, weil die Reformen bruchstückhaft blieben. François LAFARGE stellt in seiner Untersuchung der ersten Phase der französischen Verwaltungsreform «Révision générale des politiques publiques» (RGPP) fest, dass diese ebenfalls nicht den ihr zugeschriebenen beispielhaften Charakter hatte. Das hier angewendete, aus der Betriebswirtschaft stammende Instrument der Revision bestand in Wirklichkeit lediglich darin, die Tätigkeit einer Organisationseinheit linear zu dokumentieren. Es handelt sich also eher um ein Reform*verfahren*, denn um eine aufgabenkritische Reform im eigentlichen Sinne. Darüber hinaus wurde die Revision beschränkt auf die Prüfung der Art der Umsetzung öffentlicher Politik, d.h. auf allgemeine administrative und organisatorische Fragen. Schließlich war wegen des mangelnden Bezugs zur Finanzsteuerung (LOLF – Loi organique sur les lois de finance), einer weiteren bedeutenden Reform staatlichen Handelns, keine Kohärenz unter den Modernisierungsansätzen des französischen Staates gewährleistet. Wichtig festzuhalten ist jedoch, dass in Frankreich mit der RGPP zum ersten Mal eine Reform dieser Tragweite mit einem Follow-up-Instrumentarium einherging. Diese Art von Aufgabentransfer scheint in der Schweiz bei allen Schwierigkeiten leichter umzusetzen zu sein. Für Gérard WETTSTEIN ist die Reform des Schweizer Finanzausgleichs und der Aufgabenteilung zwischen Bund und Kantonen Teil einer Bottom-up-Analyse der Ineffizienz des bestehenden Systems. Das daraus folgende pragmatische Vorgehen führte zu sachgerechten Lösungen ohne technokratischen Ballast und politische Augenwischerei.

Im Hinblick auf den horizontalen Aufgabentransfer betont Manfred RÖBER, dass die Aufgabenkritik einen Schwachpunkt bei der Modernisierung des deutschen Staates und seiner Verwaltung darstellt. Auch hier ist mehrheitlich zu beobachten, dass von der grundsätzlichen Notwendigkeit bestehender Aufgaben ausgegangen wird, statt diese zu hinterfragen. Doch auf der Grundlage des Subsidiaritätsprinzips wird aktuell über eine neue Rollenverteilung zwischen Staat, Wirtschaft und Zivilgesellschaft im Hinblick auf staatliches Handeln nachgedacht. Das weiter oben erwähnte Konzept des Gewährleistungsstaats besteht darin, dass sich der Staat aus seiner traditionellen Rolle zurückzieht und zunehmend eine Moderatorenrolle bei der Initiierung und Steuerung der Leistungserbringung wahrnimmt. In seiner Untersuchung der Privatisierung und des Outsoucings öffentlicher Dienstleistungen in Frankreich unterstreicht Bertrand DU MARAIS, dass die Auslagerung im Wege der Aufgabendelegation, die im angelsächsischen Raum als eine Form von Privatisierung gilt, Ergebnis einer alten französischen Tradition ist, die hier als Konzession oder Konzessionsvergabe bezeichnet wird. In Frankreich scheint NPM keinen direkten Einfluss auf diese Entwicklung gehabt zu haben. Der Einfluss des NPM ist deutlicher bei internen Verwaltungsverfahren zu spüren. So ist eher die interne vertragliche Zuteilung von Haushaltsmitteln, die Leistungsanalyse und die Einführung von Leistungsindikatoren im Rahmen der Finanzsteuerung (LOLF – *Loi organique sur les lois de finance*) auf NPM zurückzuführen.

Die Entwicklung von Public Privat Partnerships ist beispielhaft für den horizontalen Aufgabentransfer. Zweck dieser Partnerschaften ist es, die öffentlichen Haushalte zu entlasten und eine dauerhafte Verbesserung der Infrastruktur zu bewirken. Tanja POHLE und Gerhard GIRMSCHEID weisen jedoch darauf hin, dass dieses Potenzial in der Schweiz noch kaum ausgeschöpft wird, u.a. wegen der Komplexität von PPPs und der damit verbundenen Risiken für die öffentliche Hand.

Neben den aufgabenpolitischen Reformansätzen stellen auch Reformen in der Organisation der öffentlichen Verwaltung ein Kernelement des NPM dar. Diesen ist der dritte Teil des vorliegenden Bands gewidmet. Kennzeichnend für die meisten Implementierungen im Bereich der NPM-orientierten Institutionenpolitik ist der relativ starke Fokus auf den Bereich der Mikro-Organisation. Zwar haben in den NPM-Kernländern England, USA, Neuseeland und Australien – zumindest in der Anfangsphase – als «Devolution» oder «Decentralization» durchaus auch Reformen der inter-organisatorischen bzw. inter-gouvernementalen Beziehungen eine nicht unerhebliche Rolle gespielt und haben auch Länder mit unitarischer Staatsstruktur (Italien, Spanien, Frankreich, Niederlande) in Kontinentaleuropa entsprechende Reformansätze eingeleitet. Wenn allerdings von Organisationspolitik im Zusammenhang mit NPM gesprochen wird, so dominieren in der wissenschaftlichen wie verwaltungspraktischen Reflexion zumeist eher Stichworte, die dem Bereich der organisationalen «Binnenmodernisierung» zuzuordnen sind. Aus den Basiskomponenten «Marktprinzip» und «Netzwerk- bzw. Kontraktprinzip» des NPM (KEGELMANN in diesem Band) lassen sich für den Bereich der Organisationspolitik die Reformkonzepte «Dezentrale Konzentration», «Verselbständigung von Verwaltungseinheiten», «Flexibilisierung von Geschäftsprozessen» sowie «Strategische Organisationsentwicklung» eingrenzen.

So zeigt Stephan JAUD in seinem Beitrag zur Verwaltungsstrukturreform in Baden-Württemberg, wie das Prinzip der dezentralen Konzentration das Leitmotiv für die Konzeption und Umsetzung einer breit angelegten Verwaltungsreform eines ganzen Bundeslandes bildete. Baden-Württemberg hatte Anfang der 70er Jahre 850 Sonderbehörden und damit eine sehr stark differenzierte, vertikal gegliederte Fachverwaltung. In mehreren Reformschritten war deren Zahl – zumeist durch räumliche Zusammenlegung – bereits auf 570 im Jahr 1994 und auf

470 im Jahr 2001 reduziert worden. Zwischen 2003 und 2005 wurden dann im Rahmen einer groß angelegten Reforminitiative 350 staatliche Sonderbehörden abgeschafft und deren Aufgaben und Personal (rund 20'000 Personen) in die vier Regierungspräsidien bzw. die Landratsämter eingegliedert. Dezentrale Konzentration und Bündelung waren dabei wichtige Leitgedanken. Ein weiterer Grundsatz war die Herstellung der Einräumigkeit auf allen Verwaltungsebenen: Für den Bezirk einer jeden Gebietskörperschaft sollte es nur noch eine Behörde geben, die staatliche Aufgaben wahrnimmt, um einheitliche Anlaufstellen mit kurzen Wegen sowie effizientere und zügigere Entscheidungsprozesse ohne Reibungsverluste zu gewährleisten. Nicht zuletzt sollten die mit dieser Reform verbundenen Synergien zur dauerhaften Entlastung des Landeshaushalts genutzt werden. Der Aufgaben- und Personaltransfer war mit der Vorgabe der Realisierung einer Effizienzrendite von 20 Prozent verbunden, die in Stufen bis 2011 zu erzielen war: Der finanzielle Ausgleich des Landes an die Regierungspräsidien und Landratsämter zur Deckung der dort entstandenen Mehrkosten wurde degressiv gestaltet.

Dem gegenüber zeigt Guy SIAT in seinem Beitrag über die jüngeren Bestrebungen einer Optimierung der interkommunalen Zusammenarbeit in Frankreich, dass diese sowohl hinsichtlich ihrer Konzeption wie auch ihrer Implementierung nur sehr mittelbare Bezüge zum NPM aufweisen. Sie sind zudem kaum als effizienter Lösungsansatz für den stark fragmentierten kommunalen Sektor in Frankreich (36'679 Kommunen, davon fast die Hälfte mit weniger als 2'000 Einwohnern) zu betrachten, sondern verdeutlichen im Gegenteil eher die Gefahren und Komplexitäten, die durch nichtintendierte negative Spill-over-Effekte dezentral ausgegliederter Verwaltungseinheiten entstehen können. Folglich stehen derzeit in Frankreich territoriale Verwaltungsreformen auf der Agenda, die zum einen mit dem Konzept der «métropoles» den kommunalen Handlungsraum im Stadt-Umland-Verhältnis optimieren und zum anderen durch eine Fusion von Departementen und Regionen die Effektivität und Effizienz der gebietskörperschaftlichen Ebene insgesamt erhöhen sollen.

Wie in einer ganz ähnlichen interinstitutionellen Konstellation Konzepte und Instrumente des NPM die Kooperation durchaus befördern können, zeigt Hans Martin TSCHUDI in seinem Beitrag über die interkantonale Zusammenarbeit zwischen Basel-Stadt und Basel-Landschaft. Da eine Fusion der beiden Kantone politisch nicht machbar (und sinnvollerweise auch nur in dem größeren Maßstab der gesamten Nordwest-Schweiz anzudenken) ist, wurden in Form von Leistungskontrakten und Zielvereinbarungen in einer ganzen Reihe von Politikfeldern inter-institutionelle Arrangements entwickelt, mit deren Hilfe leistungsfähige funktionale Alternativen zur territorialen Neugliederung verwirklicht werden. Auf Basis des Prinzips der finanziellen Äquivalenz wurden zudem Standards für den Lastenausgleich definiert und für eine Reihe von Aufgaben gemeinsame Planungs- und Trägerstrukturen geschaffen. Die generelle, auf Transparenz und pragmatische Ergebnis- und Wirkungssteuerung ausgerichtete NPM-Philosophie der Schweiz ist einem solchen Ansatz dabei sehr förderlich.

Einen wichtigen Reformansatz des NPM im Bereich der Organisation stellt die erwartete Steigerung von Effizienz durch verselbständigte Verwaltungseinheiten (sog. Agencies) dar. Am Beispiel der Bundesanstalt für Immobilienaufgaben analysiert Dirk KÜHNAU in seinem Beitrag die damit verbundenen Vorteile, aber auch die insbesondere im Verhältnis zum politischen Auftraggeber und zu den Kunden nicht immer problemfreien Grenzen der unternehmerischen Selbständigkeit einer vormals öffentlichen Bundesvermögensverwaltung.

Dass die Schaffung verselbständigter Verwaltungseinheiten in Form staatlicher Agencies auch bei der Reform der französischen Staatsverwaltung einen wichtigen Stellenwert einnimmt, zeigt Joelle ADDA in ihrem Beitrag über die «autorités administratives indépendantes (AAI)» und die «autorités publiques indépendantes (API)». Auch wenn dieser Reformansatz von manchen Staatstheoretikern noch immer kritisch betrachtet wird, da eine Verwischung der klassischen Gewaltenteilung durch die Nivellierung entsprechender Legislativ- und Kontrollrechte des Parlaments sowie eine Aushöhlung des klassischen öffentlichen Dienstleistungsverständnisses befürchtet wird, stellen diese heute eine nicht mehr wegzudenkende Realität der französischen Staatsverwaltung dar. Sie werden in ihren verschiedenen rechtlichen und kompetenziellen Ausgestaltungen als ein geeignetes Instrument für die Erhöhung der Effektivität und Effizienz staatlichen Handelns betrachtet. Während mit den insgesamt über 70 API insbesondere die Effektivierung und Flexibilisierung der staatlichen Aufgabenerfüllung intendiert ist, stellen die API mit eigener Rechtspersönlichkeit und in der Regel auch eigener regulativer Kompetenz für ihren jeweiligen Sektor Handlungsansätze der formellen Privatisierung dar, die sehr oft in Zusammenhang mit der Umsetzung Europäischer Richtlinien stehen. Perspektivisch stellt sich angesichts der raschen Zunahme dieser verselbständigten Verwaltungseinheiten heute in Frankreich allerdings zunehmend die Frage nach deren besseren Koordination und Kontrolle, der Entwicklung bislang ungenutzter Synergiepotenziale sowie in machen Feldern sogar der Fusion, um effizientere und leistungsfähigere Einheiten zu schaffen.

Am Beispiel des Schweizer Bundesamtes für Landestopographie (swisstopo) analysiert Jean-Philippe AMSTEIN einen anderen Gesichtspunkt des Agency-Ansatzes: swisstopo war eines der ersten Bundesämter, in denen der neue Steuerungsansatz einer wirkungsorientierten Verwaltungsführung erprobt wurde. Die Möglichkeiten und Grenzen, die sich aus einer Führung mit Leistungsauftrag und Globalbudget (FLAG) ergeben, werden aus der Sicht eines Bundesamtes mit 300 Mitarbeitern und einem Jahresbudget von 50 Mio SFr bewertet. Es zeigt sich, dass sich insbesondere hinsichtlich der Gestaltungsdimensionen Kostenbewusstsein, Motivation, finanzieller Handlungsspielraum, Wirkungsorientierung und Leistungsnachweis auf Basis eines konkreten Leistungsauftrags, spezifische Vorteile ergeben. Andererseits zeigen sich Herausforderungen, was die Entwicklung und Vereinbarung realistischer Ziele mit der politischen Führung (Regierung) anbelangt. Zudem lässt sich in der Praxis eine Dominanz der finanziellen gegenüber den fachlichen Zielsetzungen bei gleichzeitiger Schwierigkeit der tatsächlichen (langfristigen) Wirkungsbemessung konstatieren. Auch stellt im Moment in der Schweiz auf der Bundesebene die Dualität von FLAG-Ämtern und nicht FLAG geführten Ämtern ein zunehmendes Problem dar, so dass der Bundesrat im Moment auf der Suche nach einem Modell ist, das einen tragfähigen Lösungsansatz für alle Bundesämter darstellt.

Neben dem Agency-Ansatz stellt auch die Modernisierung der Aufbau- und Ablauforganisation ein Kern-Element des NPM dar. Am Beispiel der Reform der Forstverwaltung des Landes Rheinland-Pfalz verdeutlicht Hermann R. BOLZ die Bedeutung der strategischen Geschäftsprozessoptimierung für einen nachhaltigen Modernisierungsprozess. Dabei wird insbesondere die Rolle der politischen Führung deutlich: Nur wenn diese über ein in sich stimmiges und in der Umsetzung aktiv gesteuertes und vermitteltes verwaltungspolitisches Gesamtkonzept verfügt, können punktuelle Insellösungen mit lediglich moderatem Erfolg vermieden werden. Die Geschäftsprozessoptimierung in der Forstverwaltung kann damit zwar als ein Kernelement der Verwaltungsmodernisierung betrachtet werden, das allerdings nur im Zusammenspiel mit anderen Komponenten wie z.B. der Organisationsentwicklung, der Rechtsoptimierung, der Einführung neuer Steuerungsinstrumente, der Verschlankung des Verwaltungsaufbaus oder eines entsprechenden Aufgabenumbaus seine volle Wirksamkeit entwickelte. Zugleich zeigen sich in der Umsetzung auch die Grenzen der Binnenrationalisierung: Nachdem die vorhandenen Rationalisierungspotenziale der Binnenorganisation zwischenzeitlich ausgeschöpft sind, stellt sich perspektivisch – insbesondere unter den Bedingungen eines konstanten Personalabbaus – die Frage nach einer grundsätzlichen Aufgabenkritik.

Dass der klassische, eng mit dem NPM verbundene Ansatz des LEAN-Management derzeit in Frankreich große Beachtung findet, zeigt Philippe VRIGNAUD auf. Interessanterweise wird die Optimierung von Aufbau- und Ablauforganisation nach dem LEAN-Prinzip dabei von vornherein aus dem Blickwinkel der jeweiligen Zielgruppen und nicht ausschließlich unter einem Blickwinkel der Binnenoptimierung konzipiert. Auf der Basis zweier Pilotanwendungen (Krankenhausverwaltung Paris und DRIRE Poitou-Charentes), bei denen sehr positive Erfahrungen gesammelt wurden (z.B. Reduktion der durchschnittlichen Fallbearbeitung von 12 Monaten auf 12 Wochen), entwickelt die in der Französischen Regierung für Verwaltungsmodernisierung zuständige Stabsstelle DGME (Direction Générale de la Modernisation de l'Etat) derzeit ein Konzept für die flächendeckende Umsetzung von LEAN in der französischen Staatsverwaltung.

Am Beispiel der strategischen Organisationsentwicklung im Finanzdepartement des Kantons Luzern zeigt Hansjörg KAUFMANN, wie der in der Schweiz entwickelte WOV-Ansatz (Wirkungsorientierte Verwaltungsführung) die politische Ebene bewusst in den Prozess der Verwaltungsmodernisierung einbezieht und wie die beiden Ebene der politischen und der betrieblichen Führung in einem einheitlichen Führungsansatz sowie durch Einsatz geeigneter Instrumente (Kantonsstrategie/Legislaturprogramm, Mehrjährige Leistungsplanung, Integrierter Aufgaben- und Finanzplan/Budget, Geschäftsbericht) vernetzt werden. Das Beispiel verdeutlicht die Weiterentwicklungstendenz eines NPM-Pioniers in der Schweiz, bei der die primär instrumentelle und effizienz-orientierte Sicht durch eine Stärkung der strategischen Steuerung, die sich auf eine mittelfristige Perspektive und eine stärkere Evaluierung der politisch intendierten Wirkungen konzentriert, überwunden wird.

Eines der wichtigsten Kernelemente des NPM stellt die Einführung neuer Steuerungsverfahren da, mit denen eine Optimierung des Einsatzes öffentlicher Handlungsressourcen intendiert ist. Teil vier der vorliegenden Publikation widmet sich diesem Gesichtspunkt am Beispiel dreier Optimierungsfelder: Zunächst werden Praxisbeispiele dargestellt, die sich explizit auf die ganzheitliche Einführung innovativer Steuerungsinstrumente beziehen. Des Weiteren werden die Handlungsfelder «Modernisierung des Finanzmanagements» und «Modernisierung des Personalmanagements» jeweils in einer vergleichenden Perspektive am Beispiel unterschiedlicher Verwaltungen in Deutschland, Frankreich und der Schweiz analysiert.

In ihrem Beitrag zur Einführung neuer Steuerungsinstrumente in der Landesverwaltung Baden-Württemberg bewerten Lessli EISMANN und Bernd KRAFT Ziele und Implementierung eines der ambitioniertesten Modernisierungsvorhabens der deutschen Verwaltung. Das Land Baden-Württemberg hatte bereits 1999 beschlossen, landesweit Neue Steuerungsinstrumente einzuführen. In den Prozess waren über 1'000 Behörden und über 100'000 Beschäftigte der Landesverwaltung einbezogen. Methodische Neuerungen sollten durch Einführung einheitlicher technischer Instrumente unterstützt werden. Die Elemente der Neuen Steuerung umfassten die Einführung eines IT-gestützten Haushaltsmanagementsystems für alle Landesbehörden, hierauf aufsetzend eine Kosten- und Leistungsrechnung, die mit der Einführung der dezentralen Budgetierung verbunden wird, sowie die Einführung eines strategischen und eines operativen Controllings mit Führungsinformationssystemen. Wesentliche Treiber dieses umfassenden Ansatzes waren neben der steigenden Verschuldung der öffentlichen Haushalte insbesondere das Bestreben, frühzeitig auf die Folgewirkungen des demographischen Wandels zu reagieren und die öffentliche Verwaltung besser auf die gewandelten Bedarfe von Bevölkerung und Wirtschaft im Lande auszurichten. Anhand von zwei Beispielen, dem Führungsinformationssystem der Steuerverwaltung sowie der elektronischen Mitarbeiter-/Kundenbefragung wird dargelegt, welche positiven Effekte im Hinblick auf die Steigerung der Eigenverantwortung und der Ergebnis- bzw. Wirkungsorientierung durch den spezifischen Ansatz der IT-Unterstützung erzielt werden konnten.

Wie Leistungsbemessung in einem spezifischen Politikfeld entwickelt werden kann, untersucht Dominique DUBOIS in seinem Beitrag über die französische «Politique de la Ville». Hierbei handelt es sich um einen Politikansatz, mit dem die soziale Situation in städtischen Problemvierteln verbessert werden soll. Betroffen sind dabei in Frankreich rund 2'000 Stadtviertel, in denen 10% der Bevölkerung des Landes leben. Ausgehend von der Zielsetzung des neuen Stadtentwicklungsgesetzes vom 1. August 2003, eine Angleichung dieser Stadtviertel an den nationalen Durchschnitt zu erreichen (z.B. ist die Quote der Schulabbrecher hier über doppelt so hoch wie im Landesschnitt), wurden zwei Stadtentwicklungsagenturen geschaffen, die mit den jeweiligen Stadtverwaltungen landesweit rund 500 mehrjährige spezifische Planverträge mit einem jährlichen Finanzvolumen von 1,5 Mrd. Euro vereinbaren. In die Planverträge und die darauf aufbauenden Programme wurden systematisch Leistungs- und Wirkungsindikatoren integriert, mit denen die Qualität, die Kosten sowie die konkreten Ergebnisse der geförderten Dienstleistungen und Maßnahmen auf der städtischen Ebene gemessen und bewertet werden, wobei eine bewusste Schnittstelle zu den mit dem LOLF eingeführten Leistungsindikatoren sichergestellt wird, um entsprechende Berichtspflichten gegenüber dem Parlament bedienen zu können. Der Beitrag zeigt abschließend die Notwendigkeit auf, neben den Politikfeld-, Programm- und Maßnahmen-spezifischen Indikatoren auch über ein breiteres sozioökonomisches statistisches Informationssystem zu verfügen, um auch aussagekräftige mittelfristige Programmevaluationen zur tatsächlichen Wirksamkeit der Programme durchführen zu können.

In seinem Beitrag über die Weiterentwicklung des Systems der Wirkungsorientierten Verwaltungsführung (WOV) im Kanton Aargau zeigt Michael UMBRICHT auf, wie nach einem fünfjährigen Einführungs- und Anwendungsprozess des schweizerischen NPM-Ansatzes, aufgrund einer externen Evaluierung neue Schwerpunkte entwickelt wurden. Dabei interessierte vor allem, wie das Verhältnis von Exekutive und Legislative verbessert werden kann, da das Parlament einen Machtverlust zugunsten des Regierungsrats beklagte. Optimierungspotenzial wird insbesondere bei der Handhabung der entwickelten Instrumente durch die Politik gesehen: So zeigte die Evaluation u.a., dass die Möglichkeiten des Parlaments zur mittelfristigen Planung und zur Verknüpfung von Aufgaben und

Finanzen von den einzelnen Fraktionen sehr unterschiedlich wahrgenommen werden und dass generell die Steuerbarkeit durch das Parlament eher kritisch beurteilt wird. Aufgrund der Evaluation wurde Optimierungspotenzial vor allem beim Aufgaben- und Finanzplan (insbesondere hinsichtlich der Lesefreundlichkeit) festgestellt. Geringeres Optimierungspotenzial besteht offensichtlich bei den Planungsberichten, die anfänglich zu häufig eingesetzt wurden, und beim Jahresbericht mit Jahresrechnung, dessen Transparenz ebenfalls verbessert werden soll. Gute Noten erhielt demgegenüber das Entwicklungsleitbild mit seinem zehnjährigen Horizont. Zwischenzeitlich wurde beschlossen, die Weiterentwicklung von WOV im Kanton Aargau mit der Einführung der von der Konferenz der kantonalen Finanzdirektoren beschlossenen neuen Rechnungslegung in einem Gesamtprojekt zu kombinieren. Dadurch soll die Steuerung der staatlichen Aufgaben und Finanzen insgesamt verbessert werden. Parallel werden die Instrumente vereinfacht (AFP, Jahresbericht), die finanzielle Sicht verbessert (Globalbudget, Globalkredite), die Zuständigkeiten von Parlament und Regierung noch klarer geregelt, die Instrumente erneuert und die Unterstützung durch die Informatiksysteme verbessert. Die Arbeiten werden durch mehrere Arbeitsgruppen umgesetzt und durch eine parlamentarische Kommission begleitet. Das «neue WOV» im Kanton Aargau startet dann am 1. Januar 2014.

Den Einführungsprozess eines modernen Haushaltsmanagement-Systems im Regierungspräsidium Freiburg stellt Klemens FICHT anhand von sechs Meilensteinen der Verwaltungsmodernisierung dar. Die erste Etappe bestand in der Vereinbarung von Zielen, die in einem jährlich erscheinenden Zielvereinbarungskatalog abgebildet werden. Seit 2005 wenden alle neun Abteilungen des Regierungspräsidiums das Zielvereinbarungsverfahren an. Diese Zielvereinbarungen werden zwischen verschiedenen Ebenen abgeschlossen und beruhen auf Gegenseitigkeit. Adressaten sind nicht nur nachgeordnete Behörden, sondern auch die Ministerien. Der Grad der Zielerreichung wird in Form eines halbjährlichen Zielmonitorings mit Ampelsystem kontrolliert. Die zweite Etappe bildete die Einführung einer dezentralen Budgetierung, mit der bis zu 30% der Sachmittel sowie perspektivisch auch Teile der Personalkosten durch die Fachabteilungen selbst bewirtschaftet werden können. Ein weiterer wichtiger Punkt für ein modernes Haushaltsmanagement ist die Kosten- und Leistungsrechnung und die daraus folgenden Führungsinformationssysteme, die als drittes Element im Regierungspräsidium für rund 500 Verwaltungsprodukte bereits eingeführt wurden. Für ein modernes Haushaltsmanagement ist ein Fördercontrolling, d.h. das strukturierte Verwalten von Förderprogrammen, als viertes Element unabdinglich. Ziel ist die Transparenz über staatliche Leistungen an externe Dritte. Da Förderungen aus den 120 durch das Regierungspräsidium verwalteten Programmen keine unmittelbaren Gegenleistungen gegenüberstehen, ist Klarheit wichtig, um beurteilen zu können, ob die politisch intendierten Wirkungen auch tatsächlich erreicht werden. Ein fünfter Bereich der modernen Verwaltung sind Benchmarks, also der qualitative oder quantitative Vergleich von Gütern oder Dienstleistungen anhand von Referenzwerten. Aus Unterschieden in Vergleichswerten, beispielsweise zur Personalverwaltung der vier Regierungspräsidien, können entsprechende Schlüsse zur internen Optimierung gezogen werden können. Von zentraler Bedeutung ist schließlich das sechste Element: die aktive Einbeziehung der Mitarbeiter auf allen Ebenen.

Am Beispiel der dekonzentrierten Staatsverwaltung in der Region Haute-Normandie untersucht Michel LE CLAINCHE die Frage, inwiefern vier Jahre nach Verabschiedung des LOLF tatsächlich bereits ein Wandel von der Haushaltsverwaltung zum Leistungsmanagement zu beobachten ist und welches hierbei die hemmenden und fördernden Faktoren sind. Seine These ist, dass zwar mit dem LOLF die Grundlagen für die Einführung eines modernen Haushaltsmanagements in der französischen Staatsverwaltung geschaffen wurden, dass aber in der administrativen Realität die intendierten Modernisierungseffekte noch durch eine Vielzahl administrativer Hürden und Asymmetrien behindert werden. Zum einen ist die faktische Handlungsautonomie der Akteure vor Ort bei der Handhabung von Globalbudgets durch die Prädominanz der Zentralverwaltung noch immer sehr stark eingeschränkt. Zudem wird in der Praxis des Haushaltsmanagements der Gesichtspunkt der Leistungsbemessung durch Fragen der klassischen Budgetsteuerung überlagert. Auch werden die dezentralen Budgets durch die Ministerien noch immer eher top down festgelegt und haben sich die von der LOLF-Systematik vorgesehenen vertikalen Dialogverfahren bislang nur in den seltensten Fällen verwirklichen lassen. Ferner zeigt sich, dass es sehr schwer ist, tatsächlich aussagekräftige Indikatoren zu definieren und diese auch datenseitig nachzuhalten, ohne dass dies in einem ungerechtfertigten Zusatzaufwand resultiert. Schließlich wird der Einführungsprozess des Leistungsmanagements derzeit durch die parallele Umsetzung der Révision Générale des Politiques Publiques (RGPP) überlagert, mit dem Ergebnis, dass Organisationseinheiten, Leistungskreisläufe und Produkte neu definiert werden und sich zudem die Problematik einer einheitlichen EDV-Landschaft innerhalb der Staatsverwaltung stellt. Insofern wird abschließend die Frage nach den Möglichkeiten und Grenzen einer besseren Verzahnung der Instrumente des modernen Haushaltsmanagements mit Ansätzen des Personalmanagements sowie der tatsächlichen Dezentralisierung von Handlungskompetenzen, gerade auch im Verhältnis zu den Bürgern, als Nutzer der öffentlichen Dienstleistungen, aufgeworfen.

Diese Dimension greift, wenn auch mit einer etwas anderen Perspektive und Wertung, Andreas BÜHLMANN in seiner Bestandsaufnahme des Finanzmanagements unter WOV im Kanton Solothurn auf. Seit 2005 wird die Verwaltung durch den Kantons- und Regierungsrat nach dem Grundsatz der Wirkungsorientierten Verwaltungsführung (WOV) geführt. Das WOV-Gesetz legt als Zielsetzung der Rechnungslegung fest, dass diese ein den tatsächlichen Verhältnissen entsprechendes Bild der Vermögens-, Finanz- und Ertragslage des Kantons vermitteln soll. Als wichtige Planungs-, Führungs- und Kontrollinstrumente dienen zur Umsetzung dieser Grundsätze dem Kantons- und Regierungsrat ein Legislaturplan, ein integrierter Aufgaben- und Finanzplan (IAFP), der Voranschlag (inklusive Globalbudgets), die Rechnung sowie ein Controlling, welches im Geschäftsbericht integriert ist. Die Erstellung der finanziellen Berichterstattungen unterliegt einer auf den Tag genau definierten Planung. Ergänzt werden diese Instrumente um ein Asset- und Liability-Management, eine Kosten- und Leistungsrechnung sowie eine Beteiligungsstrategie mit entsprechendem Management. In der Bewertung ist festzustellen, dass sich das WOV-System für die Verwaltung insgesamt bewährt hat. Das Kostenbewusstsein konnte gesteigert werden und WOV hat dazu beigetragen, dass der Kanton Solothurn heute eine der kostengünstigsten Verwaltungen der Schweiz und praktisch keine Schulden mehr hat. Hinsichtlich der Weiterentwicklung stellt sich daher eher die Frage nach einer weiteren Vereinfachung von Abläufen und Dokumenten, da diese ganz wesentlich das Verhältnis zum (ehrenamtlichen) Parlament bestimmen und damit dessen langfristige Akzeptanz sichern.

Ein weiteres zentrales Reformfeld bei der Einführung von NPM-Ansätzen bildet schließlich der Bereich der Modernisierung des Personalmanagements. In konzeptioneller Hinsicht können die einschlägigen Aktivitäten in dieser Reformdimension auf die programmatische Leitidee eines Wandels vom «Bürokraten zum Manager» verdichtet werden. Dass diese Formel indessen jenseits ihrer ideologischen Begründung in der administrativen Praxis oftmals zu kurz greift, verdeutlichen die drei folgenden Praxisbeispiele. So zeigt Gert FIEGUTH in seinem Erfahrungsbericht aus Deutschland, dass die beiden Dimensionen «Systemgestaltung» und «Verhaltensänderung», die integrative Bestandteile eines modernen Personalmanagements sind, gerade unter dem Vorzeichen der Neuen Steuerung keineswegs systematisch und gleichgewichtig optimiert wurden. Zudem lässt sich bei vielen Mitarbeitern heute nicht nur eine Reformmüdigkeit, sondern sogar eine regelrechte Veränderungsresistenz beobachten. Als Erklärung wird ausgeführt, dass die Kombination einzelner sinnvoller Reformansätze diese gegenseitig neutralisiert hat, so etwa wenn ein offen konzipiertes Vorgesetzten-Mitarbeitergespräch vor dem Hintergrund einer leistungsorientierten Bezahlung faktisch wieder zu einem klassischen Mitarbeiter- und Beurteilungsgespräch wird, und sich dadurch auch Zielvereinbarungen einseitig auf die Leistungsdimension verengen. Wenn dann mit zunehmend flachen Hierarchien und finanziellen Einsparvorgaben bei gleichzeitigem Zuwachs der Verantwortlichkeiten und einer transparenteren produktbezogenen Leistungskontrolle die Aufstiegsmöglichkeiten strukturell reduziert werden, können sich Konflikte auf der motivationalen Ebene ergeben. In der Gesamtschau ergibt sich somit ein Bild, nach dem im Rahmen von NPM auf der sichtbaren, formalen und strukturellen Ebene viele innovative Instrumente und Arbeitsmethoden neu eingeführt wurden, während auf der eher unsichtbaren mentalen Ebene der Werte, Normen und Einstellungen der Mitarbeiter sich auch nach Einführung von NPM demgegenüber sehr viel weniger zum Positiven verändert hat.

Dominique SCHUFFENECKER arbeitet in seinem Beitrag über die Herausforderungen und Perspektiven des neuen Managements der Personalressourcen in der französischen Staatsverwaltung heraus, dass es bei den derzeit laufenden Reformen im Personalbereich nicht um die lineare Übertragung der Prämissen des NPM geht, welche letztlich auf eine Abschaffung des Status der fonction publique hinauslaufen würde. Ziel ist es vielmehr, die mit diesem verbundenen Werte des «Service Publique» zukunftssicher zu machen. Obwohl auch in Frankreich erhebliche Budgetrestriktionen bestehen und bis 2013 jeder zweite durch Verrentung ausscheidende Mitarbeiter nicht ersetzt werden wird (was einer Personalreduktion von 30'000 Stellen = 10% entspricht), sind die Ziele der Modernisierung des Personalmanagements eher dadurch motiviert, dessen ganzheitlichen Charakter zu stärken sowie eine bessere strategische Ausrichtung im Hinblick auf zukünftige Herausforderungen (tiefgreifender Umbau der dekonzentrierten Staatsverwaltung auf der regionalen und departementalen Ebene, demographischer Wandel) sicherzustellen. Dem dienen die vier strategischen Reformachsen «Anpassung an die Entwicklungsbedarfe der Verwaltungen» (Dekonzentration des Personalmanagements, Erhöhung der Mobilität auf regionaler Ebene, Förderung des Austausches guter Praktiken), «Optimierung der individuellen Personalpolitk» (bedarfsgerechtere Rekrutierung, gezielte Weiterbildung, bessere Evaluierung, bessere Bezahlung des Personals), «Aktive Gestaltung des Veränderungsprozesses» (Stärkung des sozialen Dialogs mit kooperativen Vereinbarungen zwischen den verschiedenen Akteursgruppen innerhalb des öffentlichen Dienstes, Entwicklung einheitlicher Indikatoren zur Leistungsbemessung für alle ministeriellen Geschäftsbereiche), «Professionalisierung des Personalmanagements» (u.a. Beratung und Begleitung des Personals in der beruflichen Entwicklung, Einrichtung einer interregionalen Plattform zum Erfahrungsaustausch der Personalverantwortlichen).

Ein wiederum anderer Ansatz lässt sich im Hinblick auf die Modernisierung des Personalmanagements in der Schweizerischen Bundesverwaltung beobachten. Wie Thomas SCHMUTZ/Sibylle SCHMID/Thierry BOREL in ihrem Beitrag verdeutlichen, ist die Situation in der Schweiz sehr stark kontextgebunden. In einer ersten Näherung könnte man meinen, die Schweiz habe mit der Abschaffung des Beamtenstatus durch das Bundespersonalgesetz von 2002 den im internationalen Vergleich vielleicht konsequentesten Umsetzungsschritt der NPM-Philosophie im Bereich des Personalwesens getan. Die Analyse der Autoren zeigt aber deutlich, dass dies weniger aufgrund eines konzeptionellen Gestaltungsansatzes, denn eher aus einer krisenspezifischen Reaktion (Einführung der Schuldenbremse durch Volksentscheid) heraus erfolgte. Gleichwohl hatten die Abschaffung des Beamtenstatus und der Ersatz der vierjährigen Amtsperiode durch öffentlich-rechtliche Anstellungsverhältnisse einen hohen Symbolwert und brachten materielle Änderungen mit sich, die einen Kulturwandel einleiteten. Die Reduktion der Regelungsdichte in Gesetz und Ausführungsbestimmungen ermöglichte eine stärkere Delegation an die Personaldienste der Departemente und Bundesämter und eine bessere Wahrnehmung von Führungsverantwortung durch die Linie. Das neue Bundespersonalgesetz legte auch die Rechtsgrundlage für ein vereinfachtes Lohnsystem mit Leistungsdifferenzierung und variablen Lohnbestandteilen, dessen Basis ein mehrstufiger Zielvereinbarungs- und Beurteilungsprozess ist. Parallel wurde das zentrale Personal-Controlling gestärkt und wurden durch den Bundesrat in verschiedenen Bereichen Sollwerte für die Bundesverwaltung festgelegt. Kennzahlen zur Altersstruktur ermöglichen eine vorausschauende Personalplanung. Ferner wurden klare und bundesweit einheitliche Personalprozesse definiert, eine Neukonzeption der Aus- und Weiterbildung verwirklicht und das Gehaltsniveau insbesondere der Führungskräfte demjenigen der Privatwirtschaft angenähert. Aufgrund der nach wie vor bestehenden finanziellen Engpässe zeichnet sich in der Schweiz für die Zukunft allerdings bereits ein weiterer Stellenabbau in der Bundesverwaltung ab.

3. Die Versuchung Europas

Die Beiträge betrachten unterschiedliche geografische und fachliche Schwerpunkte sowie unterschiedliche Instrumente; sie zeichnen ein facettenreiches Bild, das den Gesamteindruck vermittelt, dass zwischen dem theoretischen Anspruch und der Praxis eine große Lücke klafft. Deutschland, Frankreich und die Schweiz scheinen einhellig die Meinung zu vertreten, dass die Modernisierung des Staates, der Verwaltung und der Verwaltungsverfahren eine Priorität darstellen; doch die Realität jenseits der viel beschworenen Konzepte, Tools und Praktiken ist vielschichtig, insbesondere im Hinblick auf *New Public Management* und dessen Grundsätze.

In Frankreich wird NPM mit einer gewissen Distanzierung betrachtet; dies liegt zum einen an den nationalen Verwaltungstraditionen, zu anderen aber auch daran, dass die radikalsten Aspekte des NPM in Frankreich nicht umgesetzt wurden. In der Schweiz hingegen stößt dieser Ansatz auf einen breiten Konsens, was den Einsatz von Instrumenten aus dem Bausatz des *New Public Management* als unproblematisch erscheinen lässt. Bei den oben dargelegten Schweizer Beispielen für Reformen und Veränderungen wurden die Lehren des NPM unvoreingenommen umgesetzt. Dies ist in Deutschland hingegen keineswegs der

Fall, wo eine Reihe von Praktiken scharf kritisiert werden. Will man den Umfragen über die Grundwerte des Bundes glauben, so findet der Gedanke des Wettbewerbs zwischen verschiedenen Bundesländern – ein Kernelement des New Public Management – nicht viele Freunde, denn der Solidaritätsgedanke ist tiefer verankert, selbst unter Nettozahlerländern (HRBECK). Einer der Gründe für diese distanzierte Haltung zu New Public Management ist, wie J. BOGUMI zu Recht betont, dass NPM in Deutschland in erster Linie als ein Instrument zur Mitteleinsparung und nicht als Modernisierungsinstrument empfunden wird (obwohl NPM ursprünglich vor allem auf Modernisierung abzielte), was nicht zu einer besseren Akzeptanz bei den Betroffenen beiträgt. Dies liegt sicher daran, dass nach der Wiedervereinigung mit ihren finanziellen Belastungen Modernisierungsbemühungen im öffentlichen Sektor vor allem in Gestalt von Kostensenkung und Effizienzsteigerung stattfanden.

Mit dieser Feststellung kommen wir auf die eingangs gestellte Frage nach dem Stellenwert der Reformen und Veränderungen in einer historischen Entwicklungsperspektive und nach deren Bezügen zum NPM zurück. Einige der Autoren prognostizieren sogar für die Schweiz ein baldiges Ende des New Public Management, wo ihm das Konzept des «We Public Management» folgen würde[3]. Interessant an dieser Überlegung ist, dass man hierbei NPM bewusst als lineares Phänomen, d.h. als eine Art Bewegung betrachtet, die, wie ihr Name besagt, Modernität zumindest im Vergleich zum Bestehenden bezeichnen will.

Wenn jedoch manche, der im vorliegenden Band beleuchteten Vorgehensweisen in der Praxis weitergehen als das NPM-Konzept und damit allgemein anerkannt wird, dass NPM eine wichtige Etappe in der allgemeinen Entwicklung darstellt, wie ist dann all das zu bezeichnen und zu bewerten, was nicht zum NPM-Konzept gehört? In Frankreich lässt sich die Geschichte der Staatsreform eher unabhängig von NPM denn in dessen Fortentwicklung beschreiben (CASTEIGTS). Im Rahmen der französischen Verwaltungsreform «Révision générale des politiques publiques» (RGPP) sind dann erstmalig finanzielle Überlegungen in den Vordergrund getreten. Dies ist jedoch der Logik der Haushaltsbegrenzung zu schulden und nicht der Einführung neuer Managementinstrumente. Es ist, wie F. LAFARGE betont, insofern festzustellen, dass die französische Verwaltungsreform RGPP zwar einen Wendepunkt beim Reformansatz in Frankreich darstellt, die Staatsreform jedoch offenbar in weiten Teilen unabhängig von NPM erfolgte, selbst wenn sich die Reden zur Legitimation der Reformen gelegentlich auf NPM berufen.

---

[3] XAVIER COMTESSE, Le «new public management» est mort! Quels sont les nouveaux paradigmes du management public?, in: *Affaires publiques*, 24. Juni 2010, Genf.

Das Beispiel Frankreichs rührt an den Kern des Phänomens, das die am Anfang dieser Einleitung zitierte Fabel karikiert. Als erste Schlussfolgerung muss also festgestellt werden, dass es dem NPM wohl ergeht wie einer Mode: Die einen nehmen sie ernst, halten sich systematisch an Regeln und Vorschriften und passen sie an ihre spezifischen Bedürfnisse an. Andere bleiben an der Oberfläche: Hin und wieder bezieht man sich auf die Konzepte und Instrumente des NPM, aber die konkrete Umsetzung ist vom ursprünglichen Geist des NPM recht weit entfernt.

Die zweite Schlussfolgerung bezieht sich auf die Lehren, die man im Hinblick auf die vielgestaltige NPM-Doktrin aus den verschiedenen Untersuchungen und Erfahrungsberichten dieses Bandes in einer kontinentaleuropäischen Perspektive ziehen kann. Die griechische Mythologie, die ungeachtet nationaler Besonderheiten zum gemeinsamen Erbe der Europäer gehört, gibt uns zum Verständnis Interpretationshilfen an die Hand, mit denen man hinter die Fassade und die Sonntagreden blicken kann. So ist es kein Zufall, dass der Reformprozess von mehreren Beobachtern als Sisyphusarbeit bezeichnet wurde. Die Anstrengungen müssen immer wieder neu unternommen werden, die Last der Aufgabe, der oftmals entmutigend steile Hang, die Notwendigkeit, genügend Energie und Schubkraft aufzubringen, um den schweren Felsbrocken voranzubringen – alle diese Faktoren beeinflussen die Leistung des Sisyphus. Betrachtet man den Reformprozess als Sisyphusarbeit, so ist also die erste Lehre aus der griechischen Mythologie, dass man sich nicht vom Felsbrocken überrollen lassen darf, wenn er einmal außer Kontrolle geraten sollte. Es besteht die Gefahr, dass die betroffene Verwaltung durch die Reformen geschwächt wird, da sie einerseits die Reform selbst durchführen, andererseits aber auch den laufenden Betrieb aufrechterhalten muss. Zudem muss Sisyphus in der Verwaltung dem Druck aus seinem Umfeld standhalten: den Kunden einerseits und den Politikern andererseits, die naturgemäß nicht die gleichen Anliegen im Auge haben.

Anhand der griechischen Mythologie lässt sich eine zweite Lehre ziehen: Die Versuchung, Instrumente aus dem betriebswirtschaftlichen Management einzusetzen, birgt eine Reihe von nicht zu unterschätzenden Gefahren – auf den Höhenflug folgt die Ernüchterung und damit das Risiko, letztlich wie Ikarus, hart zu landen. Es ist hier nötig, das rechte Maß zu behalten und die Hybris von Gedankengebilden zu vermeiden, die letztendlich das zerstören, was sie ursprünglich reformieren wollten. Man sieht hierbei sehr gut, dass die aus dem Bereich der Wirtschaft übernommenen Instrumente nicht immer den administrativen Aufgaben und ihren Zielen gerecht werden und deswegen die latente Gefahr besteht, den Bogen zu überspannen.

Die dritte Lehre hat mit der Versuchung und dem äußeren Schein zu tun. Gleich der phönizischen Prinzessin hat sich das Verwaltungs-Europa vom unwiderstehlichen Charme des Managementgottes verführen lassen, ohne zu ahnen, wohin die Reise gehen würde. Dieser moderne «Raub der Europa» wirft die Frage nach der Übertragbarkeit von Denkmodellen auf, aber auch und vor allem die Frage nach Art und Endstadium der Veränderung. Nach POLLITT/BOUKAERT ist Kontinentaleuropa derzeit scheinbar in eine Phase eingetreten, die als postweberianisch[4] bezeichnet werden könnte. Es drängt sich jedoch auch die Frage auf, ob sich im Rahmen des europäischen Integrationsprozesses nicht bereits eine sehr viel weiterreichendere Entwicklung abzeichnet, nämlich die als «Governance» bezeichnete Funktionsweise von Staat und Verwaltung. Aufgrund ihrer Vielschichtigkeit ist Governance nicht mit den traditionellen Kriterien zu erfassen und erfordert insofern eine grundlegende Änderung bestehender politisch-administrativer Denktraditionen und Kulturen.

Doch wie kann man wissen, ob dieser Trend nicht zu einer neuen Mode in all ihrer oben genannten Oberflächlichkeit wird? Das ist Gegenstand der vierten Lehre aus der griechischen Mythologie, die sich in diesem Fall aus dem Schicksal des Tiresias ziehen lässt. Wie der erblindete Seher, der sich mit Hilfe eines Stabes orientieren musste, tastet sich auch die Verwaltung vorsichtig voran und dreht sich dabei oft im Kreise. Als Kompass auf der Suche nach dem richtigen Weg dienen ihr die Grundwerte, das Gewissen und die jeweiligen öffentlichen Aufgaben. Sisyphus muss nicht nur wissen, warum er den Felsbrocken den Berg hinaufrollt, er muss auch wissen, dass er den richtigen Felsbrocken hinaufrollt. Hier ist Y. EMERY beizupflichten, der in seinem Beitrag über Personalmanagement betont, alle laufenden Veränderungen zeitigten nur dann Ergebnisse, wenn sie den demokratischen Grundwerten staatlichen Handelns verpflichtet sind und dem öffentlichen Interesse dienen. Es handelt sich hierbei um eine Grundvoraussetzung: Staatliches Handeln darf niemals von seinen Werten und dem, was den Kern der Verwaltungskultur in Europa ausmacht, losgelöst sein.

Um mit Albert Camus zu schließen, kann man sich also durchaus einen glücklichen, voranschreitenden Sisyphus vorstellen, vorausgesetzt, er macht sich von Modeerscheinungen frei und erkennt, dass seine Mühen Teil einer breiteren, über seine Teilaufgabe hinaus weisenden Entwicklungsrichtung sind, die tragfähig, sinnstiftend und legitim ist.

---

[4] CHRISTOPHER POLLITT/GEERT BOUCKAERT. Public Management Reform. A Comparative Analysis. Oxford 2004

Nouvelle Gestion publique et réformes de l'Etat et de l'administration en Europe: effet de mode ou impact en profondeur?

FABRICE LARAT / JOACHIM BECK

> «Ce dont nous avons besoin, c'est de hiérarchies ramassées», disait le hibou, «d'un management filiforme, de se concentrer sur nos activités essentielles. Les fusions renforcent la forêt et la protègent contre des tentatives de prise de contrôle hostiles. Et puis, je ne prodigue pas de conseils, ce que je fais c'est du consulting».
>
> «Je comprends bien», répondit le coq de bruyère, «c'est de l'anglais et cela veut dire...»
>
> «... conseiller. Je sais. Mais cela sonne mieux, et ça fait plus dynamique».
>
> Robert Griesbeck
> Unser Wald muss moderner werden. Eine Fabel von der schönen neuen Zeit[1]

Sommaire

1. Une démarche commune   24
2. Problématiques et structure   25
3. Le ravissement d'Europe   39

Par son aspect caricatural, la scène décrite ci-dessous interpelle le lecteur sur la portée et les effets de l'exportation du discours managérial dans des domaines de plus en plus variés. En effet, si comme dans cette fable, même les animaux de la forêt se révèlent réceptifs à ce genre d'arguments, c'est bien qu'il s'agit là d'un phénomène en pleine expansion, notamment dans l'administration publique d'un grand nombre de pays de par le monde. Par maints aspects, le courant

---

[1] [Notre forêt doit se moderniser. Une fable sur ces merveilleux temps modernes]. ROBERT GRIEBECK, «Unser Wald muss moderner werden», Munich, Dromer Verlag, 2008, quatrième de couverture.

doctrinaire et la vague de transformations que l'on regroupe communément sous le nom de *New public management* (NPM) ainsi que sous l'appellation de *Nouvelle gestion publique* (NGP) en France ont en effet marqué le débat sur la réforme de l'État et de l'administration dans la plupart des pays européens pendant ces quinze dernières années.

Ce constat soulève de nombreuses interrogations. Qu'en est-il exactement de la nature de ce phénomène? Au delà des effets de mode, quelle est sa réalité et sa portée exacte? Les différentes réformes et transformations qui ont pu voir le jour au cours des deux dernières décennies au niveau de l'organisation de l'État et des administrations sont elles toutes directement liées au NPM? Et s'il s'agit bien d'un phénomène commun, ses effets sont-ils partout similaires et de même ampleur? La question centrale qui se pose est donc de savoir quelle est la réalité du lien postulé entre réformes et NPM, à savoir, si les transformations évoquées dans cet ouvrage et affectant le fonctionnement de l'État et de ses administrations s'inscrivent bien dans le cadre de ce courant, ou si elles se situent au contraire au-delà, voire tout simplement en marge.

1. Une démarche commune

Afin de traiter cette question, l'Euro-Institut de Kehl et le Centre d'expertise et de recherche administrative de l'École nationale d'administration ont organisé deux conférences à Strasbourg au cours de l'année 2009 avec le soutien du Pôle européen d'administration publique dont ils font tous les deux partie. Le premier module qui s'est tenu les 28 et 29 mai au Conseil de l'Europe portait sur la répartition des compétences publiques et les réformes organisationnelles. Le second qui a eu lieu les 3 et 4 décembre à l'ENA avait pour objet d'étudier quelles ont pu être les influences directes ou indirectes de la nouvelle gestion publique dans des secteurs comme le pilotage ou l'évaluation de l'action de l'État, les questions budgétaires ou de gestion du personnel.[2]

Dans les deux cas, la réflexion portait sur une analyse comparée de la situation dans trois pays voisins (la France, l'Allemagne et la Suisse), pays qui ont emprunté des chemins différents dans la mise en œuvre de leurs réformes administratives. Outre leur proximité géographique et l'intérêt qu'ils représentent pour les partenaires alsaciens du Pôle européen d'administration publique, ces pays partagent des traditions communes, connaissent des modes de fonctionne-

---

[2] «Les auteurs tiennent à remercier chaleureusement Monsieur Eddie Pradier, responsable des études à l'Euro-Institut, sans l'engagement duquel ni les deux conférences ni la présente publication n'auraient été possibles».

ment assez semblables et font face aux mêmes défis, et ce, malgré l'existence de différences structurelles parfois importantes, notamment en ce qui concerne leur système politique.

Grâce à cette approche comparative, et sur la base d'exemples concrets, les analyses rassemblées dans cet ouvrage visent à mieux connaître et comprendre les évolutions en cours ainsi que les perspectives de réforme de l'administration dans ces trois pays. Son caractère comparatif et tri-national est donc tout à la fois la condition *sine qua non* pour pouvoir traiter de manière appropriée ce phénomène à caractère visiblement transnational, et représente en même temps sa principale valeur ajoutée. Par ailleurs, tout comme les deux conférences il est issu, le présent ouvrage s'adresse à un public de spécialistes, qu'ils soient universitaires ou praticiens. Cette volonté de croiser les regards et les expertises pour mieux dépasser les apparences et les particularismes nationaux ou sectoriels se reflète dans la diversité de provenance des auteurs ainsi que dans la combinaison de textes de nature scientifique et d'autres à caractère plus empirique, voire relevant du témoignage.

2. Problématiques et structure

Les différentes contributions rassemblées dans cet ouvrage sont articulées autour de quatre sections comprenant chacune deux ou trois chapitres permettant ainsi de décliner les différents aspects de la relation entre NPM et réformes de l'État et de l'administration dans les trois pays étudiés.

La première section porte sur les contours exacts des réformes en question, sur les spécificités de la réforme de l'État et de l'administration en Allemagne, en France et en Suisse et sur les déterminants majeurs de ces différentes approches nationales au cours des quinze dernières années. La définition des concepts utilisés et la présentation de l'état actuel des débats dont traite le chapitre 1 permet de disposer des éléments d'appréciation nécessaires à une compréhension fondée de la problématique. En apportant quelques réflexions générales sur la *Nouvelle gestion publique* et sur les perspectives de réforme en Europe continentale, Jean-Bernard AUBY re-situe ainsi le contexte et les défis auxquels les différents Etats européens se voient confrontés ainsi que les limites qui s'imposent à eux. En ce qui concerne la question du pilotage de l'action publique, les appareils d'État ont été quelque peu désarticulés et rendus plus complexes. Du fait des multiples interdépendances existantes, cela veut dire que toute velléité de réforme est en même temps tributaire de ce qui se passe hors de nos frontières, et, au moins pour la France et l'Allemagne, doit par exemple tenir compte des particularités et effets du système de gouvernance à niveaux multiples de l'Union européenne. Comme le rappelle Klaus-Eckart GEBAUER dans son avant-propos, toutes les modes, surtout lorsqu'elles promettent le passage à une situation nouvelle, plus moderne voire carrément meilleure, doivent faire l'objet d'un examen critique afin de vérifier dans quelle mesure les améliorations ou au moins les transformations annoncées ont bien vu le jour. C'est ainsi que dans sa contribution consacrée à ce qu'a apporté le NPM en Allemagne et ce qu'il en est ressorti, Hermann HILL analyse les conséquences de l'introduction de nouveaux modèles de pilotage en termes d'organisation interne, de gestion décentralisée des ressources et pour atteindre les objectifs fixés. Ainsi, le NPM transforme t-il le rôle de l'État en un «État-garant» (*Gewährleistungsstaat*). Mais la nouvelle répartition des tâches et des responsabilités qui en découle, notamment du fait d'une plus grand implication des citoyens et des «clients», nécessite toutefois la mise en place de mécanismes qui soient à même d'assurer la coordination des différents acteurs. Faisant écho aux «champs de ruines» évoqués par H. HILL au sujet des effets de certaines réformes, Jürgen KEGELMANN dresse lui aussi un bilan nuancé de l'euphorie de réformes qui a affecté les aspects organisationnels du fonctionnement de l'État et des administrations. Il relève d'intéressantes similitudes entre les trois pays étudiés en ce qui concerne les normes et préceptes de référence, comme l'idée de coopération, la contractualisation ou les contrats d'objectifs qui visent à permettre aux aspects positifs des mécanismes du marché de développer une dynamique au sein des administrations. De son côté, en élargissant encore le champ de la comparaison aux expériences anglo-saxonnes et scandinaves en matière de modernisation de l'administration, Sabine KUHLMANN constate que la dissémination au sein du secteur public du principe de mesure de la performance sur la base d'indicateurs est en effet en partie liée à la doctrine du NPM. Toutefois, même si il s'agit d'une tendance internationale, dans la pratique celle-ci prend des formes particulières et variées tant au niveau des formes de mise en œuvre que des résultats et des effets provoqués. De manière générale, l'influence réelle de l'importance désormais accordée à la mesure de la performance sur les transformations ou innovations apportées sur le plan institutionnel dans les pays d'Europe continentale, tout comme ses effets en termes d'une véritable amélioration de la performance ne doivent, d'après elle, pas être surestimés. Dans le domaine de la gestion des ressources humaines, il apparaît d'autre part que nous sommes entrés dans une phase qu'Yves EMERY qualifie «d'après-fonctionnariat» caractérisée par une forme d'éclatement et liée à des conditions d'emploi et des pratiques de plus en plus diversifiées, mais aussi par une tendance à la managérialisation qui suscite de nombreuses critiques. Indépendamment de cette «tentation de l'outil» caractéristique du NPM, il n'en reste pas moins que la contribution de la gestion des ressources humaines aux mécanismes de transformation des administrations publiques est importante, bien qu'elle ne soit pas toujours appréciée à sa juste valeur puisqu'il s'agit d'un levier essentiel des changements de comportements, de pratiques, et *in fine*, des manières d'agir et de fonctionner propres aux organisations publiques. Enfin, dans leur présentation des résultats d'une étude prospective selon la méthode DELPHI, Joey-David OVEY, Susanne BIRK et Axel SEIDEL dégagent les grandes tendances de ce qui devrait caractériser le fonctionnement de nos administrations en l'an 2020, à savoir un accroissement de la coopération verticale et horizontale ainsi que l'importance croissante de la stratégie.

Après ce tableau d'ensemble à caractère général, le chapitre 2 est consacré aux différents visages de la Nouvelle gestion publique en Allemagne, en France et en Suisse. En Allemagne, le NPM s'est surtout fait connaître au niveau communal sous la forme du «nouveau modèle de pilotage» (*Neue Steuerungsmodell*). Jörg BOGUMIL souligne à ce sujet que les attentes placées dans les instruments managériaux chargés de produire des gains d'efficience ont été surestimés et que la mise en œuvre de procédures orientées vers la production de résultats s'est accompagnée de difficultés considérables. Par ailleurs, la séparation systématique prônée par le NPM entre la sphère politique (décider du «quoi») et celle de l'administration en charge de l'application des mesures (le «comment») est une erreur de conception qui, d'après lui, contredit la nature même de l'action politico-administrative. Si la modernisation des structures administratives au niveau fédéral et régional (*Länder*) peut être qualifiée comme le fait J. BOGUMIL de travail de Sisyphe, l'étude de l'histoire des réformes administratives en France telle que la conduit Michel CASTEIGTS dans sa contribution montre que la réforme de l'État est devenue en France un procédé ordinaire de gouvernement. Il s'agit là d'un paradoxe fondamental: alors que la notion même de réforme renvoie à un processus temporaire de transition, donc d'un phénomène momentané et exceptionnel, en France la réforme est permanente et s'inscrit dans la routine de l'action gouvernementale, avec ou sans Nouvelle gestion publique. L'étude par Daniel KETTIGER des contours pris par le NPM en Suisse indique quant à elle qu'il s'agit d'un mode de développement particulier qui a laissé des traces importantes et conduit à des réformes dans le domaine du management (comme la généralisation du pilotage par objectifs) mais aussi à transformer les manières de penser. Ainsi, l'introduction des partenariats public privé n'aurait pas été possible sans référence aux principes véhiculés par le NPM.

La nécessité de différencier les constatations faites à un niveau assez général nous a conduit a étudier dans une deuxième section les nouvelles répartitions des compétences publiques qui ont pu voir le jour, aussi bien sous la forme de transfert vertical que de transfert horizontal de compétences.

Le transfert vertical de compétences ne renvoie bien évidemment pas à la même ampleur ni aux mêmes enjeux dans des États fédéraux comme l'Allemagne et la Suisse, ou dans un État centralisé comme la France. Au chapitre 3, Rudolf

HRBEK retrace dans sa contribution les deux étapes de la réforme du fédéralisme en Allemagne en 2006 et 2009. L'État fédéral et les États fédérés devaient chacun dans leur domaine d'action être renforcés et les compétences précisées et «dés-enmélées», mais il s'avère que le résultat en termes de modernisation reste en deçà des espérances car les réformes sont restées partielles. Pour ce qui est de la France, François LAFARGE constate dans son analyse de la première phase de la Révision générale des politiques publiques (RGPP) que cette réforme, elle aussi, n'a pas été aussi exemplaire qu'elle aurait dû l'être. L'instrument de la révision, qui provient du secteur privé, consiste en fait en un simple passage en revue des activités d'une organisation. C'est donc plus une procédure de réforme qu'une réforme *stricto sensu*. Par ailleurs, la révision a été cantonnée à la manière dont les politiques publiques étaient exécutées, c'est-à-dire aux questions d'administration générale et d'organisation. Enfin, faute d'articulation claire par rapport à la LOLF (Loi organique sur les lois de finance), autre réforme majeur de l'action publique, la cohérence de l'ensemble des procédures de modernisation de l'État en France n'a pas été assurée. Il est toutefois important de remarquer que c'est la première fois en France qu'une réforme de cette ampleur a été dotée d'un dispositif de suivi. Ce genre de transfert de compétence semble en tout cas avoir été plus aisé en Suisse malgré la lourdeur de la tâche. Pour Gérard WETTSTEIN, la réforme de la péréquation financière et de la répartition des tâches (RPT) entre l'État fédéral et les cantons suisses est partie d'une analyse «par le bas» de l'inefficacité du système en vigueur jusqu'alors. L'approche pragmatique suivie a permis de mettre en avant des solutions appropriées débarrassées de lourdeurs bureaucratiques et d'illusions d'ordre politique.

Pour ce qui est du transfert horizontal de compétences évoquées au chapitre 4, Manfred RÖBER relève que la critique des tâches publiques représente le point faible de la modernisation de l'Etat et de l'administration en Allemagne. En effet, là aussi on constate la tendance à toujours partir du principe de la nécessité des missions existantes au lieu de les questionner. Cela étant, sur la base du principe de subsidiarité, une nouvelle répartition des rôles entre les pouvoirs publics, les acteurs économiques et la société civile est en train d'émerger pour ce qui est de la conduite de l'action publique. Le concept de l'«État-garant» évoqué plus haut indique que l'État est en train de s'éloigner de la conception traditionnelle et témoigne de cette mutation vers un rôle qui tient plus du modérateur, du pilote et d'initiateur. Dans son étude des enjeux de la privatisation et de la délégation contractuelle du service public en France, Bertrand DU MARAIS souligne que l'externalisation par délégation, qui est considérée par les anglo-saxons comme un mode de privatisation, résulte en fait d'une longue tradition française de ce qu'on appelle les concessions ou les marchés concessifs. De fait, en France le NPM ne semble pas avoir exercé d'influence directe sur ce genre de développements. Son influence est plus perceptible sur le fonctionnement interne des administrations. Ainsi, le NPM a donné naissance à la contractualisation interne des moyens budgétaires, à l'analyse de la performance et à la mise en place d'indicateurs de performance au sein de la LOLF.

Le développement des partenariats public privé représente un cas paradigmatique de transfert horizontal de compétences entre acteurs. La conclusion de tels contrats de partenariats est censée permettre de soulager les finances publiques et de permettre une amélioration durable des infrastructures. Tanja POHLE et Gerhard GIRMSCHEID indiquent toutefois que ce potentiel est encore peu utilisé en Suisse, en partie à cause de leur complexité et du degré d'incertitude qu'ils impliquent.

Tout comme les réformes relevant de la critique des tâches publiques, celles portant sur les aspects organisationnels de l'administration publique constituent un élément central du NPM. La troisième section de cet ouvrage leur est consacrée. La mise en œuvre de la plupart des réformes institutionnelles inspirées du NPM se caractérise par l'accent relativement fort mis sur le niveau micro. Certes, dans les pays d'origine du NPM – le Royaume-Uni, les États-Unis, la Nouvelle-Zélande et l'Australie, les réformes des relations inter-institutionnelles et inter-gouvernementales («dévolution», «décentralisation») ont joué un rôle non négligeable – tout du moins au début. Certains États unitaires d'Europe continentale (Italie, Espagne, France et Pays-Bas) ont également entrepris des réformes similaires. Mais lorsque l'on parle de politique organisationnelle dans le cadre du NPM, ce sont le plus souvent des concepts relatifs à la «modernisation interne des administrations» qui dominent les réflexions des chercheurs comme des praticiens. Les préceptes de référence du NPM que sont le «principe de marché» et «le principe de réseau ou de contractualisation» (cf. KEGELMANN dans cet ouvrage) ont débouchés en matière de politique organisationnelle sur les concepts de réforme suivants: «concentration décentralisée», «autonomisation d'autorités administratives», «fléxibilisation des processus» et «développement organisationnel stratégique».

Stephan JAUD montre ainsi dans sa contribution sur la réforme structurelle de l'administration dans le Bade-Wurtemberg (chapitre 5) que le principe de «concentration décentralisée» a présidé à la conception à la mise en œuvre d'une vaste réforme administrative à l'échelle de tout un Land. Au début des années 70, le Bade-Wurtemberg comptait 850 autorités spécialisées (*Sonderbehörden*) et disposait ainsi d'une administration très segmentée organisée de manière verticale. A la faveur de différentes réformes, leur nombre avait déjà été réduit à 570 en 1994 puis à 470 en 2001 – le plus souvent grâce à des regroupements géographiques. Entre 2003 et 2005, une vaste entreprise de réforme a conduit à la suppression de pas moins de 350 autorités étatiques spécialisées, dont les missions et le personnel (environ 20'000 personnes) ont été regroupés dans les quatre entité administratives situées au dessous du Land (*Regierungspräsidien*) ainsi que dans les services administratifs des arrondissements (*Landratsämter*). Cette réforme a été guidée par deux principes forts: la concentration décentralisée et la création de synergies. Un autre principe venait s'y ajouter, à savoir le principe de l'«espace administratif unique»: Pour chaque district administratif, il ne doit plus y avoir qu'une seule autorité assumant des missions étatiques, afin de permettre la mise en place de pôles uniques très accessibles et l'instauration de processus de décision plus efficaces et plus rapides. Enfin, les synergies obtenues grâce à cette réforme devaient permettre de faire des économies dans le budget du Land. La décision du transfert de compétences et de personnels était assorti d'un objectif de réduction des coûts de 20%, objectif à atteindre en plusieurs étapes jusqu'en 2011: les compensations financières versées par le Land aux *Regierungspräsidien* et aux *Landratsämter* pour couvrir les coûts supplémentaires engendrés par le transfert ont été conçus de manière dégressive.

A l'inverse, Guy SIAT montre dans son article sur les tentatives récentes menées en vue d'optimiser la coopération intercommunale en France que ces dernières n'ont qu'un lien très indirect avec le NPM, aussi bien au niveau de leur conception qu'en ce qui concerne leur mise en œuvre. Par ailleurs, elles ne représentent pas une solution vraiment efficace face au morcellement communal (36'679 communes en France, dont presque la moitié compte moins de 2'000 habitants). Au contraire, elles révèlent plutôt les dangers et complexités qui peuvent résulter d'effets indus négatifs liés à la mise en place d'échelons administratifs ad-hoc au niveau décentralisé. Cela explique les nouvelles réformes de l'administration décentralisée menées actuellement en France. Il s'agit d'une part – avec la création de «métropoles» – de renforcer la capacité d'action de l'échelon communal pour la gestion des relations ville-périphérie; et d'autre part, grâce à la fusion de départements et de régions, d'accroître l'efficacité et l'efficience des collectivités territoriales dans leur ensemble.

Dans son article sur la coopération inter-cantonale entre les cantons de Bâle-ville et de Bâle-campagne, Hans-Martin TSCHUDI montre quant-à-lui à quel point, dans un contexte inter-institutionnel très similaire, les principes et les instruments du NPM peuvent faciliter la coopération. Etant donné qu'il n'était politiquement pas possible de fusionner les deux cantons (et que cela ne ferait de sens qu'à une échelle plus grande, au niveau de toute la Suisse du Nord-Ouest), des arrangements inter-institutionnels prenant la forme de contrats et de conventions d'objectifs ont été mis en place dans toute une série de domaines de l'action publique, offrant ainsi des alternatives fonctionnelles efficaces à la fusion territoriale. Sur la base du principe d'équivalence budgétaire, des standards ont par ailleurs été définis pour la péréquation des charges, et diverses instances communes de planification et de portage ont été créées pour toute une série de domaines.

L'un des autres grands axes de réforme du NPM en matière d'organisation réside dans la recherche de plus d'efficacité par la création de structures administratives autonomes (les «agences»). En prenant l'exemple de l'Office fédéral allemand des biens immobiliers de l'État, Dirk KÜHNAU analyse au chapitre 7 les avantages de cette approche, mais aussi ses limites – en particulier par rapport aux décideurs politiques et par rapport aux clients – de l'exercice consistant à conférer une indépendance entrepreneuriale à ce qui était autrefois une administration publique fédérale.

La création de structures administratives indépendantes sous la forme d'agences étatiques a aussi une place importante dans la réforme de l'administration étatique française, comme le montre bien l'article de Joëlle ADDA sur les autorités administratives indépendantes (AAI) et les autorités publiques indépendantes (API). Ce type de réforme est encore observé avec circonspection par certains théoriciens de l'État, qui y voient un danger pour la répartition classique des pouvoirs du fait de l'affaiblissement corollaire des pouvoirs législatifs et de contrôle du Parlement, et qui craignent une remise en cause de la conception classique du service public. Il n'en reste pas moins que les AAI et les API constituent aujourd'hui une réalité de l'administration étatique française qui ne plus être occultée. Indépendamment de leur grande diversité en termes de statut juridique et de compétences, elles sont vues comme un instrument approprié pour augmenter l'efficacité et l'efficience de l'action étatique. Alors que la création des AAI et API – on en compte plus de 70 aujourd'hui – correspond à la volonté d'augmenter l'efficacité et la flexibilité dans la réalisation des missions étatiques, celles qui disposent de la personnalité morale et (en règle générale) de compétences régulatrices propres pour leur secteur relèvent de logiques de privatisation formelle, très souvent en lien avec la mise en œuvre de directives européennes. Face à l'augmentation rapide du nombre de ces autorités administratives indépendantes en France se pose de plus en plus la question d'un meilleur contrôle et d'une meilleure coordination entre elles, du développement de synergies encore inexploités, voir – dans certains domaines – de fusions visant à créer des structures plus efficaces et plus performantes.

Partant de l'exemple de l'Office fédéral de topographie (swisstopo), Jean-Philippe AMSTEIN présente un autre point de vue sur l'approche axée sur les agences. Swisstopo a été l'un des premiers offices fédéraux dans lesquels la nouvelle approche appelée «Gestion administrative efficace» s'est trouvée expérimentée. Il analyse les possibilités et les limites de la gestion par mandat de prestations et enveloppe budgétaire (GMEB) à l'exemple d'un office fédéral comptant 300 collaborateurs et doté d'un budget annuel de 50 millions de

Francs suisses. Il en ressort que la GMED présente des avantages spécifiques, en particulier en termes de prise de conscience des coûts, de motivation, marge de manœuvre financière, orientation sur les résultats et évaluation de la performance sur la base d'un contrat de performance. En revanche, des défis se posent pour définir et convenir d'objectifs réalistes avec les décideurs politiques. Par ailleurs, on constate dans la pratique une prédominance des objectifs financiers sur les objectifs matériels avec parallèlement une difficulté à mesurer les impacts réels sur le long terme. Par ailleurs, la coexistence entre offices fédéraux ayant adopté la GMED et les autres pose un problème croissant en Suisse au niveau fédéral, de telle sorte que le Conseil fédéral est actuellement à la recherche d'un modèle qui conviendrait pour tous les offices fédéraux.

Au-delà du processus d'agencification, la modernisation des structures et des processus est également un élément-clé du NPM (chapitre 7). Partant de l'exemple de la réforme de l'Administration des forêts du Land de Rhénanie Palatinat, Hermann R. BOLZ met en évidence l'importance de l'optimisation stratégique des processus pour une dynamique de modernisation durable. Le rôle spécifique des décideurs politiques ressort clairement ici: Ces derniers doivent disposer d'une stratégie globale cohérente en matière de politique administrative, qui soit communiquée et mise en œuvre de manière pro-active, pour éviter que les solutions trouvées ne soient que ponctuelles, avec des résultats modestes. L'optimisation des processus au sein de l'administration des forêts peut ainsi certes être vue comme un élément clé de la modernisation de l'administration, mais c'est seulement en étant combinée avec d'autres composantes comme par exemple l'amélioration de l'organisation, l'optimisation du droit, l'introduction d'outils de pilotage, l'application d'un «régime minceur» à l'administration (*Verschlankung*), ou une réorganisation des tâches que les objectifs recherchés ont pu être pleinement atteints. En même temps, la mise en œuvre de la réforme met en évidence les limites de la rationalisation interne: lorsque tous les potentiels de rationalisation de l'organisation interne ont été épuisés se pose la question d'une révision en profondeur des missions de l'administration – en particulier dans un contexte de réduction constante du personnel.

Philippe VRIGNAUD montre quant-à-lui que la méthode LEAN, approche classique et étroitement liée au NPM, suscite actuellement un vif intérêt en France. Il est intéressant d'observer ici que l'amélioration des structures et des processus dans le cadre du LEAN s'effectue en se mettant d'abord à la place des usagers et non exclusivement selon une approche d'optimisation interne. Sur la base de deux projets pilotes (au sein des Hôpitaux de Paris et de la DRIRE de Poitou-Charentes) ayant eu des retombées très positives (par exemple la réduction de temps moyen de traitement des dossiers de 12 mois à 12 semaines), la DGME (Direction générale de la modernisation de l'État) est actuellement en train d'élaborer un plan pour mettre en œuvre le LEAN dans l'ensemble de l'administration étatique française.

Partant de l'exemple du développement organisationnel stratégique au sein du département des finances publiques du canton de Lucerne, Hansjörg KAUFMANN montre comment l'approche suisse de la «Gestion administrative efficace» (WOV – pour *Wirkungsorientierte Verwaltungsführung*) implique délibérément le niveau politique dans le processus de modernisation de l'Etat et comment dirigeants politiques et managers mettent en place une démarche de gestion commune grâce à des outils appropriés (stratégie cantonale, programme de législature, planification pluriannuelle des performances, plan intégré mission-financement, rapport d'activité). Cet exemple met en évidence que le NPM continue à évoluer en Suisse, passant d'une vision principalement orientée sur les outils et sur la recherche d'efficacité à un renforcement du pilotage stratégique qui met l'accent sur les perspectives de moyen-terme et attache plus d'importance à l'évaluation des impacts attendus sur le plan politique.

L'introduction de nouvelles procédures de pilotage visant à optimiser l'allocation des ressources publiques constitue l'un des éléments les plus importants du NPM. La quatrième partie de cette publication se concentre sur cette question en abordant trois champs d'optimisation. Seront d'abord présentés des exemples tirés de la pratique se rapportant à l'introduction générale (c'est-à-dire concernant toute une administration) d'outils de pilotage innovants. Dans un deuxième temps sont ensuite analysés les champs d'action plus spécifiques de la modernisation de la gestion budgétaire puis de la «modernisation du management du personnel, à chaque fois dans une perspective comparative en partant d'exemples de différentes administrations en Allemagne, en France et en Suisse.

Dans leur contribution sur l'introduction de nouveaux instruments de pilotage dans l'administration du Land de Bade-Wurtemberg (chapitre 8), Lesli EISMANN et Bernd KRAFT analysent les objectifs et la mise en œuvre d'un des projets de modernisation les plus ambitieux de l'administration allemande. Le Land de Bade-Wurtemberg avait décidé dès 1999 d'introduire de nouveaux instruments de pilotage à l'échelle de tout le Land. Plus de 1'000 administrations et plus de 10'000 employés de l'Administration du Land étaient impliqués dans le processus. Les changements de méthodes de pilotage devaient être favorisés par l'introduction d'outils techniques communs. Le nouveau mode de gestion instauré comprenait la mise en place dans toutes les administrations du Land d'un système de gestion budgétaire basé sur les TIC et – sur cette base – l'introduction de la comptabilité analytique en lien avec l'instauration de la gestion budgétaire décentralisée, ainsi que la mise en place d'un contrôle de gestion stratégique et d'un contrôle de gestion opérationnel basé sur des systèmes d'information managériale. Les principales motivations de cette réforme globale résidaient dans l'endettement croissant des pouvoirs publics mais surtout dans la volonté de faire face en amont aux conséquences du changement démographique et de mieux adapter l'administration publique aux nouveaux besoins de la population et du monde économique dans le Land. A partir de deux exemples – le système d'information managériale au sein de l'administration fiscale et les sondages électroniques réalisés auprès des usagers et des employés – les auteurs mettent en évidence les effets positifs du recours aux TIC en termes de développement de l'auto-responsabilité et de prise en compte des résultats et des impacts.

Dans son intervention sur la politique de la Ville en France, Dominique DUBOIS s'intéresse à l'introduction de la mesure de la performance dans le cadre d'une politique sectorielle. La politique de la Ville vise à améliorer la situation sociale des quartiers urbains en difficulté. Elle concerne 2'000 quartiers en France, qui représentent 10% de la population du pays. Partant de l'objectif fixé dans la nouvelle loi sur la rénovation urbaine du 1er août 2003 de réduire les écarts entre ces quartiers et la moyenne nationale (à titre d'exemple, le taux de jeunes quittant l'école sans diplôme ni qualification y est deux plus élevé que la moyenne nationale) ont été mises en place deux agences dédiées à la politique de la Ville qui ont passé avec les administrations communales concernées quelques 500 conventions pluriannuelles spécifiques, représentant un volume financier annuel de 1,5 milliard d'euros. Dans ces conventions et les programmes qui en découlent ont été introduit de manière systématique des indicateurs de performance et de résultat, grâce auxquelles la qualité, le coût ainsi que les résultats concrets des actions menées et des services rendus sont mesurés et évalués au niveau de la ville, sachant que ces indicateurs doivent être en adéquation avec les indicateurs de performance introduits par la LOLF afin de satisfaire aux obligations de rapport auprès du Parlement. L'article met aussi en évidence la nécessité de disposer également – au-delà des indicateurs spécifiques à une politique sectorielle, à un programme ou à une mesure – d'un système d'information statistique socio-économique de plus grande ampleur, afin de pouvoir également procéder à des évaluations des programmes sur le moyen-terme et mesurer leur impact réel.

Dans sa contribution sur le développement du système de «gestion administrative efficace» (WOV) dans le canton d'Argovie, Michael UMBRICHT explique comment, cinq années après l'introduction du NPM en Suisse, de nouvelles priorités ont été élaborées sur la base d'une évaluation externe. La question principale qui se posait était de savoir comment les rapports entre le pouvoir exécutif et le législateur pouvaient être améliorées, dans la mesure où le Parlement se plaignait d'une perte de pourvoir au profit du Conseil d'État. Les potentiels d'optimisation résidaient en particulier dans l'utilisation par les hommes politiques des outils élaborés. Ainsi, l'évaluation révélait entre autres que les différentes fractions du Parlement interprétaient très différemment les possibilités offertes au Parlement en matière de planification à moyen terme et de mise en corrélation mission/financement, et que la capacité du Parlement à assurer le pilotage était vu d'un œil plutôt critique. L'évaluation a permis de mettre en évidence des potentiels d'optimisation, avant tout en ce qui concerne le plan intégré mission/financement (et plus particulièrement sa lisibilité). D'autres potentiels d'optimisation, de moindre importance, ont pu être identifiés en ce qui concerne les rapports de planification – auxquels il a été trop fait recours au début – et le rapport annuel incluant le bilan financier annuel, dont la transparence devait également être améliorée. En revanche, le schéma directeur de développement, d'une durée de 10 ans, fut bien noté. Entre-temps, il a été décidé de combiner dans un projet global le développement de la WOV dans le canton d'Argovie avec l'introduction du nouveau mode de comptabilité adopté par la conférence des directeurs cantonaux des finances. Cela doit permettre d'améliorer le pilotage des missions et des finances étatiques. Parallèlement, les outils (plan intégré mission-financement, rapport annuel) seront simplifiés ou renouvelés, la visibilité financière améliorée (budget global, crédits globaux), les compétences du Parlement et du Gouvernement plus clairement définies et le support TIC optimisé. Les travaux seront conduits par plusieurs groupes de travail et suivis par une commission parlementaire. La «nouvelle gestion administrative efficace» dans le canton d'Argovie doit être lancée au 1er janvier 2014.

Au chapitre 8, Klemens FICHT présente quant-à-lui le processus d'introduction d'un système de gestion budgétaire moderne au sein de la circonscription administrative (*Regierungspräsidium*) de Fribourg en Brisgau. Ce processus de modernisation de l'administration s'est déroulé en six étapes. La première étape a consisté à fixer des objectifs, repris dans un catalogue de contrats d'objectifs qui paraît chaque année. Depuis 2005, les neuf directions la circonscription administrative ont recours à la méthode du contrat d'objectif. Ces contrats d'objectifs sont conclus entre différents échelons et sont basés sur la réciprocité. Ils ne sont pas seulement conclus avec des administrations subordonnées au *Regierungspräsidium*, mais aussi avec les ministères au niveau du Land. Le taux d'atteinte des objectifs est mesuré tous les six mois dans le cadre d'un monitoring des objectifs basé sur un système de couleur (rouge-orange-vert). La deuxième étape consistait à décentraliser une partie de la gestion des budgets, en permettant aux différentes directions de gérer elles-mêmes jusqu'à 30% de leurs dépenses directes – et à terme également une partie des coûts de personnel. Dans une troisième étape a été introduit au *Regierungspräsidium* un autre élément important pour toute gestion budgétaire moderne, à savoir la comptabilité analytique et les systèmes d'information managériale en découlant – et ce pour environ 500 produits administratifs. En quatrième lieu a été mis en place le contrôle des subventions, c'est-à-dire la gestion structurée des programmes de subventions, indispensable pour une gestion budgétaire moderne. L'objectif est de faire la transparence sur les subventions versées par l'État à des tiers. Étant donné que les subventions versées dans le cadre des 120 programmes gérés par le *Regierungspräsidium* ne donnent pas lieu à des contreparties directes, il est important d'avoir une visibilité pour savoir si les impacts recherchés sur le plan politique sont effectivement atteints. Le cinquième chantier pour une administration moderne résidait dans l'introduction de l'étalonnage (*benchmarking*), c'est-à-dire des comparaisons qualitatives et quantitatives des biens ou services fournis, effectuées sur la base de valeurs de référence. Les écarts observés, par exemple des écarts entre les quatre circonscriptions administratives en matière de gestion des ressources humaines, permettent de tirer des conclusions pour l'optimisation interne de l'administration. Le sixième élément est lui-aussi d'une importance significative: il s'agit de l'implication active des citoyens à tous les niveaux.

A partir de l'exemple de l'administration déconcentrée de l'État dans la Région Haute-Normandie, Michel LE CLAINCHE pose la question de savoir dans quelle mesure on peut effectivement déjà parler, quatre années après l'adoption de la LOLF, d'un passage de la gestion budgétaire au management de la performance et s'intéresse à ce qui a pu freiné ou au contraire faciliter la mise en œuvre du changement. Il formule la thèse que la LOLF a certes posé les bases d'un management budgétaire moderne au sein de l'administration étatique française, mais que les effets attendus de modernisations ont été freiné sur le terrain par une multitude de barrières et d'asymétries administratives. D'une part, l'autonomie réelle des acteurs locaux dans la gestion des budgets globaux est encore très fortement limitée par la prédominance de l'administration centrale. Par ailleurs, le management budgétaire est marqué dans la pratique par une prédominance des questions d'ordre strictement budgétaire sur la mesure de la performance. Aussi, les budgets du niveau déconcentré sont encore élaborés selon une approche du haut vers le bas de la part des ministères; les mécanismes de dialogue vertical prévus dans la LOLF n'ont été jusqu'ici que très rarement utilisés. Par ailleurs, il s'est révélé très difficile de définir des indicateurs qui soient effectivement pertinents et de les renseigner de manière durable sans que cela ne mène à des surcharges de travail injustifiées. Enfin, l'introduction du management de la performance est actuellement éclipsé par la mise en œuvre en parallèle de la Révision Générale des Politiques Publiques (RGPP) qui débouche sur une réorganisation des services au niveau déconcentré et une redéfinition des chaînes de décision et des produits. A cela vient s'ajouter la mise en place d'un système d'information commun à l'ensemble des services de l'État. Michel LE CLAINCHE conclut en posant la question des possibilités et des limites d'une meilleure mise en cohérence des outils du management budgétaire moderne avec les réformes de management du personnel et la décentralisation effective de compétences, en particulier dans l'intérêt des citoyens et usagers du service public.

Dans son article sur le management budgétaire tel qu'il est mené dans le canton de Soleure dans le cadre de la «Gestion administrative efficace» (WOV), Andreas BÜHLMANN reprend lui-aussi cette thématique, quoique sous un angle et avec des conclusions quelque peu différentes. Depuis 2005, le Grand Conseil (Parlement cantonal) et le Conseil d'État (gouvernement cantonal) pilotent l'administration selon les principes de la Gestion administrative efficace. La loi relative à la Gestion administrative efficace stipule que la comptabilité a pour objectif d'offrir une image de l'état financier et patrimonial du canton et de ses résultats qui corresponde à la réalité. La bonne mise en application de ces principes repose sur les outils de planification, de gestion et de contrôle importants que sont le programme de la législature, le plan intégré missions-financement (IAFP), le plan budgétaire prévisionnel (y compris des budgets globaux), le bilan annuel ainsi que le suivi de la situation financière à travers des rapports trimestriels. L'élaboration des rapports financiers fait l'objet d'une planification réglée au jour près. Ces outils sont complétés par la gestion passif-actif, la comptabilité analytique et une stratégie de participation. Au final, on peut constater que le modèle de la Gestion administrative efficace a, dans l'ensemble, fait ses preuves. La prise de conscience des coûts a pu être renforcée et la gestion administrative efficace a contribué à ce que le canton de Soleure soit aujourd'hui l'une des administrations les moins coûteuses de Suisse et n'ait pratiquement plus de dettes. C'est pourquoi l'enjeu pour le futur réside plutôt dans la poursuite de la simplification des procédures et des documents, dont la légitimité doit être garantie sur le long terme étant donné qu'ils constituent la base des relations avec le parlement (dont les élus, il faut le souligner sont bénévoles).

La modernisation de la gestion des ressources humaines est le dernier champ central de réformes relié au NPM (chapitre 10). D'un point de vue conceptuel, les tentatives de réforme dans ce domaine pourraient être résumées par la formule du «passage du bureaucrate au manager». Les trois exemples suivants montrent cependant qu'au-delà de son fondement idéologique, cette formule est trop réductrice par rapport aux réalités de la pratique administrative. Gert FIEGUTH montre ainsi que dans le cadre de la Nouvelle Gestion justement, les dimensions «architecture du système» et «changement des comportements» n'ont absolument pas été optimisées de manière systématique et équilibrée, alors qu'elles font pourtant partie intégrante d'une gestion moderne des ressources humaines. Par ailleurs, on peut observer aujourd'hui chez nombre d'employés non seulement les signes d'une certaine lassitude par rapport à la réforme mais même une véritable résistance à tout changement. L'explication avancée est que des tentatives de réformes pourtant pertinentes en elles-mêmes se neutralisent les unes les autres lorsqu'elles sont combinées. C'est par exemple le cas lorsqu'en raison du paiement de primes à la performance, l'entretien annuel conçu comme un dialogue ouvert entre l'employé et son supérieur redevient de facto un entretien individuel d'évaluation classique, et que pour la même raison les contrats d'objectifs se réduisent aux questions de performance. Lorsque de surcroît les chances d'avancement se réduisent structurellement du fait qu'il y a de moins en moins de hiérarchie et que des économies doivent être faites, alors qu'en même temps les responsabilités s'accroissent et que les contrôles de performance transparents se développent, la motivation des employés peut s'en ressentir. Au total, on se retrouve dans une situation dans laquelle le NPM permet d'introduire de nombreux outils et méthodes de travail innovants à un niveau visible, formel et structurel, alors qu'en revanche au niveau mental – plutôt invisible – des valeurs, des normes et des opinions des employés, l'introduction du NPM apporte beaucoup moins de changement positifs.

Dans son article sur les enjeux et perspectives de la rénovation de la gestion des ressources humaines dans l'administration étatique française, Dominique SCHUFFENECKER montre en revanche que les réformes actuellement en cours dans le domaine des ressources humaines ne consistent pas à appliquer à la lettre les préceptes du NPM, ce qui conduirait au final à une disparition du statut de la fonction publique. Au contraire, l'objectif est plutôt de préserver les valeurs du «service public» rattachées à ce statut. Alors que la fonction publique en France est soumise à des restrictions budgétaires drastiques et qu'il est prévu de ne remplacer qu'un départ à la retraite sur deux d'ici à 2013 (ce qui correspond à une réduction du personnel de 10%, soit 30.000 postes), l'objectif de la modernisation de la gestion du personnel est plutôt de maintenir l'unité de la fonction publique et de garantir son adaptation aux nouveaux enjeux (restructuration en profondeur de l'administration déconcentrée de l'État au niveau départemental et régional, choc démographique). Les quatre axes stratégiques de rénovation de la gestion des ressources humaines vont dans ce sens: a) s'adapter aux besoins et à l'évolution des services (déconcentration de la gestion des ressources humaines, développement de la mobilité au niveau des bassins régionaux, encouragement à l'échange de bonnes pratiques); b) personnaliser la gestion des ressources humaines (recrutement davantage axé sur les besoins, formation continue ciblée, meilleure évaluation, meilleure rémunération du personnel); c) piloter le changement (renforcement du dialogue social et promotion de la négociation collective au sein de la fonction publique, élaboration d'indicateurs de la performance communs à tous les ministères); d) professionnaliser la gestion des ressources humaines (entre autres, conseil et accompagnement du personnel dans le plan de carrière, mise en place d'une plateforme interrégionale pour l'échange d'expériences entre professionnels de la gestion des ressources humaines) vont dans ce sens.

C'est une autre approche encore qui préside à la modernisation de la gestion des ressources humaines dans l'administration fédérale suisse. Comme Thomas SCHMUTZ, Sibylle SCHMID et Thierry BOREL le mettent en évidence dans leur article, les réformes menées en Suisse sont très fortement liées au contexte dans lequel elles ont émergées. Au premier abord, on pourrait penser qu'avec la suppression du statut de la fonction publique par la loi de 2002 sur le personnel de la Confédération, la Suisse est peut-être le pays qui a été le plus loin dans la mise œuvre des préceptes du NPM en matière de gestion des ressources humaines. Cependant, l'analyse faite par les auteurs montre clairement que cette évolution était moins le fruit d'un processus de réflexion mûrement réfléchi qu'une réaction à une crise spécifique (introduction du frein à l'endettement par votation populaire). En même temps, la suppression du statut de la fonction publique et l'introduction des contrats de travail de droit public avaient une forte valeur symbolique et ont entraîné un véritable bouleversement culturel. La réduction du nombre de lois et de décrets d'application a permis de déléguer davantage de compétences aux services de gestion des ressources humaines des ministères («*Departemente*») et des Offices fédéraux et de faire en sorte que les missions de management soit mieux remplies par les différentes unités spécialisées. La nouvelle loi sur le personnel de la Confédération a également posé les bases juridiques d'un système de rémunération simplifié comprenant une part de rémunération variable liée aux performances, sur la base d'un système multi-niveaux de définition d'objectifs et d'évaluation. Parallèlement, l'évaluation des résultats en matière de ressources humaines a été renforcé au niveau central et le Conseil fédéral a fixé pour différents domaines des niveaux à atteindre par l'administration fédérale. Les chiffres sur la répartition par âges permettent de gérer les ressources humaines en anticipant des évolutions à venir. Par ailleurs, des processus clairs de gestion des ressources humaines ont été définis de manière uniforme pour tous les cantons, l'offre de formation initiale et continue a été complètement repensée et les niveaux de salaires se sont rapprochés de ceux du privé, en particulier pour les cadres. Cependant, en raison de la persistance des difficultés budgétaires, de nouvelles importantes suppressions de poste sont d'ores et déjà à prévoir au niveau de l'administration fédérale.

3. Le ravissement d'Europe

Au delà de l'image contrastée que renvoient les contributions axées sur différents types de particularismes géographique, sectoriel ou en ce qui concerne les instruments utilisés, l'impression générale qui se dégage de l'ensemble des présentations est surtout un sentiment de décalage entre le discours et les pratiques. En Allemagne, en France comme en Suisse, pour ce qui est de l'État comme des administrations et de leurs modes de fonctionnement, tout le monde s'accorde à faire de la modernisation une priorité, mais la réalité qui se cache derrière les concepts, outils et pratiques mis en avant présente elle des facettes multiples et variées, et cela concerne en premier lieu la référence à la Nouvelle gestion publique et à ses principes.

Alors qu'en France le regard est assez distancé pour des raisons à la fois de tradition mais aussi d'absence de mise en pratique des aspects les plus radicaux, l'utilisation des instruments appartenant au «kit» du *New Public Management* ne semble pas poser de problème en Suisse où cette approche fait l'objet d'un vaste consensus. Les exemples helvétiques de réformes et de changements présentés ci-dessus s'inscrivent ainsi sans complexe dans le cadre du NPM. En revanche, ce n'est pas le cas en Allemagne où un certain nombre de pratiques font l'objet de vives critiques. Si on en croit les sondages portant sur les valeurs constitutives de l'État fédéral, l'idée de concurrence entre les différents Länder – idée centrale dans la pensée de la nouvelle gestion publique – ne fait pas recette puisque l'adhésion au principe de solidarité l'emporte même dans les Länder contributeurs net (HRBECK). Parmi les raisons expliquant cette attitude distancée, J. BOGUMIL souligne à juste titre qu'en Allemagne le *New Public Management* est surtout perçu comme un moyen permettant de faire des économies bien plus que comme un instrument de modernisation (même si c'était bel et bien en partie son intention), ce qui en tout cas ne contribue pas à faciliter son acceptation par les principaux intéressés. Cela s'explique certainement par le fait que des efforts de modernisation, suite aux conséquences financières de la réunification, ont avant tout pris la forme de réductions des coûts plus que d'une amélioration de l'effectivité du secteur public.

Ces constatations nous renvoient à la question posée en début de cette introduction, à savoir le positionnement dans une perceptive d'évolution historique des réformes et autres transformations et leur lien avec le NPM. En Suisse, si certains auteurs prédisent désormais la fin du *New public management*, c'est pour mieux le remplacer par le concept du «*we public management*» censé lui succéder[3]. Il est intéressant de constater, que dans ce cas de figure, on s'inscrit délibérément dans une vision linéaire du phénomène, c'est à dire une conception du NPM comme mouvement, qui comme son nom l'indique, aurait vocation à incarner la modernité, au moins par rapport à ce qui existait auparavant.

Or, si certaines pratiques évoquées dans les différents chapitres de cet ouvrage se situent dans une perspective de dépassement du NPM, et donc d'acceptation du fait que celui-ci représente une étape importante dans l'évolution générale, comment appréhender et qualifier tout ce qui ne rentre pas dans cette conception? Pour ce qui est de la France, l'histoire de la réforme de l'État semble même se situer plutôt en dehors du NPM qu'au-delà (CASTEIGTS). Certes, pour la pre-

---

[3] XAVIER COMTESSE, Le «new public management» est mort! Quels sont les nouveaux paradigmes du management public?, *Affaires publiques*, 24 juin 2010, Genève.

mière fois dans le cadre de la RGPP, les préoccupations financières sont aussi nettement mises au premier plan. Cela intervient toutefois essentiellement dans une logique de contingentement budgétaire et non d'introduction de techniques nouvelles de gestion. On peut donc constater que si la RGPP marque un tournant dans la manière de réformer l'administration en France comme le souligne F. LAFARGE, force est de constater plus largement que la réforme de l'État s'est manifestement faite indépendamment du NPM, combien même si, de temps à temps, elle a fait appel à ses principes dans ses discours de légitimation.

A travers l'exemple français, on touche en fait à l'essence même du phénomène tel qu'esquissé dans la fable évoquée en frontispice de cette introduction. En guise de première conclusion, on relèvera donc qu'il en va visiblement du NPM comme d'une mode: certains la prennent au sérieux et se plient à ses prescriptions, règles et autres normes, de manière systématique en les adaptant si besoin est aux besoins spécifiques qui sont les leurs. Pour d'autres, l'aspect superficiel l'emporte: on fait parfois référence à certains concepts ou outils mais l'utilisation concrète qui en est faite est néanmoins assez éloignée de l'esprit original qui préside à la NPM.

La deuxième conclusion porte sur les enseignements que l'on peut tirer des différentes expériences évoquées au fil des analyses et témoignages proposés dans cet ouvrage en liaison avec cette doctrine protéiforme qu'est le NPM. La mythologie, patrimoine commun aux européens que nous sommes malgré nos particularismes nationaux fournit un certain nombre de clefs d'interprétation permettant de dépasser les apparences et les discours convenus. Ce n'est ainsi pas par hasard si le caractère sisyphien des processus de réformes a été évoqué par certains observateurs. L'aspect répétitif des efforts à fournir, le poids de la charge, la déclivité souvent décourageante de la pente, la nécessité de pouvoir mobiliser suffisamment d'énergie et de dégager une poussée suffisamment forte pour faire avancer le lourd rocher des réformes, tout cela constitue autant de facteurs influençant le travail de Sisyphe. La première leçon que l'on peut tirer de l'application de ce mythe est que dans le processus de réformes en cours il faut éviter de se faire écraser par le rocher si celui-ci devait échapper à tout contrôle. Il existe bien un double danger que les réformes menées n'affaiblissent trop l'administration qui a la charge de les conduire tout en continuant à fonctionner. D'autant plus dans son travail notre Sisyphe administratif est également soumis à la pression de son environnement: les usagers et les hommes politiques qui ne partagent forcément les mêmes préoccupations.

La deuxième leçon apportée par la mythologie nous est fournie par le mythe d'Icare: la tentation de la managérialisation comporte un certain nombre de risques qui ne doivent pas être sous-estimés sous peine de chute brutale. Il convient ici d'éviter la tentation de la démesure, l'*ubris* des systèmes de pensé qui finissent par détruire ce qu'ils avaient pour objectif même d'améliorer. On voit bien à cet effet que les équipements empruntés à la sphère économique ne pas sont toujours adaptés aux tâches de l'administration et à sa raison d'être et que du coup une surchauffe est toujours possible.

La troisième leçon se rapporte quant à elle au thème de la séduction et des apparences. Telle la célèbre princesse phénicienne, l'Europe des administrations a succombé aux charmes irrésistibles du dieu du management sans savoir où le voyage allait l'amener. Ce nouveau rapt d'Europe pose la question des limites de l'exportation des modèles de pensée d'une sphère à l'autre, mais aussi et surtout de la nature et de l'état final de cette transformation. A l'heure actuelle, comme l'observe G. BOUKAERT ET CH. POLLITT, l'Europe continentale semble être entrée dans une phase qui peut être qualifiée de post-weberienne[4]. Pourtant, on peut se demander si avec la transformation de l'État westphalien dans le cadre de l'impact du processus d'intégration européenne, une tendance plus profonde ne peut pas être distinguée parallèlement, à savoir un mode de fonctionnement de l'État et de l'administration placé sous le signe de la gouvernance, et qui du fait de sa dimension à niveaux multiples se situe en dehors des limites même du système traditionnel et nécessitant donc un changement de nos cadres de pensée.

Mais comment alors être certain que cette tendance ne se transformera pas en nouvelle mode, avec tous les aspects superficiels décrits ci-dessus? C'est là l'objet de la quatrième leçon que nous pouvons tirer cette fois ci du personnage de Tiresias. Comme le célèbre devin condamné à avancer par tâtonnement par ce qu'il était aveugle, l'administration évolue de manière erratique, voire tourne souvent en rond. Pour progresser dans le bon sens, il faut qu'elle se guide à l'aide de la boussole que sont ses valeurs fondamentales ainsi que la conscience de sa finalité. Pour revenir à la métaphore utilisé précédemment, Sisyphe doit non seulement savoir dans quel but il pousse sa pierre, mais aussi si il s'agit de la bonne. On rejoint à ce sujet la constatation faite par Y. EMERY dans le domaine de la gestion des ressources humaines: toutes les transformations en cours ne porteront véritablement leurs fruits que si elles continuent à s'inscrire dans les fondements démocratiques de l'action publique, et qu'elles contribuent à la poursuite de l'intérêt général. Il s'agit là d'un impératif dans le sens où l'action publique ne peut être déconnectée de ses valeurs et de ce qui fait l'essence des cultures administratives en Europe.

Pour conclure avec Albert Camus, on peut donc imaginer notre Sisyphe administratif heureux et capable d'avancer. La condition est qu'il sache s'affranchir

---

[4] CHRISTOPHER POLLITT/GERT Bouckaert; *Public management reform: a comparative analysis*, Oxford, Oxford University Press, 2004.

des modes et comprenne que son effort s'inscrit dans un mouvement plus large qui le dépasse, et surtout, s'il ne perd pas de vue la raison d'être de sa tâche.

Teil I / Section I:

Die Konturen der Staats- und Verwaltungsreform: jenseits von New Public Management?

Les contours de la réforme de l'Etat et de l'administration: au-delà de la nouvelle gestion publique?

Kapitel 1 / Chapitre 1:
Aktuelle Konzepte und Debatten /
Concepts et débats actuels

Réflexions générales sur la nouvelle gestion publique et sur les perspectives de réforme en Europe continentale

Jean-Bernard Auby

Le sujet de la répartition des compétences et des réformes organisationnelles «au-delà du *new public management*» ainsi que celui des perspectives de réforme en Europe continentale renvoient en fait à plusieurs questions.

Il y a tout d'abord celle du management public en soi, ainsi que celle de son éventuel dépassement, de sa mise en cause, et celle de ses dimensions institutionnelles et structurelles. Il semble par ailleurs nécessaire d'ajouter que nous ne pouvons pas aborder ces questions sans évoquer la crise économique et financière dans laquelle se trouve l'Europe et les incidences qu'elle peut avoir sur le management public et ses méthodes. C'est autour de ces axes-là, – à quoi correspond la nouvelle gestion publique? et sa mise en cause actuelle – que vont porter les réflexions développées ci-dessous.

En ce qui concerne les dimensions structurelles, institutionnelles et de compétences de la nouvelle gestion publique, on doit tout d'abord se poser la question suivante: est-ce que la politique de modernisation de l'État et les méthodes utilisées sont appréhendées de façon différente dans les trois pays qui sont examinés dans le cadre de cet ouvrage?

En ce qui concerne la nature de la nouvelle gestion publique, on rappellera simplement qu'au fond, elle est principalement faite de deux éléments. Le premier consiste en une modernisation du fonctionnement interne des appareils publics et des appareils d'État, avec des logiques de projet, d'évaluation, de performance, tout comme des logiques de type LEAN.[1] Le second, qu'il ne faut surtout pas oublier, consiste en une modification de la distribution des rôles entre le public et le privé, entre les acteurs publics et les acteurs privés. La nouvelle gestion publique passe aussi à certains égards et à une certaine époque par des privatisations, mais aussi par des pratiques dites de «contracting out» et de «outsourcing», ainsi que par les partenariats public-privé. Derrière cela, on trouve l'idée selon laquelle le secteur privé peut lui aussi être en charge, selon certaines modalités, d'une partie des affaires publiques. C'est enfin une plus grande confiance faites à des mécanismes de type autorégulation.

---

[1] Sur ce sujet, cf. le chapitre de Philippe Vrignaud dans la troisième partie de cet ouvrage.

Il est alors bien normal de se demander si tout cela a des implications en matière des structures et en matière d'institutions? La réponse est affirmative, sans aucun doute. Il faut quand même insister sur le fait que les réformes institutionnelles qui ont été faites et qui sont faites dans nos différents pays ont souvent d'autres motivations que la seule modernisation de la gestion. Elles sont aussi souvent des phases successives dans des trajectoires de nos démocraties, phases qui obéissent à des logiques étrangères à la seule amélioration de la gestion. Mais cela dit, il est indiscutable que les politiques de modernisation du management public comportent aussi des dimensions structurelles, et des dimensions institutionnelles. C'est le cas des modifications dans l'organisation même des appareils d'État avec les agences et les autorités administratives indépendantes, lesquelles viennent «casser» les chaînes de conflit d'intérêt qui existaient au sein de l'État de façon extrêmement forte. A noter que cette modernisation passe également par un effort de rationalisation des administrations territoriales.

On peut se demander si la modernisation de l'État par la nouvelle gestion publique ainsi très rapidement résumée, est conçue de manière différente ou similaire dans les trois pays qui sont examinés ici. S'il est difficile de trancher avec certitude, on peut toutefois avancer deux idées, certainement très incomplètes. La première est qu'il n'est pas absolument certain qu'il y ait plus de rigidité dans un cas – qui serait le cas français – et moins de rigidité ailleurs – à savoir la situation de l'Allemagne et à la situation de la Suisse. Cela ressort bien des rapports entre les cantons suisses de Bâle-Ville et Bâle-Campagne tels qu'ils sont décrits dans le chapitre 5. Bien sur, alors qu'ailleurs on a réussi à restructurer l'administration locale assez efficacement, on n'y est apparemment pas parvenu en France. En tout cas, il n'a pas été possible de réduire le nombre des communes, ce qui serait sans doute nécessaire. Mais peut-on affirmer que ces obstacles résident dans une sorte de rigidité globale du système? Rien n'est moins sûr. L'impossibilité de cette réforme en France est plutôt fondamentalement due à des facteurs politiques, qui tiennent au fait que les élus locaux concernés et les élus nationaux qui auraient à voter la reforme de l'administration communale sont en gros les mêmes.

En revanche, il est probable qu'il y a une nette différence entre ces trois systèmes dans le registre de l'acceptation ou de la non-acceptation de certains phénomènes comme la complexité et le pluralisme dans la gestion des affaires publiques ou pour ce qui est de la différenciation institutionnelle. Ce qui est tout à fait clair, c'est que la mentalité juridique et politique française demeure attachée à l'idée d'uniformité institutionnelle, à l'idée de centralité, alors que le pluralisme et la diversité institutionnelle sont profondément enracinés dans les gênes juridiques et politiques de la République fédérale d'Allemagne et dans ceux de la Confédération helvétique. Il y a là une différence extraordinairement forte.

Un autre sujet digne d'attention est la mise en cause actuelle de la nouvelle gestion publique. Si un tel phénomène est avéré, ce qui semble bien être le cas, il faut alors de demander ce qui est plus précisément en cause? C'est assez compliqué, mais on peut évoquer trois aspects très brièvement ici. Le premier est celui du pilotage, expression plus fréquente dans la littérature scientifique allemande que dans la terminologie juridique et politique française. Il y a ensuite une question de structure de gouvernement. Il y a enfin la crise économique dans laquelle nous nous trouvons.

Pour ce qui est de la question du pilotage, nous découvrons que les appareils d'État ont été quelque peu désarticulés et rendus plus complexes. Plus précisément, ils ont été démultipliés (cf. la création d'agences, etc.) et un certain nombre des tâches qui étaient jusqu'alors exercées directement par l'État ont été volontairement externalisées. Or, sans même être obligés de contester dans son principe ce mouvement-là, on doit bien constater que, dans certaines hypothèses tout au moins, il aboutit à une sorte de perte de contrôle et de pilotage, et même à une perte de valeurs. En France, par exemple, il y aura éventuellement un débat sur l'absence de tout contrôle politique sur les autorités administratives indépendantes, sur les agences. Ce débat existe ailleurs, mais il est assez vif dans les systèmes comme en France où l'on a rendu les agences parfois complètement indépendantes du pouvoir politique. Contrairement à ce que l'on croit souvent, ce n'est d'ailleurs pas le cas des agences américaines par exemple, lesquelles sont en principe placées sous le contrôle présidentiel. A l'opposé, en Grande-Bretagne par exemple, certaines agences sont soustraites à tout contrôle gouvernemental de quelque sorte qu'il soit. De la même façon, on découvre – mais pas seulement en Europe, c'est une question qui est très présente aux États-Unis par exemple – que l'externalisation et les politiques de «contracting out» ont abouti à des situations dans lesquelles on confie des tâches politiques très importantes à des organismes extérieurs que l'on contrôle mal.

Du côté de la décentralisation, on fait également face à des problèmes de pilotage. En effet, nos systèmes territoriaux connaissent – et ce n'est pas seulement vrai pour les trois pays ici examinés, des modifications incessantes d'organisation, comme c'est le le cas en Espagne ou en Italie. Ces modifications continues montrent certainement que la rationalité est difficile à trouver dans cet ordre là.

Les problèmes de pilotage s'accompagnant de problèmes de structure au niveau du gouvernement. C'est une bonne chose de vouloir rationaliser la gestion publique dans nos appareils, qu'ils soient appareil d'Etat ou appareils territoriaux, mais ce que nous découvrons en même temps, c'est que les structures de gestion des affaires publiques se complexifient considérablement en raison de l'européanisation de nos systèmes ainsi qu'à cause de la globalisation. C'est-à-dire que les choses tendent à s'échapper par le haut. Autrement dit, nous faisons de très grands efforts pour les maîtriser chez nous, mais nous sommes tributaires de ce qui se passe ailleurs, de ce qui se passe au-dessus. Nous découvrons en même temps – c'est en partie lié, mais pas totalement – que les appareils publics fonctionnent aujourd'hui énormément – peut-être même essentiellement – dans des schémas d'action commune ou conjointe et dans des schémas qui relèvent de la gouvernance à niveaux multiples (multilevel governance). Dans les schémas de ce type, les efforts de rationalisation qu'on fait à un niveau donné sont vains s'ils ne permettent pas de rationaliser les rapports qu'on a avec le reste.

Enfin, il convient de se demander si la crise à laquelle nous sommes confrontés ne modifie pas les données en ce qui concerne ces transformations politiques liées à la nouvelle gestion publique. Est-ce qu'elle les rend caduques? Est-ce qu'elle les rend plus difficiles? Une première réponse qui n'est pas la plus évidente consiste à avancer que la crise actuelle fragilise indiscutablement le secteur privé. C'est important dans le sens où le secteur privé est absolument essentiel dans une gestion publique qui s'appuie fortement, et de plus en plus fortement, sur des partenariats public-privé. Ce que nous constatons en effet en France est qu'en ce moment même, les partenariats public-privé sont très difficiles à monter. S'ils sont très difficiles à mettre sur pied, c'est tout simplement parce que les partenaires privés ont les plus grandes difficultés à trouver des financements. Par conséquent, les acteurs publics ont du mal à trouver des partenaires privés pour lancer des partenariats public-privé, lesquels sont encouragés plus que jamais comme instrument de relance.

Le deuxième élément de réponse est que la crise rend très aiguës les questions de pilotage. Elle rend très évidente la faiblesse de certains pilotages antérieurs ou existants, et notamment elle met en lumière les faiblesses de toutes les formes de régulation de l'économie qui reposaient jusqu'alors largement sur de l'autorégulation. Les scandales survenus dans le domaine financier mettent cela bien en évidence.

On peut enfin conclure en remarquant que la crise a paradoxalement pour effet de rendre la réforme de l'État certainement plus nécessaire que jamais, ne serait ce que pour dégager des économies absolument indispensables pour aider le secteur privé. En même temps, elle rend la réforme de l'État certainement d'autant plus compliquée. Au moins elle la rend plus difficile à assumer politiquement, parce que dans un contexte comme celui dans lequel nous sommes, il est plus difficile que jamais de faire accepter par les citoyens le recours à des mécanismes et à des efforts de réduction du rôle de l'État et des services qu'il rend à un moment où ils ont justement l'impression que l'État doit au contraire être plus présent que jamais.

NPM in Deutschland: Was bleibt? Was kommt?*

HERMANN HILL

Inhaltsverzeichnis

1. Einleitung 51
2. Elemente des New Public Management (NPM) 53
3. Chancen und Probleme von New Public Management 56
4. New Public Management als Wegbereiter 60
5. Ausblick 63

1. Einleitung

Ich kann mich noch gut an eine Veranstaltung der Kommunalen Gemeinschaftsstelle für Verwaltungsvereinfachung (KGSt) im Jahre 1991 in Köln erinnern. Damals stellte ein Referent aus den Niederlanden das sog. Tilburger Modell[1], die Einführung betriebswirtschaftlicher Steuerungsinstrumente in der öffentlichen Verwaltung, vor. Viele der anwesenden Oberstadtdirektoren aus Nordrhein-Westfalen zeigten sich interessiert, meinten aber wohl, im Ergebnis passe das nicht für die deutsche Verwaltung. Wenige Jahre danach versuchten viele Städte in Deutschland, mit tatkräftiger Unterstützung der KGSt und ihres Vorsitzenden Gerhard Banner[2], dieses später sog. Neue Steuerungsmodell[3] weitgehend flächendeckend einzuführen. Nicht immer mit Erfolg, manche Reformruinen sind zurückgeblieben[4]. Aber dennoch hat das international sog. New Public Ma-

---

* Der Beitrag wurde Anfang Januar 2010 abgeschlossen.
[1] Ulrich Mix (Hrsg.), 10 Jahre Tilburger Modell, 1996.
[2] GERHARD BANNER, Von der Behörde zum Dienstleistungsunternehmen. Die Kommunen brauchen ein neues Steuerungsmodell, VOP 1/1991, 6; vgl. auch HERMANN HILL, Verwaltung neu denken, VOP 1/1993, 15.
[3] KGSt (Hrsg.), Dezentrale Ressourcenverantwortung. Überlegungen zu einem neuen Steuerungsmodell, KGSt-Bericht 12/1991 sowie Das Neue Steuerungsmodell. Begründung, Konturen, Umsetzung, KGSt-Bericht 5/1993; CHRISTOPH REICHARD, Umdenken im Rathaus. Neue Steuerungsmodelle in der deutschen Kommunalverwaltung, 1994; DIETRICH BUDÄUS, Public Management. Konzepte und Verfahren zur Modernisierung öffentlicher Verwaltungen, 1994.
[4] BANNER, Kommunale Verwaltungsmodernisierung: Wie erfolgreich waren die letzten zehn Jahre?, in: Eckhard Schröter (Hrsg.), Empirische Policy- und Verwaltungsforschung, 2001, S. 279 ff.; Werner Jann, u.a. (Hrsg.), Status-Report Verwaltungsreform. Eine Zwi-

nagement (NPM)[5] eine breite Welle der Reform in Deutschland ausgelöst. Auch in Landes- und Bundesverwaltungen wurden Teile dieses Modells eingeführt[6].

Es war Anfang der neunziger Jahre, nach der Deutschen Einheit[7], eine gewisse Aufbruchstimmung zu spüren. Die Bezeichnung «New» Public Management war natürlich auch Teil einer Marketingstrategie. Alles Neue ist erst einmal interessant, vor allem wenn zusätzlich darauf hingewiesen wird, dass das Ausland, vor allem die angelsächsischen Länder, Skandinavien, die Niederlande, ebenfalls nach diesen Konzepten verfahre[8]. Insofern war in den neunziger Jahren in Deutschland bei der Umsetzung der Reformen eine große Euphorie zu verspüren. Heute hat man umgekehrt manchmal den Eindruck, New Public Management werde in Deutschland überwiegend kritisch gesehen[9]. Die Reform dreht sich, jedenfalls begrifflich, wie noch zu zeigen sein wird, um andere Themen.

Insgesamt kann man aber wohl festhalten, dass dieses New Public Management die deutsche Verwaltung doch sehr stark in Bewegung und Veränderung gebracht hat. Die deutsche Verwaltung ist traditionell sehr stark legalistisch geprägt. Sie ist gemäß Art. 20 Abs. 3 GG an Gesetz und Recht gebunden. Das Handeln der Verwaltungsbediensteten erfolgt, geprägt durch eine dominierende juristische Ausbildung, vor allem normorientiert. Die umfassende, auf die Einhaltung des Rechts und die Verletzung von Rechten gerichtete, gerichtliche Kontrolle gemäß Art. 19 Abs. 4 GG untermauert und verstärkt diese legalistische Verwaltungskultur[10].

---

schenbilanz nach zehn Jahren, 2004; Jörg Bogumil, u.a. (Hrsg.), Zehn Jahre Neues Steuerungsmodell. Eine Bilanz kommunaler Verwaltungsmodernisierung, 2007; Bogumil, u.a. (Hrsg.), Perspektiven kommunaler Verwaltungsmodernisierung. Praxiskonsequenzen aus dem Neuen Steuerungsmodell, 2007.

[5] KUNO SCHEDLER/ISABELLA PROELLER, New Public Management, 4. Aufl. 2009; CHRISTOPHER POLLITT/GEERT BOUCKAERT, Public Management Reform, Second Edition 2004.

[6] Hermann Hill/Helmut Klages (Hrsg.), Reform der Landesverwaltung, Bände I-III, 1995–1997.

[7] BANNER, Verwaltungsreform nach dem Typ des Tilburger Modells – geeignet für die Kommunalverwaltung im Osten?, in: Hill (Hrsg.), Erfolg im Osten III, 1994, S. 170 ff.

[8] Deutlich etwa in den Wettbewerben der Bertelsmann-Stiftung (Hrsg.), Demokratie und Effizienz in der Kommunalverwaltung, 1993.

[9] SABINE KUHLMANN, Hat das «Neue Steuerungsmodell» versagt? Lehren aus der «Ökonomisierung» von Politik und Verwaltung, Verwaltung und Management 2006, 149; LARS HOLTKAMP, Das Scheitern des Neuen Steuerungsmodells, der moderne staat 2008, 423; andererseits BANNER, Logik des Scheiterns oder Scheitern an der Logik?, der moderne staat 2008, 447; HILL, Die managerialistische Verwaltung aus der Sicht der Rechtswissenschaft – ein Kommentar, in: Klaus König/Christoph Reichard (Hrsg.), Theoretische Aspekte einer managerialistischen Verwaltungskultur, Speyerer Forschungsberichte 254, 2007, S. 187 ff.

[10] Vgl. noch KLAUS KÖNIG, Öffentliches Management in einer legalistischen Verwaltungskultur, in: Werner Jann, u.a. (Hrsg.), Public Management – Grundlagen, Wirkungen, Kritik, Festschrift für Christoph Reichard zum 65. Geburtstag, 2006, S. 23 ff.

Zwar gab es in den Haushaltsordnungen schon immer den Grundsatz der Wirtschaftlichkeit und Sparsamkeit, eine durchgängige Orientierung des Handelns an betriebswirtschaftlichen Managementgrundsätzen war aber insofern neu. Vielleicht kann man es als typisch deutsch bezeichnen, dass Ende der neunziger Jahre dann die betriebswirtschaftliche Orientierung häufig übertrieben, ja teilweise sogar verabsolutiert wurde, was schließlich zu weiteren Folgetrends, wie Governance, Public Value Management etc. führte[11].

Verwaltungsmodernisierung kann, soll sie erfolgreich verlaufen, insofern nur ganzheitlich erfolgen. Sie hat neben rechtlichen betriebswirtschaftliche, politikwissenschaftliche, sozialwissenschaftliche und personalwissenschaftliche Aspekte zu beachten. Zudem spielt die Art und Weise der Veränderung (Change Management) eine wichtige Rolle. Manche Probleme entstanden wohl auch daraus, dass Verwaltungen einige dieser Aspekte vernachlässigten. Andere haben sich aus dem Modell nur einzelne Bausteine herausgepickt und diese nicht in einen Gesamtzusammenhang der Modernisierung gebracht[12].

Im Folgenden sollen zunächst die Grundsätze von New Public Management noch einmal kurz skizziert werden, bevor aus heutiger Sicht die Chancen und Probleme dieses Modells dargestellt werden. Schließlich soll untersucht werden, wofür New Public Management den Boden bereitet hat, welche Trends der Verwaltungsmodernisierung heute in Deutschland eine Rolle spielen und vielleicht morgen spielen werden.

2. Elemente des New Public Management (NPM)

New Public Management sowie seine deutsche Ausprägung als sog. Neues Steuerungsmodell umfasst verschiedene Bereiche. Ein wichtiger Ansatz des Modells ist die Veränderung des Verhältnisses von Politik und Verwaltung. Als «Politik» wurden gemeinhin die vom Volk gewählten Organe, also Parlament oder Gemeinderat, bezeichnet. Diese sollten sich im Rahmen des sog. Neuen Steuerungsmodells stärker um strategische Fragen kümmern und der Verwaltung das operative Geschäft überlassen. Im Sprachgebrauch der KGSt hieß das, die Politik soll sich um das «Was» und die Verwaltung um das «Wie» kümmern. Steuerung und Ausführung sollten also voneinander getrennt werden.

In der Praxis wurde die Konzentration der politischen Organe auf die strategische Zielsetzung von diesen häufig als «Entmachtung» verstanden. Man wollte

---

[11] HILL, Eine kurze Geschichte der modernen Verwaltung, innovative verwaltung 9/2009, 16.
[12] KLAGES, Nachhaltige Verwaltungsmodernisierung, Verwaltung und Management, 2003, 4; HILL, Nachhaltige Verwaltungsmodernisierung, FöV Discussion Papers 30, 2006.

bewusst auch weiterhin Einzelfälle entscheiden und vor allem kontrollieren. Man berief sich dabei auf den Willen der Wähler, die ihre gewählten Vertreter unmittelbar ansprachen, etwa in dem Fall eines defekten Kanaldeckels, und um Abhilfe baten. Nur schwer war der Schritt vom Einzelfall zum System bzw. zur Strategie, also etwa von der Reparatur des defekten Kanaldeckels zur Diskussion über das Kontrollsystem bzw. die Einrichtung von Not-Reparaturdiensten, zu vermitteln[13], zumal es auch in den meisten Fällen einfacher ist und der natürlichen Lebenserfahrung entspricht, sich mit Alltagsfragen anstatt mit grundlegenden Strategien zu beschäftigen.

Die «neue» Steuerung bestand zudem darin, dass die politischen Organe, nicht wie im klassischen Haushaltsplan, eine Ermächtigung zur Leistung von Ausgaben erteilten und dafür Obergrenzen bei einzelnen Haushaltstiteln festsetzten (sog. Input-Steuerung), sondern sich um die zu erzielenden Ergebnisse des Verwaltungshandelns kümmern sollten (sog. Output-Steuerung). Teilweise ging man sogar noch weiter und versuchte, Wirkungen des Verwaltungshandelns zu definieren (sog. Outcome-Steuerung)[14]. Auch diese Verlagerung des Steuerungsansatzes wurde häufig nicht als Bereicherung oder qualitative Steigerung der Entscheidung, sondern eher als schwierig empfunden. Die Bereitstellung von Ressourcen bzw. ihre Begrenzung ist einfacher zu überschauen als ihre zielorientierte Verwendung bzw. der Nutzen oder die Wertschöpfung, die dadurch erzielt werden[15].

Viele Verwaltungen, später auch die KGSt sowie kommunale Spitzenverbände, erstellten Produktkataloge, in denen die gewünschten Ergebnisse mit Kennzahlen zu Menge, Kosten und Qualität enthalten waren. Dabei wurden vielfach, vor allem anfangs, gesetzliche Bestimmungen oder Geschäftsverteilungspläne abgeschrieben und die strategische Steuerungsrelevanz bzw. der Kundennutzen der Produkte vernachlässigt. Über diese Produkte sollten Zielvereinbarungen abgeschlossen werden, zunächst zwischen Parlament und Regierung, dann spezifiziert zwischen Regierung und Verwaltung sowie innerhalb der Verwaltung zwischen der Leitungsebene und den nachgeordneten Einheiten. Auch die in der Regel für ein Jahr abzuschließenden Zielvereinbarungen[16] bereiteten vielen Vorgesetzten Schwierigkeiten, da sie wie gewohnt lieber auch unterjährig «durchregierten» und nicht Verantwortung delegieren wollten. Die Zielverein-

---

[13] Vgl. HILL, Strategisches Controlling in der Kommunalverwaltung, Controlling 1996, 232.
[14] HILL, Vom Ergebnis zur Wirkung des Verwaltungshandelns, innovative verwaltung 1/1997, 28.
[15] Für den parlamentarischen Bereich vgl. HILL, Zur Sicherung des parlamentarischen Budgetrechts im Neuen Steuerungsmodell, Die Öffentliche Verwaltung (DÖV) 2001, 793.
[16] HILL, Zur Veränderung von Handlungsspielräumen durch Kontraktmanagement, Verwaltung und Management 199,75; DERS., Zur Rechtsdogmatik von Zielvereinbarungen in Verwaltungen, Neue Zeitschrift für Verwaltungsrecht (NVwZ) 2002, 1059.

barungen sollten mit der Zuweisung eines Budgets als Summe der einzelnen Produktkosten verknüpft werden (sog. outputorientiertes Budget). Häufig stellte die sog. Budgetierung indes nur eine Deckelung oder Plafondierung von Ausgaben dar.

Dieser steuerungsorientierte Ansatz sollte schließlich mit einer Änderung der internen Organisation und Verantwortung verbunden werden. In der hergebrachten Verwaltungsorganisation wurden die Ressourcen (Finanzen, Personal, Sachmittel) zentral in einer Abteilung (Ministerien) bzw. in sog. Querschnittsämtern (Kommunen) verwaltet, während die Fachabteilungen bzw. -ämter für die inhaltliche Aufgabenerledigung zuständig waren. Das nannte Gerhard Banner die «organisierte Unverantwortlichkeit», weil jede Einheit nur «ihre» Interessen sichern wollte, aber niemand sich für «das Ganze», nämlich eine optimale Aufgabenerfüllung im Sinne der vereinbarten Ziele, zuständig fühlte. Deshalb sollte nach dem Konzept des Neuen Steuerungsmodells eine dezentrale Ressourcen- und Ergebnisverantwortung bei den sog. Produktverantwortlichen eingeführt werden, um eine verbesserte Steuerung und Zielerfüllung zu erreichen.

Neben dieser betriebswirtschaftlichen Binnenmodernisierung der Verwaltung ist die Kunden- und Dienstleistungsorientierung ein wichtiger Bestandteil des Neuen Steuerungsmodells entsprechend dem von der KGSt vorgegebenen Leitbild «Von der Behörde zu einem modernen Dienstleistungsunternehmen».[17] Die Begriffe «Unternehmen», «Produkte» und «Kunde» haben viele Irritationen in Verwaltungen ausgelöst. Kritisiert wurden die «Ökonomisierung» des Verwaltungshandelns, die allzu unreflektierte Übertragung privatwirtschaftlicher Managementansätze auf die öffentliche Verwaltung, die mögliche Vernachlässigung des Gleichheitsgrundsatzes, anderer Ziele des Verwaltungshandelns sowie des Gemeinwohls.

Maßgeblich beim Kundenbegriff ist vor allem die Veränderung der Perspektive. Verwaltungen sollen nicht rein binnenorientiert, sondern von außen nach innen, aus der Sicht des Bürgers und Kunden denken. Die Betonung finanzieller bzw. wirtschaftlicher Ziele kann durch eine integrierte Perspektive, wie sie etwa die Balanced Scorecard darstellt, überwunden werden. Diese wurde etwa im Land Hessen als sog. Produkt-Scorecard, auch mit dem Zielfeld gesetzliche Aufgabenerfüllung, angewandt.

Zu New Public Management im weiteren Sinne gehören auch strategische Entscheidungen über die Form der Aufgabenerfüllung nach der Formel «make or

---

[17] HILL, Dienstleistungs- und Kundenorientierung der Verwaltung, Niedersächsische Verwaltungsblätter 2002, 313.

buy», also Auslagerungen, Privatisierungen und Public Private Partnerships[18]. Insgesamt wird so das Bild eines «Konzerns Stadt» geformt, in dem neben der Kernverwaltung verschiedene Betriebe und Gesellschaften arbeiten und im Wege eines umfassenden Controllings gesteuert und koordiniert werden. Im Rahmen der strategischen Entscheidung entsteht auch eine Wettbewerbsorientierung der Verwaltung, die interkommunale Leistungsvergleiche und Benchmarking nach sich zieht[19].

3. Chancen und Probleme von New Public Management

Im Kern geht es bei New Public Management um eine verbesserte Steuerung, nicht, wie teilweise missverstanden, um ein Sparkonzept, auch wenn verschiedentlich Konsolidierungsansätze den Steuerungsansatz überlagerten. Verwaltungshandeln soll mit diesem Steuerungskonzept besser werden, effektiver. Die Ausrichtung an Zielen und Ergebnissen soll zur Auseinandersetzung mit der eigenen Arbeit anregen, mit ihrem Beitrag zur Zielerreichung.

Zielvereinbarungen dienen nicht nur der Umsetzung der politischen Ziele von oben, sondern auch der Integration des Verwaltungswissens von unten, im Kontakt mit dem Kunden. Sie stellen somit eine besondere Form des Wissensmanagements dar. Wenn neben Fachkompetenz, Methodenkompetenz und sozialkommunikativer Kompetenz auch die Umsetzungs- und Verwirklichungskompetenz zu den Eigenschaften moderner Verwaltungsmitarbeiter und -mitarbeiterinnen zählen[20], gewinnt gerade auch die Ausrichtung an Ergebnissen ebenso wie die Beobachtung des Handlungsumfeldes im Rahmen eines Berichtswesens besondere Bedeutung. Unter diesen Blickwinkeln trägt das Neue Steuerungsmodell zu einer Professionalisierung des Verwaltungshandelns bei.

Ein zweiter wichtiger Ansatz im Rahmen des Neuen Steuerungsmodells ist die Verknüpfung der Ergebnisse mit den Finanzen[21]. Regelungen mit Außenwirkung gegenüber den Bürgern, etwa Ansprüche auf staatliche Leistungen, sind in materiellen Gesetzen enthalten. Die Bereitstellung finanzieller Mittel erfolgt im

---

[18] Vgl. dazu die Beiträge in Hill (Hrsg.), Aufgabenkritik, Privatisierung und Neue Verwaltungssteuerung, 2004.
[19] Sabine Kuhlmann, u.a. (Hrsg.), Leistungsmessung und -vergleich in Politik und Verwaltung, 2004.
[20] HILL, Der öffentliche Dienst – gut aufgestellt für die Zukunft?, in: Siegfried Magiera, u.a. (Hrsg.), Verwaltungswissenschaft und Verwaltungspraxis in nationaler und transnationaler Perspektive, Festschrift für Heinrich Siedentopf, 2008, S. 577 (591).
[21] HILL, Gesetzgebung und Verwaltungsmodernisierung, Zeitschrift für Gesetzgebung (ZG) 1998, 101 (109).

Haushaltsgesetz, das rein binnenorientiert an die Verwaltung gerichtet ist. Die Zusammenführung beider Steuerungsansätze ist unzureichend. Das Neue Steuerungsmodell führt insofern zu einer integrierten Sachentwicklungs- und Finanzpolitik.

Der Vorteil einer outputorientierten Budgetierung liegt darin, dass schon zu Beginn des Haushaltsplanaufstellungsverfahrens eine Gesamtorientierung der Ausgaben an den Einnahmen zu erfolgen hat. In einer zweiten Stufe müssen dann vorhandene Mittel konkreten Leistungen zugeordnet werden. Wird diese Methode konsequent angewandt, kann sie auch einer weit verbreiteten Verschuldung öffentlicher Haushalte entgegenwirken. Die Aufstellung von produktorientierten Finanzzielen und -kennzahlen, verbunden mit der Einführung einer Kosten- und Leistungsrechnung, führt zu einem stärkeren Kostenbewusstsein und regt zum Nachdenken über alternative Wege der Aufgabenerfüllung an.

Mit der Haushaltsaufstellung und Produktdefinition sollte in der Regel auch eine Aufgabenkritik verbunden sein. Diese umfasst sowohl eine Zweckkritik als auch eine Vollzugskritik. Die Zweckkritik beinhaltet die Frage nach den richtigen Produkten und führt folgerichtig auch zu einer zielorientierten Priorisierung sowie einer Diskussion über Leistungssicherheit und Qualitätsniveaus. Die Vollzugskritik ist dem Ressourcenverbrauch sowie der Optimierung der Leistungserstellungsprozesse gewidmet. Die dezentrale Bewirtschaftung kann dabei situative Verbesserungspotenziale offenlegen.

Alle diese Maßnahmen führen letztlich zu mehr Transparenz des Entscheidungsverfahrens und der Leistungserstellung. Ein wirksames Controlling zeigt Risikofaktoren, aber auch Verbesserungspotenziale. Die eigentliche Entscheidung ist damit noch nicht getroffen, es handelt sich lediglich um eine Entscheidungshilfe. Aber die informierte Entscheidung ist in der Regel eine bessere Entscheidung und lässt auch eine bessere Steuerung zu.

Freilich erfordern alle diese Maßnahmen auch mehr Kommunikation. Das gilt gleichermaßen im Innern der Verwaltung wie nach außen gegenüber dem Bürger. Zielvereinbarungen und Controlling im Sinne fortlaufender Verbesserungen machen mehr Arbeit als Weisungen und Kontrolle. Eine Dienstleistungs- und Kundenorientierung, die die Anliegen der Bürger ernst nimmt, sie einbezieht und mehr «value for money» auch im Bereich des Services bieten will, ist mit Dienst nach Vorschrift nicht zu schaffen. Aber gerade bei der Dienstleistungs- und Kundenorientierung haben Verwaltungen, wie Untersuchungen belegen[22], in den letzten Jahren große Fortschritte, auch im Ansehen der Bürger, gemacht.

---

[22] BOGUMIL (Fn. 4), Zehn Jahre Neues Steuerungsmodell, S. 317 sowie DERS. (Fn.4), Perspektiven kommunaler Verwaltungsmodernisierung, S. 10, obwohl es dort heißt, Verbesserungen der Bürger- und Kundenorientierung wären prinzipiell auch ohne das Neue

Auf der anderen Seite stehen die Probleme, die das Neue Steuerungsmodell in der Praxis bereitet hat. Zunächst zeigte sich ein Spannungsverhältnis von politischer und betriebswirtschaftlicher Rationalität. Das Neue Steuerungsmodell ist an Berechenbarkeit und Effizienz orientiert. Politik folgt anderen Kriterien, etwa Machterhalt, Wählerstimmenoptimierung oder Interessenverfolgung und Denken in politischen Lagern von Regierung und Opposition. Da ist auch Transparenz nicht immer gewollt und eine politische Streitkultur im Sinne des gemeinsamen Ringens um die beste Lösung oft nur Theorie. Dieses Spannungsverhältnis tritt in einer Konkordanzdemokratie wie der Schweiz vielleicht nicht so deutlich zutage. In Deutschland ist es jedenfalls bis heute noch nicht zufriedenstellend gelöst[23].

Vielfach wurde in der Praxis der Steuerungsansatz durch Sparansätze, etwa Maßnahmen zur Haushaltskonsolidierung, überlagert, was häufig zu Frustrationen in den betroffenen Verwaltungen führte. Bei der Budgetierung kann zum Beispiel eine sog. Effizienzrendite vereinbart werden, bei der das Budget des letzten Jahres etwa um 2 oder 3% gesenkt wird, dafür aber die bewirtschaftenden Einheiten einen größeren Spielraum bei der Art und Weise der Aufgabenerfüllung bzw. Zielerreichung erhalten. Weiterhin wurde teilweise vereinbart, dass ein Teil der ersparten Ausgaben oder erwirtschafteten Einnahmen (sog. Managementerfolge) den jeweiligen Einheiten verbleiben und im nächsten Jahr wieder verwendet, also nicht an den Kämmerer oder Finanzminister im Wege des Gesamtdeckungsprinzips abgeliefert werden müssen. Wird diese Praxis dann während des Haushaltsjahres geändert, sinkt das Vertrauen in die Zusammenarbeit zwischen Verwaltung und Politik bzw. Verwaltungsspitze.

Weitergehend machen Kürzungen der Budgets nach dem sog. Rasenmäher-Prinzip, bei dem alle Positionen bzw. Leistungen gleichmäßig gekürzt werden, das Ringen um Priorisierungen zunichte. Schließlich erfordert die Einführung der neuen Instrumente auch Schulungsaufwand, dessen Kosten nicht immer bereitgestellt oder bei finanziellen Problemlagen teilweise entzogen wurden.

Das Denken in Produkten und Fachbereichen hat teilweise zu bereichs- und detailorientierten Sichtweisen und damit zu einer Fragmentierung von Verwaltungen geführt. Man hat das Ganze aus dem Blick verloren, weil man sich jeweils

---

Steuerungsmodell erreichbar gewesen, das dadurch geschaffene Reformklima habe aber diese Verbesserungen begünstigt.

[23] STEFAN BRINK/HILMAR REINEMANN, Parlamente im Prozess der Verwaltungsmodernisierung, Verwaltung und Management 2002, 265; Bogumil, Politische Rationalität im Modernisierungsprozess, in: Kuno Schedler, u.a. (Hrsg.), Modernisieren mit der Politik, 2003, S. 15 ff.; SCHEDLER, Vom Public Management zur Public Governance: Renaissance des Politischen in der Reform, in: Peter Grünenfelder, u.a. (Hrsg.), Reformen und Bildung. Erneuerung aus Verantwortung, Festschrift für Ernst Buschor, 2003, S. 417 ff.

nur auf das eigene Produkt und dessen Optimierung konzentrierte. Vernetzung und fachübergreifende Zusammenarbeit, insbesondere bei komplexen Problemlagen, wurde dadurch erschwert. Die Verabsolutierung ökonomischer Prinzipien, ein unkoordinierter Wettbewerb sowie die «Angst vor Privatisierung» können zudem auch die Leistungskraft mindern, wenn nicht faire Entwicklungs-, Vergleichs- und Lernchancen bestehen.

Gerade in der Anfangszeit der Einführung des Neuen Steuerungsmodells wurde die Produktdefinition und Kennzahlenentwicklung häufig übertrieben. Produktkataloge mit 1'000 Produkten sind nicht mehr steuerbar, ebenso steht eine Kostenrechnung «bis zur dritten Stelle nach dem Komma» bei jedem Produkt bzw. jeder Leistung als Kostenträger in keinem Verhältnis zum erzielten Erfolg. In manchen Fällen hätten Vergleichszahlen oder Schätzungen ausgereicht, eine Beschränkung auf Schlüsselkennzahlen hätte die Steuerung vereinfacht. Zudem erlag man nicht selten der Gefahr, quantitative Daten zu erheben, weil dies leichter ist; Qualitätskennzahlen, die häufig Bewertungen erfordern, wurden vernachlässigt. Manche befürchteten die Einführung einer neuen Bürokratie, statt der klassischen inputorientierten Bürokratie in herkömmlichen Haushaltsplänen nun eine neue outputorientierte Bürokratie.

Nicht nur die Datenerhebung erzeugte Kritik, schwerer wog noch, dass die erhobenen Daten vielfach zu wenig genutzt wurden und daher «Datenfriedhöfe» entstanden. Führungskräfte in der Verwaltung, erst recht aber «die Politik» versäumten es, den Umgang mit diesen Daten zu erlernen und sie für die eigene Steuerung zu nutzen. Das beginnt schon bei der Festlegung der Kennzahlen. Das Management braucht andere Daten als die Politik, weil der Blickwinkel und teilweise auch die Steuerungsziele voneinander abweichen. Insofern verschwanden viele Daten in der Schublade. Der Aufwand war umsonst, die Enttäuschung dafür umso größer, vor allem wenn auf der anderen Seite hohe Einführungskosten zu verzeichnen waren.

Ein wesentliches Defizit bei der Einführung des Neuen Steuerungsmodells ist schließlich in der mangelnden Verknüpfung mit dem Personalmanagement sowie einem unzureichenden Change Management zu sehen. In vielen Fällen wurde die Reform auf die Einführung betriebswirtschaftlicher Instrumente verkürzt. Dass auch Menschen diese Reformen umsetzen müssen, und dabei auch der Schulung, einer gewissen Zeit der Veränderung und der Unterstützung durch die Führungskräfte bedürfen, wurde häufig vergessen. Selbst die Akzeptanz bei den Führungskräften ließ zu wünschen übrig, was natürlich umgekehrt nicht gerade zu einer Motivation der Mitarbeiterinnen und Mitarbeiter beiträgt.

Vielen Mitarbeitern war nicht klar, was sich nach der Reform für sie persönlich veränderte. Zeitaufschreibungen im Rahmen der Kostenrechnung führten zu Irritationen, das Wort von der Leistungsverdichtung machte teilweise die Runde. Die Einführung der leistungsorientierten Vergütung und die teilweise Verknüpfung mit Zielvereinbarungen erzeugte viel Streit um die Bemessung von Leistung, führte aber nicht unbedingt zu deren Verbesserung. Mittlerweile ist sie im Tarifvertrag der Länder wieder abgeschafft worden.

Verschiedene Rechnungshöfe prüften die Einführung der neuen Steuerungsinstrumente und kamen vielfach zum Ergebnis, dass den hohen Einführungskosten keine nennenswerten Einsparungen an Personal- und Sachkosten gegenüberstünden[24], ein Ergebnis, das Kritiker der Reform natürlich wieder beflügelte und Befürworter zu Verbesserungsvorschlägen anreizte[25]. So bleibt im Ergebnis eine gespaltene Bilanz der Einführung des Neuen Steuerungsmodells in deutschen Verwaltungen, mit nach wie vor manchen Hoffnungen, aber auch einigen Enttäuschungen.

4. New Public Management als Wegbereiter

Auch wenn die Einführung des Neuen Steuerungsmodells in deutschen Verwaltungen nicht als voller Erfolg bezeichnet werden kann, war sie doch Wegbereiter für viele andere Ansätze der Verwaltungsmodernisierung. So kann etwa die Einführung der doppelten kaufmännischen Buchführung (Doppik) durchaus als Spin-off von New Public Management gesehen werden. Sie vermittelt Transparenz über den Ressourcenverbrauch, macht die Vermögenssituation sichtbar und gibt einen Überblick über mittel- und langfristige Auswirkungen auf die öffentlichen Haushalte. Dadurch schafft sie eine Grundlage für verantwortliche und nachhaltige Planungen und Entscheidungen.

In Deutschland wird die Doppik zurzeit flächendeckend in Kommunen außer in Bayern und Thüringen sowie auch auf Landesebene, vor allem in Hessen, Hamburg, Nordrhein-Westfalen und Bremen, eingeführt. Andere Länder, wie etwa Rheinland-Pfalz und Baden-Württemberg, bemühen sich um eine sog. erweiterte Kameralistik. Auch der Bund geht in diese Richtung.

Im Sommer 2009 wurde das Haushaltsgrundsätzegesetz geändert, das für die Haushaltswirtschaft in Bund und Ländern gilt. Es lässt sowohl eine erweiterte Kameralistik als auch eine Doppik zu[26]. Hamburg und Hessen haben inzwischen

---

[24] Vgl. etwa die Darstellung bei HILL, Intelligentes Sparen, Verwaltung und Management 2008, 59 (60) zu den Prüfergebnissen des Landesrechnungshofs Baden-Württemberg.
[25] Arbeitskreis «Integrierte Verbundrechnung», Erfolgsfaktoren für die Gestaltung von Reformprojekten, innovative verwaltung 7–8/2007, 11.
[26] Gesetz vom 31. Juli 2009, BGBl. I, S. 2580 ff.; KLAUS LÜDER, Zum Entwurf eines Haushaltsgrundsätzemodernisierungsgesetzes (HGrGMoG), Die Öffentliche Verwaltung (DÖV) 2009, 567.

eine Konzernbilanz erstellt. Das hat den Vorteil, dass auch Nebenhaushalte und Töchterunternehmen mit erfasst sind, damit auch die Vermögenssituation des Landes insgesamt klarer wird und Risiken der Haushaltsführung erkennbar werden, auch wenn damit allein die Verschuldung noch nicht beseitigt wird.

Als ein Anschluß- und Folgeprojekt zu New Public Management lässt sich international auch das sog. Performance Management, verstanden als leistungs- und wirkungsorientierte Steuerung, bezeichnen. Dazu werden etwa Performance Budgeting, Performance Reporting, Performance Contracting, Benchmarking sowie ein reformiertes Rechnungswesen gerechnet. Deutschland gilt in Sachen Performance-Orientierung im internationalen Vergleich immer noch als Nachzügler[27].

Nicht identisch mit diesem Steuerungsansatz ist das, was bisher in Deutschland als Qualitätsmanagement in der öffentlichen Verwaltung verstanden wurde, auch wenn in die Praxis des Qualitätsmanagements gerade in den neunziger Jahren vielfältige Ansätze von New Public Management eingeflossen sind. Herkömmlich versteht man unter Qualität die Übereinstimmung mit vorgegebenen (Qualitätsnormen), vereinbarten (Zielvereinbarungen) oder erwarteten (Kundenbefragungen) Merkmalen einer gesamten Organisation. Der Nachteil dieser Auffassung liegt in einer häufig schematischen und vergangenheitsorientierten Anwendung von Qualitätsmanagement. Stattdessen wird neuerdings eine eher aktive Gestaltung und Profilierung, ein kreatives Vorausdenken gefordert[28].

Die mit New Public Management eingeführte Ergebnis- und Wirkungsorientierung des Verwaltungshandelns wird in einer neuen Ausprägung des Strategischen Managements, dem sog. Public Value Management, fortgeführt. Im internationalen Schrifttum wird es als neue Linse gesehen, durch die staatliche Aktivitäten, Politikentwicklung und öffentliche Dienstleistungen gerahmt werden können. Hervorzuheben ist vor allem der ganzheitliche, am Gemeinwohl und einer öffentlichen Wertschöpfung orientierte Ansatz, der die von manchen an New Public Management kritisierte, etwas einseitige Ausrichtung an Öko-

---

[27] Vgl. ISABELLA PROELLER/JOHN PHILIPP SIEGEL, Performance Management in der deutschen Verwaltung – Eine explorative Einschätzung, der moderne staat 2009, 455; DENNIS HILGERS, Management by Performance – Konturen und Instrumente eines leistungsorientierten Verwaltungsmanagements, der moderne Staat 2009, 433 (447); ALEXANDER KROLL/NICOLE KÜCHLER-STAHN, Performance Management in der öffentlichen Verwaltung, der moderne staat 2009, 475.

[28] HILL, Qualitätsmanagement im 21. Jahrhundert, Die Öffentliche Verwaltung (DÖV) 2008, 789; CHRISTIAN JOCK, Qualitätsmanagement in Europa – Entwicklungen, Probleme, Ausblick, in: Hill (Hrsg.), Verwaltungsmodernisierung im europäischen Vergleich, 2009, S. 35 (55); vgl. auch WERNER JANN/BASTIAN JANTZ, A Better Performance or Performance Management?, in: KPMG International (Hrsg.), Holy Grail or Achievable Quest? 2008, S. 11 ff.

nomisierung und Effizienz überwindet. In einigen deutschen Verwaltungen wird bereits mit einer Public Value Scorecard experimentiert[29].

Soweit die Steuerung im New Public Management über Zielvereinbarungen und nicht mehr über Detailweisungen erfolgt, muss dies Auswirkungen auf Kontrolle und Evaluation haben.

Das heißt, auch die klassische Fachaufsicht kann nicht unberührt bleiben. Insofern wird neuerdings in Bund und Ländern über ganzheitlichere Kontrollsysteme nachgedacht, die auch Elemente eines risk managements im Rahmen der Überwachung enthalten[30].

In Mittel- und Osteuropa traf New Public Management nicht auf eingeführte demokratische und rechtsstaatliche Verwaltungsstrukturen. Eine an diesen Prinzipien ausgerichtete «Bürokratie» musste erst aufgebaut werden. Gleichwohl wollte man auf moderne Managementgrundsätze nicht verzichten. Daraus entwickelte sich eine Art Kombinationsmodell, das als Neo-Weberianismus bezeichnet wird. Es enthält einerseits rechtsstaatliche Grundsätze, andererseits aber zugleich Effizienz-, Qualitäts- und Serviceorientierung[31]. Es bleibt abzuwarten, welche Rückwirkungen dieser Ansatz auf die Verwaltungsentwicklung in Deutschland hat.

Aufbauend auf der im Neuen Steuerungsmodell enthaltenen Kunden- und Dienstleistungsorientierung zeigen sich vielfältige Formen verstärkter Bürgereinbeziehung in die Gestaltung, Erbringung und Kontrolle staatlicher Leistungen (co-design, co-production, co-evaluation), die vor allem auch durch neue elektronische Kommunikationsmöglichkeiten und Formen der Zusammenarbeit erleichtert werden[32].

---

[29] HILL, Public Value Management, in: Martin Brüggemeier, u.a. (Hrsg.), Controlling und Performance Management im Öffentlichen Sektor, Festschrift für Dietrich Budäus, 2007, S. 373 ff.

[30] Vgl. noch MARIO ETSCHEID, Fachaufsicht neu denken und gestalten, 2009.

[31] BOUCKAERT, Auf dem Weg zu einer neo-weberianischen Verwaltung. New Public Management im internationalen Vergleich, in: Jörg Bogumil, u.a. (Hrsg.), Politik und Verwaltung, 2006, S. 354 ff.; POLLITT, et al. (eds.), A Distinctive European Model? The Neo-Weberian State, Special Issue of The NISPAcee Journal of Public Administration and Policy, 2008

[32] KLAGES, u.a. Bürgerbeteiligung durch lokale Bürgerpanels, 2008; HILL, Bürgerbeteiligung in der Informationsgesellschaft, in: Sabine Kropp/Klaus König (Hrsg.), Theoretische Aspekte einer zivilgesellschaftlichen Verwaltungskultur, Speyerer Forschungsbericht, 2010; Marga Pröhl/Alexander Heichlinger (eds.), Taking the Pulse of European Public Administrations. Key Findings of the European Public Sector Award 2009, 2009; TONY BOVAIRD et al., Co-Production of Public Services and Policies: The Role of Emerging Technologies, in: John Gotze/Christian Bering Pedersen (eds.), State of the eUnion, 21Gov.net, 2009, S. 257 ff

Überhaupt kann auch eGovernment als Motor, Schlüssel oder Katalysator der mit New Public Management eingeführten Verwaltungsmodernisierung betrachtet werden[33]. Allerdings legt eGovernment mehr Wert auf eine Neugestaltung der Prozesse[34], als dies im New Public Management der Fall war. Eine durchgängige Interoperabilität der Prozesse erfordert indes eine Standardisierung, die die dezentrale Ressourcen- und Ergebnisverantwortung im Rahmen des Neuen Steuerungsmodells aufzubrechen versuchte. Insoweit zeigt sich mit der Einführung sog. Dienstleistungszentren (shared services)[35] eher ein Gegentrend hin zur Zentralisierung interner Dienstleistungen.

Die im New Public Management angelegte Auslagerung und Verselbständigung wirtschaftlicher Einheiten ebenso wie die Einbeziehung von Kunden und Bürgern hat zu einer Aufteilung der Aufgabenwahrnehmung und Verantwortung geführt. Im Gewährleistungsstaat bedürfen diese verschiedenen Akteure jedoch der Koordination und Steuerung. So war es nicht verwunderlich, dass Public Governance[36] vielfach als Folgetrend von Public Management verstanden wurde.

5. Ausblick

Verwaltungsmodernisierung wird in den nächsten Jahren die Folgen der Finanz- und Wirtschaftskrise einbeziehen müssen. Dies führt schon jetzt zu einer Renaissance des Staates. National und international wird über erweiterte Regulierungen nachgedacht, des Finanzmarktes, aber auch der Wirtschaftsunternehmen. Dabei ist zu befürchten, dass manche Bemühungen um Deregulierung und Bürokratieabbau wieder ins Gegenteil verkehrt werden. Staat und Gesellschaft sind aber auf private Innovationen angewiesen. Deshalb dürfen Regulierungen nicht

---

[33] HILL, Transformation der Verwaltung durch E-Government, Deutsche Zeitschrift für Kommunalwissenschaften (DfK) 2004/II, S. 17 ff.; zu Unterschieden und Gemeinsamkeiten von Government und New Public Management vgl. noch TINO SCHUPPAN/CHRISTOPH REICHARD, E-Government: Von der «Portalisierung» zur umfassenden Neugestaltung öffentlicher Leistungserbringung, in: Reichard, u.a. (Hrsg.), Das Reformkonzept E-Government, 2004, S. 13 ff.

[34] KLAUS LENK, Geschäftsprozessmanagement im öffentlichen Sektor – Unterschiede zur Privatwirtschaft?, in: Hill (Hrsg.), Die Zukunft des öffentlichen Sektors 2006, S. 11 ff.; JÖRG BECKER, u.a. Prozessorientierte Verwaltungsmodernisierung. Prozessmanagement im Zeitalter von E-Government und New Public Management, 2007

[35] GISO SCHÜTZ, Wirksamkeit und Wirtschaftlichkeit der Bundesverwaltung durch «Shared-Service-Center» («SSC»), in: Hill (Fn. 34), S. 23 ff.

[36] HILL, Good Governance – Konzepte und Kontexte, in: Gunnar Folke Schuppert (Hrsg.), Governance-Forschung, 2005, S. 220 ff.; Tony Bovaird/Elke Löffler (eds.), Public Management and Governance, Second Edition, 2009.

jeglichen Freiraum ersticken. Es muss daher darum gehen, neue und alternative Formen von staatlicher Steuerung, Vollzug und Kontrolle zu finden[37].

Auf der anderen Seite wird der Staat angesichts sinkender Steuereinnahmen und steigender Soziallasten sowie der neuen «Schuldenbremse» im Grundgesetz weiter sparen müssen. Effizienz, Produktivität und nachhaltiger Ressourceneinsatz werden daher auch das Staatshandeln prägen. Der Staat wird sich für sein Handeln rechtfertigen müssen[38].

In diesem Zusammenhang wird auch die Forderung, dass staatliches Handeln transparent und nachvollziehbar geschieht, immer lauter. Die mit dem Neuen Steuerungsmodell im Innern geschaffene Transparenz wird auch von den Bürgerinnen und Bürgern im Außenverhältnis im Sinne eines «open government» eingefordert. Gleichzeitig ist der Staat gut beraten, das Problem- und Lösungswissen der Bürgerinnen und Bürger in seine Entscheidungen einzubeziehen. Neue Kollaborations-Plattformen sind dazu im Entstehen[39].

Da sich Rahmenbedingungen und Herausforderungen ständig ändern, befindet sich Verwaltung immer im Zustand der Reform. Als lernende Organisation muss sie sich ständig weiterentwickeln. Klassische Managementkompetenzen im Sinne einer Etablierung organisationaler Fähigkeiten reichen dabei nicht mehr aus, um den Anforderungen des Wandels gerecht zu werden. Vielmehr geht es um eine Dynamisierung und flexible Veränderung dieser Fähigkeiten selbst[40].

Verwaltungsmodernisierung bleibt also spannend, sowohl für die Verwaltungswissenschaft als auch für die Verwaltungspraxis.

---

[37] HILL, Recht als Geschäftsmodell – Von Better Regulation zu New Regulation, Die Öffentliche Verwaltung (DÖV) 2007, 809.
[38] ELISABETH RUMLER-KORINEK, «Governance» und «Accountability» – Reine Modeworte oder Schlüsselbegriffe einer Demokratie auf EU-Ebene?, Journal für Rechtspolitik 2004, 227; Australian Government/Australian Public Service Commission, Delivering Performance and Accountability, 2009, www.apsc.gov.au.
[39] Open Government. A Progress Report to the American People, December 2009, http://www.whitehouse.gov/open; JÖRN VON LUCKE, Transparenz 2.0 – Transparenz durch E-Government, Verwaltung und Management 2009, 326.
[40] MARTINA EBERL, Die Dynamisierung organisationaler Kompetenzen, 2009, S. 38 ff.

Organisationspolitik in der Staats- und Verwaltungsreform: Konzepte, Entwicklungslinien, Folgerungen

JÜRGEN KEGELMANN

Inhaltsverzeichnis

1. Einleitung und Zielsetzung — 65
2. Institutionenpolitiken im Vergleich – Aufbau eines Vergleichsrasters — 66
3. Frankreich – Deutschland – Schweiz – ein kurzer Vergleich — 68
   3.1 Die Ausgangsbedingungen — 68
   3.2 Institutionenpolitiken im «operativen» Vergleich — 70
      3.2.1 Frankreich — 71
      3.2.2 Deutschland — 73
      3.2.3 Schweiz — 75
4. Ein Vergleich auf der normativen und mentalen Ebene — 77
   4.1. Die normativen Vorstellungen hinter den Reformen der öffentlichen Verwaltung — 79
      4.1.1 Betonung des Marktprinzips — 79
      4.1.2 Betonung des Netzwerk- und Kontraktprinzips — 79
   4.2 Die mentalen Modelle hinter den Reformen der öffentlichen Verwaltung — 80
5. Ausblick und Weiterentwicklungen — 84
Literatur — 86

1. Einleitung und Zielsetzung

Die Verwaltungsreformeuphorie ist in den letzten Jahren abgeebbt und hat realistischen Einschätzungen Platz gemacht. Untersuchungen zu Ergebnissen und Wirkungen des NPM zeichnen ein differenziertes Bild, das sowohl Erfolgs- als auch Mißerfolgsgeschichten kennt[1]. Im folgenden Beitrag sollen die Verwaltungsreformpolitiken der Schweiz, Frankreich und Bundesrepublik Deutschland verglichen werden.

Hierzu wird in einem ersten Schritt ein Vergleichsraster aufgebaut (Kapitel 2), auf dessen Grundlage ein erster operativer Vergleich möglich ist (Kapitel 3). In

---

[1] Vgl. in Deutschland die umfangreiche Evaluierungsstudie von BOGUMIL/GROHS/KUHLMANN/OHM, 2007. Vgl. für die Schweiz die Untersuchungen von RITZ, 2003 und SCHEDLER, 2005, S. 223–235. Vgl. für Frankreich die vergleichende Untersuchung von KUHLMANN, 2009.

einem zweiten Schritt wird der Vergleich vorgenommen, wobei sowohl Gemeinsamkeiten als auch Unterschiede in den Reformpolitiken herausgearbeitet werden sollen. Auf einer tieferen Ebene soll gezeigt werden, dass es zwar durchaus unterschiedliche Entwicklungspfade und Institutionenpolitiken in den jeweiligen Ländern gibt, dass aber auf einer tieferen Vergleichsebene, nämlich der, der zugrundeliegenden Normen und mentalen Modelle, in allen Ländern ähnliche Grundmuster zu finden sind (Kapitel 4). Diese Grundmuster sollen offengelegt und kritisch hinterfragt und daraus erste Perspektiven und Folgerungen für die Zukunft für eine Steuerungsmodell «jenseits von New Public Management» gewonnen werden (Kapitel 5).

2. Institutionenpolitiken im Vergleich – Aufbau eines Vergleichsrasters

Zur Analyse von Verwaltungsreformpolitiken, die sog. Institutionenpolitiken darstellen, gibt es eine Vielzahl von möglichen Fragestellungen und Vergleichspunkten. Gefragt werden kann:
- Was sind die jeweiligen Ausgangsbedingungen der Reform?
  - Wie sind die rechtlichen Ausgangsbedingungen?
  - Welche Akteure mit welchen institutionellen Interessen sind relevant?
  - Was sind die strukturellen Ausgangsbedingungen? Wer hat welche Funktionen und welche Entscheidungskompetenzen?
- Welche Reformpolicies lassen sich erkennen? Welche Politikfelder sind zentral und warum?
- Wie verläuft der Prozess zur Institutionenreform?
  - Wer ist der Initiator?
  - Wer formuliert die Reformmaßnahmen und warum?
  - Wie werden die Reformaßnahmen implementiert und umgesetzt?
- Welche Ergebnisse und Wirkungen wurden erzielt?
  - Wurden die beabsichtigten Reformmaßnahmen und -instrumente erfolgreich eingeführt?
  - Wurden die beabsichtigten Wirkungen erreicht?[2]

---

[2] Bogumil unterscheidet in Anlehnung an die Typologie von POLLITT und Bouckaert die «Performanzfelder» a) Inputveränderungen (Einsparungen, Effizienzgewinne), b) Output- und Prozessveränderungen (Servicequalität, Verfahrensdauer, Kundenfreundlichkeit etc.)

All diese Fragen können, auch für einen internationalen Vergleich, gestellt und beantwortet werden. Im folgenden Beitrag soll nicht das «Warum» der unterschiedlichen Reformpolitiken dargelegt werden. Auch die Wirkungen sollen nicht im Mittelpunkt stehen. Hier soll primär gezeigt werden, «ob» und «dass» es unterschiedliche Reformpfade gibt und welche Institutionenpolitiken sich in den jeweiligen Ländern prioritär herausgeschält haben. In einem zweiten Schritt sollen dann die gemeinsamen Grundmuster herausgearbeitet werden.

Für die Typisierung von institutionellen Policies, zu denen die «Verwaltungsmodernisierung» gehört, können hierbei folgende Ansätze gewählt werden.

Input – Output[3]

Angeregt durch die Systemtheorie[4] wurde das politisch-administrative System als Input-Output-System definiert, für dessen Legitimation zwei Quellen entscheidend sind. Während sich die Input-Legitimität auf die Art und Weise der politischen Willensbildung bezieht, entsteht die Outputlegitimität durch das Ergebnis, den Output öffentlichen Handelns. Reformansätze im Input-Bereich thematisieren insb. die Veränderung der Beteiligungsregeln im politisch-administrativen Prozess (z.B. Direktwahl des Bürgermeisters, Beteiligung der Bürger an politischen Willensbildungsprozessen etc.). Outputorientierte Ansätze fokussieren die Effektivität und Effizienz des Verwaltungshandelns.

Intern – extern

Eine weitere Unterscheidung kann in Anlehnung an Benz[5] danach getroffen werden, ob die Reformansätze eher binnen- oder außenorientiert sind. Reformen, die sich auf die Außenbeziehungen konzentrieren, thematisieren die Zusammenarbeit zwischen verschiedenen Organisationen. Intersektorale, horizontale Reformen thematisieren die Zusammenarbeit zwischen «Markt», «Staat» und «Gesellschaft». Intergouvernmentale, vertikale Reformen, fokussieren die funktionale Arbeitsteilung zwischen den unterschiedlichen politischen und Verwaltungsebenen.

---

    und c) System- und Kulturveränderungen (politische und gesamtorganisatorische Steuerungseffekte); vgl. BOGUMIL, 2008, S. 337.

[3] Hier wird der Begriff des «Inputs» angewendet, wie er in der Demokratieforschung üblich ist. Unter Input-Effekten werden die Auswirkungen von Beteiligungsmaßnahmen und demokratischer Partizipation auf die Akzeptanz, Legitimität und das Institutionenvertrauen gefasst. Damit liegt hier eine andere Input-Output-Differenzierung zugrunde, wie sie Bogumil verwendet.

[4] Vgl. EASTON, 1965, S. 112.

[5] Vgl. BENZ, 2004, S. 20 ff.

Interne Reformpolitiken hingegen fokussieren intraorganisatorische Maßnahmen und beziehen sich auf Maßnahmen innerhalb der eigenen Organisationsgrenzen.

Nach dieser kurzen Darstellung lassen sich folgende mögliche «Felder» von Staats- und Verwaltungsreform herauskristallisieren:

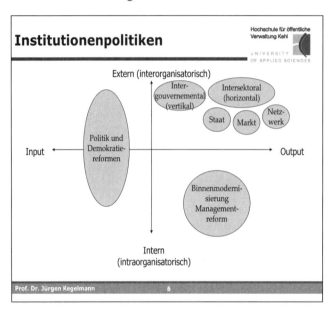

3. Frankreich – Deutschland – Schweiz – ein kurzer Vergleich

3.1 Die Ausgangsbedingungen

Bei allen drei europäischen Ländern handelt es sich um kontinentaleuropäische Länder[6], die sich vor allem durch eine herausgehobene Stellung des Rechtsstaatsprinzips auszeichnen[7]. Neben dieser gemeinsamen Rechtstradition unterscheiden sich die drei Länder hinsichtlich des Staats- und Verwaltungsaufbaus, der ein wichtiger Rahmen für die nationalen Verwaltungsreformpfade darstellt.

---

[6] Vgl. KÖNIG, 2006, S. 23–34.
   Vor allem in Abgrenzung zu den angelsächsischen und anglo-amerikanischen Systemen.
[7] Vgl. KUHLMANN, 2009, S. 60.

Während es sich in Deutschland um einen föderalen Bundesstaat handelt, in dem die subnationalen Akteure (Länder) eigene Mitsprache und Veto-Rechte haben, handelt es sich in Frankreich um ein unitarisch-zentralistisches System. Die lokalen Gebietskörperschaften gelten hierbei als Teil der «unteilbaren Republik» und der Zentralstaat besitzt die uneingeschränkte Souveränität[8].

Die Schweiz wiederum ist ebenfalls ein föderaler Bundesstaat, der im Gegensatz zu Deutschland stark «bottom up» orientiert ist. Das bedeutet, dass die nationale Ebene sich ableitet aus den untergeordneten Einheiten (Kantone, Gemeinden), die eigentlich der «Souverän» sind. Im Umkehrschluss bedeutet dies, dass die subnationalen Einheiten eine weitgehende Autonomie und Handlungsfreiheit besitzen.

Aus diesen, historisch begründeten, staatssystemischen Voraussetzungen ergibt sich die Rolle der Gemeinden und Kommunen in den jeweiligen Ländern.

In allen drei Ländern ist die «kommunale Selbstverwaltung» eine verfassungsrechtlich verbriefte Garantie. Art 28 II des deutschen Grundgesetzes garantiert den «Gemeinden das Recht, alle Angelegenheiten der örtlichen Gemeinschaft im Rahmen der Gesetze in eigener Verantwortung zu regeln». Art 72 der französischen Verfassung besagt, dass «die territorialen Gebietskörperschaften sich im Rahmen der Gesetze selbst verwalten und für Entscheidungen in all jenen Bereichen zuständig sind, deren Umsetzung am besten auf dieser Ebene erfolgen kann». Art 50 der Bundesverfassung der Schweiz garantiert die Gemeindeautonomie im Rahmen des kantonalen Rechts.

Gleichwohl gibt es hinsichtlich der Aufgabenorganisation starke Unterschiede. Während in Deutschland die Kommunen sowohl für die kommunalen Aufgaben des eigenen Wirkungskreises wie auch für die «übertragenen» staatlichen Aufgaben zuständig sind, werden in Frankreich die staatlichen Aufgaben von eigenen Behörden innerhalb der dekonzentrierten Staatsverwaltung wahrgenommen. Damit werden die Staatsbehörden zum Hauptakteur, auch auf der kommunalen Ebene, die sogar teilweise die kommunalen Selbstverwaltungsaufgaben der Kommunen miterledigen. Damit sind die französischen Gemeinden funktional schwache Einheiten[9].

In der Schweiz hängt die Autonomie stark von den Kantonen ab, die die kommunale Selbstverwaltung, regional unterschiedlich, definieren.

Eine Gemeinsamkeit der kontinentaleuropäischen Länder ist die herausragende Rolle des gesatzten Rechts und des damit verbundenen Rechtsstaatsprinzips. Dieses Prinzip hat Konsequenzen für die Institutionenpolitiken insofern, als die

---

[8] Vgl. KUHLMANN, 2009, S. 59.
[9] Vgl. KUHLMANN, 2009, S. 64.

Grundstrukturen und -prozesse der Organisationsstrukturen rechtsstaatliches Handeln ermöglichen und voraussetzen. Verwaltung ist immer «legalistische» Verwaltung.

Dies hat auch Konsequenzen für die Ausgestaltung der öffentlichen Personalsysteme. Der «legalen Korrektheit» entspricht der «formale Gehorsam» der Bediensteten. Sowohl Frankreich als auch Deutschland haben deshalb relativ geschlossene Systeme des öffentlichen Dienstes, die dadurch gekennzeichnet sind, dass beide die Tradition des Berufsbeamtentums kennen, dessen Rechtsverhältnisse über das öffentliche Dienstrecht geregelt werden[10].

Die Schweiz wiederum kennt ein solch geschlossenes Beamtensystem nicht.

Insgesamt lassen sich die unterschiedlichen Ausgangsbedingungen durch die folgende Graphik veranschaulichen:

Ausgangsbedingungen in Kontinentaleuropa

Hochschule für öffentliche Verwaltung Kehl — UNIVERSITY OF APPLIED SCIENCES

Gemeinsamkeiten und Unterschiede	Frankreich	Deutschland	Schweiz
Rechtstradition	Herausragende Rolle des gesatzten Rechts (Rechtsstaatsprinzip)		
Öffentlicher Dienst	Als geschlossenes System (Tradition des Berufsbeamtentums, öffentliches Dienstrecht)		Relativ offenes System
Lokalsysteme	Festgeschriebene Selbstverwaltungszuständigkeiten	Recht der kommunalen Selbstverwaltung	Allgemeine Kompetenz in kommunalen Angelegenheiten
Staatssystem	Hochsektoralisierte Staatsverwaltung mit dekonzentrierten Behörden im lokalen Raum (Staatszentralismus)	„Top-Down" Föderalismus	„Bottom Up" Föderalismus

Prof. Dr. Jürgen Kegelmann 5

3.2 Institutionenpolitiken im «operativen» Vergleich

Im vorliegenden Kapitel sollen die einzelnen Reformpolitiken der Länder vergleichend gegenübergestellt und in die bereits entwickelte Matrix der Verwaltungsreform eingeordnet werden. Hierzu werden die zentralen Reformschwerpunkte kurz dargestellt.

---

[10] Vgl. KUHLMANN/BOGUMIL, 2007, S. 137–151.

3.2.1 Frankreich

Wichtige Reformvorhaben in Frankreich waren «Acte I» und «Acte II». Anfang der 80er Jahre wurde eine in der Geschichte Frankreichs einmalige Dezentralisierungsreform eingeleitet[11], die sich durch folgende Elemente auszeichnete («Acte I»):

(1) teilweise Entmachtung des Präfekten

Bis 1982 war der Präfekt auch der höchste Verwaltungsbeamte eines Departements. Diese Funktion ging im Zuge der Dezentralisierungsgesetze auf den gewählten Präsidenten des Generalrates über, der das neue, oberste, gewählte Kollegialorgan eines französischen Departements wurde. Damit wurden aus den vormals schlichten Verwaltungsuntergliederungen Departement und der Gemeinde vollwertige Gebietskörperschaften mit einem eigenen Wirkungsbereich. Gleichzeitig wurde das neue Exekutivorgan demokratisch legitimiert und nicht mehr durch den Staatspräsidenten ernannt.

(2) funktionale Stärkung der lokalen Gebietskörperschaften

Darüber hinaus wurden im Zuge von «Acte I» zahlreiche Kompetenzen auf die Ebenen der regionalen und lokalen Gebietskörperschaften verlegt («Departementalisierung»), insb. im Bereich der Arbeitslosen- und Sozialhilfe sowie der Familienpolitik und Gesundheitsfürsorge. Mit der Dezentralisierung und Demokratisierung verbunden war ein Übergang von Personal aus den bisher staatlichen Gesundheits- und Sozialdirektionen.

«Acte II», eine zweite Dezentralisierungswelle Anfang des Jahres 2003, kann als Fortsetzung von «Acte I» gesehen werden, da die bis dato unvollständige Kompetenzübertragung in zahlreichen Aufgabenfeldern, verbunden mit einer Vielzahl von Misch-Zuständigkeiten, weiter komplettiert wurde. Mit der Verfassungsänderung vom 28.03.2003 erhielt die Dezentralisierung auch Verfassungsrang, indem in Artikel 1 festgeschrieben wurde, dass die «Organisation der französischen Republik dezentralisiert ist». Neben weiteren Aufgaben im Sozialbereich wurden mit dem Gesetz vom 13. August 2004 außerdem Aufgaben des Bildungswesen, der Infrastruktur, des sozialen Wohnungsbaus und der Sport und Kultur übertragen.

Verbunden mit dieser funktionalen Aufwertung war ein enormer Personaltransfer von ehemaligen Staatsbehörden auf die Departements.

Nutznießer der Reform waren insb. die Departements, aber auch die den Departements gleichgestellten großen Kommunen. Wenig Aufwertung erfuhren allerdings, auch aus Gründen der zu geringen Größe, die Städte und Gemeinden,

---

[11] Vgl. SCHMIDT, 1990.

denen sowohl ein Zuständigkeits- wie auch Personaltransfer vorenthalten blieb. Diese sind nach wie vor auf die Aufgabenübernahme durch die dekonzentrierten Staatsbehörden angewiesen. Eine durchgreifende Gemeindegebietsreform wurde nicht durchgeführt.[12]

Neben zwei starken Dezentralisierungswellen erfolgte eine «Interkommunalisierungswelle»[13], deren Dynamik von dem 1999 verabschiedeten Gesetz zur interkommunalen Zusammenarbeit ausging, das, mit Hilfe finanzieller Anreize, drei Arten interkommunaler Zusammenschlüsse vorsieht[14]. Gerade durch die teilweise in den neuen Kooperationsformen ermöglichte «Steuerhoheit» hat sich die interkommunale Zusammenarbeit enorm, insb. in den Bereichen lokale Daseinsvorsorge, Wirtschaftsförderung, Planung, sozialen Wohnungsbau sowie im Umweltschutz, verstärkt. Auch die Bereiche Wasserver- und -entsorgung, Müllabfuhr und -aufbereitung sowie der ÖPNV sind mehrheitlich «interkommunalisiert»[15].

- Neben den intra- und intergouvernmentalen Reformen wurden in Frankreich auch intersektorale Reformen durchgeführt. Dies betrifft insb. drei Bereiche[16]:
- verstärkte Delegation, Kontraktualisierung, PPPs (Public Private Partnership): Die Marktöffnung in der kommunalen Daseinsvorsorge (Wasser, Abfall, ÖPNV) erfolgte hauptsächlich durch die Ausweitung der Praxis von Konzessionsverträgen mit privaten Anbietern. Insbesondere «fortschrittlichere» PPP-Modelle wurden entwickelt, bei denen der externe private Anbieter neben der Ausführungs- auch die Finanzierungsverantwortung übernahm. Die Gewährleistungsverantwortung und damit auch politische Verantwortung hingeben bleibt bei der Kommune.
- Zunehmende Kooperation von privaten und öffentlichen Anbietern im Rahmen von gemischtwirtschaftlichen Unternehmen
- vermehrte öffentliche Ausschreibungen (marché public)

---

[12] In Frankreich gibt es ca. 37'000 Kommunen, die sich durch eine große Kleinteiligkeit auszeichnen. In Frankreich wird deshalb oft von zwei «Geschwindigkeiten» im Bereich der Modernisierung gesprochen. Während die großen französischen Städte die Nutznießer von Verwaltungs- und Staatsreformen waren, bleiben die kleinen Kommunen «auf der Strecke».
[13] BORRAZ/GALÉS sprechen von einer «interkommunalen Revolution»; vgl. BORRAZ/LE GALÉS, 2005, S. 12–28.
[14] Dies sind die Urbanen Gemeinschaften (Communautés urbaines – CU; mehr als 500'000 Einwohner), die Agglomerationsgemeinschaften (Communautés d'agglomération – CA; 50'000 bis 500'000 Einwohner) und die Kommunalen Gemeinschaften (Communautés de communes – CC; unter 50'000 Einwohner)
[15] Vgl. KUHLMANN, 2009, S. 94.
[16] Vgl. KUHLMANN, 2009, S. 149 ff.

Auf der kommunalen Ebene gab es in Frankreich keinen nennenswerten Bezug zur internationalen New-Public-Management-Debatte. Zwar wurden Einzelelemente wie Performancemanagement, Controlling und Kostenrechnung diskutiert und eingeführt, allerdings nicht im Rahmen eines systematischen Reformkonzeptes. Auf der «Inputseite» wurden hingegen Politik- und Demokratiereformen durchgeführt. Seit 2003 sind lokale Referenden möglich, auch gibt es vermehrt konsultative Beteiligungsformen und Teilhaberechte.

Zusammenfassend können die Reformmaßnahmen in Frankreich folgendermaßen dargestellt werden:

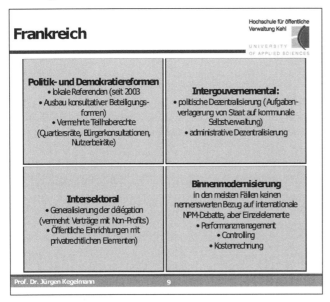

3.2.2 Deutschland

In Deutschland wurde, im Gegensatz zu Frankreich seit Anfang der 90er Jahre, ein relativ einheitliches Konzept der Verwaltungsmodernisierung unter dem Stichwort des «Neuen Steuerungsmodells (NSM)» vorangetrieben. Propagiert durch die einflussreiche Position der Kommunalen Gemeinschaftsstelle für Verwaltungsmanagement (KGSt), entwickelte sich das NSM schnell zum Referenzmodell, bestehend aus den Kernelementen

- von der Input zur Outputsteuerung über «Produkte»
- Bündelung von Fach- und Ressourcenverantwortung durch die Verlagerung von Finanz-, Personal- und Organisationskompetenzen in die Fachämter
- Entwicklung eines Kontraktmanagements

- Aufbau von Controlling/Berichtswesen sowie Kosten- und Leistungsrechnungssystemen
- Entwicklung von neuen internen Organisationsstrukturen in Form von Fachbereichsstrukturen und Umbau der Querschnittsämter zu Steuerungs- und Serviceeinheiten

Ziel des NSM bestand darin, die «klassisch-bürokratische» Verwaltungsorganisation in Richtung einer stärker betriebs- und markwirtschaftlichen Organisationsform zu orientieren. In den letzten Jahren hat sich das Reformmodell des NSM weiterentwickelt. Verstärkt wurde die strategische politische Steuerung und das Zusammenwirken von Rat und Verwaltung betont (NSM 2.0), in der Zwischenzeit steht der «Bürger» im Fokus und die Frage, wie er vermehrt in den kommunalen Produktionsprozess aktiv eingebunden werden kann (NSM 3.0).

Neben diesen sehr binnenorientierten Reformen, insb. auf der kommunalen Ebene, wurden in Deutschland auf der Länderebene teilweise sehr weitreichende Funktional- und Territorialreformen durchgeführt. Anders als in Frankreich gibt es in Deutschland keine einheitliche Dezentralisierungsgesetzgebung, weshalb in den Ländern unterschiedliche Reformpfade eingeschlagen wurden. So wurden in Baden-Württemberg im Zuge einer umfangreichen Verwaltungsstrukturreform 350 der insg. 450 staatlichen Sonderbehörden aufgelöst und auf die Kreise und kreisfreien Städte übertragen. In Niedersachsen wurden Anfang 2005 die Bezirksregierungen aufgelöst und der Systemwechsel von der Drei- zur Zweistufigkeit vollzogen[17].

Neben intergouvernmentalen Reformen kam es auch zu sektoralen Verschiebungen. Ein Trend zur Ausgliederung[18] in den Privatbereich kann ebenso festgestellt werden, wie die zunehmende Zusammenarbeit mit Akteuren aus dem Privat- und «Dritten Sektor». So erfolgten vermehrt externe Leistungsvergaben insb. in der Daseinsvorsorge und im Bereich der lokalen Infrastruktur. Das Deutsche Institut für Urbanistik (DIFU) stellte einen regelrechten «PPP-Boom» fest.

Verstärkte Bürgerbeteiligungselemente wurden einerseits dadurch geschaffen, dass in einigen Bundesländern die Direktwahl des Bürgermeisters durch das Volk eingeführt wurde und das plebiszitäre Element in Form von verstärkten Bürgerbeteiligungsrechten gestärkt wurde.

---

[17] Vgl. BOGUMIL/KOTTMANN, 2006, S. 63.
[18] Vgl. TRAPP/BOLAY, 2003, S. 170.

Abschließend lassen sich die Reformen in Deutschland wie folgt darstellen:

3.2.3 Schweiz

Bereits das in der Schweiz verwendete Modernisierungsschlagwort der «Wirkungsorientierten Verwaltungsführung (WoV)» deutet auf die Reformschwerpunkte hin. Wesentliches Ziel der Modernisierung ist es, ein staatliches Führungsverständnis zu implementieren, das sich konsequent an den Wirkungen staatlichen Handelns auf die Gesellschaft orientiert[19]. Grundlage dieses Denkens ist, dass eine Aufgabe erst dann erfüllt ist, wenn die gewünschte Wirkung eingetreten ist. Die konkrete Ausgestaltung der WoV-Projekte erfolgte in der Schweiz regional und je nach Staatsebene sehr unterschiedlich[20]. Während einige Kantone und Gemeinden das WoV-Modell nahezu vollständig umsetzten, wurde die Implementierung von Reformkonzepten in anderen Kantonen und Gemeinden auf wenige Instrumente reduziert oder sogar vollständig abgebrochen.

Im Gegensatz zu Deutschland wurde von Anfang an insb. das Verhältnis von Politik und Verwaltung, Legislative und Exekutive in den Vordergrund gestellt. Durch Leistungsaufträge und Pauschalbudgets soll die Politik die Verwaltung führen, die ihrerseits die Ziele eigenverantwortlich umsetzt. Wichtiger Schwerpunkt ist hierbei die strategische Steuerung, die das Bindeglied zwischen einem

---

[19] Vgl. THOM/ALFES, 2008.
[20] Vgl. SCHEDLER, 2005, S. 225 ff.

normativ orientierten Management und der operativen Umsetzung ist. Ausgangspunkt des politisch-administrativen Prozesses sind die Bedürfnisse der verschiedenen Anspruchsgruppen, deren Befriedigung über Evaluationen gemessen werden können.

Auf Bundesebene wurden die skizzierten Grundideen im Rahmen von ausgewählten «FLAG-Ämtern»[21] umgesetzt. Die Grundidee der Leistungsvereinbarung wurde konsequent auf alle Ebenen innerhalb der Reformämter angewandt, sodass die Leistungsaufträge auf der individuellen Ebene durch Zielvereinbarungen konkretisiert wurden.

Auch die Kantone (z.B. Zürich, Luzern) und eine Vielzahl von Gemeinden setzten, in unterschiedlichem Maße und Erfolg, die Instrumente einer wirkungsorientierten Verwaltungsführung um.

In der Schweiz kann deshalb von einer «Führungsreform» gesprochen werden, die die Zusammenarbeit zwischen Exekutive und Legislative verbessern soll.

Aufgrund der bereits stark vorhandenen partizipativ- und direktdemokratischen Elemente standen in der Schweizer Reformpolitik weitere Politikreformen nicht im Vordergrund. Allerdings kann in den Schweizer Reformprozessen von Anfang an ein stärkeres Bürgerbeteiligungsengagement festgestellt werden. In vielen Gemeinden wurden unter starker Partizipation der Bürger Leitbilder und normative Orientierungen diskutiert, die das «strategische Management» beeinflussten.

Auch die in Frankreich und Deutschland umfangreiche Privatisierungs- und PPP-Diskussion wurde in der Schweiz nicht in der Intensität wie in Deutschland geführt. Zwar erfolgten Deregulierungen im Landwirtschafts-, Telekommunikations- und Strombereich, auch wurden ehemals staatliche Behörden (teil)privatisiert[22]. Insgesamt standen aber diese Reformelemente nicht im Vordergrund. Stattdessen wurde auf der intergouvernmentalen Ebene die Neugestaltung des Finanzausgleichs zwischen dem Bund und den Kantonen diskutiert.

---

[21] Ausgewählte «FLAG-Ämter» waren beispielsweise Swisstopo, Meteo-Schweiz, Zentrale Ausgleichsstelle, die im Rahmen einer Evaluationsstudie des Instituts für Organisation und Personal (IOP) der Universität Bern ausgewertet wurden.
[22] Beispiele sind Swiss, SBB und Swisscom.

Abschließend lässt sich das Schweizer Reformportfolio wie folgt darstellen:

Schweiz — Hochschule für öffentliche Verwaltung Kehl, UNIVERSITY OF APPLIED SCIENCES

Politik- und Demokratiereformen	Intergouvernemental:
• starke Einbindung der politischen Entscheidungsträger in die Diskussion um NPM • Teilweise sehr beteiligungsorientierte Einführungsprozesse	• Neuer Finanzausgleich

Intersektoral	Binnenmodernisierung
• weniger intensive Privatisierungsdiskussion	• auf Bundesebene (FLAG) • Starke kantonale Reformprozesse (individuell unterschiedlich) • Starke Fokussierung auf strategische Steuerung • Stärkere Berücksichtigung der personalpolitischen Komponente

Prof. Dr. Jürgen Kegelmann   10

4. Ein Vergleich auf der normativen und mentalen Ebene

Wurden bisher die konkreten Reformmaßnahmen in den jeweiligen Ländern beschrieben, so soll nun dargestellt werden, auf welchen hintergründigen Reformvorstellungen die jeweiligen Ansätze beruhen. Abschließend soll eine Kritik dieser Reformvorstellungen erfolgen und daraus Überlegungen für die Zukunft abgeleitet werden.

Zur Beantwortung der Fragestellung wird hierbei als analytisches Hilfsinstrument das Kulturmodell von Edgar Schein herangezogen, der drei Ebenen organisationaler Kultur unterscheidet[23].

Auf der ersten, operativen und sichtbaren Ebene manifestiert sich die Organisationskultur in Form von «symbolischen und formalen Elementen» wie Geschichten, Strukturen, Verfahren, Instrumenten und Methoden.

Die «Kulturoberfläche» wird ergänzt um die Ebene der Werte und Normen. Auf dieser Ebene geht es um die gemeinsam geteilten Werte, die Überzeugungen, die hinter den sichtbaren Verhaltensweisen und Organisationsstrukturen und -methoden stehen.

---

[23] Vgl. SCHEIN, 1995.

Die dritte und letzte Ebene stellt die Ebene der Basisannahmen und «mentalen Modelle» dar. Hierbei handelt es sich um Grundprämissen und grundlegende «Organisations- und Menschenbilder», wie z.B. die Frage nach der «Steuerbarkeit» der Organisation, der «Gestaltbarkeit» der Umwelt und des «Marktes» der Grundlage der sozialen Beziehungen u.v.m.

Die kulturellen Ebenen sind miteinander verbunden und verflochten. Aus den Basisannahmen entwickeln sich Werte und Normen, die wiederum das organisationale Handeln und Wahrnehmen steuern. Das bedeutet, dass das «weiche» nur schwer erschließbare Traditionsgut auch die «harten» sozialtechnologischen Verwaltungs- und Managementmethoden prägt und durchdringt.

Für die Länder von Frankreich, Deutschland und der Schweiz wurden die konkreten Reformmaßnahmen i.S.v. operativen Maßnahmen beschrieben[24]. Hierbei kann festgehalten werden, dass alle Länder Maßnahmen «Neuer Steuerung» eingeführt und implementiert haben. Wenngleich sich die Reformpfade, auch auf der Grundlage der jeweils konstitutionellen Ausgangsbedingungen individuell unterscheiden, so lassen sich doch gemeinsame dahinterliegende Grundmuster i.S.v. Werten und Normen, aber auch «mentale Modelle» erkennen.

---

[24] Vgl. Kapitel 4.

4.1. Die normativen Vorstellungen hinter den Reformen der öffentlichen Verwaltung

4.1.1 Betonung des Marktprinzips

Kernelemente des Marktes sind der «Wettbewerb», die Regelung durch «Angebot und Nachfrage», die Orientierung am «Nutzen» des Kunden und die Freiheit der Kontrahierungspartner. Auch wenn sich der «Staat» und die öffentliche Verwaltung geradezu als Gegensatz zum «Markt»[25] verstehen, so ist erkennbar, dass die Prinzipien des Marktes vermehrt zur Anwendung kommen.

Steuerungsinstrumente wie
- Leistungsvergleiche und Benchmarking,
- Interne Leistungsverrechnungen,
- Outsourcing und Public Private Partnership
- Privatisierung und Ausgliederung

erlangen zunehmende Bedeutung und sollen so die Verwaltung «unter Strom» setzen. Auch wenn es sich in vielen Fällen um Marktsurrogate handelt, ist es das Ziel, dass die positiven Steuerungswirkungen des Marktes ihre Dynamik auch in der Verwaltung entfalten. Gekoppelt wird dies mit personalpolitischen Elementen wie Leistungsanreizen und einem leistungsorientierten Verbesserungsvorschlagswesen.

4.1.2 Betonung des Netzwerk- und Kontraktprinzips

Auch der Kooperationsgedanke, ein drittes Leitprinzip neben «Gehorsam» (Steuerungsform Bürokratie) und «Eigennutz» (Steuerungsform Markt), spielt eine zunehmende Bedeutung. Der Staat, die öffentliche Verwaltung wird als ein ausdifferenziertes System von Netzwerkakteuren gesehen, die sich gegenseitig brauchen, um gemeinsame Ziele zu erreichen. Gesteuert wird nicht über Anweisungen, Reglementierungen und Märkte, sondern auf der Basis von gegenseitigem Vertrauen, langfristigen gemeinsamen Interessen und auf der Grundlage der Teilung von Ressourcen zur Entwicklung gemeinsamer tragfähiger Lösungen.

Leitbilder sollen eine gemeinsame Ziel-, Wert- und Vertrauensgrundlage schaffen, um auf der Basis geteilter Visionen Handeln zu ermöglichen. Aber auch die Instrumente «Kontraktmanagement» und «Zielvereinbarungen» leben von der Idee, dass auf der Basis «relativer Autonomie» der Akteure, aber auf der Grundlage gemeinsamer Interessen und Ziele eine langfristige Vertrauensbeziehung

---

[25] So wird staatliches Handeln insb. mit klassischem «Marktversagen» begründet.

entwickelt werden kann. Das Ergebnis ist dann eine gegenseitige Selbstverpflichtung und ein gemeinsames Commitment, das jenseits von «Bürokratie» und «Markt» liegt.

In folgender Graphik werden die neuen «normativen» Orientierungen, die sich hinter den Instrumenten des Neuen Steuerungsmodells verbergen, deutlich:

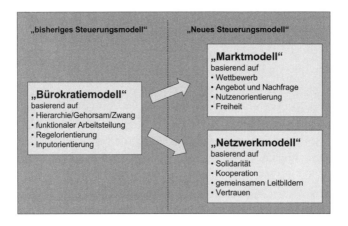

Diese «normativen» Orientierungen lassen sich in allen drei Ländern, mit jeweils unterschiedlichen Ausprägungen feststellen.

4.2 Die mentalen Modelle hinter den Reformen der öffentlichen Verwaltung

Aber welche Grundannahmen und welches Steuerungsverständnis stehen hinter den aktuellen Verwaltungsreformen? Im Folgenden soll kurz skizziert werden, dass es trotz der dargestellten Unterschiede, insb. im «operativen Bereich», auf der Ebene der «mentalen Modelle» eine große Kontinuität gibt.

So hat die KGSt folgende Zielsetzung des Neuen Steuerungsmodells in Deutschland sehr ambitioniert charakterisiert: Ziel ist es, «alle kommunalen

Aufgaben in homogener, konsistenter Weise unter eindeutiger Verantwortung des Gemeinderates, demokratisch und zugleich wirtschaftlich zu steuern»[26].

Bereits die verwendeten Begriffe weisen auf ein klassisches Steuerungsverständnis hin, das in der Zwischenzeit durchaus kritisch hinterfragt werden kann. Danach ist der instrumentelle Zweck der Verwaltungs- und Organisationstätigkeit die demokratisch-effiziente Aufgabenerfüllung. Steuerungssubjekt ist der Rat/das Parlament (die Legislative), der auf der Grundlage genereller und abstrakter Prinzipien und Leitlinien in der Lage ist, alle Aufgaben zu steuern.

Folgende Prinzipien lassen sich darin erkennen:

- Homogenität: das Prinzip der Einheit (Einheit der Leitung, Einheit der Ziele)
- Konsistenz: das Prinzip der Kausalität (Konsistenz der Ziele, Konsistenz der Mittel)
- Eindeutigkeit: das Prinzip der Klarheit (z.B. exakte Kompetenzabgrenzungen, klare und eindeutige Ziele, Klarheit der Ergebnisse)
- Steuerbarkeit: Prinzip der Beherrschbarkeit und Berechenbarkeit

Diese Prinzipien manifestieren sich sowohl im Steuerungs- und Managementprozess, d.h., es wird von der homogenen, konsistenten und eindeutigen Prozesslogik Planung, Realisierung und Kontrolle ausgegangen, wie auch in den Steuerungsstrukturen und -instrumenten. Die dahinterliegende Steuerungslogik ist schnell erschlossen. Ein an der Spitze gebildeter Wille (Zielformulierung und -setzung in Form von Zielvereinbarungen und Kontrakten) soll über die verschiedenen Ebenen zur Ausführung gebracht werden und dann im Sinne effizienter «Controllinginstrumente» auf die Zielerreichung überprüft werden[27].

---

[26] Vgl. KGSt 5/1993, S. 15.
[27] Schreyögg beschreibt diese Konstruktionslogik als «linear», «konsistent» und «transitiv»; vgl. SCHREYÖGG (Hrsg.), 2000, S. 18.

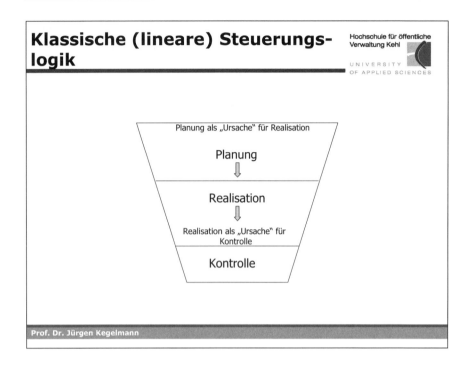

Gerade aber diese Grundprämissen, die das Leitmodell der «Neuen Steuerung» sind, müssen in Frage gestellt werden.

Ziele in der Organisation sind widersprüchlich, instabil und oft unbekannt. Klare, systematische hierarchische und in sich konsistente Zielpyramiden sind eine Fiktion. Stattdessen findet ein Kampf um Prioritäten und Ziele, konkretisiert in Konflikten über Budgets und Projektmittel, statt, die sich nicht an einer klaren Zielstruktur orientieren. Auch erfüllen die Ziele und Zielformulierungen so gut wie nie die an sie gestellten Anforderungen. Dies muß kein Systemdefizit sein. Zielpluralitäten, Zielunklarheiten und Ambivalenzen sind systemimmanent und können durch noch so gute «Tools» der neuen Steuerung nicht «gemanagt» werden.

Damit wird auch die Umsetzung der Ziele im Rahmen klarer Maßnahmenkataloge und die Überprüfbarkeit durch entsprechende Controlling- und Kosten-Leistungsrechnungssysteme fragwürdig. Folgen die Umsetzungsprozesse wirklich den Zielvorgaben und sind die Steuerungswirkungen der umgesetzten Maßnahmen bekannt? Fakt ist, dass sich die Ziele in den Umsetzungsprozessen durch die Umsetzungsakteure oft stark verändern und ihr ursprüngliches Gesicht verlieren. Auch die in Rechnung gestellten Kausalitäten zwischen Steuerungsmaßnahme und Ziel sind oft mehr eine Zuschreibung, denn eine objektiv gegebene Wirklichkeit. Umso mehr sind Zielerreichungen und Zielkontrollen gemeinsame Interpretationen und weniger genau messbare Ergebnisse in Form von Zahlen, Daten und Fakten.

Genau dies aber wird durch die neuen Steuerungsinstrumente und -prinzipien suggeriert. Dass klar definierte Steuerungssubjekte (z.B. Gemeinderat, Führungsspitze) die objektiv gegebene äußere Wirklichkeit (Steuerungsobjekt) durch geeignete Steuerungsmittel gestalten und verändern. In einem so verstandenen Steuerungssinne gibt es eine objektive Wirklichkeit, die auch analysiert und gewusst und damit auch gestaltet werden kann. Die Neuen Steuerungsinstrumente sind die hierfür eingesetzten neutralen Werkzeuge.

Am Controlling sowie an der Kosten- und Leistungsrechnung, den zentralen Instrumenten Neuer Steuerung, die die Ziele mit den Maßnahmen und Wirkungen verknüpfen, wird dies besonders deutlich.

Die Zielsysteme und -vereinbarungen sollen in Form von messbaren In- und Outputs konkretisiert und dann in Form von operativen Kennzahlen auf den unteren Ebenen und Schlüsselkennzahlen auf der Führungsebene abgebildet werden. Damit wird zur Darstellung und Messung der Zielerreichung der Input mit dem Output verknüpft, wodurch Zweck-Mittel-Beziehungen explizit gemacht werden. Dies setzt voraus, dass Produktionsprozesse und ihre Konsequenzen unzweideutig in Beziehung gesetzt werden. Das Controlling und die damit verbundenen Kennzahlen zur Leistungsmessung sind Kausalitätsstatements, die suggerieren, dass es eine nachvollziehbare Kette linearer Kausalitäten, die von den Inputs zu den Ergebnissen und Zielen führen, gibt. Der Controller und die Controllingfunktion werden hierbei verstanden als Servicefunktion, die neutral der Führungsspitze zuarbeitet und Entscheidungen vorbereitet. Sie steigert damit die Problemlösungsrationalität und Problemverarbeitungskapazität, indem sie die Wirklichkeit möglichst «objektiv» abbildet und Zweck und Mittel in Beziehung setzt.

Damit folgen sowohl das Neue Steuerungsmodell wie auch sein bürokratisches Vorgängermodell einem Paradigma, das als

rationalistisch (Zweck-Mittel-Rationalität wird vorausgesetzt)

kausalistisch (Punkt zu Punktkorrelation von Ursache und Wirkung)

objektivistisch und abbildtheoretisch (Wirklichkeit als äußere und objektive Wahrheit)

gekennzeichnet werden kann. Die Folge dieses Paradigmas sind ein «heroisches» Management[28], das die Zwecke und Ziele, Eindeutigkeiten und Sicher-

---

[28] Baecker beschreibt ein neues Paradigma von «postheroischem Management»; vgl. BAECKER, 1994.

heiten, Gestaltbarkeiten und Kontrolle, natürlich mit Hilfe geeigneter (neuer) Steuerungsinstrumente in den Vordergrund stellt.

5. Ausblick und Weiterentwicklungen

Was aber, wenn diese steuerungsrationalen und -optimistischen Ansätze und Vorstellungen ein Mythos sind? Was, wenn die Wirklichkeit nicht eindeutig, nur begrenzt erkennbar und steuerbar und gerade nicht zweckrational, manchmal sogar irrational ist? In den klassischen Ansätzen müssen diese, als Störung und Abweichung behandelte Phänomene durch noch bessere Steuerungsinstrumente kompensiert werden.

Dem stellt Rüegg-Stürm[29] ein systemisch-relational-konstruktivistisches Paradigma jenseits der Machbarkeit gegenüber, das von folgenden Grundannahmen ausgeht:

Es gibt keine objektive Realität, in der es naturgesetzliche Wirkungszusammenhänge und Subjekt-Objekt-Relationen gibt. Wirklichkeit, insb. soziale Wirklichkeit, wird fortlaufend in kommunikativen Aushandlungsprozessen erfunden (konstruktivistische Grundannahme).

Wirklichkeit, insb. gestaltete Wirklichkeit, entsteht aus einem vielfältigen, analytisch nicht durchschaubaren Zusammenspiel von Beziehungen und Aktivitäten. Kausale Zuschreibungen und das klassische Ursache-Wirkungs-Schema sind deshalb nicht zielführend (systemische Grundannahme).

Die klassische Macherperspektive, in der individuelle Subjekte externe Objekte durch technokratische Instrumente steuern, ist überholt. Subjekt und Objekt (das seinerseits ein Subjekt ist) stehen in einem wechselseitigen, komplementären Beziehungs- und Kommunikationsverhältnis, in dem beide sowohl Subjekt- wie Objektcharakter besitzen. Beide beeinflussen sich gegenseitig, beide haben Freiräume und unterliegen Begrenzungen. Steuerung ist damit nicht primär intentional, sondern relational.

Die Folgen, die sich aus einem solchen Paradigma auch für neue Steuerung ergeben, sind fundamental.

Wandel und Veränderung sind in dieser Perspektive nicht primär durch eine Optimierung der technischen Instrumente auf der operativen oder normativen Ebene zu erreichen.

---

[29] Vgl. RÜEGG-STÜRM, 2000, S. 195–238.

Vielmehr geht es um die gemeinsame Konstruktion und Rekonstruktion von Beziehungs- und Kommunikationsprozessen, in denen unterschiedliche Wirklichkeiten prozessiert werden, um darauf aufbauend die unausgesprochenen Grundannahmen, blinden Flecken und Muster der Zusammenarbeit gemeinsam zu erarbeiten. Auf diese Weise können unausgeschöpfte Nutzenpotenziale durch schwelende Friktionsherde und verengte Sichtweisen aufgedeckt werden. Nachhaltige Veränderung geschieht dort, wo es gelingt, die Bedingungen dafür zu schaffen, dass unterschiedliche Perspektiven (auch ihre jeweilige Bedingtheit) wahrgenommen werden und neue Interpretationsmöglichkeiten und -räume geschaffen werden. Dass hierbei auch Unklarheit, Widerspruch und Verunsicherung entstehen, ist kein notwendiges Übel, sondern notwendige Voraussetzung.

Die skizzierten Traditionsstränge müssen sich hierbei nicht ausschließen. Sie können sich jeweils ergänzen und durchdringen.

Unbestritten sind die neuen Steuerungsinstrumente ein fruchtbarer Ansatz zur Weiterentwicklung der bürokratisch-administrativen Steuerung. Allerdings nur dann, wenn sich auch die mentalen Modelle dahingehend weiterentwickeln, dass Neue Steuerung nicht letzte Objektivität, Machbarkeit, Eindeutigkeit und Steuerbarkeit herstellen will (und daran scheitern muss), sondern Instrumente und Prozeduren zur Verfügung stellt, in der die unterschiedlichen Perspektiven in geschützten Räumen aufeinandertreffen und in gemeinsamen Kommunikations- und Beziehungsprozessen gemeinsam geteilte und dann auch vereinbarte «Wirklichkeiten» entstehen.

In diesem Sinne wären und sind dann Zielvereinbarungen keine konsistenten, genau operational messbaren und eindeutigen Vereinbarungen (siehe «klassisches» Zielverständnis), sondern eine in gemeinsamen Kommunikationsprozessen gegenseitig verfertigten Richtungsvereinbarungen. Oder im Bereich des Controlling ginge es dann nicht primär um die detailgenaue Abbildung von Zielerreichungsgraden in Form von Kennzahlentableaus, sondern um die Gestaltung von Interpretationsräumen, in denen die Zielerreichung in reflexiven Kommunikationsprozessen gemeinsam interpretiert wird.

Eine solchermaßen verstandene Neue Steuerung, die die bisher sehr instrumentelle, technokratische Perspektive um Prozess- und Kommunikationsperspektiven ergänzt, könnte die bisherigen Verkürzungen und Einseitigkeiten «Neuer Steuerung» vermeiden und eine Interpretationsalternative darstellen.

Die skizzierten Ausführungen sollen eine Alternative zum bisherigen «Neuen Steuerungsparadigma» darstellen. Sie sollen das bisherige, auf einem klassischen Rationalitätsverständnis basierende Reformverständnis dekonstruieren und ergänzende Perspektiven eröffnen.

Und sie sollen, neben der Feststellung, dass «hybride» Steuerungsformen Zukunft haben, die sowohl «staatlichen», «marktlichen» und «gemeinschaftlichen» Organisationsmustern folgen, ermutigen, eine «paradigmatische» Diskussion zu führen, die die zentrale «paradoxe» Frage stellt, wie Steuerung, Planbarkeit, Umsetzbarkeit angesichts eindeutiger «Zweideutigkeiten», Ambiguitäten, Unsicherheiten, Unplanbarkeiten und Nicht-Machbarkeiten aussehen kann[30].

Und dies auf der individuellen, aber auch auf der organisatorischen und interorganisatorischen Ebene.

Literatur

BAECKER, D: Postheroisches Management. Ein Vademecum; Berlin 1994.

BENZ, A./SIEDENTOPF, H./SOMMERMANN, K-P. (Hrsg.): Institutionenwandel in Regierung und Verwaltung. Festschrift für Klaus König zum 70. Geburtstag; Baden-Baden 2004.

BENZ, A.: Institutionentheorie und Institutionenpolitik, in: Benz, A./Siedentopf, H./Sommermann, K-P. (Hrsg.): Institutionenwandel in Regierung und Verwaltung. Festschrift für Klaus König zum 70. Geburtstag; Baden-Baden 2004, S. 19–31.

BOGUMIL, J.: Evaluation kommunaler Verwaltungsmodernisierung, in: Fisch, R./Müller, A./Beck, D. (Hrsg.): Veränderungen in Organisationen. Stand und Perspektiven; Wiesbaden 2008, S. 325–350.

BOGUMIL, J./GROGS, S./KUHLMANN, S./OHM, A.: Zehn Jahre Neues Steuerungsmodell. Eine Bilanz kommunaler Verwaltungsmodernisierung; Berlin 2007.

BOGUMIL, J./KOTTMANN, S.: Verwaltungsstrukturreform – die Abschaffung der Bezirksregierungen in Niedersachsen. Schriftenreihe der Stiftung Westfalen-Initiative, Band 11, Ibbenbüren 2006.

BORRAZ, O./LE GALES, P.: France: the intermunicipal revolution, in: Denters, B./Rose, L. (Hrsg.): Comparing local Governance. Trends and developments; Houndsmill 2005, S. 12–28.

DENTERS, B./ROSE, L. (Hrsg.): Comparing local Governance. Trends and developments; Houndsmill 2005.

EASTON, D.: A Framework for Political Analysis; Englewood Cliffs 1965.

FISCH, R./MÜLLER, A./BECK, D. (Hrsg.): Veränderungen in Organisationen. Stand und Perspektiven; Wiesbaden 2008.

JANN, W./RÖBER, M./WOLLMANN, H. (Hrsg.): Public Management. Grundlagen, Wirkungen, Kritik. Festschrift für Christoph Reichard zum 65. Geburtstag; Wiesbaden 2006.

KEGELMANN, J.: New Public Management. Möglichkeiten und Grenzen des Neuen Steuerungsmodells; Wiesbaden, 2007.

---

[30] Vgl. hierzu die Ansätze, wie sie in dem Buch «New Public Management. Möglichkeiten und Grenzen des Neuen Steuerungsmodells» beschrieben sind; vgl. KEGELMANN, 2007, S. 179 ff.

KGSt 5/1993: Das Neue Steuerungsmodell: Begründungen, Konturen, Umsetzung; Bericht 5/1993; Köln.

KÖNIG, K.: Öffentliches Management in einer legalistischen Verwaltungskultur, in: Jann, W./Röber, M./Wollmann, H. (Hrsg.): Public Management. Grundlagen, Wirkungen, Kritik. Festschrift für Christoph Reichard zum 65. Geburtstag; Wiesbaden 2006, S. 23–34.

KUHLMANN, S.: Politik und Verwaltungsreform in Kontinentaleuropa. Subnationaler Institutionenwandel im deutsch-französischen Vergleich; Baden-Baden, 2009.

KUHLMANN, S./BOGUMIL, J.: Public Servants at Sub-national and Local Levels of Government: a British-German-French Comparison, in: Raadschelders, J./Toonen, T./Meer, F. (Hrsg.): Comparative Civil Service Systems in the 21st Century; Houndmills 2007, S. 137–151.

LIENHARD, A./LADNER, A./RITZR A./STEINER, R. (Hrsg.): 10 Jahre New Public Management in der Schweiz. Bilanz, Irrtümer und Erfolgsfaktoren, Bern 2005.

RAADSCHELDERS, J./TOONEN, T./MEER, F. (Hrsg.): Comparative Civil Service Systems in the 21st Century; Houndmills 2007.

RITZR, A. Evaluation von New Public Management. Grundlagen und empirische Ergebnisse der Bewertung von Verwaltungsreformen in der Schweizerischen Bundesverwaltung; Bern 2003.

RÜEGG-STÜRM: Jenseits der Machbarkeit – Idealtypische Herausforderungen tiefgreifender unternehmerischer Wandlungsprozesse aus systemisch-relational-konstruktivistischen Perspektive, in: Schreyögg, G./Conrad, P. (Hrsg.): Organisatorischer Wandel und Transformation, Wiesbaden 2000, S. 195–238.

SCHEDLER, K.: Denkanstösse zur Wirkungsorientierten Verwaltungsmodernisierung, in: Lienhard, A./Ladner, A./Ritz A./Steiner, R. (Hrsg.): 10 Jahre New Public Management in der Schweiz. Bilanz, Irrtümer und Erfolgsfaktoren, Bern 2005; S. 223–235.

SCHEIN, E.H.: Unternehmenskultur – ein Handbuch für Führungskräfte, Frankfurt 1995.

SCHMIDT, V.: Democratizing France. The political and administrative history of decentralization; Cambridge u.a. 1990.

SCHREYÖGG, G: Funktionenwandel im Management: Problemaufriß und Thesen, in: Schreyögg, G. (Hrsg.): Funktionswandel im Management. Wege jenseits der Ordnung. Drittes Berliner Kolloqium der Gottlieb-Daimler- und Karl-Benz-Stiftung, Berlin 2000, S. 15–30.

SCHREYÖGG, G. (Hrsg.): Funktionswandel im Management. Wege jenseits der Ordnung. Drittes Berliner Kolloqium der Gottlieb-Daimler- und Karl-Benz-Stiftung, Berlin 2000.

SCHREYÖGG, G./CONRAD, P. (Hrsg.): Organisatorischer Wandel und Transformation, Wiesbaden 2000.

THOM, N./ALFES, K.: Wirkungsorientierung als Modernisierungsprinzip der Schweizerischen Verwaltung, in: Fisch, Rudolf/Müller, Andrea/Beck, Dieter (Hrsg.): Veränderungen in Organisationen. Stand und Perspektiven; VS Verlag, Wiesbaden 2008.

TRAPP, J./BO, S.: Privatisierung in Kommunen – eine Auswertung kommunaler Beteiligungsberichte. DIFU-Materialien 10/2003; Berlin 2003.

Performanzsteuerung und Leistungsvergleich: Verwaltungsmodernisierung im kontinentaleuropäischen, angelsächsischen und skandinavischen Kontext

SABINE KUHLMANN

Inhaltsverzeichnis

1. Einleitung: Performanzsteuerung in der öffentlichen Verwaltung — 89
2. Begrifflichkeit und konzeptionelle Einbettung — 90
3. Performanzsteuerung als Top-down-Ansatz: Großbritannien und Italien — 93
   3.1 Großbritannien — 93
   3.2 Italien — 95
4. Performanzsteuerung als Bottom-up-Ansatz: Schweden, Deutschland, Frankreich — 97
   4.1 Schweden — 97
   4.2 Deutschland — 98
   4.3 Frankreich — 100
   4.4 Ländervergleich — 102
   4.5 Ausblick — 103
Literatur — 105

1. Einleitung: Performanzsteuerung in der öffentlichen Verwaltung

Seit den 1980er Jahren haben Verfahren der Performanzsteuerung und des Leistungsvergleichs im Zeichen einer ökonomisch inspirierten Verwaltungsmodernisierung national wie international einen bemerkenswerten Aufschwung erlebt. Insbesondere durch die Doktrin des New Public Management, welche im angelsächsischen und skandinavischen Raum in den 1980er Jahren[1] und seit den 1990er Jahren auch verstärkt in Kontinentaleuropa[2], inzwischen teilweise in Mittel- und Osteuropa[3], aufgegriffen wurde, erhielt der Gedanke der Kennzahlen- und indikatorengestützten Leistungsmessung im öffentlichen Sektor Auftrieb und Verbreitung. Auch mit der europäischen Integration, in deren Kontext

---

[1] Vgl. POLLITT/BOUCKAERT, 2004.
[2] Vgl. KUHLMANN, 2009; KUHLMANN/FEDELE, 2010.
[3] Vgl. NEMEC/MERICKOVA/OCHRANA, 2008; LÖFFLER/VINTA, 2004.

sich die horizontale Zusammenarbeit der Mitgliedsländer inzwischen als eigenständiger Modus der EU-Politik entwickelte[4], war der Ausbau von gemeinsamen Qualitätsbewertungssystemen (z.B. CAF etc.), Leistungsvergleichen und Benchmarking innerhalb und zwischen den europäischen öffentlichen Verwaltungen zu beobachten[5]. Der internationale Bedeutungszuwachs von Leistungsmessung und -vergleich lässt sich nicht nur an einer rasanten Zunahme der wissenschaftlichen Publikationstätigkeit zum Thema des Performance Measurement und des Benchmarking in internationalen Fachjournalen ablesen[6], sondern auch in der Verwaltungspraxis an der Extensivierung, Intensivierung und Externalisierung von Leistungsmessung und -vergleich im öffentlichen Sektor[7]. Insgesamt kann von einem europäischen, wenn nicht globalen Trend dieser Modernisierungsbewegung ausgegangen werden, bei dem Leistungsvergleiche und Benchmarking eine zunehmend wichtige Rolle spielen[8].

Vor diesem Hintergrund beschäftigt sich der folgende Beitrag in ländervergleichender Perspektive mit den Konzepten, Maßnahmen und – soweit ersichtlich – Wirkungen von Performanzsteuerung und Leistungsvergleich in der öffentlichen Verwaltung. Die Darstellung bezieht dabei die Länder Großbritannien (England), Frankreich, Italien, Schweden und Deutschland ein, da diese jeweils für typische Modernisierungsvarianten und -wege in der öffentlichen Verwaltung Europas stehen.

2. Begrifflichkeit und konzeptionelle Einbettung

Mit dem Begriff der Leistungsmessung ist die Ermittlung der Leistungsfähigkeit öffentlichen Verwaltungshandelns über Kennzahlensysteme und Performanzindikatoren (*performance indicators – PIs*) gemeint. Im Folgenden wird ein eher weiter Begriff der Leistungsmessung verwendet, der sowohl Input-, Output-, Outcome- als auch Prozess- und Struktur-Indikatoren einschließt. *Leistungsmessung* und *Performance Measurement* werden synonym verwendet. Der Begriff des *Performance Management* schließt zusätzlich noch die Steuerung, d.h. die gezielte Einwirkung auf institutionelles Handeln, mittels Performanzinformationen ein. *Leistungsvergleiche* stellen eine Form von institutioneller Performanzbeobachtung und Selbstevaluation in der öffentlichen Verwaltung dar, die so-

---

[4] Vgl. auch SPEER, 2002.
[5] Vgl. WALLACE, 2005, S. 85; GOETZ, 2006, S. 483.
[6] Vgl. BRAADBAART/YUSNANDARSHAH, 2008.
[7] POLLITT/BOUCKAERT, 2004; WOLLMANN, 2004; KUHLMANN, 2005/2007; PROELLER/SIEGEL, 2009.
[8] Vgl. VAN DOOREN/VAN DE WALLE, 2008; BOUCKAERT/HALLIGAN, 2008; DE LANCER, 2009; POLLITT, 2006; KUHLMANN, 2010.

wohl intra- als auch interorganisatorisch erfolgen kann. Dabei geht es um den indikatoren- und kennzahlenbasierten Vergleich von Leistungen, Strukturen, Prozessen und Wirkungen im öffentlichen Sektor zwischen oder innerhalb von Verwaltungen, zwischen Ebenen oder auch zwischen föderativen Subjekten. Von *Benchmarking* im engeren Sinne ist zu sprechen, wenn es darum geht, beste Leistungen oder Lösungen (*best practices*) zu identifizieren und aus diesen unmittelbar Lehren für die eigene Organisation abzuleiten («Lernen von den Besten»). Benchmarking beinhaltet also per definitionem die normative Komponente der Leistungs*bewertung,* die im analytisch neutraleren Begriff des «Leistungsvergleichs» nicht enthalten ist[9].

Performanzsteuerung und Leistungsvergleiche können im politisch-administrativen System eines Landes sehr unterschiedlich institutionalisiert sein und verschiedenen Steuerungslogiken folgen, die ihrerseits mit dem Staats- und Verwaltungsaufbau sowie den verwaltungskulturellen Prägungen des jeweiligen Landes zusammenhängen. Grundsätzlich lassen sich die folgenden Varianten von Performanzsteuerung im politisch-administrativen Mehrebenensystem unterscheiden, die zugleich die Frage beantworten «*who measures?*»[10]:

- Innerhalb von Organisationen (interne Performanzsteuerung)
- Zwischen Organisationen (externe Performanzsteuerung)
- Zwischen Politik-/Verwaltungsebenen (vertikale Performanzsteuerung)
- Zwischen Institutionen/Organisationseinheiten einer Ebene bzw. zwischen Politik und Verwaltung (horizontale Performanzsteuerung)

Folgende Abbildung fasst die möglichen und in den europäischen Verwaltungssystemen praktizierten Varianten von Performanzsteuerung noch einmal überblicksartig zusammen:

---

[9] Vgl. REICHARD, 2002; NULLMEIER, 2005; KUHLMANN, 2007/2010; BOUCKAERT/ HALLIGAN, 2008, S. 14–26; PROELLER/SIEGEL, 2009, S. 456 ff.
[10] Daneben sind für die Typisierung von Performance-Management-Systemen die Fragen entscheidend «What is measured» (input/output/outcome/processes etc) sowie «How is measured» (vgl. VAN DOOREN/VAN DE WALLE, 2008a/2008b; JANN/JANTZ, 2008; KUHLMANN, 2010.).

Abbildung 1: Institutionalisierungsvarianten von Performanzsteuerung in europäischen Verwaltungssystemen

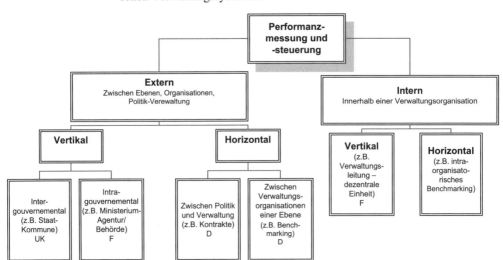

Für die Erklärung unterschiedlicher Verbreitungsgrade und Wirkungen von Performance Management und Leistungsvergleichen sind zudem die Art und Intensität staatlicher Steuerung von Bedeutung. Dabei lassen sich in Anlehnung an einschlägige steuerungstheoretische Konzepte[11] idealtypisierend folgende vier Formen der staatlichen Steuerung von Leistungsmessung und -vergleich unterscheiden, die oftmals auch kombiniert auftreten:

- Steuerung durch staatlichen Zwang/«top down» (gesetzliche Verpflichtung zum Leistungsvergleich und ggf. zur Veröffentlichung von Vergleichsdaten)
- Steuerung durch Anreize (Gewährung von positiven, z.B. finanziellen, Anreizen zur Initiierung/Stimulierung von Vergleichsprojekten)
- Staatliche Kontextsteuerung (Schaffung fördernder Kontextbedingungen, z.B. eines rechtlichen Rahmens, zur Stimulierung von Leistungsvergleichen)
- Selbststeuerung/«bottom up» (Verzicht auf staatliche Intervention; stattdessen Selbstorganisation der subnationalen Einheiten, z.B. in Netzwerken/*network governance*)

Zur Erfassung der Steuerungsaktivitäten ist zwischen unitarischen und föderalen Ländern zu unterscheiden. In den unitarischen Ländern geht es primär um die Steuerungsfunktion des Zentralstaates gegenüber den Regionen und Kommunen, während bei den föderalen Ländern mehrstufige Steuerungsbeziehungen im Spiel sind. Zunächst ist der Einfluss des Bundes auf die Länder/Kantone

---

[11] Vgl. hierzu BRAUN/GIRAUD, 2009; MAYNTZ, 1980.

(1. Stufe) und sodann jener der Länder/Kantone auf die Kommunen (2. Stufe) zu betrachten. Ferner spielen für die Frage des «Implementationserfolgs» und der Wirksamkeit von Performanzsteuerung die folgenden Kriterien eine Rolle:

- Freiwilligkeitsprinzip vs. Verpflichtung
- Aufgabenspezifisch-kontextsensibles vs. generalistisch-uniformes Vorgehen
- Lern- vs. kontrollorientierter Ansatz der Leistungsmessung
- Veröffentlichung vs. Geheimhaltung von Leistungsergebnissen
- Vorhandensein vs. Fehlen von Sanktionen für gute/schlechte Leistung

3. Performanzsteuerung als Top-down-Ansatz: Großbritannien und Italien

3.1 Großbritannien

Großbritannien, dessen schon früh entwickelte Ansätze von Performanzmanagement[12] im europäischen Kontext (nicht zuletzt wegen der sprachlichen Zugänglichkeit) am bekanntesten sind, kann als Prototyp für eine zentralstaatlich angeleitete, verpflichtende, flächendeckend installierte und sanktionskräftige Variante von Performance Management angesehen werden. Dabei sind die jeweils für die Leistungserbringung zuständigen Verwaltungseinheiten (*executive agencies* oder *local governments*) gehalten, die in Zielvereinbarungen und Kontrakten festgeschriebenen Leistungsziele zu erfüllen. Die Zielerreichung und Einhaltung von Leistungsstandards wird in der Regel durch externe Institutionen beobachtet und überwacht. So wurden auf zentralstaatlicher Ebene sog. *Public Service Agreements (PSAs)* eingeführt, in denen die Leistungsziele der einzelnen Ministerien für eine Dreijahresperiode festgeschrieben sind. Diese (derzeit 30) *PSAs* enthalten jeweils Angaben darüber, auf welche Weise, durch wen und bis wann die Leistungsziele[13] erfüllt und wie die Zielerreichung gemessen werden soll. Der im Jahre 1998 eingeführte *Comprehensive Spending Review (CSR)* koppelt zudem die inhaltlichen Leistungsziele der *PSAs* mit vorab definierten Budgetvorgaben und enthält seit 2000 zusätzlich zu den bereits definierten In-

---

[12] Die ersten Versuche zur Messung und Bewertung öffentlicher Aufgabenerfüllung reichen im britischen Fall mehr als 100 Jahre zurück. Schon Ende des 19. Jahrhunderts wurden Kennzahlensysteme angewendet, um die Leistung von Lehrern in staatlichen Schulen zu messen (POLLITT/BOUCKAERT, 2004.).

[13] Die PSA des Cabinet Office enthält unter anderem die folgenden Ziele: «Support the Prime Minister in leading the Government»; «Achieve co-ordination of policy and operations across government» (siehe http://www.cabinetoffice.gov.uk/reports/psa/psa2004.aspx, 26.2.2010).

put- und Output-Indikatoren weitere Wirkungsindikatoren[14]. Performance Measurement wurde ferner im Zusammenhang mit Qualitätsmanagement angewendet, wofür die UK Citizen's Charter von 1991 ein Beispiel bietet.

Auch für die kommunale Ebene wurde im Verlauf der 1980er Jahre ein zunehmend ausgefeiltes System von Leistungskennzahlen, Indikatoren und Performance-Rankings installiert[15], das sich mit der Gründung der *Audit Commission* im Jahre 1982 zu einem allumfassenden staatlichen Kontroll- und Interventionsinstrument entwickelt hat. Seit der Installierung des *Best Value* (BV) Regimes im Jahre 1999, später (2002) des *Comprehensive Performance Assessment* (CPA) sowie seit 2009 des noch umfassenderen *Comprehensive Area Assessment* (CAA) sind Performance Measurement und Leistungsvergleiche verpflichtend für alle *local councils* vorgeschrieben[16]. Zusätzlich finden lokale *Public Service Agreements*, die zwischen den *local councils* und der Zentralregierung abgeschlossen werden, Anwendung. Hintergrund ist das Bemühen der britischen Zentralregierung, die Leistungsfähigkeit der Kommunalverwaltung in der Erbringung von Dienstleistungen dadurch zentral zu steuern und zu kontrollieren, dass die Erreichung und Einhaltung der (teils von der Zentralregierung vorgegebenen, teils von den Kommunen selbst definierten) Leistungsindikatoren laufend überprüft werden, wobei eine «4-Punkte-Skala» verwendet wird (*outstanding/excellent, good, adequate, inadequate*). Zudem kann (vermeintlich) «schlechte» Performanz dadurch bestraft werden, dass im schlimmsten Fall die Absetzung der gewählten kommunalen Führung und ihre Ersetzung durch externe Fachleute zentral verfügt wird, während die (vermeintlich) «guten» Kommunalverwaltungen von der Zentralregierung «belohnt» werden[17]. Eines der Hauptprobleme sind die enormen Transaktionskosten, die mit den permanenten und umfangreichen Leistungsinspektionen und mit der institutionellen Dichte staatlicher Audit- und Inspektionsinstanzen verbunden sind[18]. Darüber hinaus gibt es auf lokaler Ebene eine weit verbreitete Antipathie und wachsenden Widerstand gegen die permanenten Leistungskontrollen der zentralen «Auditors», was zu subversiven Strategien führt. Dies trifft besonders ausgeprägt auf die *league tables* der staatlichen Schulen zu, die eine außerordentlich hohe Medienpräsenz und entsprechende politische Überbewertung erfahren haben. Last but not least, scheinen die Inspektionen oftmals alles andere als «valide» und «verlässliche» Performanzinformationen zu generieren, weil der Inspektionsprozess «künstlich» ist und die Verwaltungsakteure kreativ darin sind, den

---

[14] BOUCKAERT/HALLIGAN, 2008, S. 346 f.
[15] WEGENER, 2004, S. 257.
[16] Vgl. STEWART, 2003, S. 121 ff.
[17] durch Freistellung von gesetzlichen Bindungen, zusätzlichen Mitteln usw.; vgl. KUHLMANN/WOLLMANN, 2006, S. 385 f.
[18] DAVIS/DOWNE/MARTIN, 2001, S. 14.

Inspektoren das gewünschte «Best Value»-Klima zu vermitteln, da es mehr um *style* als um *substance* geht [19].

3.2 Italien

Auch in *Italien* folgte die Einführung von Performanzsteuerung in der öffentlichen Verwaltung einem dominanten Top-down-Muster und war besonders ausgeprägt durch zentralstaatliche und teilweise regionale Gesetzgebung angeleitet[20]. Auslöser und Antriebskraft der NPM-Modernisierung waren in Italien vor allem der politische Umbruch während der 1990er Jahre und die damit einhergehende umfassende Dezentralisierung des Politik- und Verwaltungssystems [21], an die sich entsprechende Reformforderungen im öffentlichen Sektor anschlossen[22]. Eine Vielzahl von Gesetzen, Dekreten, Verordnungen etc. wurde erlassen, um einzelne Reforminstrumente bis ins Detail zu regeln und rechtlich verbindlich vorzuschreiben. Zunächst wären die Budgetreformen von 1995 (Dekret Nr. 77/1995) und von 1997 (Bassanini II) sowie die Gesetze 142/1990 und 29/1993 zu erwähnen. Letztere schrieben den Kommunen eine neue Form der ergebnisorientierten Management-Kontrolle (ergänzend zur bisherigen Legalitätskontrolle) vor. Ein Kernelement der 1995er Reform (Dekret 77/1995) war die Einführung des sog. Management Plans (*piano esecutivo di gestione – PEG*), der darauf zielte, Controlling-Verfahren (*controllo di gestione*) verbindlich zu installieren und die Verwaltungen zu verpflichten, Zielvereinbarungen, Leistungs- und Wirkungsindikatoren sowie Verfahren der Performanzmessung (*misurazione dei servizi*) einzuführen[23]. Zudem sollte der *PEG* auf kommunaler Ebene zu einer klareren Trennung von politischer Exekutive (*giunta*) und Verwaltungsmanagement (*dirigenti*) beitragen, indem zwischen ihnen Leistungskontrakte abgeschlossen werden sollten[24]. Weitere rechtlich fixierte und verpflichtend vorgeschriebene NPM-Instrumente sind die Kosten- und Leistungsrechnung (Dekret 77/1995), die output-orientierte Globalbudgetierung

---

[19] «*Authorities that are good at producing strategies and plans, collecting performance data and establishing audit trails may be able to ‚paper over' problems with service delivery.*» (DAVIS et al., 2001, S. 20). «*We're sceptical of the value of audit and inspection. (...) There's a danger that the inspectors will lose touch with reality*» (senior officer, local authority, zit. nach DAVIS et al., 2001, S. 20).

[20] Vgl. KUHLMANN/FEDELE, 2010.

[21] Die «Bassanini-Reformen» (Bassanini I-IV), die zwischen 1997 und 2001 verabschiedet wurden (Gesetze 59/1997, 127/1997; 191/1998; 50/1999, 3/2001), bilden den Regelungskern der italienischen NPM-Reformen (wie auch der Dezentralisierungspolitik; vgl. PROMBERGER et al., 2000, S. 30–37; LONGO/PLAMPER, 2004, S. 330.); BEHNKE, 2010.

[22] siehe ausführlich ONGARO, 2009.

[23] Vgl. DEL VECCHIO, 2001; GARLATTI/PEZZANI, 2000.

[24] Vgl. LONGO/PLAMPER, 2004, S. 327 ff.

(1997) sowie die Einführung einer kennzahlenbasierten Bürger-Charter (*carta dei servizi*), mit der die Messung von Qualitätsindikatoren und Kundenzufriedenheit verbindlich geregelt wurde (Gesetze Nr. 241/1990 und 59/1997).

In der Praxis erwies sich allerdings diese Strategie des «*NPM through law*» nur bedingt als erfolgreich[25], da die Gesetze sehr uneinheitlich und unvollständig umgesetzt wurden, wobei es auffällige Varianzen zwischen den einzelnen Regionen gibt[26]. Während etwa die Emilia-Romagna, Toskana, Umbrien und der Nordosten als NPM-Vorreiter gelten[27] und entsprechende Reformkoalitionen vor Ort bildeten, erwiesen sich andere Regionen als eher zögerlich oder auch ablehnend hinsichtlich der Reformumsetzung, so dass dort kaum Veränderungen zu konstatieren sind[28].

Somit gibt es auf der einen Seite in einem Teil der italienischen Verwaltungen zwar deutliche Reformfortschritte. Beispielsweise wurde konstatiert, dass die Budgetreformen auf der lokalen Ebene inzwischen weitgehend implementiert seien und die Kommunen bereits im Jahre 1993 bis zu 60% ihrer Haushaltsmittel budgetierten[29]. In praktisch allen Kommunalverwaltungen wurden neue Systeme der Management-Kontrolle eingeführt und Finanzziele formal definiert, für deren Einhaltung die jeweiligen Fachbereichsleiter (*dirigenti*) verantwortlich sind[30]. Bis 2001 hatten 93% der italienischen Kommunen Controlling-Stellen installiert und 50% hatten neue Kostenrechnungsverfahren eingeführt[31].

Auf der anderen Seite erweisen sich die praktischen Auswirkungen dieser formal-institutionellen Veränderungen als begrenzt. Die bevorzugte Budgetierungsmethode im Rahmen des erwähnten *PEG* ist nach wie vor input-orientiert, wohingegen Ergebnis- oder gar Wirkungsindikatoren kaum für die Budgetaufstellung herangezogen werden[32]. Einer Umfrage aus dem Jahre 1999 zufolge[33] hatte damals nur ca. ein Viertel der italienischen Kommunen im Rahmen des *PEG* Performanzindikatoren definiert und wenige hatten nicht fiskalische Kennzahlen eingeführt. Ende der 1990er Jahre, also fünf Jahre nachdem *controllo di gestione* gesetzlich festgeschrieben worden war, hatte die Hälfte aller Kommunen über 20'000 Einwohnern die entsprechenden Reforminstrumente noch nicht eingeführt[34]. Wenngleich kein Zweifel daran bestehen kann, dass die NPM-

---

[25] Vgl. CAPANO, 2003, S. 787.
[26] MAGNIER, 2003, S. 189 f.
[27] Vgl. LIPPI, 2003, S. 140–168; ONGARO/VALOTTI, 2008, S. 183–186.
[28] Vgl. LIPPI, 2003, S. 161.
[29] ebenda S. 152.
[30] Vgl. ONGARO/VALOTTI, 2008.
[31] Vgl. CAPANO, 2003; GROSSI/MUSSARI, 2008, S. 31.
[32] LONGO/PLAMPER, 2004, S. 328; ONGARO/VALOTTI, 2008, S. 184.
[33] Vgl. PROMBERGER/BERNHART/FRÜH/NIEDERKOFLER, 2000, S. 96 f.
[34] MAGNIER, 2003, S. 188.

Maßnahmen in Italien inzwischen durchaus zur Steigerung von Transparenz und Ergebnisorientierung beigetragen haben[35], so ist doch eine klare «Nutzungslücke» hinsichtlich der performanz-orientierten Steuerungsinstrumente und insgesamt ein heterogener Umsetzungsstand in der Verwaltung festzustellen, der auch als «implementation gap» bezeichnet worden ist[36]. Dies zeigt, dass – ähnlich wie im britischen Fall – die zentralstaatliche Top-down-Steuerung von Performanz-Management nur begrenzt Erfolg zeitigt.

4. Performanzsteuerung als Bottom-up-Ansatz: Schweden, Deutschland, Frankreich

4.1 Schweden

Vor dem Hintergrund der gewachsenen Evaluierungs- und Informationsfreiheitskultur haben Formen der Performanzsteuerung und Selbst-Evaluation im *schwedischen* Verwaltungssystem von jeher eine hohe Verbreitung und Akzeptanz[37], was auch in der konsensdemokratischen Ausrichtung des Politiksystems insgesamt begründet liegt[38]. So existiert keine, dem britischen Ansatz vergleichbare, zentralstaatliche Verpflichtung der Kommunen zur Leistungsmessung und Qualitätskontrolle, sondern diese Initiativen sind *bottom up* entstanden, freiwillig und dennoch infolge der hohen Transparenz von Leistungsdaten nach außen auch sehr wirkungskräftig. Zudem ist für die skandinavische Verwaltungsmodernisierung insgesamt typisch, dass sie eher experimentell-lernend anstatt ideologisch-dogmatisch ausgerichtet ist[39]. Des Weiteren war von vornherein die Zweigleisigkeit von ergebnisorientierten (NPM-)Maßnahmen und Nutzerbeteiligung kennzeichnend[40]. Leistungsmessung und -vergleich beinhalten also immer auch eine außenwirksame bürgerbezogene Komponente.

Für die Kommunalverwaltung, als der wichtigsten Leistungs- und Vollzugsebene in Schweden, sind – neben den schon zu Beginn der 1990er Jahre installierten Verfahren ergebnisorientierter Steuerung durch Einführung von *purchaser/provider-split,* Zielvereinbarungen, Kontrakten und Budgetierung[41] – zwei Reformansätze besonders hervorzuheben. Zum einen werden kommunale Leis-

---

[35] Vgl. BOBBIO, 2005, S. 42.
[36] Vgl. CAPANO, 2003, S. 794; ONGARO/VALOTTI, 2008.
[37] Vgl. WOLLMANN, 2005, S. 273.
[38] Vgl. JANN, 2000, S. 325–249.
[39] Vgl. RIEGLER/NASCHOLD, 1997, S. 18.
[40] Vgl. OPPEN, 1997, S. 239.
[41] ebenda, S. 239.

tungsinformationen bereits seit 1987 für alle schwedischen Kommunen in einer vom Schwedischen Kommunalverband und dem staatlichen Statistikamt gemeinsam verwalteten Datenbank erhoben, zusammengestellt und in Jahresberichten veröffentlicht. Dieses ungewöhnliche und beispielhafte interkommunale Benchmarking-System ist dadurch gekennzeichnet, dass es für jedermann über Internet zugänglich die Kosten kommunaler Tätigkeiten in einem breiten Satz von Dienstleistungen jährlich gemeinde- und aufgabenscharf dokumentiert («Vad kostar versamheten i Din kommun?», «Was kosten die Tätigkeiten in Deiner Kommune?[42]»). Zum anderen wurden interkommunale Qualitätsvergleiche in «Vergleichsnetzen» *(comparative municipal quality networks)* Ende der 1990er Jahre ebenfalls durch den Schwedischen Kommunalverband initiiert[43]. Diese zielen darauf, Qualitätsindikatoren kommunaler Leistungen zu definieren und interkommunal zu vergleichen. Die Hälfte der insgesamt 280 schwedischen Kommunen ist nach einer Umfrage des Kommunalverbandes bereit, an diesen «Qualitätsvergleichen» teilzunehmen[44].

Auf zentralstaatlicher Ebene wurde Performanzsteuerung insbesondere in Form eines *management by results*-Systems in den unabhängigen Behörden (*ämbetsverk*) installiert, welches diese über kennzahlenbasierte Kontrakte verpflichtet, jährliche *result*-gestützte Berichte zu erstatten[45]. Auch hier ist daran zu erinnern, dass diese Ansätze der «Resultatsteuerung» bereits ein fester Bestandteil des schwedischen Verwaltungshandelns waren, bevor die NPM-Dabatte *performance measurement* auf die modernisierungspolitische Tagesordnung gesetzt hatte[46]. So haben die kennzahlengestützten Berichte des Schwedischen Finanzministeriums über die Produktivität des öffentlichen Sektors bereits eine recht lange (vor-NPM-)Tradition. Als Ausdruck der den skandinavischen Ländern eigentümlichen politischen Kultur dienen diese Verfahren der Performanzmessung und Selbst-Evaluation jedoch weniger einer Kontrolle «von oben» über die Einhaltung von Leistungsvereinbarungen (Kontrakten), sondern sie sind eher in Interaktions- und Lernprozesse zwischen den relevanten Akteuren eingebettet.

4.2 Deutschland

In *Deutschland* hielten Instrumente der Performanzsteuerung und des Leistungsvergleichs vor allem seit dem Aufkommen der vom «Neuen Steuerungsmodell» (NSM) inspirierten Reformbewegung Einzug in die deutsche Verwal-

---

[42] WOLLMANN, 2008, S. 228.
[43] Siehe STRID, 2004, S. 267–276.
[44] ebenda, S. 267.
[45] Vgl. TIESSEN, 2007.
[46] Vgl. WOLLMANN, 2008, S. 227.

tung. Ähnlich wie in Schweden erfolgte auch hier die Aufnahme der Reformkonzepte «bottom up», beginnend bei den Kommunen, über die Länder bis (ansatzweise) hin zum Bund. Um von der Regel- und Verfahrenssteuerung zur Output- und Performanzsteuerung überzugehen, begannen die Kommunen zunächst damit, Produkte zu definieren, Produktkataloge zu erstellen und diese mit Indikatoren, Kennzahlen und Leistungsdaten zu füllen. Ausweislich einer Evaluation des Neuen Steuerungsmodells[47] haben 29,0% der deutschen Kommunen Produkte flächendeckend oder zumindest teilweise (9,9%) definiert. Zudem haben die Bemühungen kontinuierlich zugenommen, für Verwaltungsleistungen die Kosten genauer zu beziffern. So wurde die Kosten- und Leistungsrechnung in 12,7% der Kommunen vollständig, in 33,0% teilweise umgesetzt; in 27,1% befindet sie sich noch im Aufbau. Allerdings werden die aufwändig erstellten Produktkataloge kaum für Steuerungszwecke herangezogen. Stattdessen ist festzustellen, dass ein erheblicher Anteil der Kommunen, die Produkte definiert haben, diese weder für die Ermittlung von Budgets, noch für Haushaltsverhandlungen oder die Neuorganisation von Verwaltungsprozessen und auch nicht für interkommunale Vergleiche nutzt. In 14,2% der Kommunen, die Produktdefinitionen verwenden, findet überhaupt kein Anschluss der Produkte an wesentliche Instrumente des NSM statt und es stellt sich hier die Frage, inwiefern der beträchtliche Aufwand der Erstellung von Produktkatalogen in diesen Fällen gerechtfertigt ist.

Ein weiteres Feld der Performanzsteuerung in der deutschen öffentlichen Verwaltung findet sich in Form der Leistungsvergleiche und des Benchmarkings. Zunächst wiederum beginnend auf der kommunalen Ebene wurden Vergleichsringe ins Leben gerufen, die darauf abzielten, Prozesse, Strukturen und Leistungen von Verwaltungen interorganisatorisch zu vergleichen. Dabei wurde der Startschuss zu einer zeitweise um sich greifenden regelrechten «Vergleichseuphorie» durch die Bertelsmann Stiftung im Jahre 1990 mit ihrem Projekt «Grundlagen einer leistungsfähigen Kommunalverwaltung» gegeben[48], gefolgt von der KGSt, die mit der Gründung IKO-Netzes im Jahre 1996 ein «internes Informationssystem der Kommunen» etablierte[49]. 43,3% der deutschen Kommunen beteiligen sich zumindest gelegentlich an interkommunalen Leistungsvergleichen, Vergleichsringen und Wettbewerben, nur ein knappes Viertel der Kommunen (23,3%) nimmt an solchen Maßnahmen gar nicht teil[50]. Allerdings gibt es Hinweise darauf, dass die Ausstiegsquote aus Vergleichsprojekten nicht unerheblich ist[51] und dass zudem der beträchtliche Aufwand dieses Unterfan-

---

[47] Vgl. BOGUMIL et al., 2007.
[48] Vgl. SCHUSTER, 2003.
[49] Siehe KUHLMANN, 2005, S. 7–28.
[50] Vgl. BOGUMIL/GROHS/KUHLMANN/OHM, 2007, S. 72 ff.
[51] Vgl. KUHLMANN, 2005, S. 7–28.

gens seinen Nutzen übersteigt, da Leistungsinformationen nicht für Steuerungszwecke verwendet werden. Auch wenn somit Leistungsvergleiche zumindest in der kommunalen Verwaltungspolitik inzwischen einen gefestigten Platz haben, weisen sie darin eine erhebliche Schwäche auf, dass ihre Ergebnisse den kommunalen Parlamenten und der kommunalen Öffentlichkeit nicht oder eingeschränkt, jedenfalls keineswegs verbindlich zugänglich sind.

Im Zeichen eines wettbewerbsföderalen Diskurses sind Leistungsvergleiche in Deutschland inzwischen sogar in das Grundgesetz aufgenommen worden. Mit Art. 91d GG, der im Rahmen der Föderalismusreform II neu eingefügt wurde (Gesetz vom 29.7.2009, BGBl I 2248), ist eine Rechtsgrundlage für Leistungsvergleiche/Benchmaking zur Feststellung und Förderung der Leistungsfähigkeit der öffentlichen Verwaltungen geschaffen worden. Indem die Vorschrift als «Kann-Bestimmung» formuliert wurde, ist am Freiwilligkeitsprinzip festgehalten worden. Hintergrund der Verfassungsänderung ist dabei – neben den allgemeinen (NPM-nahen) Ideen von Leistungstransparenz, Effektivitäts- und Effizienzsteigerung – vor allem einerseits das Anliegen, mittels Leistungsinformationen die parlamentarische Kontrolle zu stärken, die als Ziel von Verwaltungsmodernisierung begriffen wurde (BT-Drs 16/12410, 8). Zum anderen soll der föderative Wettbewerb um die beste Lösung angeregt werden. Inwieweit die neue Verfassungsregel tatsächlich zu mehr föderalem Wettbewerb und Leistungsvergleich führen wird, bleibt indes abzuwarten, auch wenn die Bertelsmann-Stiftung bereits einen «Aktionsplan» zur Umsetzung von Art. 91d GG vorgelegt hat[52].

4.3 Frankreich

Entgegen der Vermutung, dass sich aufgrund des zentralistischen Verwaltungsmodells in Frankreich Reformen ausschließlich nach dem Top-down-Muster vollzögen, zeigt die Praxis der Performanzsteuerung ein deutlich anderes Bild. So gibt es bereits seit den 1980er Jahren bemerkenswerte lokale Initiativen zur Einführung von Performance Management, während auf zentralstaatlicher Ebene entsprechende Bemühungen im Laufe der 1990er Jahre nur langsam in Gang kamen und dort nennenswert erst seit 2001 *(LOLF)* zu beobachten sind. Eine Umfrage in 82 Kommunen aus dem Jahre 1991 ergab den Befund[53], dass ca. 30% der befragten Verwaltungen bereits zu diesem Zeitpunkt mit indikatorengestützten Leistungsberichten (*tableaux de bord*) und 55% mit Formen der Kostenrechnung (*comptabilité analytique*) arbeiteten. In 15% der Kommunen gab es

---

[52] Vgl. Bertelsmann-Stiftung, 2010.
[53] Datenbasis ist eine von *Meyssonnier* in 82 Kommunen mit über 5'000 Einwohnern durchgeführte Umfrage aus dem Jahre 1991 (MEYSONNIER, 1993).

mindestens einen Controller (*conseiller/analyste de gestion*). Interessanterweise spielte der französische Zentralstaat als «Reforminstanz» – in markantem Unterschied zu Großbritannien und Italien – zunächst keine federführende Rolle. Im Jahre 2002 waren schon 85% der Städte über 50'000 Einwohner mit selbstevaluativen Verfahren in der Verwaltung vertraut; sogar 60% hatten diese eingeführt, davon 30% bereits vor mehr als fünf Jahren[54]. Allerdings ist die Reformaktivität im lokalen Raum aufgrund der heterogenen Gebietsstrukturen[55] sehr ungleich verteilt. Zudem sind die Leistungsinformationen nach außen wenig sichtbar und die Öffentlichkeit hat kaum Zugang. Systematische interkommunale Leistungsvergleiche wurden bislang nicht praktiziert und die Sanktionswirkung von Leistungsmessung ist begrenzt.

Inzwischen hat in Frankreich auch die nationale Gesetzgebung das Konzept der Performanzsteuerung aufgegriffen und damit eine zusätzliche Mobilisierung in der französischen Verwaltung ausgelöst[56]. Wegweisend war das bereits erwähnte LOLF von 2001, welches einen neuen Handlungsrahmen für das Finanzwesen, die Ressourcenbewirtschaftung und Budgetierung in der Staatsverwaltung konstituierte. Es sieht neue Formen der Globalbudgetierung auf der Basis von Programm- und Leistungszielen (*finalités*), Kontraktmanagement und Leistungsevaluation vor. Die Umsetzung soll durch Programmdirektoren mittels jährlicher Leistungsvereinbarungen (*projets annuels de performance – PAP*) und Berichtspflichten (*rapports annuels de performance – RAP*) gesteuert werden[57]. Im *LOLF* ist vorgesehen, dass sich das Parlament auf strategische Entscheidungen über grundlegende *missions* beschränken und deren Umsetzung den Ministerien vermittels Programm- und Budgetvorgaben überlassen soll. Die Ministerien erhalten Programmbudgets, die übertragbar und deckungsfähig sind und die mit einer «Wirkungskaskade» von 47 *missions*; 158 ressortbezogenen Programmen 580 *actions*, 630 Leistungszielen und 1'300 Leistungsindikatoren verbunden sind.

Das erste LOLF-Budget wurde im Jahre 2006 verabschiedet und bereits jetzt zeichnen sich eine Reihe von Problemen ab. So sehen manche Beobachter in der Beschränkung des Parlaments auf Generalentscheidungen über *missions* eine weitere Abwertung der (ohnehin schwachen) *Assemblée Nationale*. Zudem werden Kontroll- und Steuerungsverluste der Ministerien gegenüber der dekonzentrierten Staatsverwaltung befürchtet, die infolge der Globalbudgetierung aufgewertet wurde und zusätzlich Handlungsspielräume erhalten hat. Gleiches

---

[54] Datenbasis ist eine von *Basle* im Auftrag des *Institut des villes* durchgeführte Umfrage in insgesamt 118 Städten über 50'000 Einwohner, von denen 48 antworteten (vgl. BASLE, 2003.).
[55] Siehe KUHLMANN, 2009.
[56] Vgl. NAULLEAU, 2003, S. 136.
[57] Vgl. FIEVET/LAURENT, 2006, S. 142.

gilt im Verhältnis dieser zu den Kommunen, da die Lokalverwaltungen nun stärker von den Budgetzuweisungen der Staatsverwaltung abhängen, womit die politische Dezentralisierung in Frankreich konterkariert wird. Zudem hält in der Staatsverwaltung seit dem Inkrafttreten des *LOLF* eine regelrechte Indikatoren- und Kennzahlenwut Einzug, so dass sich eine neue Bürokratisierung durch das Kennzahlenwesen abzeichnet. Dessen unbeschadet, gibt es bereits Diskussionen darüber, inwieweit sich eine gesetzliche Vorgabe vom Typ *LOLF* zukünftig für die Kommunen empfehlen könnte, wovor einige Beobachter schon jetzt warnen, da eine solche generelle Verpflichtung vollkommen an der kommunalen Handlungsrealität vorbeigeht[58].

4.4 Ländervergleich

Es wurde deutlich, dass der internationale Trend einer performance-orientierten Verwaltungsmodernisierung in den länderspezifischen politisch-institutionellen und verwaltungskulturellen Kontexten sehr unterschiedliche Umsetzungsmaßnahmen, Ergebnisse und Wirkungen ausgelöst hat. Nimmt man für den abschließenden Vergleich die vertikale Steuerungsdimension in den Blick, so stehen Großbritannien und Italien hinsichtlich der Initiierung von Leistungsmessung und -vergleich für den Typus einer Top-down-Steuerung durch staatliche Regelung und Gesetzgebung. In Großbritannien dominiert die zentralstaatlich angeleitete, lokal verpflichtende, flächendeckend installierte, fortlaufende, generalistisch ausgerichtete Variante von Performance Measurement, die aber zugleich in den Ergebnissen hoch-transparent und sanktionskräftig ist, was einige Vorzüge, aber auch eine Reihe von Nachteilen mit sich bringt. In Italien wurde die Performanzsteuerung für die Kommunen zwar auch top down ausgelöst und staatlich vorgeschrieben, insbesondere durch exzessive NPM-Gesetzgebung in den 1990er Jahren. Jedoch ist im kommunalen Raum eine Implementationslücke zu konstatieren und es kam teilweise zu subversiven Strategien, aber zunehmend auch eigenen lokalen Initiativen von Kommunen. Schweden, Deutschland und Frankreich repräsentieren unterschiedliche Ansätze der Bottom-up-Steuerung und -Initiative von Performance Management. In Schweden werden Leistungsvergleiche zwischen den Kommunen überwiegend von diesen selbst getragen und sind freiwillig, aber dennoch relativ weit verbreitet und aufgrund der Transparenz von Leistungsdaten nach außen durchaus sanktionskräftig. Auch in Frankreich erfolgte die Installierung von Performanzsteuerung Bottom-up und ist für die Kommunen (bislang noch) vom Prinzip der Freiwilligkeit bestimmt. Deutschland ist ebenfalls der Bottom-up-Ländergruppe zuzuordnen, da indikatorengestützte Leistungsmessungen und -vergleiche lokal

---

[58] Ebenda, S. 145.

initiiert wurden und freiwillig sind. Eine auffällige Ähnlichkeit zur französischen Variante – und zugleich ein Unterschied zu Schweden (aber auch Großbritannien) – ist darin zu erkennen, dass eine (kontinentaleuropäische) «Geheimhaltungspraxis» von Leistungsinformationen vorherrscht, was zur Folge hat, dass Leistungsmessung auf kommunaler Ebene nur wenig Sanktionskraft entfaltet. Dem britischen Modell stehen die deutschen Reformansätze wiederum im Perfektionierungs- und Detaillierungsdrang sowie in der Hinsicht nahe, dass erhobene Leistungsdaten nur bedingt von internem Steuerungsnutzen sind und wenig zur kommunalen Entscheidungsfindung herangezogen werden. Zusammenfassend ergibt sich für die fünf Länder folgende Typologie:

Abbildung 2: Varianten der Performanzsteuerung auf kommunaler Ebene in Europa

Merkmale	UK	Deutschland	Frankreich	Italien	Schweden
Steuerung (zentral-lokal)	Top down; staatliche Kontrolle; Verpflichtung	Bottom up; lokale Selbststeuerung, keine Verpflichtung	Bottom up; lokale Selbststeuerung, keine Verpflichtung	Formal top down, verpflichtend; Faktisch bottom up/ Subversion	Bottom up; lokale Selbststeuerung; keine Verpflichtung
Konzipierung/ Implementation	Dogmatisch, generalistisch, PI-Bürokratie	Generalistisch, perfektonistisch, NSM-Produktbürokratie	Pragmatisch experimentell, policy-bezogen, selektiv	Perfektionistisch (Zielkaskaden), formalistisch, generalistisch	Experimentell, nutzungs- u. außenorientiert, policy-bezogen
Transparenz/ Sanktionskraft	Transparent nach außen, sanktionskräftig	Geheimhaltung, keine Sanktionen	Geheimhaltung, keine Sanktionen	Geheimhaltung, keine Sanktionen	Transparent nach außen, sanktionskräftig
Verbreitung/ Uniformität	Hoch; uniform	Mittel; regionale Varianz (Ost-West)	Gering, Disparitäten (urban-ländlich)	Mittel; regionale Varianz (Nord-Süd)	Hoch; relativ homogen

Legende: Die unterschiedlichen Grautöne markieren jeweils Gemeinsamkeiten und Unterschiede (Eigene Darstellung)

4.5 Ausblick

Es kann mit gutem Grund prognostiziert werden, dass sich der internationale Trend in Richtung Performance Measurement und Leistungsvergleich fortsetzen und verstärken wird. Vor allem spricht die öffentliche Haushaltskrise dafür, dass Leistungsmessungen und -vergleiche vermehrt zur Anwendung kommen werden. Im Zuge von Cutback Management und Haushaltskonsolidierung werden diese sich vor allem darauf beziehen, die Ressourcenallokation innerhalb des gegebenen Budgets zu rationalisieren bzw. Budgetkürzungen durch «Evidenzbasierung» zu legitimieren[59]. Sie können genutzt werden, um bestimmte Politikstrategien öffentlichkeitswirksam zu rechtfertigen. Damit einhergehen wird aber auch die Erkenntnis, dass Performanzmessungen und -daten an Grenzen stoßen, wenn es darum geht, konkrete Verbesserungen zu bewirken und die Wirksamkeit politischer Maßnahmen zu erhöhen. Mit anderen Worten, der faktische Einfluss von Performance Measurement auf Innovation, institutionellen Wandel und letztlich auf *tatsächliche* Performanz- und Wirkungsverbesserung darf nicht überschätzt werden[60]. Zudem ist in Rechnung zu stellen, dass rigide Leistungsmessungen und Performanzkontrollen sogar Serviceverschlechterungen bewirken und Innovationsprozesse blockieren können. Hierfür sprechen vor allem die Motivationseinbrüche bei den Beschäftigten unter den Bedingungen exzessiver Leistungsinspektionen, wie sie etwa im britischen Schulwesen beobachtet worden sind. Angesichts der Haushaltskrise und des anhaltenden Drucks zum Personalabbau in den deutschen Kommunen sind diese Gefahren im Blick zu behalten und muss im Interesse der Kommunalbeschäftigten, aber auch der Bürger und Nutzer von *inspection overload*[61] und *audit society*[62] abgeraten werden. Stattdessen wäre für eine Weiterentwicklung der vorhandenen lokal angeleiteten Reformansätze in Richtung Performanzsteuerung zu plädieren. Dabei ist von generalistischen Konzepten Abschied zu nehmen und sollte der Fokus stärker auf eine bürger- und nutzerorientierte Informationskultur, praktische Problemlösung und die «Verwertbarkeit» von Informationen gelegt werden.

Hinsichtlich der Frage, wie die Politik für *evidence based policy making* «gewonnen» werden und hieraus eigenen Nutzen ziehen kann, gibt es das Problem einer doppelten politischen Rationalität[63]. Einerseits ist die durch Performance Measurement hergestellte Transparenz im politischen Entscheidungsprozess und -ergebnis auch im Interesse von Politikern, soweit diese einer inhaltlichen Politikorientierung folgen und ihnen an substanzieller (Policy-)Problemlösung und Programmumsetzung gelegen ist. Aus Sicht dieser «Policy-Rationalität» von Politik gibt es ein politisches Interesse an Ergebnistransparenz vor allem deshalb, weil Politiker ihr Handeln (auch) mit programmbezogenen Verpflichtungen und der Durchsetzung inhaltlicher Politikziele verbinden, die ja gerade eine

---

[59] Vgl. DERLIEN, 1997, S. 7.
[60] Für die Performance-Inspection an britischen Schulen wurde dies folgendermaßen auf den Punkt gebracht: «schools were sceptical about the impact of the inspection findings on school processes or performance, believing that (…) most changes would have happened in any case» (KOGAN/MADEN, 1999.).
[61] Vgl. DAVIS/DOWNE/MARTIN, 2001.
[62] Vgl. POWER, 1997.
[63] Siehe KUHLMANN, 2007.

unerlässliche Voraussetzung für die Wiederwahl sind. Andererseits haben performance-orientierte Verwaltungsreformen das Bestreben der politischen Akteure, sich unter den Bedingungen der Konkurrenzdemokratie zu behaupten und damit ihre Neigung zu berücksichtigen, das Ausmaß an Durchsichtigkeit im Politikprozess nach dessen Nützlichkeit für die eigene politische Profilierung, Wiederwahl, Stimmenmaximierung, «Marktsicherung» etc. auszurichten, worin eher die «ökonomische Rationalität» von Politik zu erkennen ist[64]. Nimmt man beide Perspektiven zusammen, so müssen Leistungsmessung und Ergebnissteuerung in der öffentlichen Verwaltung sowohl die Funktion erfüllen zu informieren, Evidenz zu schaffen und Wissen zu generieren. Sie dürfen sich jedoch nicht hierauf beschränken und ausschließlich methodischen Qualitätskriterien von Korrektheit, Genauigkeit und Präzision («methodologischer Rigorismus») folgen, sondern haben die politische Nützlichkeit – und potenzielle «Gefährlichkeit» unter konkurrenzdemokratischen Bedingungen – im Auge zu behalten, um institutionell zu überleben.

Literatur

BASLE, M., 2003: Les pratiques évaluatives des villes de plus de 50'000 habitants. In: Pouvoirs Locaux, no. 57, juin II/2003, S. 42–44.

BEHNKE, N., 2010: Politische Dezentralisierung und administrative Dekonzentration in Italien. In: Bogumil, J./Kuhlmann, S. (Hrsg.): Kommunale Aufgabenwahrnehmung im Wandel: Kommunalisierung, Regionalisierung und Territorialreform in Deutschland und Europa. Wiesbaden (i. E.).

Bertelsmann-Stiftung, 2010: Leistungsvergleiche in der öffentlichen Verwaltung. Aktionsplan zur Umsetzung von Art. 91d GG. Präsentation. Berlin.

BOBBIO, L., 2005: Italy after the storm. In: Denters, B./Rose, L. (Hrsg.): Comparing Local Governance: Trends and Developments. Basingstoke, S. 29–46.

BOGUMIL, J./GROHS, S./KUHLMANN, S./OHM, A., 2007: Zehn Jahre Neues Steuerungsmodell. Eine Bilanz kommunaler Verwaltungsmodernisierung. Berlin.

BOGUMIL, J., 2007: Möglichkeiten und Grenzen der Optimierung lokaler Entscheidungsprozesse. In: Bogumil, J./Holtkamp, L./Kißler, L./Kuhlmann, S./Reichard, C./Schneider; K./Wollmann, H.: Perspektiven lokaler Verwaltungsmodernisierung. Berlin, S. 39–44.

BOUCHAERT, G./HALLIGAN, J., 2008: Managing Performance, International Comparisons. New York.

BRAADBAART, O./YUSNANDARSHAH, B., 2008: Public sector benchmarking: a survey of scientific articles, 1990–2005. In: International Review of Administrative Sciences, 74, S. 421–433.

BRAUN, D./GIRAUD, O., 2009: Politikinstrumente im Kontext von Staat, Markt und Governance. München.

---

[64] vgl. BOGUMIL, 2007.

CAPANO, G., 2003: Administrative traditions and policy change: when policy paradigms matter. The case of Italian administrative reform during the 1990s. In: Public Administration, 81, 4, S. 781–801.

DAVIS, H./DOWNE, J./MARTIN, S., 2001: External Inspection of local government. Driving improvement or drowning in detail? Layerthorpe/York: Joseph Rowntree Foundation.

DE LANCER, J. P., 2009: Perfomance-Based Management Systems Effective Implementation and Maintenance. Boca Raton.

DEL VECCHIO, M., 2001: Dirigere e Governare le amministrazioni pubbliche: Economicitá, controllo e valutazione dei risultati. Milan.

DERLIEN, H.-U., 1997: Die Entwicklung von Evaluation im internationalen Kontext. In: Bussmann, W./Klöti, U./Knoepfel, P. (Hrsg.): Einführung in die Politikevaluation. Basel/Frankfurt am Main, S. 4–12.

FIEVET, F./LAURENT, P., 2006: Faut-il une LOLF pour les collectivités locales? In: Revue Française de Finances Publiques, no. 95, septembre 2006, S. 129–145.

GARLATTI, A./PEZZANI F., 2000: I sistemi di programmazione e controllo negli enti locali. Milan.

GOETZ, K. H., 2006: Europäisierung der öffentlichen Verwaltung – oder europäische Verwaltung? In: Politische Vierteljahresschrift Sonderheft 37. Wiesbaden, S. 472–490.

GROSSI, G./MUSSARI, R., 2008: Effects of Outsourcing on Performance Measurement and Reporting: The Experience of Italian Local Governments. In: Public Budgeting & Finance, Spring 2008, S. 22–38.

JANN, W., 2000: Verwaltungskulturen im internationalen Vergleich. In: Die Verwaltung 33, S. 325–349.

JANN, W./JANTZ, B., 2008: A Better Performance of Performance Management. In: KPMG (Hrsg.): Holy Grail or Achievable Quest. International Perspectives on Public Sector Performance Management. KPMG, S. 11–28.

KOGAN, M./MADEN, M., 1999: An evaluation of the evaluators: the OFSTED system of school inspection. In: Cullingford, C./Daniels, S. (Hrsg.): An Inspector Calls – OFSTED and its Effect on School Standards. London.

KUHLMANN, S., 2005: Selbstevaluation durch Leistungsvergleiche in deutschen Kommunen. In: Zeitschrift für Evaluation 2005/1, S. 7–28.

KUHLMANN, S., 2007: Internationale Erfahrungen mit Performance Management: Befunde aus Großbritannien, Frankreich und Deutschland. In: Schimanke, D. (Hrsg.): Qualität und Ergebnis öffentlicher Programme. Ein Werkstattbericht. Münster, S. 166–204.

KUHLMANN, S., 2009: Politik- und Verwaltungsreform in Kontinentaleuropa. Subnationaler Institutionenwandel im deutsch-französischen Vergleich. Baden-Baden.

KUHLMANN, S., 2010: Performance Measurement in European local governments: a comparative analysis of reform experiences in Great Britain, France, Sweden and Germany. In: International Review of Administrative Sciences (i. E.).

KUHLMANN, S./FEDELE, P., 2010: New Public Management in Continental Europe: Local Government Modernization in Germany, France and Italy from a Comparative Perspective In: Wollmann, Hellmut/Marcou, Gérard (eds.): Production and delivery of social and public services in cross-country comparison. Between government, governance, and market. Cheltenham/Northampton (i. E.).

KUHLMANN, S./WOLLMANN, H., 2006: Transaktionskosten von Verwaltungsreformen – ein «missing link» der Evaluationsforschung. In Jann, W./Röber, M./Wollmann, H. (Hrsg.): Public Management. Grundlagen, Wirkungen, Kritik. Festschrift für Christoph Reichard zum 65. Geburtstag. Berlin, S. 371–90.

LIPPI, A., 2003: As a voluntary choice or as a legal obligation: Assessing New Public Management Policy in Italy. In Wollmann, H. (Hrsg.): Evaluation in Public Sector Reform. Concepts and Practice in International Perspective. Cheltenham, S. 140–168.

LÖFFLER, E./VINTAR, M., 2004: Improving the Quality of East and West European Public Services. Bratislava.

LONGO, F./PLAMPER, H., 2004: Italiens Staats- und Managementreformen am Beispiel der Controllingsysteme und der Leistungsvergleiche. In Kuhlmann, S./Bogumil, J./Wollmann, H. (Hrsg.): Leistungsmessung und -vergleich in Politik und Verwaltung. Wiesbaden, S. 323–340.

MAGNIER, A., 2003: Subsidiarity: fall or premise of «local government reforms». The Italian case. In: Kersting, N./Vetter, A. (Hrsg.): Reforming Local Government in Europe. Opladen, S. 183–196.

MAYNTZ, R., 1980: Implementation politischer Programme. Königstein.

MEYSSONNIER, F., 1993: Quelques enseignements de l'étude du contrôle de gestion dans les collectivités locales. In: Revue Politiques et Management Public, 11(1), S. 129–45.

MUSSARI, R., 2001: Carta die Servizi ed autonomia degli enti locali: un'armonia da ricercare. In: Azienda Pubblica, 14, 5, S. 515–540

NAULLEAU, G., 2003: La mise en œuvre du contrôle de gestion dans les organisations publiques: les facteurs de réussite. In: Revue Politiques et Management Public, vol. 21, no. 3, septembre, S. 135–147.

NEMEC, J./MERICKOVA, B./OCHRANA, F., 2008: Introducing benchmarking in the Czech Republic and Slovakia. Processes, problems and lessons. In: Public Management Review, 10, S. 673–684.

NULLMEIER, F., 2005: Output-Steuerung und Performance Measurement. In: Blanke, B./ Bandemer, S. v./Nullmeier, F./Wewer, G. (Hrsg.): Handbuch zur Verwaltungsreform. 3. Auflage. Wiesbaden, S. 431–443.

ONGARO, E., 2009: Public Management Reform and Modernization. Trajectories of Administrative Change in Italy, France, Greece, Portugal and Spain. Cheltenham.

ONGARO, E./VALOTTI, G., 2008: Public management reform in Italy: explaining the implementation gap. In: International Journal of Public Sector Management, 21, 2, S. 174–204.

OPPEN, M.,1997: Der Bürger und Kunde als ProMotor im Modernisierungsprozess – kundenorientierte Dienstleistungspolitik in internationaler Perspektive. In: Naschold, F./ Oppen, M./Wegener, A. (Hrsg.): Innovative Kommunen. Stuttgart, S. 231–249.

POLLITT, C., 2006: Performance Management in Practice: A Comparative Study of Executive Agencies. In: Journal of Public Administration Research and Theory, 16(1), S. 25–44.

POLLITT, C./BOUCKAERT, G., 2004: Public Management Reform. A Comparative Analysis. Oxford.

POWER, M., 1997: The audit society: rituals of verification. Oxford.

PROELLER, I./SIEGEL, J. P., 2009: Performance Management in der deutschen Verwaltung – eine explorative Einschätzung. In: dms 2/2009, S. 455–474.

PROMBERGER, K./BERNHART, J./FRÜH, G./NIEDERKOFLER, R., 2000: New Public Management in Italien. 2. Auflage. Bozan.

REICHARD, C., 2002: Performance Management. In: Eichhorn, P. et al. (Hrsg.): Verwaltungslexikon. 3. Aufl. Baden-Baden, S. 794–795.

RIEGLER, C.H./NASCHOLD, F., 1997: Reformen des öffentlichen Sektors in Skandinavien. Eine Bestandsaufnahme. Baden-Baden.

SCHUSTER, F., 2003: Der interkommunale Leistungsvergleich als Wettbewerbssurrogat. Berlin.

SPEER, B., 2002: Governance, Good Governance und öffentliche Verwaltung in den Transformationsländern Mittel- und Osteuropas. In: König, K. et al. (Hrsg.): Governance als entwicklungs- und transformationspolitisches Konzept. Berlin, S. 207–275.

STEWART, J., 2003: Modernising British Local Government. Houndmills.

STRID, L., 2004: Comparative Municipal Quality Networks. In: Kuhlmann, S./Bogumil, J./Wollmann, H. (Hrsg.): Leistungsmessung und -vergleich in Politik und Verwaltung. Wiesbaden, S. 267–276.

TIESSEN, J., 2007: Die Resultate im Blick. Kontraktsteuerung in Schweden. In: Jann, W./Döhler, M. (Hrsg.): Agencies in Westeuropa. Wiesbaden, S. 138–171.

VAN DOOREN, W./VAN DE WALLE, S., 2008a: Reality is merely an illusion, albeit a persistent one: introduction to the performance measurement symposium. In: International Review of Administrative Sciences (74), S. 531–34.

VAN DOOREN, W./VAN DE WALLE, S. (Hrsg.), 2008b: Performance information in the Public Sector: How it us used. London.

WALLACE, H., 2005: An institutional anatomy and five policy modes. In: Wallace, H./Wallace, W./Pollack, M.A. (Hrsg.): Policy Making in the European Union. 5. Aufl. Oxford, S. 49–90.

WEGENER, A., 2004: Benchmarking-Strategien im öffentlichen Sektor. Deutschland und Großbritannien im Vergleich. In: Kuhlmann, S./BOGUMIL, J./Wollmann, H. (Hrsg.): Leistungsmessung und -vergleich in Politik und Verwaltung. Wiesbaden, S. 251–266.

WOLLMANN, H., 2004: Leistungsmessung («performance measurement») in Politik und Verwaltung: Phasen, Typen und Ansätze im internationalen Überblick. In: Kuhlmann, S./BOGUMIL, J./Wollmann, H. (Hrsg.): Leistungsmessung und -vergleich in Politik und Verwaltung. Wiesbaden, S. 21–46.

WOLLMANN, H., 2005: Neue Handlungsansätze im Zusammenwirken von Kommunen, Bürgern, gesellschaftlichen und Marktakteuren in Großbritannien, Frankreich und Schweden. Was kann hieraus für Deutschland gelernt werden. In: Haus, M. (Hrsg.): Institutionenwandel lokaler Politik in Deutschland. Wiesbaden, S. 256–84.

WOLLMANN, H., 2008: Reformen in Kommunalpolitik und -verwaltung. England, Schweden, Frankreich und Deutschland im Vergleich. Wiesbaden.

Possibilités et limites de la gestion du personnel dans l'administration publique, dans une perspective post-Nouvelle Gestion Publique

YVES EMERY[1]

Sommaire

1. Introduction 109
2. L'après-fonctionnariat: un environnement multi-évolutif et contradictoire 110
3. Les implications de l'après-fonctionnariat sur la GRH publique 114
   - 3.1 La GRH au cœur de l'action paradoxale 114
   - 3.2 Une GRH stratégique 114
   - 3.3 Renforcer le rôle de la hiérarchie en gardant la cohérence d'ensemble des pratiques de GRH 115
   - 3.4 Supprimer les automatismes en dynamisant les salaires et les carrières 116
   - 3.5 Mettre en avant les compétences plus que les diplômes 117
   - 3.6 Valoriser la performance des agents publics 118
4. Les défis et limites de la GRH publique dans l'après-fonctionnariat. 119
   - 4.1 Le défi de la valeur ajoutée des processus RH 119
   - 4.2 Le défi de l'intégration des pratiques de GRH en un ensemble cohérent 121
   - 4.3 Le défi des macro-compétences 122
   - 4.4 Le défi de l'intégration stratégique 122
   - 4.5 Le défi du leadership GRH transformationnel 123
- Bibliographie 124

1. Introduction

S'il est un domaine qui a été transformé en profondeur ces dernières années, c'est bien celui de la gestion du personnel au sein des organisations publiques[2], que nous appellerons GRH publique dans le cadre de cet article. Au cœur des défis posés aux administrations publiques, reflet des attentes évolutives du monde du travail, mais également des nouvelles pratiques de gestion publique, voire d'une conception spécifique de l'Etat et de l'action publique, la GRH publique ne se développe en effet pas *in abstracto*. Au contraire, elle est pensée et mise en œuvre pour soutenir les nouvelles pratiques de gestion, parfois même est uti-

---

[1] Y. EMERY, Professeur, responsable de la chaire «Management public et Ressources humaines», Institut de hautes études en administration publique (IDHEAP), Lausanne. Email: yves.emery@idheap.unil.ch
[2] Cf. DESMARAIS et al., 2007.

lisée pour favoriser le changement organisationnel et insuffler de nouvelles valeurs au sein des services publics.

Dans cette perspective, le présent article est structuré en trois parties. Tout d'abord, nous présentons l'environnement institutionnel et organisationnel au sein duquel la GRH publique évolue, environnement très évolutif et pétri de contradictions, que nous avons baptisé l'*après-fonctionnariat*. Ensuite, nous détaillons les implications de ce nouvel environnement pour la GRH publique, pour consacrer la dernière partie à quelques défis qui ont été sélectionnés parmi les plus marquants qui attendent les spécialistes RH et les responsables hiérarchiques dans les organisations publiques.

2. L'après-fonctionnariat: un environnement multi-évolutif et contradictoire

L'univers du fonctionnariat, décrit de manière idéal-typique par M. Weber, a souvent été perçu comme statique et monolithique, reflet d'un appareil étatique marqué lui-même par une importante inertie que les critiques n'ont pas manqué de souligner[3]. L'après-fonctionnariat, qui lui succède, est sans aucun doute caractérisé par une forme d'éclatement, lié à des conditions d'emploi et des pratiques de GRH publiques de plus en plus diversifiées[4]. Cette évolution est la conséquence de multiples changements, très variables d'un pays à l'autre d'ailleurs[5], qui affectent en profondeur la fonction publique et la conduisent vers un environnement nouveau, hybride, à mi-chemin entre l'administration classique et l'entreprise privée, que les spécialistes ont qualifié de néo-bureaucratie ou encore de nouveaux services publics[6]. L'après-fonctionnariat ouvre de nombreuses perspectives nouvelles pour les agents publics[7], mais se révèle également pétri de contradictions et de paradoxes, dus notamment aux éléments suivants:

---

[3] Cf. BOSSAERT, 2005; CROZIER, 1963; CROZIER, 1980.
[4] Cf. EMERY, 2006.
[5] Cf. DEMMKE, 2004.
[6] Cf. DENHARDT/DENHARDT, 2003; OLSEN, 2006.
[7] Nous utilisons les termes «agents publics» pour désigner l'ensemble des employées et employés de la fonction publique, quel que soit leur statut. Il est frappant de constater que dans nombre de pays, dont la Suisse, le terme de «fonctionnaire» n'est volontairement plus employé, y compris dans les lois définissant le statut de la fonction publique.

- Rapprochement du cadre légal et des pratiques managériales des secteurs privé et public, en particulier dans le domaine de la GRH [8]
- Multiplication des réformes touchant la gestion et la GRH publique, souvent non-coordonnées[9]
- attentes diversifiées et souvent contradictoires liées à la nouvelle gestion publique, reflet des clivages politiques et des niveaux de responsabilité exercés[10]
- Mise en avant du changement en suscitant l'incertitude, notamment par la fragilisation du statut du personnel. Cet aspect est flagrant en Suisse, où les procédures de résiliation des rapports de travail dans la fonction publique ont été sensiblement simplifiés[11]
- et, last but not least, une évolution des valeurs, de l'ethos public et de la culture organisationnelle des administrations, qui représente une forme d'hybridation des mondes *civique* et *marchand* au sens de Boltanski & Thévenot[12]. Les agents publics doivent être «orientés clients» tout en respectant l'égalité de traitement, ils doivent être productifs tout en respectant les procédures, etc.

La nouvelle gestion publique (NGP) a cherché à introduire une distinction claire entre le niveau politique, qui devrait déterminer les grandes orientations stratégiques, et l'administration qui devrait être professionnelle dans la mise en œuvre, avec plus d'autonomie. A bien des égards cette séparation est souhaitable et intéressante, mais dans la pratique elle est difficile. Dans certains services, cela fonctionne très bien et dans d'autres, plus le politique a des informations détaillées à travers les rapports, les indicateurs et toutes les informations transmises dans les tableaux de bord, plus il a tendance, contrairement à l'idée de base, à intervenir dans l'opérationnel.

Dans cet univers paradoxal, la légitimité de l'action publique, en particulier après la crise de 2008–2009, a été renforcée. En même temps, quels que soient les projets et les progrès objectifs que l'administration fait, il reste cet imaginaire collectif, qui perçoit l'administration comme fondamentalement inefficiente, une sorte d'inefficience consubstantielle à l'administration publique, qui

---

[8] Ce rapprochement est manifeste pour la Suisse, où la plupart des agents publics sont maintenant au bénéfice de «contrats de droit public», une forme juridique mixte Wisard, N. (2007). Le statut de la fonction publique en mutation: contrat de droit public et individualisation des conditions de travail. Dilemmes de la GRH publique. Y. Emery and D. Giauque. Lausanne, Editions Loisirs et Pédagogie.
[9] Cf. PICHAULT, 2008.
[10] Cf. POLLITT/BOUCKAERT, 2009.
[11] Cf. EMERY/WYSER, 2008.
[12] Cf. BOLTANSKI/THEVENOT, 1991.

ne peut être éradiquée. Ce constat est d'ailleurs rendu encore plus complexe par les différences d'attentes et de perception qu'ont les parties prenantes de l'administration[13]. En effet, le nombre de parties prenantes, qui ont ou qui auront un mot à dire dans le fonctionnement de l'administration, ne cesse de croître, une tendance renforcée par le courant de la *nouvelle gouvernance publique*[14]. De plus en plus d'administrations font des enquêtes auprès de leurs «clients», usagers, administrés, justiciables, contribuables et essayent de cerner leur degré de satisfaction. Cela introduit une double régulation: la régulation politique classique, et la régulation par les bénéficiaires des services publics; comment concilier les deux de manière optimale, pour améliorer la *performance* de l'organisation publique?

La question de la performance préoccupe depuis de nombreuses années les réformateurs publics, mais sans que l'on sache toujours clairement comment cette performance est définie, et si les techniques de nouvelle gestion publique ont véritablement contribué à l'améliorer[15]. Cette question est essentielle pour la GRH publique, puisque celle-ci vise à rendre les agents publics plus performants ... avec le même questionnement sur les différentes dimensions de cette performance. Dans ce contexte, il importe de souligner une montée en puissance de la critique focalisée sur la *managérialisation* excessive de la fonction publique, l'un des travers les plus menaçants de l'après-fonctionnariat. En effet, la mise en avant des méthodes inspirées du management privé peut devenir une fin en soi et faire perdre de vue aux acteurs publics, politiques et administratifs, la finalité de l'action publique, qui s'exprime dans les politiques publiques substantielles destinées à résoudre des problèmes ou répondre à des besoins collectifs[16].

A bien des égards, la managérialisation met en avant une forme d'individualisation de l'action, soutenue par des pratiques de GRH qui recourent à des outils avant tout individuels: description de poste et évaluation individuelle du travail, par la hiérarchie, le cas échéant suivie par des primes visant à reconnaître le mérite individuel, sont des instruments typiques de cette tendance[17]. D'un autre côté, la capacité de l'administration publique à relever les défis actuels dépend, pour une bonne part, de réseaux d'action collective internes et externes,

---

[13] Cf. MC ADAM/HAZLETT et al., 2005.
[14] OSBORNE, 2006.
[15] Cf. BJORNHOLT/JORGENSEN, 2008; MEYERS/VERHOEST et al., 2008; QUENNEVILLE/LAURIN et al., 2008.
[16] Cf. KNOEPFEL/VARONE, 2008.
[17] Cf. NORMAN, 2007.

qui exigent d'autres outils et d'autres formes de compétences, en particulier de la part des managers publics[18].

Toutes ces exigences ne sont pas faciles à vivre par les agents publics, pris dans un champ de tensions exprimant des attentes contradictoires, parfois impossibles à concilier. Il ne faut dès lors guère s'étonner que les résultats d'enquêtes de satisfaction, effectuées de plus en plus fréquemment au sein de la fonction publique, montrent des résultats mitigés, voire négatifs[19]: manque de motivation, désengagement professionnel, sentiment d'épuisement, voire de *burnout*, se conjuguent avec une perte de confiance dans la hiérarchie à assumer de manière performante tous les changements en cours. C'est dire à quel point la qualité du management en place peut faire la différence. Quelque soient les pratiques de gestion des ressources humaines, l'intervention de la hiérarchie sans laquelle la GRH ne peut rien faire est tout à fait décisive. La sélection, puis la formation, l'évaluation, le coaching, etc., des personnes qui occupent des responsabilités d'encadrement constituent véritablement un facteur de succès pour la mise en œuvre de toutes ces démarches.

L'après-fonctionnariat représente ainsi un important défi à relever pour la direction politique et les managers publics à tous les niveaux de la hiérarchie. Il suppose une voie intermédiaire entre le «tout administration» et le «tout entreprise» qui permette de mieux marier les valeurs et les principes fondamentaux de l'administration d'une part, et les bonnes pratiques inspirées du fonctionnement des entreprises privées, avec l'esprit d'entreprise, la flexibilité, d'autre part. L'après-fonctionnariat aura permis une hybridation réussie des mondes civique et marchand à partir du moment où les principes classiques de l'action publique, en particulier la légalité et l'égalité de traitement, auront été de manière convaincante associés à un esprit d'entreprise qui met en avant l'innovation au service des citoyens. Des enquêtes récentes sur les valeurs publiques, au niveau international, mettent d'ailleurs en avant un tel mariage, tout en soulignant la difficulté de le vivre au quotidien[20].

Ces évolutions et défis caractérisant l'après-fonctionnariat sont autant d'impulsions auxquelles les nouvelles pratiques de GRH publiques doivent tenter de répondre, si ce n'est de les anticiper.

---

[18] Cf. AGRANOFF, 2006.
[19] Cf. GIAUQUE, 2004; EMERY/WYSER, 2008.
[20] Cf. BERRY, 2007; BOZEMAN, 2007.

3. Les implications de l'après-fonctionnariat sur la GRH publique

L'univers hybride et évolutif que nous avons brièvement esquissé dans la section précédente influence en profondeur les pratiques de GRH publiques. Ci-dessous, nous présentons les principales tendances qui peuvent être identifiées.

3.1 La GRH au cœur de l'action paradoxale

On le voit à la lumière de la section précédente, les spécialistes en gestion du personnel public doivent de plus en plus devenir maîtres dans le traitement de situations paradoxales, virtuoses dans la gestion de paradoxes. En particulier, il s'agit de:

- viser une cohérence globale des pratiques et en même temps, faire droit aux spécificités de chaque ministère, chaque office, pour mettre en œuvre des pratiques appropriées, dans une logique de contingence[21] qui autorise une marge de manœuvre au niveau des terrains
- avoir une certaine flexibilité pour adapter, sur la base d'un socle commun, des pratiques spécifiques, qui répondent tout simplement au besoin de services complètement différents les uns des autres. Cette flexibilité s'oppose à la vision traditionnelle de la prévisibilité et des règles issues des statuts de la fonction publique, qui s'appliquent à tout le personnel de manière identique
- optimiser la performance individuelle, de chaque agent public à sa place de travail, tout en visant l'action collective, qui seule permet de traiter des problèmes complexes qui, de plus en plus, nécessitent une collaboration et un travail transversal au sein de l'administration
- le tout en ayant une approche durable de la GRH, à long terme, mais qui produit des résultats à court terme, répondant aux attentes de responsables politiques devant montrer des résultats rapidement. La rationalité politique, la cyclicité politique n'est pas toujours compatible avec la durabilité, ou l'introduction d'une démarche durable de gestion des ressources humaines.

3.2 Une GRH stratégique

A la base, la GRH publique est tout sauf stratégique: elle demeure déterminée par les bases juridiques, statuts et règlements du personnel, qui en conditionnent les modalités. D'un autre côté, elle doit aussi répondre aux besoins de l'organi-

---

[21] Cf. PICHAULT, 2008.

sation, apporter des solutions concrètes pour l'aider à mieux remplir ses missions et ses défis, tentant de mieux valoriser son *effet de levier stratégique[22]*, un effet prôné dans la littérature spécialisée depuis une bonne vingtaine d'années[23]. Mais les difficultés sont importantes, à commencer par le fait que la planification politique (programme de législature, programme gouvernemental) et stratégique (projets de service) fait souvent défaut, ou est exprimée en termes généraux rendant toute opérationnalisation difficile[24]. Sans compter les nombreux plans stratégiques qui ressemblent plus à *du marketing public*, voire à du *marketing politique*, qu'à une volonté réelle de pilotage stratégique.

Gérer le personnel sous l'angle stratégique implique fondamentalement une *anticipation* des métiers recherchés à l'avenir, des profils de compétences et de motivation dont l'organisation publique aura besoin, en France souvent désignée par la GPEC[25]; cela touche donc prioritairement le processus de gestion prévisionnelle des emplois et des compétences, qui doit être complètement revu. Pendant des décennies en effet, la gestion prévisionnelle a consisté avant tout à extrapoler les effectifs futurs en fonction des effectifs actuels auxquels les automatismes de carrières et de promotion étaient appliqués. Il s'agit maintenant de renverser la logique, en partant réellement des besoins futurs de l'organisation, eux-mêmes issus des projets à conduire les années à venir. Ce qui n'est guère aisé parce que la flexibilité dans la gestion des effectifs n'est pas précisément la force première de l'administration publique.

3.3 Renforcer le rôle de la hiérarchie en gardant la cohérence d'ensemble des pratiques de GRH

Dès le moment où la GRH passe du stade purement administratif à une véritable gestion des personnes, il devient évident que le rôle de la hiérarchie est central, puisque c'est elle qui va sélectionner, encadrer, apprécier, valoriser, développer et promouvoir le personnel, sur la base des outils fournis par le service RH. Nombre d'études ont montré que la qualité de l'encadrement est à considérer comme une variable «modératrice» essentielle pour que les pratiques de GRH amènent à une performance accrue[26]. Cette dimension du leadership public est d'autant plus critique que l'évolution issue de la NGP table sur une délégation accrue de responsabilités et une marge de manœuvre plus importante accordée

---

[22] EMERY, 2003.
[23] Cf. BELANGER et al., 1988; BESSEYRE DES HORST, 1988.
[24] Cf. TROSA, 1995.
[25] Cf. EMERY, 2010.
[26] Cf. VERMEEREN/KUIPERS et al., 2008.

aux managers publics, même si la pratique montre que ce transfert de responsabilités est moins évident qu'il n'y paraît[27].

Cette tendance à déléguer des responsabilités de GRH de plus en plus «bas» dans la hiérarchie peut être constatée au niveau international: elle est basée sur l'idée qu'une bonne gouvernance de GRH doit combiner de manière optimale un pilotage stratégique centralisé, et une délégation des décisions opérationnelles le plus près du lieu où les problématiques se posent[28], afin d'avoir une bonne cohérence «contexte – pratiques de GRH». Le revers de la médaille pourrait toutefois bien être celui d'une forme d'éclatement de la fonction publique, voyant des agent-e-s publics traités très différemment d'un ministère à l'autre, sans que ces différences ne soient toujours légitimées par des éléments objectifs. C'est alors la porte ouverte à une *néo-subjectivité* dans la fonction publique, soumise au pouvoir arbitraire d'une hiérarchie faisant preuve d'un excès d'autonomie. Les valeurs au cœur de l'éthos public pourraient bien s'en trouver menacées, celles qui mettent en avant notamment l'équité de traitement et l'absence d'arbitraire, valeurs qui font la force d'une GRH éthique et responsable.

3.4 Supprimer les automatismes en dynamisant les salaires et les carrières

L'ère des automatismes (de progression salariale, d'évolution de carrière), caractéristique de la fonction publique wébérienne, paraît de moins en moins adaptée à un monde fortement évolutif et à des organisations publiques en transformation constante. Ainsi, un bon système de GRH devrait valoriser les comportements positifs qui contribuent à la qualité des prestations à fournir, à la collaboration entre les membres du personnel et à une utilisation efficience des moyens mis à disposition, et intervenir pour améliorer les comportements dysfonctionnels. De fait, cela revient à éviter les mécanismes automatiques attribuant les mêmes salaires et promotions à tout le monde, selon des routines profondément déconnectées de la réalité expérimentée dans le terrain. Mais l'on sait trop bien combien cette évolution est délicate, en particulier dans les pays à fonction publique de carrière[29].

Le problème réside dans le fait que la fin des automatismes suppose de passer à un système dynamique dont les critères doivent être clairement déterminés, et appliqués avec rigueur, sans quoi l'administration publique risque de rentrer

---

[27] Cf. BROUCKER, 2008.
[28] Cf. PICHAULT, 2006.
[29] Cf. ROUBAN, 2007.

dans une forme de clientélisme interne ravivé. A cet égard, l'analyse des pratiques de rémunération à la performance est particulièrement illustrative des difficultés rencontrées par l'administration publique[30]. En effet, si l'idée de la dynamisation des salaires paraît bonne a priori pour mieux tenir compte de l'équité entre personnes ayant des niveaux de contribution très différents, son application s'est révélée plus que problématique. Parmi les écueils le plus souvent mis en exergue, outre les moyens financiers fréquemment insuffisants, des problèmes de justice procédurale et distributive qui révèlent le manque de compétences de la hiérarchie à fixer et évaluer des objectifs de manière précise.

Si les automatismes apparaissent désuets et manifestement trop réducteurs de la complexité organisationnelle, ils ont le mérite, il faut le dire, d'une grande simplicité de gestion. La dynamisation des salaires et des carrières quant à elle, challenge fortement les cadres à tous les niveaux de la hiérarchie, tout en introduisant une complexité qu'il s'agit de bien maîtriser.

3.5 Mettre en avant les compétences plus que les diplômes

Traditionnellement, l'accès à la fonction publique était basé sur des qualifications objectives attestées par des diplômes officiels, requis pour assumer les différentes fonctions qui la composent. Or depuis les années 1980, cette logique «diplôme» a progressivement été remplacée par celle des compétences[31]. On peut noter l'émergence de référentiels de compétences et de cartes d'emplois, permettant de dynamiser l'évolution professionnelle au sein de la fonction publique où le cloisonnement entre ministères est classiquement important[32].

La définition des compétences – *un savoir-agir en situation permettant d'aboutir à des résultats concrets à sa place de travail* – montre toutefois que ce défi ne sera pas aisé à relever, la GRH publique étant confrontée à une sophistication très importante de ses processus de GRH, particulièrement ceux d'engagement, de formation et d'évolution professionnelle. En effet, si la compétence est par définition *contextualisée*, alors chaque environnement nécessite des compétences spécifiques qu'il s'agit d'identifier et de décrire. Le problème, c'est que la notion de compétence n'est pas facile à opérationnaliser, le danger principal consistant à assimiler la compétence à la tâche[33], ce qui produit inévitablement une multiplication sans fin des compétences utiles dans une organisation don-

---

[30] Cf. OCDE, 2005; NORMAN, 2007.
[31] Cf. BOYER/ROPERT, 1994; HORTON/FARNHAM et al., 2002.
[32] Cf. ROUBAN, 2007.
[33] Ex.: compétence à accueillir les bénéficiaires, compétence à fournir des renseignements actuels, etc.

née. Les référentiels utilisés s'en trouvent alors tellement étendus que leur gestion devient un véritable casse-tête.

Pour ajouter en complexité, il serait en outre utile de décliner ces compétences aux différents niveaux organisationnels (individus, équipes, services, administration globale), dans l'esprit de l'arbre des compétences[34]. Ce qui pose la délicate question des compétences collectives, un thème encore très peu investigué[35]. Finalement, rappelons que s'il n'est pas aisé d'évaluer les performances des agent-e-s publics, il n'est guère plus facile d'en apprécier les compétences, en particulier lorsque cette évaluation est réalisée par la hiérarchie en place, peu ou pas formée à cet exercice nécessitant des … compétences spécialisées!

3.6 Valoriser la performance des agents publics

Parmi les critiques les plus récurrentes de la fonction publique, celle touchant l'inefficacité du personnel est sans doute la plus fréquente[36]. Certes, les avis sont fort partagés sur les facteurs explicatifs de ce constat, qui est davantage fondé sur des perceptions, voire des aprioris, que sur des mesures objectives de la performance. Certains y voient essentiellement la prégnance d'un «système» administratif contraignant, incitant à la lourdeur et à la lenteur de fonctionnement[37], d'autres imputent cette situation à l'absence de mécanismes de contrôle ou d'incitations à la performance, d'autres encore estiment, dans la tradition de la «flânerie» mise en avant par F.W. Taylor, que les agents publics sont par essence moins enclins à la productivité, ayant choisi un contexte réputé plus protecteur et moins exigeant que celui de l'entreprise privée. Toutes ces explications perdent en pertinence depuis que les organisations publiques se sont mises à la NGP, marquant un rapprochement très net des entreprises privées[38].

Il est temps de mettre fin à la tradition de «non-mesure» qui a marqué la GRH publique pendant des décennies: le travail des agents publics n'est certes pas facile à apprécier du fait de la complexité des activités exercées et de l'intrication entre les fonctions, mais ce constat ne saurait justifier de faire l'impasse sur ce processus central de la GRH. Les systèmes de gestion de la performance (individuelle et collective) basés sur des objectifs clairs et des indicateurs précis indiquent sans conteste la voie à suivre. On le voit dans les rapports de l'OCDE sur la rémunération à la performance: ce ne sont pas tant les reconnaissances financières qui peuvent avoir un impact positif sur la motivation des agents

---

[34] Cf. AUTHIER/LEVY, 1999.
[35] Cf. LE BOTERF, 2006.
[36] Cf. DEMMKE, 2005.
[37] Cf. EMERY/CLIVAZ et al., 1997.
[38] Cf. EMERY/GIAUQUE, 2005.

publics, mais bien le processus de finalisation de l'action qui leur est sous-jacent, et au terme duquel chaque agent-e public connaît ses objectifs et peut les inscrire dans les missions plus générales poursuivies par son service[39].

4. Les défis et limites de la GRH publique dans l'après-fonctionnariat.

Cette troisième section présente cinq défis pour résumer, en partant de ce qu'on peut constater au niveau des nouveaux modèles de gestion des ressources humaines en général, *les challenges* qui attendent les responsables RH et leur hiérarchie. Ces défis sont structurés en s'inspirant du modèle de D. Ulrich[40] qui articule les principales valeurs ajoutées attendues par les pratiques de GRH, indépendamment du domaine d'activité.

4.1 Le défi de la valeur ajoutée des processus RH

Depuis une vingtaine d'années environ, le fait que les acteurs de la GRH aient la tentation de faire de l'art pour l'art, en perdant de vue la finalité organisationnelle, est bien documenté. Souvent, l'outil RH est considéré comme la finalité en lui-même. Par exemple, tous les entretiens d'évaluation individuels doivent être effectués d'ici la fin de l'année, toutes les formations doivent avoir été suivies d'ici la fin de l'année etc., ce type d'objectifs est fréquemment fixé à des DRH, et l'on en comprend aisément la logique. La finalité de la GRH ne peut toutefois pas être «seulement» de faire des formations, ne peut pas être de faire des entretiens. Il y a derrière des effets qui sont visés, des objectifs, des impacts sur la motivation et la performance des agents publics et c'est cela qui est recherché[41]. Ce que l'on pourrait appeler la *tentation de l'outil,* dans le domaine de la GRH, doit être relativisée au profit d'une GRH qui définit des processus de création de valeur ajoutée pour l'organisation[42]. Il faut que la GRH soit capable de créer de la valeur, d'évaluer ce qu'elle produit et non seulement les actions entreprises.

Dans cette perspective, nous proposons de définir et structurer l'ensemble des activités de GRH en processus, selon trois catégories spécifiques[43]:

---

[39] Cf. REICHARD, 2002; OCDE, 2005.
[40] Cf. ULRICH, 1998; ULRICH/ALLEN et al., 2009.
[41] Cf. EMERY/CHASSOT, 2009.
[42] Cf. VERMEEREN/KUIPERS et al., 2008.
[43] Cf. EMERY/GONIN, 2009.

- processus de pilotage, définissant une politique de GRH à mettre en œuvre au sein de l'organisation, ainsi que les objectifs, indicateurs et tableaux de bord permettant d'en suivre la réalisation
- processus centraux de GRH: au cœur de l'activité de GRH, ces processus comprennent la gestion prévisionnelle du personnel, l'engagement (recrutement, embauche), la gestion de la performance, la formation et le développement des compétences, l'évolution professionnelle et la dynamique des carrières, la rémunération et les autres formes de reconnaissance en vigueur dans l'organisation (comprend également les assurances sociales), la personnalisation des conditions de travail, processus destiné à configurer les emplois et conditions de travail pour mieux répondre aux motivations individuelles particulières, tout en respectant l'égalité de traitement, le processus de communication interne, ainsi que d'autres processus dits «transversaux», tels que l'égalité femme-homme, qui interviennent dans tous les autres processus RH mentionnés précédemment.
- processus de soutien, en particulier l'ensemble des dispositions légales et réglementaires conditionnant la GRH pratiquée dans une organisation spécifique, le système d'information et de gestion du personnel, ainsi que ce qu'il convient d'appeler la «fonction RH», comprenant l'ensemble des acteurs qui concourent à la mise en œuvre des processus susmentionnés.

Le fait de conceptualiser l'ensemble des activités RH en processus force les instances concernées à penser leurs activités en termes de valeur ajoutée («inputs – outputs»), à s'interroger sur la perception de ces valeurs ajoutées par les différents partenaires de la GRH, et de réorienter leurs activités en intégrant de manière plus convaincante leurs besoins et attentes[44].

A l'analyse, trois niveaux de valeur ajoutée distincts peuvent être relevés:
- Le professionnalisme (la qualité) et l'efficience des processus de GRH: standards de qualité à définir, délais de réalisation, taux d'erreur, orientation-client (les clients internes étant souvent les cadres qui «utilisent» les outils de GRH); sans oublier les coûts par processus. Dans ce premier registre, nombre de DRH peuvent déjà apporter une contribution substantielle à leur organisation
- L'efficacité des processus, c'est-à-dire le degré d'atteinte des objectifs qu'ils sont sensés atteindre: d'une manière générale, les pratiques de GRH visent à augmenter le degré de compétence et de motivation du personnel, son implication dans les projets et activités courantes de l'organisation. A quel point chacun des processus y contribue, cela reste le plus souvent non évalué[45].

---

[44] Cf. MIN TOH/CAMPION, 2008.
[45] Cf. LE LOUARN, 2008.

- La contribution à la performance de l'organisation. Dans ce troisième registre se pose naturellement la question de la définition et de la mesure de la performance organisationnelle, une problématique qui n'est de loin pas résolue[46]. Débutée dans le secteur privé[47], la tradition de mesure de la contribution de la GRH à la performance de l'organisation est en train de prendre un essor important dans le secteur public, même si les recherches demeurent peu nombreuses. Autrement dit, est-ce que l'on peut tracer l'impact, d'une certaine manière sur les résultats produits, les prestations produites, le service fourni par l'administration, impact mesuré par des indicateurs objectifs et subjectifs, typiquement des enquêtes de satisfaction réalisées auprès bénéficiaires de l'action publique?

4.2 Le défi de l'intégration des pratiques de GRH en un ensemble cohérent

Souvent dans le service public, par le fait des changements politiques, de l'histoire et d'autres facteurs, la gestion de personnel s'est beaucoup développée, mais l'on peut relever un effet *patchwork* qui met en exergue le fait qu'il manque une cohérence sous-jacente à tous les outils mis en œuvre[48]. C'est-à-dire qu'il y a toute une série de pratiques qui coexistent, mais si on les regarde de manière intégrée – dans la position du collaborateur à sa place de travail qui bénéficie de toutes ces pratiques – le manque de cohérence est flagrant.

Pour être intégrées et cohérentes, il importe que les pratiques de GRH soient inspirées par une véritable *politique du personnel*[49]. Quelles sont les valeurs fondamentales, quelles sont les axes qui colorent l'ensemble des activités de GRH? Et quelle est l'articulation avec l'ensemble des dispositifs réglementaires qui conditionnent les pratiques de GRH? Lorsqu'une politique de GRH est définie, il n'est en effet pas rare que sa mise en œuvre butte sur des instruments réglementaires qui ne s'inscrivent pas dans la même philosophie de GRH que celle prônée par la politique.

Cette cohérence suppose également un indispensable partenariat avec la hiérarchie, de manière à parler le même langage et à travailler dans le même sens. C'est l'une des problématiques les plus difficiles de la GRH, car les rationalités qui prévalent pour les uns (DRH) et les autres (hiérarchie) sont fréquemment très différentes.

---

[46] Cf. MEYERS/VERHOEST et al., 2008.
[47] Cf. FITZ-ENZ, 1990.
[48] Cf. PICHAULT, 2008.
[49] EMERY/LAMBELET-ROSSI, 2000.

4.3 Le défi des macro-compétences

Le troisième défi de la GRH publique, c'est celui de ne pas traiter seulement les ressources humaines en tant qu'individu, comme mentionné ci-dessus, mais de réfléchir de plus en plus à l'action collective en travaillant le concept de compétences collectives[50], voire de macro-compétences. La prise en compte non seulement des individus, qui pourrait se résumer à des activités de «People management», mais également des équipes, voire des unités organisationnelles, dans les processus et les outils de GRH, nous semble essentielle pour assurer avec succès la transition vers l'après-fonctionnariat.

Dans la littérature spécialisée, les macro-compétences RH demeurent très peu développées: on trouve des notions telles que l'agilité organisationnelle[51], l'apprentissage organisationnel[52], et bien entendu la culture de l'organisation publique[53]. Mais l'analyse de la contribution de la GRH à la création et au développement de telles macro-compétences demeure très modeste[54]: c'est sans doute l'un des grands domaines de recherche pour les prochaines années.

4.4 Le défi de l'intégration stratégique

L'optimisation de l'intégration stratégique de la GRH publique demeure très problématique pour plusieurs raisons. La première est liée au fait que les rationalités qui prévalent à l'élaboration des bases légales, puis des pratiques de GRH, ne relèvent guère d'une approche de management des services de l'administration, mais bien davantage de rapports politiques et sociaux, qui en conditionnent le développement. La seconde, comme précisé ci-dessus, est relative à la faible capacité stratégique des acteurs dirigeants-politiques et administratifs- amenés à orienter leur action en fonction d'objectifs personnels plus souvent qu'organisationnels, à travers des mécanismes dits de *marchandage public* (*Public Service Bargain*)[55]. La troisième est liée à la complexité intrinsèque des objectifs poursuivis par l'administration, dans un champ de politique publique spécifique ou une unité particulière (ministère, service, etc.)[56]. Le nombre, la diversité des attentes, des différentes «parties prenantes» de l'administration rendent par nature leurs objectifs complexes et parfois contra-

---

[50] Cf. AMHERDT/EMERY et al., 2000.
[51] Cf. DYER/SHAFER, 1999.
[52] Cf. FINGER/BUERGIN, 1998.
[53] Cf. SCHEDLER/PROELLER, 2007.
[54] Cf. ULRICH/ALLEN et al., 2009.
[55] EMERY, 2010.
[56] Cf. DE QUATRE-BARBES, 1996.

dictoires[57]. Dès lors, partir de cette base pour en inférer une stratégie RH cohérente et bien alignée relève souvent de l'illusion.

Nous pourrions évoquer encore d'autres arguments qui vont dans le même sens: l'articulation stratégique de la GRH avec les objectifs poursuivis par l'administration, respectivement par ses différentes unités constitutives, que l'on pourrait considérer par analogie aux «business units» de l'entreprise privée, demeure à ce jour essentiellement une vue de l'esprit!

4.5 Le défi du leadership GRH transformationnel

Finalement, la gestion du personnel est un levier fabuleux de transformation de l'administration, cela a déjà été relevé depuis de nombreuses années par différents rapports et analyses[58]. A travers, premièrement, les comportements, l'implication, la motivation, les compétences des agents publics à tous les niveaux de la hiérarchie. Les changements de pratiques, mais aussi de valeurs, sous-jacents à l'avènement de l'après-fonctionnariat, touchent directement le personnel dans ses habitudes, ses compétences, ses activités au quotidien. La contribution de la GRH à ces mécanismes de transformation est importante, bien qu'elle ne soit pas toujours appréciée à sa juste valeur: il s'agit d'un levier essentiel des changements de comportements, de pratiques, et in fine, des manières d'agir et de fonctionner propres aux organisations publiques.

Dans ce cadre, la compétence et la conviction des responsables administratifs-managers publics- à mener ces réformes en utilisant de manière convaincue les outils de GRH mis à leur disposition, est l'un des facteurs de succès les plus évidents, autant dans le public que dans le privé d'ailleurs[59].

Mais toutes ces transformations ne porteront véritablement leurs fruits que si elles continuent à s'inscrire dans les fondements démocratiques de l'action publique, à la poursuite de l'intérêt général[60]. Et cela n'est pas le moindre des défis, au moment où la managérialisation de l'Etat semblait permettre de résoudre l'essentiel de ses dysfonctionnements.

---

[57] Cf. MC ADAM/HAZLETT et al., 2005.
[58] Cf. VALLEMONT, 1990; OCDE, 1997.
[59] Cf. DESMARAIS/ABORD DE CHATILLON, 2010.
[60] Cf. FORTIER, 2010.

Bibliographie

AGRANOFF, R. (2006). «Inside Collaborative Networks: Ten Lessons for Public Managers». Public Management Review(12): 56–65.

AMHERDT, C. A., Y. EMERY, et al. (2000). L'émergence et le développement des compétences collectives dans les organisations. Québec, Presses de l'Université Laval.

AUTHIER, M./P. LEVY (1999). Les arbres de connaissances. Paris, La Découverte/Livre de Poche.

BELANGER, L. et al (1988). Gestion stratégique des ressources humaines. Québec, Gaétan Morin.

BERRY, F. S. (2007). Government Reform, Public Service Values and the Roles of Public Sector Leadership in Serving Society. Leading the Future of the Public Sector: The Third Transatlantic Dialogue, Delaware, USA.

BESSEYRE DES HORTS, C.-H. (1988). Vers une gestion stratégique des ressources humaines. Paris, Les Editions d'Organisation.

BJORNHOLT, B./C. F. JORGENSEN (2008). Translating Performance Measurement, an explorative casestudy of three public sectors. Upsetting Organizations, EGOS annual Conference. Amsterdam.

BOLTANSKI, L./L. THEVENOT (1991). De la justification. Les économies de la grandeur. Paris, Gallimard.

BOSSAERT, D. (2005). The flexibilisation of the employment status of civil servants: From life tenure to more flexible employment relations? Luxemburg, Institut européen d'administration publique: 1–46.

BOYER, M./G. ROPERT (1994). Gérer les compétences dans les services publics. Paris, Les Editions d'Organisation.

BOZEMAN, B. (2007). Public values and public interest counterbalancing economic individualism. Washington, D.C., Georgetown University Press.

BROUCKER, B. (2008). Transfer of achieved managerial and leadership competencies in the Belgian federal administration. EGPA Conference 2008. Rotterdam.

CROZIER, M. (1963). Le phénomène bureaucratique. Paris, Seuil.

CROZIER, M. (1980). La société bloquée. Paris, Point-politique.

DE QUATRE-BARBES, B. (1996). Usagers ou clients, marketing et qualité dans les services publics. Paris, Les Editions d'Organisation.

DEMMKE, C. (2004). The future Challenges of Public Employment, or how to enhance its Attractiveness? Is private sector HRM right for the public sector?, European Institute of Public Administration, Maastricht.

DEMMKE, C. (2005). Are civil servants different because they are civil servants? Maastricht, Institut européen d'administration publique: 1–127.

DENHARDT, J.-V./R. B. DENHARDT (2003). The New Public Service: Serving, Not Steering. Armonk, NY, M.E.Sharpe.

DESMARAIS, C. and E. ABORD DE CHATILLON (2010). «Are there still differences between the roles of public and private sectors managers.» International Public Management Review 12(1).

DESMARAIS, C., G. JEANNOT, et al. (2007). «Gestion des personnels publics: évolution récentes et perspectives.» Revue de l'IRES 53(1): 111–137.

DYER, L./R. A. SHAFER (1999). From Human Resources Strategy to organizational Effectiveness: Lessons from Research on Organizational Agility. Strategic Human Resource Management in the twenty-first century. P. M. Wright, L. D. Dyer, J. W. Boudreau and G. T. Milkovich. New York, Jai Press.

EMERY, Y. (2003). Renouveler la gestion des ressources humaines. Lausanne, Presses polytechniques et universitaires romandes.

EMERY, Y. (2006). L'émergence et les défis de l'après-fonctionnariat,. Contributions à l'action publique. J.-L. Chappelet. Berne, Haupt: 53–76.

EMERY, Y. (2010). «Gestion prévisionnelle du personnel au XXIème siècle: les défis d'un processus-clés de la GRH.» Persorama(1): 36–39.

EMERY, Y. (2010). Les cadres dirigeants dans l'après-nouvelle gestion publique. Jahrbuch SGVW 2009. (SSSA). Bern, 1: 9–22.

EMERY, Y./F. CHASSOT (2009). Evolution de la politique institutionnelle de gestion des ressources humaines: quelles valeurs ajoutées pour la mise en œuvre des politiques publiques substantielles? Réforme de politique institutionnelle de gestion des ressources de l'action publique. P. Knoepfel. Lausanne, PPUR: 137–164.

EMERY, Y., C. CLIVAZ, et al. (1997). L'image des fonctionnaires dans le canton de Genève. Lausanne, Idheap.

EMERY, Y./D. GIAUQUE (2005). «Employment in the public and private sectors: toward a confusing hybridisation process.» Revue internationale des sciences administratives 71(4): 639–657.

EMERY, Y./F. GONIN (2009). Gérer les ressources humaines. Lausanne, Presses Polytechniques et Universitaires Romandes.

EMERY, Y./L. LAMBELET-ROSSI (2000). Les politiques du personnel: conception, analyse et recommandations. Chavannes-près-Renens (Suisse), Idheap.

EMERY, Y./C. WYSER (2008). The swiss federal administration in a context of downsizing: the public servants perception about productivity, motivation and ethical issues. Ethics and Integrity of governance: perspectives accross frontiers. J. Maesschalck, L. Huberts and C. Jurkiewicz, Edward Elgar Publishing Ltd: 101–119.

FINGER, M./S. BUERGIN (1998). The concept of the «learning organization» applied to the public sector – conceptual contributions for theory development. Learning around organizations: developments in theory and practice. M. Easterby-Smith. London, Sage.

FITZ-ENZ, J. (1990). Human Value Management. San Francisco, Jossey-Bass Pub.

FORTIER, I. (2010). «La modernisation de l'État québécois: la gouvernance démocratique à l'épreuve des enjeux du managérialisme.» Nouvelles pratiques sociales 22(2): à paraître.

GIAUQUE, D. (2004). La bureaucratie libérale. Paris, L'Harmattan.

HORTON, S., D. FARNHAM, et al., Eds. (2002). Competency Management in the Public Sector. Amsterdam, IOS Press.

KNOEPFEL, P./F. VARONE (2008). Politiques institutionnelles régulant les ressources de acteurs des politiques substantielles: un cadre d'analyse. Réformes de politiques institutionnelles de gestion des ressources de l'action publique. P. Knoepfel and F. Varone. Lausanne, Presses polytechniques et universitaires romandes.

LE BOTERF, G. (2006). Construire les compétences individuelles et collectives: Agir et réussir avec compétence Paris, Les Editions d'Organisation.

LE LOUARN, J.-Y. (2008). Les tableaux de bord Ressources humaines. Le pilotage de la fonction RH. Paris, Editions Liaisons.

MC ADAM, R., S.-A. HAZLETT, et al. (2005). «Performance management in the UK public sector. Adressing multiple stakeholder complexity.» International Journal of Public Sector Management 18(3): 256–273.

MEYERS, F./K. VERHOEST, et al. (2008). Performance of public sector organisations: do management tecniques matter? third COST 601 CRIPO Meeting. Utrecht.

MIN TOH, S./M. A. CAMPION (2008). «Human Resource Configurations: Investigating Fit With the Organisational Context.» Journal of Applied Psychology 93(4): 864–882.

NORMAN, R. (2007). Pièges de la gestion des performances et gouvernance du secteur public. Dilemmes de la GRH publique. Y. Emery and D. Giauque. Lausanne, LEP.

OCDE (1997). Questions et évolution dans la gestion publique. Paris, PUMA/OCDE.

OCDE (2005). Performance-related pay for government employees. Paris, OCDE.

OLSEN, J.-P. (2006). «Maybe It Is Time to Rediscover Bureaucracy.» Journal of public Administration Research and Theory 16(1): 1–24.

OSBORNE, S. (2006). «The New Public Governance?» Public Administration Review 8(3): 377–387.

PICHAULT, F. (2006). The problem of coherence in HRM-based modernisation projects. EGPA annual conference, Milan.

PICHAULT, F. (2008). «La question de la cohérence dans les projets de réforme des services publics basés sur la gestion des ressources humaines.» Téléscope(Automne 2008): 64–72.

POLLITT, C./G. BOUCKAERT (2009). Continuity and Change in Public Policy and Management. Cheltenham, Edward Elgar.

QUENNEVILLE, M.-E./C. LAURIN, et al. (2008). The Long Run Performance of Decentralized Agencies in Quebec: A multi-dimentional Assessment. EGPA annual Conference 2008, Innovation in the public sector. Rotterdam.

REICHARD, C. (2002). Evaluation de la gestion des ressources humaines axée sur la performance dans certains pays de l'OCDE. Paris, OCDE/PUMA: 1–15.

ROUBAN, L. (2007). Les systèmes d'incitation entre cultures nationales et régulations professionnelles. Dilemmes de la GRH publique. Y. Emery and D. Giauque. Lausanne, LEP: 161–186.

SCHEDLER, K./I. PROELLER (2007). «Public Management as a Cultural Phenomenon. Revitalizing Societal Culture in International Public Management Research.» International Public Management Review 8(1): 186–194.

TROSA, S. (1995). Moderniser l'administration, comment font les autres? Paris, Les Editions d'Organisation.

ULRICH, D., Ed. (1998). Delivering Results. Boston, Harvard Business Review Book.

ULRICH, D./N. J. ALLEN, et al. (2009). HR Transformation. Building HR from the Outside In. New York, McGraw HILL.

VALLEMONT, S. (1990). Moderniser l'administration. Paris, Nathan.

VERMEEREN, B./B. KUIPERS, et al. (2008). Human Resource Management and Performance of Public Organizations: A study of HRM Activities and public service quality of Dutch municipalities. EGPA annual Conference 2008, Innovation in the public sector. Rotterdam.

WISARD, N. (2007). Le statut de la fonction publique en mutation: contrat de droit public et individualisation des conditions de travail. Dilemmes de la GRH publique. Y. Emery and D. Giauque. Lausanne, Editions Loisirs et Pédagogie.

Die öffentliche Verwaltung im Jahr 2020 – Ergebnisse einer Delphi-Studie zur Zukunft der Verwaltung

JOEY-DAVID OVEY / SUSANNE BIRK / AXEL SEIDEL

Inhaltsverzeichnis

1. Herausforderungen für die Verwaltung im Jahr 2020 — 131
2. Vertikale und horizontale Kooperation auf dem Vormarsch — 132
3. Wachsende Bedeutung von Strategie in der Verwaltung — 135
4. Personalmanagement in Zeiten des demografischen Wandels — 139

Wie sieht die Verwaltung im Jahr 2020 aus? Auf welche Themen muss die Verwaltung eine Antwort finden und mit welchen Instrumenten wird sie agieren? Wie wird der Stand der Umsetzung der neuesten Reformen sein?

Um diese Fragen beantworten zu können, wurden 27 Experten für die öffentliche Verwaltung aus unterschiedlichen Bereichen[1] persönlich interviewt.[2] In ei-

---

[1] EU-, Bundes-, Landes-, kommunale Verwaltung, nachgeordnete Behörden, kommunale Spitzenverbände, Wissenschaft, Industrie, Beratung.

[2] Die Befragung wurde im Jahr 2008 durchgeführt. Auftraggeber war Reed Exhibitions, der Veranstalter der Messe MODERNER STAAT. Die befragten Experten waren: Hr. Dr. Christoph Baron (Leiter Government Service, arvato direct services GmbH), Hr. Dr. Hans Bernhard Beus (Staatssekretär im Bundesministerium des Innern), Hr. Rainer Christian Beutel (Vorstand KGSt), Hr. Rainer Braun (Abteilungsleiter Verwaltungsreform, Finanzbehörde Freie und Hansestadt Hamburg), Hr. Franz-H. Brüner (Generaldirektor OLAF, EU), Hr. Carsten Konzack (Fachbereichsleiter Bürgeramt, Stadt Cottbus), Hr. Prof. Dr. Ingolf Deubel (Finanzminister Rheinland-Pfalz), Hr. Hans-Jörg Frick (Branchenmanager Öffentlicher Sektor, Deutsche Post AG), Fr. Prof. Dr. Gisela Färber (Deutsche Hochschule für Verwaltungswissenschaften Speyer), Hr. Franz-Reinhard Habbel (Sprecher Deutscher Städte- und Gemeindebund), Hr. Jürgen Häfner & Hr. Roland Böse (Leiter/Mitarbeiter der Zentralstelle IT-Management, Multimedia, eGovernment und Verwaltungsmodernisierung, Ministerium des Innern und für Sport, Rheinland-Pfalz), Hr. Johann Hahlen (Staatssekretär a.D. im Bundesministerium des Innern), Hr. Jürgen-Peter Henckel (Kanzler, Hochschule Bremen), Hr. Prof. Dr. Hermann Hill (Deutsche Hochschule für Verwaltungswissenschaften Speyer, Professor/Minister a.D.), Hr. Thomas Jablonski (Referatsleiter Verwaltungsmodernisierung, Senatorin für Finanzen der Freien Hansestadt Bremen), Hr. Willi Kaczorowski (Regierungsdirektor a.D., Internet Business Solutions Director, Cisco Systems GmbH), Hr. Guido Kahlen (Stadtdirektor der Stadt Köln), Hr. Hansjörg König (Staatssekretär im Sächsischen Staatsministerium für Kultus), Hr. Dr. Patrick Lehmann (Kämmerer der Stadt Frechen), Hr. Michael Pitsch & Hr. Philip von Haehling (Pub-

nem zweistufigen Delphi-Verfahren konnten die Aussagen der Experten zu einer konsistenten Vorstellung der öffentlichen Verwaltung im Jahr 2020 verdichtet werden.

Beginnend mit einem Streifzug durch die inhaltlichen Herausforderungen für das Jahr 2020 wird der Rahmen für die darauffolgende Diskussion der Instrumente, die in zehn Jahren eingesetzt werden, gesetzt. Mit den organisatorischen Antworten für die Verwaltung im Informationszeitalter beschäftigt sich der erste Abschnitt. Er kommt zum Schluss, dass Technologisierung und Entgrenzung die örtliche Zuständigkeit in vielen Fällen überflüssig machen. Der zweite Abschnitt beschäftigt sich mit der Frage der Steuerung im Jahr 2020 und diskutiert die Strategiefähigkeit der Verwaltung. Hier gaben die Experten eine Reihe von Hindernissen an, betonten jedoch die überragende Bedeutung des Themas. Der dritte Abschnitt befasst sich mit dem Thema Personal. Vor allem der Führungskräfteauswahl und -entwicklung kommen größere Bedeutungen zu.

---

lic Sector, Accenture), Hr. Prof. Dr. Dieter Schimanke (Staatssekretär a.D., Vorsitzender der Gesellschaft für Programmforschung), Hr. Prof. Dr. Eckhard Schröter (Zeppelin University), Hr. Giso Schütz (Vizepräsident der Bundesverwaltungsamtes), Hr. Peter Spohn (Mitglied der Geschäftsleitung, T-Systems Enterprise Services GmbH), Hr. Frank Weise (Partner, Public Management Consulting PriceWaterhouseCoopers), Hr. Oliver Christopher Will (Die Strategiemanufaktur/Vorstand der Gesellschaft für Programmforschung), Hr. Johannes Winkel (Abteilungsleiter für kommunale Angelegenheiten/Vermessung im Innenministerium NRW).

1. Herausforderungen für die Verwaltung im Jahr 2020

Die befragten Experten benannten eine breite Palette von Herausforderungen für die Verwaltung (vgl. **Abbildung 1**).

Abbildung 1: Herausforderungen für die Verwaltung im Jahr 2020

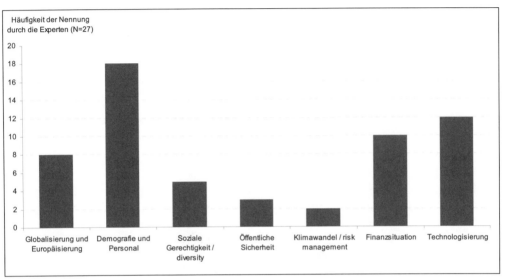

Quelle: Prognos AG 2008, eigene Erhebung (Delphi-Studie)

Globalisierung und demografische Entwicklung bringen eine weitere Internationalisierung der Politik und der Kultur mit sich, auf die die Verwaltung in einem viel größeren Umfang als bisher strategisch reagieren muss. Der Einfluss der EU auf die Gesetzgebung von Bund und Ländern wird ein wichtiger Faktor bleiben.

Auch der demografische Wandel bringt tiefgreifende Änderungen u.a. für die Wirtschaft, die öffentliche Infrastruktur und auch für das Personal in der Verwaltung mit sich. Im öffentlichen Sektor wird trotz demografischer Entwicklung der Personalabbau zuerst fortgesetzt, durch umfassendere Ausschöpfung der Möglichkeiten von elektronischen Verwaltungslösungen und E-Government können Verwaltungsprozesse noch weniger personalintensiv gestaltet werden. Der Anteil der Bevölkerung mit Migrationshintergrund steigt weiter. Die Legitimität einer Verwaltung, deren Zusammensetzung nicht bevölkerungsrepräsentativ ist, wird zunehmend infrage gestellt.

Im Jahr 2020 ist Deutschland weiterhin von einer gesellschaftlichen Schere geprägt, die im Zuge der Globalisierung und Technologisierung größer werden kann. Die Unsicherheit nimmt in etlichen Bereichen zu, sei es bei der Sicherheit im öffentlichen Raum, bei der Versorgungssicherheit oder bei den Auswirkungen des Klimawandels.

Auch die Finanzsituation der öffentlichen Hand bleibt angespannt. Die demografische Entwicklung hat direkte Auswirkungen auf die Finanzsituation. Sie führt in einigen Bereichen zu Änderungen im Umfang und in der Struktur der Leistungen der öffentlichen Hand.

Um mit Leistungskürzungen umgehen zu können, ist eine weitere Aktivierung der Bürger und der Zivilgesellschaft notwendig. Dies deckt sich jedoch in vielen Bereichen mit der zunehmenden Selbstverwaltung der Bürger in der Informationsgesellschaft. Um die Handlungsfähigkeit zurückzugewinnen, werden zudem Formen der horizontalen Zusammenarbeit zwischen Gebietskörperschaften einen weiteren Reifegrad erreicht haben.

Der Trend zur Technologisierung setzt sich fort. Im Jahr 2020 ist eine breite Beteiligung der so genannten Webcommunitys immer häufiger anzutreffen. Die Herausforderung für die Verwaltung besteht in der Gewährleistung eines fairen Zugangs zur Beteiligung. Bis 2020 werden aufgrund der – noch zu definierenden – Web 3.0-Technologie Modelle zur grundsätzlichen Anpassung der Organisationsstrukturen innerhalb der Verwaltung erprobt.

Auf diese Herausforderungen müssen sich Politik und Verwaltung vorbereiten und angemessene Antworten finden. Zu den Antworten gehören flexible Organisationsformen, die eine Partizipation aller relevanten Akteure einbeziehen; Steuerungsinstrumente, die Wissen, Planung und Aktivierung ermöglichen, sowie professionelles und fähiges Personal.

2. Vertikale und horizontale Kooperation auf dem Vormarsch

Das politische System der Bundesrepublik ist durchsetzt von Verflechtungen zwischen Bund, Ländern, Kommunen und den Selbstverwaltungen. Daher hatte die Föderalismusreform des Jahres 2006 das Ziel, die Beziehungen zwischen Bund und Ländern zu entflechten und die Komplexität des Systems zu reduzieren.

Die Zuständigkeitsgrenzen sind den Bürgern oft nicht transparent. Für die Bürger steht das Ergebnis des Verwaltungshandelns im Vordergrund. Die Entflechtung war zwar ein wichtiger Schritt, doch bis 2020 wird anstelle der Strukturfrage (wer ist zuständig?) die Leistungsfähigkeit der Organisation in den Vordergrund rücken (was kann die Organisation?). Es wird vermehrt die Frage gestellt werden, wie die Organisation die erwünschten Wirkungen herbeiführen kann.

Trotz der Entflechtung durch die Föderalismusreform wird die Verwaltung im Jahr 2020 neue Verflechtungen aufweisen. Die Umsetzung von Vorgaben durch die EU wird das Ausmaß an vertikaler Zusammenarbeit vorantreiben. Ein Beispiel dafür bietet die Dienstleistungsrichtlinie, die die Niederlassungsfreiheit in der EU höher bewertet als deutsche Verwaltungstraditionen und -strukturen. Es werden weitere Beispiele folgen, nicht nur bei der Benennung von einheitlichen Ansprechpartnern in vielen Rechtsbereichen. Trotz der Abstimmungsschwierigkeiten wird die vertikale Zusammenarbeit zwischen Verwaltungsebenen häufiger werden und dazu beitragen, dass in den relevanten Bereichen Verwaltung für die Bürger weniger komplex erscheinen wird.

Gleichzeitig wird es zu einer horizontalen Zusammenarbeit von Institutionen auf der gleichen Verwaltungsebene kommen. Angestoßen u.a. durch den demografischen Wandel, die Finanzsituation und den technologischen Fortschritt, werden Länder und vor allem Kommunen ihre Kräfte vermehrt bündeln, um ihre Leistungsfähigkeit zu erhalten. Dienstleistungszentren werden in etlichen Bereichen üblich sein. Einige Experten kritisierten in der Befragung die Tendenz der Verwaltungen, zu zaghaft in dieser Angelegenheit zu sein; die Effizienzpotenziale würden nicht ausgeschöpft. Bis zum Jahr 2020 jedoch wird es eine weitere Konsolidierung gegeben haben, so dass z.B. die Zahl der kommunalen Rechenzentren gesenkt wird. Dazu beitragen wird auch ein entstehender «öffentlicher Markt» (öffentlich-öffentliche Partnerschaften), auf dem – jenseits der ordnungspolitischen Bedenken der Privatwirtschaft – um die Kundschaft öffentlicher Einrichtungen gebuhlt wird. Öffentliche Dienststellen werden Leistungen von öffentlichen Dienstleistungszentren einkaufen. Anhand dieser Konkurrenzsituation wird die Zahl der Dienstleistungszentren mittelfristig bereinigt werden. Keiner der Experten nannte in diesem Zusammenhang öffentlich-private Partnerschaften.

Die technologische Entwicklung forciert den Prozess der Entgrenzung. Die zwingende Notwendigkeit, Dienstleistungen vor Ort erbringen zu müssen, entfällt. Somit wird bis zum Jahr 2020 die örtliche Zuständigkeit in vielen Bereichen überflüssig, vor allem wenn kein Ermessens- und Beurteilungsspielraum gegeben ist. Dies ist jetzt schon in einigen Bereichen Wirklichkeit, z.B. bei der PKW-Abmeldung. Bürger und Unternehmen werden demnach Dienstleistungen dort beziehen können, wo der Service stimmt. Dadurch werden Qualitätswettbewerbe unter den Kommunen ausgelöst. Auch eine Zusammenarbeit von Gebietskörperschaften, die keinen geografischen Zusammenhang haben, wird durch die technologische Entwicklung vereinfacht.

Nach den Kreisgebietsreformen der letzten Jahre in den neuen Ländern werden keine nennenswerten Gebietsreformen umgesetzt werden. Allerdings wird bis zum Jahr 2020 eine Diskussion um die Notwendigkeit der zweigliedrigen Kommunalverwaltung in Gang sein. Die eingliedrige Kommunalverwaltung – mit thematisch variablen Zuständigkeitsdelegationen an zivilgesellschaftlichen Gruppierungen und Ortsteilen – wird im Rahmen der eindeutigen Zuordenbarkeit der Verantwortung und einer erhöhten Effizienz der Verwaltungsleistung ernsthaft in Erwägung gezogen werden.

Wegen der zunehmenden vertikalen und horizontalen Zusammenarbeit werden weitere Effizienzrenditen ausgeschöpft. Viele Experten waren der Meinung, dass die Steuerungsmöglichkeiten der Doppik nicht im vollen Umfang ausgenutzt werden. Trotzdem werden es etliche Gebietskörperschaften bis 2020 geschafft haben, mit der Doppik und auch mit einem besseren IT-Einsatz ein durchgängiges Prozessmanagement eingesetzt zu haben, das Redundanzen und Verdoppelungen eliminiert.

Die Experten schätzen die Wahrscheinlichkeit eines Rückzugs der Verwaltungsleistungen aus der Fläche als Antwort auf den demografischen Wandel als gering ein. Stattdessen wird die Verwaltung, im Interesse der Bürgernähe, mobile Bürgerdienste einsetzen. Die zunehmende Selbstverwaltung der Bürger im Informationszeitalter bietet außerdem die Möglichkeit einer weiteren Aufgabenkritik in der Verwaltung. Ein weiterer Rückzug auf Kernaufgaben und Steuerungsfunktionen ist bis 2020 ein Stück näher gerückt.

Die Aufgabenkritik und vor allem die Standardkritik wird jedoch immer wieder an den Gerichten scheitern. Die Judikative spielt eine bremsende Rolle. Der Qualitätswettbewerb der Verwaltungen im Jahr 2020 führt aber ohnehin dazu, dass Rationalisierungspotenzial intern gesucht wird; Standards im Kundenbereich werden eher ausgebaut.

Im Jahr 2020 wird demnach die Organisation der Verwaltung von vertikalen und horizontalen Kooperationen geprägt sein. Doppik, Technologie und Aufgabenkritik führen vielerorts – aber nicht überall – zu weiteren Rationalisierungen. Eine große Hürde auf dem Weg zu den flexiblen, vorausschauenden Strukturen der «Netzwerkverwaltung» sind jedoch nach Meinung der Experten das Ressortprinzip und das versäulte Zuständigkeitsdenken, das die Bereitschaft zu Kooperationen verhindert. Zwar wird dies mit der heranwachsenden Generation der Führungskräfte allmählich abgebaut, bis zum Jahr 2020 bleibt jedoch aufgrund dieses institutionellen Beharrungspotenziales der Weg zu umfassenden Effizienzgewinnen in der Verwaltung gesperrt.

Abbildung 2: «Flächenrückzug der Verwaltung» im Jahr 2020

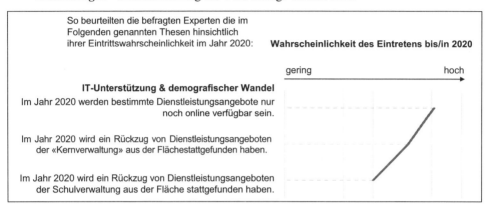

Quelle: Prognos AG 2008, eigene Erhebung (Delphi-Studie)

3. Wachsende Bedeutung von Strategie in der Verwaltung

Strategische Steuerung in der Verwaltung wird angesichts der Herausforderungen der nächsten Jahre unabdingbar werden.[3] Durch den vermehrten Einsatz von Instrumenten der strategischen Steuerung kann die Transparenz und Qualität des öffentlichen Handelns erhöht werden.

Nach den Jahren der Reformen der Finanzsteuerung sahen die Experten eine Bewegung der Diskussion in Richtung Strategiefähigkeit und strategische Steuerung. Je nach Verwaltungsebene und Funktion wird die Wahrscheinlichkeit einer stärkeren Wirkungs-, Effektivitäts- oder gemeinwohlorientierten Steuerung unterschiedlich bewertet. Doch veränderte gesellschaftliche Rahmenbedingungen und Notwendigkeiten werden eine differenzierte Auseinandersetzung mit dem Zweck und der Daseinsberechtigung öffentlichen Handelns hervorrufen, mit bedeutsamen Konsequenzen für die Politik.

---

[3] Ergebnis der Delphi-Befragung.

Abbildung 3: Steuerung im Jahr 2020

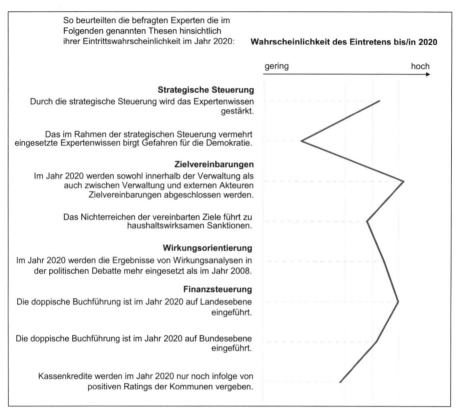

Quelle: Prognos AG 2008, eigene Erhebung (Delphi-Studie)

Die Experten betonten die Bedeutung und die Notwendigkeit der strategischen Steuerung auf allen Ebenen. Gleichwohl wurde die Schwierigkeit des strategischen Handelns betont, vor allem bei der zunehmenden Themenherrschaft der Medien. Als größte Hürde jedoch wurde die Finanzsituation genannt, die ein kurzfristiges situatives Handeln erzwingt. Zu den anderen Hürden gehörten die Logik der Politik, Orts- und Ressortgrenzen sowie die Qualität der Führungskräfte.

Abbildung 4: Hürden für die strategische Steuerung im Jahr 2020

Quelle: Prognos AG 2008, eigene Erhebung (Delphi-Studie)

Die Mehrheit der Experten lehnte zudem die in den letzten Jahren propagierte idealtypische Zuständigkeitsverteilung in der Verwaltung ab, wonach die Politik für die Strategie und die Verwaltung für die Umsetzung zuständig sei. Vielmehr werden in Zukunft die Visionen der Politik durch die Verwaltung in strategische Optionen und Prioritäten übersetzt, der Politik zur Entscheidung vorgelegt und dann von der Verwaltung umgesetzt. Demzufolge sind das Personal und vor allem die Führungskräfte daher viel wesentlichere Faktoren für die Strategiefähigkeit der Verwaltung als die Prozesse und Instrumente.

Die Frage zur Rolle der Politik bei einer notwendigen Steigerung der Strategiefähigkeit der Verwaltung wurde von einzelnen Experten angesprochen. Während einige Befragte der Politik eine Rolle als «Aufsichtsrat der Verwaltung» zuwiesen, bemängelten andere die Tendenz der Politik zur Detailsteuerung. Andere wiederum warfen die grundsätzliche Frage nach der Rolle der Politik bei der Steuerung der Verwaltungsleistungen auf. Zunehmende Netzwerkstrukturen, Bürgerselbstverwaltung und Leistungserbringung durch Dritte in vielen Bereichen stellten die repräsentative Demokratie vor eine große Probe, vor allem auf kommunaler Ebene: wie legitimiert sich die Politik? Nach den Reformen der letzten Jahre mit dem Ziel der Effizienzsteigerung bleibt die Frage nach dem besonderen Ethos der öffentlichen Hand. Diese Frage wird die Debatte der nächsten Jahre prägen.

Die Doppik bietet der öffentlichen Hand eine optimale Grundlage für eine bessere operative und strategische Steuerung des Verwaltungshandelns. Sie ermöglicht erstmals eine durchgängige Prozesskostenrechnung und öffnet die Tür zu ressortübergreifenden E-Government-Lösungen. Zudem baut sie die Grenzen zwischen der Verwaltung und der Privatwirtschaft ab. Einige Experten sahen in der Doppik ebenfalls eine Basis für eine ergebnisorientierte Steuerung. Doch die Doppik ist nur ein Instrument, das beherrscht werden muss. Hierin sahen viele Experten ein Problem: die Politik als Pferdefuß. Für Parlamentarier und Ratsmitglieder ist die Kameralistik einfacher durchschaubar. Ein fehlender Kulturwandel wird dazu führen, dass die Chancen der Doppik vielerorts ungenutzt bleiben.

Nach den Jahren der binnenorientierten Outputsteuerung war das Bild der Experten zum Thema Outcome-Orientierung gemischt. Die Wahrscheinlichkeit der Einführung wurde mit «mittel» eingeschätzt. Hürden seien die methodische Schwierigkeit der Messung von Wirkungen, die Trennung des Gesetzesvollzugs über Verwaltungsebenen hinweg, die fehlende intrinsische Motivation, die Dominanz der Gesetzeskonformität sowie die Ankündigungskultur der Politik anstelle einer Evaluationskultur.

Trotzdem waren sich die Experten einig, dass eine Diskussion über die Qualität und Effektivität des staatlichen Handelns zunehmen wird. Auch wenn die Politik sich vor Transparenz scheut, wird die verstärkte vertikale Zusammenarbeit in vielen Bereichen die institutionellen Hürden für eine Messung von Outcomes absenken. Die Grundgesetzänderung (Art. 91 d) zur Einführung von Leistungsvergleichen ist ein Beispiel. Zudem wird der Drang der Konsumenten, selber die Qualität und Wirkungen der in Anspruch genommenen Leistungen zu messen, weiter ansteigen. Darauf muss die Politik reagieren, daher wird die Verwaltung bis 2020 in vielen Bereichen mit eigenen qualitätsgesicherten Wirkungsanalysen arbeiten. Außerdem wird zunehmend ein Ansatz angewendet, der die erwünschten Outcomes anstelle der Probleme zum Ausgangspunkt des Handelns macht.

Die Rechtskonformität des Verwaltungshandelns als Innovationsbremse wurde von einigen Experten angesprochen. Verwaltungsverfahrensgesetze und Haushaltsordnungen schreiben derzeit keine indikatorengestützte Messung von Outcomes vor. Daher meinten diese Befragten, dass die Verfahren der strategischen Planung und der Messung der Wirkungsorientierung per Gesetz verordnet werden müssten, damit die Verwaltung weiterhin rechtskonform agiert. Andere Experten wiederum lehnten dies ab: Es kommt auf die Güte der Führungskräfte an.

Die Bedeutung von weiteren Steuerungsinstrumenten wie Zielvereinbarungen und Benchmarks wurde durch die Experten betont. Bis 2020 werden Zielvereinbarungen neben Personal- und zwischenbehördlichen Verhältnissen auch zur Steuerung nichtstaatlicher Netzwerke und Akteure eingesetzt. Dabei müssen die Ziele kaskadiert werden. Die Befragten sahen es jedoch nicht als wahrscheinlich an, dass das Nichterreichen von Zielen finanziell sanktioniert wird. Ähnlich wie bei Benchmarking sei die Zielvereinbarung ein weiches Steuerungsinstrument, das eine normative Kraft entfalte. Benchmarks werden eine größere Bedeutung beigemessen – siehe Art. 91 d GG. Uneinig waren sich die Befragten darin, ob die Ergebnisse für die Öffentlichkeit zugänglich gemacht werden (sollen).

4. Personalmanagement in Zeiten des demografischen Wandels

Im Jahr 2020 werden die altersstarken Kohorten der heute 45- bis 54-jährigen Mitarbeiter in den Ruhestand gehen – dies hat erhebliche Konsequenzen für das Personalmanagement im öffentlichen Dienst: Infolge des kommenden Fachkräftemangels wird es zu einem Nachwuchsmangel kommen, der eine veränderte Rekrutierungspolitik der öffentlichen Verwaltung notwendig macht. Gleichzeitig muss die Personalentwicklung im öffentlichen Dienst weiterentwickelt werden. Dabei spielen die Führungskräfte eine Schlüsselrolle. Viele Experten sehen jedoch gerade in der Qualität des Führungspersonals ein wachsendes Problem. Hinzu kommt, dass die Personalstruktur in den Führungsetagen des öffentlichen Dienstes deutlich stärker altert als in den übrigen Personalgruppen und somit hier bereits in naher Zukunft starke Verrentungswellen zu erwarten sind. Eine qualifizierte Führungskräfteauswahl und -entwicklung entscheidet deshalb maßgeblich über die zukünftige Wettbewerbsfähigkeit der Verwaltung. Eine Möglichkeit, systematisch Personal mit Führungsqualifikationen für den öffentlichen Dienst aufzubauen, sind Führungskräftenachwuchsprogramme.

Des Weiteren werden vermehrt Aufstiegsmöglichkeiten geschaffen, die nicht mit Personalverantwortung verbunden sind (Fachlaufbahnen). Gleichzeitig kann die Qualität des Führungspersonals durch eine interdisziplinärere Zusammensetzung verbessert werden, indem die Dominanz einzelner Fächergruppen aufgelöst wird. Auch die zielgerichtete Weiterbildung der Führungskräfte muss verbessert werden; hierauf wurde nach Einschätzung der Experten in der Vergangenheit zu wenig Wert gelegt.

Personalentwicklungskonzepte werden im Jahr 2020, insbesondere vor dem Hintergrund des Erhalts der Beschäftigungsfähigkeit infolge des demografischen Wandels, eine zentrale Rolle spielen. Mehrfach wurde von den befragten Experten darauf hingewiesen, dass es heute kaum und falsche Fortbildungsangebote in der öffentlichen Verwaltung gibt, insbesondere eine Personalentwicklung jenseits der fachlichen Qualifikationen sei bisher «verpönt». Doch auch die Weiterbildung der «hard facts» sei unzureichend, obwohl die Sachkompetenz und Ausbildung insbesondere in der Laufbahngruppe des gehobenen Dienstes gemeinhin als ausgezeichnet angesehen wird.

Eine Veränderung der Karrieremuster, welche heute typischerweise linear im eigenen Haus verlaufen, kann einen Beitrag zu einer generalistischeren Ausbildung leisten. Des Weiteren wird infolge der Doppikumstellung insbesondere die Ausbildung für den gehobenen Dienst modifiziert. Hierdurch werden gleichzeitig fließendere Übergänge zwischen öffentlichem Dienst und Wirtschaft möglich. Dies kann u.a. auch durch eine «Externalisierung» der bisher in den meisten Bundesländern noch internen Ausbildungsmodelle, die traditionell eine Einstellungsbehörde zum Besuch der Fachhochschuleinrichtung voraussetzen, erreicht werden: Darüber hinaus begünstigen diese Ausbildungsmodelle auch Erfahrungen im internationalen Austausch.

Die Führungskräfte können den Veränderungsprozess durch ihre Vorbildfunktion und die Förderung einer Unternehmenskultur, welche Weiterbildung nicht als Defizitbehebung, sondern Kompetenzaufbau begreift, unterstützen. Zielvereinbarungen werden dabei eine zunehmend wichtige Rolle spielen.

Um auftretende Nachwuchslücken schließen zu können, wird die öffentliche Verwaltung bis zum Jahr 2020 ihre Akquiseformen geändert haben. Sie wird aktiv auf potenzielle neue Mitarbeiter zugehen müssen, um den Kampf um die besten Köpfe für sich entscheiden zu können.

Grundsätzlich sind nach Überzeugung der Experten bereits viele Anreize für eine Tätigkeit im öffentlichen Dienst vorhanden, eine bessere Vermarktung ist jedoch notwendig. Insbesondere das Beamtentum ist dabei nach Meinung der Experten für die Nachwuchsgewinnung vorteilhaft. Dementsprechend wird von den Experten die Wahrscheinlichkeit der Begrenzung des Beamtentums auf hoheitliche Aufgaben im Jahr 2020 als nicht sehr hoch eingeschätzt, da dies der Bereich sei, wo der öffentliche Dienst am konkurrenzfähigsten sei. Doch auch in anderen Bereichen ist der öffentliche Dienst nach Ansicht vieler Experten heute bereits sehr konkurrenzfähig: So ermöglicht er eine gute Vereinbarkeit von Beruf und Familie, Teilzeitarbeit und bietet einen interessanten Arbeitsplatz.

Eine fließendere Gestaltung der Übergänge zwischen Verwaltung und Wirtschaft ist nach Meinung vieler Experten notwendig, um die Attraktivität des öffentlichen Dienstes weiter zu stärken und die Möglichkeiten für Quereinsteiger zu verbessern. Dabei steht die zunehmende Bedeutung des Themas «diversity» im Fokus der Diskussionen. Nicht zuletzt infolge des demografischen Wandels wird die vermehrte Rekrutierung von Mitarbeitern mit Migrationshintergrund für den öffentlichen Dienst eine schlichte Notwendigkeit darstellen und damit zu einer «Revolution» für die deutsche Verwaltung führen, indem sich in der Personalstruktur tatsächlich die Gesellschaft widerspiegelt.

Die Internationalisierung wird zunehmenden Einfluss auf die Stellenanforderungen im öffentlichen Dienst haben. Die Bedeutung von Fremdsprachenkenntnissen als Einstellungsvoraussetzung wird weiter ansteigen, Beförderungen werden in zunehmendem Maße, wie bereits heute in einigen Bundesländern der Fall, an Auslandsaufenthalte gekoppelt werden. Ausländische Hospitantenstationen werden als obligatorische Bestandteile während einer Ausbildung für den öffentlichen Dienst weiter zunehmen. Insgesamt sehen die Experten die deutsche öffentliche Verwaltung aufgrund der strikten Laufbahnregelungen etc. schlecht auf die Herausforderungen des internationalen Arbeitsmarktes vorbereitet.

Durch Differenzierung und Variabilisierung der Tarifstruktur kann die öffentliche Verwaltung zusätzlich auf die Herausforderungen im Personalbereich reagieren. Die Eintrittswahrscheinlichkeit bis zum Jahr 2020 wird hier jedoch von den befragten Experten allgemein als nicht sehr hoch und im Einzelnen sehr unterschiedlich eingeschätzt. Weitgehende Einigkeit besteht unter den Experten hinsichtlich einer flexibleren Aufspaltung verschiedener Beamtenbereiche und einer Laufbahnreduktion.

Grundsätzlich stellt sich bei allen Personalgewinnungsmaßnahmen die Frage, was Menschen zu einer Tätigkeit im öffentlichen Dienst motiviert. Eine grundsätzliche Diskussion um «public service motivation» ist hier nach Ansicht einiger Experten notwendig, um den Ethos des öffentlichen Dienstes (neu) zu definieren.

Kapitel 2 / Chapitre 2:

Die Facetten von New Public Management in Deutschland, Frankreich und der Schweiz /

Les différents visages de la nouvelle gestion publique en Allemagne, France et en Suisse

Jenseits von New Public Management: Konzepte, Diskussionslinien und Entwicklungspfade der Staats- und Verwaltungsreform in Deutschland

JÖRG BOGUMIL

Inhaltsverzeichnis

1. NPM   145
2. Ausbau der Bürgerbeteiligung   150
3. Verwaltungsstrukturreformen in den Bundesländern   153
4. Fazit   156
Literatur   157

Im Folgenden soll ein kurzer Überblick über die wichtigsten Verwaltungsreformen in Deutschland in den letzten zehn Jahren gegeben werden, um abschließend zu fragen, was man aus diesen Erfahrungen lernen kann. Behandelt werden drei zentralen, Reformmaßnahmen

- New Public Management
- Ausbau der Bürgerbeteiligung
- Verwaltungsstrukturreformen in den Bundesländern

1. NPM

Selbst wenn das Thema dieses Sammelbandes «Jenseits von Public Management» heißt, ist es natürlich auch interessant zu erfahren, welche Erfahrungen mit dem New Public Management in Deutschland gemacht worden sind. In Deutschland ist das NPM vor allem unter dem Titel des neuen Steuerungsmodells (NSM) auf der kommunalen Ebene bekannt geworden. Unter dem zunehmenden Druck der Haushaltskonsolidierung Anfang der neunziger Jahre konnte das managerialistische Leitbild des NSM, nicht zuletzt infolge einer breit angelegten Diffusionskampagne der Kommunalen Gemeinschaftsstelle für Verwaltungsvereinfachung (KGSt), im kommunalen Raum Fuß fassen. Es versprach mehr Effizienz, Effektivität und Kundenorientierung, gleichzeitig verzichtete das NSM weitgehend auf die Diskussion der Neubestimmung öffentlicher Aufgaben, was die politische Konsensfähigkeit deutlich erhöhte. Ohne hier auf Details der Modernisierungselemente eingehen zu können, sind in der folgenden Übersicht die wesentlichen Elemente des NSM angeführt.

Abbildung 5: Dimensionen des Neuen Steuerungsmodells (NSM)

Binnendimension		Außendimension
Verhältnis Politik–Verwaltung	**Ablösung des klassischen Bürokratiemodells**	
Trennung von Politik und Verwaltung («Was» und «Wie») – Politische Kontrakte – Politisches Controlling – Produktbudgets	*Verfahrensinnovationen* – Dezentrale Fach- und Ressourcenverantwortung – Outputsteuerung über Produkte – Budgetierung – Controlling – Kosten-Leistungs-Rechnung – Kontraktmanagement	*Kundenorientierung* – Qualitätsmanagement – One-Stop-Agencies
	Organisationsinnovationen – Konzernstruktur – Zentraler Steuerungsdienst – Querschnittsbereiche als Servicestellen	*Wettbewerbselemente* – Vermarktlichung – Privatisierung – Leistungsvergleiche
	Personalinnovationen – Kooperations- und Gruppenelemente – Anreizsysteme – modernes Personalmanagement – betriebswirtschaftliches Wissen – ganzheitliche Arbeitszusammenhänge	

Rund 15 Jahre nach Beginn der Reformbewegung, die die deutschen Kommunen unter dem Leitbild des Neuen Steuerungsmodells ergriffen hat, stellt sich die Frage nach den Folgen und Wirkungen dieser Reformen. Basierend auf den Ergebnissen unserer Studie zur Evaluation des NSM, die die bislang umfassendste empirische Erhebung hierzu in Deutschland darstellt, soll kurz eine Gesamteinschätzung gegeben werden[1].

---

[1] Vgl. BOGUMIL/GROHS/KUHLMANN/OHM, 2007, ferner KUHLMANN/BOGUMIL/GROHS, 2008, S. 851–863.

Die Bewertung der Gesamtwirkung der Modernisierungsanstrengungen stößt allerdings auf Konzipierungs- und Kausalitätsprobleme. So ist beispielsweise empirisch kaum nachzuweisen, ob realisierte Einsparungen tatsächlich auf die Instrumente des NSM zurückzuführen sind und wenn ja auf welche. Greift man daher auf das zugegebenermaßen subjektive und mit der Verzerrung der Außendarstellung behaftete Instrument der Einschätzungsfrage zurück, so ergeben sich für die wesentlichen Dimensionen der Inputs (hier: Einsparungen, Relation Kosten/Leistungen), und der Outputs (hier: Dienstleistungsorientierung, Wettbewerbsfähigkeit) eher positive Einschätzungen, die mit eher kleinen Differenzen von Verwaltungschefs und Personalratsvertretern geteilt werden. Auf der Ebene der System- und Kulturveränderungen ergeben sich jedoch eher negative Einschätzungen für die beiden Dimensionen der Mitarbeiterzufriedenheit (hier: Reformmüdigkeit und Wahrnehmung der Modernisierung als Personalabbau), die insbesondere von Seiten des Personalratsvorsitzenden vorgebracht werden und ebenso für das Verhältnis zwischen Politik und Verwaltung (hier: Kontrollfunktion und Strategiefähigkeit).

Abbildung 2: Gesamteinschätzung des Reformprozesses

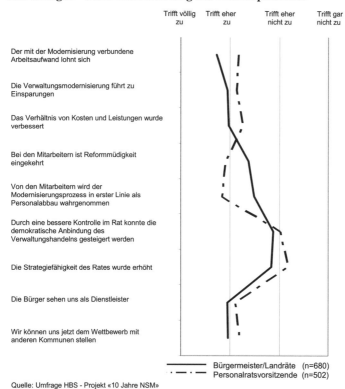

Sind also bereits auf der Ebene der Einschätzungen in der Umfrage Ambivalenzen sichtbar, verstärken sich diese durch den Einbezug der Fallstudienergebnisse. So ist die im *Inputbereich* in der Tendenz positive Einschätzung von Einspareffekten, wenngleich zwischen Bürgermeistern und Personalräten nicht in dem gleichen Ausmaß eingeschätzt, in den Fallstudien nicht erkennbar. Dies hat mit den enormen Umstellungskosten und Implementationsproblemen beim Aufbau ergebnisorientierter Verfahren sowie einer Überschätzung des Effizienzgewinns managerialer Instrumente in den besonderen Strukturen des öffentlichen Dienstes zu tun. Hier waren manche Leitideen des NSM naiv oder «bewusst naiv», um die Realisierungschancen des NSM voranzutreiben.

Im Bereich des *Outputs* (hier: Dienstleistungsorientierung, Wettbewerbsfähigkeit) kommen die Bürgermeister und Personalräte zu einer durchgängig positiveren Gesamtbewertung des NSM als im Inputbereich, was sich zudem mit zahlreichen Hinweisen aus den Fallkommunen, etwa im Bereich der Bürgerämter, der Genehmigungsverfahren und sozialen Dienste, deckt. Dies ist ohne Zweifel der erfolgreichste Verwaltungsmodernisierungsbereich der letzten 10 Jahre. Hier hat sich unseres Erachtens der zunächst von manchen kritisierte und analytisch sicher unzureichende Rekurs auf das Konstrukt der Kundenorientierung als insgesamt hilfreich und wirkungsvoll erwiesen.

Auf der Ebene der System- und Kulturveränderungen fallen die Einschätzungen in der Umfrage wie oben erwähnt deutlich kritischer aus, die auch durch die Fallstudien bestätig werden. So wird ein Reformerfolg im *Verhältnis zwischen Politik und Verwaltung* von den Befragten nur sehr zurückhaltend eingeräumt. Zwar könnte dies einerseits damit begründet werden, dass die schlechte instrumentelle Umsetzung des NSM (*bad implementation*) eine wirkliche «Politikreform» verhindert hat. Andererseits ist es heute mittlerweile unumstritten, dass das NSM mit seiner zunächst schematischen Abschichtung von Politik («Was») und Verwaltung («Wie») einen Konzeptfehler enthält, der politisch-administrativer Handlungslogik widerspricht und auch durch spätere Differenzierung nicht behoben wurde. Für die Politiker ist die Steuerung von Einzelprojekten und Maßnahmen nach wie vor ebenso «überlebenswichtig» wie die Absicherung von Verwaltungsentscheidungen von Seiten der Fachbeamten im Fachausschuss. Da somit von beiden Seiten nur wenig Interesse an der geforderten Selbst- und Rollenbeschränkung besteht, verwundert es nicht, dass eine Reihe von politikrelevanten NSM-Instrumenten (wie Zielformulierungen, politische Kontrakte) niemals funktioniert haben und andere Instrumente (z.B. politische Eckwertebeschlüsse) schleichend wieder abgeschafft wurden.

Im Bereich der *Mitarbeiterzufriedenheit* werden vor allem von Seiten des Personalratsvorsitzenden eine zunehmende Reformmüdigkeit und die Wahrnehmung der Modernisierung als Personalabbau vorgebracht. Dies bestätigen in der

Regel Beschäftigtenumfragen in den Kommunen. Ein Hauptdilemma der Verwaltungsmodernisierung besteht darin, dass die Motivation der Mitarbeiter für die Reformprozesse unter den Bedingungen der Haushaltskonsolidierung signifikant zurückgeht. Trotz Beteiligung der Mitarbeiter am Modernisierungsprozess ist die wachsende Ablehnung der Mitarbeiter ein großes Problem für die modernisierenden Kommunen: Zwar wurden in über der Hälfte der modernisierenden Kommunalverwaltungen die Mitarbeiter regelmäßig am Modernisierungsprozess beteiligt (53,4%), gleichzeitig stimmen jedoch 57,2% der Verwaltungschefs den Aussagen (ganz oder eher) zu, bei den Mitarbeitern sei Reformmüdigkeit eingekehrt, und 51,7% der Aussage, von den Mitarbeitern werde der Modernisierungsprozess in erster Linie als Personalabbau wahrgenommen. Bei den gerade in Personalfragen kritischeren Personalratsvorsitzenden sind die entsprechenden Werte 66,5% und 66,6%. Ein Erklärungsfaktor dieser ernüchternden Ergebnisse ist neben der ständigen Überlagerung des Modernisierungsprozesses durch Haushaltskonsolidierungsmaßnahmen im mangelnden Einfluss der Mitarbeiter in den verschiedenen Beteiligungsverfahren zu suchen. Die Vertreter des Personalrats sehen den Einfluss der Beschäftigten auf die tatsächliche Ausgestaltung in 70,0% der Fälle als eher gering oder sehr gering an.

Betrachtet man abschließend die Faktoren, die den unterschiedlichen Modernisierungsstand und die Modernisierungsergebnisse in den deutschen Kommunen erklären[2], so zeigt sich bei den exogenen Erklärungsfaktoren, dass die Größe der Verwaltungen (am modernisierungsaktivsten sind mittlerweile die Großstadtverwaltungen) und der Ost-West-Faktor (anhaltender Modernisierungsrückstand ostdeutscher Kommunen durch die spezifische Situation der ostdeutschen Kommunen nach der Wiedervereinigung) den größten Einfluss haben. Der Druck durch Haushaltskonsolidierung war zwar häufig Auslöser der Reformen, doch auch Kommunen mit vergleichsweise guter Haushaltslage zeigen gute Modernisierungsergebnisse, vor allem in den Bereichen Personalmanagement und Kundenorientierung, während sich Kommunen mit schwieriger Haushaltslage überwiegend auf betriebswirtschaftlichorientierte Reformelemente konzentrieren. Von den endogenen Erklärungsfaktoren erweisen sich insbesondere die Einrichtung eines Modernisierungsmanagements als «Parallel-Organisation» und eine ausgeprägte Mitarbeiterbeteiligung als erfolgssteigernd. Zudem kommt der Verwaltungsführung (Profil, Rollenverständnis und Durchsetzungsfähigkeit) eine zentrale Rolle für den Modernisierungsprozess zu, im Guten wie im Schlechten. Bürgermeisterwechsel in den Jahren nach 1999 führten häufig zu einem Rückbau der Modernisierungsmaßnahmen, was Ausdruck einer zunehmenden NSM-Skepsis bei neu ins Amt tretenden Verwaltungschefs sein dürfte.

---

2 Vgl. ausführlich BOGUMIL/GROHS/KUHLMANN/OHM, 2007, S. 97–120.

2. Ausbau der Bürgerbeteiligung

In den letzten 15 Jahren haben umfassende Reformbemühungen zum Ausbau der Bürgerorientierung in Deutschland stattgefunden. Seit den 1990er Jahren kommt dabei der Kooperation eine wesentliche Bedeutung zu und es kommt zu einer bis dahin in diesem Ausmaß nicht gekannten Welle von *freiwilligen, dialogisch* orientierte und auf *kooperative* Problemlösungen angelegte Verfahren der Bürger- und Verbändebeteiligung an der Politikformulierung und an der Politikumsetzung. Diese Verfahren werden auch als Elemente kooperativer Demokratie bezeichnet[3]. Zudem sind seit den 1990er Jahren die Möglichkeiten direktdemokratischer Entscheidungsformen auf kommunaler Ebene und auf Landesebene deutlich ausgebaut worden. Was wissen wir nun über den empirischen Umsetzungsstand der «neuen» Demokratieformen?

Bezogen auf die kooperativen Demokratieelemente gibt es zwar keine bundesweit zuverlässigen Daten über das Ausmaß dieser Beteiligungsformen, aber eine Umfrage aus dem Jahr 2003 deutet die Dimensionen an (Städte über 20'000 Einw.):

Engagementförderung in BW und NRW

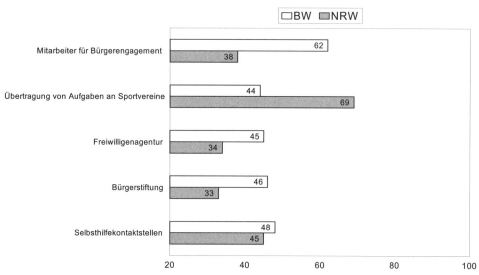

in % der Gemeinden, in denen in den angegebenen Bereichen Engagementförderung stattfand, Bürgermeisterbef. BW/NRW 2003

---

[3] Vgl. HOLTKAMP/BOGUMIL/KIßLER, 2006.

Bürgerforen in unterschiedlichen Politikfeldern

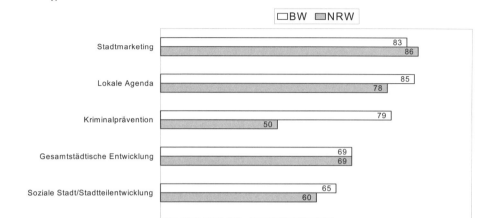

in % der Gemeinden, in denen in den angegebenen Bereichen Bürgerforen eingesetzt wurden, Bürgermeisterbef. BW/NRW 2003

Deutlich wird hier, dass es zwar regionale Unterschiede in der Nutzung einiger Beteiligungselemente gibt, aber dass sowohl die unterschiedlichen Formen der Bürgerforen als auch die Instrumente der Engagementförderung durchaus verbreitet sind und es von daher einige Erfahrungen mit diesen Instrumenten gibt[4].

Im Bereich kommunaler Referenden zeigt eine vorläufige Bilanz[5], dass trotz ihrer flächendeckenden Institutionalisierung Bürgerbegehren und -entscheide in der kommunalen Praxis eher ein Schattendasein führen und allein auf Grund ihrer geringen Verbreitung keine nachhaltigen politischen Wirkungen entfalten können.

Regelungen und Häufigkeiten von Bürgerbegehren und Ratsreferenden im Bundesländervergleich (Stand Ende 2007)

Bundesland	In Kraft seit	BB-Quorum in % der Wähler	BE-Quorum in % der Wähler	Anzahl BB	Anzahl Ratsreferenden	Alle Jahre fand in einer Gemeinde ein direktdemokratisches Verfahren statt[6]
NRW	19/1994	3–10	20	473	5	**12 Jahre**
Bayern	10/1995	3–10	10–20	1472	238	**14 Jahre**
Hessen	04/1993	10	25	283	n.v.	**22 Jahre**

---

4 Vgl. im Detail BOGUMIL/HOLTKAMP/SCHWARZ, 2003.
5 Vgl. folgende Tabelle.
6 Häufigkeit der Verfahren in Relation zur Anzahl der Gemeinden und der Praxisjahre (vgl. REHMET/MITTENDORF, 2008, S. 16).

Bundesland	In Kraft seit	BB-Quorum in % der Wähler	BE-Quorum in % der Wähler	Anzahl BB	Anzahl Ratsreferenden	Alle Jahre fand in einer Gemeinde ein direktdemokratisches Verfahren statt[7]
Bbg	10/1993	10	25	81	100	34 Jahre
Sachsen	04/1993	(5)–15	25	172	53	36 Jahre
Saarland	07/1997	5–15	30	12	n.v.	51 Jahre
SH	04/1990	10	20	227	22	71 Jahre
Sachs.-A	10/1993	6–15	25	108	96	78 Jahre
Nds	11/1996	10	25	170	2	78 Jahre
BW	1956	5–10	250	382	166	101 Jahre
MV	06/1994	2,5–10	25	65	28	143 Jahre
Thür	10/1993	13–17	20–25	67	n.v.	208 Jahre
Rhp	06/1994	6–15	30	121	n.v.	280 Jahre
				3721	711	

Quelle: BOGUMIL/HOLTKAMP 2006; ergänzt durch GABRIEL/WALTER-ROGG 2006, Rehmet/Mittendorf 2008, BB = Bürgerbegehren; BE = Bürgerentscheid

Allerdings sind die indirekten Effekte nicht zu unterschätzen, macht doch eine zahlenmäßig nicht zu vernachlässigende Minderheit der deutschen Bevölkerung von direktdemokratischen Instrumenten Gebrauch oder droht ihn an und nimmt damit einen nicht unerheblichen Einfluss auf die kommunale Agenda und die politischen Entscheidungen in Gemeinden. Von den zwischen 1956 und 2007 eingeleiteten 4'587 direktdemokratischen Verfahren mündeten knapp die Hälfte (2'226) in einen Bürgerentscheid[8]. Insgesamt 1'039 Bürgerbegehren, also etwas mehr als ¼, wurden als unzulässig erklärt. 40% aller Verfahren waren letztlich erfolgreich im Sinne der Vorlage, also als gewonnener Bürgerentscheid oder durch die Übernahme des Begehrens seitens der Kommunalvertretung. 51% aller stattgefundenen Bürgerentscheide waren erfolgreich und die Abstimmungsbeteiligung betrug durchschnittlich 50,4%. Nahezu 40% aller Verfahren fanden in Bayern statt, da hier die mit Abstand bürgerfreundlichste Ausgestaltung der Rahmenbedingungen direktdemokratischer Verfahren besteht.

Ausgehend von empirischen Untersuchungen lässt sich konstatieren[9], dass es durch Beteiligung gelingen kann, Teile der Bürgerschaft intensiver in die politische Willensbildung einzubeziehen, zur Legitimationsentlastung der kommunalen Entscheidungsträger beizutragen und auch kommunalen Entscheidungsprozesse grundsätzlich responsiver zu gestalten. Dies gelingt aber nur, wenn also die Angebote auf die Bedürfnisse der Bürger richtig zugeschnitten sind, also projektorientiert, thematisch gebunden und zeitlich befristet sind. Zudem zeich-

---

[7] Häufigkeit der Verfahren in Relation zur Anzahl der Gemeinden und der Praxisjahre (vgl. REHMET/MITTENDORF, 2008, S. 16).
[8] Vgl. hierzu und im Folgenden REHMET/MITTENDORF, 2008, S. 3.
[9] Vgl. BOGUMIL/HOLTKAMP/SCHWARZ, 2003.

nen sich bei der Umsetzung von Beteiligungsinstrumenten auch einige Problemlagen ab, denn Beteiligungsprozesse sind häufig sozial selektiv, eine alte Erkenntnis (z.B. weniger Frauen, Mittelschichtbias). Bei grundlegenden Konflikten – seien es nun Standortkonflikte durch Bürgerinitiativen oder parteipolitische Konflikte – sind Lösungen durch Beteiligungsprozesse zudem schwierig, denn diese Konflikte sprengen in der Regel die auf Konsens angelegten Verfahren der Bürgerforen. Auch mangelt es häufig an der Umsetzung von Beteiligungsergebnissen, was im Ergebnis zu enormen Frustrationen führt[10]. Nichtsdestotrotz kann im Ergebnis der zahlreichen Bürgerbeteiligungsprozesse eine deutliche Aufwertung der Bürger konstatiert werden.

3. Verwaltungsstrukturreformen in den Bundesländern

Im deutschen Verwaltungsföderalismus nehmen die Bundesländer die zentrale Rolle als Vollzugsebene für Bundes- und Landesgesetze ein. Vor allem in den Bereichen Hochschule, Schule, Polizei, Justiz und Finanzen finden hier die Hauptverwaltungstätigkeiten statt. Die Bundesländer verfügen daher über 50% der Beschäftigten der Gebietskörperschaften. Die Modernisierung der Verwaltungsstrukturen und -verfahren ist hier zugleich Daueraufgabe und Sisyphusarbeit. Seit der Nachkriegszeit gab es immer wieder Ansätze und Vorstöße, den hergebrachten Verwaltungsaufbau zu ändern, zu optimieren und effizienter zu gestalten, allerdings so gut wie nie mit durchgreifendem Erfolg[11]. Seit Beginn des 21. Jahrhunderts jedoch intensivierten die Landesregierungen ihre Reformbemühungen mit – gemessen an Ausmaß und der Intensität der Veränderungen – überraschendem Erfolg. Alle Länder bemühen sich um einer Konzentration und Straffung der unmittelbaren staatlichen Verwaltung, wenn auch mit unterschiedlichen Schwerpunkten und Instrumenten. Ansätze sind der Abbau von Doppelstrukturen aus Sonderbehörden und Mittelinstanz, Kommunalisierungen, Privatisierungen und der Abbau bürokratischer Normen.

All diese Bemühungen werden unter dem Sammelbegriff *Verwaltungsstrukturreform* subsumiert. Die jüngste Reformwelle erreicht 2005 mit den Reformen in Baden-Württemberg[12] und Niedersachsen[13] ihren ersten Höhepunkt und zieht nun in Form von Territorialreformen, Verwaltungsstrukturreformen und Funkti-

---

[10] Vgl. zu vielen weiteren Problemen und Selektivitäten von Bürgerbeteiligung HOLTKAMP/BOGUMIL/KIßLER, 2006.
[11] Vgl. ELLWEIN, 1994.
[12] Vgl. BOGUMIL/EBINGER, 2005.
[13] Vgl. BOGUMIL/KOTTMANN, 2006.

onalreformen ihre Kreise in der Mehrheit der bundesdeutschen Flächenstaaten[14]. Der Hauptgrund für diese Aktivitäten liegt in der Notwendigkeit, die Länderhaushalte zu entlasten. In dieser Fokussierung liegt ein gravierender Unterschied zu den früheren Reformprojekten: Es wird nicht mehr die Optimierung in funktionaler, sondern vor allem jene in fiskalischer Hinsicht angestrebt[15].

Im Zentrum der Reformbemühungen stehen häufig die allgemeinen Mittelinstanzen, d.h. die Regierungspräsidien und Bezirksregierungen. Grob lassen sich in den 13 Flächenländern die beiden folgenden Reformpfade unterscheiden: Einerseits die Umsetzung einer zweistufigen Verwaltung ohne Mittelinstanz. Andererseits die Betonung der Dreistufigkeit eben durch eine weitestgehende Konzentration staatlicher Aufgabenwahrnehmung auf der Mittelebene. Gemeinsam sind beiden Vorgehensweisen der prinzipielle Wille zur Kommunalisierung. Die Unterschiede liegen vor allem in der Organisation der Sonderbehörden:

- Kennzeichen der zweistufigen Konzentration ist es, dass es keine allgemeine Mittelinstanz gibt (Schleswig-Holstein, Brandenburg, Saarland, Mecklenburg-Vorpommern) oder sie abgeschafft wurde (Niedersachsen im Jahr 2005). Es wird versucht, die dadurch in stärkerem Ausmaß vorhandenen Sonderbehörden durch Zusammenführung (Konzentration) oder Umwandlung in Landesbetriebe zu reduzieren. Zudem wird eine Rückführung des Umfangs der unteren Landesverwaltung angestrebt. Dies geschieht durch ihre Integration in obere Landesbehörden oder indem Aufgaben auf Kommunen und Kreise (als Auftragsangelegenheit oder Pflichtaufgaben zur Erfüllung nach Weisung) verlagert werden. Letzteres wiederum ist abhängig von der kommunalen Gebietsstruktur.

- Die staatliche Bündelung im Rahmen der Dreistufigkeit ist das grundsätzliche Modell, welches in Bayern, Hessen, Nordrhein-Westfalen, Baden-Württemberg, Sachsen, Sachsen-Anhalt, Thüringen und Rheinland-Pfalz anzutreffen ist. Hier gibt es verschiedenste Formen von staatlichen Mittelinstanzen. Weder ihre Aufgaben noch ihre Einbindung in die Verwaltungsstruktur sind bundesweit einheitlich. Es lassen sich drei Modelle unterscheiden: der dreistufige Aufbau mit Landesverwaltungsämtern in Sachsen-Anhalt und Thüringen, der dreistufige Aufbau mit funktionalem Aufgabenzuschnitt in Rheinland-Pfalz und der dreistufige Aufbau mit regional ausgerichteten Mittelinstanzen in Hessen, Baden-Württemberg, Bayern, Sachsen und Nord-

---

[14] Vgl. BOGUMIL/REICHARD/SIEBART, 2004; HESSE/GÖTZ, 2004 S. 106–143; REINERS, 2008; vgl. zur Umweltverwaltung Sachverständigenrat für Umweltfragen, Sachverständigenrat für Umweltfragen (SRU) 2007; BAUER u.a. 2007; BENZ/SUCK 2007.

[15] Vgl. BOGUMIL, 2007, S. 246–257; BOGUMIL/EBINGER, 2008a; EBINGER/BOGUMIL, 2008, S. 165–196.

rhein-Westfalen. Ausgehend von diesem dreistufigen Aufbau wird im Zuge der Reformen in der Regel eine Fokussierung versucht, indem bisher wahrgenommene Aufgaben entsprechend politischer Leitlinien privatisiert oder auf die kommunale Ebene abgegeben und die Behörden z.T. neu ausgerichtet werden. Dabei ist durch die Integration von unteren und oberen Sonderbehörden häufig sogar ein Aufgabenzuwachs auf der Mittelebene zu beobachten.

Bei der Umsetzung der Reformmaßnahmen gehen die Länder sehr unterschiedlich vor. So können Bayern, Brandenburg, Hessen, Rheinland-Pfalz, Schleswig-Holstein, das Saarland und Thüringen aufgrund des geringen Umfangs oder der behutsameren Entwicklung und Umsetzung der Reformschritte derzeit als «inkrementalistische Reformer» bezeichnet werden. Baden-Württemberg, Niedersachsen, Mecklenburg-Vorpommern, NRW, Sachsen und Sachsen-Anhalt hingegen verfolgen tendenziell eine Strategie eines «großen Wurfes», versuchen also (mit unterschiedlichem Erfolg) in einem oder wenigen Schritten große Reformpakete durchzusetzen.

Letztere Gruppe, welche einen großen Wurf anstrebt, zeichnet sich trotz unterschiedlichster inhaltlicher Ausrichtung durch eine große Ähnlichkeit in der Umsetzungsstrategie aus. Diese Strategie erklärt den überraschenden Erfolg der Initiativen und kann als «Verwaltungspolitik mit unechter Aufgabenkritik» bezeichnet werden. Konkret werden hierbei ohne Vorschaltung einer echten Aufgabenkritik politische Strukturentscheidungen mit massiven Sparvorgaben verbunden. Die außerhalb der Verwaltung in geschlossenen politischen Gremien erstellte Blaupause der Reform wird mit festen Einsparzielen verbunden und dann unter hohem Druck umgesetzt. Die politisch vorgegebenen Eckpunkte der Reform werden als monolithische, nicht zu diskutierende *Reformpakete* dargestellt und entsprechend vermarktet. Mit dem Argument, dass die Reform nur als Ganze umgesetzt und Ausnahmen nicht gemacht werden können, entziehen sich die Regierungen der bei inkrementalistischen Reformen üblichen, aufreibenden Kompromisssuche auf fachlicher Ebene. Die früher verfolgte und intuitiv «richtige» Reihenfolge einer Verwaltungsreform wird auf den Kopf gestellt: Statt zuerst mit der Verwaltung eine Aufgabenkritik durchzuführen, dann eine entsprechende Funktionalreform, d.h. die Neuverteilung von Zuständigkeiten, zu entwickeln und schließlich eine differenzierte und an die neuen Aufgaben optimal angepasste Strukturreform durchzuführen, wird nun das grundlegende Strukturkonzept dogmatisch als Wert an sich durchgesetzt. Die Funktionalität der hierbei geschaffenen Strukturen ist nachrangig.

Auffällig ist zudem, dass es *keine Einigkeit über optimale funktionale Lösungen* gibt. Selbst Regierungskoalitionen mit identischer Parteienkonstellation wie Baden-Württemberg und Niedersachsen folgen keiner einheitlichen Linie und führen oft sich widersprechende Argumente für die Anlagerung von Zuständigkeiten ins Feld. Ob bestimmte Aufgaben von der Landesverwaltung oder den Kommunen erledigt werden, ob sie in den Aufgabenbereich einer Landesoberbehörde, der Mittelinstanz, von staatlichen Unteren Sonderbehörden, eines Landesbetriebs oder gar Dritten fallen, erscheint willkürlich.

Für eine systematische Analyse der Effekte dieser Reformmaßnahmen ist es noch zu früh, allerdings liegen erste vorläufige Zwischenbilanzen vor[16]. Überblicksartig ergibt sich dabei, dass die Abschaffung der staatlichen Mittelinstanzen in einem Flächenland wie Niedersachsen zu beträchtlichen Problemlagen führt, denn durch die fehlende Bündelungs- und Koordinationsfunktion der Mittelbehörden wird eine deutliche Fragmentierung des Verwaltungshandelns nach Ressortegoismen und in staatliche und kommunale Verwaltung sichtbar. Zudem besteht die Gefahr, dass in einzelnen Aufsichtsbereichen (Kommunalaufsicht, Denkmalschutz, Naturschutz) negative Auswirkungen zu befürchten sind, da der nun auf ministerieller Ebene angesiedelten Aufsicht Ortsnähe und Ausstattung fehlt[17]. Auch können Kommunalisierungen problematisch sein, wenn die Verlagerung von Zuständigkeiten die Fähigkeit der Kommunen zur Erbringung selten anfallender, aber eine hohe Spezialisierung erfordernder Leistungen, die Wirtschaftlichkeit der Aufgabenerledigung und die Einheitlichkeit des Verwaltungsvollzugs gefährdet.

4. Fazit

Was sind nun die Gemeinsamkeit zwischen diesen drei sehr unterschiedlichen Reformbewegungen? Das New Public Management, das in Deutschland vor allem auf kommunaler Ebene aktiv geworden ist, die Bürgerorientierung, die auch auf kommunaler Ebene läuft und die Verwaltungsstrukturreform auf der Landesebene. Wenn man es zunächst allgemein betrachtet, muss man sagen, wir haben generell in den letzten zehn Jahren eine *Vermischung von Ökonomisierungs- und Demokratisierungstendenzen*. Das New Public Management ist in Deutschland als Ökonomisierungsinstrument angekommen und nicht so sehr als Modernisierungsinstrument, obwohl es teilweise so intendiert war, und auch die Verwaltungsstrukturreformen sind zunächst ökonomisch angetrieben auf Grund der schlechten Haushaltslagen der Bundesländer. Parallel finden Demokratisierungsprozesse im Bereich der Bürgerbeteiligung statt.

---

[16] Vgl. BAUER u.a. 2007, BENZ/SUCK 2007; BOGUMIL/KOTTMANN, 2006; EBINGER/BOGUMIL, 2008, S. 165–196.
[17] Vgl. BOGUMIL/KOTTMANN, 2006.

Der zweite Punkt ist, dass wir generell eine Überlagerung von Modernisierungs- und Haushaltskonsolidierungsprozessen feststellen, was für Modernisierung Probleme mit sich bringt. Aber umgekehrt hätten wir ohne Haushaltskonsolidierungsnot vielleicht auch keine Modernisierungsprozesse, weil die Verwaltungen alleine nicht modernisierungsbereit sind. Es ist ein schwieriges Verhältnis. Man braucht offenbar Finanzprobleme, um Modernisierung anzustoßen, und wenn sie eine Modernisierung haben, schadet diese, weil es die Modernisierungsprozesse schwierig macht und weil sie keine Rationalisierungsgewinne verteilen können.

Dies führt zu einem dritten und letzten Punkt. Das Personal im öffentlichen Dienst ist in Deutschland seit 1990, seit der deutschen Vereinigung, deutlich reduziert worden. Der Vergleichswert eines öffentlich Beschäftigten pro tausend Einwohner ist mittlerweile in Deutschland auf dem Stand von 1968. Dies führt zur Arbeitsverdichtung bei den Beschäftigten und letztlich auch zu einer erheblichen Reformmüdigkeit. Die Beschäftigten haben nach den Modernisierungsbewegungen der letzten 15 Jahre keine Lust mehr auf Reformen oder noch fokussierter: Sie können das Wort Reform nicht mehr hören. Wenn man also mit neuen Modernisierungsbewegungen kommt, muss man sie sehr gut begründen, weil sie sonst keine Akzeptanz erzeugen werden.

Literatur

BAUER, M. W./BOGUMIL, JÖRG/KNILL, CHRISTOPH/EBINGER, FALK/KRAPF, SANDRA/REISSIG, KRISTIN 2007: Modernisierung der Umweltverwaltung. Reformstrategien und Effekte in den Bundesländern, (Modernisierung des öffentlichen Sektors, Sonderband 30), Berlin.

BENZ, ARTHUR/SUCK, ANDRÉ (2007): Auswirkungen der Verwaltungsmodernisierung auf den Naturschutz. Natur und Landschaft 82/8, 353–357.

BOGUMIL, JÖRG 2007: Verwaltungsstrukturreformen in den Bundesländern. Abschaffung oder Reorganisation der Bezirksregierungen?, in Zeitschrift für Gesetzgebung, Heft 3, S. 246–257.

BOGUMIL, JÖRG/EBINGER, FALK 2005: Die Große Verwaltungsstrukturreform in Baden-Württemberg, Erste Umsetzungsanalyse und Überlegungen zur Übertragbarkeit der Ergebnisse auf NRW. Schriftenreihe der Stiftung Westfalen-Initiative Band 9, Ibbenbüren.

BOGUMIL, JÖRG/EBINGER, FALK 2008a: Verwaltungspolitik in den Bundesländern. Vom Stiefkind zum Darling der Politik, in: Hildebrandt, Achim/Wolf, Frieder (Hrsg.): Die Politik der Bundesländer. Staatstätigkeit im Vergleich, Wiesbaden.

BOGUMIL, JÖRG/GROHS, STEPHAN/KUHLMANN, SABINE/OHM, ANNA K., 2007: Zehn Jahre Neues Steuerungsmodell – eine Bilanz kommunaler Verwaltungsmodernisierung. Berlin: Ed. Sigma.

BOGUMIL, JÖRG/HOLTKAMP, LARS 2004: Bürgerkommune unter Konsolidierungsdruck? Eine empirische Analyse von Erklärungsfaktoren zum Implementationsstand der Bürgerkommune, in: Deutsche Zeitschrift für Kommunalwissenschaften 1/04: 103–125.

BOGUMIL, JÖRG/HOLTKAMP, LARS 2006: Kommunalpolitik und Kommunalverwaltung – Eine policy-orientierte Einführung, Wiesbaden.

BOGUMIL, JÖRG/HOLTKAMP, LARS/SCHWARZ, GUDRUN 2003: Das Reformmodell Bürgerkommune – Leistungen – Grenzen – Perspektiven, Schriftenreihe Modernisierung des öffentlichen Sektors Bd. 22, Berlin.

BOGUMIL, JÖRG/KOTTMANN, STEFFEN 2006: Verwaltungsstrukturreform – die Abschaffung der Bezirksregierungen in Niedersachsen, Schriftenreihe der Stiftung Westfalen-Initiative Band 11, Ibbenbüren.

BOGUMIL, JÖRG/REICHARD, CHRISTOPH/SIEBART, PATRICIA 2004: Gutachten zur Verwaltungsstrukturreform in NRW. Schriftenreihe der Stiftung Westfalen-Initiative Band 8, Ibbenbüren.

EBINGER, FALK/BOGUMIL, JÖRG 2008: Grenzen der Subsidiarität. Verwaltungsreform und Kommunalisierung in den Ländern, in: Heinelt, Hubert/Vetter, Angelika 2008 (Hrsg.): Lokale Politikforschung heute, Wiesbaden, S. 165–196.

ELLWEIN, THOMAS 1994: Das Dilemma der Verwaltung: Verwaltungsstruktur und Verwaltungsreform in Deutschland, Mannheim.

GABRIEL, OSCAR W./WALTER-ROGG, MELANIE 2006: Bürgerbegehren und Bürgerentscheide – Folgen für den kommunalpolitischen Entscheidungsprozess, in: DfK, Heft II, S. 39–56.

HESSE, JOACHIM JENS/GÖTZ, ALEXANDER 2003: Staatsreform in Deutschland – das Beispiel der Länder (I), in: ZSE 4/2003: 579–612.

HESSE, JOACHIM JENS/GÖTZ, ALEXANDER 2004: Staatsreform in Deutschland – das Beispiel der Länder (II), in: ZSE 1/2004: 106–143.

HOLTKAMP, LARS/BOGUMIL, JÖRG/KIßLER, LEO 2006: Kooperative Demokratie – Das politische Potential von Bürgerengagement, Frankfurt.

KUHLMANN, SABINE, 2009: Politik- und Verwaltungsreform in Kontinentaleuropa. Subnationaler Institutionenwandel im deutsch-französischen Vergleich. Baden-Baden: Nomos-Verlag.

KUHLMANN, SABINE/BOGUMIL, JÖRG/GROHS, STEPHAN 2008: Evaluating administrative modernization in German local governments: success or failure of the «New Steering Model»? In: Public Administration Review; vol. 68, no. 5, S. 851–863.

POLLITT, CHRISTOPHER/BOUCKAERT, GEERT, 2004: Public Management Reform. A Comparative Analysis. Second Edition. Oxford.

REHMET, FRANK/MITTENDORF, VOLKER 2008: Erster Bürgerbegehrensbericht Deutschland 1956–2007, Marburg.

REINERS, MARKUS 2008: Verwaltungsstrukturreformen in den deutschen Bundesländern Radikale Reformen auf der Ebene der staatlichen Mittelinstanz. Wiesbaden.

Sachverständigenrat für Umweltfragen (SRU) 2007: Umweltverwaltungen unter Reformdruck. Herausforderungen, Strategien, Perspektiven. Sondergutachten. Berlin.

Réformer l'administration publique en France: histoire d'une réforme en dehors du New Public Management

MICHEL CASTEIGTS

Sommaire

1. La réforme de l'Etat est devenue en France un procédé ordinaire de gouvernement — 160
2. Au fil du temps, la notion de réforme de l'Etat a recouvert des objectifs et des contenus extrêmement hétérogènes. — 161
3. Tout au long de ce processus, ni la réponse à une demande sociale, ni des préoccupations de gestion n'ont été les moteurs de la réforme — 163
4. La question territoriale a été un fil conducteur constamment présent — 165
5. Le jeu des rapports de forces au sein du système d'acteurs publics a été le véritable moteur de la réforme de l'Etat — 166
6. La réforme de l'Etat ne suscite l'adhésion ni des fonctionnaires ni de l'opinion — 169
7. Pour les années à venir, le véritable défi est de surmonter l'obsolescence générale des stratégies de réforme — 170
Bibliographie — 171

Les lignes qui suivent ont été rédigées du point de vue dédoublé d'un fonctionnaire engagé dans l'administration active qui est aussi enseignant et chercheur. Elles sont nourries des observations effectuées à l'occasion d'un certain nombre de missions d'enquête ou d'audit réalisées depuis 2002 dans le champ de la réforme de l'Etat ou de la modernisation administrative. Mais ce matériel empirique a été constamment analysé et réinterprété à l'aide des instruments conceptuels et des outils théoriques des sciences de gestion et notamment du management public. Qu'on pardonne aux leçons qui en sont tirées de s'éloigner parfois des strictes orthodoxies, administrative comme académique. La trame des réflexions présentées ici est notamment constituée des conclusions d'une évaluation du processus de réforme de l'Etat tel qu'il s'est développé en France depuis 1958, mission confiée en juillet 2007 par Philippe Seguin, Premier Président de la Cour des comptes, dans le cadre du Comité d'enquête sur le coût et le rendement des services publics[1].

---

[1] La mission, coordonnée par l'auteur de ce texte, comprenait Sylvie Trosa, Dominique Blais, Michel Cotten et Patrick Thull. Après une première présentation devant le Comité d'enquête en juillet 2008, ses conclusions ont fait l'objet de la publication d'un article cosigné par ses membres, dans la revue Esprit de décembre 2008 (Casteigts et al., 2008).

1. La réforme de l'Etat est devenue en France un procédé ordinaire de gouvernement

La première constatation qui s'impose, lorsque l'on procède à une étude de la réforme de l'Etat sur la longue période, c'est qu'elle est devenue peu à peu un procédé ordinaire de gouvernement. Il y a là un paradoxe fondamental. Dans toute organisation, la notion même de réforme renvoie à un processus temporaire de transition d'un état ancien à un état nouveau. Il doit donc s'agir d'un phénomène momentané et exceptionnel. Rien de tel dans le cas de l'Etat français: la réforme est permanente et s'inscrit dans la routine de l'action gouvernementale; le premier ministre des réformes administratives a été nommé en France en 1961 et, depuis cette époque, tous les décrets d'attribution des compétences des membres du gouvernement comportent un item sur la réforme de l'Etat (Bezès, 2009).

Ce premier paradoxe s'accompagne d'un second, tout aussi étonnant. Malgré la grande diversité des contextes et des objectifs des réformes successives, la rhétorique en est restée remarquablement constante. Même si le contenu concret des mesures diffère radicalement d'une période à une autre, le discours de légitimation reste le même et se réduit généralement à une logomachie parfaitement stéréotypée:

- le monde change; l'Etat et les administrations publiques doivent s'adapter à cette évolution;
- une efficacité accrue de l'action publique, liée à la simplification de ses procédures et à la modernisation de son organisation, permettra de concilier l'amélioration de la qualité du service rendu à l'usager avec la réduction de la charge imposée au contribuable, dans un jeu «gagnant-gagnant» où le fonctionnaire bénéficiera en outre d'une amélioration de ses conditions de travail[2];
- cette évolution renforcera la proximité de l'administration et des administrés et assurera la transparence nécessaire au renforcement du contrôle démocratique.

Même si l'accent a été mis, selon les époques, sur un élément plutôt que sur un autre, en cinquante ans de réforme de l'Etat aucun discours de légitimation ne s'est écarté de ce modèle, faisant irrésistiblement penser à ces mises en scène

---

[2] Dans ce type de discours standardisé, les termes sont évidemment permutables. On pourra tout aussi bien simplifier l'organisation et moderniser les procédures que simplifier la modernisation et réorganiser les procédures, ce qui permet souvent à un sous-ministre de s'offrir l'illusion qu'il attache son nom à une réforme fondamentale parce qu'il aura changé l'ordre de trois termes.

d'opéra où le chœur, joignant à la parole l'illusion du geste, chante «Marchons, marchons!» dans une puissante immobilité.

A titre d'exemple, deux réformes aussi différentes que l'accès des citoyens aux documents administratifs (1978) et la décentralisation (1982) ont fait appel, à quelques années d'intervalle, à la même rhétorique de rapprochement de l'administration et des administrés et d'amélioration du contrôle démocratique.

2. Au fil du temps, la notion de réforme de l'Etat a recouvert des objectifs et des contenus extrêmement hétérogènes.

Cette permanence du discours s'accompagne d'une évolution très nette du contenu concret des réformes. On peut à ce sujet distinguer quatre grandes étapes[3].

La première période correspond aux présidences du Général de Gaulle et de Georges Pompidou (1958–1974). On peut la caractériser comme étant celle de «l'Etat conquérant». Après l'instabilité de la 4e République et le traumatisme de la décolonisation, l'Etat reprend confiance en lui. Il se pose en prophète de la modernisation de la France, à l'avant-garde de la société à laquelle il ouvre les voies de l'avenir. Dans cette phase, l'essentiel des actions de réforme est constitué de grands travaux de réorganisation des administrations centrales et des services extérieurs de l'Etat, appuyés sur l'émergence d'une politique ambitieuse d'aménagement du territoire. A cela s'ajoute un souci de modernisation des techniques de gestion, s'appuyant notamment sur le développement des outils informatiques et sur des procédures de rationalisation des choix budgétaires (RCB) inspirées du Planning-Programming-Budgeting-System (PPBS) américain. Cette dernière démarche se solde, en fin de compte, par un échec mais inspire largement des réformes ultérieures (Perret, 2006).

A partir de 1974 et jusqu'en 1981, sous la présidence de Valéry Giscard d'Estaing qui est un libéral de sensibilité conservatrice, l'Etat devient «modeste»[4]. L'attention est davantage portée vers le citoyen, la protection du citoyen contre l'Etat, que vers le rôle de l'Etat lui-même. C'est l'époque où la fin de la période de prospérité de l'après guerre, «les Trente Glorieuses», marque les limites de l'efficacité de l'action publique. Dans le même temps, l'émergence de l'idéologie «postmoderne» (Lyotard, 1979) annonce la fin des «grands discours», à commencer par celui du volontarisme étatique. Dans cette phase, la

---

[3] Pour resituer les transformations en question dans une perspective à plus long terme, se reporter à Burdeau (1994).
[4] Cette modestie sera théorisée un peu plus tard par MICHEL CROZIER (1986).

réforme de l'Etat a été inspirée par le souci de protéger les citoyens contre l'évolution des techniques (loi de 1978 sur l'informatique, les fichiers et les libertés), contre les dangers de la société (loi de 1981 sur la sécurité et la liberté) et contre l'excès d'autorité des administrations (loi de 1978 sur l'accès aux documents administratifs; loi de 1979 sur la motivation des actes administratifs; réforme des procédures fiscales). Dans le même temps, s'exprimait un souci typiquement libéral de réduire la place de l'Etat dans la société et le montant des impôts nécessaires pour le faire fonctionner.

Avec l'arrivée de F. Mitterrand au pouvoir, la décentralisation devient la grande affaire de la réforme de l'Etat[5]. Elle cesse d'être un sujet d'incantations rituelles ou de projets avortés pour devenir un processus à l'œuvre[6]. De façon plus globale, de 1981 à 1995, la question de la relation de l'Etat au territoire a été la préoccupation centrale des réflexions et l'épicentre des mesures en matière d'évolution de l'organisation des pouvoirs publics[7]. L'essentiel des réformes menées à bien ont trait au transfert de compétences et de moyens de l'Etat vers les collectivités territoriales (décentralisation) et à son corollaire, le transfert de pouvoir décisionnel des administrations centrales vers les services territoriaux de l'Etat (déconcentration). Ce bouleversement d'une tradition centralisatrice séculaire s'est combiné avec les effets du renforcement de l'intégration européenne pour modifier en profondeur les modes opératoires des politiques publiques, notamment par le développement massif des procédures contractuelles entre l'Etat et les collectivités territoriales (contrats de plan, politique de la ville, aménagement du territoire). Seule exception significative à ce tropisme territorial, la montée en puissance des problématiques de qualité et d'efficacité des services publics s'est notamment traduite par une introduction progressive et conflictuelle de l'évaluation (Jacob et Varone, 2003).

A partir de 1995, la question d'un recentrage de l'Etat sur un noyau dur de compétences vient au premier plan, en raison à la fois de la pression idéologique du modèle néolibéral et de la raréfaction relative et organisée[8] des ressources publiques. Le repli de l'Etat sur ses compétences régaliennes est resté très lar-

---

[5] La décentralisation fait-elle réellement partie de la réforme de l'Etat? La question a été débattue (CROZIER/TROSA, 1992), mais elle est aujourd'hui tranchée, positivement.
[6] Cf. OHNET, 1996; DELBO, 2005.
[7] Il faut en effet considérer que l'épiphénomène du double mouvement des nationalisations (1981–1986) puis des dénationalisations (après 1987) ne relève pas de la réforme de l'Etat mais des problématiques de régulation économique.
[8] Le thème des réductions d'impôts, élément récurrent du discours gouvernemental pendant toute cette période, traduit précisément l'efficacité des dogmes néolibéraux dans le champ de la décision budgétaire. En raison de la concurrence entre les deux têtes de l'exécutif, la période de cohabitation entre un président de droite et un gouvernement socialiste (1997–2002) n'a pas fait exception à la règle.

gement un vœu pieux, alimentant le débat politique mais ne se traduisant que fort peu dans les réalités concrètes. Ces principes ont largement inspiré le programme électoral de Nicolas Sarkozy lors de la campagne présidentielle de 2007 et ont constitué la «feuille de route» de la revue générale des politiques publiques (RGPP) engagée au second semestre 2007. Mais ils n'ont pas résisté à la crise financière de 2008, qui a conduit l'Etat à intervenir massivement dans le champ économique et à prendre une posture de régulateur universel en forte contradiction avec les intentions initiales. La seconde grande préoccupation de la période concerne une modernisation dont les exemples sont largement cherchés du côté des entreprises, souvent par l'intermédiaire de la transposition d'expériences étrangères[9] (nouveau management public, partenariats public-privé, réingénierie des processus). Les réformes engagées comportent souvent un volet d'allègement des procédures administratives, conçu essentiellement comme une simplification du droit sans réelle attention apportée à la modification des processus concrets. C'est à ce moment là que la question des modalités de management est vraiment posée de façon significative pour la première fois.

3. Tout au long de ce processus, ni la réponse à une demande sociale, ni des préoccupations de gestion n'ont été les moteurs de la réforme

Autre singularité française remarquable: ce n'est jamais en réponse à une demande sociale que la réforme de l'Etat a été «mise à l'agenda», est devenue un objet important de politique publique. L'image de l'administration publique en France est bien meilleure que celle des entreprises privées[10]. Et la crise actuelle ne va pas changer la perception des français. Cette adhésion de l'opinion explique sans doute que la transposition dans la gestion publique de modèles managériaux venus de l'entreprise n'ait jamais été un objectif légitime. Or c'est elle qui est au fondement du NPM dans sa version thatchérienne initiale. Cette absence de pression de l'opinion conduit à considérer que la réforme de l'Etat n'a jamais été une politique publique, au sens d'ensemble coordonné d'actions

---

[9] L'efficacité de ce *benchmarking* est loin d'être avérée. Il suffit de se reporter aux leçons tirées en France de l'expérience québécoise (Pissaloux, 2008) et de les comparer à ce que peuvent en penser des québécois eux-mêmes (ROUILLARD et al., 2004).

[10] Dans un sondage IPSOS, réalisé pour la Gazette des communes en janvier 2008, 70% des personnes interrogées avaient une bonne image de la fonction publique contre 29% qui en avaient une mauvaise. Selon le même sondage, l'idée qu'il y aurait «trop de fonctionnaires» était largement minoritaire, avec un pic de popularité particulier pour la fonction publique hospitalière où 90% des personnes interrogées jugeaient qu'il n'y avait pas assez de fonctionnaires dans ce secteur.

publiques destiné à répondre à une demande sociale et à susciter une transformation durable de l'état de la société, faute précisément de demande sociale. Ce qui n'a pas empêché que de nombreuses réformes ponctuelles et utiles soient mises en œuvre et ni qu'un discours sur la réforme de l'Etat soit omniprésent.

C'est justement cette volatilité des objectifs réels, contrastant avec la permanence du discours, qui amène à considérer que la réforme de l'Etat est d'avantage pour ses promoteurs une démarche de démarcation politique et un support de communication qu'une moyen d'atteindre des résultats concrets. C'est l'importance que les gouvernements successifs ont accordée à ces processus, et à leurs corollaires rhétoriques, plutôt qu'aux objectifs formellement poursuivis, qui expliquent la fortune remarquable de la thématique de la réforme de l'Etat[11].

Pour répondre à une interrogation de Joachim Beck, on peut dire que l'histoire de la réforme de l'Etat se situe en France plutôt en dehors du NPM que au-delà. L'Etat n'a jamais été réformé au nom d'une amélioration des techniques de gestion. Quand cette amélioration était présente, c'était toujours en toile de fond, comme un accessoire décoratif. L'axe structurant de la rhétorique sur la réforme de l'Etat a toujours été constitué de l'évolution des objectifs et des structures de l'action publique mais jamais d'une amélioration des procédures techniques de gestion, si l'on excepte le bref épisode de la RCB.

La période sarkozienne que nous connaissons depuis 2 ans, marquée par la Revue Générale des Politiques Publiques (RGPP), ne fait pas exception tout en posant quelques problèmes d'interprétation sur la portée réelle de la démarche. En effet, rarement un processus de réforme aura aussi mal mérité son nom: il ne s'agit en rien d'une revue générale des politiques publiques, avec la dimension évaluative qu'appellerait cette formulation, mais d'une refonte générale des structures de l'administration publique. Les mesures prises ou en préparation concernent essentiellement l'organisation des administrations et non le contenu des politiques. Pour la première fois les préoccupations financières sont aussi nettement mises au premier plan, mais dans une logique de contingentement budgétaire et non d'introduction de techniques nouvelles de gestion.

Jusque là, même si les préoccupations financières ont souvent été présentes dans les processus de réforme, elles n'ont jamais été affichées comme un but en soi. Pour reprendre la terminologie de la planification stratégique, les problèmes financiers relevaient du système de contraintes, mais non du système d'objectifs de la réforme de l'Etat, ce qui explique probablement que le NPM n'ait pas été

---

[11] Comme il sera développé plus loin, ces processus et ces discours s'inscrivent dans un jeu incessant de rapports de forces au sein du système d'acteurs publics, jeu dont ils tirent l'essentiel de leur raison d'être.

au cœur du dispositif[12]. Il est *a contrario* extrêmement révélateur que la réforme des procédures budgétaires la plus significative depuis cinquante ans, la loi organique relative aux lois de finances (LOLF), adoptée à l'unanimité par l'Assemblée Nationale et par le Sénat et promulguée le 1er août 2001, n'ait servi de support à aucune démarche réelle de réforme de l'Etat, les quatre vagues de réforme engagées après cette date ayant été fondées sur des logiques totalement différentes[13].

4. La question territoriale a été un fil conducteur constamment présent

On doit noter l'existence d'une véritable obsession territoriale de la réforme de l'Etat en France. La RGPP vient le confirmer puisque le cœur du dispositif concerne les refontes de l'administration territoriale. Et ce chantier ouvert depuis 50 ans est toujours inachevé. La France n'est jamais allé jusqu'à une structure de type autonomiste au sens espagnol du terme, ni même régionale au sens italien et a fortiori fédérale au sens allemand.

En d'autres termes, les principales pistes de réforme ont toujours traduit une tension permanente entre le modèle républicain centralisateur et un fait territorial omniprésent, bien que refoulé, qui s'est imposé peu à peu comme une réalité incontournable. Si la décentralisation a manifestement marqué «le retour du refoulé», pour parler comme les psychanalystes, les grandes administrations parisiennes (ministère des finances, de l'intérieur, de l'équipement, etc.) n'ont eu de cesse d'en restreindre en permanence la portée par la production d'une multitude de règles, de normes, de contrôles ou de verrous financiers[14].

Mais la décentralisation est loin de recouvrir la totalité des enjeux territoriaux des réformes successives. La structure des services territoriaux de l'Etat reste un problème central. Malgré plusieurs vagues successives de transferts de compétences et de moyens, y compris humains, l'Etat «local» reste de loin le premier

---

[12] Il convient d'apporter ici une légère nuance, dans la mesure où la tentative de mettre en place, à la fin des années 60, un dispositif global de rationalisation des choix budgétaires relevait bien de ce type de préoccupations. Son échec a sans doute contribué au discrédit durable de telles approches.

[13] Il s'agit de «l'acte 2 de la décentralisation» et de la «simplification du droit» sous le gouvernement Raffarin (2002–2005), des «audits de modernisation» sous le gouvernement De Villepin (2005–2007), puis de la RGPP sous le gouvernement Fillon (2007 à aujourd'hui).

[14] Loin de promouvoir les libertés territoriales, la direction générale des collectivités locales (DGCL) au ministère de l'intérieur a été le chef d'orchestre efficace de ce verrouillage.

employeur public dans l'ensemble des territoires[15]. Le mode d'organisation des services déconcentrés de l'Etat joue donc un rôle essentiel dans la structuration de l'action publique. Du 14 mars 1964 (date du premier décret signé par le général de Gaulle en la matière) à nos jours, la montée en puissance du pouvoir préfectoral sur les administrations territoriales de l'Etat a été inexorable. Le regroupement récent des services extérieurs des ministères techniques en directions interministérielles placées sous l'autorité des préfets a parachevé le processus. Dans le même temps, les préfets de région se sont progressivement imposés comme coordonnateurs des politiques publiques territorialisées, jusqu'à exercer aujourd'hui un pouvoir hiérarchique sur les préfets de département, ce qui renvoie à la question de l'articulation des échelles spatiales de l'action publique.

Cette question des échelles pertinentes a maintes fois été posée et jamais réellement tranchée. Le développement de l'intercommunalité et l'émergence progressive de l'échelle régionale au détriment du département, qu'il s'agisse de l'organisation des pouvoirs locaux ou de la répartition des tâches entre services déconcentrés de l'Etat, marquent l'élargissement progressif des échelles de référence sans qu'il y ait une véritable rupture. On se situe plutôt dans des logiques de superposition à géométrie variable, qui ne sont d'ailleurs pas dépourvues d'intérêt du point de vue de la richesse des combinaisons potentielles dans la définition des partenariats stratégiques.

Enfin, la place respective de la décentralisation et de la déconcentration a souvent fluctué au cours du processus de territorialisation des politiques publiques. C'est que, derrière cette question, s'est joué en permanence le rapport de forces entre les élus et l'administration.

5. Le jeu des rapports de forces au sein du système d'acteurs publics a été le véritable moteur de la réforme de l'Etat

En effet, une analyse fine des différents épisodes de la réforme de l'Etat et leur mise en perspective sur le long terme conduisent à un constat très simple: le véritable moteur de la réforme de l'Etat en France a été la gestion des rapports de forces internes du système d'acteurs publics. Chacune de ses grandes étapes a

---

[15] Les enseignants étant tous fonctionnaires d'Etat, l'Education nationale contribue significativement à cette situation.

correspondu à un renversement de ces rapports de forces et c'est au service de ces jeux de pouvoir qu'est mobilisée la rhétorique de la réforme[16].

Au début de la 5ᵉ République (1958–1974), l'époque gaullienne a vu la revanche des administrations, et notamment des grands services techniques de l'Etat, sur les élus, omnipotents sous la 4ᵉ République et largement déconsidérés en raison de leur incapacité à régler correctement la question coloniale et une instabilité politique endémique. L'avènement de la figure emblématique du grand technocrate, porteur de modernité et garant sur le long terme de l'intérêt général, fondait une nouvelle légitimité de l'action publique, quand l'élu était présenté comme inféodé à ses intérêts partisans et incapable de se projeter au-delà de la prochaine échéance électorale.

La période giscardienne (1974–1981) a marqué un retour des élus, mais surtout des élus parisiens peu en prise avec les préoccupations territoriales, même si le cumul des mandats en faisaient aussi des élus locaux. Ce fut surtout le moment d'une revanche des administrations économiques sur les ministères techniques, jugés excessivement dépensiers quand la crise liée au choc pétrolier appelait à plus de parcimonie. En corollaire logique, dans l'univers des technocrates, l'inspecteur général des finances supplantait l'ingénieur général des ponts (équipement) ou des mines (industrie)[17].

L'accession au pouvoir de François Mitterrand, en 1981, a été l'occasion du grand retour des élus au détriment des préfets. Avant d'être l'occasion d'une redistribution des compétences entre l'Etat et les collectivités locales, la décentralisation fut l'occasion d'une réduction brutale de la place du corps préfectoral sur la scène des politiques territoriales. La première loi de décentralisation, celle du 2 mars 1982, a été l'instrument de la suppression de la tutelle préfectorale sur les actes des communes et du transfert de l'exécutif des départements et des régions, des préfets qui l'exerçaient jusque là, aux présidents élus des conseils généraux et régionaux[18]. En se faisant les relais efficaces des orientations politiques du nouveau gouvernement, les préfets ont progressivement reconquis leur légitimité comme chefs d'orchestre des politiques territoriales de l'Etat. Le rapport de forces entre les élus, qui s'appuyaient sur la montée en puissance des services des collectivités locales, et les administrations décon-

---

16 Sur les relations entre actes de langage et rapports de pouvoir, se reporter à Bourdieu (2001).
17 Valéry Giscard d'Estaing, président de la République, était lui-même membre de l'Inspection générale des finances et son premier ministre, Jacques Chirac, membre de la Cour des comptes.
18 Il n'est pas inutile de rappeler ici que François Mitterrand et son ministre de l'intérieur Gaston Defferre, maître d'œuvre de la réforme, étaient présidents de Conseils généraux et Pierre Mauroy, Premier ministre, président de Conseil régional.

centrées de l'Etat s'est globalement stabilisé pendant deux décennies (1986–2006): les lents progrès de la déconcentration à compter de 1990 ont renforcé le rôle des préfets au détriment des administrations centrales et leur ont donné plus de poids face aux décideurs locaux; le développement de l'intercommunalité à la fin des années 90 et la relance mesurée de la décentralisation entre 2002 et 2004 ont rééquilibré le dispositif territorial en faveur des élus.

Depuis 2007 et l'arrivée à l'Elysée de Nicolas Sarkozy, c'est au tour des préfets de revenir au premier plan. La RGPP, orchestrée par Claude Géant, préfet et secrétaire général de la présidence de la République, marque à n'en pas douter le retour en force de l'administration préfectorale vis-à-vis des autres services déconcentrés. Par ailleurs, les réformes de la fiscalité locale et du statut des collectivités territoriales ne peuvent manquer de conduire à un appauvrissement et à un affaiblissement des départements et des régions. Enfin, la place éminente occupée par les questions de sécurité dans les priorités des politiques publiques met en valeur les fonctions régaliennes de l'Etat et contribue à la prééminence symbolique du préfet.

Pour compléter la description du système d'acteurs, il faut noter que la réforme de l'Etat est marquée, dans son mode opératoire, par un tandem infernal: l'expert et le législateur. Toute réforme implique la rédaction préalable d'un ou plusieurs rapports d'expert, ou mieux encore d'une commission regroupant une pluralité d'experts, précédant une phase législative soigneusement mise en scène. Une réforme sans rapport préalable et qui ne passe pas par la loi est non avenue. Par contre, dès que la loi est publiée au journal officiel, le réformateur passe à autre chose. Les conditions dans lesquelles la réforme sera effectivement mise en œuvre n'intéresse personne, car il n'y a là matière ni à effets d'annonce ni à couverture médiatique. Il appartient au menu peuple des administrations réelles d'en faire son affaire: *de minimis non curat praetor*[19]. On est donc dans une logique de réformes venues d'en haut, imposées par des esprits éclairés à la grande masse des fonctionnaires ignorants. C'est pour cela que la réforme est importante comme processus: elle permet de mettre le réformateur (c'est-à-dire le président, le gouvernement ou le ministre, selon l'importance médiatique du sujet) en scène, solidement juché sur un dipode, l'expertise d'un côté, la loi de l'autre, figure quasi-mythologique de la nouvelle imagerie républicaine.

Les particularités de ce jeu d'acteurs, dans ses enjeux comme dans ses modes opératoires, expliquent probablement l'indifférence souveraine des différentes vagues de réforme au fonctionnement concret de l'administration. Cela n'avait pas trop d'importance quand l'argent était abondant, le dessein politique auda-

---

[19] Le préteur ne s'occupe pas des affaires mineures: cet adage romain régissait la mise au rôle des causes devant les tribunaux et permettait au préteur, magistrat chargé de l'organisation des procès, d'écarter les questions de peu d'enjeu.

cieux et le carcan réglementaire léger. Dans une période où les ressources sont rares, les marges de manœuvre restreintes et les attentes de l'opinion d'autant plus fortes que le discours politique les alimente, la disproportion entre les exigences formelles des réformes et la capacité réelle des services de les satisfaire devient insupportable.

Cela est d'autant plus vrai que l'on prétend de plus en plus mettre en place des réformes non seulement sans consentir de dépenses, mais même en réalisant immédiatement des économies. Or une réforme correctement menée a des coûts[20] et nécessite un investissement avant de dégager des bénéfices. Cet investissement ne peut être amorti que sur une certaine durée. La succession rapide de mesures divergentes ou contradictoires rend tout amortissement impossible, ce qui présente l'avantage de dispenser le réformateur de réfléchir sur la question.

Cette analyse des rapports de forces au sein du système d'acteurs publics donne une clé de lecture beaucoup plus efficace des heurs et malheurs de la réforme de l'Etat que la recherche des effets d'une rationalisation par des modèles de gestion de type NPM. La réforme de l'Etat s'est manifestement faite en dehors du NPM, même si, de temps à temps, elle a fait appel au NPM dans ses discours de légitimation. Dans ce jeu là, il y a peu de place pour le gestionnaire ou le manageur. Tout au plus sont-ils appelés à faire de la figuration intelligente à la tribune d'où sont prononcés lesdits discours.

6. La réforme de l'Etat ne suscite l'adhésion ni des fonctionnaires ni de l'opinion

L'exemple de l'introduction des méthodes de contrôle de gestion illustre le conflit de rationalité entre une amélioration concrète de l'efficacité des processus et une démarche dont la rhétorique dissimule la réalité des jeux de pouvoir. Au fil des années, les normes de contrôle de gestion inspirées par le management des entreprises, dans une logique de performance, se sont superposées avec les normes juridiques et procédurales du modèle bureaucratique traditionnel, notamment en matière comptable et budgétaire. Faute d'avoir fait un véritable investissement organisationnel, incluant la formation et l'accompagnement des services opérationnels dans la refonte des procédures concrètes, les dispositifs destinés à améliorer l'efficacité se sont ajoutés aux dispositifs antérieurs au lieu de s'y substituer, créant un niveau de complexité supplémentaire et dégra-

---

[20] Coûts de transaction, coûts d'organisation, coûts de formation, coûts d'accompagnement, coûts d'évaluation, etc.

dant le fonctionnement global du système. Les promoteurs de la réforme ayant depuis longtemps changé d'attributions, il n'y a plus personne pour assurer le portage politique d'un suivi attentif du projet et de ses résultats.

Avec de telles carences, les procédures nouvelles font l'objet d'un large phénomène de rejet, d'autant que, dans l'ensemble, les citoyens considèrent que le modèle administratif traditionnel fonctionne plutôt bien en France. Le sentiment général qui prévaut, au sein de l'opinion publique comme chez les fonctionnaires, est qu'il faut bien que l'Etat évolue, mais qu'il ne faut pas qu'on le réforme de l'extérieur. Dans la situation française, toute réforme imposée de l'extérieur est vouée à l'échec. Un processus de réforme ne peut aboutir que s'il s'appuie sur un processus de mobilisation interne de l'administration, en écho dynamique aux transformations de la société (Trosa, 2007). Mais ce type de mobilisation de l'administration n'est gratifiant ni pour le ministre, ni pour le législateur, ni pour l'expert. Par ailleurs, il est susceptible d'avoir des effets imprévisibles, et non souhaités, sur les rapports de forces au sommet de la pyramide politico-administrative. Tant que ces rapports de forces seront la clé de voûte du dispositif, il y a peu de chance qu'un tel processus d'auto-réforme de l'administration se généralise.

Il faut cependant donner un exemple de succès de ce genre de démarche: la profonde réforme des relations entre l'administration des impôts et les contribuables, avec l'informatisation massive des déclarations et la disparition de tous les documents justificatifs que le contribuable devait fournir, marque le passage d'une administration de défiance à une administration de confiance. Cette réforme, de grande ampleur et largement plébiscitée, est partie du terrain, d'une autoréflexion des administrations fiscales sur l'optimisation des procédures, et repose sur une modification *a minima* des dispositions législatives.

7. Pour les années à venir, le véritable défi est de surmonter l'obsolescence générale des stratégies de réforme

Cependant, à mesurer les défis de demain, ce qui frappe, c'est que les stratégies de réforme les mieux intentionnées semblent largement hors de propos au regard de la réalité des urgences et des risques. Les vrais enjeux ne sont ni dans les architectures institutionnelles, ni dans les procédures budgétaires, ni dans les systèmes de management, fût-ce le NPM. Ce qui est en cause aujourd'hui, c'est la capacité des Etats à répondre, ensemble et individuellement, à quelques questions simples à formuler et redoutablement complexes à résoudre:
- Comment adapter les stratégies publiques à une action collective fondée sur le paradigme du développement durable, c'est-à-dire sur un modèle de déve-

loppement imposant des formes d'arbitrage radicalement nouvelles entre biens collectifs et activités marchandes, entre aujourd'hui et demain, entre croissance économique, bien-être social et valorisation de l'environnement[21]? Cela suppose un fonctionnement décloisonné et une dynamique interinstitutionnelle là où depuis des décennies la spécialisation a prévalu; une interactivité généralisée là où la performance individuelle a été constamment encouragée; une modification radicale des processus décisionnels et des critères de choix. Les bouleversements nécessaires vont bien au-delà des dimensions habituelles des démarches de réforme et cette disproportion ne peut que susciter un certain scepticisme sur la capacité des Etats à changer d'échelle. Mais le temps est compté et l'enlisement des négociations internationales sur le réchauffement climatique est un bien mauvais présage.

- Comment faire évoluer le cadre et les modes d'action de l'Etat-nation, qui reste le lieu incontournable du contrôle démocratique, face à un processus de globalisation dont nous mesurons, chaque jour davantage, l'ampleur et les effets? Le défi est d'autant plus difficile à relever que cette globalisation s'accompagne d'une multiplication des risques systémiques, conséquences à la fois de l'évolution des techniques (Giddens, 1990), de la complexité des processus (Beck, 1986) et des effets intrinsèques de l'internationalisation des flux (Beck, 2007).

Force est de reconnaître que face à ces enjeux, dont nul ne peut de bonne foi nier l'évidence, les stratégies de réforme des Etats occidentaux sont totalement obsolètes. Il suffit de constater qu'à l'automne 2008, pour prévenir l'effondrement du système financier mondial, les gouvernements des pays industrialisés ont été amenés à injecter dans l'économie, en quelques jours, l'équivalent de plusieurs décennies de gains de productivité liés à l'introduction du NPM ou de la RGPP. Il y a donc une urgence particulière à réformer la réforme, à changer d'échelle et à s'attaquer aux vrais problèmes, sociétaux et planétaires, au lieu de s'assoupir dans le confort des raffinements procéduraux et des subtilités rhétoriques.

Bibliographie

BECK U., 1986, *Risikogesellschaft. Auf dem Weg in eine andere Moderne*, Frankfurt am Main, Suhrkamp Verlag; trad. franç. *La société du risque. Sur la voie d'une autre modernité*, Paris, Aubier Flammarion, 2001.
BECK U., 2007, *Weltrisikogesellschaft. Auf der Suche nach der verlorenen Sicherheit*, Berlin, Suhrkamp Verlag.

---

[21] Cf. Casteigts (2009).

BEZÈS P., 2009, *Réinventer l'Etat. Les réformes de l'administration française (1962–2008)*, Paris, Presses Universitaires de France.

BOURDIEU P., 2001, *Langage et pouvoir symbolique*, Paris, Seuil.

BURDEAU F., 1994, *Histoire de l'administration française du 18ème au 20ème siècle*, Paris, Editions Montchrétien.

CASTEIGTS M., 2009, «Optimisation du développement durable et management territorial stratégique: de la gouvernance locale à la transaction sociale», in *VertigO*, Hors Série 6, décembre – http://vertigo.revues.org/8987?file=1

CASTEIGTS M., D. BLAIS, M.Cotten et S. Trosa, 2008, «Faut-il en finir avec la réforme de l'Etat?», *Esprit*, n°12, décembre.

CROZIER M., 1986, *Etat modeste, Etat moderne. Stratégies pour un autre changement*, Paris, Fayard.

CROZIER M. et S. TROSA (dir.), 1992, *La décentralisation, réforme de l'Etat*, Boulogne Billancourt (France), Pouvoirs locaux.

DELBO R., 2005, *La décentralisation depuis 1945*, Paris, Librairie générale de droit et de jurisprudence.

GIDDENS A., 1990, *The Consequences of Modernity*, Cambridge, Polity Press, en association avec Basil Blackwell, Oxford, et Stanford University Press, Stanford (CA); trad. franç. *Les Conséquences de la modernité*, Paris, L'Harmattan, 1994.

JACOB S. et F. VARONE, 2003, «Cheminement institutionnel de l'évaluation des politiques publiques en France, en Suisse et aux Pays-Bas (1970–2003)», in *Politiques et management public*, vol. 22, n°2, juin 2004.

LYOTARD J.-F., 1979, *La condition postmoderne: rapport sur le savoir*, commandé par le Conseil des universités du Québec, Paris, Editions de Minuit.

OHNET J.-M., 1996, *Histoire de la décentralisation française*, Paris, Librairie générale française.

PERRET B., 2006, «De l'échec de la rationalisation des choix budgétaires (RCB) à la loi organique sur la loi de finances (LOLF)», in *Revue française d'administration publique*, n°117, 2006/1.

PISSALOUX J.-L., 2008, «La réforme de l'administration et de la gestion publique au Québec: une expérience à méditer», in *La revue du Trésor*, n°7, juillet 2008.

ROUILLARD C., E. MONTPETIT, I. Fortier et A.G. Gagnon, 2004, *La réingénierie de l'Etat. Vers un appauvrissement de la gouvernance québécoise*, Québec, Presses de l'Université Laval.

TROSA S., 2007, *Vers un management post-bureaucratique. La réforme de l'Etat, une réforme de la société*, Paris, L'Harmattan.

NPM in der Schweiz: Konturen und Bewertungen eines länderspezifischen Entwicklungspfads

DANIEL KETTIGER

Inhaltsverzeichnis

1. Einleitung 173
2. Rahmenbedingungen von Verwaltungsreformen in der Schweiz 174
3. Gradlinige Entwicklungspfade von NPM 175
   3.1 Der Reformtyp von NPM in der Schweiz 175
   3.2 Bund: FLAG als Ausnahmemodell 177
   3.3 Kantone: Föderalistisches Labor 179
   3.4 Gemeinden: NPM selten, aber erfolgreich 181
   3.5 Justiz: NPM erst am Anfang 182
4. Schleichwege von NPM 182
   4.1 Die NPM-Reform als Reformimpuls 182
   4.2 Steuerung mit Leistungsvereinbarung 183
   4.3 «Anschub» von Managementreformen 183
   4.4 Auslagerungen / PPP 184
   4.5 Public Management als Hochschuldisziplin 184
5. Fazit 185
Literatur 186

1. Einleitung

Zu Beginn der 1990er-Jahre schwappte eine eigentliche Reformwelle mit Ursprung in Australien und Neuseeland sowie den USA und England auf das europäische Festland und erfasste auch in der Schweiz allmählich alle Ebenen des föderalen Bundesstaats.[1] In der Folge geriet der politisch-administrative Apparat in den Gemeinden, in den Kantonen und auf Bundesebene zwischen 1994 und 2004 stark in Bewegung – es kann eine Vielzahl von Veränderungen beobachtet werden.[2] Diese verliefen im «föderalistischen Labor Schweiz» entsprechend der grossen Vielfalt der politischen Institutionen in den Kantonen und Gemeinden[3] ebenfalls sehr vielfältig, sowohl mit Bezug auf das Vorgehen wie insbesondere

---

[1] LIENHARD et al., 2005, S. 9.
[2] In diesem Sinne RIEDER/WIDMER, 2007, S. 9.
[3] Vgl. LINDER, 2005, S. 157 ff.

mit Bezug auf die realisierten und geplanten Lösungen. Zahlreiche Reformprojekte segelten unter der Flagge von New Public Management (NPM) oder Wirkungsorientierte Verwaltungsführung (WOV).[4] Andere Reformen wickelten sich unter anderen Namen oder im Stillen bzw. im Schatten der NPM-Reformen ab. Nachfolgend soll versucht werden, die gradlinigen Entwicklungspfade und die Schleichwege der NPM-Reform in der Schweiz nachzuzeichnen.[5] Zum Verständnis der länderspezifischen Entwicklung ist es notwendig, zuvor die wesentlichen Rahmenbedingungen von Verwaltungsreformen in der Schweiz darzustellen.

2. Rahmenbedingungen von Verwaltungsreformen in der Schweiz

Der schweizerische politisch-administrative Apparat kennt einige Besonderheiten, die auch für Reformen prägend, manchmal auch hemmend sind:

Die Schweiz kennt das Konkordanzprinzip, welches sich unter anderem darin äussert, dass es keine förmliche Koalitionsbildung im Parlament gibt und dass sich die Bundesregierung und die meisten Regierungen auf Kantons- und Gemeindeebene als Konkordanzgremium sehen.[6] Die Strukturen und Funktionsweisen des schweizerischen politisch-administrativen Apparats unterscheiden sich deshalb von jenen des gängigen Typus der Mehrheitsdemokratie.[7]

Es bestehen zahlreiche direktdemokratische Elemente, insbesondere die Verfassungsinitiative, das fakultative – in bestimmten Kantonen das obligatorische[8] – Gesetzesreferendum, auf Kantons- und Gemeindeebene zudem die Volkswahl der Exekutiven. Parlament und Regierung stehen sich dort somit mit gleicher demokratischer Legitimation gegenüber.[9]

---

[4] New Public Management (NPM) und Wirkungsorientierte Verwaltungsführung (WOV) werden in der Schweiz mit gleicher Bedeutung (synonym) verwendet.
[5] Der Verfasser kann sich dabei teilweise auf Werke stützen, die versuchen, eine Bilanz zu 10 Jahren NPM in der Schweiz zu ziehen. Vgl. HOFMEISTER, 2005; LIENHARD et al., 2005; MOSER/KETTIGER, 2004; RIEDER/WIDMER, 2007; eine weitgehend vollständige Übersicht über das Schrifttum zu NPM in der Schweiz findet sich in einer laufend aktualisierten Bibliografie des Verfassers unter <http://www.kettiger.ch/portal/images/pdf/BibliographiezuNPMundWOV4.pdf>.
[6] Ausführlich zum Konkordanzprinzip LINDER, 2005 (Fn. 3), S. 301 ff.
[7] Vgl. LINDER, 2005 (Fn. 3), S. 301.
[8] Z.B. Uri und Schwyz.
[9] Vgl. KETTIGER, 2000, S. 269 f.

Die Schweiz hat kein parlamentarisches Regierungssystem, sondern eine relativ strikte Gewaltenteilung zwischen Parlament und Regierung, insbesondere auch in personeller Hinsicht. Die Funktionsweise des schweizerischen Parlaments unterscheidet sich erheblich von jener eines Parlaments in der klassischen «Westminster Demokratie».[10] Das Parlament ist oft der Regierung grösste Opposition.

Die Parlamente in der Schweiz sind Milizparlamente ohne grosse Ausstattung und deshalb gegenüber Regierung und Verwaltung relativ schwach. Dies gilt nicht nur für die Parlamente in grösseren Gemeinden und in den Kantonen[11], sondern auch für das Bundesparlament.[12]

Die Einwohnerzahl der knapp 2'700 Schweizer Gemeinden variiert beträchtlich (Zürich ca. 358'500 Einwohner; Corippo ca. 20 Ew.). Auf die gesamte Schweiz bezogen liegt der Medianwert bei 1'018 und der Mittelwert bei 2'797 Einwohnenden (Stand: 1. Januar 2008).[13] Die Schweiz besteht aus vielen Klein- und Kleinstgemeinden. In diesen besteht keine Verwaltung im herkömmlichen Sinn; eine durchschnittliche schweizerische Gemeindeverwaltung besteht aus zwei Vollstellen Zentralverwaltung, zwei Vollstellen Werkhof, Hauswart usw. und sechs Personen, die im Volksschulwesen arbeiten[14]. Die überwiegende Zahl der schweizerischen Gemeinden kennt zudem Basisdemokratie in der Form der Gemeindeversammlung.

3. Gradlinige Entwicklungspfade von NPM

3.1 Der Reformtyp von NPM in der Schweiz

Wenn wir auf dem Typologieschema der Reformen bezogen auf öffentliche Aufgaben (vgl. Abbildung 1) eine Positionierung vornehmen, dann gehören die NPM-Reformen nach schweizerischem Verständnis zur Optimierung der Leistungserstellung – d.h. zu den so genannten Binnenreformen – und dort zur Kategorie der Gesamtoptimierungen. NPM sucht in der Schweiz nicht den Aufgabenverzicht oder andere Leistungsträger, sondern strebt eine Verbesserung der Wirkung und Leistung der Verwaltung an.

---

[10] Vgl. LINDER, 2005 (Fn. 3), S. 319.
[11] Vgl. BRÄNDLI-TRAFFELET, 2003, S. 75 ff.
[12] Vgl. LINDER, 2005 (Fn. 3), S. 204 f.
[13] Vgl. STEINER, 2008, S. 345.
[14] Wert aus den neusten Erhebungen von Reto Steiner, Universität Bern.

Typisch für NPM in der Schweiz sind der Produkthaushalt mit Globalbudget, eine Leistungs- und Wirkungsmessung mit einem Ziel-Indikatoren-System sowie eine mittelfristige Perspektive im Integrierten Aufgaben- und Finanzplan.[15]

Abbildung 1: Typologie der Reformen bezogen auf öffentliche Aufgaben

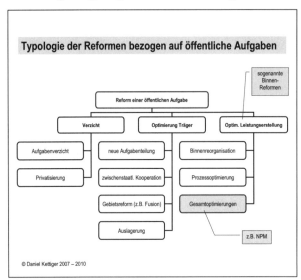

NPM findet man in der Schweiz in aller Regel nur in Gemeinwesen, welche über ein Parlament verfügen. Die Schweiz kennt auf Gemeindeebene echte Parlamente – also nicht nur parlamentsförmige Exekutiven wie die deutschen Stadträte. Die meisten Gemeinden verfügen aber infolge ihrer geringen Grösse nicht über ein Parlament.

Wesentlich für NPM in der Schweiz ist das Fehlen einer grundlegenden NPM-Theorie. Ausgegangen wurde ursprünglich von der Idee des Gewährleistungsstaates.[16] Doch auch diese Idee wurde theoretisch und dogmatisch nie zu Ende gedacht.[17] Die wissenschaftliche Diskussion zu NPM war in der Schweiz zudem anfänglich in erheblichem Masse auf staatsrechtliche Fragen fokussiert.[18] Im Laufe der Zeit verschob sich die wissenschaftliche Diskussion – entlang der

---

[15] Vgl. RIEDER/WIDMER, 2007 (Fn. 2), S. 28.; vgl. auch die Darstellungen von kantonalen NPM-Modellen bei HEIMGARTNER/DIETRICH, 2008, S. 12 ff.; zum Konzeptionellen vgl. SCHEDLER/PROELLER, 2009, S. 167 ff.
[16] Vgl. SCHEDLER, 2003, S. 5 ff.
[17] Vgl. KETTIGER, 2003, S. 211 ff.
[18] zusammenfassend KETTIGER, 2003, S. 207; umfassend zum staatsrechtlichen Rahmen LIENHARD, 2005.

pragmatischen Entwicklung – rasch vom Grundsätzlichen zu Einzelfragen und sektoriellen Betrachtungen.[19]

Das Steuerungsmodell ist geprägt vom Grundsatz der Dichotomie von Politik und Verwaltung, d.h. von der Trennung der politischen Funktion und der Managementfunktion (vgl. Abbildung 2). Die Regierung soll eine «Übersetzerfunktion» zwischen dem Steuerungskreislauf der Politik und jenem der Verwaltung haben.

Abbildung 2: Politik-Verwaltungs-Dichotomie im NPM-Modell[20]

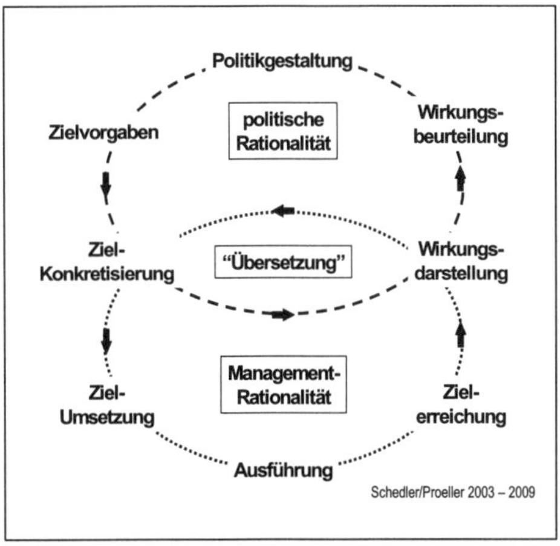

Der hier beschriebene Typus von NPM findet sich auf allen drei Ebenen des föderalen Bundesstaates, allerdings mit unterschiedlichen Ausprägungen.

3.2 Bund: FLAG als Ausnahmemodell

Das Projekt Führen mit Leistungsauftrag und Globalbudget – kurz FLAG – auf Bundesebene startete 1997 mit zwei Pilotprojekten; bis zum Abschluss der Pilotphase Ende 2001 wurden weitere neun Ämter mit einbezogen.[21] Heute werden insgesamt 23 Verwaltungseinheiten mit FLAG geführt, davon sind nur 10

---

[19] Einen jeweils aktuellen Überblick über das Schrifttum zu NPM bietet die Bibliographie des Verfassers; vgl. Fn. 5.
[20] SCHEDLER/PROELLER, 2009 (Fn. 15), S. 64.
[21] Vgl. LEUENBERGER, 2005, S. 26.

ganze Bundesämter (von über 50), bei den übrigen handelt es sich um Abteilungen oder besondere Verwaltungseinheiten.[22]

Die wesentlichen FLAG-Instrumente sind das Globalbudget, der mehrjährige Leistungsauftrag, die einjährige Leistungsvereinbarung (im Sinne einer Operationalisierung), die Kosten- und Leistungsrechnung sowie die Wirkungs-, Leistungs- und Kostenindikatoren. Gesteuert wird mit einem 4-jährigen Leistungsauftrag, welcher jährlich durch eine Leistungsvereinbarung konkretisiert wird, und mit einem Globalbudget. Das ursprüngliche FLAG-Steuerungsmodell wurde inzwischen zu einer Integrierten Leistungs- und Wirkungssteuerung (ILW) weiterentwickelt, welche neben der Wirkungsorientierung auch den Aspekt der Potenzialorientierung berücksichtigt.[23] Damit wurde das NPM-Modell um einen weiteren Steuerungskreis – jenen der Führung des Personals – erweitert (vgl. Abbildung 3).

Heute ist FLAG gesetzlich im Regierungs- und Verwaltungsorganisationsgesetz[24] und im Finanzhaushaltgesetz[25] des Bundes verankert. Es stellt gemäss dem Corporate-Governance-Bericht des Bundesrates[26] ein Ausnahmemodell für die Steuerung betrieblich orientierter Verwaltungseinheiten dar, wie beispielsweise das Bundesamt für Landestopografie oder das Bundesamt für Meteorologie und Klimatologie (Meteoschweiz).

Das Projekt FLAG ist ausgesprochen gut dokumentiert. Neben den offiziellen Dokumenten[27] sind mehrere Evaluationen und Praxisberichte erschienen, die insgesamt ein recht umfassendes Bild ergeben. Es wurde in diesem Projekt immer wieder versucht, aus den diversen Evaluationen Lehren zu ziehen. Im Gegensatz zu den kantonalen und kommunalen Projekten hat der Bund das Instrument der Evaluation mitschreitend eingesetzt.[28]

---

[22] Übersicht über die FLAG-Einheiten (31. März 2011): <http://www.flag.admin.ch/d/themen/1-3-5einheiten.php>.
[23] Vgl. HIRSBRUNNER et al., Juni 2001.
[24] Art. 44 des Regierungs- und Verwaltungsorganisationsgesetzes vom 21. März 1997 (RVOG), SR 172.010.
[25] Art. 42 ff. Bundesgesetz vom 7. Oktober 2005 über den eidgenössischen Finanzhaushalt (Finanzhaushaltgesetz, FHG), SR 611.0.
[26] Bericht des Bundesrates vom 13. September 2006 zur Auslagerung und Steuerung von Bundesaufgaben, BBl 2006 8233.
[27] siehe <http://www.flag.admin.ch>.
[28] In diesem Sinne MOSER/KETTIGER, 2004 (Fn. 5), S. 10.

Abbildung 3: Steuerungsmodell FLAG[29]

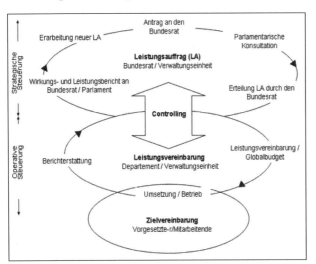

3.3 Kantone: Föderalistisches Labor

Die Entwicklung in den Kantonen ist sehr heterogen verlaufen. Man kann heute drei Gruppen von Kantonen unterscheiden[30]:

Gruppe «flächendeckende Einführung» (11 Kantone): Aargau, Bern, Basel-Landschaft, Luzern, Solothurn, Thurgau und Zürich setzen die Wirkungsorientierte Verwaltungsführung im vorstehend beschriebenen Modell integral und flächendeckend ein.[31] Im Wallis, Graubünden und Schwyz werden die Umstellungsprozesse bis spätestens 2011 abgeschlossen sein. Genf beabsichtigt die Umstellung auf ein «Budget par prestations», d.h. auf eine leistungsorientierte Führung, ab 2010. Ab diesem Zeitpunkt werden rund zwei Drittel des Finanzvolumens der Kantone mittels NPM gesteuert.[32] Die kantonalen Steuerungsmodelle folgen dem Grundtypus, unterscheiden sich aber im Detail nicht nur marginal.

Gruppe «partielle Einführung» (4 Kantone): In den Kantonen Freiburg, Zug und Tessin werden Leistungsaufträge und Globalbudgets an ausgewählte Verwaltungseinheiten erteilt. Im Kanton Freiburg haben alle Verwaltungseinheiten ei-

---

29 <http://www.flag.admin.ch/d/themen/1-3-1modell.php> (31. März 2011).
30 Vgl. HEIMGARTNER/DIETRICH, 2008 (Fn. 15), S. 11.; vgl. auch RITZ, 2005, S. 47 ff.
31 Über die Evaluation und die Weiterentwicklung von VOW in Aargau, siehe den Beitrag von Michael Umbricht in diesem Band; vgl. auch KAUFMANN/HAERING.
32 Vgl. HEIMGARTNER/DIETRICH, 2008 (Fn. 15), S. 53 f.

nen Leistungskatalog zu führen. Sie können später auf eine leistungsorientierte Führung mit oder ohne Leistungsauftrag umgestellt werden. Im Kanton Obwalden wird das Projekt NOW (Neue Verwaltungsführung Obwalden) gemäss Amtsdauerplanung 2006–2011 fortgesetzt. NOW soll auch Elemente wie Leistungsaufträge und Globalbudgets enthalten.

Gruppe «andere Steuerungsformen» (11 Kantone): Die beiden Appenzell und Uri sehen keine Umstellung des Steuerungsmodells auf WOV vor. Glarus verfügt zwar über eine gesetzliche Grundlage für WOV, wendet diese aber nur für das Kantonsspital an. In den Kantonen Jura und Neuenburg sind WOV-Instrumente im Einsatz, aber nicht im oben definierten Sinne der Steuerung des Finanzhaushalts. Basel-Stadt[33], Waadt, Nidwalden, Schaffhausen und St. Gallen haben ihre WOV-Versuche abgebrochen. Es waren alles politische Entscheide, WOV nicht definitiv einzuführen, die im Parlament gefällt wurden; im Kanton Schaffhausen war es ein Beschluss der Stimmberechtigten in einer Volksabstimmung. Meist stand hinter diesen politischen Entscheidungen keine rationale Begründung, sondern es waren irgendwelche politischen Machtkämpfe, die zum Abbruch der WOV-Projekte führten.

Im Sinne einer Zwischenbilanz kann festgehalten werden, dass sich NPM in den Kantonen grundsätzlich bewährt hat. Eine Verbesserung der Steuerungsprozesse und der Informationstransparenz nach Einführung von NPM ist belegbar.[34] Rund zwei Drittel der in verschiedenen Evaluationen befragten Parlamentsmitglieder und Verwaltungskader sind mit der NPM-Reform zufrieden.[35] Kritischer werden die Reformentwicklungen an der Schnittstelle von Legislative und Exekutive beurteilt; NPM führte tendenziell eher zu einer Stärkung von Regierung und Verwaltung.[36] Eine Mehrheit von Parlamentsmitgliedern scheint mit den Steuerungsmöglichkeiten, die ihnen das NPM bietet, noch nicht zufrieden.[37] Generell wird eine Tendenz zu einer erneuten Bürokratisierung der Verwaltung auf Grund der neu geschaffenen, teilweise überperfektionierten Controllingstrukturen festgestellt.[38]

Auf kantonaler Ebene sind zwei Trennlinien feststellbar: Die eine verläuft zwischen gross und klein. Alle ganz kleinen Schweizer Kantone haben mit NPM gar nicht erst begonnen oder haben ihre Projekte eingestellt und werden nie mit NPM arbeiten. Ebenfalls feststellbar ist ein gewisser Rösti-Graben, der «rideau de rösti» zwischen der deutschsprachigen und der französischsprachigen

---

[33] Vgl. zum Abbruch MÜLLER, 2005, S. 77 f.
[34] Vgl. HEIMGARTNER/DIETRICH, 2008 (Fn. 15), S. 65.
[35] Vgl. RITZ, 2005 (Fn. 30), S. 65; vgl. SCHMIDT, 2008, S. 112.
[36] Vgl. RITZ, 2005 (Fn. 30), S. 65.
[37] Vgl. SCHMIDT, 2008 (Fn. 34), S. 112.
[38] Vgl. RITZ, 2005 (Fn. 30), S. 66.

Schweiz. NPM ist klar erkennbar aus dem angelsächsischen Raum von Norden her über die Niederlande (Tilburg) und Deutschland in die Schweiz importiert worden. Es fehlte in der Schweiz zuerst auch an einer zwei- bzw. mehrsprachigen NPM-Terminologie, d.h. an den entsprechenden Fachausdrücken in den lateinischen Sprachen. Diese musste durch den Terminologiedienst des Kantons Bern und durch die Bundeskanzlei in Zusammenarbeit mit dem Institut de hautes études en administration publique (IDHEAP) in Lausanne zuerst mühevoll erarbeitet werden.[39]

3.4 Gemeinden: NPM selten, aber erfolgreich

Über die Entwicklung und den Stand von NPM in den Gemeinden besteht zurzeit keine vollständige Übersicht. Gemäss Erhebungen von Reto Steiner aus dem Jahr 2008 sollen 7,4 Prozent der schweizerischen Gemeinden NPM eingeführt haben. NPM findet man fast ausschliesslich in Gemeinden mit über 10'000 Einwohnern und mit einem Gemeindeparlament.

Für kleinere Gemeinden ist NPM keine Option.[40] Die Verwaltungen sind oft schlichtweg zu klein. Oft sind über 90 Prozent der jährlichen Ausgaben gebundene Ausgaben, es besteht kaum ein echtes Steuerungspotenzial. Kleine Gemeinden haben zudem zahlreiche Aufgaben ausgelagert oder die Aufgaben werden von Institutionen der interkommunalen Zusammenarbeit erfüllt. Wissenschaft und Beratung haben es versäumt, ein spezifisches NPM-Modell für kleine Gemeinden bereitzustellen. Mit wachsender Gemeindegrösse nimmt die Bereitschaft für NPM-Reformen zu.[41]

Eine der ersten Städte, die NPM vorantrieb, war die Bundeshauptstadt Bern (Neue Stadtverwaltung Bern, NSB) – das Projekt ist gut dokumentiert.[42] Im Kanton Bern wurde in einer frühen Phase ein koordinierter Pilotversuch in mehreren unterschiedlich grossen Gemeinden durchgeführt.[43] Zahlreiche NPM-Gemeinden finden sich auch im Kanton Zürich (z.B. Dübendorf, Pfäffikon, Winterthur). Dokumentiert ist auch die vollständige Einführung von NPM in den Gemeinden Allschwil und Oberwil im Kanton Basel-Landschaft.[44] Besonders zu erwähnen gilt es das mehrfach preisgekrönte NPM-Modell in der Gemeinde Riehen im Kanton Basel-Stadt.[45] PRIMA, wie das Riehener NPM heisst,

---

[39] PULITANO, 2000.
[40] Vgl. LADNER, 2005, S. 81.
[41] Vgl. LADNER, 2005 (Fn. 39), S. 83.
[42] Vgl. z.B. MÜLLER /TSCHANZ, 1995, S. 223 ff.; vgl. LADNER et al., 2007.
[43] Vgl. SEEWER, 1995, S. 263 ff.
[44] Vgl. PLATTNER, 2007, S. 235 ff.
[45] Vgl. SCHUPPLI, 2005, S. 93 ff.; vgl. STEINER et al., 2006.

geht von einer mehrjährigen Produktgruppensteuerung aus. Dies ist einer der wesentlichen Erfolgsfaktoren. Ein weiterer war der sauber geführte Change-Prozess hin zum NPM.

Der Umsetzungsgrad von NPM in den Gemeinden ist sehr unterschiedlich.[46] In einigen Kantonen stellen die kantonalen Gemeindeaufsichtsbehörden Hilfsmittel zur Einführung von NPM in den Gemeinden zur Verfügung (z.B. Kantone Bern, Solothurn, Zürich).

3.5 Justiz: NPM erst am Anfang

Eine Besonderheit in der Schweiz ist NPM in der Justiz. Die Gerichtsbehörden waren schon von Beginn weg Teil der NPM-Diskussion[47]; grundlegend diskutiert wurden insbesondere auch die staatsrechtlichen Implikationen[48]. NPM in der Justiz steht in einem Zusammenhang mit dem Trend zu autonomen Gerichtsverwaltungen. In der Praxis steht NPM in der Justiz aber noch ganz am Anfang. Die Gerichte der Kantone Bern, Luzern, Solothurn und Zürich werden heute nach dem NPM-Modell gesteuert.

4. Schleichwege von NPM

4.1 Die NPM-Reform als Reformimpuls

Der Erfolg der NPM-Reform in der Schweiz kann nicht alleine gestützt auf die Gemeinwesen beurteilt werden, in denen ein vollständiges NPM-Steuerungsmodell eingeführt wurde. Der in den 1990er-Jahren bestehende Reformdruck hat dazu geführt, dass einerseits auch nur einzelne NPM-Elemente übernommen und implementiert wurden und dass andererseits NPM weitere bzw. weiter gehende Reformen angestossen hat. Gerade auf Gemeindeebene zeigt sich eine sehr unterschiedliche Umsetzung von NPM-Elementen.[49] Diese Schleichwege von NPM waren für die Entwicklung der öffentlichen Verwaltung in den letzten Jahren genauso wichtig wie die NPM-Steuerung selbst.[50]

---

[46] Vgl. LADNER, 2005 (Fn. 39), S. 88; vgl. REBER, 2006, S. 59 ff.
[47] Siehe auch KETTIGER (Hrsg.), 2003.
[48] Vgl. LIENHARD, 2005 (Fn. 18), 460 ff.
[49] Vgl. LADNER, 2005 (Fn. 39), S. 88; vgl. PLATTNER, 2007 (Fn. 43), S. 259 ff.
[50] Vgl. auch MOSER/KETTIGER, 2004 (Fn 5), S. 16.

4.2 Steuerung mit Leistungsvereinbarung

Mit NPM ist in der Schweiz im öffentlichen Sektor ein allgemeiner Trend zur Steuerung bzw. Führung mit Zielvereinbarungen entstanden, wobei Letztere enthalten oft ein Ziel-Indikatoren-System:

Verwaltungsexterne Leistungsersteller, d.h. öffentlich-rechtliche Anstalten oder privatrechtliche Unternehmen, werden in der Regel heute von der Regierung oder der Verwaltung mit Leistungsverträgen gesteuert.[51]

Die Leistungsvereinbarung findet oft auch als rein verwaltungsinternes Instrument – d.h. unterhalb der Ebene Parlament und Regierung – Anwendung, dies beispielsweise im Kanton Basel-Stadt seit dem Abbruch des offiziellen NPM-Projekts[52].

Auch in der Steuerung des Vollzugsföderalismus durch den Bund gegenüber den Kantonen hat man auf das Instrumentarium von NPM zurückgegriffen. Im Rahmen der Neugestaltung des Finanzausgleichs und der Aufgabenteilung zwischen Bund und Kantonen (NFA) wurde im Bereich der Verbundaufgaben von Bund und Kantonen das Instrument der Programmvereinbarung geschaffen (Inhalt: Bundesbeiträge für genau definierte Vollzugsleistungen der Kantone).[53]

4.3 «Anschub» von Managementreformen

Die NPM-Bewegung hat in der schweizerischen Verwaltung auch sonst Spuren hinterlassen und hat zum Anschub von Managementreformen und zu Reformdenken geführt:

Führung ist in der öffentlichen Verwaltung heute ein Thema; noch vor 15 Jahren war sie das nicht. Dies gilt insbesondere auch für den engeren Bereich der hoheitlichen Verwaltungstätigkeit.

Auch dort, wo NPM nicht bzw. nicht integral eingeführt wurde, wurden Controllingmechanismen eingeführt. Das Controlling geht dabei über das schon längere Zeit bekannte Finanzcontrolling hinaus und umfasst auch Leistungen sowie die Wirksamkeit.[54]

Als Folge der Einführung von NPM oder anstelle von NPM wurde oft Qualitätsmanagement eingeführt. Zahlreiche Verwaltungseinheiten auf Bundes-, Kan-

---

[51] Vgl. auch HÖHENER/SCHMIDIGER, 2009.
[52] Vgl. MÜLLER, 2005 (Fn. 32), S. 78 f.
[53] Vgl. LIENHARD/KETTIGER; siehe auch den Beitrag von Gérard Wettstein in diesem Band.
[54] Vgl. RIEDER/WIDMER, 2007 (Fn. 2), S. 30; vgl. LADNER, 2005 (Fn. 39), S. 88.

tons- und Gemeindeebene sind heute ISO-zertifiziert oder verfügen über ein integriertes Qualitätsmanagement.

Die Idee der «Kundenfreundlichkeit» hat sich – mit oder ohne NPM-Steuerung – tief in das Selbstverständnis der Verwaltungen eingegraben.

Im Rahmen der Diskussion um NPM wurde auch die Frage der Flexibilität des öffentlichen Dienstrechts diskutiert. Dies hat in der Folge vereinzelt zu Dienstrechts-Revisionen geführt[55], insbesondere zum neuen Bundespersonalgesetz. Es besteht im öffentlichen Dienstrecht ein Trend zur vertraglichen Anstellung (mit öffentlich-rechtlichem Vertrag) und zur Annäherung an das Einzelarbeitsvertragsrecht nach Obligationenrecht.

4.4 Auslagerungen / PPP

Auslagerungen und Zusammenarbeitsformen zwischen dem Staat und Privaten (Public Private Partnership, PPP) gehören reformtypisch nicht zu den Binnenreformen, sondern zu den Reformen der Optimierung des Trägers der Aufgabenerfüllung (vgl. Abbildung 1). In der Schweiz waren denn Auslagerung und PPP auch nicht Elemente der NPM-Reform. Es kann jedoch festgestellt werden, dass im gleichen Zeitraum, in dem die NPM-Reformen in der Schweiz ihre Blütezeit hatten, auch die Zahl der Auslagerungen signifikant zunahm.[56] Auch die Auslagerungen stützen sich auf die Idee des Gewährleistungsstaats ab.[57] Die noch junge schweizerische PPP-Diskussion fügt sich an die Diskussion zu den Auslagerungen an. Dies führt zu den folgenden Thesen:

Die NPM-Diskussion hat zu vermehrter Auslagerung von Aufgaben geführt (also zu einer Optimierung des Trägers), obwohl dies nicht die primäre Stossrichtung von NPM war.

Ohne vorangehende NPM-Diskussion gäbe es in der Schweiz keinen Ansatz zu Public Private Partnership (PPP). Erst die NPM-Diskussion hat mentale Barrieren weggeräumt.

4.5 Public Management als Hochschuldisziplin

Die Geschichte der Verwaltungswissenschaften in der Schweiz ist jung, sehr jung. Seit 1938 bot die Universität St. Gallen Praktikerkurse für die öffentliche Verwaltung an. Erst 1981 wurde das Institut de hautes études en administration

---

[55] Vgl. RIEDER/WIDMER, 2007 (Fn. 2), S. 30; vgl. LADNER, 2005 (Fn. 39), S. 88.
[56] Vgl. z.B. LADNER, 2005 (Fn. 39), S. 88.
[57] Vgl. EHRENSPERGER et al., 2002, S. 10 ff.

publique (IDHEAP) in Lausanne gegründet, kurz darauf die Schweizerische Gesellschaft für Verwaltungswissenschaften (SGVW).

NPM gab den Verwaltungswissenschaften – nun neu unter dem Titel Public Management – an den Universitäten und Fachhochschulen einen massgeblichen Schub. Heute gibt es mehrere Executive Master an Universitäten und Fachhochschulen. An der Universität St. Gallen hat das Public Management einen Lehrstuhl – jenen von Kuno Schedler – und an der Universität Bern besteht mit dem Kompetenzzentrum für Public Management (KPM) seit einigen Jahren ein interdisziplinäres Institut. Die Universitäten Bern, Lausanne, Neuenburg und Tessin bieten neu einen Grundstudien-Master in Public Management und Politik an[58]. Dementsprechend finden nun Transfers von der Wissenschaft in die Praxis und von der Praxis in die Lehre statt, Erstere insbesondere auch in unzähligen Masterarbeiten auf Universitäts- und Fachhochschulstufe.

5. Fazit

Zu NPM in der Schweiz fehlen Langzeit-Evaluationen, solche dürfen aber in den nächsten Jahren insbesondere auf kantonaler Ebene erwartet werden. Trotzdem können heute zu NPM in der Schweiz folgende Schlüsse gezogen werden:
- NPM in der Schweiz ist von Pragmatismus geprägt.
- Es fehlt eine grundlegende Theorie von NPM – nicht nur in der Schweiz, hier aber besonders. Ohne Theorie ist es schwierig, ein gemeinsames Verständnis von NPM zu entwickeln.
- Es bestehen zwei NPM-Steuerungsmodelle (Schedler/Proeller; Thom/Ritz), welche sich sehr ähnlich sind; diese dienen als Grundlage für NPM in der Schweiz. Wegen der pragmatischen und vielfältigen Entwicklung wird es nicht mehr möglich sein, die NPM-Steuerung aller Kantone und/oder Gemeinden zu einem gesamtschweizerisch harmonisierten NPM-Steuerungsmodell hinzuführen. Benchmarks bleiben damit schwierig.
- NPM ist heute ein anerkanntes Steuerungsmodell, das sich grundsätzlich bewährt. Wer Erfahrungen mit NPM hat, möchte meist nicht wieder zurück.
- Es wird in der Schweiz nie ein flächendeckendes NPM geben.
- NPM war Anstoss für mehr Management in der Verwaltung bzw. für Management in der Verwaltung überhaupt.
- Es ist in der Schweiz zurzeit kein Ansatz von Public Management in Sicht, der über NPM hinausgehen würde. Wo NPM eingeführt wurde, bedarf es nun einer Konsolidierungsphase. Vielleicht ist die Schweiz auch ein wenig

---

[58] Siehe <http://www.kpm.unibe.ch/index.php?bereich=weiterbildung&page=masterpmp>.

reformmüde. Auf Gemeindeebene besteht nun ein gewisser Trend zu Gebietsreformen.[59]

Dank NPM ist heute Public Management in der Schweiz Verwaltungsalltag.

Literatur

BRÄNDLI-TRAFFELET, S., «Direkte Demokratie und Milizgedanke als Elemente der schweizerischen Politik», in: Kuno Schedler/Daniel Kettiger (Hrsg.), Modernisieren mit der Politik, Bern, 2003.

EHRENSPERGER, M. et al., Wirtschaftlichkeit von Aufgabenauslagerungen im öffentlichen Sektor, Zürich, 2008.

HEIMGARTNER, M./DIETRICH, A., Wirkungsorientierte Verwaltungsführung in den Schweizer Kantonen, Gegenwärtiger Stand, Eidg. Finanzverwaltung, Dezember 2008.

HIRSBRUNNER. D. et al., Wegleitung Integrierte Leistungs- und Wirkungssteuerung (ILW), Eidg. Personalamt, Juni 2001.

HOFMEISTER, A. (Hrsg.), Verwaltung wohin? – Der öffentliche Sektor zwischen Stabilität und Veränderung, Schriftenreihe SGVW Band 46, Bern, 2005.

HÖHENER, H.J./ SCHMIDIGER U., Leistungsvereinbarungen des Kantons Zürich mit Privaten, KPM-Schriftenreihe Nr. 24, Bern, 2009.

KAUFMANN, Y./HAERING, B., Evaluation der Wirkungsorientierten Verwaltungsführung WOV im Kanton Aargau, in: SGVW-Jahr J-cl 2010, S. 145 ff.

KETTIGER, D., «Bessere Wege zum Gesetz», in: Ders. (Hrsg.), Wirkungsorientierte Verwaltungsführung und Gesetzgebung, Bern, 2000.

KETTIGER, D., «Der Diskurs zu NPM lebt weiter», in: Kuno Schedler/Philippe Mastronardi, New Public Management in Staat und Recht – ein Diskurs, 2. Aufl., Bern, 2003.

KETTIGER, D. (Hrsg.), Wirkungsorientierte Verwaltungsführung in der Justiz – ein Balanceakt zwischen Effizienz und Rechtsstaatlichkeit, Schriftenreihe SGVW Band 44, Bern, 2003.

LADNER, A., «NPM und die Gemeinden», in: Andreas Lienhard et al. (Hrsg.) Zehn Jahre New Public Management in der Schweiz, Bern, 2005.

LADNER, A. et al., Evaluation der Parlaments- und Regierungsreform Neue Stadtverwaltung Bern NSB, KPM-Schriftenreihe Nr. 18, Bern, 2007.

LEUENBERGER, D., «FLAG für die Bundesverwaltung – eine Standortbestimmung», in: Andreas Lienhard et al. (Hrsg.) Zehn Jahre New Public Management in der Schweiz, Bern, 2005.

LIENHARD, A. et al. (Hrsg.), Zehn Jahre New Public Management in der Schweiz, Bern 2005.

---

[59] Der Trend betrifft insbesondere kleinere Gemeinden, welche die Aufgabenerfüllung nicht mit einer Binnenreform optimieren konnten und nun die notwendige Reform beim Träger ansetzen.

LIENHARD, A. et al., «Zehn Jahre NPM in der Schweiz – Einleitung und Übersicht», in: Lienhard, A. et al. (Hrsg.), Zehn Jahre New Public Management in der Schweiz, Bern, 2005.

LIENHARD, A., Staats- und verwaltungsrechtliche Grundlagen für das New Public Management in der Schweiz, Bern, 2005.

LIENHARD, A./KETTIGER, D., Gesetzgeberischer Handlungsbedarf der Kantone im Umweltrecht als Folge der Neugestaltung des Finanzausgleichs und der Aufgabenteilung zwischen Bund und Kantonen (NFA). Untersuchung in den Bereichen Umwelt, Wald, Natur- und Landschaftsschutz sowie Hochwasserschutz; Studie vom 3. Mai 2006 im Auftrag des Bundesamtes für Umwelt (BAFU); KPM-Schriftenreihe Nr. 10.

LINDER, W., Schweizerische Demokratie, 2. Aufl., Bern, 2005.

MOSER, C./KETTIGER, D., 10 Jahre Wirkungsorientierte Verwaltungsführung in der Schweiz: Entwicklungen, Ergebnisse und Perspektiven, PuMaConsult GmbH, Bern, 2004.

MÜLLER, B./TSCHANZ, P., «Das Projekt ‹Neue Stadtverwaltung Bern›. Vorgehen und Bedeutung der ‹weichen Faktoren›», in: Hablützel, Peter/Haldemann, Theo/Schedler, Kuno/Schwaar, Karl (Hrsg.), Umbruch in Politik und Verwaltung. Ansichten und Erfahrungen zum New Public Management in der Schweiz, Bern/Stuttgart/Wien, 1995.

MÜLLER, U., «NPM in Basel-Stadt – oder Basel tickt anders», in: Andreas Lienhard et al. (Hrsg.), Zehn Jahre New Public Management in der Schweiz, Bern, 2005.

PLATTNER, R., «Wirkungsorientierte Verwaltungsführung. Aktivitäten und Stand in den basellandschaftlichen Gemeinden», in: Biaggini, Giovanni et al (Hrsg.): Staats- und Verwaltungsrecht des Kantons Basel-Landschaft III, Recht und Politik im Kanton Basel-Landschaft Band 26, Liestal 2007, S. 235 ff.

PROELLER I., Auslagerungen in der hoheitlichen Verwaltung, Bern, 2002.

PULITANO, D., New Public Management. Terminologie – terminologie – terminologia, Bern, 2000.

REBER, K., Grenzen der Diffusion von New Public Management. Eine polit-ökonomische Untersuchung für die Schweiz und ihre Gemeinden, WWZ-Forschungsbericht 03/06, Basel, 2006.

RIEDER, S./WIDMER, T., Kantone im Wandel, Bern, 2007.

RITZ, A., «10 Jahre Verwaltungsreform in den Schweizer Kantonen», in: Andreas Lienhard et al. (Hrsg.), Zehn Jahre New Public Management in der Schweiz, Bern, 2005.

SCHEDLER, K., «Die Systemanforderungen des NPM an Staat und Recht», in: Kuno Schedler/Philippe Mastronardi, New Public Management in Staat und Recht – ein Diskurs, 2. Aufl., Bern, 2003.

SCHEDLER, K./PROELLER, I., New Public Management, 4. Aufl., Bern, 2009. STEINER, R., Reformen in den Schweizer Gemeinden, dms 2/2008; SCHMIDT, N., New Public Management im Parlament, Zürich/Chur, 2008.

SCHUPPLI, A., «Das Projekt PRIMA: Gemeindereform Riehen in der Bewährungsphase», in: Lienhard, Andreas, et al. (Hrsg.), 10 Jahre New Public Management in der Schweiz – Bilanz, Irrtümer und Erfolgsfaktoren, Bern, 2005.

SEEWER, U., «Probleme und Chancen des New Public Management (NPM) in kleineren und mittleren Gemeinden des Kantons Bern», in: Hablützel, Peter/Haldemann, Theo/ Schedler, Kuno/Schwaar, Karl (Hrsg.), Umbruch in Politik und Verwaltung. Ansichten und Erfahrungen zum New Public Management in der Schweiz, Bern/ Stuttgart/Wien, 1995.

STEINER, R. et al., Zwischenevaluation des Reformprojekts PRIMA in Riehen (BS), KPM-Schriftenreihe Nr. 8; Bern, 2006.

Teil II / Section II:
Neuordnung öffentlicher Aufgaben
La nouvelle répartition des compétences publiques

Kapitel 3 / Chapitre 3:
Vertikaler Aufgabentransfer /
Transfert vertical de compétences

Föderalismusreform in Deutschland: Inhalte, Verfahren und Bewertung

RUDOLF HRBEK

Inhaltsverzeichnis

1. Merkmale des deutschen Föderalismus und seiner Entwicklung — 192
2. Bereiche für Reformbedarf — 194
3. Das Verfahren zur Föderalismusreform — 196
4. Die Inhalte der Föderalismusreform I — 198
   - 4.1 Neuordnung der Gesetzgebungszuständigkeiten — 198
   - 4.2 Die Beteiligung der Länder in Angelegenheiten der EU — 200
   - 4.3 Regelungen im Bereich der Finanzbeziehungen von Bund und Ländern — 200
5. Die Föderalismusreform II — 202
   - 5.1 Bereiche für Reformbedarf — 202
   - 5.2 Das Verfahren — 203
   - 5.3 Die Inhalte der Föderalismusreform II — 204
     - 5.3.1 Der Bereich Finanzen — 204
     - 5.3.2 Der Bereich Verwaltung — 206
6. Fazit und Ausblick — 207
Literatur — 209

Seit den 90er Jahren erschien das Vorhaben einer durchgreifenden Reform des deutschen Föderalismus regelmäßig an prominenter Stelle der politischen Agenda. Reformforderungen und Vorschläge – aus Politik, Gesellschaft und Wissenschaft – bezogen sich auf zwei Aspekte der föderalen Ordnung: die Aufgabenverteilung sowie – damit eng verbunden – die Finanzbeziehungen zwischen Bund und Ländern. In der Frage nach dem Reformbedarf herrschte ein hohes Maß an Übereinstimmung; zu der Frage, wie die Beziehungen zwischen Bund und Ländern in diesen beiden zentralen Aspekten reformiert und neu gestaltet werden sollten, gab es dagegen unterschiedliche Auffassungen. Nach jahrelangen sehr kontroversen Debatten verständigten sich Bund und Länder schließlich im Frühjahr 2003 darauf, konkrete Schritte zu einer Föderalismusreform zu unternehmen. Nach langen und sehr kontroversen Bemühungen wurden – in zwei Etappen (Föderalismusreform I 2006 und Föderalismusreform II 2009) – Reformmaßnahmen beschlossen. Obwohl es sich um umfangreiche Reformpakete handelt – allein in der Föderalismusreform I wurden 25 Artikel des Grundgesetzes geändert, außerdem mussten Folgeregelungen auf der Ebene einfacher Gesetze, also nicht durch Verfassungsbestimmungen, vorgenommen werden –, handelt es sich nach überwiegender Einschätzung nur um eine Teilreform, die hinter dem proklamierten Ziel einer zukunftsgerichteten Modernisierung der bundesstaatlichen Ordnung zurückbleibt.

Im Folgenden sollen, zum besseren Verständnis für die Schwierigkeiten einer Föderalismusreform, zunächst einige Merkmale der föderalen Ordnung der Bundesrepublik Deutschland und ihrer Entwicklung in Erinnerung gerufen werden, bevor dann Gründe für den Reformbedarf, Besonderheiten des Reform-Verfahrens und die Inhalte der Reform erläutert werden.[1] Eine kurze Bewertung, mit einem Ausblick auf mögliche/wahrscheinliche weitere Reformbemühungen, wird den Beitrag abschließen.

1. Merkmale des deutschen Föderalismus und seiner Entwicklung

Die Bundesstaatlichkeit gehört, zusammen mit dem Demokratie- und dem Rechtsstaat-Prinzip, zu den Fundamentalnormen des 1948/49 geschaffenen (damals west-)deutschen Staates. Sie hat, gemäß Art. 79, Abs. 3 GG, Ewigkeitsgarantie; sie ist nämlich einer Verfassungsänderung entzogen. Die Entscheidung für eine föderale Ordnung, also gegen konzentrierte (zentralisierte) und für geteilte Machtausübung zwischen Bund und Ländern, erfolgte gemäß den Vorgaben der drei westlichen Besatzungsmächte, entsprach aber auch den Präferenzen der großen Mehrheit der damaligen deutschen politischen Akteure.

Eigenständiges politisches Wirken deutscher Akteure nach dem Ende des Zweiten Weltkriegs und der bedingungslosen Kapitulation des Deutschen Reiches begann, im Rahmen der jeweiligen Besatzungszonen, dezentral: auf Gemeindeebene und in den Ländern, die von den einzelnen Besatzungsmächten – meist als künstliche neue Gebilde (lediglich Bayern und Hamburg hatten eigene staatliche Traditionen) – geschaffen worden waren. Das bedeutete zweierlei: die Länder existierten bereits vor Gründung der Bundesrepublik, hatten rasch Selbstbewusstsein entwickelt und politisches Eigengewicht gewonnen, das sie im Gefolge der Gründung der Bundesrepublik nicht beseitigt sehen wollten. Und zweitens stand das Thema einer Neugliederung des Bundesgebietes, also eines anderen Zuschnitts der deutschen Länder, von Anfang an auf der Tagesordnung.

---

[1] Der Verfasser hat das Thema u.a. auf einer Konferenz in Spanien im Mai 2008 behandelt und anschließend eine ausführlichere schriftliche Fassung seines Konferenz-Beitrags angefertigt (HRBEK, Die Föderalismusreform in Deutschland, 2009, S. 21–35), die als Grundlage für diesen Beitrag (im Anschluss an den mündlichen Konferenzbeitrag am 28. Mai 2009 in Strasbourg) verwendet wird.

Art. 29 GG, der einen Auftrag zur Neugliederung und die im Übrigen sehr komplizierten Verfahrensbestimmungen dazu beinhaltete, blieb trotz mehrerer Anläufe letztlich folgenlos und wurde 1976 zu einer bloßen «Kann»-Bestimmung umgewandelt. Die einzige tatsächlich vorgenommene Neugliederung, aus ursprünglich drei südwestdeutschen Ländern wurde 1952 das Land Baden-Württemberg gebildet, erfolgte auf der Grundlage der Sondervorschrift des Art. 118 GG.[2] In Überlegungen zu einer Föderalismusreform wurde regelmäßig auf die Notwendigkeit, mindestens Wünschbarkeit einer Neugliederung verwiesen, ohne dass darauf konkrete Vorschläge zur Umsetzung gefolgt wären.

Bei der Ausgestaltung der föderalen Ordnung der Bundesrepublik waren Bund und Länder von Anfang an nicht streng voneinander getrennt; vielmehr waren die beiden Ebenen eng miteinander verbunden. Zu keiner Zeit entsprach der deutsche Föderalismus dem Modell eines «dualen», sondern stets dem eines «kooperativen» Föderalismus. Dieser immer enger werdende Verbund zwischen Bund und Ländern, wie er sich in den ersten zwei Jahrzehnten (1949–1969) in der Praxis herausgebildet hatte,[3] war mit einem Autonomieverlust der Länder verbunden. Diese kompensierten ihren Verlust an eigenständiger Gesetzgebungsmacht mit einem Zuwachs an Beteiligungsrechten.[4] Diese wurden – im Sinne der deutschen Tradition eines Exekutiv-Föderalismus[5] – von den Landesregierungen und ihren Verwaltungen wahrgenommen, während die Landesparlamente immer mehr an den Rand gedrängt wurden.

Durch eine umfangreiche Verfassungsänderung, die 1969 unter der Großen Koalition von CDU/CSU und SPD beschlossen worden war, wurde der Verbund zwischen Bund und Ländern noch verstärkt: mit Einführung der so genannten Gemeinschaftsaufgaben in den Art. 91a und 91b GG und der Verfestigung des Finanzverbunds (wichtige Steuern wurden Gemeinschaftssteuern, in die sich Bund und Länder nach bestimmten Schlüsseln teilen; zusätzlich wurde der vertikale und der horizontale Finanzausgleich[6] ausgebaut). Der «kooperative Föderalismus» war durch ein «Politikverflechtung»[7] genanntes Modell abgelöst worden.

---

[2] Vgl. dazu HRBEK, Neugliederung: Ein (fast) folgenloses Dauerthema deutscher Politik, 2009, S. 173–188.
[3] Zu den Unitarisierungstendenzen im Rahmen dieses Verbunds vgl. HESSE, 1962.
[4] Bundesgesetze im Bereich der konkurrierenden Gesetzgebungszuständigkeit mussten von Bundestag und Bundesrat – der Vertretung der Länder – gemeinsam beschlossen werden.
[5] Vgl. dazu HOLSTE, 2002.
[6] Der horizontale Finanzausgleich beinhaltet Transferzahlungen der wohlhabenden zugunsten der weniger wohlhabenden Länder.
[7] Der Begriff wurde von Fritz W. Scharpf geprägt (SCHARPF, 1976). Er hat später von «Politikverflechtungsfalle» gesprochen («Die Politikverflechtungsfalle. Europäische Integration und deutscher Föderalismus im Vergleich», vgl. SCHARPF, 1985).

Im Gefolge vielfältiger Kritik an Begleiterscheinungen und Folgen dieser Politikverflechtung erfolgten Vorstöße zu einer Föderalismusreform: in der im Februar 1973 vom Bundestag eingesetzten Enquetekommission Verfassungsreform wurden auch Reformen der bundesstaatlichen Ordnung behandelt, u.a. Verteilung der Gesetzgebungskompetenzen, die Finanzverfassung und die Stellung des Bundesrates. Der 1976 vorgelegte umfangreiche Abschlussbericht,[8] mit vielen konkreten Vorschlägen, blieb folgenlos. In den 80er Jahren ergriffene Initiativen zu einer Entflechtung des Verbunds blieben schon in den Ansätzen stecken, weil der Bund in der schwieriger gewordenen gesamtwirtschaftlichen Lage mit geringeren Erträgen nicht imstande und bereit war, einen Rückzug aus Gemeinschaftsaufgaben mit einer entsprechend besseren Finanzausstattung der Länder zu verbinden.

Mit der Wiedervereinigung Deutschlands 1990 kamen fünf neue Länder, die mit großen Strukturproblemen zu kämpfen hatten, in das Verbundsystem. Die bereits zwischen den elf «alten» Ländern evidenten Disparitäten vergrößerten sich noch und erlaubten – zunächst – keinen neuen Anlauf in Richtung Entflechtung. Da die schwächeren Länder weiterhin auf die Unterstützung durch den Bund angewiesen waren, wurde dieser im föderalen Gesamtgefüge noch mehr gestärkt.

Mitte der 90er Jahre intensivierte sich die Diskussion um eine Föderalismusreform; die Schlagworte der Reformforderungen lauteten: Entflechtung der Kompetenzen und der finanziellen Verantwortlichkeit von Bund und Ländern, sowie Wettbewerbsföderalismus als neues Leitbild, welcher zum einen den Ländern mehr autonomen legislativen Handlungsspielraum einräumen und zum zweiten den Bund (also Bundesregierung und ihre Mehrheit im Bundestag) unabhängiger von den Ländern (also ihrer Zustimmung zu Vorhaben des Bundes im Bundesrat) machen sollte.[9]

2. Bereiche für Reformbedarf

Die Diskussion über eine Reform der bundesstaatlichen Ordnung konzentrierte sich auf die folgenden fünf Punkte:
- *Neuverteilung der Gesetzgebungskompetenzen von Bund und Ländern.* Die angestrebte Stärkung sowohl der Länder als auch des Bundes sollte durch

---

[8] Vgl. die zweibändige vom Bundestag in seiner Reihe «Zur Sache. Themen parlamentarischer Beratung» herausgegebene Dokumentation, deren zweiter Band («Zur Sache» 2/77) dem Thema «Bund und Länder» gewidmet ist.
[9] Vgl. dazu HRBEK, Der deutsche Föderalismus im Herbst 2003: Mängeldiagnose und Reformkonzepte – zur Einführung, 2003.

den Wegfall der Rahmengesetzgebung des Bundes sowie die Reduzierung der in den Bereich der konkurrierenden Gesetzgebung fallenden Materien erreicht werden.
- *Stellung und Rolle des Bundesrates.* Über den Bundesrat – von den Regierungen der Länder gebildet – wirken diese an der Gesetzgebung und Verwaltung des Bundes mit. Dabei wird zwischen zwei Arten von Gesetzen unterschieden. Zustimmungspflichtige Gesetze kommen nur zustande, wenn eine Mehrheit im Bundesrat[10] explizit zustimmt.[11] Das ist im Fall unterschiedlicher parteipolitischer Zusammensetzung von Bundestag und Bundesrat vielfach nicht der Fall, wenn nämlich Oppositionsparteien im Bund über von ihnen geführte Landesregierungen versuchen, die Gesetzgebung des Bundes maßgeblich zu beeinflussen. Im Fall von Koalitionsregierungen auf Landesebene müssen sich die Parteien über die Stimmabgabe im Bundesrat verständigen; gelingt das nicht, enthält sich die Landesregierung. Bei Einspruchsgesetzen kann ein Mehrheitsvotum des Bundesrates in einer weiteren Abstimmung von einer Mehrheit im Bundestag überstimmt werden.
- *Beseitigung der so genannten Gemeinschaftsaufgaben.* Diese Fälle haben die Politikverflechtung, die durch die Notwendigkeit von Aushandlungsprozessen zwischen Bund und Ländern – mit Dominanz der jeweiligen Exekutive – charakterisiert wird, wesentlich verstärkt. Die für diese Fälle vorgeschriebene Kofinanzierung bindet Finanzmittel der Länder und engt ihren autonomen finanziellen Entscheidungsspielraum entsprechend ein.[12]
- *Eine Neuordnung der Finanzbeziehungen im Bundesstaat.* An den geltenden Regeln wurde kritisiert, dass sie eine Nivellierung in der Finanzausstattung der Länder bewirken und den Empfänger-Ländern keinerlei Anreize für verstärkte eigene Anstrengungen geben.
- *Die Beteiligung der Länder an Entscheidungen in Angelegenheiten der Europäischen Union.*[13] Der anlässlich der Ratifikation des Vertrags von Maastricht 1992 in die Verfassung aufgenommene Artikel 23 GG («Europa-Artikel») gibt den Ländern substantielle Mitwirkungs- und Entscheidungsrechte, die nach Auffassung der Bundesregierung die einheitliche Vertretung deutscher Interessen in Brüssel erschweren.

---

10   Die Länder haben im Bundesrat – je nach Bevölkerungszahl – drei, vier, fünf oder sechs Stimmen, die einheitlich abgegeben werden müssen
11   Enthaltungen wirken in diesem Fall de facto als Nein-Stimmen.
12   Kritiker sprechen in diesem Zusammenhang von der «Angebots-Diktatur» des Bundes, der sich insbesondere finanzschwächere Länder kaum entziehen können und wollen.
13   Vgl. dazu HRBEK, Die Auswirkungen der EU-Integration auf den Föderalismus in Deutschland, 1997.

3. Das Verfahren zur Föderalismusreform

Nach jahrelangen Diskussionen über eine Reform der bundesstaatlichen Ordnung der Bundesrepublik, in deren Verlauf viele, teilweise sehr detaillierte Vorschläge unterbreitet worden waren,[14] verständigten sich im Frühjahr 2003 die Bundesregierung und die Länder darauf, konkrete Schritte mit dem Ziel einer Verfassungsänderung einzuleiten. Im März 2003 hatten sich die Ministerpräsidenten der 16 deutschen Länder auf Leitlinien für Verhandlungen mit der Bundesregierung geeinigt; die Bundesregierung hatte ihre Grundposition im April 2003 formuliert. Beide Seiten befürworteten eine Entflechtung der Beziehungen, sowohl hinsichtlich der Gesetzgebungskompetenzen als auch der finanziellen Verantwortlichkeiten, aber ihre Positionen unterschieden sich bei der Beantwortung der Frage, was das im Einzelnen jeweils bedeuten sollte.

Im November 2003 setzten Bundestag und Bundesrat eine gemeinsame Kommission zur, wie es hieß, Modernisierung des deutschen Föderalismus ein. Weil im Mandat für diese Kommission (KOMBO genannt) zwei Punkte explizit ausgeklammert worden waren – die Finanzbeziehungen und das Thema einer Neugliederung des Bundesgebietes –, konnte nur eine Teilreform in Angriff genommen werden; das 2006 schließlich erreichte Ergebnis wird deshalb auch als Föderalismusreform I bezeichnet. Die Kommission bestand aus je zehn Mitgliedern von Bundestag und Bundesrat; hinzukamen, allerdings nur mit beratender Funktion, vier Mitglieder der Bundesregierung, sechs Vertreter der Landesparlamente und drei Vertreter der lokalen Gebietskörperschaften. Zwölf Experten (Akademiker, die von der Kommission auf Vorschlag der Fraktionen des Bundestages bestellt wurden) wirkten an den Beratungen mit.

Die Kommissionsberatungen erbrachten in einer Reihe von Fragen Annäherungen und Übereinstimmungen; andererseits blieben – nicht zuletzt in einzelnen Hauptfragen – Gegensätze bestehen. Im Dezember 2004 erklärten die beiden Ko-Vorsitzenden (der bayerische Ministerpräsident Stoiber und der Vorsitzende der SPD-Fraktion im Bundestag, Müntefering), dass sich die Kommission nicht auf einen gemeinsamen Vorschlag habe einigen können, der Chancen haben würde, mit der für Verfassungsänderungen erforderlichen Zwei-Drittel-Mehrheit in Bundestag und Bundesrat angenommen zu werden.[15]

---

[14] Eine Auswahl mit den wichtigsten Vorschlägen enthält die von HRBEK/EPPLER Ende 2003 herausgegebene Dokumentation (siehe Fn. 9).
[15] Zum Zwischenstand und zu den Gründen für das (vorläufige) Scheitern der Reformbemühungen informieren die Beiträge in dem von Rudolf Hrbek und Annegret Eppler herausgegebenen Band («Die unvollendete Föderalismus-Reform. Eine Zwischenbilanz nach dem Scheitern der Kommission für die Modernisierung der bundesstaatlichen Ordnung im Dezember 2004»), sowie die Beiträge von W. Renzsch, Th. Fischer, I. Kemmler, M. Char-

Ein neuer Anlauf erfolgte im Rahmen des so genannten «Beschäftigungsgipfels» im Frühjahr 2005, bei dem Spitzenvertreter der Bundesregierung und der parlamentarischen Opposition unter Leitung von Bundeskanzler Schröder (SPD) und Oppositionsführerin Merkel (CDU/CSU) nichtöffentliche Gespräche führten. Beide Seiten schienen einen Konsens gefunden zu haben, der aber wegen der vorzeitigen Auflösung des Bundestages und der Ansetzung von Neuwahlen im Herbst 2005 nicht im Rahmen eines förmlichen Gesetzgebungsverfahrens zur Änderung der Verfassung ratifiziert werden konnte.[16]

Einen wichtigen Beitrag für den Fortgang der Reformbemühungen leistete das Bundesverfassungsgericht 2004 und 2005 mit zwei Entscheidungen in Fragen der Rahmengesetzgebung: Es ging um die Einführung der Juniorprofessur und die Einführung von Studiengebühren. Das Gericht hat die Bedingungen, unter denen der Bund gesetzgeberisch tätig werden darf, sehr restriktiv ausgelegt und damit die Position der Länder gegenüber dem Bund gestärkt.[17]

Eine weitere Vorentscheidung in einer wichtigen Frage der Föderalismusreform fiel im Zusammenhang mit der im Mai 2005 erfolgten Ratifizierung des EU-Verfassungsvertrags. Die Länder stimmten dem Vertrag erst zu, nachdem der Bund ihnen Konzessionen gemacht hatte, die ihre Rolle bei Entscheidungen in Angelegenheiten der EU stärkt.[18]

Der letzte Schritt erfolgte im Zusammenhang mit den Beratungen zur Bildung einer neuen Regierung nach den vorgezogenen Bundestagswahlen im Herbst 2005. Die Partner der künftigen Großen Koalition, CDU/CSU und SPD, einigten sich in vertraulichen Gesprächen auf höchster Ebene und in kleinstem Kreis auf ein Gesamtkonzept (die so genannte Föderalismusreform I), das im Frühjahr 2006 in den Gesetzgebungsprozess in Bundestag und Bundesrat eingebracht und dann beschlossen wurde. Der Bundestag war an den Beratungen seit Spätherbst 2005 praktisch nicht beteiligt; sie lagen zum einen in den Händen der Spitzen der neuen Koalition, zum andern bei den Ministerpräsidenten der Länder, die dem Verhandlungsergebnis im Koalitionsvertrag auf einer Sonderkonferenz im März 2006 zustimmten. Diese Verfahrensaspekte wurden im Bundestag teilweise scharf kritisiert; in erster Linie von denjenigen Abgeordneten, die mit Teilen des Kompromisspakets nicht einverstanden waren.

---

    don, U. Münch, M. Große Hüttmann sowie H.-J. Dietsche und Sven Hinterseh, in: EZFF, 2005.
[16] Vgl. dazu HRBEK, Ein neuer Anlauf zur Föderalismus-Reform: Das Kompromisspaket der Großen Koalition, 2006.
[17] Vgl. dazu SCHMAHL, 2006.
[18] Ausführlich dazu HRBEK, Der deutsche Bundesstaat in der EU. Die Mitwirkung der deutschen Länder in EU-Angelegenheiten als Gegenstand der Föderalismus-Reform, 2005.

Wie schon 1969 erfolgte auch diese insgesamt recht umfassende Verfassungsreform im Rahmen einer Großen Koalition, die das Zustandekommen der erforderlichen Zwei-Drittel-Mehrheit gewährleistete. Und die entscheidenden Beratungen und Verhandlungen fanden nicht im Rahmen der dafür eingesetzten und öffentlich tagenden Reform-Kommission statt, sondern wurden auf höchster politischer Ebene – und hinter verschlossenen Türen – geführt.

4. Die Inhalte der Föderalismusreform I

Die im Rahmen dieser ersten Etappe einer Föderalismusreform beschlossenen Bestimmungen beziehen sich auf folgende Punkte:

4.1 Neuordnung der Gesetzgebungszuständigkeiten

Auf diesem Gebiet erfolgten zweifellos die wichtigsten Veränderungen: Eine Reihe neuer Bestimmungen brachte die von vielen als vordringlich geforderte Entflechtung, mit der Wirkung einer Stärkung der Autonomie sowohl der Länder als auch des Bundes. Im Einzelnen geht es um folgende Punkte:

- Die Rahmengesetzgebung des Bundes (bisher Art. 75 GG) wird beseitigt und die bisher unter diese Kategorie fallenden Kompetenzen werden entweder als ausschließliche Kompetenzen des Bundes ausgewiesen oder fallen in den Bereich der konkurrierenden Zuständigkeit.
- Eine wirkliche Innovation ist der neue Artikel 72, Abs. 3 GG über die so genannte «Abweichungsgesetzgebung der Länder» im Fall konkurrierender Zuständigkeit.[19] Danach können Länder – und zwar einzeln – auf einigen wenigen Gebieten (in einzelnen Fragen des Umweltrechts sowie auf den Gebieten Hochschulzulassung und Hochschulabschlüsse) von einem Bundesgesetz, das im Rahmen der konkurrierenden Zuständigkeit erlassen wird, mit eigenen Bestimmungen abweichen. Der Bund kann darauf wiederum reagieren. Während einige Beobachter fürchten, es könne hier zu einem «Ping-Pong-Effekt» kommen, wird das von anderen mit der Begründung bezweifelt, dass jedes Land, welches abweichende Regeln erlassen will, dafür gute und überzeugende Argumente vorbringen muss. Die neue Bestimmung öffnet den Weg zu unterschiedlichen Lösungen und erlaubt Wettbewerb um die besseren oder die besten Lösungen («best practice»). Es bleibt abzuwarten, ob es dadurch zur Ausbildung des Modells eines «asymmetrischen Föderalismus» kommen wird.[20]

---

[19] Vgl. dazu DIETSCHE, 2006.
[20] Das diskutiert auch Frank Decker (DECKER, 2007).

- Die Länder bekommen neu die ausschließliche Kompetenz auf dem Gebiet der Besoldung und Versorgung der Angehörigen des öffentlichen Dienstes – was auch hier Wettbewerb ermöglicht – sowie die Verantwortung für den Strafvollzug, das Heimrecht, den Ladenschluss, die Gaststätten und die Spielhallen.
- Auch der Katalog ausschließlicher Kompetenzen des Bundes wird erweitert (z.B. Waffen- und Sprengstoffrecht sowie Erzeugung und Nutzung der Kernenergie zu friedlichen Zwecken). Ganz neu ist sodann die Verantwortung für die Abwehr von Gefahren des internationalen Terrorismus durch das Bundeskriminalpolizeiamt. Vorhaben auf diesem Gebiet unterliegen allerdings der Zustimmung durch den Bundesrat.
- Das Zustimmungsrecht des Bundesrates soll durch eine Neufassung von Art. 84, Abs. 1 GG reduziert werden. Wenn nämlich die Länder Bundesgesetze als eigene Angelegenheit ausführen, haben sie künftig das Recht, die Einrichtung der Behörden und das Verwaltungsverfahren selbst zu regeln; und wenn Bundesgesetze etwas anderes bestimmen, «können Länder davon abweichende Regelungen treffen». Soll die Abweichungsmöglichkeit ausgeschlossen werden, muss dem der Bundesrat ausdrücklich zustimmen. Waren bislang etwa 60% der Bundesgesetze zustimmungspflichtig, wird eine Reduzierung des Anteils auf etwa 35% erwartet,[21] was die Abhängigkeit der Bundesregierung von einer Ländermehrheit, ganz im Sinne des Ziels «Entflechtung», reduzieren würde.
- Wichtig ist sodann die in Art. 85, Abs. 1 GG aufgenommene ergänzende Bestimmung, dass durch Bundesgesetz Gemeinden und Gemeindeverbänden keine Aufgaben übertragen werden dürfen.
- Aus dem Bereich der so genannten Gemeinschaftsaufgaben (Artikel 91a GG), die nicht gänzlich eliminiert werden, wird der Bereich «Ausbau und Neubau von Hochschulen einschließlich der Hochschulkliniken» herausgenommen und den Ländern als ausschließliche Kompetenz zugewiesen, wobei den Ländern Bundesmittel als Kompensation zugewiesen werden.
- Artikel 91b GG, der bislang das Zusammenwirken von Bund und Ländern bei Bildungsplanung und Forschung regelte, wird neu gefasst und bezieht sich künftig auf zwei Bereiche: (1) Das Zusammenwirken von Bund und Ländern in Fällen überregionaler Bedeutung im Bereich der Förderung von

---

[21] Der Wissenschaftliche Dienst des Bundestages war beauftragt worden zu untersuchen, wie sich die geplante neue Vorschrift in den beiden zurückliegenden Wahlperioden des Bundestages ausgewirkt haben würde. Die am 12. Mai 2006 veröffentlichte Studie erbrachte folgendes Ergebnis: Der Anteil der zustimmungspflichtigen Gesetze wäre in der 14. Wahlperiode (1998–2002) von 55,2% auf 25,8% zurückgegangen, in der 15. Wahlperiode (2002–2005) von 51% auf 24%.

Einrichtungen und Vorhaben der wissenschaftlichen Forschung außerhalb von Hochschulen, von Vorhaben der Wissenschaft und Forschung an Hochschulen[22] und von Forschungsbauten an Hochschulen einschließlich Großgeräten.[23] (2) Bund und Länder können sodann «aufgrund von Vereinbarungen zur Feststellung der Leistungsfähigkeit des Bildungswesens im internationalen Vergleich und bei diesbezüglichen Berichten und Empfehlungen zusammenwirken».

4.2 Die Beteiligung der Länder in Angelegenheiten der EU

Strittig war, ob auch Repräsentanten der Länder die Bundesrepublik im Rat der EU vertreten können, wie es Art. 23, Abs. 6 GG für Fälle ausschließlicher Länderkompetenz vorsah. Die Bundesregierung wollte diese Bestimmung mit der Begründung streichen, die Rolle der Länder als Stimmführer im Rat werfe Probleme auf; die Länder insistierten auf der Beibehaltung der Bestimmung. Die schließlich gefundene Lösung sieht vor, dass die Länder diese Stimmführerschaft im Rat oder in Formationen des Rates nur in drei Fällen innehaben können: schulische Bildung, Kultur und Rundfunkwesen.

4.3 Regelungen im Bereich der Finanzbeziehungen von Bund und Ländern

Obwohl dieser Bereich in der ersten Stufe der Föderalismusreform nicht systematisch behandelt und ggf. erneuert werden sollte, gehören einige wenige Neuerungen in diesen Bereich. Sie beziehen sich aber nur auf Einzelaspekte und lassen die Kernfragen unberührt.
- Art. 104a GG schreibt vor, dass Bundesgesetze künftig dann zustimmungspflichtig sind, wenn sie finanzielle Pflichten für die Länder mit sich bringen.
- Der Bund kann gemäß dem neuen Art. 104b GG den Ländern Finanzhilfen für bedeutsame Investitionen der Länder und Gemeinden gewähren; allerdings nicht für Gegenstände der ausschließlichen Kompetenz der Länder. Diese Finanzhilfen sind des Weiteren konditioniert: Sie müssen (1) zur Abwehr einer Störung des gesamtwirtschaftlichen Gleichgewichts, (2) zum Ausgleich unterschiedlicher Wirtschaftskraft im Bundesgebiet oder (3) zur

---

[22] Dieser Kategorie von Fördermaßnahmen müssen alle Länder zustimmen.
[23] Die neuen Bestimmungen halten an der gesamtstaatlichen Verantwortung von Bund und Ländern in diesem wichtigen Bereich fest. Eine erste Bilanz, die in diesem Zusammenhang auch erste Aktivitäten eines einzelnen Landes berücksichtigt, gibt HAUG, 2010.

Förderung des wirtschaftlichen Wachstums erforderlich sein; und sie werden nur befristet gewährt.

- Ein neuer Art. 143c GG sieht vor, dass den Ländern jährlich bestimmte Beträge aus dem Haushalt des Bundes als Kompensation für die nicht mehr gewährten Mittel im Rahmen der früheren Gemeinschaftsaufgabe «Hochschulbau» zur Verfügung gestellt werden. Besonders wichtig und folgenreich ist die weitere Bestimmung, dass die Vereinbarungen aus dem Solidarpakt II unberührt bleiben. Dieser garantiert den fünf neuen Ländern zusätzliche Mittel bis zum Jahr 2018.
- Ein neuer Absatz 6 in Art. 104a GG regelt, wie Bund und Länder die Lasten einer Verletzung von supranationalen und völkerrechtlichen Verpflichtungen Deutschlands tragen: 15% der Bund, 85% die Länder (wobei die Ländergesamtheit 35% und die Länder, die die Kosten verursacht haben, 50% tragen müssen).
- Art. 109 GG enthält einen neuen Absatz 5, der die Verpflichtungen von Bund und Ländern für die Einhaltung der Haushaltsdisziplin im Rahmen der EU-Währungsunion regelt. Sanktionsmaßnahmen, also Zahlungen an die EU, teilen sich Bund und die Länder im Verhältnis 65% zu 35%. Der Länderanteil wird zu 35% von allen Ländern gemeinsam aufgebracht, die restlichen 65% von den Ländern entsprechend ihrem jeweiligen Verursachungsbeitrag.

Mit diesen Verfassungsänderungen, ergänzt um eine Reihe von Begleitgesetzen, ist ein Schritt in Richtung einer Entflechtung von Verantwortlichkeiten von Bund und Ländern gemacht worden. Aber obwohl Bund und Länder gestärkt werden, die kritisierte Verflechtung also reduziert wird, gehört der deutsche Föderalismus unverändert in die Kategorie «Kooperativer Föderalismus». Eine radikale Entflechtung, wie sie von einzelnen Kritikern der früheren, «Politikverflechtung» genannten Strukturen der bundesstaatlichen Ordnung Deutschlands gefordert worden war, wäre mit dem Grundgedanken föderaler Struktur – eine ausgewogene Verbindung von «regional self-rule» (für bestimmte Aufgaben und Bereiche) und «shared rule» (für andere Aufgaben und Bereiche) herzustellen und zu gewährleisten[24] – letztlich nicht vereinbar gewesen.[25] Bund und Länder bleiben auch unter den neuen Regeln aufeinander bezogen und voneinander abhängig. Wie sich die neuen Bestimmungen auswirken und wie sich die Gewichte zwischen Bund und Ländern verteilen, bleibt abzuwarten.

---

[24] So definiert es Ronald L. Watts (vgl. WATTS, 2008, S. 1).
[25] Das hatte auch Arthur Benz im Sinn, wenn er seine am 11. November 2006 an der Universität Tübingen gehaltene «Theodor Eschenburg-Vorlesung» unter den Titel «Föderalismusreform in der Entflechtungsfalle» gestellt hatte. Sie ist abgedruckt in BENZ, 2007, S. 180–190.

5. Die Föderalismusreform II[26]

Bei der Verabschiedung der Föderalismusreform I war zugleich beschlossen worden, das Vorhaben einer Reform der bundesstaatlichen Ordnung Deutschlands fortzuführen und sich in einem zweiten Schritt um die Reform der Finanzbeziehungen im deutschen Bundesstaat zu bemühen. Prämisse für diesen Beschluss war die erneut bekräftigte Auffassung und Überzeugung, dass die Finanzverfassung stets Folgeverfassung der Aufgaben- und Kompetenzverteilung ist, dass also das erste Reformpaket von 2006 ohne diesen zweiten Schritt ein Torso bleiben würde.

5.1 Bereiche für Reformbedarf

Gegenstand der jahrelangen vorbereitenden Diskussionen bis zur Einsetzung der KOMBO Ende 2003 war stets eine Gesamtreform der bundesstaatlichen Ordnung. Die Ausklammerung des Aspekts «Finanzbeziehungen» erfolgte erst durch den Einsetzungsbeschluss. Die Bereiche, für die auch hinsichtlich dieses Aspekts Reformbedarf bestand, waren längst identifiziert und galten insofern auch zu Beginn des zweiten Schritts, der Ende 2006 zusammen mit dem Inkrafttreten der Föderalismusreform I eingeleitet wurde. Es handelte sich um folgende Hauptthemen:[27]

- *Staatsverschuldung.* Angesichts der Zunahme der Schuldenmasse von Bund und Ländern wurden Maßnahmen auf zwei Gebieten erörtert: (1) ein Schulden- (d.h. also ein Kreditaufnahme-)Verbot bzw. die Bestimmung von Kriterien, unter denen (begrenzte) Kreditaufnahme erlaubt sein sollten; (2) Schritte zum Abbau der Schulden.

---

[26] Im mündlichen Vortrag zum Thema dieses Beitrags auf der Veranstaltung im Mai 2009 in Strasbourg hat der Verfasser lediglich auf das Vorhaben, im Rahmen der Föderalismusreform II auch die Finanzbeziehungen zwischen Bund und Ländern neu zu gestalten, hingewiesen; Ergebnisse konnten zum damaligen Zeitpunkt noch nicht präsentiert werden. Für den hier vorgelegten ausführlicheren schriftlichen Beitrag erscheint es geboten, die Ergebnisse der im September 2009 in Kraft getretenen Föderalismusreform II wenigstens kurz zusammenzufassen.

[27] Diese Aufstellung nahm Ferdinand Kirchhof anlässlich der Eschenburg-Vorlesung 2006 am 10. November 2006 in der Universität Tübingen in einer Podiumsdiskussion zur Föderalismusreform vor.

- *Verantwortung für die Finanzierung der Staatsaufgaben.* Nach dem geltenden System legt der Bund die Aufgaben fest, die Länder führen sie aus und der Bund entscheidet über die Finanzquellen. Für eine Reform wurden folgende Lösungsalternativen vorgeschlagen: (1) Bund und Länder erhalten jeweils bestimmte Steuerquellen zur eigenständigen Verwendung zugewiesen. Das würde den Einfluss des Bundes beseitigen und den Ländern Sicherheit hinsichtlich der ihnen zur Verfügung stehenden Mittel geben. (2) Der Bund erstattet den Ländern die Kosten, die ihnen bei der Aufgabenerfüllung entstehen. (3) Bundeshilfen für die Länder, weil an den Interessen und der aktuellen Finanzlage des Bundes orientiert, geben den Ländern keine Sicherheit; sie werden vielmehr am «goldenen Zügel» des Bundes in Abhängigkeit gehalten.
- *Steuerautonomie der Länder.* Hier dürften die Länder selbst über die Höhe der abzuführenden Steuern entscheiden, könnten also in einen Wettbewerb miteinander treten, den wiederum finanzschwache Länder fürchten. Zwei Gegenargumente lauten: (1) Unterschiedliche Steuersätze sind gleichbedeutend mit Steuergrenzen, die im Grunde nicht zum EU-Binnenmarkt passen. (2) Statt zu Steuerwettbewerb könnte es durchaus auch zur Kartellbildung von Ländern kommen.
- *Finanzausgleich.* Hierzu wurde – von den finanzstarken Ländern (den «Nettozahlern») – immer wieder die Streichung des horizontalen Finanzausgleichs gefordert, was die «Netto-Empfänger» unter den Ländern als Verweigerung von Solidarität kritisierten und vehement ablehnten. Und was die als problematisch eingestuften – weil Abhängigkeit mit sich bringenden – Ergänzungszuweisungen des Bundes angeht, wurde vorgeschlagen, sie nur für die Grundversorgung beizubehalten und dann streng nach abstrakten Merkmalen und Maßstäben auszugestalten.

5.2 Das Verfahren

Noch im Dezember 2006 haben Bundestag und Bundesrat wiederum eine «gemeinsame Kommission zur Modernisierung der Bund-Länder-Finanzbeziehungen» eingesetzt.[28] Als Ziele wurden dabei die Stärkung der Eigenverantwortung der Länder und ihrer aufgabenadäquaten Finanzausstattung genannt. Der Anhang zum Einsetzungsbeschluss bezog sich indessen nicht direkt auf diese beiden Schlagworte, sondern stellte für die Kommissionsarbeit eine Liste von Themen zusammen, in der neben der Neufestlegung der Finanzbeziehungen zwischen Bund und Ländern auch die Prüfung von Verwaltungsaufgaben und

---

[28] Vorsitzende waren der baden-württembergische Ministerpräsident Oettinger für den Bundesrat und der Vorsitzende der SPD-Bundestagsfraktion Struck.

Effizienzmöglichkeiten innerhalb der Verwaltungstätigkeit der Länder genannt wurden. Damit zeichnete sich von vornherein ab, dass die Föderalismusreform II im Schwerpunkt nur eine Begrenzung der Staatsverschuldung anstrebte, nicht aber eine umfassend neue Finanzverfassung erstellen wollte.[29]

Das Verfahren der Föderalismusreform II sollte, was den Zeitrahmen angeht, bis spätestens Mitte 2009, also noch vor dem Ende der Wahlperiode mit einer Regierung der Großen Koalition, abgeschlossen sein, um die für eine Verfassungsänderung erforderliche Zwei-Drittel-Mehrheit zu gewährleisten. Die Kommission hat ihre Vorschläge im März 2009 vorgelegt. Diese wurden unverändert in das parlamentarische Verfahren eingebracht, mit der erforderlichen Zwei-Drittel-Mehrheit Ende Juli 2009 in Bundestag und Bundesrat beschlossen, so dass die verkürzt als «Schuldenbremse» bezeichnete Föderalismusreform II zum 1. August 2009 in Kraft treten konnte. Die Länder Berlin, Mecklenburg-Vorpommern und Schleswig-Holstein hatten der Reform nicht zugestimmt. Ein Hauptargument ihrer Kritik sind Zweifel, ob die Länder – mit ihrer Staatsqualität – zu einer Änderung ihrer Landesverfassungen gezwungen werden können, die sie in der autonomen Gestaltung ihres Haushalts beeinträchtigen, ihnen nämlich das Recht zur Kreditaufnahme nehmen würde. Diese Streitfrage wird wohl vom Bundesverfassungsgericht zu entscheiden sein, welches vom Land Schleswig-Holstein angerufen worden ist.

5.3 Die Inhalte der Föderalismusreform II[30]

5.3.1 Der Bereich Finanzen

Hier liegt der Schwerpunkt des zweiten Reformpakets, welches zusammengefasst als «Schuldenbremse» bezeichnet, verstanden und gewürdigt wird; die entsprechenden Bestimmungen fanden deshalb in der Öffentlichkeit starke Beachtung. Es handelt sich um folgende Punkte:

- *Einführung einer neuen vertikalen Finanzhilfe.* Gemäß einer neuen Bestimmung in Art. 104b, Abs. 1 GG kann der Bund – ohne Gesetzgebungsbefugnisse zu haben – den Ländern im Fall von Naturkatastrophen oder bei außergewöhnlichen Notsituationen Hilfen geben, was neue Verflechtungsmöglichkeiten eröffnet.
- *Frühwarnsystem vor Haushalts-Notlagen einzelner Länder.* Der neue Art. 109a GG sieht die Einsetzung eines Stabilitätsrates (auf Ministerebene) vor, der Kriterien für entsprechende Kennziffern festlegen, Grenzwerte

---

[29] Vgl. dazu und zu den Ergebnissen der Föderalismusreform II KEMMLER, 2009, S. 208–224.
[30] Vgl. dazu u.a. KEMMLER, Juli 2009, S. 549–557; sowie FÄRBER, 2010, S. 163–175.

bestimmen, über eine Haushalts-Notlage beschließen und dann ein Sanierungsprogramm vorsehen soll. Die Verhängung von Sanktionen ist allerdings nicht vorgesehen. Hintergrund dieser institutionellen und prozeduralen Neuerung war eine entsprechende Forderung, die das Bundesverfassungsgericht in seinem «Berlin-Urteil» erhoben hatte. Das Gericht hatte festgestellt, dass Bund und Länder nicht verpflichtet seien, für ein Land im Fall einer extremen Haushalts-Notlage einzustehen.

- *Schuldenbremse des Bundes.* Durch eine Neufassung der Artikel 109 und 115 GG, ergänzt um ein Ausführungsgesetz zu Art. 115 GG, wird die Kreditaufnahme des Bundes neu geregelt. Während diese bisher an das Volumen von Neu-Investitionen gekoppelt oder auf den Ausnahmesachverhalt einer «Störung des gesamtwirtschaftlichen Gleichgewichts» ausgerichtet war, gilt künftig eine feste Obergrenze in Höhe von 0,35% des BIP. Die Einfügung einer konjunkturellen Komponente erlaubt jedoch auch künftig ein gewisses Maß an Flexibilität bei der Beachtung der Obergrenze, verpflichtet den Bund aber zugleich zur Tilgung höherer Schulden «in guten» Zeiten.

- *Schuldenverbot für die Länder.* Anders als für den Bund wird für die Länder in Art. 109, Abs. 3, Satz 1 und 5 GG ein strukturelles Schuldenverbot, welches ab 2020 gelten soll, neu eingeführt. Dieses wird aber, vergleichbar den Regeln für den Bund, durch eine konjunkturelle Komponente ergänzt und damit – potentiell – gelockert. Der oben erwähnte Widerspruch einzelner Länder und ihre Anrufung des Bundesverfassungsgerichts beziehen sich auf diesen Teil des Reformpakets, der ihre Haushalts-Autonomie gravierend einschränkt. Sie argumentieren, dass ein solcher Eingriff mit der vom Grundgesetz gewährleisteten Eigenstaatlichkeit der Länder nicht vereinbar sei. Dem werden von Befürwortern der neuen Regeln folgende Argumente entgegengehalten: (1) das Finanzwesen in einem Bundesstaat ist ein Gesamtgefüge, woraus die Pflicht zur gegenseitigen Rücksichtnahme folgt; (2) die im EU-Rahmen geltenden und von Bund und Ländern anerkannten Regeln des Stabilitätspaktes für die Währungsunion schränken die Haushalts-Autonomie gleichfalls ein; (3) Haushalts-Autonomie kann infolgedessen nur Ausgaben-Autonomie bedeuten. Diese Argumente werden nach überwiegender Meinung als überzeugend und stichhaltig angesehen, so dass damit gerechnet werden kann, dass das Bundesverfassungsgericht die Verfassungsmäßigkeit der Bestimmungen zum Schuldenverbot für die Länder bestätigen wird. Die Länder müssen die Vorgaben des Grundgesetzes im Einzelnen in ihren Verfassungen und gesetzlichen Bestimmungen regeln.

- *Konsolidierungshilfen für einzelne Länder.* Weil eine Reihe von Ländern eine große Schuldenlast mit sich tragen, die sie allein bis zum Jahr 2020 nicht abbauen können, und damit 2020 auch diese Länder einen ausgeglichenen Haushalt ohne Kreditaufnahme ausweisen können, sieht der neue Artikel 143d, Abs. 2 und 3 GG vor, dass den Ländern Berlin, Bremen, Saarland, Sachsen-Anhalt und Schleswig-Holstein im Zeitraum 2011–2019 eine Konsolidierungshilfe gewährt wird, die der Bund und die anderen Länder je zur Hälfte – gemessen am Umsatzsteuer-Anteil – aufzubringen haben. Die Hilfen werden jährlich gewährt und betragen für Bremen 300 Millionen, für das Saarland 260 Millionen und für die übrigen drei Länder je 80 Millionen EUR. Im Gegenzug haben diese fünf Länder die Pflicht, ihre Schulden linear abzubauen. Die neuen Regeln verweisen erneut auf den Verflechtungscharakter des deutschen Föderalismus. Ob die angestrebte Konsolidierung erreicht wird, bleibt abzuwarten. In diesem Zusammenhang ist außerdem daran zu erinnern, dass 2019 der Solidarpakt zu Gunsten der fünf neuen Länder ausläuft. Ob in einer Situation, in der dann der Finanzausgleich neu verhandelt werden muss, der Start in eine Phase der Null-Verschuldung erfolgreich beginnen kann, ist in der Tat nicht absehbar.

5.3.2 Der Bereich Verwaltung

Im Beschluss zur Einsetzung der zweiten Reformkommission waren, wie oben erwähnt, auch die Verwaltung betreffende Themen genannt worden. «Gemessen an der Themenvielfalt in sechs großen Gebieten des Bereichs ‹Verwaltung› zu Beginn der Kommissionsarbeit fallen die Resultate dazu klein aus.»[31] Am Wichtigsten sind die folgenden Punkte:[32]

- *IT – Kooperation.* Auf dem Feld des Einsatzes von Informationstechnologie sollen, was von der Sache her geboten und sinnvoll ist, Bund und Länder enger zusammenarbeiten; Grundlage sind der neue Art. 91c GG, ein Begleitgesetz (auf Bundesebene) und ein zwischen Bund und Ländern abzuschließender Staatsvertrag. Auch diese Regelung bewirkt keine Entflechtung und illustriert erneut, wie eng die beiden staatlichen Ebenen aufeinander bezogen sind. In der Praxis bleibt abzuwarten, wie dominant der Bund auf diesem Gebiet den Ländern gegenüber sein wird.

- *Benchmarking.* Der neue Art. 91d GG soll einen Leistungsvergleich zwischen den Verwaltungen des Bundes und der Länder ermöglichen, wobei die Beteiligung sinnvollerweise freiwillig sein und das Verfahren nicht zum Erlass einheitlicher und für alle verbindlicher Standards führen soll. Es entspricht insofern dem Konzept des «kooperativen Föderalismus».

---

[31] KEMMLER (siehe Fn. 30), S. 550.
[32] ebenda, S. 550/51. Hier werden auch weitere Ergebnisse in speziellen Feldern (Steuerverwaltung, Bundeskrebsregister und Bundesfernstraßenverwaltung) aufgeführt.

6. Fazit und Ausblick

Das Vorhaben einer Föderalismusreform hatte das Ziel, die bundesstaatliche Ordnung der Bundesrepublik zu modernisieren und zukunftsfähig zu machen. Bund und Länder sollten in ihrer jeweiligen Handlungsfähigkeit gestärkt und – unter dem Schlagwort «Entflechtung» – unabhängiger voneinander werden. Für die Ebene der Länder und ihr Verhältnis zueinander kam das weitere Schlagwort «Wettbewerbs-Föderalismus» als Zielvorstellung hinzu. Nach einer langen vorbereitenden Diskussionsphase, in der eine große Zahl von konkreten Vorschlägen vorgelegt worden war, wurde das Vorhaben dann in zwei aufeinander folgenden Schritten – mit dem Ergebnis einer großen Zahl von Verfassungsänderungen und Ergänzungen samt Begleit- und Folgegesetzen – vorangetrieben.

Die Ergebnisse stellen keinen Systemwechsel dar, der deutsche Föderalismus wird nicht neu definiert. Beide Schritte, die Föderalismusreformen I und II, sind umfangreiche Paketlösungen, die Kompromisscharakter haben, also die Balance zwischen Bund und Ländern und der Länder untereinander nicht tief greifend verändern, sondern lediglich neu austarieren. Auf dieser Grundlage und unter der politischen Konstellation einer Großen Koalition war dieser Kompromiss, der von der erforderlichen Zwei-Drittel-Mehrheit in Bundestag und Bundesrat unterstützt wurde, möglich.

Zum Kompromisscharakter gehört, dass einerseits hier und dort Entflechtung – aber nur in kleineren Dosen – bewerkstelligt wurde, dass andererseits aber auch neue Verflechtungsstrukturen eingeführt und bereits bestehende weitgehend aufrechterhalten wurden. Das lag unter anderem daran, dass es an einem weitestgehend allseits akzeptierten gemeinsamen Leitbild für die bundesstaatliche Ordnung fehlte. Föderalismus bedeutet und impliziert Verschiedenheit; auf die Frage, wie viel Unterschiede als akzeptabel, hinnehmbar oder gar geboten angesehen werden, gibt es keine einheitliche Antwort. Wo beispielsweise die einen (mehr) Wettbewerb fordern – der dann notwendigerweise zu unterschiedlichen Ergebnissen führen würde –, reklamieren andere Solidarität, lehnen also Unterschiede – jedenfalls signifikante – ab.

Zum Leitbild für die bundesstaatliche Ordnung gehört auch, ob diese mehr am Kriterium der Effizienz und Leistungsfähigkeit oder mehr (wenn überhaupt!) an dem der demokratischen Qualität – also an den Chancen und Möglichkeiten zu mehr Partizipation bei dezentral organisierter und ein höheres Maß an Autonomie sichernder Verantwortlichkeit – orientiert ist. In der politikwissenschaftlichen Diskussion wird in diesem Sinn zum Teil kritisiert, dass beim Vorhaben der Föderalismusreform das Kriterium der demokratischen Legitimität allenfalls eine periphere Rolle gespielt hat und demokratietheoretische Überlegungen weitestgehend ausgeblendet waren.[33]

Aufschlussreiches und manchen sehr überraschendes Material zur Einstellung der deutschen Bürger dem Föderalismus gegenüber enthalten die Ergebnisse einer Umfrage, die von der Bertelsmann-Stiftung 2008 veröffentlicht wurden.[34] Es heißt hier zusammenfassend: «Die Abfrage der Eckwerte eines föderalen Leitbildes ergibt ein recht klares Bild: Wettbewerb wird als Ordnungsprinzip der Bundesländer untereinander abgelehnt, Solidarität selbst in allen Geberländern des Länderfinanzausgleichs klar befürwortet.»[35] Das mag zusätzlich erklären, warum ehrgeizigere und weiter gehende Reformmaßnahmen nicht unternommen wurden.

Ist mit den Ergebnissen der beiden Reformpakete das Vorhaben einer Föderalismusreform bis auf weiteres abgeschlossen? Anlässlich der Ersten Lesung des Föderalismusreform-Begleitgesetzes zum Thema der Finanzbeziehungen im Bundesstaat am 27. März 2009 hatte der Vorsitzende der SPD-Bundestagsfraktion Struck, einer der beiden Ko-Vorsitzenden der Reformkommission II, erklärt: «Nachfolgende Kommissionen, die es mit Sicherheit geben wird, werden die Frage der Neugliederung des Bundesgebietes intensiv zu prüfen und darüber zu entscheiden haben», und weiter: «16 Bundesländer, wie wir sie jetzt haben (...), wird es in zehn oder 15 Jahren nicht mehr geben können»; er bezeichnete diese Aussage ausdrücklich als «Vermächtnis eines ausscheidenden Föderalismuskommissionsvorsitzenden».[36] Strucks Einschätzung, dass es zu gegebener – und seiner Auffassung nach nicht zu ferner – Zeit weitere Bemühungen zur Anpassung und Reform der bundesstaatlichen Ordnung geben wird, ist mit Blick auf den Föderalismus als sehr dynamisches Strukturprinzip, sicher zutreffend. Ob seine Prognose, dass dabei mit Vorrang das Projekt einer Neugliederung zu behandeln und zu entscheiden sein wird, zutrifft, ist dagegen – nach allen bisherigen Erfahrungen – zu bezweifeln. Aufschlussreich dazu war, dass sich keiner der auf Struck folgenden Debattenredner im Bundestag zu der von ihm als Vermächtnis bezeichneten Aussage geäußert hat.

---

[33] Auf diesen Zusammenhang verweist verschiedentlich Roland Sturm; vgl. seine Überlegungen zum «Demokratiegewinn» durch die Reform (STURM, 2007, S. 34–45) und, grundsätzlicher und ausführlicher, seine Arbeit zum Thema «Bürgergesellschaft und Bundesstaat. Demokratietheoretische Begründung des Föderalismus und der Föderalismuskultur» (STURM, 2004)
[34] BERTELSMANN-STIFTUNG, 2008, verantwortlicher Projektmanager war Dr. Ole Wintermann.
[35] ebenda, S. 7.
[36] DEUTSCHER BUNDESTAG, 2009, S. 23365.

Literatur

BENZ, ARTHUR: Föderalismusreform in der Entflechtungsfalle. In: Europäisches Zentrum für Föderalismus-Forschung Tübingen (Hrsg.): Jahrbuch des Föderalismus 2007, Baden-Baden 2007, S. 180-190.

BERTELSMANN-STIFTUNG (Hrsg.): Bürger und Föderalismus. Eine Umfrage zur Rolle der Bundesländer, Gütersloh 2008.

DECKER, FRANK: Mehr Asymmetrie im deutschen Föderalismus? Die neue Abweichungsgesetzgebung. In: Europäisches Zentrum für Föderalismus-Forschung Tübingen (Hrsg.): Jahrbuch des Föderalismus 2007, Baden-Baden 2007, S. 205–223.

DEUTSCHER BUNDESTAG, Dokumentation: Zur Sache. Bund und Länder. In: Zur Sache, Band 2/77.

DEUTSCHER BUNDESTAG, Dokumentation: Zur Sache. Themen parlamentarischer Beratung. In: Zur Sache, Band 1/77.

DEUTSCHER BUNDESTAG, Plenarprotokoll 16/215 vom 27. März 2009.

DIETSCHE, HANS-JÖRG: Die «konkurrierende Gesetzgebung mit Abweichungsrecht für die Länder» – Zu den verschiedenen Modellen der verfassungsrechtlichen Ausgestaltung eines neuen materiell-rechtlichen Gesetzgebungsinstruments. In: Europäisches Zentrum für Föderalismus-Forschung Tübingen (Hrsg.): Jahrbuch des Föderalismus 2006, Baden-Baden 2006, S. 182–199.

EZFF: Jahrbuch des Föderalismus 2005, hrsg. von Europäischen Zentrum für Föderalismus-Forschung Tübingen, Baden-Baden 2005.

FÄRBER, Gisela: Die neue Schuldenbremse im Grundgesetz – ein frommer föderaler Wunsch nach der Finanzkrise? In: Europäisches Zentrum für Föderalismus-Forschung Tübingen (Hrsg.): Jahrbuch des Föderalismus 2010, Baden-Baden 2010, S. 163–175.

HAUG, VOLKER: Besser als ihr Ruf – die Föderalismusreform I im Hochschulbereich. In: Europäisches Zentrum für Föderalismus-Forschung Tübingen (Hrsg.): Jahrbuch des Föderalismus 2010, Baden-Baden 2010, S. 176–187.

HESSE, KONRAD: Der unitarische Bundesstaat, Karlsruhe 1962.

HOLSTE, H.: Der deutsche Bundesstaat im Wandel (1867–1933), Berlin 2002.

HRBEK, RUDOLF: Die Föderalismusreform in Deutschland. In: José Tudela Aranda/Mario Kölling (Hrsg.): Die Reform des Deutschen Bundesstaates und die Reform des Spanischen Autonomiestaates. Editorial Aranzadi, Cizur Menor (Navarra) 2009 S., 21–35.

HRBEK, RUDOLF: Neugliederung: Ein (fast) folgenloses Dauerthema deutscher Politik. In: Europäisches Zentrum für Föderalismus-Forschung Tübingen (Hrsg.): Jahrbuch des Föderalismus 2009, Baden-Baden 2009 S. 173–188.

HRBEK, RUDOLF: Der deutsche Föderalismus im Herbst 2003: Mängeldiagnose und Reformkonzepte – zur Einführung. In Rudolf HRBEK/Annegret Eppler (Hrsg.): Deutschland vor der Föderalismus-Reform. Eine Dokumentation. Occasional Papers Nr. 28 (November 2003), hrsg. vom Europäischen Zentrum für Föderalismus-Forschung Tübingen S. 7–25.

HRBEK, RUDOLF: Die Auswirkungen der EU-Integration auf den Föderalismus in Deutschland. In: Aus Politik und Zeitgeschichte (APuZ) B 24/1997, S. 12–21.

HRBEK, RUDOLF/EPPLER, ANNEGRET (Hrsg.): Die unvollendete Föderalismus-Reform. Eine Zwischenbilanz nach dem Scheitern der Kommission für die Modernisierung der bundesstaatlichen Ordnung im Dezember 2004, Occasional Papers Nr. 31 des Europäischen Zentrums für Föderalismus-Forschung Tübingen.

HRBEK, RUDOLF: Ein neuer Anlauf zur Föderalismus-Reform: Das Kompromisspaket der Großen Koalition. In: Europäisches Zentrum für Föderalismus-Forschung Tübingen (Hrsg.): Jahrbuch des Föderalismus 2006. Baden-Baden 2006, S. 139–157.

HRBEK, RUDOLF: Der deutsche Bundesstaat in der EU. Die Mitwirkung der deutschen Länder in EU-Angelegenheiten als Gegenstand der Föderalismus-Reform. In: Ch. Gaitanides/St. K.R. Iglesias (Hrsg.): Europa und seine Verfassung. Festschrift für Manfred Zuleeg, Baden-Baden 2005, S. 256–273.

KEMMLER, IRIS: Föderalismusreform II: Ergebnisse der Kommission zur Modernisierung der Bund-Länder-Finanzbeziehungen im März 2009. In: Europäisches Zentrum für Föderalismus-Forschung Tübingen (Hrsg.): Jahrbuch des Föderalismus 2009, Baden-Baden 2009, S. 208–224.

KEMMLER, IRIS: Schuldenbremse und Benchmarking im Bundesstaat. Neuregelungen aufgrund der Arbeit der Föderalismuskommission II, In: Die Öffentliche Verwaltung, 62. Jahrgang, Heft 14 (Juli 2009), S. 549–557.

SCHARPF, FRITZ W. u.a.: Politikverflechtung: Theorie und Empirie des kooperativen Föderalismus in der Bundesrepublik, Kronberg 1976.

SCHARPF, FRITZ W.: Die Politikverflechtungsfalle. Europäische Integration und deutscher Föderalismus im Vergleich, In: Politische Vierteljahresschrift 26 (1985), Heft 4, S. 323–356.

SCHMAHL, STEFANIE: Bundesverfassungsgerichtliche Neujustierung des Bund-Länder-Verhältnisses im Bereich der Gesetzgebung. In: Europäisches Zentrum für Föderalismus-Forschung Tübingen (Hrsg.): Jahrbuch des Föderalismus 2006, Baden-Baden 2006, S. 220–236.

STURM, ROLAND: Die Föderalismus-Reform I: Erfolgreiche Verfassungspolitik? In: Ralf Thomas Baus/Thomas Fischer/Rudolf Hrbek (Hrsg.): Föderalismusreform II: Weichenstellungen für eine Neuordnung der Finanzbeziehungen im deutschen Bundesstaat, Baden-Baden 2007, S. 34–45.

STURM, ROLAND: Bürgergesellschaft und Bundesstaat. Demokratietheoretische Begründung des Föderalismus und der Föderalismuskultur, Gütersloh & Berlin 2004.

WATTS, RONALD L.: Comparing Federal Systems, Montreal & Kingston, 3. Aufl. 2008.

La première phase de la Révision générale des politiques publiques en France

François Lafarge

Sommaire

1. Résumé 211
2. Le fonctionnement 211
   2.1 Un nouvel instrument de gestion publique 212
   2.2 Les objectifs 213
   2.3 La méthode suivie 215
3. Les réalisations obtenues ou en cours 218
   3.1 Les principaux domaines de réforme 218
   3.2 Des réalisations paradoxales? 219
   3.3 La difficile soumission de la RGPP à l'évaluation 220
Bibliographie 221

1. Résumé

La RGPP marque un tournant dans la manière de réformer l'administration en France. Cet article tente de saisir les raisons de ce changement. Il présente les grandes lignes de la nouvelle procédure de réforme, décrit son fonctionnement en insistant sur les objectifs fixés et la méthode suivie et s'interroge sur les résultats finalement obtenus. De l'analyse menée, il ressort que la RGPP n'a pas été aussi exemplaire qu'elle aurait dû l'être.

2. Le fonctionnement

Ce chapitre a pour but de faire le point sur la première phase de la Révision générale des politiques publiques (RGPP), désormais menée en France depuis juillet 2007, au moment où un quatrième rapport d'étape vient d'être publié (juin 2010) par le ministère qui en a la charge. Cette première phase n'est pas terminée avec la remise du rapport en question[1]. Elle est même loin de l'être car

---

[1] Depuis cette date et, de manière générale, pour une analyse complète et détaillée de la RGPP, cf. Le numéro thématique de la *Revue française d'administration publique* n°136, 2010, coordonné par François Lafarge et Michel Le Clainche.

seulement 15% des mesures décidées (ou «actées») dans le cadre de cette phase sont considérée comme finies. Elle doit être toutefois distinguée d'une seconde phase, lancée elle aussi en juin 2010, mais beaucoup plus ambitieuse encore en termes d'objectifs. Cela justifie que seule la première phase soit traitée dans les développements qui suivent et qui porteront d'abord sur le fonctionnement puis sur les réalisations obtenues ou en cours de celle-ci. Seront abordés, la nature et l'origine de la RGPP, puis ses objectifs et enfin ses méthodes.

2.1 Un nouvel instrument de gestion publique

L'instrument de la révision, qui provient du secteur privé, est en fait «simplement» un audit, un passage en revue, un examen des activités d'une organisation. Les résultats qu'il livre peuvent faire apparaître ce qui dans l'organisation en questions ne fonctionne pas et est susceptible d'être réformé. C'est donc plus une procédure de réforme qu'une réforme *stricto sensu*. Son utilisation par le secteur public est chose commune notamment en Allemagne, au Canada et aux Etats-Unis. Il a été utilisé en France, où son inclusion dans la panoplie de la gestion publique est relativement nouvelle, du fait de la conjonction de trois facteurs.

Premièrement, le recours à une révision a été préconisé par des *think thanks* tels que l'Institut Montaigne ou l'Institut de l'entreprise qui développaient des travaux sur la réforme de l'Etat et de l'administration. Depuis les années 2000, ceux-ci proposaient régulièrement que l'Etat applique à lui-même cet instrument qui avait fait ses preuves dans d'autres pays, aussi bien auprès d'organisations privées que publiques.

Deuxièmement, de nombreux rapports ont été publiés dans les années 2000 sur l'état alarmant des finances publiques françaises. Parmi ces rapports, celui rendu par une commission présidée par M. Péberau intitulé *Rompre avec la facilité de la dette publique* a vraisemblablement eu le plus d'impact[2]; Michel Péberau étant par ailleurs président de l'Institut de l'entreprise. Ce rapport officiel, rédigé à la suite de la demande du ministre de l'économie, des finances et de l'industrie d'alors, suggérait qu'un programme ambitieux d'économies s'imposait pour faire face à l'état des finances publiques, mais que ce programme ne pouvait être réalisé qu'en connaissance de cause, c'est-à-dire au vu de la situation précise des activités de l'Etat, situation qui ne pouvait être dressée qu'à la suite d'un audit général.

Troisièmement, cet instrument n'était toutefois pas totalement inconnu en France, il était utilisé, sous des formes plus limitées, depuis quelques années. Le

---

[2] Cf. PEBERAU, 2005.

gouvernement Raffarin avait lancé en 2003 les Stratégies ministérielles de réforme et le gouvernement de Villepin avait poursuivit avec les Audits de modernisation de l'Etat en 2005. Mais ces audits, en général réalisés par l'inspection des finances, portaient sur des domaines d'action de l'Etat très précis et limités. Ils avaient connu des fortunes diverses et avaient pour la plupart souffert d'un manque de suivi.

Une fois que le principe de procéder à cet audit général, sous le nom de révision générale des politiques publiques, a été acquis, la place qui lui a été attribué dans l'ensemble des réformes menées en France à partir de 2007 n'a cependant pas été très claire. Bien que présentée comme la seule procédure de réforme, on a pu observer que d'autres procédures ont été mises en place à la même époque. Ces dernières portent certes sur des thèmes précis comme les différents «Grenelle» ou le livre blanc sur la défense par exemple, alors que la RGPP est généraliste. Celle-ci n'a-t-elle finalement été qu'une procédure de réforme parmi d'autres? Il est en tout cas difficile de dire qu'elle a été le point de passage obligé de toutes les réformes. Certes, certaines mesures devant être adoptées dans le cadre de ces procédures parallèles sont ensuite passées par la RGPP mais pas toutes. Par exemple, la plupart des réformes en matière d'environnement sont passée par la procédure de réforme dite de Grenelle de l'environnement dont les méthodes, en particulier en terme de participation, étaient bien différentes. Autre exemple, la réforme de l'administration déconcentrée est inscrite à la RGPP mais elle était portée par la Reate, la mission sur l'inspection de la réforme des administrations territoriales de l'Etat. C'était un projet parallèle qui a été récupéré, tout en continuant à bénéficier d'une certaine autonomie au sein de la RGPP. Si d'autres réformes passent par d'autres procédures, pourquoi accorder tant d'importance à la RGPP? Sinon, si un des buts de la réforme globale est la rationalisation de l'action administrative, pourquoi passer par tant de chemins différents?

2.2 Les objectifs

L'objectif général de la RGPP était la réalisation d'économies pour contribuer au désendettement. Ces économies devaient être réalisées sur deux fronts, en termes financiers d'une part, et assez tôt, le ministère des Finances a indiqué qu'environ huit milliards d'euros d'économies pouvaient être réalisés rapidement, mais également en termes de personnel. Quant à ce dernier aspect, la RGPP devait être l'instrument de mise en œuvre de l'objectif également fixé en 2007 par le Président de la République de ne pas renouveler un départ de fonctionnaire sur deux à la retraite.

Pour réaliser ces économies, espérées massives, la RGPP devait mener une analyse des politiques publiques exercées par l'Etat et proposer au pouvoir exécutif des scénarios d'évolution, chaque politique devant être soit maintenue voire même renforcée, s'il était montré qu'il était pertinent de l'exercer au niveau national, soit transférée aux collectivités territoriales ou à d'autres acteurs si ce niveau d'exercice était jugé plus adéquat, soit redimensionnée si elle était exécuté avec un surcoût manifeste ou même abandonnée si la politique en question n'avait plus de raison d'être à aucun niveau. Le périmètre thématique portait sur l'analyse de quatorze domaines d'action de l'Etat qu'on peut qualifier de «classiques» et qui ont chacun fait l'objet d'un audit. Six grandes politiques d'intervention associant l'Etat et d'autres acteurs (les collectivités territoriales en particulier) devaient également être analysées[3]. Quatre chantiers interministériels devaient faire l'objet d'une réflexion à part[4].

Toutefois, la première phase de la révision n'a finalement pas portée sur les politiques publiques ou domaines d'action de l'Etat. Aucune raison officielle n'a été avancée pour expliquer ce changement de cap. Peut-être le coût politique d'une telle approche a-t-il été jugé trop élevé. Quoi qu'il en soit, la révision a été cantonnée à la manière dont les politiques publiques étaient exécutées, c'est-à-dire aux questions d'administration générale et d'organisation: non plus l'examen des fonctions de l'État, mais le fonctionnement de l'administration. Concrètement, son champ d'analyse a porté uniquement sur certaines des structures qui portaient les politiques publiques: les ministères (administrations centrales et déconcentrées) à l'exclusion des opérateurs.

Ce choix était d'autant plus étonnant qu'il signifiait que la RGPP ne se «calait» pas sur la loi organique relative aux lois de finances (LOLF); ses analyses ne reprenant pas le cadre pourtant tout indiqué des catégories d'action de l'Etat prévues par la LOLF et précisées par chaque loi de finance (missions, programmes, actions)[5]. Après avoir remarqué que la LOLF était le fruit d'un consensus politique sur une certaine manière de réformer, ce qui n'était pas le cas de la RGPP, on ne peut que constater que tout d'abord, la cohérence de l'ensemble des procédures de modernisation de l'Etat en France n'a pas été assurée et ensuite, que la RGPP ne s'est pas dotée d'une vue d'ensemble sur chaque politique publique; la première phase lui permettant seulement d'intervenir sur certains supports de politique publique (les ministères seulement) sans prendre en compte la circonstance que d'autres (les opérateurs/agences exécutives) pouvaient

---

[3] L'emploi et la formation publique, le développement des entreprises, la ville et le logement, la famille, l'assurance maladie et la solidarité et enfin la lutte contre la pauvreté.
[4] La gestion des ressources humaines dans la fonction publique, l'organisation de l'administration déconcentrée, les relations entre l'Etat et les collectivités territoriales et la simplification des procédures internes à l'administration.
[5] Cf. LAFARGE, 2008.

contribuer à la réalisation d'une même politique. Pour arriver à cette vue d'ensemble sur chaque politique publique, il était donc logique que la RGPP soit poursuivie par une deuxième vague (lancée en juin 2010) qui porte bien cette fois sur les opérateurs. Mais cela est fait au prix de bien des coûts méthodologiques superflus dont, principalement, celui de devoir additionner les résultats de la première phase et ceux de la deuxième. L'utilisation des catégories LOLF, principalement les missions, aurait immédiatement permis d'obtenir une approche globale par politique publique, quitte à analyser ces politiques par «vagues» successives.

Autre conséquence, le périmètre financier de la première phase a lui aussi été «mécaniquement» rétréci. Il n'a pratiquement concerné que les dépenses de fonctionnement et non pas les dépenses d'intervention ou marginalement, ce qui n'a pas manqué de réduire très fortement l'échelle des économies.

2.3 La méthode suivie

La première phase de la RGPP a été déclinée en trois étapes successives: analyse, prise des décisions, mise en œuvre des décisions.

La première étape, consacrée à l'analyse, a été engagée avec la création de groupes d'audit placés auprès de chaque ministère. Chaque groupe devait établir un rapport d'analyse. Ces groupes étaient constitués par des membres des corps d'inspection interministériels, des corps d'inspection ministérielle et des cabinets privés. Le recours très large au secteur privé pour réaliser la révision doit être souligné comme étant une première à cette échelle. Les travaux de ces groupes d'audit étaient épaulés par une équipe d'appui placée à la direction générale de la modernisation de l'Etat au sein du ministère du budget. Cette équipe avait pour but d'harmoniser le résultat des travaux des groupes. Les travaux remontaient ensuite à un second niveau, celui du comité de suivi, de nature politique car présidé par le secrétaire général de la Présidence de la République et par le directeur de cabinet du Premier ministre, chargé de faire des propositions au Conseil de modernisation des politiques publiques[6] (troisième niveau).

La deuxième étape était celle de la prise de décisions. Elle a été ouverte dès fin 2007. 374 décisions ont été «actées» lors de trois Conseils de la modernisation des politiques publiques (12 décembre 2007, 4 avril 2008 et 11 juin 2008). Qu'une décision soit «actée» ne signifiait pas que la mesure était adoptée au sens juridique du terme, mais que le projet de réforme dont elle était porteuse était validé et devait être réalisé.

---

[6] Il s'agit d'un conseil des ministres élargit à certaines personnalités impliquées dans la révision.

La troisième et dernière étape est celle de la mise en œuvre. Il faut noter que c'est la première fois, qu'en France, une réforme de cette ampleur a été dotée d'un dispositif de suivi. Jusqu'à un passé récent, d'excellentes réformes étaient proposées, parfois lancées mais le suivi de leur mise en œuvre était médiocre. Dans le cadre de la première phase de la RGPP, le dispositif précédemment décrit mis en place pour faire remonter les projets de réforme, est cette fois utilisé dans un sens descendant en partant des décisions «actées» par le Conseil de modernisation des politiques publiques vers leur mise en œuvre au sein des ministères concernés. Deux structures plus opérationnelles ont en outre été rajoutées au sein des ministères. Premièrement, les comités de pilotage RGPP qui sont composés des secrétaires généraux des ministères, mais aussi de certains membres en charge de la mise en œuvre de la RGPP et de représentants de la direction générale de la modernisation de l'Etat. Deuxièmement, chaque projet RGPP est confié à un chef de projet RGPP. Cette phase de mise en œuvre est scandée par la publication de rapports d'étape. Jusqu'à présent (juin 2010) quatre rapports ont été publiés par le ministère du budget, des comptes publics, de la fonction publique et de la réforme de l'Etat en décembre 2008, mars 2009, février 2010 et juin 2010. Ils précisent l'état d'avancement des réformes. Ils ne sont pas toujours présentés d'une manière facile à lire, ce qui fait qu'il est parfois peu évident de comprendre les progrès de la RGPP à leur seule lecture.

A priori et d'un point de vue technique, la méthode ci-dessus semble être bien adaptée à l'objectif; la mise en place d'un dispositif de suivi constituant, répétons-le, un incontestable point fort. Toutefois, cette méthode prête le flanc à une forte critique: son manque de transparence. Ce qui importe de souligner est, d'une part, que la participation est très peu prévue, et, d'autre part, qu'aucun lien ne peut être fait entre les rapports d'audit et les décisions actées.

La participation aurait tout d'abord pu prendre une forme institutionnelle en associant par exemple des membres du Parlement, des représentants des collectivités territoriales ou de la société civile. Il y a eu des associations de ce type, mais elles sont restées extrêmement limitées et ne sont intervenues qu'en fin de processus. A titre d'exemple, lorsque la RGPP a été lancée en 2007, il n'était pas exclu, bien au contraire, qu'elle soit également porteuse de la réforme des collectivités territoriales. La réforme de l'administration de l'Etat (en particulier celle de l'administration déconcentrée) devait d'ailleurs avoir lieu en parallèle avec celle de ces dernières. En effet, le rapport Lambert[7], qui est chronologiquement le premier document de travail sur ce thème, avant même le rapport

---

[7] Rapport du groupe de travail présidé par Alain LAMBERT, *Les relations entre l'État et les collectivités locales,* décembre 2007.

Balladur[8], avait bien été conçu dans le cadre de la RGPP mais sans liens particuliers avec les représentants des collectivités territoriales. Il n'a finalement pas pu servir de base à la poursuite de cette réforme[9]. Par ailleurs, il est vrai qu'on peut comprendre, mais jusqu'à un certain point seulement, l'argument des promoteurs de la RGPP selon laquelle la mise à l'écart d'autres institutions découle d'un souci d'efficacité.

La participation aurait également pu être conçue à destination du personnel auquel la réforme allait s'appliquer. La littérature en science administrative montre que, au pire, une réforme ne s'applique pas ou, au mieux, fonctionne mal si les personnes concernées ne sont pas impliquées. Or, il n'y a pas eu de mécanismes de participation dans ce domaine non plus. Les porteurs de la RGPP s'en sont défendus en disant qu'ils ne faisaient qu'appliquer des projets de réforme qui existaient depuis longtemps et qui était donc connus. L'argument n'est pas vain mais sa portée est limitée.

Toujours en matière de transparence, mais dans un autre registre, la question de l'absence de lien entre les rapports d'audit et les décisions «actées» pose également un problème. Ces rapports n'ont jamais été publiés. On ne connaît donc pas la relation qui a été faite entre eux et ces décisions. On peut certes supposer qu'il s'agit de décisions prises en fonction de soucis de bon sens, d'économie et d'évidence. Cependant et de manière générale, il aurait été préférable que ces rapports soient publiés, comme l'avaient été en leur temps ceux issus des stratégies ministérielles de réformes et les audits de modernisation de l'Etat et que la procédure amenant aux décisions «actées» par le Conseil de modernisation des politiques publiques soit plus claire. Cela aurait constitué une excellente mise en œuvre du principe de bonne administration dont, sous l'influence du droit de l'Union européenne en particulier, la portée et l'intensité ne cessent, à juste titre, de s'accroître.

---

[8] Comité pour la réforme des collectives locales présidé par Edouard BALLADUR, *Il est temp de décider, Rapport au président de la République, mars 2009.*

[9] On retrouve un phénomène semblable en ce qui concerne l'association du Parlement. Certaines réformes de la RGPP peuvent être traduites «seulement» en actes administratifs, mais certaines autres, qui présentent une portée juridique plus ample, demandent le vote d'une loi. Le Parlement, qui n'a pas ou mal été associé en amont, a du prendre très vite position sur les réformes qui provenaient de la RGPP. Cela a été le cas de la loi n°2009-972 du 3 août 2009 relative à la mobilité et aux parcours professionnels dans la fonction publique, vite apparue indispensable pour que la règle du non remplacement d'un fonctionnaire sur deux partant à la retraite porte ses fruits.

3. Les réalisations obtenues ou en cours

On verra tout d'abord quels sont les principaux domaines sur lesquels la première phase de la RGPP a porté avant de dresser un bilan des résultats tels qu'ils apparaissent à l'heure actuelle.

3.1 Les principaux domaines de réforme

Les réformes réalisées ou en cours dans le cadre de la première phase de la RGPP portent principalement sur cinq domaines.

Premièrement, la RGPP a cherché à réformer les structures des administrations de l'État afin de les rendre plus rationnelles et plus efficaces. L'administration centrale, déjà reconditionnée par la limitation du nombre de ministères depuis la mise en place des gouvernements Fillon au printemps 2007 qui a rapproché des directions centrales, est redécoupée en fonctions de priorités nouvelles (comme le développement durable) et fait l'objet de refontes profondes: création du ministère de l'écologie, de l'énergie, du développement durable et de l'aménagement du territoire, création de la direction générale des finances publique issue de fusion de la direction générale du trésor public et de la direction générale des impôts, réorganisation des ministères sociaux autour de quatre pôles, réorganisation du ministère de la défense ... La démarche touche de manière encore plus spectaculaire les administrations déconcentrées: celles placées sur le territoire national (réduction drastique par fusion du nombre de directions régionales et de directions départementales soumises à l'autorité hiérarchique de figures préfectorales réaffirmées), ainsi que celles en place à l'étranger (ambassades et consulats). Le même phénomène peut être observé en ce qui concerne les organes consultatifs.

Deuxièmement, elle cherche une meilleure allocation des moyens en concentrant ceux-ci sur les tâches considérées comme stratégiques. À titre d'exemple, citons le recentrage du contrôle de la légalité des décisions des collectivités territoriales sur les domaines les plus à risque (urbanisme, marchés publics et environnement) et la rationalisation de la carte judiciaire accompagnée de la mise en place d'un outil d'allocation des ressources entre juridictions au ministère de la justice.

Troisièmement, elle allège les procédures administratives redondantes, superflues ou dont le coût est jugé dommageable pour les usagers (comme en préconisant la fin du double examen – par les consulats puis par les préfectures – des conditions d'accès sur le territoire ou en favorisant le lancement d'un «plan de réduction drastique des charges administratives pesant sur les entreprises» d'au moins 25%).

Quatrièmement, elle rationalise les fonctions dites de support de l'administration, en d'autres termes elle simplifie l'administration de l'administration. Cela est particulièrement net dans les domaines des achats publics, de la paye des agents de l'État et de la gestion de l'immobilier de l'État.

Cinquièmement, elle montre un souci constant d'améliorer la performance des administrations en créant des conditions favorables (plus d'autonomie pour certaines catégories d'établissements, culturels ou d'enseignement en particulier); en mettant en place des instruments capables de la mesurer (indicateurs de performance et de résultats, comptabilité analytique); en conditionnant les financements étatiques aux résultats (universités).

3.2 Des réalisations paradoxales?

Si on compare les 374 mesures «actées» lors de la première phase de la RGPP et celles réalisées lorsque le quatrième rapport d'étape dresse un bilan en juin 2010, la question se pose abruptement de savoir si nous nous trouvons «seulement» face à une suite de paradoxes ou si les réalisations sont tout simplement décevantes.

Tout d'abord, si d'un côté on constate un programme impressionnant et de très grands chantiers, comme celui de la modernisation de l'administration déconcentrée, de l'autre on constate aussi que le taux de mesures «finies» est très faible, à savoir 15%. Sur les 374 mesures actées lors des trois premiers conseils de la modernisation des politiques publiques, 58 sont arrivées à échéance, même s'il est vrai que les critères d'une mesure finie sont assez restrictifs[10]. En outre, un certain nombre d'abandons ou de mises à l'écart plus ou moins provisoires de réformes «actées», ont été enregistrées comme celle du lycée général ou celle de la création d'une nouvelle structure administrative, l'agence de service public, sorte d'agence exécutive à la française. Dans le même ordre d'idée, on remarquera que les réformes considérées comme finies sont très hétérogènes. Certaines sont certes de très grande ampleur, on l'a dit, mais d'autres sont tout à fait

---

[10] Dans le rapport d'étape de juin 2010, est considérée comme arrivée à échéance, une mesure «dont la mise en œuvre est effective, si tous les objectifs opérationnels ont été atteints et si les résultats obtenus ont fait l'objet d'une analyse contradictoire au niveau interministériel, notamment sur la qualité des effets attendus». On soulignera également que ces critères auraient dû être connus dès le lancement de la première phase de la RGPP et non pas deux ans et demi après.

triviales, comme la suppression de trois organes consultatifs qui comptent chacune pour une mesure finie.

Ensuite, les objectifs d'économie non pas été atteints. A l'occasion de son lancement, le ministère en charge de la RGPP tablait sur 7,7 milliards d'économies. Fin 2009, on peut estimer le montant atteint à 1,5 milliard environ. En matière d'économies en termes de personnel, les résultats du renouvellement d'un fonctionnaire sur deux partant à la retraite affichés par le gouvernement ne sont pas partagés par la Cour des comptes[11].

Comment expliquer la faiblesse des économies réalisées à ce jour? On peut tenter de mettre en avant deux facteurs qui ne sont pas exclusifs les uns des autres. Premièrement concentrer la réforme sur les dépenses de fonctionnement limite le plafond des gains, même si on peut estimer que le plafond en question est loin d'avoir été atteint. Deuxièmement, nombre des réformes réalisées sont sans doute difficilement traduisibles en termes d'économies. Ce facteur ne doit pas être sous-estimé.

3.3 La difficile soumission de la RGPP à l'évaluation

La RGPP a longtemps été ambiguë en matière d'évaluation. Dans ses contenus, elle insistait largement sur la nécessité d'évaluer le plus possible d'activités publiques, se plaçant sur ce point dans le sillage direct de la LOLF. Mais, par ailleurs, elle-même a pendant longtemps échappé à toute évaluation. Certes la RGPP a rapidement été incluse dans les catégories de la LOLF. Elle a été inscrite au programme 221 intitulé «Stratégie des finances publiques et modernisation de l'Etat». Au sein des différentes actions de ce programme, elle figure dans l'action 4 «Modernisation de l'Etat». Il a toutefois fallu attendre la loi de finances pour 2010 pour que la RGPP, qui avait commencé en 2007, soit soumise à deux mécanismes qui relèvent d'ailleurs plus de la redevabilité que de l'évaluation: un qui est commun à toutes les activités de l'Etat (au travers des projets annuels de performance et des rapports annuels de performance) et un qui lui est propre.

Premièrement, le programme annuel de performance pour 2010 a pour la première fois attribué un objectif à la RGPP, celui de «Rendre visible aux citoyens la modernisation de l'Etat». On peut douter de la pertinence du choix de cet objectif. En effet, la RGPP a été lancée dans le but de faire des économies, de rationnaliser l'action de l'administration et de mettre en œuvre l'objectif du non renouvellement d'un départ d'un fonctionnaire sur deux à la retraite mais pas dans celui de rendre visible aux citoyens la modernisation de l'Etat. L'indicateur

---

[11] Sur les résultats de la RGPP, cf. LAFARGE 2010, pp. 759–760.

chargé de mesurer la réalisation de cet objectif se rapproche plus des objectifs qui ont présidés au lancement de la RGPP mais il le fait de manière assez absconse, puisqu'il porte sur le «Taux de mesure RGPP sur trajectoire nominale». Il est certes accompagné d'une précision méthodologique mais dont la lecture n'est guère plus éclairante. Ce premier mécanisme de redevabilité de la RGPP demande clairement à être affiné[12].

Le second mécanisme de redevabilité est l'introduction dans la loi de finances pour 2010 d'un article 122 prévoyant a création d'une annexe à la loi de règlement. Il doit y être indiqué le bilan des mesures décidées en Conseil de modernisation des politiques publiques, ainsi qu'une présentation de ce qui est en cours depuis l'origine. Il s'agit donc d'un texte de nature à engager juridiquement le gouvernement un peu plus que les rapports d'étape. Il a d'ailleurs été introduit suite à la demande de plusieurs parlementaires qui critiquaient la lisibilité des rapports d'étape.

Bibliographie

BRUNETIERE, J.R., Les objectifs et les indicateurs de la LOLF quatre ans après, RFAP, n° 135, 2010.

LAFARGE, F., La révision générale des politiques: objet, méthodes, redevabilité en François LAFARGE et Michel LE CLAINCHE (coord.), La révision générale des politiques, numéro thématique, Revue française d'administration publique, 2010, n° 136, pp. 755–774.

LAFARGE, F., La révision générale des politiques publiques: sa méthode et ses finalités, Cahiers français, septembre-octobre 2008, n°346.

PEBERAU, M., Commission présidée par, Rompre avec la facilité de la dette publique Pour des finances publiques au service de notre croissance économique et notre cohésion sociale, La documentation française, 2005.

---

[12] Il est vrai que l'exercice est difficile cf. BRUNETIÈRE, 2010.

Die Neugestaltung des Schweizer Finanzausgleichs und der Aufgabenteilung zwischen Bund und Kantonen – NFA

GÉRARD WETTSTEIN

Inhaltsverzeichnis

1. Das Problem der Koordination im Rahmen eines Grossprojekts   224
2. Möglichkeiten und Grenzen der Innovation   225
3. Welche Lehren sind zu ziehen?   226
4. Die drei Meilensteine im Projektverlauf   227

Reformen, die einen umfassenden Ansatz haben und quasi «wohlerworbene Rechte» von Einzelgruppierungen und bürokratischen Strukturen tangieren, haben es naturgemäss schwer. Die Gefahr des «kumulierten Nein» infolge der systemimmanenten «Versäulung» (die gemeinsame Interessenslage von Fachstellen unterschiedlicher Staatsebenen generiert naturgemäss gemeinsame Strategien der Abwehr von Reformen) oder infolge der Bildung von teilweise gegensätzlichen, sprich «unheiligen» Allianzen ist gross. Umso zentraler ist die Frage, wie solche Reformarbeiten anzupacken sind, damit sie Aussicht auf Erfolg haben.

Ausgangspunkt der Schweizer Reform für einen neuen bundesstaatlichen Finanzauslgeich bildeten zunächst «unbestellte», mithin aus eigenem Antrieb verfasste Berichte der Eidg. Finanzverwaltung (EFV), aus denen hervorging, wie ineffizient das aktuelle Finanzausgleichssystem ist. Analysen und Folgerungen wurden von der Finanzdirektorenkonferenz (FDK) und externen Experten bestätigt. Auf diesen Grundlagen setzte der Bundesrat im Juni 1994 auf Antrag der EFV eine Projektorganisation ein. Diese war auf politischer und technischer Ebene paritätisch zwischen Bund und Kantonen zusammengesetzt. Zeitweise musste die Arbeit von über 14 Projektgruppen koordiniert und Entscheidungsgrundlagen für ein Leitorgan erarbeitet werden, in dem alle betroffenen Departemente des Bundes und kantonalen Direktorenkonferenzen sowie der Städte- und Gemeindeverband vertreten waren. Der politische und administrative Koordinationsaufwand war entsprechend hoch, zeitintensiv und anspruchsvoll.

Dieses Vorgehen ermöglichte sachgerechte, d.h. weder «technokratielastige» noch politisch «illusionsbeladene» Lösungen. Das paritätische Prinzip wurde während der gesamten Projektdauer bewusst «peinlich genau» aufrechterhalten und zielte darauf ab, ein Gleichgewicht der heterogenen Interessen von Kantonen, Sprachregionen etc. herzustellen. Im Gegensatz zum technokratischen Ansatz der gescheiterten «Gesamtkonzeptionen» (Medien, Energie, Verkehr), an denen ganze Stäbe im Sinne des «Homo Faber» intellektuell durchaus ansprechende «Grundsatzpapiere» verfassten, wurde im Rahmen der NFA somit bewusst ein pragmatisches Vorgehen gewählt. Die Alpinistin würde dies wohl mit den Worten «ein Schritt vorwärts, halten, sichern, erst dann weitermarschieren» umschreiben.

1. Das Problem der Koordination im Rahmen eines Grossprojekts

An der NFA-Projektorganisation waren über 100 Personen beteiligt. Diese Breite und Heterogenität (Anzahl und Herkunft der Akteure) mag erstaunen, war aber angesichts der Fragestellung und der tangierten Sektorpolitiken unumgänglich. Dies schafft unweigerlich (ernsthafte) Koordinationsprobleme. Diese bestanden namentlich für die Projektleitung darin, die gleichsam übergeordneten Zusammenhänge der Gesamtreform in den einzelnen Projektgruppen immer wieder zu kommunizieren, um die Arbeiten nicht in eine Sackgasse gleiten zu lassen. Zum anderen galt es, die zum Teil divergierenden Vorschläge zu synthetisieren und den übergeordneten Projektorganen zur Entscheidfindung vorzulegen.

Koordination kann, in Anlehnung an Fritz Scharpf, grundsätzlich auf zwei Arten geschehen. Bei der negativen Koordination werden typischerweise bereits jene Entscheidungsvarianten eliminiert, die von einem der beteiligten Ämter ausdrücklich abgelehnt werden. Die Ämter interessieren sich in diesem Modell mit anderen Worten nicht primär darum, Innovationen zu ermöglichen, sondern ihren jeweiligen Status quo zu verteidigen, weil sie ihre eigenen Entscheidungsbereiche nicht preisgeben wollen.

Demgegenüber steht die positive Koordination. Diese wird dadurch charakterisiert, dass «in allen voneinander abhängigen Entscheidungsbereichen alle in Frage kommenden Entscheidungsalternativen gemeinsam und gleichzeitig zur Disposition gestellt werden». Diese Art von Koordination ermöglicht Programminhalte, die sich gegenseitig unterstützen und ergänzen. Entscheidend ist, dass eben alle in Frage kommenden Entscheidungsalternativen gemeinsam und gleichzeitig verfügbar sind. So darf tendenziell davon ausgegangen werden, dass eine Politik formuliert werden kann, die «in ihrem Innovationsniveau und in ihrer Reichweite der realen Ausdehnung interdependenter Problemzusammenhänge» entspricht.

Scharpf hat in seinen Überlegungen dargelegt, dass die positive Koordination aufgrund ihrer knappen Informationsverarbeitungskapazität schnell an ihre Grenzen stösst, während sich der Entscheidungsprozess bei der negativen Koordination zwischen den beteiligten Ämtern erheblich leichter gestaltet. Selbst wenn in der Projektorganisation alle Beteiligten prinzipiell innovationsfreudig sind, würde eine positive Koordination nur schwerlich zu bewerkstelligen sein und «notwendigerweise in der Frustration des totalen Immobilismus enden».

Eine über 100 Personen umfassende Projektorganisation, deren Vertreter unterschiedliche, zum Teil divergierende Positionen vertreten, kann grundsätzlich nur mittels negativer Koordination geführt werden. Es hat sich gezeigt, dass bei der Formulierung der mannigfachen Problemstellung bzw. bei der Diskussion derselben vorab jene Stellen präsent waren, die unmittelbar betroffen waren. Der Dialog über die eigenen (Fach)grenzen hinaus war eher bescheiden. Es ist daran zu erinnern, dass bei der NFA die unterschiedlichsten Politikbereiche – wenn auch in unterschiedlichem Ausmass – betroffen sind. Reformvorschläge aus dem Bereich z.B. des öffentlichen Verkehrs wurden von Vertretern aus dem Bereich der Sozialversicherungen kaum diskutiert – und umgekehrt. Ein solcher, die verschiedenen Politikbereiche gegen- und wechselseitig durchdringender Prozess wäre, wie Scharpf denn auch aus verwaltungswissenschaftlicher Sicht nachweist, kaum lenkbar (oder gar machbar). Aus der Sicht der Projektleitung kann mit Befriedigung festgehalten werden, dass, immerhin (!), die negative Koordination geglückt ist – angesichts der involvierten Akteure keine Selbstverständlichkeit.

2. Möglichkeiten und Grenzen der Innovation

Negative Koordination heisst jedoch nicht zwangsläufig, dass innovationshemmende Mechanismen per se vorherrschend sein müssen. Dies zeigt sich darin, dass die Beteiligten in ihren jeweiligen Bereichen durchwegs nach Innovationspotential gesucht haben – und fündig wurden. Die Einsicht, aber auch der faktische Zwang, aktiv mitzuarbeiten statt passiven Widerstand zu leisten, setzte sich grundsätzlich durch. Es oblag dann letztlich der Projektleitung, die Synthesearbeit zu leisten und die zum Teil fragmentierten Bruchstücke in den einzelnen Sektoren zu einem Ganzen zusammenzuführen.

Dem gilt hinzuzufügen, dass es im Rahmen einer solchen Reform offensichtlich einer Illusion gleichkäme, wollte man darüber hinaus umfassende Revisionen in den einzelnen Sektorpolitiken realisieren. Das System würde übersteuert, die Koordination kommt, wie oben dargelegt, zwangsläufig an ihre Grenzen. Die

Komplexität setzt wohl Grenzen, verunmöglicht jedoch nicht die Suche nach Innovationspotential.

3. Welche Lehren sind zu ziehen?

Es war die erklärte Absicht von Bund und Kantonen, dass sich die Politik zunächst über die Verfassungsgrundlagen einigt, ehe sie sich den zahlreichen Querschnitts- und Spezialgesetzen annimmt. Dabei sind folgende Merkmale zu nennen:

(1) Die wesentlichen Schritte in der Projektabfolge wurden wissenschaftlich begleitet. Dabei ging es nicht um eine «Verwissenschaftlichung» der vorparlamentarischen Entscheidungsphase, sondern vielmehr um ein kontinuierliches Controlling des eingeschlagenen Weges. Es ging darum, sich nicht dem Vorwurf der Oberflächlichkeit oder, salopp ausgedrückt, der «Schludrigkeit» auszusetzen.

(2) Auf Bundesebene wurde unter Federführung der EFV die interdepartementale Zusammenarbeit intensiv gepflegt, ebenso auf interkantonaler Ebene: Der Konferenz der Kantonsregierungen (KdK) und der FDK kommt das Verdienst zu, die unabdingbare (politische) Koordination unter den Kantonen wahrgenommen zu haben. Das Projekt hätte ohne dieses kantonale Standbein der politischen und administrativen Koordination spätestens im Parlament einen schweren Stand gehabt.

(3) Der Bundesrat hat sich während der vorparlamentarischen Phase zum Inhalt der Vorlage materiell nicht ausgesprochen. Zwar wurden zwei Bundesratsbeschlüsse erwirkt, welche die materiellen Leitlinien der Projektarbeiten umrissen. Zu den Vernehmlassungsberichten der Projektorganisation hielt er sich politisch jedoch zurück und nahm diese bloss zur Kenntnis. Damit hielt sich der Bundesrat sämtliche Optionen bis zur Verabschiedung seiner ersten Botschaft offen.

(4) Die Medien wurden im Sinne einer rollenden Informationspolitik über den Projektfortgang orientiert. Damit wurden Indiskretionen, die bloss zu (beabsichtigten) Verwirrungen und Fehlinformationen führen können, vermieden und stattdessen über die Sachlage transparent kommuniziert. Parallel zu den laufenden parlamentarischen Beratungen wurde eine von Bund und Kantonen gemeinsam konzipierte und durchgeführte «Wanderausstellung» organisiert. Diese hatte nicht die politische Meinungsbildung zum Ziel. Vielmehr ging es darum, auf der Grundlage sachlicher Informationen eine Debatte über die Zielsetzungen und Wirkungsweisen der Reform zu ermöglichen. Eine frühe und ausgewogene Information der interessierten Öffentlichkeit

war angesichts der Komplexität der Vorlage angezeigt, ja geradezu unumgänglich.

(5) Mit einer auf operativer Stufe bescheidenen und anfänglich unterdotierten Struktur (in der hektischen Anfangsphase bloss drei Vollzeitstellen, später deren fünf, einschl. Sekretariat) ist es gelungen, ein Reformvorhaben während Jahren im Alltag voranzutreiben und bis zur Parlamentsreife heranzuführen. Eminent wichtig waren die tatkräftige Unterstützung des Departementschefs und des Amtsdirektors sowie die Integration eines Kantonsvertreters im Projektleitungsteam. Unabdingbar war und ist ferner eine gelebte Interdisziplinarität (Vermeidung von Fachidiotie) und der Verzicht auf Sololäufer und Personen, die mit markigen Sprüchen mediale Aufmerksamkeit erheischen wollen. Richtig ist, dass ein Projekt «ein Gesicht» haben muss. Dieses muss aber politisch legitimiert sein und nicht den Allwissenden mimen, der immer schon wusste, was zu tun und zu lassen ist, ansonsten die Suche nach einem gemeinsamen Interessensausgleich erschwert, wenn nicht verunmöglicht wird.

(6) Die NFA-Vorlage zeigt, dass «Schnelligkeit» allein kein sinnvolles Kriterium für (staatliche) Reformvorhaben sein kann. Integration, Kohärenz und eine politisch geschickte und mit den involvierten Akteuren abgesprochene Vorgehensstrategie zahlen sich aus.

Selbstverständlich war das Projekt auch von Krisen begleitet. Namentlich als sich im Rahmen der Erarbeitung der ersten Globalbilanzen zeigte, dass sich nicht wenige Kantone «auf der falschen Seite» befanden, wurde buchstäblich über Nacht der Härteausgleich konzipiert. Ohne dieses zeitlich limitierte Übergangsinstrument wäre das Projekt zweifelsohne gescheitert, da es schlicht nicht mehrheitsfähig gewesen wäre.

Die Institutionen der Schweiz sind allen Unkenrufen zum Trotz fähig, umfassende Reformen einzuleiten und umzusetzen. Erfolg lässt sich aber nicht verordnen; vielmehr setzt er einen Prozess voraus, bei dem Politik (strategische Führung) und Verwaltung (technische Ebene) unter Einbezug direktbetroffener Akteure einen ergebnisorientierten Diskurs führen, wobei selbstverständlich das Primat der Politik zum Tragen kommen muss.

4. Die drei Meilensteine im Projektverlauf

1. Revision der Bundesverfassung: Volk und Stände hiessen am 28. November 2004 der umfassenden Revision der Bundesverfassung, bei der insgesamt 27 Bestimmungen teilrevidiert bzw. neu geschaffen worden sind, deutlich zu. Damit wurde die Grundlage geschaffen, die zunehmend komplexeren

Staatsaufgaben klarer zu regeln, den Steuerfranken effizienter einzusetzen sowie den Finanzausgleich gezielter auszugestalten.
2. Ausführungsgesetzgebung: Gestützt auf den positiven Ausgang der Volksabstimmung von 2004 wurden in der Folge insgesamt 30 Bundesgesetze teilrevidiert und drei weitere total revidiert bzw. neu geschaffen. Diese Gesetzesnovelle hat zur Folge, dass über 40 Verordnungen revidiert bzw. aufgehoben werden mussten.
3. Finanzierungsbeschlüsse: Drei referendumsfähige Bundesbeschlüsse wurden anlässlich der Sommersession 2007 vom Parlament verabschiedet. Diese halten fest, welche Beträge für den Finanz-, Lasten- und Härteausgleich jährlich zur Verfügung gestellt werden. Die Reform wurde auf den 1. Januar 2008 integral in Kraft gesetzt.

Kapitel 4 / Chapitre 4:
Horizontaler Aufgabentransfer /
Transfert horizontal de compétences

Aufgabenkritik – Schwachstelle in der Staats- und Verwaltungsmodernisierung in Deutschland?

MANFRED RÖBER

Inhaltsverzeichnis

1. Problemstellung   231
2. Aufgabenkritik der KGSt   233
3. Aufgabenkritik und Privatisierung   235
4. Aufgabenkritik im Neuen Steuerungsmodell   236
5. Aufgabenkritik im Gewährleistungsstaat   237
6. Aufgabenkritik und Leistungsbreite   238
7. Aufgabenkritik und Leistungstiefe   239
8. Kriterien für die Aufgabenkritik   242
    8.1 Kostengünstigkeit   242
    8.2 Spezifität   243
    8.3 Strategische Relevanz   244
9. Aufgabenkritische Handlungsempfehlungen   244
    9.1 Abschließende Bemerkung   244
Literatur   246

1. Problemstellung

Das Wachstum der öffentlichen Aufgaben ist in den letzten Jahrzehnten in der Bundesrepublik Deutschland in der Regel immer größer gewesen als die Zunahme der dem Staat zur Verfügung stehenden Ressourcen. Die Schere hat sich immer weiter geöffnet. Aus dem Grunde ist es nicht überraschend, dass nahezu alle Konzepte zur Staats- und Verwaltungsmodernisierung[1] Aussagen über einen Neuzuschnitt des öffentlichen Leistungsprogramms, über eine Reduzierung des öffentlichen Aufgabenbestandes und neuerdings auch über eine Verringerung der Leistungstiefe (d.h. des Outsourcings einzelner Stufen der Leistungserstellungsprozesse) enthalten.

Dem gesamten öffentlichen Sektor scheint in der Praxis aber eine Tendenz immanent zu sein, bestehende Aufgaben nicht auf ihre Notwendigkeit zu hinterfra-

---

[1] Vgl. z.B. POLLITT/BOUCKAERT, 2004.

gen und überdies bei neuen gesellschaftlichen Problemen sehr schnell neue öffentliche Aufgaben (einschließlich der dazu gehörenden personellen und finanziellen Ressourcen) zu kreieren. Dies führt zwangsläufig zu einem wachsenden Aufgabenumfang und höheren Ausgaben (mit entsprechenden Haushaltsproblemen) und zu einem Anstieg der Zahl der im öffentlichen Dienst Beschäftigten (mit entsprechenden Personalsteuerungsproblemen).

Offenkundig gibt es in der öffentlichen Verwaltung keine systemimmanenten Anreize für Einsparungen und für den Abbau von öffentlichen Aufgaben. Dies begünstigt – wie Downs (1967) und Niskanen (1971) schon Ende der 1960er und Anfang der 1970er Jahre gezeigt haben – das Budgetmaximierungsmotiv der Bürokraten, welches zum Bürokratiewachstum führt, das weder von der Politik noch von der Finanzkontrolle wirksam gebremst werden kann. Zusätzlich tragen fehlende Marktsignale und die nicht vorhandene Allokationsfunktion von Marktpreisen maßgeblich zur Aufgaben- und Ausgabenausweitung und zu einem höheren Bestand an öffentlichen Aufgaben bei. Eine solche Entwicklung ist so lange unproblematisch, wie es dem Staat gelingt, den wachsenden Aufgabenbestand mit höheren Steuern und/oder Krediten zu finanzieren. Wenn Bürger und Wirtschaft aber nicht länger bereit (und in der Lage) sind, für ein ungebremstes Wachstum öffentlicher Aufgaben höhere Steuern in Kauf zu nehmen, und die Kreditaufnahme an verfassungsrechtlich zulässige und ökonomisch problematische Grenzen stößt, werden die Handlungsspielräume von Politik und Verwaltung immer enger.

In dieser Situation bleibt keine andere Wahl, als die öffentlichen Ausgaben zu reduzieren. Hierzu bedient man sich vorzugsweise der Methode, alle Ausgabepositionen linear zu kürzen, weil diese Vorgehensweise Gerechtigkeit in Form von Gleichbehandlung suggeriert und die geringsten politischen Widerstände erwarten lässt. Dieser Ansatz hat allerdings zwei gravierende Nachteile. Zum einen werden diejenigen, die den Versprechungen anreizorientierter Steuerung vertraut und ihre Kosten gesenkt haben, im Vergleich zu jenen, die sich davor erfolgreich gedrückt haben, bestraft, weil sie zusätzlich zu den ohnehin erbrachten Einsparungen noch einmal zur Kasse gebeten werden. Zum anderen nehmen lineare Kürzungen keine Rücksicht auf die besondere Wichtigkeit einzelner Aufgaben oder die Förderungswürdigkeit bestimmter gesellschaftlicher Zielgruppen. Als Folge hiervon werden auch die für die Erledigung besonders wichtiger Aufgaben erforderlichen finanziellen und personellen Ressourcen immer weiter reduziert, so dass einige dieser Aufgaben nicht mehr sachgerecht wahrgenommen werden können und damit letztlich die Legitimität des politisch-administrativen Systems in Gefahr gerät.

Spätestens an dieser Stelle sollte – auch angesichts einer relativ hohen Staatsquote – eine ernsthafte Diskussion darüber einsetzen, welche Prioritäten bei den öffentlichen Aufgaben gesetzt werden und auf welche dieser Aufgaben verzichtet werden kann, ohne dass damit unkalkulierbare Konsequenzen für das Gemeinwesen verbunden sind. Zusätzlich muss sich die Diskussion über öffentliche Aufgaben aber auch darauf beziehen, welche Rationalisierungspotenziale bei der Aufgabenerfüllung ausgeschöpft werden können, ohne dass damit ein Verlust an Leistungsqualität für den Bürger verbunden ist[2].

2. Aufgabenkritik der KGSt

Vor diesem Hintergrund ist es bemerkenswert, dass sich die Kommunale Gemeinschaftsstelle (KGSt) schon Anfang der 1970er-Jahre – ohne den dramatischen finanziellen Druck, der heute auf allen Gebietskörperschaften lastet – mit diesem Thema beschäftigt hat[3]. Ausgangspunkt ihrer Überlegungen war die Beobachtung bei den Kommunalverwaltungen, dass öffentliche Aufgaben gleichsam mit «gesellschaftlicher Gesetzmäßigkeit» wuchsen und dass sich die Schere zwischen der quantitativen Entwicklung öffentlicher Aufgaben und den zur Verfügung stehenden finanziellen Ressourcen immer weiter zu öffnete.

Die KGSt definierte Aufgabenkritik in ihrem Bericht aus dem Jahre 1974 als einmalige oder wiederkehrende Überprüfung der normierten Verwaltungszwecke (Zweckkritik) und/oder der programmierten Vollzugsmaßnahmen (Vollzugskritik). Während bei der Zweckkritik geprüft wird, ob bestimmte Aufgaben überhaupt oder in ihrer bisherigen Intensität wahrgenommen werden sollen, geht es bei der Vollzugskritik um die Frage, wie jene Aufgaben, an deren Notwendigkeit nicht gezweifelt wird, wirtschaftlicher und wirksamer erfüllt werden können. Für die aufgabenkritischen Aktivitäten der Kommunen stellte die KGSt sowohl für die Zweck- als auch für die Vollzugskritik eine Checkliste von Instrumenten zur Verfügung, mit denen die Aufgabenkritik in der Praxis durchgeführt werden sollte. Als Instrumente der Zweckkritik wurden zum Beispiel Bedarfs- und Wirkungsbeobachtungen sowie systematische Ziel- und Ausstattungsvergleiche vorgeschlagen. Bei der Vollzugskritik regte die KGSt an, einen angemessenen Personal- und Sachbedarf zu ermitteln und Arbeitsabläufe zu beschleunigen.

Dieser kurze Blick in die jüngere deutsche Verwaltungsgeschichte zeigt, dass die Probleme und Themen, mit denen wir uns heute zu beschäftigen haben, beileibe nicht neu sind. Im Unterschied zur Situation vor mehr als 30 Jahren ist

---

[2] Vgl. auch MÄDING, 1990.
[3] Vgl. Kommunale Gemeinschaftsstelle für Verwaltungsvereinfachung, KGSt (1974): Aufgabenkritik. Bericht Nr. 21/1974, Köln und nachfolgend 1975, 1976 und 1982.

der Problem- und Handlungsdruck heute aber wesentlich größer. Insofern kann es nicht schaden, sich kurz mit den Erfahrungen zu beschäftigen, die damals mit dem Konzept der Aufgabenkritik gesammelt wurden.

Auf der Grundlage des KGSt-Konzepts haben viele Städte in der Bundesrepublik Deutschland in den 1970er-Jahren versucht, ihren Aufgabenbestand abzubauen. Die Ergebnisse sind allerdings eher ernüchternd, weil es nicht gelungen ist, der Aufgabenausweitung wirksam Einhalt zu gebieten. Die Ursachen hierfür liegen darin begründet, dass weder Politik noch Verwaltung und Bürger ein ernsthaftes Interesse an einer Reduzierung der öffentlichen Aufgaben hatten. Die theoretische Einsicht, dass es zu einer Aufgaben- und Ausgabenexplosion kommen muss, wenn immer nur neue Aufgaben eingeführt werden, ohne dass bestehende (überflüssige) Aufgaben abgebaut werden, konnte nicht in praktische Politik umgesetzt werden, weil sich die Neigung in Politik, Verwaltung und Gesellschaft in Grenzen hielt, dieses Aufgabenwachstum zu stoppen.

Die politischen Parteien konnten sich mit neuen Aufgaben als Antwort auf wirkliche oder vermeintliche gesellschaftliche Probleme als bürgerorientiert präsentieren und verhielten sich bei der Aufgabenkritik auch deshalb weitgehend passiv, weil sie von Vorschlägen für einen einschneidenden Aufgabenabbau negative Konsequenzen im Parteienwettbewerb befürchteten. Insofern war es nicht überraschend, dass sie das Thema «Aufgabenkritik» im Wesentlichen der öffentlichen Verwaltung überließen.

Die Verwaltung hatte wegen des mit einem möglichen Aufgabenabbau verbundenen Ressourcen- und Einflussverlustes ebenfalls kein besonders ausgeprägtes Interesse an diesem Thema und bemühte sich nach Kräften, alle aufgabenkritischen Aktivitäten mit bürokratischer Pfiffigkeit zu unterlaufen. Hierzu gehörte zum Beispiel, dass häufig solche «Streichlisten» angeboten wurden, die die Politik wegen der in der Bevölkerung zu erwartenden Proteste nicht akzeptieren konnte. Versuche der für die Ressourcen (Finanzen und Personal) zuständigen Querschnittsämter in Verbindung mit den für die gesamte Gebietskörperschaft und ihre Finanzen zuständigen Steuerungspolitikern (d.h. Bürgermeistern und Kämmerern), intelligentere als lineare Kürzungen durchzuführen, scheiterten regelmäßig am Widerstand der Fachämter, deren inhaltlich begründeten Abwehrstrategien die Querschnittsämter fachlich nichts entgegensetzen konnten. Die Fachämter in die Pflicht der Aufgabenkritik einzubinden, wäre völlig illusorisch gewesen, denn wer den Sumpf trockenlegen will, darf bekanntlich nicht die Frösche fragen.

Die Bürgerinnen und Bürger schließlich waren – auf Grund der nicht unmittelbar negativen finanziellen Folgen – als Adressaten zusätzlicher Leistungen positiv betroffen und hatten demzufolge keinen Grund, sich über zusätzliche öffentliche Aufgaben zu beschweren. Unzufrieden waren sie nur dann, wenn

Aufgaben eingeschränkt wurden oder wegfallen sollten, an die sie sich im Laufe der Zeit gewöhnt hatten. Dies verstärkte verständlicherweise die Neigung von Politik und Verwaltung, sich mit dem vorhandenen Aufgabenbestand nicht allzu kritisch auseinanderzusetzen.

Letztlich hatten Aktionen zur Aufgabenkritik immer den Charakter von einmaligen Kraftakten, nach denen alle Beteiligten überzeugt waren, ihr Bestes getan zu haben, um danach wieder unbeschwert zur Tagesordnung übergehen zu können. Unter diesen Bedingungen konnte Aufgabenkritik nicht zur Daueraufgabe im Verwaltungshandeln werden. Insgesamt ist allen diesen Versuchen, das Wachstum der öffentlichen Aufgaben zu begrenzen, kein durchschlagender Erfolg beschieden gewesen. Dies gilt im Übrigen auch für vergleichbare Bemühungen in anderen Ländern, in denen mit Programmbudgetierung, Zero Base Budgeting und Sunset Legislation versucht wurde, das Problem ausufernder öffentlicher Aufgaben in den Griff zu bekommen.

3. Aufgabenkritik und Privatisierung

In den 1980er-Jahren wurde die Diskussion über öffentliche Aufgaben von einer eher undifferenzierten Privatisierungsdebatte dominiert, die von politischen Strömungen in Großbritannien (unter Margret Thatcher) und in den USA (unter Ronald Reagan) beeinflusst war. Diese sehr stark ideologisch-normativ geprägte Diskussion basierte auf der Annahme, dass private Anbieter ohnehin besser und billiger als öffentliche Anbieter seien.

Insgesamt lag dieser Diskussion die Vorstellung zu Grunde, dass eine klare Trennungslinie zwischen öffentlichen und privaten Aufgaben gezogen und dass ein Großteil der öffentlichen Aufgaben materiell privatisiert (d.h. gänzlich auf private Anbieter übertragen) werden könne. Die Vorstellung, dass sich der Staat von bestimmten Aufgaben völlig zurückzieht, erwies sich in der Bundesrepublik Deutschland aber als weitgehend unrealistisch, weil der Staat von der Bevölkerung unabhängig von formaler Zuständigkeit und Verantwortung als Adressat für ungelöste gesellschaftliche Probleme betrachtet und politisch in die Pflicht genommen wurde.

Die materielle Privatisierung, das heißt die komplette Übertragung von Eigentums- und Verfügungsrechten auf Private, spielte in der Bundesrepublik Deutschland überdies angesichts eines relativ breiten politischen Konsenses über die Kernaufgaben des Staates, zu denen neben den klassischen Ordnungsaufgaben auch die aus dem Sozialstaatsprinzip abgeleiteten Leistungsaufgaben und die Infrastrukturaufgaben des Staates (einschließlich der Bildungsaufgaben) gehören, lange Zeit praktisch keine große Rolle. Die Bundesrepublik Deutschland gehörte im internationalen Kontext bis in die 1990er Jahre eher zu den EU-Ländern, die eine zurückhaltende Privatisierungspolitik betrieben. Im Laufe der Zeit erzeugte die Liberalisierungspolitik der Europäischen Kommission allerdings einen Privatisierungsdruck, dem sich auch die Bundesrepublik nicht entziehen konnte[4]. Hiervon sind aber überwiegend die öffentlichen Unternehmen betroffen gewesen – wie sich in den Haushaltszahlen am zunehmenden Privatisierungsvolumen ablesen lässt[5].

Alle Versuche, das Angebot an öffentlichen Aufgaben und die Staats- und Verwaltungsorganisation am Leitbild des Minimalstaates auszurichten (wie dies z.B. im Bericht des Sachverständigenrates «Schlanker Staat» [1997] anklang), blieben weitgehend politische Rhetorik. Stattdessen richtete sich die Aufmerksamkeit stärker auf neue organisatorische Formen der Wahrnehmung öffentlicher Aufgaben, ohne dass dies jedoch im konzeptionellen Kontext der Aufgabenkritik geschah. Hierzu gehörte die zunehmende Auslagerung von Aufgaben aus dem Kernbereich der öffentlichen Verwaltung in mehr oder weniger stark verselbstständigte Verwaltungseinheiten (wie zum Beispiel Eigenbetriebe oder Eigengesellschaften in der Rechtsform der GmbH oder der AG). Faktisch glich diese formale Privatisierung häufig aber nur einer Flucht aus dem öffentlichen Budget- und Dienstrecht, ohne dass sich an der grundlegenden Verantwortung der Gebietskörperschaft für die von diesen Institutionen wahrgenommenen Aufgaben etwas änderte.

4. Aufgabenkritik im Neuen Steuerungsmodell

Die Erfahrungen mit der formalen Privatisierung waren – neben vielen anderen Gründen – eine der Ursachen dafür, dass in Deutschland vor dem Hintergrund weltweiter Bemühungen um ein neues Public Management Anfang der 1990er-Jahre die Diskussionen über eine grundlegende Modernisierung der öffentlichen Verwaltungen – und hier vor allem für die Kommunalverwaltungen – einsetzten. Das für die deutschen Kommunen entwickelte Neue Steuerungsmodell zeichnete sich durch eine sehr starke Binnenorientierung mit dem Fokus auf ein neues Kostenmanagement (mit Produkten, Kosten-Leistungs-Rechnung, Budgetierung und Controlling) und Organisationsmanagement (mit dem Schwerpunkt auf der Veränderung der Aufbauorganisation analog zur Konzernorganisation) aus. Wesentlich weniger Aufmerksamkeit wurde den Fragen nach einer stärkeren Wettbewerbs- und Prozessorientierung des Verwaltungshandelns sowie einer kritischen Analyse des öffentlichen Aufgabenbestandes gewidmet. Das im

---

[4] Vgl. z.B. MAYER, 2006, S. 268.
[5] Vgl. hierzu RÖBER, 2009, S. 299.

deutschen Modell stattdessen gewählte Vorgehen, Leistungen und Produkte in Katalogen zu beschreiben, führte – so eine weit verbreitete Kritik – vielmehr dazu, dass vorhandene Aufgabenbestände gerade nicht in Frage gestellt, sondern faktisch zementiert wurden. Im Laufe der Zeit zeigte sich sehr deutlich, dass angesichts der dramatischen Haushaltsprobleme auch noch so erfolgreiche Konzepte der Binnenmodernisierung ohne eine kritische und systematische Durchforstung des Aufgabenbestandes nicht ausreichen, die mit dem wachsenden Aufgabenbestand verbundene Ausweitung der öffentlichen Ausgaben zu bremsen oder gar zu reduzieren. Für eine solche Durchforstung stellte das Neue Steuerungsmodell keinen konzeptionellen Bezugsrahmen bereit.

Überdies fehlte zu Beginn der Diskussion über ein Neues Steuerungsmodell jegliche Einsicht in die Notwendigkeit, den Bestand öffentlicher Aufgaben kritisch zu analysieren, weil sich der öffentliche Sektor über Jahrzehnte immer nur auf Expansionskurs befand und die grundsätzliche Erwartung lange Zeit dahin ging, dass die finanziellen Engpässe nur eine kurzfristige Delle in einer auf längere Sicht ungebremsten Wachstumsdynamik darstellen werden. Vor diesem Hintergrund kann es nicht überraschen, dass der öffentliche Sektor weder in seinem Problembewusstsein noch mit seinen Instrumenten auf ein leistungsfähiges Cut-Back-Management eingestellt gewesen ist. Die Hoffnung, sich nicht ernsthaft mit dem Thema «Aufgabenkritik» auseinandersetzen zu müssen, bestimmte bis in die jüngste Zeit sehr stark das politische Handeln.

5. Aufgabenkritik im Gewährleistungsstaat

Inzwischen zeichnet sich ein Umdenken ab. Auf der Grundlage des Subsidiaritätsprinzips wird über eine neue Arbeitsteilung zwischen Staat, Wirtschaft und Zivilgesellschaft nachgedacht, in der Politik und Verwaltung zum Teil gänzlich andere Aufgaben als im traditionellen Staatshandeln zu übernehmen haben. Als konzeptioneller Bezugsrahmen für diese Überlegungen hat sich das Modell des Gewährleistungsstaates herauskristallisiert[6]. Das heißt, der Staat stellt die Erfüllung eines bestimmten Angebots an öffentlichen Aufgaben sicher (über das politisch zu entscheiden ist), ohne dass diese Aufgaben notwendigerweise von staatlichen Institutionen erbracht werden müssen. Damit steigen die Anforderungen an die Steuerungsfähigkeit des Staates, weil er bei der Erledigung bestimmter Aufgaben verstärkt mit Dritten kooperieren und dabei in zunehmendem Maße unterschiedliche Interessen berücksichtigen und ggf. ausgleichen muss. Das bedeutet, dass der Staat zum Teil gänzlich andere Rollen als der traditionelle Ordnungs- und Obrigkeitsstaat wahrzunehmen hat. Zu diesen neuen Aufgaben

---

[6] Vgl. hierzu die grundlegenden und stilbildenden Arbeiten von SCHUPPERT, 2005.

gehören beispielsweise die des Anregers, des Moderators, des Anschubfinanzierers oder des Steuerers. In diesem Kontext muss wesentlich differenzierter darüber diskutiert werden, welche öffentlichen Aufgaben in welchem institutionellen Arrangement am besten wahrgenommen werden können.

6. Aufgabenkritik und Leistungsbreite

Zuvor ist es jedoch zu klären, welche Aufgaben vom Staat überhaupt gewährleistet werden und damit als öffentliche Aufgaben anerkannt werden sollen. In diesem Zusammenhang wird – analog zur Diskussion über die Kernkompetenzen privatwirtschaftlicher Unternehmungen – auch von den Kernaufgaben des Staates gesprochen. Im Prinzip geht es um die Frage der Breite des staatlichen Leistungsprogramms, das heißt, was zum Aufgabenportfolio des Staates gehören soll. Hierfür gibt es keine «objektiven» Kriterien, die gleichsam naturrechtlich aus dem Gemeinwohl abgeleitet werden können (nach dem Motto: «Kindergärten sind grundsätzlich wichtiger als Wirtschaftsförderung oder Sozialhilfe.»). Was zum Kanon öffentlicher Aufgaben gehört, muss im demokratischen Diskurs und Willensbildungsprozess geklärt und letztlich von politisch legitimierten Mehrheiten in Bezug auf politische Ziele (wie zum Beispiel demokratische, rechtsstaatliche, wirtschaftliche, sozialstaatliche oder ökologische Ziele) entschieden werden. Bei diesen Entscheidungen geht es – analog zur Zweckkritik – um die Effektivität öffentlicher Programme und Leistungen («doing the right things»). Dabei können dann – im Umkehrschluss – solche Aufgaben identifiziert werden, die überflüssig sind, weil es für sie keinen gesellschaftlichen Bedarf mehr gibt. Dass dies nur dann funktionieren kann, wenn solche Entscheidungen von den Bürgern – abgesehen von Kritik aus individueller Betroffenheit – im Prinzip akzeptiert werden, liegt auf der Hand (wobei die Einsicht der Bevölkerung in die Notwendigkeit solcher Entscheidungen häufig viel größer ist als viele Politiker annehmen). Überdies hat die kritische Durchleuchtung des öffentlichen Aufgabenportfolios den zusätzlichen Effekt, dass jene Programme und Leistungen herausgefiltert werden können, die von Behörden (der gleichen Verwaltungsebene oder unterschiedlicher Verwaltungsebenen) doppelt angeboten werden.

Erst wenn über die Breite des öffentlichen Aufgabenspektrums entschieden wurde, kann diskutiert werden, in welcher Organisationsform und mit welchen Verfahren einzelne dieser Aufgaben am besten wahrgenommen werden können, weil es nicht sinnvoll wäre, über eine Optimierung von Aufgaben nachzudenken, die ohnehin überflüssig sind oder die im komplexen Mehrebenensystem des deutschen Föderalismus doppelt angeboten bzw. bearbeitet werden.

7. Aufgabenkritik und Leistungstiefe

In der Debatte über institutionelle Arrangements geht es um die Effizienz bei der Aufgabenerfüllung («doing the things right»). Hierbei greift man – unter dem Stichwort der Leistungstiefenpolitik – auf Kategorien der ökonomischen Institutionentheorie zurück[7]. Leistungstiefe heißt, dass jede öffentliche Aufgabe aus einer Wertschöpfungskette mit einer mehr oder weniger großen Zahl von vor- und nachgelagerten Teilprozessen besteht. Für jeden dieser Teilprozesse kann geprüft und entschieden werden, wer die Bearbeitung und Verantwortung hierfür übernehmen soll. Generell werden die folgenden vier Typen von Verantwortung unterschieden:

- Gewährleistungsverantwortung: dauerhafte Sicherstellung der Leistungserbringung zu politisch gewollten Standards und Kosten.
- Vollzugsverantwortung: korrekte Ausführung («Produktion») der gewährleisteten Aufgaben.
- Finanzierungsverantwortung: Bereitstellung der für die Wahrnehmung der Aufgaben erforderlichen Finanzmittel.
- Auffangverantwortung: Garantie, dass die gewährleisteten Aufgaben auch im Konkursfall des Leistungsanbieters angeboten werden.

Mit einem solchen Konzept der Verantwortungsstufung und Verantwortungsteilung verabschiedet man sich von der (unrealistischen) Vorstellung, bestimmte Aufgaben insgesamt infrage zu stellen und komplett aus der öffentlichen Verantwortung zu entlassen. Der Staat ist nach wie vor in der Pflicht zu gewährleisten, dass öffentliche Aufgaben ordnungsgemäß erfüllt werden, ohne jedoch bei allen Teilprozessen zugleich auch für die Durchführung und Finanzierung zuständig und verantwortlich zu sein. Lediglich bei nicht ordnungsgemäßer Erfüllung der Leistung durch Dritte hat der Staat die Pflicht, subsidiär einzuspringen und diese Leistung selber auszuführen (und zu finanzieren). Im Unterschied zu unitaristischen Staaten ist in föderativ aufgebauten Staaten zu berücksichtigen, dass wir es bei bestimmten Aufgaben mit abgestuften Zuständigkeiten zu tun haben (wie z.B. der Sozialhilfe), die ein System korrespondierender gestufter Gewährleistungsverantwortung erfordern.

Grundsätzlich führt eine solche differenzierte Betrachtung der öffentlichen Aufgaben zu drei idealtypischen Konstellationen:

(1) Der Staat ist bei bestimmten Aufgaben voll in der Pflicht und übernimmt zusätzlich zur Gewährleistungs- auch die Vollzugs- und die Finanzierungs-

---

[7] Vgl. hierzu z.B. ENERS/GOTSCH, 2006, S. 247–308.

verantwortung (die Auffangverantwortung als eigenständige Kategorie ist bei dieser Konstellation überflüssig).

(2) Der Staat entlastet sich von bestimmten Aufgaben komplett und überträgt die Verantwortung auf private Akteure. In diesem Falle entfällt neben der Gewährleistungsverantwortung auch seine Auffangverantwortung.

(3) Der Staat fühlt sich für bestimmte Aufgaben auf der Grundlage politischer Entscheidungen nach wie vor verantwortlich, ohne jedoch für alle Teilprozesse als Teil der Leistungskette die Produktions- und Finanzierungsverantwortung zu übernehmen. In diesem Falle bleibt ihm neben der Gewährleistungsverantwortung auf jeden Fall noch die Auffangverantwortung.

In der ersten Konstellation haben wir es mit den klassischen Aufgaben des Staates zu tun, zu denen die innere Sicherheit (Rechtsordnung und Polizei), die äußere Sicherheit (Diplomatie und Landesverteidigung) und die Ressourcensicherung (in Form der Steuerhoheit) gehören. In Bezug auf diese Aufgaben besteht in Deutschland ein breiter politischer Konsens, dass sie in der vollen Verantwortung des Staates bleiben sollen – wenn man von einzelnen (ergänzenden) Sicherheitsfunktionen, wie Wach- bzw. Objektschutz, absieht, die von privaten Unternehmen wahrgenommen werden (können). In der zweiten Konstellation werden öffentliche Aufgaben komplett in den privaten Sektor transferiert und wie ganz normale private Dienstleistungen oder Produkte behandelt (wie zum Beispiel die materielle Privatisierung einer zuvor staatlichen Porzellanmanufaktur).[8] Die dritte Konstellation unterscheidet sich von den anderen beiden dadurch, dass sie eine sehr differenzierte Analyse öffentlicher Aufgaben erfordert. Diese Analyse bietet die Chance, die häufig emotional aufgeladene Diskussion über öffentliche Aufgaben («Mit einer Privatisierung wird alles besser und billiger» versus «Mit einer Privatisierung wird alles schlechter und teurer») zu überwinden und wesentlich rationalere Entscheidungen über institutionelle Arrangements zur Wahrnehmung öffentlicher Aufgaben zu treffen.

Grundsätzlich eröffnet sich in einem solchen Konzept, das die Leistungstiefe öffentlicher Aufgaben und die Verantwortungsstufung in Bezug auf Teilprozesse der Leistungserstellung berücksichtigt, ein komplexer Raum von organisatorischen Gestaltungsoptionen. Die Grundidee besteht darin, die einzelnen Glieder der gesamten Wertschöpfungskette – das heißt den Produktionsprozess einer öffentlichen Leistung, die dem Bürger angeboten oder zur Verfügung gestellt wird – zu rekonstruieren. Bei jeder Wertschöpfungs- bzw. Leistungsstufe ist

---

[8] Im Zuge der aktuellen Finanz- und Wirtschaftskrise war allerdings zu beobachten, dass es bei sogenannten systemrelevanten Branchen und Unternehmen dazu kommen kann, dass der Staat eine Insolvenz besonders wichtiger privater Unternehmen verhindern will. In einer solchen Situation übernimmt er auch im Falle rein privater Leistungserstellung die Auffangverantwortung.

dann zu fragen, ob diese von *der* Verwaltung erstellt werden muss, die formal dafür zuständig ist und diese Leistung zu garantieren hat, oder ob sie von anderen öffentlichen, gemeinwirtschaftlichen oder privaten Anbietern ausgeführt oder von diesen bezogen werden kann. Öffentliche Aufgaben bzw. einzelne öffentliche Leistungen als Teil einer Leistungsprozesskette können wahrgenommen werden von

- öffentlichen Verwaltungen (Ämtern, Abteilungen etc.),
- verselbstständigten Verwaltungseinheiten (Regiebetrieben oder Betrieben des öffentlichen Rechts wie Eigenbetriebe oder Anstalten des öffentlichen Rechts),
- GmbHs oder AGs als Eigengesellschaften in staatlichem Eigentum (formale Privatisierung),
- privaten gemeinnützigen Einrichtungen,
- privaten erwerbswirtschaftlichen Unternehmen.

Aus diesen Komponenten können für einzelne Phasen des gesamten Leistungsprozesses ganz unterschiedliche institutionelle Arrangements zusammengestellt werden. Dies gilt insbesondere dann, wenn die organisatorischen Gestaltungspotenziale der Informations- und Kommunikationstechnik (E-Government) genutzt werden. Diese ermöglichen differenzierte Netzwerkstrukturen, in denen der Leistungsprozess in «Produktion» und «Distribution» aufgespalten und das traditionelle Uno-Actu-Prinzip öffentlicher Leistungserstellung relativiert werden kann. Hier bieten sich im Rahmen des Contracting-Out in Form des Outsourcings als Fremdvergabe, der Submission, der Konzessionierung und der Public-Private-Partnerships (PPP) vielfältige Gestaltungsoptionen. Überdies besteht die Möglichkeit, einzelne Teile der Wertschöpfungskette so zu organisieren, dass im Wettbewerb zwischen öffentlichen und/oder gemeinwirtschaftlichen bzw. privaten Institutionen derjenige Anbieter ermittelt wird, der eine politisch definierte und beschriebene Leistung am kostengünstigsten erbringt. In all den Fällen, in denen ein (externer oder interner) Marktwettbewerb nicht möglich ist, kann im Rahmen von Ausschreibungen mit unterschiedlichen Formen des Kalkulationswettbewerbs gearbeitet werden. Idealtypisch wäre demzufolge für jeden Teilprozess zu prüfen, wer welche Aufgabe am besten durchführen und dafür auch die Verantwortung übernehmen kann.

Unter diesen Rahmenbedingungen wird die politisch-administrative Steuerung öffentlicher Aufgaben wesentlich komplexer als im traditionellen Verwaltungsmodell, in dem der Staat den Aufgabenvollzug hierarchisch gesteuert und die wahrzunehmenden Aufgaben ausschließlich mit seinen eigenen Institutionen durchgeführt hat. Im Unterschied zur traditionellen hierarchischen Steuerung wird der Staat im Kontext des Gewährleistungsmodells zum Auftraggeber, der darüber zu entscheiden hat, wer welche Leistungen zu welchen Konditionen (einschließlich möglichst genau fixierter Qualitätsstandards) zu erbringen hat, und der außerdem zu kontrollieren hat, dass die vom Auftragnehmer eingegangenen Verpflichtungen auch tatsächlich erfüllt werden.

8. Kriterien für die Aufgabenkritik

Für seine Entscheidungen über das jeweils zweckmäßigste institutionelle Arrangement in den einzelnen Teilen der Leistungsprozesskette, das Aufschluss darüber geben kann, welche Leistungen selber ausgeführt werden sollen, benötigt der Staat in seiner Funktion als Auftraggeber Entscheidungskriterien. Hierbei wird in den Überlegungen zur Leistungstiefe im Wesentlichen auf die Kriterien der Kostengünstigkeit, der Spezifität und der strategischen Relevanz zurückgegriffen.

8.1 Kostengünstigkeit

In der traditionellen Privatisierungsdebatte ist von Befürwortern einer materiellen Privatisierung unter Hinweis auf Kostenvergleichsrechnungen immer wieder darauf hingewiesen worden, dass bestimmte Leistungen – und hier bezog man sich zunächst auf die so genannten Annexaufgaben wie Reinigungsdienste – von Privaten wesentlich billiger angeboten werden. Die solchen Aussagen zu Grunde gelegten Rechnungen wiesen in der Regel bei den öffentlichen Anbietern erheblich höhere «Stückkosten» als bei den privaten Anbietern aus. Insofern schien es unter Wirtschaftlichkeitsgesichtspunkten – insbesondere natürlich aus der Sicht der unter zunehmendem finanziellem Druck stehenden Kämmerer – sinnvoll, solche Leistungen und Aufgaben auszulagern (sofern damit nicht Leistungsverschlechterungen verbunden waren). Abgesehen von der Tatsache, dass die errechneten Kostenvorteile in der Praxis nur teilweise realisiert werden konnten, weil die betroffenen Beschäftigten unkündbar waren, zeigte sich, dass eine ausschließlich auf die Produktionskosten bezogene Betrachtung zu verzerrten Ergebnissen bei den Wirtschaftlichkeitsvergleichen führte, weil in der Regel die mit der Transaktion dieser Leistungen verbundenen Kosten völlig außer Acht gelassen wurden. Hierzu gehören zum Beispiel jene Kosten, die bei den Vertragsverhandlungen mit potentiellen Anbietern auftreten (Ex-ante-Transaktionskosten) und die nach Vertragsabschluss für die Kontrolle der Einhaltung der Verträge einschließlich der Kosten für mögliche Rechtsstreite entstehen (Ex-post-Transaktionskosten). Werden diese Kosten (und darüber hinaus auch Folgekosten, die mit der Entlassung öffentlich Bediensteter, die noch keinen Kündigungsschutz genießen, für die öffentliche Hand entstehen) in die Betrachtungen einbezogen, dann erweist sich in vielen Fällen der behauptete Kostenvorteil, der sich nur aus dem Vergleich der Produktionskosten ergibt, als Chimäre. Es kann aber nicht bestritten werden, dass es eine Reihe von Leistungen gibt, bei denen die öffentlichen Anbieter auch unter Berücksichtigung der Transaktionskosten teurer sind als Private. Daraus sofort ohne weitere Prüfung die Vorteilhaftigkeit eines Fremdbezugs dieser Leistungen abzuleiten, wäre allerdings verfrüht.

8.2 Spezifität

Auch in den Fällen, in denen ein Fremdbezug von Leistungen kostengünstiger als die Eigenfertigung ist, kann es gute Gründe geben, solche Leistungen in Eigenregie zu erstellen. Ein solcher Grund liegt zum Beispiel in der Spezifität einer Leistung – das heißt, in welchem Ausmaß einzelne Ressourcen ausschließlich für bestimmte öffentliche Aufgaben und Leistungen eingesetzt werden (müssen), für die es außerhalb der öffentlichen Verwaltung praktisch keine Verwendungsmöglichkeiten gibt. Nach Naschold u.a. (1996, S. 72 ff.) gilt dies beispielsweise für

- Humankapital (z.B. bei den im Rahmen der internen Beamtenausbildung vermittelten Qualifikationen, mit denen die Absolventen außerhalb des öffentlichen Dienstes praktisch nichts anfangen können),
- Anlagen (z.B. bei bestimmten Waffensystemen der Bundeswehr),
- Prozesse und Verfahren (z.B. bei Prozessen der demokratischen Willensbildung und Kontrolle im Rahmen des Gewaltenteilungsprinzips),
- Kapazitäten (z.B. beim Vorhalten von Infrastrukturausstattungen) und
- Standorte (z.B. bei Erschließungsmaßnahmen für Gewerbegebiete).

Wenn Aufgaben oder Leistungen mit hoher Spezifität aus dem öffentlichen Sektor ausgelagert werden, dann stehen häufig nur sehr wenige Anbieter (im Extremfall nur ein Anbieter) dieser Leistungen zur Verfügung. Dies hat zur Folge, dass sich ein privater Anbieter einer solchen Leistung nur dann auf eine Kooperation einlässt, wenn er längerfristige vertragliche Zusicherungen für die Produktion dieser Leistung erhält. Damit ist der Staat als Auftraggeber auf den Ersteller der Leistung angewiesen. Unter dieser Bedingung besteht die Gefahr, dass sich der Staat in die Abhängigkeit von privaten Akteuren begibt. Dies gilt insbesondere in den Fällen, in denen er in Bezug auf diese Leistung einschlägiges «Produktions-Know-how» aufgegeben hat und auf Grund der daraus resultierenden Informationsasymmetrie nicht mehr in der Lage ist, die Leistungen des (privaten) Anbieters hinsichtlich ihres Preis-Leistungs-Verhältnisses zu beurteilen. Im Interesse eines möglichst großen Spielraumes bei den organisatorischen Gestaltungsoptionen und einer wirksamen Steuerung der Leistungsprozesse sollte es deshalb das Ziel des Staates sein, die Spezifität seiner Aufgaben und Leistungen – wo immer dies möglich ist – zu reduzieren. Zugleich sollte er bei allen aufgabenkritischen Überlegungen darauf achten, ein Mindestmaß an eigenem «Produktionswissen» zu sichern.

8.3 Strategische Relevanz

Eine solche «Entspezifizierung» wird insbesondere bei den Aufgaben und Leistungen schwierig sein, die von den politisch legitimierten Entscheidern für strategisch relevant gehalten werden. Die strategische Relevanz bezieht sich vor allem darauf, dass die politischen Ziele des Staates erreicht und die Überlebensfähigkeit des Systems auch unter zunehmender Umweltkomplexität und -dynamik, unvollkommener Information und begrenzter Entscheidungsrationalität langfristig gesichert wird.

9. Aufgabenkritische Handlungsempfehlungen

Unter Rückgriff auf die zuvor beschriebenen Kriterien können tendenziell Empfehlungen formuliert werden, welche Leistungen vom Staat in Eigenregie erstellt werden sollten und welche nicht. Wenn wir es mit Aufgaben bzw. Leistungen zu tun haben, die wenig spezifisch und die nicht strategisch relevant sind, dann bestehen praktisch überhaupt keine Bedenken, diese Aufgaben bzw. Leistungen auszulagern – sofern die Kosten des Fremdbezugs (einschließlich der Transaktionskosten) niedriger sind als bei der Eigenerstellung. Wenn wir es hingegen mit Aufgaben bzw. Leistungen zu tun haben, die strategisch relevant und die zugleich sehr spezifisch sind, dann wäre es nicht opportun, diese Aufgaben bzw. Leistungen auszulagern, weil damit für den Staat Abhängigkeiten und möglicherweise unkalkulierbare Risiken verbunden sind. Für den Fall von geringer strategischer Relevanz und hoher Spezifität von Leistungen sollte geprüft werden, ob dieses Ausmaß an Spezifität überhaupt erforderlich ist und abgebaut werden kann.

9.1 Abschließende Bemerkung

Grundsätzlich ist festzuhalten, dass über das Thema «Aufgabenkritik» im Modell des Gewährleistungsstaates im Vergleich zu früheren Konzepten zur Aufgabenkritik wesentlich differenzierter diskutiert werden kann. Dabei ist aber zu beachten, dass die Entscheidung über die Breite des staatlichen Leistungsprogramms nach wie vor eine politische Entscheidung ist und bleiben muss, die von den demokratisch gewählten Repräsentanten zu treffen und zu verantworten ist. In dieser Hinsicht hat sich im Vergleich zu den schon von der KGSt formulierten Überlegungen zur Zweckkritik (einschließlich der von ihr vorgeschlagenen Instrumente) im Prinzip nichts geändert.

Hinsichtlich der Entscheidung, von wem und in welcher Weise die einzelnen Leistungen der vom Staat gewährleisteten öffentlichen Aufgaben erbracht werden sollen, steht mittlerweile jedoch ein wesentlich aussagekräftigeres Analyseraster zur Verfügung, das erheblich größere organisatorische Gestaltungspotenziale für aufgabenkritische Entscheidungen eröffnet. Beim Anlegen der zuvor beschriebenen Entscheidungskriterien für eine Aufgabenkritik in öffentlichen Verwaltungen ist aber zu beachten, dass es sich hierbei nicht um objektive, messbare Kriterien handelt, die eine gleichsam deterministische Entscheidung über den Abbau oder die Auslagerung einzelner Leistungen oder Aufgaben erlauben. Die Entscheidung, was als strategisch relevant und was als spezifisch angesehen wird, hängt in öffentlichen Verwaltungen immer von politischen Wertungen ab, weil öffentliche Verwaltungen ein Instrument der Politik und in ihren Entscheidungen von politischen Werten durchsetzt sind. Aus dem Grunde kann nicht so getan werden, dass mit der Leistungstiefenanalyse ein Konzept zur Verfügung steht, mit dem alle bislang unbeantworteten Fragen der Aufgabenkritik eindeutig beantwortet werden können.

Weil es eine technokratische Lösung der mit der Aufgabenkritik verbundenen Probleme nicht geben kann, wird es in Zukunft viel stärker darauf ankommen müssen, ein Umdenken in Bezug auf öffentliche Aufgaben und Leistungen zu fördern. Gerade in Deutschland gibt es nach wie vor eine stark verbreitete Grundstimmung, dem Staat eine gewisse Allzuständigkeit für alle unterschiedlichen Lebenslagen zuzuschieben. Im Zuge der Debatte über eine neue Arbeitsteilung von Staat, Wirtschaft und Zivilgesellschaft wird deshalb intensiver darüber nachzudenken sein, wie öffentliche Aufgaben von vornherein vermieden werden können. Hierfür wird man sich von der klassischen Angebotsorientierung öffentlicher Aufgaben (für die sich immer Nachfrager finden lassen, solange diese für die angebotenen Leistungen nicht bezahlen müssen) lösen und die öffentliche Leistungserstellung stärker an der Nachfrage ausrichten müssen – einschließlich damit verbundener nachfrageorientierter Finanzierungssysteme wie zum Beispiel Bezugsscheine (Voucher) für öffentliche Leistungen.

Trotz der analytischen und konzeptionellen Differenzierung in der Diskussion über das Thema «Aufgabenkritik» sollte man sich hinsichtlich praktischer Ergebnisse, die mit diesem Verfahren verbunden sind, keinen unrealistischen Hoffnungen hingeben. Offenkundig neigen Akteure aus Politik und Verwaltung nach wie vor wesentlich stärker dazu, den mühsamen Weg einer policyorientierten Aufgabenplanung zu meiden und stattdessen den anscheinend leichteren Weg der globalen Haushaltskürzungen zu beschreiten. Insofern ist zu befürchten, dass es Thema «Aufgabenkritik» auch weiterhin viele Diskurse, ein paar Entscheidungen und wenig praktische Ergebnisse geben wird[9] und dass das kritische Durchleuchten des öffentlichen Aufgabenbestandes auch in Zukunft eine Schwachstelle in der Staats- und Verwaltungsmodernisierung bleiben wird.

Literatur

BRUNSSON, Nils (1989): The Organisation of Hypocrisy: Talk, Decisions and Actions in Organisations. Chichester.

DOWNS, Anthony (1967): Inside Bureaucracy, San Francisco.

EBERS, Mark/GOTSCH, Wilfried (2006): Institutionenökonomische Theorien der Organisation. In: Alfred Kieser/Mark Ebers (Hrsg.): Organisationstheorien. 6. Aufl., Köln, S. 247–308.

Kommunale Gemeinschaftsstelle für Verwaltungsvereinfachung, KGSt (1974): Aufgabenkritik. Bericht Nr. 21/1974. Köln.

Kommunale Gemeinschaftsstelle für Verwaltungsvereinfachung, KGSt (1975): Stand der Aufgabenkritik. Bericht Nr. 16/1975. Köln.

Kommunale Gemeinschaftsstelle für Verwaltungsvereinfachung, KGSt (1976): Verfahren der Aufgabenkritik. Bericht Nr. 25/1976. Köln.

Kommunale Gemeinschaftsstelle für Verwaltungsvereinfachung, KGSt (1982): Haushaltskonsolidierung durch Aufgabenkritik und Sparmaßnahmen. Bericht Nr. 14/1982. Köln.

MÄDING, Heinrich, 1990: Aufgabenkritik. Mehr als nur Kürzungsmanagement. In: Jost Goller u.a. (Hrsg.): Handbuch Verwaltungsmanagement. Stuttgart.

MAYER, Florian(2006): Vom Untergang des unternehmerisch tätigen Staates. Wiesbaden.

NASCHOLD, Frieder/BUDDÄUS, Dietrich/JANN, Werner/MEZGER, Erika/OPPEN, Maria/PICOT, Arnold/REICHARD, Christoph/SCHANZE, Erich/SIMON, Nikolaus (1996): Leistungstiefe im öffentlichen Sektor. Erfahrungen, Konzepte, Methoden. Berlin.

NISKANEN, William A (1971): Bureaucracy and Representative Government. Chicago.

POLLITT, Christopher/BOUCKAERT, Geert (2004): Public Management Reform: A Comparative Analysis. 2. Aufl., Oxford.

RÖBER, Manfred (2009): Privatisierung adé? Rekommunalisierung öffentlicher Dienstleistungen im Lichte des Public Managements. In: Verwaltung & Management, S. 227–240.

Sachverständigenrat «Schlanker Staat» (1997): Abschlussbericht. Bonn.

SCHUPPERT, Gunnar Folke (2005): Der Gewährleistungsstaat – ein Leitbild auf dem Prüfstand. Baden-Baden.

---

[9] Vgl. zu diesen Kategorien BRUSSON, 1989.

Les enjeux de la privatisation et de la délégation contractuelle du service public en France

BERTRAND DU MARAIS[1]

Sommaire

1. Privatisation, PPP, service public: la définition précise en droit de notions multivoques — 248
2. Tentative de bilan de vingt ans de privatisation — 251
   - 2.1 Rapport sur les motifs des nationalisations — 251
   - 2.2. Les motifs de la privatisation en France — 252
3. Tentative de bilan du «renouveau» du PPP — 253
4. Quelle est l'influence du NPM sur ces tendances? — 254
5. Quelques éléments d'appréciation en conclusion — 255
Bibliographie — 256

Le thème de ce chapitre «Transfert de compétences horizontales» – nécessite d'être redéfini pour correspondre plus précisément aux concepts juridiques français. Aussi, cet article a-t-il pour sous-titre «Les enjeux de la privatisation et de la délégation contractuelle du service public», pour renvoyer à deux concepts juridiques que nous définirons dans cette introduction: la privatisation et la délégation par des contrats de partenariats public – privé (PPP).

Après un rappel des définitions des notions juridiques en cause, le propos est ici de présenter les enjeux de ces deux mouvements de privatisation et de délégation, à travers un panorama de leur mise en œuvre au cours des dix ou 15 dernières années en France. Puis nous essaierons de les relier avec la doctrine du *New public management* (NPM), ce qui, au premier abord, ne sera pas évident. En effet, selon une interprétation personnelle, ces deux mouvements renvoient davantage à la mise en œuvre du principe de concurrence dans la sphère publique – c'est la définition que nous donnons à la notion de «régulation» – en particulier à l'instigation des autorités communautaires. Cependant, nous verrons que les deux évolutions ne sont pas sans liens avec le NPM. D'une part, la privatisation et l'externalisation de la gestion publique procèdent des mêmes présuppo-

---

[1] Professeur de droit public à l'Université Paris Ouest Nanterre La Défense, Conseiller d'État en détachement. Les propos tenus ici le sont à titre purement personnel, et ne reflètent ni les positions du Conseil d'Etat, ni naturellement celles du gouvernement français.

sés économiques que le NPM. D'autre part, le NPM a eu davantage d'influence sur le fonctionnement interne des administrations, et particulièrement sur leurs modalités de gestion budgétaires et financières alors que privatisation et délégation ont modifié le champ de l'action publique. Enfin, à titre d'éléments d'appréciation et de conclusion, deux ingrédients du NPM semblaient, à l'époque de la rédaction de cette contribution, avoir été presque oubliés en France: la consultation et l'évaluation.

Au préalable, il faut faire plusieurs avertissements. Ces propos renvoient à des travaux académiques portant sur l'application du principe et du droit de la concurrence aux services collectifs[2], et plus généralement à la réflexion d'un juriste sur les interactions entre sa discipline et l'économie[3]. En un dernier avertissement, il faut souligner que ces propos pourraient, à l'avenir, apparaître très datés. Tenus en mai 2009, ils s'inscrivent dans un contexte où la crise financière, déclenchée à l'automne 2007 et qui a éclaté en octobre 2008, a déjà remis en cause un certains nombres d'éléments constitutifs du paradigme qui prévalait dans la relation entre l'Etat et les marchés, et notamment: le dogme de l'efficience supérieure du marché; sa capacité à atteindre automatiquement un équilibre; ou la croyance en la vertu de l'autorégulation. Cependant, à la date de cet article il est encore trop tôt pour reconnaître des inversions profondes de tendance, et plus encore, l'apparition d'un nouveau paradigme.

En effet, dans le domaine de la régulation, de la forme de l'intervention publique, des relations entre sphère publique et sphère du marché, un certain nombre de présupposés, de postulats, sont peut-être en train de changer. Il est en tout cas trop tôt pour identifier si ce sont des changements profonds ou simplement des changements conjoncturels. Il est en revanche certain que la phase qui s'est ouverte depuis l'automne 2008 est propice à une certaine réévaluation de ces approches.

1. Privatisation, PPP, service public: la définition précise en droit de notions multivoques

En guise de dernier préalable, il faut enfin donner quelques définitions, tant les concepts utilisés dans cet ouvrage peuvent cacher d'ambiguïtés, en particulier entre chaque culture juridique. Le juriste s'attache alors à qualifier les notions

---

[2] On se permettra de renvoyer pour un argumentaire plus précis à DU MARAIS, 2004.
[3] Voir notamment les travaux sur «l'attractivité économique du Droit» à partir de ma page à l'Université: http://www.u-paris10.fr/11300/0/fiche_annuaireksup/&RH=ufrsjap_enseign

précisément. En France, les notions en cause ici sont définies par la jurisprudence du Conseil d'Etat et non par la législation.

La privatisation est limitée, en droit français, à la sortie d'une entreprise du secteur public de l'Etat, contrairement à une acception anglo-saxonne très large; la notion de privatisation est une notion très précise. Pour appartenir au secteur public, une entreprise doit avoir son capital détenu par la puissance publique à hauteur de 50% plus une action. Il suffit de passer à 49% pour qu'il y ait privatisation. Celle-ci est entourée en France d'une grande solennité en matière de partage des compétences – compétence initiale du législateur – et de garanties procédurales rigoureuses. En revanche, depuis les lois de 1986, la «respiration du secteur public» consiste simplement à vendre une participation minoritaire dans une entreprise, avec des procédures allégées. Le champ de la privatisation *stricto sensu* – en tout cas du point de vue de la technique administrative et juridique – est donc en France relativement réduit. A cet égard il faut souligner qu'il n'existe pas de régime juridique de la sortie du secteur public local.

En une autre précision, il faut souligner que *la notion de partenariat public-privé (PPP)* n'existe pas en tant que telle en droit français. Du point de vue fonctionnel, on pourrait définir grossièrement le PPP comme l'ensemble des techniques contractuelles de création et de gestion des services publics qui font intervenir des financements privés.

Il existe en revanche la notion de *délégation de service public,* également définie par la jurisprudence. Il s'agit d'un montage contractuel par lequel la puissance publique délègue à un opérateur externe la fourniture du service public dans des conditions telles que la rémunération de l'opérateur privé est «substantiellement assurée par les résultats de l'exploitation» (voir Conseil d'Etat, 15 avril 1996, Préfet des Bouches du Rhône c. Commune de Lambesc). Malgré une tendance au rapprochement, une distinction subsiste avec la définition du droit communautaire pour lequel ce mode d'externalisation est caractérisé par le fait que l'opérateur privé prend une part substantielle du risque commercial. Il suffit finalement que sa marge bénéficiaire soit soumise à un risque pour qu'on considère alors qu'il y a délégation.

Entre également dans l'acception large du PPP, *le contrat de partenariat*. Créé par l'ordonnance n° 2004–559 du 17 juin 2004, il s'agit juridiquement d'un contrat de marché public au sens du droit communautaire, par lequel un opérateur externe à l'administration propose un ensemble de prestations, en général en matière d'infrastructures. Il est ainsi chargé d'une mission globale de conception, réalisation, exploitation et financement des moyens nécessaires à la fourniture du service public, contre le paiement d'un prix forfaitaire. Ces contrats peuvent s'étaler sur dix, quinze, vingt ans.

Il faut également rappeler brièvement la notion de *service public* en droit français. Ce terme, qui possède une forte connotation politique aujourd'hui, renvoie initialement à un concept juridique. C'est la jurisprudence du Conseil d'État qui l'a défini progressivement, à partir du début du XXème siècle, comme la réunion de trois conditions: une finalité (un but d'intérêt général), des instruments de contrôle de la puissance publique (agrément, tutelle, etc.) et enfin des prérogatives de puissance publique, c'est-à-dire des moyens d'action qui sont exorbitants du droit commun, notamment du droit des sociétés, du droit des citoyens, etc. Ces trois conditions procèdent finalement d'une quatrième condition qui résume l'ensemble: le service est avant tout créé à l'initiative de la puissance publique. Cette conception un peu tautologique du service public n'est pas sans créer des difficultés pour la compréhension et l'acceptation par les partenaires extérieurs du contexte français, en particulier par les institutions communautaires.

Cette notion juridique implique en droit Français un régime très spécifique et exhaustif, avec un droit spécial: le droit administratif. Ce régime impose notamment la mise en œuvre des trois principes: d'égalité, de continuité et d'adaptabilité, qui sont des conditions d'exécution du service public[4].

Par rapport à nos amis allemands, nous avons beaucoup de points communs. Contrairement à la pratique anglo-saxonne, britannique et américaine au moins, le service public est régi par un droit totalement spécifique et non par le droit commun des sociétés ou des citoyens qui serait adapté à la marge.

En revanche, le service public en France se traduit par des modalités d'exercice très variées. Il peut être exploité en régie par la collectivité publique ou peut être délégué à des entreprises privées, avec des salariés privés, qui gèrent un service public.

Cet article va essayer de faire le bilan de l'évolution récente, de plus de vingt ans de privatisation – depuis la loi fondatrice de 1986 – mais aussi de cinq ans de renouveau du PPP – depuis l'ordonnance n° 2004–559 du 17 juin 2004 portant création du contrat de partenariat.

---

[4] Contrairement au droit communautaire qui souvent définit le service public ou le service d'intérêt général à partir de ces trois principes, pris comme éléments constitutifs.

2. Tentative de bilan de vingt ans de privatisation

Pour analyser le mouvement de privatisation en France, il faut naturellement revenir au motif des nationalisations, puis au mouvement de privatisations né en 1986, que nous décrirons dans l'objectif d'identifier les traces du NPM.

2.1 Rapport sur les motifs des nationalisations

En France, c'est par la nationalisation que l'Etat a constitué la plus grande partie du secteur public davantage que par la création de nouvelles entités ou l'acquisition amiable. Ce mouvement de nationalisation est intervenu en plusieurs étapes, souvent pour des motifs que l'on peut qualifier, sans dimension péjorative, «d'idéologiques».

Il faut mettre ainsi à part les nationalisations qui, immédiatement après la seconde guerre mondiale, mettaient en œuvre une volonté «d'épuration» des chefs d'entreprises ayant collaborés avec l'ennemi. Les autres nationalisations correspondaient ainsi à une idéologie que l'on peut qualifier de «collectiviste», ou de Jacobine. Elle est incarnée tant par le Front Populaire de 1936, que par le gouvernement gaulliste qui nationalise les grandes banques en 1945 et que par le Programme Commun de Gouvernement, mis partiellement en œuvre par le Président Mitterrand en 1981–1982. Cependant, ces nationalisations ont aussi répondu, à chaque époque, à des besoins de restructuration économique face à la crise (ce qui d'ailleurs est riche d'enseignements pour la période actuelle)[5].

En résumé, ces nationalisations tiennent à une conception française de l'intervention publique. Datée principalement de l'après deuxième guerre mondiale, cette conception politique s'est néanmoins traduite également par une obligation juridique, d'ordre constitutionnel. En effet, le 9ème alinéa du préambule de la Constitution de 1946, qui fait partie de notre «bloc de constitutionnalité», stipule que tout monopole de fait et tout service public national, doit devenir la propriété de la Nation.

Cette obligation n'est pas seulement théorique. A titre d'exemple, la privatisation de Gaz de France a été repoussée de plusieurs mois par la décision du Conseil Constitutionnel n° 2006–543 DC du 30 novembre 2006 (Loi relative au secteur de l'énergie). Celui-ci s'est fondée sur le préambule de la Constitution de 1946 pour retarder cette privatisation jusqu'au moment où, le marché ayant été libéralisé par le droit communautaire, le service public de distribution du gaz a

---

[5] Voir à cet égard la publication, très révélatrice de ces raisons, du cours de Sciences-Po de HOLLANDE/MOSCOVICI, 1991.

perdu sa qualité de «national» et de monopole de fait[6]. Je reviendrais sur cette interaction entre l'approche nationale et le droit communautaire.

C'est donc par une évolution politique – et non juridique – que le concept de service public tel qu'il a été défini en introduction, s'est transformé en une réalité sociale: le service public «à la française». A partir de la seconde guerre mondiale, est apparue l'équivalence entre: service public = monopole public = entreprise publique = agents sous statut spécial ou fonctionnaires. Dans une certaine mesure, la période récente a donc vu le modèle du service public retrouver la pureté de ses principes originels[7].

2.2 Les motifs de la privatisation en France

Le mouvement récent de privatisation répond d'abord à une réaction libérale, doctrinale, voir idéologique, aux nationalisations de 1982. C'est en effet le gouvernement libéral de J. Chirac qui adopte les deux lois de 1986, qui sont toujours applicables. Une loi de privatisation désigne les entreprises privatisables: la loi du 2 juillet 1986, complétée par la loi de privatisation du 19 juillet 1993, dresse ainsi la liste des entreprises privatisables. Cette liste a été modifiée à plusieurs reprises, mais aussi complétées par diverses dispositions législatives spécifiques à certaines entreprises. Une loi relative aux modalités de privatisation – ou loi du 6 août 1986 modifiée – définit la procédure applicable à toute privatisation.

Mais le mouvement de privatisation a rapidement été le résultat d'une conversion au pragmatisme, notamment des gouvernements issus de la Gauche, lors du deuxième septennat du Président Mitterrand. Les lois de 1986, votées par une majorité libérale, n'ont ainsi pas été abrogées mais ont simplement été modifiées pour améliorer le fonctionnement du secteur public avec ce que l'on a appelé «la respiration du secteur public».

L'objet de cette procédure allégée est de permettre, par simple décret, voire autorisation tacite, que de petites entités publiques puissent être vendues au cas par cas, selon les besoins de la gestion du secteur public.

Surtout, à partir des années 1990, les privatisations ont constitué un vecteur privilégié de la mise en œuvre du droit communautaire de la concurrence, voire son aboutissement[8]. C'est dans le cadre de la libéralisation des services collec-

---

[6] Cf. DU MARAIS, 2007, p. 172–174.
[7] Voir par exemple le Rapport commandé par le Premier ministre de l'époque au Vice Président du Conseil d'État d'alors: DENOIX DE SAINT-MARC, 1996, p. 88.
[8] Il existe même une relation logique entre la privatisation et le droit communautaire de la concurrence: voir notre démonstration dans DU MARAIS, *op. cité,* chapitre 13.

tifs ou de la lutte contre les aides d'Etat qu'ont été développées les privatisations d'entreprises publiques les plus nombreuses ou les plus importantes. Certaines privatisations – telles que celle du Crédit lyonnais, d'Air France, de France Telecom, de Gaz de France, l'ouverture du capital d'Electricité de France – ont ainsi été expressément dictées par la Commission européenne et ont été finalement, fait notable, endossées par tous les Gouvernements, issus de majorités de Droite mais aussi de Gauche.

3. Tentative de bilan du «renouveau» du PPP

Sur le PPP, l'histoire des services collectifs en France remonte bien avant l'ordonnance du 17 juin 2004. Elle est riche d'au moins cent cinquante ans d'expérience, voire de quatre ou cinq siècles. L'externalisation par délégation, qui est considérée par les anglo-saxons comme un mode de privatisation, (de *privatization* avec un Z), résulte en fait d'une longue tradition française de ce qu'on appelle les concessions ou les marchés concessifs. Un certain nombre des méthodes de délégation publique que l'on a rappelées en introduction, ont été en effet systématisées à la fin du XIXème siècle pour équiper le pays d'infrastructures modernes au moment de la Révolution industrielle. Pour certains auteurs, le PPP était en fait connu au moins depuis 1535, avec la construction du canal de Garonne, voire peut-être depuis l'ère romaine. S'agissant du PPP, c'est donc plutôt d'un renouveau qu'il faut parler dans la période récente. En effet, ces schémas répondent à un besoin récurent des collectivités publiques, notamment des élus locaux, de disposer dans leurs outils d'intervention de tels outils.

Quelques chiffres permettent de démontrer l'ampleur du recours aux opérateurs purement privés dans les services publics locaux tels que l'eau (72%), les déchets (75%), l'énergie, au sens de la chaleur urbaine (94%), etc.[9]

Les réformes qui ont eu lieu dans les 15 dernières années en matière de PPP ont principalement porté sur trois grandes dimensions. D'une part, il s'est agi d'améliorer la transparence des transactions à travers le dispositif mis en place en 1993 par une loi dont le titre est plutôt évocateur: «loi de prévention de la corruption et d'amélioration de la transparence», dite la loi Sapin.

D'autre part, il fallait, se conformer au droit communautaire avec la mise en place de dispositifs de recours des candidats évincés à un appel d'offre, à travers ce qu'on appelle le référé précontractuel (article L 551-1 du code de justice administrative notamment).

---

[9] Chiffres tirés de DU MARAIS, 2008, p. 102.

Depuis 2002, une sorte de renouveau ou de stimulus est donnée à la politique d'externalisation. Il doit cependant beaucoup à une péripétie interne à notre droit administratif, à notre droit Français. En 1999, le Conseil d'Etat avait annulé pour défaut de transparence des procédures et d'absence d'obligation de mise en concurrence, un mécanisme appelé à l'époque le METP, le Marché d'Entreprise de Travaux Publics. Il a fallu cependant répondre à la demande, notamment des élus locaux, et recréer par la loi un instrument contractuel identique. Le fantastique développement depuis 1992, de la PFI – *private finance initiative* – britannique, a alors servi de prétexte à une relance de l'externalisation contractuelle.

Cela s'est traduit en France d'abord par une accumulation de lois et d'instruments spécifiques jusqu'à l'ordonnance de 2004 précitée sur les contrats de partenariats. Celle-ci a été modifiée à la marge en 2008 et le Gouvernement lui a ajouté un certain nombre d'ingrédients pour accélérer les projets contenus dans «le plan de relance» mis en œuvre en 2009 pour faire face à la crise économique. Entre mars 2005 et janvier 2008, on a pu voir une très forte croissance des contrats de partenariat. Il faut toutefois se rappeler que ce contrat répond également à l'interdiction pendant une phase de 4–5 ans, entre 1999 et 2004, du dispositif du METP qui existait auparavant. Il y a donc sans doute un effet de rattrapage combiné à un engouement certain.

4. Quelle est l'influence du NPM sur ces tendances?

Quelle est l'influence du NPM, de *New Public Management*, sur ces deux politiques: privatisation, externalisation contractuelle? Il n'y a pas vraiment *d'influence directe*, semble-t-il. Le facteur majeur de développement de ces deux politiques est, encore une fois, le déploiement du principe de concurrence à travers le droit communautaire. Le NPM a cependant une influence mais alors *indirecte*. En effet, les deux mouvements, le droit communautaire de la concurrence et le NPM, trouvent une même origine dans la contestation, par une analyse micro-économique, de l'intervention publique. Ils reposent sur une même valorisation théorique de l'hypothèse selon laquelle le fonctionnement du marché – et donc l'intervention privée – permet un équilibre spontané et plus efficient que l'intervention publique.

En revanche, le NPM a d'avantage d'influence en France sur le fonctionnement interne des administrations. Ainsi, le NPM a donné naissance à la contractualisation interne des moyens budgétaires, sous la forme des contrats d'objectifs et de moyens, mais aussi à l'analyse de la performance et à la mise en place d'indicateur de performance à travers les indicateurs de ce qu'on appelle la LOLF, la loi organique sur les lois de finance.

Toutefois, il faut souligner que plusieurs éléments du *New Public Management* sont encore aujourd'hui largement minorés voire ignorés. L'approche en termes de consultation des partis prenants et de concertation a été largement mise de côté en France, même si de grands progrès ont été faits. Surtout, jusqu'à une loi organique du 15 avril 2009 l'évaluation des politiques publiques – ex ante et ex post – qui accompagnent le *New Public Management*, en tout cas dans ses versions britanniques, canadiennes, américaines – a été largement oubliée en France.

5. Quelques éléments d'appréciation en conclusion

Encore une fois, c'est l'instauration du principe de concurrence qui a constitué une «révolution copernicienne» pour les administrations.

Les administrations françaises avait, depuis le début des années 80, voire par tradition, beaucoup développé les prestations marchandes. Plus sans doute que dans d'autres pays européens, l'application du principe de concurrence a alors conduit, sous des formes variées, un grand nombre de services publics et d'administrations fournissant ces services publics marchands, à être privatisés ou à devoir externaliser leurs activités par des marchés publics ou des contrats de délégation publique. On commence seulement à sentir les effets internes du *New Public Management*, au moins à travers deux phénomènes.

D'une part, le déploiement est relativement récent – à l'aune de la construction administrative de la France – d'indicateurs de performance, à travers la mise en œuvre de la LOLF. Cette loi organique pour les lois de finance a été votée en 2001 et a été mise en œuvre intégralement pour la première fois en 2005–2006. Les indicateurs de la LOLF sont devenus des instruments de pilotage extrêmement puissants. Ils ne sont pas sans susciter des débats et beaucoup réfléchissent à une deuxième génération d'indicateurs de performance, qui puissent combiner indicateurs strictement quantitatifs et évaluation qualitative.

D'autre part, en vertu de la récente la loi organique du 15 avril 2009, le gouvernement se voit obliger de présenter des études d'impact pour chaque projet de loi. Le volet «évaluation» du NPM devrait produire des effets tangibles. En effet cette loi prévoit une sanction juridictionnelle: le Conseil Constitutionnel pourra suspendre la procédure législative au Parlement s'il considère que l'étude d'impacts n'a pas été sérieuse.

En France malheureusement il faut souvent un juge et une sanction, un «gros bâton», pour qu'une volonté politique se traduise de façon opérationnelle ...

Bibliographie

DENOIX DE SAINT-MARC, R (Dir.), Le service public, Paris, La Documentation Française, 1996.

DU MARAIS, B., Droit public de la régulation économique, Paris, Dalloz et Presses de Sciences-po, 2004.

DU MARAIS, B (Dir.), Mieux acheter pour un meilleur service du public: Des marchés publics complexes aux partenariats public-privé, Rapport d'E. Besson au Premier ministre, Paris, Secrétariat d'Etat à la prospective et à l'évaluation publique, mai 2008.

DU MARAIS, B., Ouverture du marché énergétique: Le Conseil constitutionnel invalide le maintien des tarifs réglementés de l'électricité et du gaz en raison de leur incompatibilité avec le droit communautaire (GDF): Libéralisation du marché de l'énergie: le Conseil constitutionnel rappelle que «l'heure c'est l'heure», Concurrences, N° 1–2007, p. 172–174.

HOLLANDE, F./MOSCOVICI, P., L'heure des choix – pour une économie politique, Paris, O. JACOB, 1991.

Möglichkeiten und Grenzen von PPP in der Schweiz

TANJA POHLE / GERHARD GIRMSCHEID

Inhaltsverzeichnis

1. Ausgangssituation	257
2. PPP als alternative Abwicklungsform	258
3. Chancen von PPP für die öffentliche Hand	261
4. Stand PPP in der Schweiz	265
5. Resümee	266
Literatur	267

1. Ausgangssituation

Gemeinden, Städte und Regionen sowie Einrichtungen auf Staatsebene in der Schweiz sehen sich heute einer zweifachen Herausforderung gegenüber.

Diese befinden sich aufgrund der Globalisierung in den Grosswirtschaftsregionen in erheblichem Wettbewerb um die Standortattraktivität für solvente Bürger und umsatzstarke Unternehmen. Standortvorteile sind dabei in der Höhe der steuerlichen Belastung der Gewerbetreibenden und Bürger, in der Qualität der öffentlichen Infrastrukturen und Aufgabenerfüllung sowie in weiteren kulturellen und ökologischen Faktoren begründet.

Schweizer Gemeinden, Städte und Kantone sowie Einrichtungen auf Bundesebene sehen sich somit im Hinblick auf die öffentliche Aufgabenerfüllung im Rahmen der Globalisierung einem steigenden Effizienz- und Haushaltsbudgetdruck ausgesetzt, dem nur mit effizienten Kosten-Leistungs-Strukturen begegnet werden kann. Daher müssen neue Ansätze zur Effizienzsteigerung der öffentlichen Hand untersucht, diskutiert und ggf. eingeführt werden. Die Partnerschaft mit einem privaten Unternehmen für die Erledigung bisher rein öffentlicher Aufgaben stellt dabei einen möglichen Ansatz zur Effizienzsteigerung der öffentlichen Hand dar.

2. PPP als alternative Abwicklungsform

Generell eröffnet sich den Kommunen ein breites Spektrum möglicher Abwicklungsformen für die Infrastrukturbereitstellung.

Der Alternativraum der Infrastrukturbereitstellung lässt sich in Anlehnung an Hintze[1] in Verfügungsrechte und Infrastrukturbereitstellungsformen unterteilen (Bild 1).

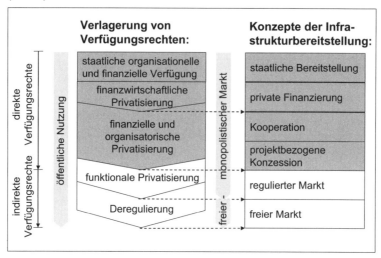

Die Kommunen sollten zur Sicherung ihrer Standortvorteile die effizienteste Abwicklungsform wählen.

In UK sind im Rahmen der Private Finance Initiative (PFI) seit den 1990er Jahren bereits erhebliche Kosteneinsparpotentiale für die Infrastrukturbereitstellung erzielt worden (bis zu 17%). Dort werden im Rahmen der aktuellen Public-Private-Partnership-Initiative weitere Kooperationen forciert.

Public Private Partnership (PPP) – eine langfristige, partnerschaftliche Kooperation zwischen öffentlicher Hand und Privatwirtschaft – hat sich international zu einer sehr verbreiteten und erfolgreichen Alternative für die Erfüllung öffentlicher Aufgaben etabliert. Die Durchführung bisher rein öffentlich erfüllter Aufgaben wird dabei an einen privaten Partner übertragen.

---

[1] Vgl. HINTZE, 1998.
[2] HINTZE, 1998.

Zu unterscheiden sind hierbei zwei Typen von PPP, die in Abhängigkeit ihres Aufgabenumfangs am Lebenszyklus variieren: die lebenszyklusbasierte Beschaffungs-PPP und die Aufgabenerfüllungs-PPP.

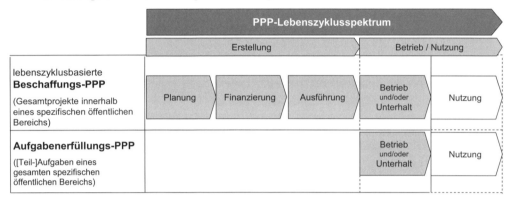

Bild 2: Typen von PPP

Die *lebenszyklusbasierte Beschaffungs-PPP* umfasst die Erstellung neuer bzw. die Instandsetzung bestehender Infrastruktureinrichtungen inklusive Planung, Finanzierung und Ausführung sowie den anschliessenden Betrieb durch einen privaten Partner.

Die *Aufgabenerfüllungs-PPP* umfasst Leistungen des privaten Partners an bereits bestehenden Infrastruktureinrichtungen, die sich schwerpunktmässig auf den Betrieb konzentrieren oder in speziellen Dienstleistungsbereichen (z.B. Logistik, IT etc.).

Um die *Hoheitsrechte der öffentlichen Hand* bei der Übertragung von (Teil-)Aufgaben der öffentlichen Hand an die Privatwirtschaft zu bewahren, müssen die unterschiedlichen Funktionen öffentlicher Aufgabenträger differenziert betrachtet werden.

Dabei lassen sich die Aufgaben der öffentlichen Hand hinsichtlich ihres primären Ziels allgemein in Steuerungs-, Leistungs- und Finanzierungsfunktion sowie Hoheitsfunktion strukturieren.

Die *Leistungsfunktion* umfasst die Erbringung von Sach- und Dienstleistungen.

Gegenstand der *Finanzierungsfunktion* ist die Bereitstellung der erforderlichen Finanzmittel, wobei zwischen Eigen- und Fremdfinanzierung und Vor- und Endfinanzierung unterschieden werden kann.

Die *Steuerungsfunktion* beinhaltet die nicht delegierbaren Auftraggeberleistungen der öffentlichen Hand, um die vertraglich vereinbarten Leistungsergebnisse zu sichern.

Die *Hoheitsfunktion* dient allgemein der Sicherstellung hoheitlicher Aufgaben, die nicht delegierbar sind.

In der folgenden Abbildung sind die verschiedenen Funktionen der öffentlichen Hand aufgeschlüsselt.

Bild 3: Verschiedene Funktionen der öffentlichen Hand

Somit muss die Verantwortung zur Wahrnehmung der Hoheitsfunktion bei beiden PPP-Typen (Beschaffungs- und Aufgabenerfüllungs-PPP) bei der öffentlichen Hand bleiben. Dagegen bieten sich bei der *Steuerungs-, Leistungs- und Finanzierungsfunktion* vielfältige Möglichkeiten der Verantwortungs- und Aufgabenteilung zwischen öffentlichem und privatem Partner, in denen das Potential einer PPP begründet ist. Der Einfluss der öffentlichen Hand auf die PPP im Rahmen der Steuerungsfunktion muss bei der Aufgabenteilung jedoch stets gewährleistet werden.

PPP als Projektabwicklungsform ermöglicht durch das Einbringen von spezifischem und wirtschaftlichem Know-how und der wettbewerbsorientierten Kompetenz des privaten Partners, in Verbindung mit der hoheitlichen Regelungs- und Kontrollkompetenz sowie dem spezifischen hoheitlichen Know-how für exekutive Dienst-, Verwaltungs- und Rechtsetzungsaufgaben des öffentlichen Partners – die unangetastet bleiben – das Freisetzen von Synergien, welche zu grossen Effizienzvorteilen führen können.

Dabei stellt sich die Frage, welche Chancen und Möglichkeiten diese alternative Form der Beschaffung für die öffentliche Hand bietet, worauf im folgenden Abschnitt näher eingegangen wird.

3. Chancen von PPP für die öffentliche Hand

Insgesamt wird PPP als alternative Abwicklungsform vorrangig als «Wundermittel» zur Generierung hoher Effizienzvorteile genannt, welche bis zu 17% einnehmen sollen. Dabei muss die Generierung von Effizienzvorteilen, die generell als Vorteil bei der Durchführung einer PPP genannt wird, differenzierter ausgewiesen werden. Im Folgenden soll daher aufzeigt werden, woraus dieser Effizienzvorteil im Einzelnen resultiert und welche weitläufigen Chancen sich durch eine PPP ergeben.

- Finanzielle Entlastung des öffentlichen Haushaltes durch Effizienzvorteile
  Durch PPP-Projekte kann eine finanzielle Entlastung der Haushalte der öffentlichen Hand realisiert werden, beispielsweise durch eine bessere Risikoallokation sowie Lebenszyklusbetrachtung der Infrastrukturen in Bezug auf wirtschaftliche und gesellschaftliche Nachhaltigkeit, unter Berücksichtigung von Nutzungs- und Bedarfsänderungen oder die Bündelung von Infrastrukturvorhaben z.B. über Gemeindegrenzen hinweg.
  - Effizienzgewinn durch lebenszyklusorientierten Ansatz
    Einen wesentlichen Effizienztreiber einer PPP stellt der lebenszyklusorientierte Ansatz der Aufgabenerfüllung dar. Der lebenszyklusorientierte Ansatz fördert ein phasenübergreifendes Kostenbewusstsein und gibt Anreize für Kosteneinsparungen über den gesamten Lebenszyklus einer Einrichtung. Durch die Verantwortung für Planung, Bau und Betrieb besitzt der private Partner das betriebswirtschaftliche Interesse, den vereinbarten Standard möglichst kostengünstig und effizient zu erfüllen. Damit werden vom privaten Partner schon bei der Planung und Erstellung der Infrastruktur Aspekte der Betriebskosten-Optimierung sowie möglicher multifunktionaler Nutzungen zeitlich wie sachlich berücksichtigt. Somit kann ein wirtschaftlicher Vorteil für die öffentliche Hand bei gleicher oder höherer Qualität der Aufgabenerfüllung realisiert werden. Dieser Ansatz bildet für PPP einen zentralen Stellenwert und muss konsequent umgesetzt werden, um die Effizienzpotentiale auszuschöpfen, die viele öffentliche Aufgabenerfüllungsbereiche aufweisen.
  - Effizienzgewinn durch optimale Risikoallokation
    Die Optimierung des Risikotransfers birgt ein grosses Effizienzpotential bei einer PPP. Durch die Verteilung der Risiken entsprechend des Knowhows, der Risikobeeinflussung, Begrenzung der Risikoauswirkung sowie Risikotragfähigkeit der Partner können Risiken, im Gegensatz zur konventionellen Beschaffung und Aufgabenerfüllung, nun auf den Privaten transferiert werden. Bei einer PPP werden diejenigen Risiken auf den Privaten übertragen, welche dieser kostengünstiger übernehmen kann, so

dass bei einer optimalen Risikoverteilung ein wirtschaftlicher Vorteil für die Aufgabenerfüllung generiert wird. Dies ist beispielsweise bei Schulen das Risiko demographischer Veränderungen und daraus resultierend einer veränderten Auslastung der Einrichtung. Bei Übertragung dieses Risikos an einen Privaten muss vor allem gleichzeitig auch die Beeinflussungsmöglichkeit des Risikoträgers gegeben sein. Beispielsweise bei Gewährung von Möglichkeiten zur Drittnutzung der Einrichtung ausserhalb der Schulzeiten. Nur dann kann der private Partner dieses Risiko wirtschaftlich beeinflussen und ausgleichen und steht somit einer Übernahme dieses Risikos positiv gegenüber. Ein weiteres Beispiel stellt die Logistik einer Armee dar, bei der der Private das Risiko der Auslastung des Inventars übernimmt.

  o Effizienzgewinn durch übergreifende Bündelung der Aufgabenerfüllung
    Für Kommunen kleiner und mittlerer Grösse bietet PPP einen weiteren Vorteil. Durch die gemeindeübergreifende Bündelung der Aufgabenerfüllung und der daraus resultierenden Möglichkeit des projektübergreifenden Einsatzes des Personals hat der private Partner eine höhere Flexibilität für eine effiziente Abwicklung des Betriebes solcher Aufgaben (economics of scale). Dem privaten Partner ist es somit möglich, dem öffentlichen Partner ein wirtschaftlicheres Angebot zu offerieren.

- Gemeinsame Erfüllung von öffentlichen Aufgaben
  Viele öffentliche Aufgaben werden schon heutzutage nicht mehr vom Staat allein bewältigt, was sich in der Vielzahl bereits vorhandener Kooperationen auf verschiedenen Ebenen sowie einem zunehmenden Anteil an Privatisierungen zeigt. Dies liegt insbesondere daran, dass heute in vielen Bereichen eine Trennung von öffentlichen und privaten Aufgaben nicht mehr exakt vorgenommen werden kann (z.B. Kongresszentren, Wirtschaftsförderung, Tagesschulen, Sportstätten). Besonders bei diesen Aufgaben bietet sich PPP an, da es durch die Wahrung der Hoheits- und Steuerungsfunktion der öffentlichen Hand eine konkrete Alternative zur Privatisierung darstellt, bei der die Kontroll- und Steuerungsmöglichkeit durch die öffentliche Hand weiterhin gegeben ist.

- Beschleunigte Projektrealisierung
  Durch Bündelung von Projekten, Einbringen des Know-hows des Privaten (Prozessansatz) sowie der Finanzierung durch den Privaten, kann oftmals eine beschleunigte Projektrealisierung erzielt werden. Dadurch kann der Investitionsstau der öffentlichen Hand schneller behoben und v.a. der Werterhalt bestehender Einrichtungen langfristig gesichert werden.

- Innovative Konzepte – outputorientierte Leistung
  Des Weiteren ermöglichen die Wahl einer PPP und die damit verbundene *Outputorientierung* bei der Leistungsbeschreibung und -vergütung einen

grossen Gestaltungsspielraum bei der Aufgabenerfüllung. Durch die reine outputorientierte Vergütungsregelung können bei der Leistungserbringung neuartige und innovative Konzepte eingebracht werden und hohe Effizienzpotentiale genutzt werden, die bei gleicher Leistungsqualität geringere Kosten für die Nutzer verursachen. So werden auf Basis outputorientierter Leistungsanforderungen, z.B. Strassen entsprechend ihres Verschmutzungsgrades gereinigt anstelle von regelmässigen verschmutzungsunabhängigen Zyklen. Auch die städtische Grünpflege erfolgt bei einer outputorientierten Leistungsbeschreibung nicht anhand festgelegter Intervalle, sondern erst zu dem Zeitpunkt, wo das zu beschneidende Grün einen definierten Wert (x cm) erreicht hat.

- Nachhaltige Qualitätsverbesserung
  Die vertragliche Einbindung so genannter Anreizstrukturen wie eine leistungsabhängige Vergütung, Bonus-Malus-Regelungen und Service-Level-Agreements führen zu einer nachhaltigen Qualitätsverbesserung bei der Leistungserfüllung. Diese Strukturen sind bei rein öffentlicher Aufgabenerfüllung nicht oder nur beschränkt möglich.
- Modernisierung der Verwaltung
  Aus der Outputorientierung resultiert des Weiteren eine Modernisierung der Verwaltung. Dies erfolgt durch die Einbindung des Management-Know-hows der Privatwirtschaft, eine Verschlankung des Verwaltungsapparates sowie eine Konzentration der Verwaltung auf die Kernaufgaben und die Bürger als Kunden.
  - Modernisierung durch Einbindung von privatem Know-how
    Die Nutzung von privatwirtschaftlichen Erfahrungen aus der Projektabwicklung, dem spezifischen Management-Know-how sowie dem Einbinden der wirtschaftlichen Betrachtungsweise (Kostenrechnungsansatz) der Privatwirtschaft führt zu erhöhter Kostentransparenz, Kostenbewusstsein und daraus resultierend dem neuen betriebswirtschaftlichen Wettbewerbsansatz der öffentlichen Haushalte. Durch die Gegenüberstellung von konventionellen Aufgabenerfüllungs- und Beschaffungsvarianten und PPP-Aufgabenerfüllungs- und Beschaffungsvarianten wird der wirtschaftliche Nutzen eines Vorhabens transparent aufgearbeitet und dargelegt.
  - Modernisierung durch Verbesserung des politischen Entscheidungsprozesses
    Mit der Output- respektive Wirkungsorientierung (Output und Outcome) kann der politische Prozess verbessert werden. Das bedeutet, die Politik muss Art und Umfang («WAS») der Aufgabenerfüllung (Output und Outcome respektive Leistungen und Wirkungen) definieren. Die Art und Weise der Ausführung («WIE») wird dabei auf die Verwaltung übertra-

gen. Dadurch kann sich die Politik auf das Wesentliche konzentrieren und die Verwaltung erhält einen Spielraum bei der Ausführung des politischen Auftrags. Davon profitieren Politik und Verwaltung.

- ○ Modernisierung durch Entlastung von operativen Aufgaben
Des Weiteren erfolgt durch die Auslagerung der reinen infrastrukturellen sowie infrastrukturunabhängigen Dienstleistungsaufgaben eine Konzentration der Verwaltung auf die Kernaufgaben der öffentlichen Aufgabenerfüllung. Dabei bleibt die Möglichkeit der Leistungssteuerung jedoch unangetastet erhalten.

- Imagegewinn der öffentlichen Hand
PPP-Ansätze können durch die Zusammenarbeit von öffentlicher Hand und der Privatwirtschaft einen Imagegewinn der öffentlichen Hand als zuverlässiger und innovativer Partner erzielen. Dieser Imagegewinn ist in der Fortsetzung des Public Management zu sehen, indem die öffentliche Aufgabenerfüllung aus der Verwaltungsmentalität tritt, sich an der Wettbewerbsmentalität und Kundenorientierung der Wirtschaft orientiert und somit in einem globalisierten Standortwettbewerb misst. Dadurch wird der Bürger zum Kunden der öffentlichen Schutz-, Vorsorge- und Dienstleistungsaufgaben.

Zusammenfassend können folgende Chancen von PPP festgehalten werden:

Chancen einer PPP für die öffentliche Hand
• Finanzielle Entlastung / Effizienzgewinn
○ Effizienzgewinn durch Lebenszyklusansatz
○ Effizienzgewinn durch optimale Risikoallokation
○ Effizienzgewinn durch Bündelung der Aufgabenerfüllung
• Gemeinsame Erfüllung von öffentlichen Aufgaben
• Beschleunigte Projektrealisierung
• Innovative Konzepte – outputorientierte Leistungserbringung
• Nachhaltige Qualitätsverbesserung
• Modernisierung der Verwaltung
○ Modernisierung durch Einbindung privaten Know-hows
○ Modernisierung durch Verbesserung des politischen Entscheidungsprozesses
○ Modernisierung durch Entlastung von operativen Aufgaben
• Imagegewinn der öffentlichen Hand

4. Stand PPP in der Schweiz

In der Schweiz werden diese Potentiale derzeit nur wenig genutzt. Die Gründe hierfür sind in der im europäischen Vergleich (noch) soliden wirtschaftlichen Situation der öffentlichen Hand zu sehen, sicherlich aber auch in der Komplexität des Themas Public Private Partnership und den damit verbundenen Unsicherheiten.

Zur Reduzierung der Komplexität und der Unsicherheiten der weitgehend unstrukturierten Ausgangssituation bei solchen Projekten muss der Wertschöpfungsprozess in Prozesse, Module, Elemente und Einzelaktivitäten sukzessiv strukturiert werden. Daher wurde in dem Forschungsprojekt «Kommunale Strassennetze in der Schweiz: Formen neuer PPP-Kooperationen für den Unterhalt»[3] die Abwicklung des Strassenunterhalts in einer Partnerschaft zwischen öffentlicher Hand und Privatwirtschaft transparent gestaltet. Die Gestaltung erfolgte mittels:

- PPP-Prozessmodell
- Ausschreibungs- und Wettbewerbsverfahren
- Virtuelles Pricingmodell
- Teamorganisations- und Entscheidungsmodell für die Kooperation der Akteure

Im Rahmen dieser Gestaltung kann die Reduktion der Komplexität durch die Standardisierung von Prozessen, die Standardisierung von Vertragsmodellen sowie die Standardisierung von Leistungsbeschreibungsmodellen erzielt werden. Die Transparenz innerhalb der Partnerschaft kann durch vertragliche Vereinbarungen erhöht werden, wie z.B. die Definition von Leistungen und Preisen, Mindestvolumen des Jahresbudgets, Bildung von Entscheidungsstrukturen sowie die gemeinsame Ausbildung von komplementären Zielen und Teamkonzepten zum Aufbau von Vertrauen, um somit die Unsicherheiten zu reduzieren.

Des Weiteren wird am Institut für Bauplanung und Baubetrieb der ETH Zürich in Kooperation mit Schweizer Gemeinden ein mehrdimensionales Risikoidentifikations- und Risikoallokationsmodell (RIA-Modell)[4] entwickelt, welches einerseits die fachlichen Kompetenzen und Möglichkeiten beider Partner zur Beeinflussung des Eintretens und Minimierung der Tragweite der Risiken sowie andererseits die finanzielle Risikodeckungskapazität des Risikonehmers bei der Risikoverteilung berücksichtigt. Bei der Entwicklung des konstruktivistischen Modells werden insbesondere die Erfahrungen und bewährten Konzepte von

---

[3] GIRMSCHEID/LINDENMANN/DREYER/SCHIFFMANN, 2008; DREYER, 2008.
[4] POHLE, 2009; GIRMSCHEID, 2009.

Kreditunternehmen zur Bewertung der Risikotragfähigkeit von Kreditnehmern bei der Kreditvergabe berücksichtigt. Mit Hilfe dieses entwickelten RIA-Models werden die Risiken bei einer PPP so verteilt, dass einerseits die unternehmerischen Anreize des Privaten zu Effizienzsteigerung geweckt und andererseits die haushaltstechnischen Überlegungen zur Sicherung der Standortqualitäten der öffentlichen Hand gesichert werden.

Mit Hilfe dieses Risikoidentifikation- und Risikoallokationsmodells (PPP-RIA-Modell) können die Gemeinden die langfristigen Risiken identifizieren, beurteilen und bewerten sowie eine systematische optimale Verteilung der Risiken vornehmen.

Das Bewertungsinstrument der Risikoverteilung unterstützt die öffentliche Hand objektiv

- eine Realitätsbeurteilung der anvisierten Risikoverteilung vorzunehmen,
- Anforderungen an den privaten Partner zu formulieren und
- die Beurteilung der Projektgesellschaft der Bieterunternehmen auf ausreichende Risikodeckungskapazität vorzunehmen.

Bei Anwendung dieses PPP-RIA-Modells werden durch eine optimale Risikoverteilung die möglichen Synergien einer PPP maximal ausgeschöpft und damit die langfristige Partnerschaft und Wirtschaftlichkeit der PPP für die öffentliche Hand und den privaten Partner gesichert.

5. Resümee

PPP bietet somit einen Lösungsansatz zur Effizienzsteigerung der öffentlichen Aufgabenerfüllung, unabhängig von Mittelknappheit auch für die Schweiz. Durch projektspezifische, wirtschaftliche Effizienzvorteile kann eine PPP zu einer schnelleren, kostengünstigeren und qualitativ höherwertigen Aufgabenerfüllung und somit zur Erhöhung des Gemeinwohls der Gesellschaft führen. Durch PPP-Projekte kann eine finanzielle Entlastung der Haushalte der öffentlichen Hand realisiert sowie eine nachhaltige Qualitätsverbesserung der Infrastruktur erzielt werden. Damit werden die langfristigen Standortvorteile der Kommunen für Industrie und Dienstleistung ausgebaut und die Attraktivität für eine gut ausgebildete Bevölkerung in einem globalisierten Wettbewerb gesichert.

Literatur

DREYER, J.: Prozessmodell zur Gestaltung einer Public Private Partnership für den kommunalen Strassenunterhalt in der Schweiz ETH Zürich, Zürich, 2008.

GIRMSCHEID, G.: Risikoidentifikations- und Risikoallokationsmodell (RIA-Modell) – Der kritische Erfolgsfaktor für Public Private Partnership, Bauingenieur, Band 84, Dezember 2009.

GIRMSCHEID, G./LINDENMANN, H.P./DREYER, J./SCHIFFMANN, F.: Kommunale Strassennetze in der Schweiz: Formen neuer Public Private Partnership (PPP) – Kooperation für den Unterhalt (Forschungsendbericht). Bundesamt für Strassen ASTRA, Bern, 2008.

HINTZE, M.: Betreibermodelle. Verlag der Ferber'schen Buchhandlung, Giessen, 1998.

POHLE, T.: Forschungsbericht – Empirische Untersuchungen: Risikoidentifikations- und -allokationskonzept bei Risiken im kommunalen Strassenunterhalt. IBB-Eigenverlag ETH Zürich, 2009 (noch nicht veröffentlicht).

Teil III / Section III:
Neue Ansätze in der Organisationspolitik
Innovation en matière de politique organisationnelle

Kapitel 5 / Chapitre 5:
Veränderung der territorialen Organisation der öffentlichen Verwaltung /
Les transformations de l'organisation territoriale des administrations publiques

Reform der Landesverwaltung Baden-Württemberg: Ziele, Implementierung, Bewertung der Eingliederung von Sonderbehörden

STEPHAN JAUD

Inhaltsverzeichnis

1. Aufbau der staatlichen Verwaltung   272
2. Funktion der Landratsämter   273
3. Situation bis Ende 2004   273
4. Reformentscheidung und Grundsätze der Reform   276
5. Eckpunkte der Reform   276
6. Rahmenbedingungen und Erfolgsfaktoren   278
7. Finanzieller Ausgleich, Effizienzrendite   279
8. Personalübergang   279
9. Fachliche Steuerung   280
10. Evaluierung   280
11. Fazit   282

Einige strukturelle Kenngrößen verdeutlichen den Rahmen der Verwaltungsstrukturreform in Baden-Württemberg zum 1. Januar 2005: Bis Ende der 60er Jahre hatte Baden-Württemberg – in vier Regierungsbezirke gegliedert – 65 Landkreise und weit über 3'300 Städte und Gemeinden, darunter neun kreisfreie Städte. Anfang der 70er gab es eine sehr umfassende Gebietsreform. Die Grenzen der Regierungsbezirke änderten sich, ihre Zahl blieb aber gleich. Die Zahl der Kreise wurde von 65 auf 35 nahezu halbiert, die Zahl der Städte und Gemeinden auf ein Drittel (rund 1'100) zurückgeführt; die Zahl der kreisfreien Städte (Stadtkreise) blieb unverändert. Diese Reform erforderte einen besonderen Kraftakt über mehrere Jahre hinweg. Die politische Konstellation einer großen Koalition und der herausragende persönliche Einsatz mehrerer Regierungsmitglieder begünstigte das Vorhaben. Die Gemeinden wurden damals nicht zur Fusion gezwungen, in vielen Fällen erleichterten aber finanzielle Anreize diese Entscheidung. Die Landkreise haben heute zwischen 110'000 und 530'000 Einwohnern und eine Fläche von 520 km² bis 1'850 km². Mit durchschnittlich fast 250'000 Einwohnern je Landkreis liegt Baden-Württemberg in Deutschland auf Platz zwei hinter Nordrhein-Westfalen. Das zeigt, dass die Landratsämter mit einer hohen Verwaltungskraft ausgestattet sind: eine wichtige Voraussetzung dafür, ihnen zusätzliche staatliche Aufgaben übertragen zu können.

Das Land hat mit 40 bis 42 Prozent einen sehr hohen Anteil an unmittelbaren Personalkosten (Bund: rund 10 Prozent, Städte und Gemeinden: rund 24 Prozent, Kreisverwaltungen: rund 33 Prozent). Wenn ein Land Kosten auf Dauer senken will, muss es bei dieser Größenordnung auch bei den Personalkosten ansetzen.

Eine weitere Kenngröße ist die Zahl der Sonderbehörden. Baden-Württemberg hatte Anfang der 70er Jahre 850 Sonderbehörden und damit eine sehr stark differenzierte, vertikal gegliederte Fachverwaltung. In mehreren Reformschritten wurde deren Zahl – zumeist durch räumliche Zusammenlegung – auf 570 im Jahr 1994 und auf 470 im Jahr 2001 reduziert.

1. Aufbau der staatlichen Verwaltung

Die staatliche Verwaltung in Baden-Württemberg ist dreistufig aufgebaut. Wir sprechen von der Ebene der obersten Landesbehörden – das sind vor allem die Ministerien –, von der Mittelebene sowie der unteren Verwaltungsebene. Die Behörden lassen sich einteilen in allgemeine Verwaltungsbehörden – das sind auf der Mittelebene die Regierungspräsidien und auf der unteren Ebene die Landratsämter, für das Gebiet der Stadtkreise die Gemeinden, die aktuell 91 Großen Kreisstädte[1] und die Verwaltungsgemeinschaften nach § 7 des Landesverwaltungsgesetzes (LVG)[2] als staatlichen unteren Verwaltungsbehörden[3] – sowie in besondere Verwaltungsbehörden – das sind die Landesoberbehörden und höheren Sonderbehörden auf der Mittelebene und auf der unteren Ebene die unteren Sonderbehörden. Diese grundlegende Systematik des Verwaltungsaufbaus wurde durch die Verwaltungsstrukturreform nicht angetastet.

Die Landkreise, Stadtkreise und Großen Kreisstädte unterstehen der Rechtsaufsicht der Regierungspräsidien, die kreisangehörigen Städte und Gemeinden der Rechtsaufsicht des Landratsamtes als unterer Verwaltungsbehörde. Der weitaus größte Teil der Städte und Gemeinden nimmt einen Teil seiner Aufgaben auf der Basis der Gemeindeordnung und des Gesetzes über die kommunale Zusam-

---

[1] Städte über 20'000 Einwohner können auf Antrag zur Großen Kreisstadt erklärt werden.
[2] Verwaltungsgemeinschaften über 20'000 Einwohner können nach § 17 des Landesverwaltungsgesetzes (LVG) auf Antrag zu unteren Verwaltungsbehörden erklärt werden.
[3] Die Großen Kreisstädte und die Verwaltungsgemeinschaften nach § 17 LVG haben gegenüber den Landratsämtern einen reduzierten Katalog an staatlichen Aufgaben (§ 19 Abs. 1 LVG).

menarbeit in Gemeindeverwaltungsverbänden oder Vereinbarten Verwaltungsgemeinschaften gemeinsam wahr.

2. Funktion der Landratsämter

Das Landratsamt hat in Baden-Württemberg eine Zwitterfunktion: Es ist zum einen Kreisbehörde und damit verantwortlich für kreiskommunale Aufgaben und zum anderen als staatliche untere Verwaltungsbehörde der «Brückenkopf» der Staatsverwaltung in der Fläche. Als untere Verwaltungsbehörde erfüllt es staatliche Aufgaben im Rahmen des Landesverwaltungsgesetzes. Der Landkreis stellt den Landrat als Leiter der Behörde sowie das Personal mit Ausnahme der Beamten des höheren Dienstes und vergleichbarer Beschäftigter und trägt die Sachkosten. Für den dadurch entstehenden Aufwand erhält er Mittel aus dem kommunalen Finanzausgleich und weitere Landesmittel. Das Landratsamt als staatliche untere Verwaltungsbehörde untersteht der Fachaufsicht der Regierungspräsidien und Ministerien.

Als Kreisbehörde erfüllt das Landratsamt im Rahmen der Landkreisordnung Pflichtaufgaben nach Weisung, weisungsfreie Pflichtaufgaben sowie freiwillige Aufgaben. Entscheidendes Organ des Landkreises ist der Kreistag. Seinen Aufwand deckt er durch eine Kreisumlage. Beiden Funktionen des Landratsamtes gemein ist die Organisationshoheit des Landrats. Er entscheidet über die Art und Weise der Wahrnehmung der Aufgaben, ob sie nun kommunal oder staatlich organisiert sind. Seit 1990 können die Landratsämter ihr staatliches und kommunales Personal quer über alle Aufgaben, ob kommunal oder staatlich, einsetzen.

3. Situation bis Ende 2004

Bis Ende 2004 war der Aufbau der Landesverwaltung von einer sehr starken Mittelebene mit vielen Landesoberbehörden und höheren Sonderbehörden und auf der unteren Ebene von einer trotz vorhergehender Reformen immer noch vielfältig gegliederten Landschaft unterer Sonderbehörden geprägt. So gab es zum Beispiel zuletzt noch 163 staatliche Forstämter, 35 Landwirtschaftsämter, 19 Ämter für Flurneuordnung und Landentwicklung, 81 Finanzämter und 35 staatliche Vermessungsämter. In manchen Fällen waren die allgemeinen Verwaltungsbehörden als Genehmigungsbehörden auf die Kenntnisse und Erfahrungen der Fachleute in den Sonderbehörden angewiesen. Nicht selten kam es beim Ausgleich von Interessen in komplexen Entscheidungssituationen zu Konflikten, die nur schwer zu lösen waren und die Genehmigungsverfahren unnötig verlängerten.

Mitte der 90er Jahre gab es einen ersten Vorstoß zur Eingliederung von Sonderbehörden in die Landratsämter. 1995 wurden die Ämter für Wasserwirtschaft und Bodenschutz, die staatlichen Gesundheitsämter und die Veterinärämter aufgelöst und ihre Aufgaben überwiegend den Landratsämtern übertragen. Diese Reform war erfolgreich. Aus der Mitte der Landkreise und ihres Verbands ertönte in den Folgejahren wiederholt der Ruf nach der Eingliederung weiterer Fachverwaltungen, verbunden mit dem Hinweis, dass die Landratsämter die entsprechenden Aufgaben kostengünstiger erledigen könnten.

Die Regierungspräsidien standen in den vergangenen 40 Jahren mehrfach auf dem Prüfstand. Anfang der 70er Jahre wurde eine bereits getroffene Entscheidung zu deren Auflösung in letzter Minute zurückgenommen. Von der Mitte der 90er Jahre bis 2003 hatten die Regierungspräsidien ein Drittel ihres Personals mit unmittelbarer haushaltsentlastender Wirkung abzubauen. Obwohl die flankierende systematische Aufgabenkritik zu keinem umfassenden Aufgabenabbau führte, gelang dieser Personalabbau, ohne dass die Erledigung der Kernaufgaben nachhaltig substanziell litt.

Legende

StM	Staatsministerium	LBV	Landesamt für Besoldung und Versorgung
IM	Innenministerium	StaLA	Statistisches Landesamt
LfV	Landesamt für Verfassungsschutz	OFD	Oberfinanzdirektion
LKA	Landeskriminalamt	WM	Wirtschaftsministerium
BPP	Bereitschaftspolizeipräsidium	MLR	Ministerium für Ernährung und Ländlichen Raum
PD	Polizeidirektionen	SM	Ministerium für Arbeit und Soziales
PP	Polizeipräsidien	UM	Umweltministerium
KM	Ministerium für Kultus, Jugend und Sport	LUBW	Landesanstalt für Umwelt, Messungen und Naturschutz
MWK	Ministerium für Wissenschaft, Forschung und Kunst	JuM	Justizministerium
		FM	Finanzministerium

Reform der Landesverwaltung Baden-Württemberg

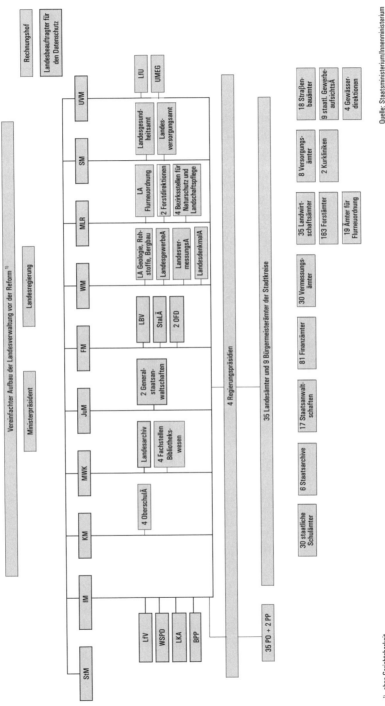

4. Reformentscheidung und Grundsätze der Reform

Diese Vorerfahrungen bildeten zusammen mit einer günstigen politischen Gesamtkonstellation den Rahmen für die Entscheidung der Haushaltsstrukturkommission im Frühjahr 2003 über eine umfassende Verwaltungsstrukturreform. Bestandteil dieser Entscheidung, an deren Ende die Auflösung von rund 350 Behörden stand, waren Grundsätze, die den weiteren Verlauf dieser Reform wesentlich bestimmten:

Als prägendes Strukturelement wurde die Dreistufigkeit der staatlichen Verwaltung festgeschrieben. Subsidiarität war das Leitprinzip, ohne aber die Repräsentanz des Staates in der Fläche aufzugeben.

Konzentration und Bündelung waren zumindest für Teilbereiche der einbezogenen Fachverwaltungen wichtige Aspekte, sei es die fachliche Bündelung komplexer Entscheidungen oder die Konzentration von Verantwortung und Ressourcen im Bereich der Querschnittsaufgaben. So erzeugt beispielsweise die Auflösung von 350 Behörden und die Verlagerung ihrer Aufgaben in andere bestehende Behörden im Querschnittsbereich beachtliche Skaleneffekte. Ein weiterer Grundsatz war die Herstellung der Einräumigkeit auf allen Verwaltungsebenen. Für den Bezirk einer jeden Gebietskörperschaft sollte es nur noch eine Behörde geben, die staatliche Aufgaben wahrnimmt. Dadurch sollten – Stichwort Bürgernähe – einheitliche Anlaufstellen mit kurzen Wegen sowie effizientere und zügigere Entscheidungsprozesse ohne Reibungsverluste geschaffen werden.

Nicht zuletzt sollten die mit dieser Reform verbundenen Synergien zur dauerhaften Entlastung des Landeshaushalts genutzt werden. Bereits in der Reformentscheidung wurde daher eine Effizienzrendite von 20 Prozent festgeschrieben, die in Stufen bis 2011 zu erzielen war.

5. Eckpunkte der Reform

In die Regierungspräsidien Stuttgart, Karlsruhe, Freiburg und Tübingen einzugliedern waren auf der Grundlage der politischen Eckpunkteentscheidung, die im Juli 2003 nach einer dreimonatigen Analyse- und Konzeptphase fiel, die Aufgaben

- der vier Oberschulämter Stuttgart, Karlsruhe, Freiburg und Tübingen,
- der Forstdirektionen Freiburg und Tübingen (in die entsprechenden Regierungspräsidien),

- der Landespolizeidirektionen Stuttgart, Karlsruhe, Freiburg und Tübingen,
- der Bezirksstellen für Natur- und Landschaftsschutz Stuttgart, Karlsruhe, Freiburg und Tübingen,
- des Landesamts für Geologie, Rohstoffe und Bergbau (in das Regierungspräsidium Freiburg),
- des Landesdenkmalamts in Esslingen und seiner Außenstellen in Karlsruhe, Freiburg und Tübingen,
- des Landesversorgungsamts (in das Regierungspräsidium Stuttgart),
- des Landesamts für Flurneuordnung und Landentwicklung (in das Regierungspräsidium Stuttgart),
- des Landesgesundheitsamts (in das Regierungspräsidium Stuttgart),
- der vier Gewässerdirektionen (teilweise),
- der neun Gewerbeaufsichtsämter (teilweise) und
- der 18 Straßenbauämter (teilweise).

In die Landratsämter und die Bürgermeisterämter der Stadtkreise einzugliedern waren die Aufgaben

- der 30 staatlichen Schulämter,
- der acht Versorgungsämter mit einer Außenstelle (nur in die Landratsämter),
- der 35 Landwirtschaftsämter (nur in die Landratsämter),
- der 163 Forstämter,
- der 35 staatlichen Vermessungsämter,
- der 19 Ämter für Flurneuordnung und Landentwicklung mit drei Außenstellen (nur in die Landratsämter),
- der vier Gewässerdirektionen (teilweise),
- der neun Gewerbeaufsichtsämter (teilweise),
- der 18 Straßenbauämter (teilweise) und
- des Wirtschaftskontrolldienstes der Polizeidienststellen im Bereich der Lebensmittelüberwachung.

Die Aufgaben der beiden kommunal organisierten Landeswohlfahrtsverbände wurden ebenfalls überwiegend in die Landratsämter und die Bürgermeisterämter der Stadtkreise integriert.

6. Rahmenbedingungen und Erfolgsfaktoren

Der Zeitraum zwischen der Bekanntgabe der Grundentscheidung und der Verabschiedung des Verwaltungsstruktur-Reformgesetzes war mit 15 Monaten äußerst knapp bemessen. Immerhin umfasste das Gesetz 180 Artikel und berührte weite Teile des Rechts, der Organisation und des Personals der Landesverwaltung. Sieben Artikel enthielten völlig neue Gesetze oder umfassende Novellierungen, rund 60 weitere Gesetze wurden mehr oder weniger stark geändert. Für die praktische Umsetzung des Gesetzes, namentlich die personellen und organisatorischen Maßnahmen bis hin zur Migration einer Vielzahl von informationstechnischen Verfahren, blieb mit sechs Monaten auch nicht viel Zeit.

Der damit verbundene gewaltige Kraftakt gelang vermutlich deshalb, weil der damalige Ministerpräsident höchstpersönlich dafür einstand. Er pflegte zusammen mit dem damaligen, sehr erfahrenen Innenminister einen engen und intensiven Kontakt mit den politisch relevanten Kräften. Die schlüssige Konzeption und Umsetzung ließ wenig Spielraum für Varianten und Kompromisse, ein straffes Projektmanagement unterstützte das Erreichen der inhaltlichen und zeitlichen Ziele. So lag bereits wenige Wochen nach der politischen Grundentscheidung ein detaillierter und mit den politischen Entscheidungsträgern abgestimmter Zeitplan als wesentliche Grundlage für die Projektsteuerung vor, an den sich im gesamten Reformverlauf alle Beteiligten hielten.

Inhalt und Verfahren der Reform waren naturgemäß nicht unumstritten. Der angesichts des eng gesetzten Zeitrahmens zwangsläufige Verzicht auf eine sorgfältige Aufgabenkritik im Vorfeld der strukturellen Maßnahmen und auf eine umfassende Einbeziehung der von der Reform erfassten Einrichtungen, Führungskräfte und Mitarbeiterinnen und Mitarbeiter im Sinne eines Change Managements («Betroffene zu Beteiligten machen»), die Befürchtung eines massiven Qualitätsverlusts der Verwaltungsarbeit und der drohende Verlust des erreichten Status sowie des gewohnten Arbeitsumfelds erzeugte bei vielen Angehörigen der Fachverwaltungen teilweise erhebliche Widerstände. Wichtig waren in diesem Zusammenhang Maßnahmen und Erklärungen, die den sozialen Frieden weithin sicherten, etwa die Geltung der schon Jahre zuvor von der Landesregierung für andere Maßnahmen verabschiedeten Grundsätze zur sozialverträglichen Umsetzung von Reformen, das Angebot des Dienstherrenwechsels für das Personal des gehobenen, mittleren und einfachen Dienstes einschließlich der vergleichbaren Tarifbeschäftigten nach dem Prinzip der einseitigen Freiwilligkeit (wer nicht zur Kommune wechseln wollte, konnte beim Land als Dienstherrn bleiben) und die Garantie, den individuellen Besitzstand zu wahren.

7. Finanzieller Ausgleich, Effizienzrendite

Die Stadt- und Landkreise erhalten zur Deckung der Personal- und Sachkosten für die ihnen übertragenen Aufgaben pauschale Zuweisungen. Das Gesamtvolumen von rund 330 Mio. Euro (Basis 2004) wird nach einem im Finanzausgleichsgesetz festgelegten Schlüssel auf die Kreise verteilt und jährlich anhand der Entwicklung der Gehälter der öffentlichen Hand dynamisiert. Die finanzielle Ausgleichsmasse wird bis 2011 schrittweise um insgesamt 20% vermindert. Eine Anpassungsklausel garantiert den finanziellen Ausgleich, wenn aufgrund EU- oder Bundesrecht neue Aufgaben übertragen werden, für die das übernommene Personal nicht ausreicht. Im Finanzausgleichsgesetz wurde auch ein besonderer Soziallastenausgleich im Zusammenhang mit der Eingliederung der Aufgaben der Landeswohlfahrtsverbände geregelt und mit einer Revisionsklausel verbunden.

Die Regierungspräsidien müssen im Bereich der ihnen durch die Reform übertragenen Aufgaben in der gleichen Zeit ebenfalls eine Effizienzrendite von 20 Prozent erwirtschaften. Die einzelnen Raten werden in den Haushaltsgesetzen festgelegt.

8. Personalübergang

Von der Reform waren insgesamt fast 20'000 Menschen betroffen. Davon wechselten etwa 12'000 zu den Landratsämtern und Bürgermeisterämtern der Stadtkreise und 7'500 zu den Regierungspräsidien. Alle Betroffenen mussten entweder eine Versetzungs- oder Umsetzungsverfügung bekommen oder einen neuen Vertrag, wenn es sich um Tarifbeschäftigte handelte. Das zu den Landratsämtern wechselnde Personal des höheren Dienstes blieb beim Dienstherrn Land. Weit mehr als 95 Prozent des Personals des gehobenen, mittleren und einfachen Dienstes machten von der Möglichkeit des Wechsels zum kommunalen Dienstherrn Gebrauch. Der Wechsel des Dienstherrn war für den überwiegenden Teil dieses Personenkreises attraktiv, beispielsweise wegen der teilweise geringfügig besseren Bezahlung und vor allem wegen der Sicherheit, nicht mehr außerhalb des Kreisgebiets versetzt werden zu können. Niemand hat reformbedingt seinen Arbeitsplatz verloren. Nur in Einzelfällen führten die Personalmaßnahmen zu Klagen vor den Arbeitsgerichten.

9. Fachliche Steuerung

Die Landratsämter waren schon vor der Verwaltungsstrukturreform für die Erledigung staatlicher Aufgaben, in den Geschäftsbereichen einzelner oberster Landesbehörden auch in erheblichem Umfang, verantwortlich. Die betreffenden Aufsichtsbehörden hatten also schon längst Methoden der fachlichen Steuerung entwickelt und – mit guten Erfahrungen – eingeführt, nachdem der Weg der Steuerung über den Einsatz von personellen und finanziellen Ressourcen entfallen war. Andere Aufsichtsbehörden ohne diese Vorerfahrung gerieten und befinden sich teilweise immer noch in dem mühsamen Prozess der Definition von moderner fachlicher Steuerung und der Einübung entsprechender Methoden.

10. Evaluierung

Die Koalitionspartner hatten 2006 vereinbart, die Verwaltungsstrukturreform zu überprüfen. Am Ende eines intensiven Evaluierungsprozesses, der sich über mehr als ein Jahr hinzog, wurden die Resultate der Verwaltungsstrukturreform im Wesentlichen bestätigt.

Reform der Landesverwaltung Baden-Württemberg

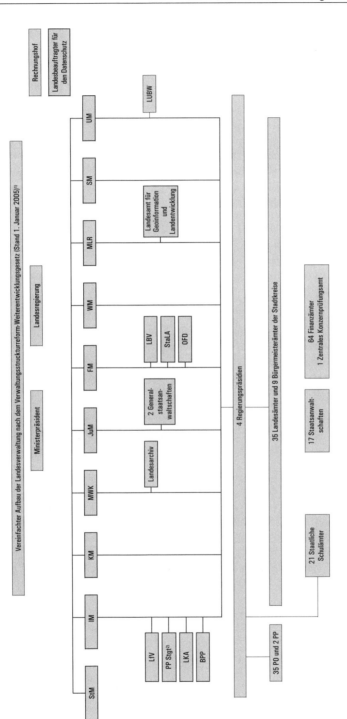

Änderungen wurden mit dem Gesetz zur Weiterentwicklung der Verwaltungsstrukturreform zum 1. Januar 2009 nur in den folgenden Bereichen vollzogen: Die Aufgaben der ehemaligen staatlichen Schulämter wurden aus vielschichtigen Gründen von den Landratsämtern auf 21 neu errichtete Staatliche Schulämter übertragen.

Die Forstverwaltung wurde vor allem im Bereich der Bewirtschaftung des Staatsforsts in einen nach betriebswirtschaftlichen Grundsätzen geführten Landesbetrieb nach § 26 LHO umgewandelt. Ihre funktionale Gliederung mit den Zuständigkeiten der Landratsämter und Bürgermeisterämter der Stadtkreise als unteren sowie den Regierungspräsidien Freiburg und Tübingen als höheren Forstbehörden wurde beibehalten.

Die Aufgaben des Landesamts für Flurneuordnung, zum 1. Januar 2005 einer neuen Abteilung des Regierungspräsidiums Stuttgart zugeordnet, wurden mit den Aufgaben des selbständig gebliebenen Landesvermessungsamts im neuen Landesamt für Geoinformationen und Landentwicklung zusammengeführt.

Die Evaluierung führte in einigen Bereichen auf der unteren Verwaltungsebene, beispielsweise der Flurneuordnung, der Gewerbeaufsicht und der Versorgungsverwaltung, zu der Erkenntnis, dass die unteren Verwaltungsbehörden die mit dem Verwaltungsstruktur-Reformgesetz erweiterten rechtlichen Möglichkeiten zur Kooperation stärker nutzen sollten, um vor allem die mit der Verteilung der Fachkräfte auf mehrere Stellen einhergehenden Nachteile besser ausgleichen zu können.

Das Schaubild mit einer stark vereinfachten Darstellung des Aufbaus der Landesverwaltung seit 2009 zeigt auf einen Blick, dass die Zahl der Behörden deutlich zurückgegangen ist. Auf der Mittelebene finden sich neben dem bereits erwähnten Landesamt für Geoinformationen und Landentwicklung einige wenige Landesoberbehörden, etwa das Landesamt für Besoldung und Versorgung, die Oberfinanzdirektion oder das Landesamt für Verfassungsschutz. Auch das Landeskriminalamt blieb aus naheliegenden Gründen selbständig.

Auf der unteren Verwaltungsebene ist die Verringerung der Zahl der Sonderbehörden besonders deutlich sichtbar. Neben den wieder neu errichteten staatlichen Schulämtern fallen nur noch die 65 Finanzämter (vor der Reform 81) und die Staatsanwaltschaften, die von der Reform nicht betroffen waren, ins Auge.

11. Fazit

Mit dem im Oktober 2008 verabschiedeten Gesetz zur Weiterentwicklung der Verwaltungsstrukturreform führte die Landesregierung die zum 1. Januar 2005 erfolgreich umgesetzte Reform der Verwaltungsstruktur des Landes konsequent und nachhaltig fort. Die in der Koalitionsvereinbarung 2006 festgelegte Evaluierung stellte die politischen Ziele der Verwaltungsstrukturreform nicht wieder grundsätzlich in Frage. Landesregierung und Gesetzgeber stehen unverändert zu einem konsequent dreistufigen Verwaltungsaufbau, der in einem Flächenland wie Baden-Württemberg die notwendige Zentralisierung und jede mögliche Dezentralisierung gewährleistet. Die Fachkompetenz und Leistungsfähigkeit der Verwaltung werden dadurch ebenso gesichert wie die notwendige Bürgernähe.

Die Verwaltungsstrukturreform setzt damit die Erfolgsgeschichte der Strukturreformen in Baden-Württemberg fort. Auch künftige Reformüberlegungen sollten sich an den Leitzielen dieser Reformen, nämlich der Subsidiarität, der Bürgernähe, der Entscheidungen aus einer Hand und der effizienten Aufgabenerledigung, orientieren.

La coopération intercommunale en France: substitut efficace aux fusions impossibles?

Guy Siat

Sommaire

1. L'intercommunalité, un palliatif à l'efficacité controversée   288
    1.1 L'intercommunalité et l'alourdissement du système administratif   289
        1.1.1 La difficile conciliation des EPCI à fiscalité propre avec les syndicats de communes   289
        1.1.2 La rationalisation de la carte de l'intercommunalité à fiscalité propre   290
        1.1.3 Des coûts de fonctionnement trop importants   290
    1.2 L'intercommunalité et l'alourdissement de la fiscalité locale   291
        1.2.1 La fiscalité additionnelle alourdit la pression fiscale des ménages et des entreprises   292
        1.2.2 La fiscalité de substitution (ex TPU) participe, elle aussi, à l'alourdissement de la pression fiscale   292
2. L'intercommunalité, levier de la réforme des institutions?   293
    2.1 L'intercommunalité, préfiguration d'un «big bang» territorial?   293
    2.2 L'incertitude autour des réformes, source de fragilité   294
        2.2.1 La réforme de la TP: effets sur l'intercommunalité   294
        2.2.2 La réforme des institutions: la place des structures intercommunales   295
        2.2.3 Les bases d'une nouvelle solidarité territoriale: la fin programmée des pays ...   296
Mise à jour   306

L'intercommunalité permettra-t-elle de faire l'économie d'une réforme communale plus radicale, c'est-à-dire celle des fusions de communes? Pour les élus locaux, l'intercommunalité a déjà fait ses preuves car elle a permis d'offrir à la population bon nombre de services supplémentaires et d'améliorer la qualité des services existants. Pour les gestionnaires, l'intercommunalité coûte cher et ne peut pas remplacer une fusion de communes.

– *Le fait communal en France*: avec 36'679 communes (37% du nombre total des communes de l'UE), le problème n'est pas tant le grand nombre de communes que le très grand nombre de petites communes (32'000 communes de moins de 2'000 habitants). Ce problème a été réglé à l'étranger par des fusions autoritaires des petites communes: en Allemagne dans les années 1970, en Grèce en 1999, etc. Il y a là deux conceptions opposées de la notion de commune: en France, depuis la Révolution, chaque localité (paroisse) a vocation à exister en tant que commune; en revanche, dans les pays qui ont réussi les fusions de communes, plusieurs localités ne font qu'une seule commune (un seul conseil municipal). En France, toutes les tentatives de fusions de communes ont toujours été un échec (projet Thouret en 1789, notion de municipalité de canton dans la Constitution de 1795, loi Marcellin de 1971). A défaut de réussir des fusions de communes, la France s'est résolue à encourager la coopération intercommunale. Mais les fusions de communes ne garantissent pas l'efficacité du système communal (ex: la Macédoine) …

– La coopération intercommunale s'est affirmée à la fois comme moteur de services de proximité et comme outil de réorganisation du maillage territorial: les premières formes de coopération entre communes sont apparues dès le XIXème siècle. En effet, la loi du 22 mars 1890 a institué la première forme de coopération syndicale: le SIVU (Syndicat Intercommunal à Vocation Unique) qui permet de mettre en commun une compétence. Il a fallu attendre une ordonnance du 5 janvier 1959 pour que les communes puissent mettre en commun plusieurs compétences: c'est la structure du SIVOM (Syndicat Intercommunal à Vocation Multiple) et celle du District Urbain. La loi du 31 décembre a ensuite créé la forme de la Communauté Urbaine et imposé d'autorité la création des quatre premières communautés urbaines: Lyon, Bordeaux, Lille et Strasbourg … pourquoi pas Marseille, Paris? A partir de là, il y a deux formes d'intercommunalité qui vont coexister: la forme syndicale, SIVU et SIVOM, qui laisse beaucoup de liberté aux communes (aucune compétence obligatoire, principe d'égalité entre les communes membres, pas de fiscalité propre) et la forme communautaire qui crée une véritable intégration (compétences obligatoires, fiscalité propre). Cette distinction va être accentuée par la loi Joxe du 6 février 1992 qui crée encore deux formes supplémentaires d'intercommunalité: les communautés de communes et les communautés de villes. Les communautés de communes (aucune population minimale exigée) va se développer très rapidement; en revanche, les communautés de villes sont un échec (5 communautés créées entre 1992 et 1999). La loi Chevènement du 12 juillet 1999 a entendu simplifier et rationaliser le paysage de la coopération intercommunale: elle supprime la forme du district urbain et celle de la communauté de villes. Elle crée à la place les communautés d'agglomération. Ces dernières connaissent un succès immédiat.

Depuis 1999, il y a donc fondamentalement deux formes d'intercommunalité qui coexistent et qui s'entremêlent: les formes syndicales (SIVU et SIVOM) et les formes communautaires, dites à fiscalité propre (Communautés de Communes, Communautés d'Agglomération, Communautés Urbaines). La loi du 13 août 2004 (communément appelée acte 2 de la décentralisation) a incité les syndicats intercommunaux à se fondre dans les communautés existantes ... sans grand succès jusqu'à présent.

– *Un succès quantitatif incontestable pour l'intercommunalité à fiscalité propre:* Les chiffres 2010 (source: dgcl.gouv.fr): au 1er janvier 2010, l'intercommunalité à fiscalité propre couvre 34'414 communes (91% des communes) et concerne 56 millions d'habitants, soit 89% de la population. Il y a 16 communautés urbaines, 174 communautés d'agglomération, 2'406 communautés de communes et 5 Syndicats d'Agglomération Nouvelle (SAN). La question du «Grand Paris» reste ouverte ... Il y a donc au total 2'601 EPCI à fiscalité propre. Parallèlement, existent 14'885 SIVU et 2'165 SIVOM; les syndicats mixtes sont même en nette augmentation: plus de 1'400 actuellement (notamment pour la réalisation des SCOT). Même si les communautés absorbent progressivement un certain nombre de compétences des syndicats, ces derniers ne peuvent pas disparaitre totalement: ainsi, un service d'enlèvement des ordures ménagères, en milieu rural, n'est envisageable (du point de vue de l'équilibre financier) qu'à l'échelle de plusieurs communautés de communes.

Le développement spectaculaire de l'intercommunalité à fiscalité propre a amené le législateur à encadrer de plus en plus la liberté des intercommunalités: compétences obligatoires, rationalisation du périmètre de chaque structure intercommunale, etc. Le législateur veut aboutir à la fois à une structuration territoriale satisfaisante et à l'éclosion d'une véritable solidarité territoriale pour faire face à la rareté (rareté de l'argent public, mais aussi de l'offre foncière).

– *La coopération entre volonté et contrainte: les impératifs de structuration locale:* Le principe de la coopération intercommunale repose encore sur la liberté, plus précisément, pour les communes, celle d'adhérer à une structure. Il convient cependant de relever que le législateur devient plus directif en imposant, loi après loi, des contraintes supplémentaires. La loi Chevènement du 12 juillet 1999 a imposé la contrainte de la continuité territoriale «d'un seul tenant et sans enclave» et la loi du 13 août 2004 a clairement demandé aux préfets de réaliser, département par département, un schéma de l'intercommunalité avec le pouvoir d'imposer des fusions de structures intercommunales. Dans les faits, les préfets n'ont pas été très zélés, car le calendrier électoral conseillait au gouvernement la plus grande retenue. Du point de vue juridique, le Préfet peut légalement inclure une commune dans le périmètre d'un EPCI, modifier le périmètre pressenti par les communes qui prennent l'initiative de créer un EPCI, etc. L'intervention du Préfet se fait sous le contrôle du juge administratif qui, le cas échéant, annule l'arrêté préfectoral de périmètre pour erreur manifeste d'appréciation. L'objectif du législateur est de rationaliser la carte de l'intercommunalité: la structuration locale ne pourra pas faire l'économie d'une contrainte plus forte.

– *La coopération entre autonomie communale et intégration intercommunale:*
Avec les formes communautaires, s'est imposé le principe d'un socle de compétences imposé par la loi. Si ce socle est minimal pour les communautés de communes, il est beaucoup plus important pour les communautés d'agglomération et communautés urbaines. Dès lors, l'autonomie communale doit être relativisée. Dans une communauté d'agglomération ou communauté urbaine, les grandes décisions ne relèvent plus de l'échelon communal mais bien intercommunal. Le pouvoir s'est déplacé du niveau communal au niveau intercommunal: le centre de gravité se trouve dans les compétences des communautés. Dès lors, se pose légitimement la question de l'exercice du pouvoir politique: les représentants des communes, élus par les conseils municipaux, sont-ils à même de défendre l'intérêt communautaire en faisant fi des intérêts de leur commune? Ne serait-il pas plus légitime d'élire directement des conseillers communautaires, peut être au suffrage universel direct ou selon une procédure calquée sur l'élection des conseillers de Paris Marseille Lyon? La prochaine loi sur la réforme territoriale devra répondre à ce problème.

Le succès quantitatif n'efface pas la question de l'efficacité de l'intercommunalité: la Cour des Comptes, dès novembre 2005, a dénoncé les surcoûts liés à cet étage administratif supplémentaire. Depuis, plusieurs rapports ont rejoint l'analyse de la Cour. Dès lors, l'intercommunalité apparaît comme un palliatif à l'efficacité controversée (1.). Mais, en même temps, il apparaît aussi clairement que la réforme territoriale tant annoncée a sans doute commencé avec l'intercommunalité et que celle-ci constitue un véritable levier pour une réforme plus ambitieuse (2.).

1. L'intercommunalité, un palliatif à l'efficacité controversée

Dans le flot de critiques, la Direction du Budget n'est pas en reste: l'intercommunalité n'a pas permis la maîtrise de la dépense communale, elle a coûté cher au lieu de générer des économies ... Pour le moins, son efficacité et son efficience sont controversées. Il est vrai que l'intercommunalité a alourdi le système administratif (1.1) et qu'elle a aussi alourdi la fiscalité locale, sans doute plus pour les ménages que pour les entreprises (1.2).

1.1 L'intercommunalité et l'alourdissement du système administratif

Par définition, l'intercommunalité ne permet pas de faire l'économie d'un niveau administratif: au contraire, elle en ajoute un qui se révèle un véritable et redoutable niveau politique en devenir ... mais qui, a priori, ne remplacera pas le canton.

1.1.1 La difficile conciliation des EPCI à fiscalité propre avec les syndicats de communes

La non coïncidence entre communautés et syndicats de communes pose évidemment aussi un problème de cohérence, même si tous les syndicats ne sont pas solubles dans un seul et même EPCI à fiscalité propre. Il faudra à terme réduire au minimum le nombre des syndicats intercommunaux pour que les formes communautaires, elles, répondent pleinement à leur vocation. Dans la plupart des cas, les syndicats intercommunaux ont préexisté aux communautés.

La philosophie des structures intercommunales a fondamentalement changé avec les «communautés». En effet, les syndicats correspondent à la volonté de construire en commun un équipement, de réaliser en commun des travaux (le plus souvent des réseaux), ou encore de gérer en commun un service communal (enlèvement des ordures ménagères): chaque commune reste pleinement maîtresse de ses choix en matière de politiques locales. A l'inverse, les formes communautaires s'inscrivent dans une démarche d'intégration communautaire, les communes devant abandonner aux instances de la communauté des choix stratégiques, notamment en matière d'aménagement et de développement économique. Cette distinction justifie un mode de financement radicalement différent: les syndicats sont alimentés par la contribution budgétaire des communes. En revanche, les communautés sont, elles, des EPCI à fiscalité propre, ce qui signifie qu'elles ont un pouvoir fiscal au même titre que les communes membres. Les communautés perçoivent les impôts directs locaux (taxes foncières, taxe d'habitation, taxe professionnelle): elles ne sont donc pas tributaires du financement budgétaire des communes. La loi du 13 août 2004 a déjà tenté de rendre les syndicats solubles dans les communautés. Le dispositif n'a pas donné des résultats satisfaisants car, le plus souvent, les périmètres ne concordent pas: à cet égard, l'exemple de l'enlèvement des ordures ménagères est éloquent: le périmètre d'une communauté de communes suffit rarement à permettre l'équilibre financier d'un service d'enlèvement des ordures ménagères. Ce dernier est alors organisé sous la forme d'un SIVU qui coiffe un nombre suffisant de communes, indépendamment des contours de l'intercommunalité à fiscalité propre.

1.1.2 La rationalisation de la carte de l'intercommunalité à fiscalité propre

La loi du 13 août 2004 avait déjà encouragé les fusions de communautés pour atteindre des périmètres plus pertinents, sans grand résultat (seules 2 fusions sont intervenues dans le Bas-Rhin, une dizaine au plan national). Il subsiste de nombreuses communautés de communes constituées de deux ou trois communes seulement et qui représentent moins de 1'000 habitants. L'esprit de la loi a été perverti par les «communautés d'aubaine» et les «communautés rempart». Quel peut être le projet de telles communautés? Et quelles économies d'échelle peuvent-elles réaliser?

Le comité BALLADUR (propositions 4 et 5) a estimé qu'il faut d'une part, avant le 31 décembre 2013, achever (par la contrainte s'il le faut) la carte de l'intercommunalité et d'autre part rationaliser le périmètre des communautés existantes. C'est l'impératif fixé par le projet de loi relatif à la réforme territoriale.

Achever la carte de l'intercommunalité à fiscalité propre ne devrait pas rencontrer d'obstacle majeur: il faut simplement admettre que la contrainte l'emportera sur la volonté des communes!

Rationaliser la carte de l'intercommunalité est plus sensible, car l'opération requiert l'autorité des préfets (quel rôle pour la Commission Départementale de la Coopération Intercommunale): la rationalisation signifie exclure ou inclure des communes dans des communautés de communes, mais aussi dans des communautés d'agglomération ou communautés urbaines ... Il y a des sensibilités politiques délicates à gérer (ex: Montpellier)!

1.1.3 Des coûts de fonctionnement trop importants

Dans son rapport d'octobre 2008, le député Jean-Luc WARSMANN regrette que «la généralisation de la coopération intercommunale ait, pour l'instant, donné naissance à un nouvel échelon de gestion locale, s'ajoutant aux régions, départements et communes ... Or le fonctionnement de cette strate administrative supplémentaire s'avère coûteux». D'après le rapport ATTALI, le surcoût de l'intercommunalité est prouvé: la moitié de la dotation que verse l'Etat aux intercommunalités est absorbée par les dépenses de structure. La Direction du Budget impute aux intercommunalités l'augmentation très forte du nombre d'agents entrant dans le «secteur communal». Les mutualisations de personnels ne jouent pas suffisamment.

Ces frais de structure sont régulièrement dénoncés. Outre la construction ou l'aménagement de sièges de communautés (notamment pour rendre l'intercommunalité plus visible), la Cour des Comptes est restée prudente en mettant l'accent sur l'augmentation des frais de personnels dans le secteur communal, très clairement dans les intercommunalités. Mais le rapport du comité BALLADUR va plus loin puisqu'il impute une partie de ces frais de fonctionnement trop importants au nombre des fonctions exécutives, c'est-à-dire le trop grand nombre de vice présidences, qui bénéficient de plein droit des indemnités d'élus. La proposition n° 10 du rapport BALLADUR vise à réduire d'un tiers les effectifs maximaux des exécutifs intercommunaux.

1.2 L'intercommunalité et l'alourdissement de la fiscalité locale

La fiscalité s'est imposée comme le moteur du financement de l'intercommunalité communautaire (par opposition aux syndicats intercommunaux qui sont financés par la contribution budgétaire des communes). L'intercommunalité à fiscalité propre signifie bien que les conseillers communautaires votent les taux des «quatre vieilles», les quatre principaux impôts directs locaux. Il y a cependant deux systèmes à distinguer: celui de la fiscalité additionnelle et celui de la Taxe Professionnelle Unique correspondant à la fiscalité de substitution.

En 2009, les budgets des intercommunalités ont représenté 32 Mds d'euros (plus que le montant des budgets des régions), majoritairement alimentés par la fiscalité locale, notamment les «quatre vieilles». En 10 ans, les budgets des intercommunalités ont augmenté de manière spectaculaire. Mais, durant la même période, les budgets communaux ont eux aussi, augmenté de manière conséquente (+ 30 Mds d'euros entre 1997 et 2008).

Le constat s'impose: l'augmentation des budgets intercommunaux n'a pas été compensée par une baisse correspondante des budgets des communes membres, les taux des impôts locaux de ces dernières ayant continué à augmenter! Cela tend à prouver que l'intercommunalité s'est imposée comme un étage administratif supplémentaire.

Cela est bien le cas si l'on examine l'importance prise par les coûts de structure (recrutement de personnels, construction d'un siège administratif).

En effet, l'intercommunalité, à part des exceptions notables (fusion entre l'administration de la CUS et de la Ville de Strasbourg), n'a pas servi à mutualiser des services déjà existants: elle a surtout servi à créer des services qui jusque là ne pouvaient pas être organisés de manière isolée par les communes.

1.2.1 La fiscalité additionnelle alourdit la pression fiscale des ménages et des entreprises

Le système de la fiscalité additionnelle signifie que l'organe délibérant de la communauté est appelé à voter le taux des quatre impôts directs locaux au même titre que les communes elles mêmes. Il s'agit bien d'un étage fiscal supplémentaire pour le contribuable local. La communauté et les communes membres perçoivent bien les quatre impôts en fonction du taux qu'elles ont voté. Seules les communautés de communes sont encore de plein droit dans ce régime «de base». Ce dernier peut être aménagé par une option: la Taxe Professionnelle de Zone (TPZ), auquel cas la communauté de communes a un droit exclusif à percevoir la taxe professionnelle dans les zones d'activités réputées intercommunales.

L'alourdissement de la fiscalité locale est bien perceptible dans les intercommunalités à fiscalité additionnelle: les impôts intercommunaux viennent s'ajouter aux impôts communaux. Ils constituent bien un étage fiscal supplémentaire pour le contribuable local. En effet, les impôts communaux n'ont pas baissé pour autant: les services rendus par les intercommunalités correspondent le plus souvent à des services nouveaux, supplémentaires (dans le domaine de la petite enfance par exemple).

1.2.2 La fiscalité de substitution (ex TPU) participe, elle aussi, à l'alourdissement de la pression fiscale

Le régime de la Taxe Professionnelle Unique (TPU) a créé une spécialisation fiscale au profit de la communauté: l'EPCI perçoit toute la taxe professionnelle, mais que la taxe professionnelle. Les communes membres perçoivent, elles, les taxes-ménage (taxe d'habitation et les taxes foncières) mais ne votent plus du tout de taux de taxe professionnelle. Ce régime est la règle pour les communautés d'agglomération et les communautés urbaines; il est une simple possibilité pour les communautés de communes. Il crée une forte intégration, car c'est la communauté et non plus les communes membres qui maîtrise la ressource essentielle, en l'occurrence la taxe professionnelle. Toute réforme de la taxe professionnelle inquiète toujours les communautés … à juste raison. La taxe professionnelle doit permettre aux communautés d'agglomération et communautés urbaines de financer leurs charges et de reverser aux communes membres au moins une attribution de compensation (qui compense la taxe professionnelle perdue). Les communautés qui sont en TPU doivent également favoriser la solidarité territoriale en faisant de la péréquation entre les communes membres: c'est l'objet d'un autre reversement aux communes appelé la «dotation de solidarité communautaire» qui, elle, doit être suffisamment discriminante pour répondre à son objectif.

L'alourdissement de la fiscalité locale est tout aussi perceptible dans les communautés à fiscalité de substitution, mais de manière plus différenciée. La TPU est généralement à un taux plus élevé que celui qui était pratiqué auparavant par les communes de manière séparée (l'amplitude très forte entre le taux le plus bas et le plus élevé). Les entreprises subissent donc l'effet TPU; mais les ménages subissent aussi cet effet TPU, car les communes appliquent le principe de précaution, puisqu'elles sont amputées du droit de voter le taux de la TP (il n'y a plus de TP communale), les conseils municipaux ont tendance à alourdir, pour se prémunir, les taxes-ménages (surtout les communes qui ne sont pas prioritaires dans l'attribution de la dotation de solidarité communautaire). L'intercommunalité, en raison de la liaison des taux, peut aussi amener les communes membres à augmenter leurs taxes-ménages afin de laisser la possibilité à l'EPCI d'augmenter la TPU. Enfin, l'alourdissement de la fiscalité locale est encore mécanique quand les communautés passent à la «fiscalité mixte» (en plus de la TPU, la communauté applique les taxes ménages). De plus en plus, la TPU est une ressource trop fragile!

2. L'intercommunalité, levier de la réforme des institutions?

Le rapport du comité BALLADUR, «il est temps de décider» devait préparer un véritable «big bang territorial». Trois mois après sa publication, il semble que seules les propositions relatives à l'intercommunalité soient véritablement opérationnelles. Elles devraient faire l'objet d'un projet de loi qui pourrait être soumis au Parlement à l'automne prochain. L'intercommunalité ferait alors office de préfiguration d'un big bang territorial (2.1). Mais l'intercommunalité pourrait bien se révéler le seul levier activable, l'incertitude autour des réformes alimentant l'inquiétude ... et celle-ci rend le système fragile (2.2).

2.1 L'intercommunalité, préfiguration d'un «big bang» territorial?

On peut se demander si la réforme territoriale n'a pas déjà fait long feu en ce qui concerne les collectivités supérieures, départements et régions. Les associations d'élus ont cristallisé les oppositions: il y a peu de fusions de départements ou de régions qui ont été évoquées et la perte de la clause générale de compétence semble irréparable!

La seule réforme raisonnablement envisageable à court terme est donc celle de l'intercommunalité: achèvement de la carte des communautés, rationalisation des périmètres; puis, avec beaucoup moins d'enthousiasme, la mise en œuvre des métropoles, la création des «communes nouvelles» ou encore la mise en œuvre de l'élection au suffrage universel des représentants intercommunaux par un système de fléchage des scrutins municipaux ... C'est le sens du projet de loi de réforme des collectivités territoriales (Sénat, octobre 2009, n° 60).

Avec une légitimité politique issue du suffrage universel direct, les communautés pourraient peser sur les collectivités supérieures et peut être rendre leur réforme inéluctable.

Il apparaît de plus en plus que la restructuration territoriale, si elle se concrétise, passe prioritairement par l'approfondissement de l'intercommunalité, donc par la remise en cause du fait communal tel qu'il existe aujourd'hui. Il faut évidemment apporter une réponse différenciée aux métropoles régionales, aux territoires périurbains et aux territoires ruraux. L'onde de choc atteindra inéluctablement les départements qui ont fait du développement local l'une de leurs fonctions maîtresses.

2.2 L'incertitude autour des réformes, source de fragilité

Les nombreuses réflexions autour de la réforme de l'Etat et surtout de la réforme territoriale créent un climat d'incertitude, exacerbé par les associations d'élus qui sont loin d'être acquises aux réformes envisagées.

2.2.1 La réforme de la TP: effets sur l'intercommunalité

La loi de finances pour 2010 a supprimé la part «immobilisations non passibles de taxe foncière (EBM)» dans l'assiette de la taxe professionnelle a de quoi inquiéter les communautés, car la taxe professionnelle constitue l'essentiel de leurs ressources fiscales directes: 44% du produit de la taxe professionnelle vont aux communautés, soit plus de 12 Mds d'euros. La reconstitution d'une telle ressource à un niveau équivalent constitue un véritable défi. Par ricochet, les communes membres des communautés à TPU sont encore plus inquiètes puisqu'elles n'ont plus la maîtrise de la TP et que la communauté leur reverse environ 70% du produit de la taxe professionnelle qu'elle perçoit (attribution de compensation et dotation de solidarité communautaire), le solde servant à financer les charges transférées.

En volume, les communautés urbaines concentrent à elles seules 19% du produit de la TP intercommunale et les communautés d'agglomération pas moins de 51%. Les communautés de communes ayant opté pour la TPU perçoivent, elles, 23%; cela montre combien la fiscalité additionnelle est aujourd'hui marginalisée.

La suppression de la part EBM vise près de 80% des bases d'imposition. Suite à la consécration constitutionnelle de l'autonomie financière des collectivités territoriales, la compensation par une dotation n'est plus envisageable. Seuls des impôts locaux ou des impôts partagés sont donc recevables à compenser la perte financière des collectivités territoriales et des communautés.

Malgré ses imperfections, la taxe professionnelle a fait la preuve de son efficacité; il serait tout à fait dommage que les nouvelles ressources fiscales envisagées, soient à la fois à la charge des entreprises et des ménages. Cela aurait pour effet de déplacer encore plus le financement des communautés vers les ménages ...

Enfin, il ne faut pas oublier que la TPU est aujourd'hui l'instrument de péréquation le plus efficace et pratiquement le seul en matière de péréquation horizontale.

La loi de finances 2010 prévoit qu'à partir de 2011, les communes et les EPCI à fiscalité propre bénéficient de la cotisation foncière économique (la part de taxe professionnelle sur la valeur locative foncière), de la taxe sur les surfaces commerciales (précédemment perçue par l'Etat), ainsi qu'une fraction de la nouvelle cotisation sur la valeur ajoutée.

2.2.2 La réforme des institutions: la place des structures intercommunales

L'intercommunalité existe-t-elle pour elle-même ou pour donner, in fine, une nouvelle définition des communes ou une transformation en collectivités territoriales?

Il faut rappeler que tous les groupements intercommunaux sont soumis au principe de spécialité et que seules les collectivités territoriales bénéficient de la clause générale de compétence. Il est cependant avéré que la répartition des compétences entre communauté et communes membres est loin d'être claire, même lorsque l'intérêt communautaire a été délimité. L'évolution logique est donc de renverser le principe et d'octroyer, au moins au niveau des communautés les plus importantes, la qualité de collectivité territoriale. C'est le sens de la proposition n° 8 du rapport BALLADUR: la création d'une nouvelle catégorie de collectivités territoriales, les «métropoles». Celles-ci bénéficieraient de l'ensemble des compétences reconnues aux communes et de la clause générale de compétence. Elles auraient aussi pour vocation d'assurer, à l'intérieur de leur périmètre, l'ensemble des compétences qui reviennent aujourd'hui aux départements. Mais politiquement, cette évolution était délicate. Le projet de loi de réforme des collectivités territoriales retient certes la notion de métropole, mais sous la forme d'une nouvelle catégorie d'EPCI;

Cette notion de métropole nécessite une réflexion sur l'avenir des communes et le rôle de l'intercommunalité ... car elle crée une quasi fusion. La relation est tant celle entre métropole et communes membres que celle entre métropole et département: que représente encore un département amputé de la métropole constituée autour de son chef lieu?

Au-delà des métropoles, le rapport BALLADUR propose que des communautés se transforment spontanément en communes nouvelles (proposition n° 9). Le comité BALLADUR est néanmoins conscient que le caractère spontané de ces transformations les rend très aléatoires ...

Ces nouvelles entités, «métropoles» ou «communes nouvelles», devraient trouver leur place face aux collectivités supérieures.

2.2.3 Les bases d'une nouvelle solidarité territoriale: la fin programmée des pays ...

La notion de pays est ancienne (le «pagus» romain). C'est d'abord la loi Pasqua du 4 février 1995 qui a institutionnalisé le pays, puis la loi Voynet du 25 juin 1999. Il s'agit de constater des solidarités à l'échelle de plusieurs intercommunalités et d'aboutir à la formalisation d'une charte de pays qui permet la concertation et les arbitrages à l'échelle de plusieurs communautés. Tout le monde tient à affirmer qu'il ne s'agit pas d'un étage administratif supplémentaire qui vient s'intercaler entre les intercommunalités et le département ou la région ... et pourtant ce sont bien des structures administratives qui se sont développées, avec du personnel permanent le plus souvent. On compte en 2009 plus de 371 pays qui couvrent 81% du territoire métropolitain. Le mouvement de création des pays a connu une forte accélération à partir de 2003, notamment parce que les contrats de pays avec les régions ouvrent des perspectives nouvelles de financement.

Il faut remarquer que les départements ont comme partenaires privilégiés les intercommunalités et que les régions ont fait des pays leurs interlocuteurs privilégiés, surtout dans la phase d'élaboration des contrats de projet. Les pays auraient pu devenir la préfiguration d'un nouveau découpage infra régional ... qui aurait mis à mal les cantons (donc les départements dans leur configuration actuelle). Le comité BALLADUR s'est prononcé pour le gel des pays (proposition n° 6) ... et l'on sait déjà que les cantons vont survivre. Les pays ne préfigurent déjà plus «les territoires pertinents» que l'on pouvait imaginer en remplacement des départements. Si la suppression pure et simple des pays devait se concrétiser, il y aurait un goût d'inachevé dans une politique que l'Etat a encouragé.

Il n'y a pas de doute: les frontières administratives classiques résistent encore bien ... La superposition de structures est beaucoup plus rassurante car elle nécessite une superstructure qui va imprimer sa lenteur à l'ensemble du système (cas des structures transfrontalières).

Depuis 1982, les réformes de la décentralisation se sont faites sans remettre en cause ni les trois niveaux, ni les découpages administratifs, notamment ceux des régions et départements.

Plus que jamais, les fusions font peur, elles traumatisent. Mais le pire serait l'immobilisme.

Il faudra donc bien entamer ce chantier fondamental: «il est temps de décider!».

Mise à jour

La loi 2010-1563 du 16 décembre 2010 relative à la réforme des collectivités territoriales comporte un important dispositif de simplification et de rationalisation de l'intercommunalité. En effet, le législateur privilégie désormais la contrainte sur l'incitation: l'objectif est de réaliser l'achèvement complet de la carte de l'intercommunalité à fiscalité propre au 1er juin 2013. Les préfets de département disposent d'ici là d'importants pouvoirs exceptionnels» pour contraindre les communes récalcitrantes à rejoindre une communauté existante et pour reconfigurer les périmètres des intercommunalités afin d'aboutir à des entités de coopération dont les périmètres soient cohérents et d'une taille critique suffisante pour gérer le socle de compétences qui leur est dévolu.

Kooperation als Alternative zur Neugliederung: Die interkantonale Zusammenarbeit zwischen Basel-Stadt und Basel-Landschaft

Hans Martin Tschudi

Wir schreiben das Jahr 1833, das für den Kanton Basel ein schicksalhaftes Jahr war. Der Kanton Basel bestand bis Ende des 18. Jahrhunderts aus der Stadt Basel und der seit 1400 stückweise erworbenen Landschaft, die ein Untertanengebiet darstellte. Die Einwohner Basels genossen zahlreiche Privilegien, insbesondere konnten nur sie in die Kantonsbehörden aufgenommen werden. Eine politische Versammlung in Bad-Bubendorf BL formulierte am 18. Oktober 1830 eine Petition, die die völlige Gleichberechtigung von Stadt und Land verlangte und sich dabei auf die Kodifikationen von 1798 berief. Zwar nahm eine neue und vom Volk angenommene Basler Verfassung 1831 zahlreiche Forderungen der Landschaft auf, doch blieben informelle Machtstrukturen unangetastet. Die Bildung einer provisorischen Regierung der Landschaft im Januar 1831 provozierte ein militärisches Eingreifen der Stadt, als Reaktion entstanden landschaftliche Freischärler und eidgenössische Truppen rückten zur Beruhigung der Lage ein. Die abtrünnigen Gemeinden gründeten am 17. März bzw. 4. Mai 1832 den Kanton Basel-Landschaft. Die Tagsatzung, politisch mehrheitlich auf Seite der liberalen Landschaft, anerkannte den abgespaltenen Kanton. Am 14. September sprach sie die Partialtrennung unter dem Vorbehalt der Wiedervereinigung aus. Die Stadt ging nun mit anderen konservativen Kantonen den Sarnerbund ein, während sich Angriffe von Freischaren auf die noch Stadt-treuen ländlichen Gemeinden häuften. Eine Hilfsexpedition endete am 3. August 1833 im Gefecht an der Hülftenschanze bei Pratteln mit der entscheidenden Niederlage der Stadt. Per 26. August 1833 verfügte die Tagsatzung die Totaltrennung des Kantons Basel.

Die Trennung geschah 1833 unter dem Vorbehalt der freiwilligen Wiedervereinigung. Konkrete Schritte zur Wiedervereinigung wurden erst im 20. Jahrhundert getan. 1938 kam es auf Initiative des Baselbietes zu befürwortenden Abstimmungen in beiden Kantonen, doch wurden die Wiedervereinigungsartikel während der Kriegszeit auf Eis gelegt. Das eidgenössische Parlament lehnte sie 1948 als zu grosse Veränderung im föderalistischen Kantonsgefüge ab. Ein neuer Anlauf scheiterte 1969, als die Bevölkerung von Basel-Landschaft die geplante Kantonsverfassung ablehnte. Stattdessen wurde die partnerschaftliche Zusammenarbeit gesetzlich installiert. In den aktuellen Kantonsverfassungen von 1984 (Landschaft) und 2005 (Stadt) sind die früheren Artikel, die eine Wiedervereinigung als politisches Ziel formulierten, gestrichen worden. Während der Stadtkanton einer Vereinigung mit dem Landkanton nicht abgeneigt wäre, ist der Widerstand in Basel-Landschaft eher gewachsen. Im Zentrum der Auseinandersetzung stehen die Zentrumsleistungen der Stadt und deren Mitfinanzierung durch Baselland. Die Frage eines territorialen Zusammenschlusses wird aber mittlerweile von der Diskussion über regionale Zweckkörperschaften und Grosskantone, in diesem Fall der Kanton Nordwestschweiz, als grundsätzliche territorial-politische Neuordnung der Schweiz überlagert.

Im neuen Handbuch des Staats- und Verwaltungsrechts des Kantons Basel-Stadt führt David Jenny[1] aus, dass die neue Basler Kantonsverfassung die kantons- und länderübergreifende Zusammenarbeit an prominenter Stelle regle, nämlich im § 3 der Kantonsverfassung. Ich zitiere: «Den Behörden des Kantons Basel-Stadt ist aufgetragen, in der Region eine Verstärkung der Zusammenarbeit mit anderen Behörden anzustreben. Es sind Vereinbarungen abzuschliessen, gemeinsame Institutionen zu schaffen und der gegenseitige Lastenausgleich zu ordnen. Ziel bei der Zusammenarbeit ist eine Angleichung der Gesetzgebungen. Basel-Stadt ist somit ein kooperativer Verfassungsstaat.» Was die Wiedervereinigung von Basel-Stadt und Basel-Landschaft angeht, wurde in der neuen Verfassung von Basel-Stadt kein entsprechender Artikel mehr aufgenommen. Das Verhältnis zwischen den beiden Basler Kantonen soll nicht mehr durch eine derartige Bestimmung belastet werden.

Interkantonale Kooperation bedingt auch rechtliche Instrumente. Die primäre Zuständigkeit zum Abschluss von Verträgen liegt vorbehältlich der Genehmigungskompetenz des Parlaments bei der Kantonsregierung. Diese ist grundsätzlich für die ganze Aussenpolitik zuständig. Der Regierungsrat, d.h. die Kantonsregierung, ist denn auch das einzige verhandlungsfähige Organ.

Wie gestaltet sich nun die konkrete Zusammenarbeit zwischen den beiden Basler Halbkantonen? Grundlage bildet die Vereinbarung zwischen den Kantonen Basel-Stadt und Basel-Landschaft über die Zusammenarbeit der Behörden vom 17./22. Februar 1977[2]. Diese Vereinbarung regelt das Zusammenspiel der Regierungen und der Parlamente. Sie führt im § 10 zum Beispiel auf, dass Abstimmungen über partnerschaftliche Vorlagen in beiden Kantonen gleichzeitig durchzuführen sind. Dies ist eine Art von paralleler Gesetzgebung. Nach abweichenden Beschlüssen der beiden Parlamente müssen zwei Kommissionen zu-

---

[1] Vgl. JENNY, 2008, S. 286 f.
[2] ebenda, S. 291 f.

sammentreten, um einen Einigungsvorschlag auszuarbeiten. Über das Ergebnis solcher Verhandlungen ist den Parlamenten zu berichten. Kommt es nach den Berichten der Kommissionen nicht zu einem übereinstimmenden Beschluss der beiden Parlamente, so ist das Geschäft gescheitert.

Ein weiteres Arbeitsinstrument für die Verhandlungen in konkreten Einzeldossiers wie zum Beispiel die gemeinsame Universität Basel, die regionale Spitalplanung oder die regionale Kultur, sind die sogenannten Standards für den Lastenausgleich zwischen Basel-Landschaft und Basel-Stadt vom 4. Januar 2005. Die beiden Kantonsregierungen haben dafür zu sorgen, dass die Standards bei der Vorbereitung von konkreten Vereinbarungen auch wirklich berücksichtigt werden. Als Grundsatz für den Lastenausgleich wird die fiskalische Äquivalenz stipuliert, d.h. die Nutzniessenden sind auch die Kosten- und Entscheidungstragenden. Standards werden zum Beispiel für gemeinsame Trägerschaften und Leistungseinkäufe aufgestellt. Begriffe wie Kosten- und Leistungsrechnung, Vollkosten, Restdefizit und Nutzenanteil werden genau definiert. Man kann sich vorstellen, dass dieses neugeschaffene Arbeitsinstrument in der politischen Praxis oft zu grossen Diskussionen Anlass gibt. Die Umsetzung etwa der sachlichen Forderung, dass bei der Standortwahl primär die betriebswirtschaftlichen Kosten- und Nutzenbetrachtungen zu berücksichtigen sind, ist in Tat und Wahrheit mit grossen Schwierigkeiten verbunden, obwohl der Nicht-Standortkanton, das heisst derjenige Kanton, der bei neuen gemeinsamen Trägerschaften nicht zum Zuge kommt, eine finanzielle Ermässigung erhalten soll. Das ist eben der Unterschied von Theorie und Praxis, sprich gelebter politischer Wirklichkeit.

Das Vertragsnetz zwischen den beiden Basel ist enorm vielfältig und entwickelt sich in rasantem Tempo. Ich erwähne nur einige wichtige Verträge und schildere vor allem die Mechanik der Kooperation der beiden Basel[3].

(1) Der Vertrag zwischen den Kantonen Basel-Landschaft und Basel-Stadt über die gemeinsame Trägerschaft der Universität Basel vom 27. Juni 2006 ist ohne Zweifel das wichtigste Vertragswerk zwischen diesen Kantonen. Die Universität wird durch diesen Vertrag zu einer bikantonalen öffentlich-rechtlichen Anstalt, die von beiden Kantonen in gemeinsamer Trägerschaft geführt wird. So will es § 1 des Vertrages. Die beiden Kantonsregierungen erteilen der Universität in der Regel vierjährige Leistungsaufträge. Dieser Leistungsauftrag ist von den Parlamenten aber zu genehmigen. Gemeinsames Organ der Oberaufsicht ist die interparlamentarische Geschäftsprüfungskommission. Die beiden Regierungen haben die Pflicht, eine wirksame Aufsicht über die Universität zu sichern. Der Universitätsvertrag schafft also eigenes, interkantonales Recht. Und dieser Universitätsvertrag wurde mit Hilfe der oben geschilderten Standards ausgehandelt.

---

[3] ebenda, S. 292 f.

(2) Mit dem Rheinhafenvertrag vom 13./20. Juni 2006 wird zum Zweck der Förderung der Grossschifffahrt und des Betriebs von Hafenanlagen ein paritätisches und nach unternehmerischen Grundsätzen geführtes Unternehmen namens Schweizerische Rheinhäfen gegründet. Dieses neue Gebilde ist eine Anstalt öffentlichen Rechts mit eigener Rechtspersönlichkeit und juristischem Sitz in Birsfelden BL, der Sitz der Direktion ist aber in Basel. Der Verwaltungsrat der Schweizerischen Rheinhäfen setzt sich aus je einem von jedem Vertragskanton entsendeten Mitglied und drei weiteren Mitgliedern, die durch Beschluss der beiden Regierungen gewählt werden, zusammen. Die öffentlich-rechtlichen Anstellungsbedingungen des Personals richten sich nach den basellandschaftlichen Bestimmungen.

(3) Der Vertrag zwischen den Kantonen Basel-Stadt und Basel-Landschaft über das Universitäts-Kinderspital beider Basel schafft wiederum eine öffentlich-rechtliche Anstalt mit eigener Rechtspersönlichkeit mit Sitz in Liestal im Kanton Basel-Landschaft. Dieser Vertrag sieht keine interparlamentarische Geschäftsprüfungskommission vor, vorbehalten bleibt das verfassungsmässige Oberaufsichtsrecht der Parlamente.

(4) Ein älteres Beispiel einer selbstständigen öffentlich-rechtlichen Anstalt beider Kantone ist die Motorfahrzeug-Prüfstation mit Sitz in Münchenstein Basel-Landschaft, die durch einen Vertrag vom 3./17. Dezember 1974 geschaffen wurde. Dieser Vertrag kennt noch keine besonderen Mitwirkungs- und Kontrollrechte der Parlamente, die Oberaufsicht wird durch die Regierungen gemeinsam ausgeübt.

(5) Basel-Stadt hat aber nicht nur mit dem Kanton Basel-Landschaft eine interkantonale Zusammenarbeit, sondern auch mit anderen schweizerischen Kantonen. Pioniercharakter hat sicherlich der Vertrag zwischen Basel-Stadt und Zug zur Errichtung und zum Betrieb einer gemeinsamen Strafanstalt in Bostadel aus dem Jahre 1973. Der Kanton Basel-Stadt ist ein kleiner Kanton mit lediglich 37 km^2 Fläche. Aus dieser Raumnot heraus entstand dieses Vertragswerk, das eine Strafanstalt als selbstständige öffentlich-rechtlich Anstalt beider Kantone mit eigener Rechtspersönlichkeit vorsieht. Und für die Ausbildung von Polizisten beteiligt sich der Kanton Basel-Stadt am Konkordat über die Errichtung und den Betrieb einer interkantonalen Polizeischule in Hitzkirch Kanton Luzern vom 25. Juni 2003. Die Nordwestschweizer und Innerschweizer Kantone, der Kanton Bern und die Stadt Luzern haben gemeinsam eine Polizeischule eingerichtet in der Rechtsform der öffentlich-rechtlichen, rechtsfähigen und autonomen Anstalt.

Zusammenfassend darf festgestellt werden, dass basierend auf den neuen Verfassungen der Kantone Basel-Landschaft und Basel-Stadt und dem gemeinsamen politischen Willen zur Kooperation, die Zusammenarbeit in den letzten Jahrzehnten schrittweise ausgebaut worden ist. Es entstanden Institutionen zur

Planung, Koordination und Realisierung von kantonsüberschreitenden Tätigkeiten und zur gemeinsamen Leistungserbringung. Verschiedene Gesetze sind aufeinander abgestimmt und angeglichen worden. Die enge Zusammenarbeit drückt sich auch durch eine Reihe von parlamentarischen Geschäften aus, die von den beiden Kantonsverwaltungen gemeinsam vorbereitet und von den Parlamenten zeitgleich verabschiedet worden sind. Basel-Landschaft erhöhte zudem die Abgeltungen an städtische Zentrumsleistungen. Gemeinsame Ziele bei all diesen Kooperationen bilden die Stärkung der Region Nordwestschweiz als Wirtschaftsraum und Wirtschaftsstandort, der Abbau von Hemmnissen aller Art, so z.B. im Bewilligungswesen für die Wirtschaft und die Förderung der Mobilität.

Jede interkantonale Zusammenarbeit ist von historischen und politischen Gegebenheiten und Emotionen geprägt. Es wird viel geredet und geschrieben. Es wird nicht immer sachlich diskutiert und immer wieder dringen Emotionen durch. Die Entwicklung der Zusammenarbeit wird je nach politischem Standpunkt unterschiedlich bewertet. Während die einen den heutigen Stand festschreiben wollen, nennen andere konkrete Bereiche, die sich für einen Ausbau der interkantonalen Zusammenarbeit nachgerade aufdrängen. Wiederum andere sehen Anzeichen für eine Verschlechterung der Zusammenarbeit zwischen Basel-Landschaft und Basel-Stadt. Eines steht jedoch fest: Nur eine enge Kooperation bildet die Garantie für einen konkurrenzfähigen Wirtschaftsraum und einen attraktiven Standort mit dem Oberzentrum Basel. Die beiden Kantone Basel-Landschaft und Basel-Stadt sind wirtschaftlich und gesellschaftlich eng miteinander verknüpft. Im täglichen Leben wird das Überschreiten der Kantonsgrenze kaum bewusst wahrgenommen. Basel-Landschaft ist ein typischer Flächenkanton mit vielen Gemeinden. Basel-Stadt ist ein typischer Stadt-Kanton, der nur aus der Stadt Basel sowie den Landgemeinden Riehen und Bettingen besteht. Basel-Stadt ist als Stadt-Kanton ein Sonderfall in der Schweiz. Basel-Stadt hat deutlich weniger Einwohner und Erwerbstätige als Basel-Landschaft. Zahlreiche Baselbieter haben ihren Arbeitsplatz jedoch im Stadtkanton. Das Volkseinkommen liegt in Basel-Landschaft einiges tiefer als in Basel-Stadt, da die global tätige chemisch-pharmazeutische Industrie im Stadtkanton eine wirtschaftliche Potenz darstellt.

Lassen Sie mich zum Schluss formulieren, weshalb die interkantonale Zusammenarbeit der beiden Basler Kantone eine echte Alternative ist und eine Neugliederung wohl erst in einem neuen Kanton Nordwestschweiz sinnvoll wäre.

Ich habe dargestellt, dass die Kooperation zwischen den beiden Basler Kantonen vielfältig und intensiv ist und sich immer noch weiterentwickelt. Die bisherigen Erfolge konzentrieren sich auf folgende Bereiche:

Bildung: Universität Basel, Fachhochschule Nordwestschweiz, Europainstitut, Volkshochschule beider Basel, Sonderschulung und Behindertenhilfe, regionale Schulabkommen, Jugendelektronikzentrum beider Basel

Kultur: Kulturvertrag für die Unterstützung verschiedener Kulturinstitutionen in Basel-Stadt

Gesundheit: Gemeinsame Spitalplanung, Universitätskinderspital beider Basel, Spitalverträge, Regionalspitalstatistik, Krebsregister beider Basel, Verein Suchthilfe Region Basel, Verein Aids-Hilfe beider Basel, Multikulturelle Suchtberatungsstelle beider Basel, Kontakt- und Anlaufstelle für Drogenkonsumierende, Patientenstelle beider Basel

Verkehr: Tarifverbund Nordwestschweiz, Motorfahrzeugprüfstation beider Basel, Euroairport Basel-Mulhouse-Freiburg

Umwelt: Lufthygiene-Amt beider Basel, Forstamt beider Basel, Verbrennung basellandschaftlicher Abfälle in der Kehrichtverbrennungsanlage in Basel.

Sicherheit: Ausschaffungshaft, Betreute Haft für Jugendliche, Beratungsstelle Opferhilfe beider Basel, Verein Nottelefon

Weitere: Wirtschaftsförderung beider Basel, Regionalplanungsstelle beider Basel, grenzüberschreitende Zusammenarbeit am Oberrhein: Unterstützung der Geschäftsstelle und der interkantonalen Koordinationsstelle bei der Regio Basiliensis, gemeinsames Sekretariat der Oberrheinkonferenz, Informations- und Beratungsstelle für grenzüberschreitende Fragen, Infobest Palmrhein

Die beiden Basel sagen also klar Ja zur interkantonalen Zusammenarbeit. Zwischen den beiden Kantonen bestehen bereits über 90 Einzelvereinbarungen, die die politischen Behörden zwingen, ihre Probleme gemeinsam zu lösen. Aufgrund der grossen Herausforderungen in unserer modernen Gesellschaft wird die interkantonale Zusammenarbeit in den nächsten Jahren noch weiter ausgebaut. Als Basis für diese Kooperation dienen klar formulierte Grundsätze, Kriterien und Vorgehensraster. Das Äquivalenz-Prinzip und das Subsidiaritäts-Prinzip gilt es dabei zu beachten. Von zentraler Bedeutung ist zudem der Nutzen der Kooperation für den einzelnen Kanton. Grundlage für die Ermittlung der Abgeltung soll eine transparente und nachvollziehbare Kosten- und Leistungsrechnung bilden. Kriterien für eine Kostenbeteiligung sind die Mitspracherechte, die Mitentscheidungsmöglichkeiten, der Zugang zum Leistungsangebot, die effektive Beanspruchung der Leistungen, der Zentrumsnutzen und die Finanzkraft der Trägerkantone. Im Hinblick auf einen neuen Kanton Nordwestschweiz ist auch die regionale Zusammenarbeit in der Nordwestschweiz zu fördern.

Wichtige Bereiche wie Bildung und Gesundheit sind auch mit den Kantonen Aargau und Solothurn voranzutreiben. Die Regionalkonferenz der Regierungen der Nordwestschweiz ist ein sinnvolles und dafür geeignetes Gremium. Um die politische und wirtschaftliche Bedeutung der Nordwestschweiz zu unterstreichen, ist das Lobbying in Bern zu verstärken.

Gestatten Sie mir noch einen kurzen Ausblick auf das immer wieder diskutierte Thema Kanton Nordwestschweiz.

Aus der Sicht eines langjährigen Vertreters der Basler Kantonsregierung lässt sich nicht verleugnen, dass finanzielle Aspekte und die zunehmenden Zentrumslasten für den Kanton Basel-Stadt von grosser Bedeutung sind. Sie bilden aber keineswegs die einzigen überzeugenden Argumente für eine Kantonsfusion. Die zunehmende Komplexität der zu lösenden Fragen wie auch das Näherrücken der Kantone durch moderne Transport- und Informatikmittel setzt die Politik unter Druck, neue Lösungsansätze zu finden. Kantone mit ungefähr einer Million Einwohner würden uns erlauben, unseren Föderalismus an die Bedingungen moderner staatlicher Verwaltungs- und privater Wirtschaftstätigkeit anzupassen. Sie hätten den Vorteil, dass unsere vielfach undurchsichtigen staatlichen Strukturen vereinfacht und durchschaubare, demokratische Verhältnisse geschaffen würden. Im internationalen Standortwettbewerb erweisen sich die Kantone überdies als zu klein. Wir verfolgen heute die Entscheide der immer grossräumiger agierenden Wirtschaft mit zunehmender Hilflosigkeit. Wenn wir in einem globalisierten Umfeld das Primat der Politik wieder stärken wollen, so wird dies kaum ohne Reduktion der Kantone möglich sein. Auch in der öffentlichen Meinung hat sich in den letzten Jahren einiges verändert. Die kantonale Verwurzelung der Bevölkerung ist deutlich zurückgegangen. Wohn-, Arbeits- und Ausbildungskanton sind heute oft nicht dieselben. Die Mobilität der Menschen nimmt stetig zu. Dies kann nicht ohne Auswirkungen auf die Meinungsbildung bleiben. Ich habe deshalb den Eindruck, die Bereitschaft zur Änderung sei in den letzten Jahren gewachsen. Die Ängste, die eigenen Wurzeln zu verlieren, sinken entsprechend. Dies ist auch richtig so. Denn die Bildung grösserer regionaler Einheiten würde neue politische Einheiten und damit neue Identifikationsobjekte schaffen. Die kulturelle Vielfalt bestünde dagegen allen Unkenrufen zum Trotz weiter. Die Basler Fasnacht wird immer ihren Symbolgehalt bewahren wie viele andere lokale Bräuche der Region. Eines aber ist uns allen klar: Der Wunsch nach neuen Kantonsstrukturen muss von unten nach oben aus den Kommunen und Kantonen wachsen und nicht auf Bundesebene von oben diktiert werden. Eine andere Rolle des Bundesrates stünde im Widerspruch zum föderalen Aufbau unseres Staates und stiesse politisch auf wenig Gegenliebe. Sollen langfristig die historischen Grenzen in einem demokratischen Prozess verändert werden, braucht es zunächst Annäherungsschritte von geringerer staatspolitischer Verbindlichkeit sowie eine intensive Auseinandersetzung in der

Bevölkerung. Deshalb ist der Weg der interkantonalen Zusammenarbeit zwischen den Kantonen Basel-Stadt und Basel-Landschaft der einzig richtige Weg und auch der einzig erfolgversprechende Weg. Der Weg eines Kantons Nordwestschweiz ist ohne Zweifel noch lang. Ich schliesse diesen Exkurs mit einem Wort von Friedrich Dürrenmatt, der einmal sagte: Man darf nie aufhören, sich die Welt vorzustellen, wie sie am vernünftigsten wäre.

Literatur

JENNY, O., Interkantonale Zusammenarbeit, in: Buser, D. (Hrsg.), neues Handbuch des Staats- und Verwaltungsrechts des Kantons Basel-Stadt, 2008.

Kapitel 6 / Chapitre 6:
Schaffung von «Agencies»:
Mehr Effizienz durch mehr Autonomie? /
Le processus d'agencification:
plus d'autonomie pour plus d'efficacité?

Die Bundesanstalt für Immobilienaufgaben in Deutschland

DIRK KÜHNAU

Inhaltsverzeichnis

1. Historischer Hintergrund 309
2. Umsetzung der Anforderungen an die moderne Verwaltung 310
3. Grenzen der Selbständigkeit 312
4. Fazit 312

Die Bundesanstalt für Immobilienaufgaben nimmt als Anstalt des öffentlichen Rechts seit dem Jahre 2005 eine Vielzahl von Aufgaben wahr, die dem bürokratischen Bereich der Staatsverwaltung zuzuordnen sind. Sie ist der ressortübergreifende Immobiliendienstleister des Bundes.

Der Umwandlung der früheren Bundesvermögensverwaltung in eine eigenständige Organisation mit Dienstherrenkompetenz lag die Absicht zugrunde, die Leistungen zu steigern und eine dreistufige Organisationsstruktur zu straffen. Im Mittelpunkt standen die Aufgaben, die mit einem wertorientierten, wirtschaftlichen und ganzheitlichen Immobilienmanagement verbunden sind.

1. Historischer Hintergrund

Das ehemalige Reichsvermögen wurde zum Bundesvermögen, das die Bundesvermögensverwaltung über 50 Jahre zu verwalten und zu verwerten hatte. Dies war eine weitgehend auf der Ebene des bürgerlichen Rechtes zu erfüllende Aufgabe. Die Bundesverwaltung agierte weitgehend nicht als Hoheitsträger. Da diese Tätigkeit nicht unmittelbar der Erfüllung öffentlicher Aufgaben dient, sondern eher dem Beschaffungssektor zuzuordnen ist, war es möglich, eine neue Organisationsform vorrangig an den Reformzielen höherer Wirtschaftlichkeit und effizienter Aufgabenerledigung auszurichten.

Zu den Aufgaben der Vermögensverwaltung kamen Verwaltungsaufgaben hinzu, z.B. die Wohnungsfürsorge des Bundes, Grunderwerb für militärische und sonstige staatliche Zwecke bis hin zu Aufgaben der Betreuungsverwaltung für die Gaststreitkräfte.

Die Dienstleistungen der Bundesvermögensverwaltung durchliefen in ihrer Geschichte eine vielfältige Entwicklung. Zu Anfang lag der Schwerpunkt auf der Erfassung und Verwaltung des Reichsvermögens. In der Zeit des Kalten Krieges verlagerte er sich auf die Deckung des Grundstücks- und Raumbedarfs für den Aufbau der militärischen Strukturen der Bundeswehr und die von Streitkräften des NATO-Bündnisses gestellten Anforderungen. Nachdem in Deutschland 1990 die staatliche Einheit erreicht worden ist, veränderten sich die militärischen Notwendigkeiten. Militärflächen wurden freigesetzt und zivilen Anschlussnutzungen zugeführt.

Seit dem Sommer 2001 diente eine umfangreiche Organisationsuntersuchung unter dem Projektbegriff «Nimbus» dazu, für die Zukunft eine Organisationsstruktur zu empfehlen, innerhalb derer ein wirtschaftlicheres Handeln als bisher möglich werden sollte. An die Stelle zahlreicher Weisungsrechte sollte zugleich eine höhere Eigenverantwortung treten. Das Handeln in der Anstalt sollte transparent und an den Kriterien eines kaufmännischen Rechnungswesens angelehnt mit Ergebnissen der Privatwirtschaft vergleichbar werden.

Im Dezember 2003 entschied sich das Bundeskabinett für eine Organisation in Form einer Anstalt des öffentlichen Rechts.

2. Umsetzung der Anforderungen an die moderne Verwaltung

Die Bundesanstalt für Immobilienaufgaben, die als Unternehmen nach kaufmännischen Gesichtspunkten zu führen ist, setzt die an eine Institution einer modernen Verwaltung gestellten Anforderungen konsequent um. Anforderungen und Maßstäbe sind durch die Modernisierungsprojektgruppen des Bundesministeriums der Finanzen auf Grundlage der Analyse in- und ausländischer Reformmodelle erarbeitet worden. Sie dienen der Erschließung weiteren Optimierungs- und Innovationspotenzials.

Eine der Kernaufgaben der Bundesanstalt für Immobilienaufgaben ist die ressortübergreifende Wahrnehmung der Immobiliendienstleistungen für die gesamte Bundesverwaltung durch den Aufbau eines einheitlichen Liegenschaftsmanagements für die dienstlich genutzten Immobilien des Bundes. Dabei gilt es, die Anforderungen der veränderten Organisationsstrukturen der Bundesverwaltung zu beachten und innovative Lösungsansätze zu entwickeln. Dieser Ansatz nimmt die rasanten technologischen Entwicklungen auf, bei denen die Abläufe der Aufgabenerledigung nicht mehr aus funktionaler, sondern aus prozessualer Sicht bewertet werden.

Für verschiedene Prozess- und Aufgabentypen sind im Rahmen der Modernisierungsprojekte passgenaue Steuerungsmodelle entwickelt worden. Diese erlauben es, Ziele und Ressourcen entsprechend ihrer Steuerungsrelevanz transparent zu machen. Eine solche ziel- und ergebnisorientierte Steuerung wird gegenwärtig in die Bundesanstalt für Immobilienaufgaben eingefügt. Die Anstalt bedient sich dabei ebenso wie Unternehmen der freien Wirtschaft des Controllings. Das Controlling als Steuerungsmechanismus ist auf der strategischen Ebene der Gesamtausrichtung der Organisation ebenso einsetzbar wie im operativen Bereich einzelner Sparten.

Die notwendige Umstellung des Haushalts- und Rechnungswesens von der Kameralistik auf das kaufmännische Rechnungswesen verlief nicht reibungslos und führte zu erheblichen Schwierigkeiten. Das Ausfüllen einzelner Begriffe gleichen Wortlautes, aber unterschiedlichster Bedeutung in Haushaltsrecht des Bundes und Handelsrecht verursachte zahlreiche Irritationen. Gesprächspartner aus dem mit der Rechts- und Fachaufsicht betrauten Bundesministerium der Finanzen interpretierten einzelne Begriffe aus ihrem Verständnis des Bundeshaushaltes, während Beschäftigte der Bundesanstalt unter Hinweis auf kaufmännische Gepflogenheiten unternehmerische Freiheiten, für die Aufgabenerledigung als selbstverständlich gegeben, zu nutzen suchten. Dabei handelte es sich um Begriffe wie Investitionen, Personalkosten und Aufwand, Stellenplan und Planstellen und den dafür in einem Wirtschaftsplan, der nach Regeln des Bundeshaushaltes aufgestellt war, hinterlegten Inhalten. Da die aufzustellende Bilanz zudem von einer Wirtschaftsprüfungsgesellschaft zu testieren ist, konnten Meinungsverschiedenheiten über die Ergebnisse der Geschäftstätigkeit nicht ausbleiben. Dies macht folgendes Beispiel deutlich: Der Verkauf eines Grundstückes für eine Million Euro führt aus der Sicht des Bundeshaushaltes zu einer Einnahme in gleicher Höhe für den Bund. Aus Sicht des Unternehmens Bundesanstalt wird durch den gleichen Verkauf ein Erlös von einer Million Euro erzielt, dem aber ein anzurechnender Buchwert von x Euro gegenübersteht. Je nachdem, wie vorsichtig der Buchwert gebildet wurde, freut sich das Unternehmen über einen Betrag von 0,2 Millionen Euro, während der «Haushälter» voller Stolz die eine Million Euro bewertet.

Mit dem für das Unternehmen eingeführten BALIMA (Basis- und Liegenschafts-, Informations- und Managementsystem) wird ein Gesamtgeschäftsprozessmodell entwickelt, das sämtliche bereits vorhandenen Geschäftsprozesse optimieren soll und mit dem neue Geschäftsprozesse eingerichtet werden können. Diese Umstellung der internen Organisation und der Abläufe im Unternehmen erfolgt in einem SAP-basierten System.

3. Grenzen der Selbständigkeit

Das Bundesministerium der Finanzen nimmt die Rechts- und Fachaufsicht über die entstandene Anstalt wahr. Um dies «revisionssicher» zu erledigen, stehen zahlreiche Bestimmungen der Satzung sowie zur Wirtschaftsführung zur Verfügung. Dies öffnet der aufsichtsführenden Behörde vielfache Einflussmöglichkeiten auf im Unternehmen zu treffende und zu verantwortende Einzelfallentscheidungen.

Grundsätzlich ist die Bundesanstalt eigenverantwortlich bei einem Verkauf früherer Flächen des Allgemeinen Grundvermögens bis zu einem Erlös von 5 Millionen Euro im Einzelfall. Der Gesetzgeber hatte mit der Errichtung der Anstalt zugleich dieses Vermögen der Anstalt übertragen und dabei eine eigenverantwortliche Verwaltung und Verwertung vorausgesetzt. Regionale Interessen der Wirtschaftsförderung werden häufig von politischen Mandatsträgern im Vorfeld einer geplanten Veräußerung in den Verkaufsprozess eingebracht, um auf am Erwerb interessierte Investoren hinzuweisen und zugleich dazu anzuhalten, ein faires Verkaufsverfahren einzufordern.

Der geplante Verkauf «genießt» dann auch die besondere Aufmerksamkeit der Rechts- und Fachaufsicht. Alle selbst bindenden Regeln des anstaltseigenen Verkaufsprozesses sind einzuhalten.

Weitgehend selbständig ist die Bundesanstalt für Immobilienaufgaben bei der Abhilfe von Beschwerden, die aus ihrer etwa 43'000 Wohneinheiten umfassenden Mieterschaft vorgetragen werden. Aus dem Dienstleistungsgedanken heraus gilt es, dem berechtigten Anliegen der Mieter gerecht zu werden. Auf der Basis zahlreicher Entscheidungen der Zivilgerichte gelingt dies nur dann, wenn ein gemeinsames Rechtsverständnis von Mieter und Vermieter besteht. Der Vermieter ist jedoch überfordert, wenn sich Vorwürfe auf nachbarliche Streitigkeiten wie lautstarke Musik bei offenem Fenster oder sittlich zu beanstandenden Lebenswandel beziehen. Hier helfen nicht einmal «gute Worte», um ein erträgliches Miteinander herzustellen. Die Nutzung des Informationsfreiheitsgesetzes, um einen Blick in von der Verwaltung schon immer gut gehütete Akten und Unterlagen zu erreichen, ist stark «in Mode» gekommen. Bleibt die gewünschte Aufklärung aus, «hagelt» es Dienstaufsichtsbeschwerden.

4. Fazit

Das Modell «Anstalt des öffentlichen Rechts» hat sich gegenüber dem früheren dreistufigen Verwaltungsaufbau als vorteilhaft herausgestellt. Mit etwa der gleichen Personalstärke konnten und mussten seit 2005 eine Vielzahl neuer Aufgaben angegangen und erledigt werden. Dies allein verdient noch nicht die Anerkennung als wettbewerbsfähiges Unternehmen des Bundes. Aber es ist Indiz für die Entwicklung in den nächsten Jahren zu einem geschätzten Dienstleister, der den früheren Liegenschaftsbestand des Bundes wirtschaftlich betreut.

Eine solche Entwicklung bleibt nicht unbeobachtet. Auch in Russland werden Kriterien für eine Verwaltung staatlichen Vermögens entwickelt. Hier hat die Bundesanstalt eigene Erfahrungen beitragen können.

Auch France Domaine und dem Staatlichen Immobilienrat Frankreichs, dem «Conseil immobilier de l'Etat» (CIE), steht das Bundesministerium der Finanzen für Fragen der Immobilienverwaltung und -verwertung zur Verfügung.

Autorités administratives indépendantes et autorités publiques indépendantes en France

Joëlle Adda

Sommaire

1. Introduction 315
2. Les autorités administratives indépendantes et les autorités publiques indépendantes: Une notion aux contours flous 316
    2.1 Diversité des domaines d'activité couverts 317
    2.2 Diversité des compétences et des moyens 318
    2.3 Eléments assurant l'indépendance de ces autorités 318
    2.4 Indépendance et flexibilité 319
    2.5 Indépendance et responsabilité 319
3. Les AAI dans le domaine de la concurrence et de la régulation sectorielle des marchés: des pouvoirs étendus validés par le Conseil constitutionnel 320
    3.1 La création du Conseil de la concurrence dans le contexte des années 1980 320
    3.2 La nécessité d'autorités de régulation sectorielles nationale dans les secteurs qui étaient en monopole d'Etat 321
4. Perspectives 324

1. Introduction

L'un des éléments marquants de la diversification des formes d'action de l'Etat dans les dernières décennies a été la multiplication des autorités administratives indépendantes et l'extension de leurs compétences. En effet, alors qu'à l'origine, les premières d'entre elles n'étaient dotées que de compétences d'avis, de contrôle ou de publication de rapports, les compétences de certaines d'entre elles se sont accrues. Certaines se sont vu accorder le pouvoir d'imposer de lourdes sanctions ou de trancher des litiges, ou parfois même des éléments de pouvoir règlementaire. Cette situation n'a pas manqué de susciter de nombreuses critiques, puisque, d'une part, la dévolution à des autorités administratives de compétences de règlements de différends semble brouiller les frontières de la séparation des pouvoirs et ne pas présenter pas toutes les garanties offertes par les juridictions. D'autre part, la compétence, reconnue à certaines d'entre elles, d'édicter des règlements, apparait contraire au monopole d'exercice du pouvoir règlementaire national, confié au premier ministre (sous réserve des ordonnances du Président de la République) par la Constitution française.

Pourtant, ces autorités répondent à un véritable besoin en termes de flexibilité de l'Etat et, s'agissant plus particulièrement des autorités de régulation concurrentielle, qui seront envisagées plus particulièrement ci-dessous, en terme d'indépendance du pouvoir régulateur par rapport aux intérêts patrimoniaux de l'Etat.

La jurisprudence subtile du Conseil constitutionnel a permis de leur reconnaître pleinement leur place tout en encadrant leurs pouvoirs.

2. Les autorités administratives indépendantes et les autorités publiques indépendantes: Une notion aux contours flous

Les autorités administratives indépendantes (AAI), qui se sont développées depuis une trentaine d'années désignent des organismes, extrêmement divers répondant à des objectifs non moins divers, qui n'ont en commun que d'être des institutions administratives échappant à la soumission hiérarchique au pouvoir exécutif, et auxquelles ont pu être confiées des missions d'arbitrage, de conseil, de contrôle, notamment en matière de défense des libertés ou de régulation économique.

Ces autorités sont dites administratives en ce qu'elles n'ont pas la personnalité morale et remplissent certaines des fonctions autrefois confiées au pouvoir exécutif. Elles restent donc, d'une certaine manière, rattachées au pouvoir exécutif.

Mais ce sont des autorités indépendantes en ce sens qu'elles ne sont pas soumises au principe hiérarchique qui régit l'administration. Elles ne sont pas soumises à l'un des ministres nommés par le Premier Ministre, alors que la Constitution française dispose que le Premier Ministre dispose de l'administration.

Enfin, à la catégorie des AAI sans personnalité morale, s'ajoute celle des d'autorités publiques indépendantes (API), qui n'en diffèrent qu'en ce qu'elles sont dotées de la personnalité morale. Cette catégorie rassemble des institutions aussi différentes que l'Agence française de lutte contre le dopage ou l'Autorité des marchés financiers ou la nouvelle Autorité de Contrôle Prudentiel (ACP) issue au début 2010 de la fusion de quatre instances existantes de contrôle (la Commission bancaire, l'Autorité de Contrôle des assurances et des mutuelles, le comité des entreprises d'Assurance, et le Comité des établissements de crédit et des entreprises d'investissement).

2.1 Diversité des domaines d'activité couverts

La Commission nationale informatique et libertés (CNIL), créée en 1978 et chargée de la protection des données personnelles a été une des premières institutions qualifiées d'AAI.

Toutefois, des institutions créées antérieurement comme le médiateur de la République, créé en 1973 ou la Commission des opérations de bourse (COB) créée en 1967, et qui a depuis, fusionné avec le Conseil des marchés financiers pour permettre la création de l'Autorité des marchés financiers, se sont vu reconnaitre a posteriori cette qualité.

Ces trois exemples symbolisent les deux domaines dans lesquels se sont pour l'essentiel, développées les AAI, à savoir le champ des libertés publiques et celui de la régulation économique.

Certaines AAI d'ailleurs, peuvent voir leur champ d'intervention s'étendre au fil des années d'un de ces domaines à l'autre. Par exemple, le Conseil supérieur de l'Audiovisuel (CSA), autorité créée en 1989 pour être le gardien du pluralisme en matière de diffusion audiovisuelle doit dorénavant prendre en compte les considérations économiques et la logique concurrentielle. Ainsi, le CSA s'est notamment vu confier en 2006 une compétence de règlement de différends qui s'applique aux litiges relatifs à la distribution de services de radio ou de télévision[1].

La notion d'autorité administrative indépendante recouvre ainsi à présent plusieurs dizaines d'organismes. Cette qualification d'AAI ou d'API a été donnée aux plus récentes par la loi. En ce qui concerne les plus anciennes, on qualifie d'AAI celles qui ont été ainsi recensées par une étude du Conseil d'État de 2001. Un rapport du Sénateur Gélard publié en 2006 en comptait 70. Le champ des institutions qu'elle recouvre ne cesse de s'étendre.

Bien que l'extension du nombre des AAI ou des API soit critiquée, le législateur continue d'avoir recours à cette formule, soit pour assurer la transposition de directives européennes, notamment en matière de régulation concurrentielle, ainsi la loi du 8 décembre 2009 a créé l'Autorité de régulation des activités ferroviaires (ARAF), soit pour des motifs politiques internes de mise en œuvre ou de conciliation d'objectifs potentiellement conflictuels (création de la Haute autorité pour la diffusion des œuvres et la protection des droits sur Internet ou

---

[1] A ce titre, il peut être saisi par un éditeur – chaîne de télévision, station de radio, etc. – ou un distributeur de services – opérateur du câble, plate-forme de diffusion par satellite, multiplexeur de la télévision numérique terrestre (TNT), distributeur commercial, etc. ...

«HADOPI»). Il s'agit d'ailleurs dans ces deux derniers cas d'autorités publiques indépendantes.

2.2 Diversité des compétences et des moyens

A cette diversité des domaines d'activité, s'ajoute celle de:
- leurs règles de composition (la plupart sont collégiales, certaines s'incarnent en une seule personne comme le médiateur de la République ou le contrôleur général des lieux de privation de liberté);
- leurs règles de fonctionnement (certaines sont permanentes et ont des services étoffés comme l'Autorité de la Concurrence ou le CSA, d'autres sont seulement dotées d'un président et d'un secrétariat comme l'Autorité de contrôle des nuisances aéroportuaires);
- l'étendue de leurs pouvoirs (certaines voient leur pouvoir limité à une compétence d'avis ou de recommandation, ou produisent des rapports, certaines sont en outre dotées de pouvoirs de sanction, les plus puissantes peuvent en outre être dotées d'un pouvoir réglementaire, dans certaines conditions).

2.3 Eléments assurant l'indépendance de ces autorités

Leur indépendance peut être affirmée dans les textes: le plus souvent, les lois qui les instituent disposent que leurs membres ne peuvent recevoir d'instruction du Gouvernement ni d'aucune institution, personne, entreprise ou organisme.

Diverses modalités techniques peuvent être prévues pour assurer cette indépendance: leurs membres sont nommés pour des mandats longs, irrévocables sauf manquement graves, parfois non renouvelables, sont soumis à des règles d'incompatibilité, selon les cas avec toute activité professionnelle, tout mandat électif politique, avec tout emploi public (mais ce n'est pas toujours le cas).

Pour assurer leur indépendance à l'égard des acteurs économiques ou sociaux, surtout pour les autorités en charge de la régulation d'un secteur économique, en général toute détention, directe ou indirecte, d'intérêts dans une entreprise du secteur est interdite.

Certaines autorités se sont dotées de chartes de déontologie pour compléter les règles qui leur sont imposées. Mais il n'existe pas d'organisme extérieur en charge de sanctionner, s'il y a lieu, les manquements à ces obligations ou à ces chartes.

2.4 Indépendance et flexibilité

La question des ressources de ces autorités est un point clé de leur indépendance. Ce peut être également un élément de flexibilité dans la gestion de ces institutions.

Dans le cas des autorités administratives indépendantes n'ayant pas la personnalité morale, elles n'ont pas de patrimoine propre et leur budget leur est attribué par la loi de finances.

Mais des éléments de flexibilité existent. Par exemple, dans le cas de l'Autorité de régulation des communications électroniques et des postes (ARCEP), ses ressources comprennent des rémunérations pour services rendus et des taxes et redevances dans les conditions fixées par les lois de finance ou par décret en Conseil d'Etat.

En fait, l'ARCEP propose aux ministres, lors de l'élaboration du projet de loi de finance de l'année, les crédits nécessaires en sus des rémunérations pour services rendus, notamment par exemple la taxe de gestion des fréquences puisqu'une des fonctions de l'Autorité est d'attribuer cette ressource rare que sont les autorisations d'utilisation de fréquences hertziennes dans des conditions objectives et non discriminatoires.

Dans le cas des autorités publiques indépendantes, elles disposent de l'autonomie financière.

Ainsi, l'Autorité de contrôle prudentiel (ACP) est financée par une taxe à laquelle sont assujettis les établissements contrôlés.

De même, l'Autorité de régulation des activités ferroviaires perçoit un droit fixe dû par les entreprises ferroviaires et peut percevoir des rémunérations pour services rendus.

Un autre élément de flexibilité est celle qui leur est accordée pour le recrutement de leurs services. En effet, le recours à des contractuels est très facilité pour ces autorités, en dérogation aux règles du statut de la fonction publique. A titre d'exemple, parmi les 160 personnes qui travaillent à l'ARCEP, la moitié sont des fonctionnaires et l'autre moitié des contractuels.

2.5 Indépendance et responsabilité

L'indépendance ne signifie évidemment pas irresponsabilité. La plupart de ces autorités doivent rendre au moins annuellement un rapport au Parlement pour rendre compte de leur action. Elles peuvent également être soumises au contrôle de la Cour des comptes. Leurs décisions sont passibles dans la plupart des cas du contrôle du juge administratif, sous réserve des exceptions dans lesquelles ce contrôle est confié au juge judiciaire.

3. Les AAI dans le domaine de la concurrence et de la régulation sectorielle des marchés: des pouvoirs étendus validés par le Conseil constitutionnel

Le droit de la concurrence et de la régulation de certains marchés a été un des lieux privilégiés de recours aux AAI ou API. Aujourd'hui, l'Autorité de la Concurrence est celle qui est en charge de faire respecter le droit de la concurrence transversalement, sur l'ensemble des marchés alors que des autorités sectorielles sont plus précisément chargées d'assurer l'ouverture et la mise en place des règles pour des marchés spécifiques, antérieurement en monopole.

3.1 La création du Conseil de la concurrence dans le contexte des années 1980

Dans le contexte de libéralisation des années 1980, l'objectif est d'ouvrir les marchés à la concurrence, de permettre l'entrée sur le marché de nouveaux acteurs en supprimant ou abaissant les barrières à l'entrée, de veiller au bien être des consommateurs, d'assurer le maintien de l'ordre public économique, ce qui nécessite une autorité en charge de faire respecter ces règles.

L'ordonnance du 1er décembre 1986 relative à la liberté des prix et de la concurrence abroge l'ordonnance du 30 juin 1945 relative aux prix, affirme le principe de la libre détermination par le jeu de la concurrence des prix des biens, produits et services relevant antérieurement de ladite ordonnance, et crée le Conseil de la concurrence.

Celui-ci, qui sera qualifié d'«organisme administratif[2]», mais qui est composé de personnalités indépendantes, se voit confier un rôle consultatif et la compétence pour rendre des avis sur toute question de concurrence aux personnes morales représentant des intérêts collectifs: gouvernement, Parlement, collectivités locales, organisations professionnelles ou de consommateurs, mais aussi le pouvoir de sanctionner les pratiques anticoncurrentielles.

---

[2] Par la décision n° 86–224 DC du 23 janvier 1987.

La loi du 4 août 2008 remplace, à compter du 1er janvier 2009, ce conseil par une Autorité de la concurrence, que la loi qualifie expressément d'autorité administrative indépendante[3], et dont les compétences sont sensiblement élargies par rapport à celles du conseil de la concurrence, notamment en matière de contrôle des concentrations.

Mais le droit de la concurrence, que cette autorité de la concurrence est en charge de faire respecter en intervenant ex post, ne suffit pas a assurer l'existence du marché dans le cas des secteurs qui étaient en monopole, a fortiori, en monopole appartenant à l'Etat.

3.2 La nécessité d'autorités de régulation sectorielles nationale dans les secteurs qui étaient en monopole d'Etat

Il est alors nécessaire, en application de directives communautaires, de créer, dans le secteur des télécommunications, des postes, ou du gaz et de l'électricité, des autorités dites de «régulation sectorielle», qui auront à charge de mettre fin au monopole d'Etat, d'ouvrir le marché et de définir des règles visant à l'équilibre entre l'objectif de concurrence au bénéfice des consommateurs et des objectifs d'intérêt général tels que le service public, la sécurité publique ou l'aménagement du territoire.

La nécessité de distinguer au sein de l'Etat l'autorité qui régulera ces marchés et l'Etat actionnaire (puisque celui-ci, même après la transformation en société anonyme des sociétés anciennement publiques et monopoles d'Etat, garde des intérêts patrimoniaux dans ces sociétés) explique le recours à la formule de l'AAI.

Ces AAI seront chargées de la régulation, c'est-à-dire de la définition des règles applicables à ces marchés pour en permettre l'ouverture à de nouveaux entrants, en abaissant les barrières à l'entrée, et en leur permettant, s'il y a lieu, d'avoir accès, notamment dans le cas des industries de réseaux, au réseau de l'opérateur historique (qui détenait antérieurement le monopole), dans des conditions transparentes, non discriminatoires et à des tarifs raisonnables.

C'est ainsi qu'en application de directives communautaires, a notamment été créée l'Autorité de régulation des télécommunications (ART), afin de réguler la concurrence dans le secteur des télécommunications en conséquence de la libéralisation établie en janvier 1997. Cette autorité a pris en 2005 le nom d'Auto-

---

[3] Collège composé de dix-sept membres, dont un président, nommés pour une durée de cinq ans par décret pris sur le rapport du ministre chargé de l'économie

rité de régulation des communications électroniques et des postes (ARCEP), avec l'extension de ses compétences à la régulation du secteur postal.

Pour des motifs comparables, la loi du 10 février 2000[4] crée la Commission de régulation de l'électricité qui deviendra en vertu de la loi du 7 décembre 2006[5], la Commission de régulation de l'énergie, ses compétences étant notamment étendues au marché du gaz.

Il en est de même pour la loi du 8 décembre 2009[6] qui a créé l'Autorité de régulation des activités ferroviaires, autorité publique indépendante à qui est confié l'objectif de concourir «au bon fonctionnement du service public et des activités concurrentielles de transport ferroviaire, au bénéfice des usagers et clients des services de transport ferroviaire».

La dernière née[7], avec des compétences légèrement différentes, est l'Autorité de régulation des jeux en ligne (ARJEL), qui prend la forme d'une autorité administrative indépendante, chargée de veiller au respect des objectifs de la politique des jeux accessibles par internet (protection des joueurs et des populations vulnérables, sécurité des opérations de jeux et lutte contre la fraude et le blanchiment d'argent) et de la délivrance des agréments aux opérateurs de jeux. Le texte organise l'ouverture du secteur des jeux d'argent et de hasard à la concurrence et met fin de fait au monopole de la Française des jeux et du PMU (Pari urbain mutuel) sur le marché des paris en ligne. Il s'agit donc également de l'ouverture à la concurrence d'un marché, antérieurement en monopole, mais dans le respect des objectifs d'intérêt public.

Pour reprendre l'exemple de l'ARCEP, qui a, en grande partie, servi de modèles aux autorités de régulation concurrentielle plus récentes, elle se voit reconnaître notamment la compétence de délivrer les autorisations pour exercer comme opérateur de télécommunication, ainsi que les fréquences et les numéros qui sont les ressources rares indispensables à l'exercice de cette activité et d'assurer le service universel des communications (qui permet notamment l'accès de tous à la téléphonie fixe à un tarif abordable, l'obligation de services pour handicapés, et d'accès à des cabines téléphoniques publiques).

Parmi les pouvoirs qui lui sont attribués, elle peut régler des différends entre opérateurs. C'est-à-dire que, saisie par un opérateur, en cas notamment de refus

---

[4] Loi n° 2000-108 du 10 février 2000 relative à la modernisation et au développement du service public de l'électricité.
[5] La loi n° 2006-1537 du 7 décembre 2006 relative au secteur de l'énergie.
[6] Loi n° 2009-1503 relative à l'organisation et à la régulation des transports ferroviaires et portant diverses dispositions relatives aux transports.
[7] Loi n° 2010-476 du 12 mai 2010 relative à l'ouverture à la concurrence et à la régulation du secteur des jeux d'enfants et de hasard en ligne.

d'interconnexion, d'échec des négociations commerciales ou de désaccord sur la conclusion ou l'exécution d'une convention d'interconnexion ou d'accès à un réseau de télécommunication ou quelques autres cas relatifs, elle prend, à l'issue d'une procédure contradictoire, une décision motivée, laquelle précise les conditions équitables, d'ordre technique et financier, dans lesquelles l'interconnexion ou l'accès doivent être assurés.

Le Conseil constitutionnel a eu l'occasion de préciser[8], que les décisions prises par l'Autorité de régulation dans le cadre de ce pouvoir de règlement de différend «s'imposent aux parties qui ont saisi cette autorité, constituent des décisions exécutoires prises dans l'exercice de prérogatives de puissance publique». Mais, elles sont donc soumises au contrôle de la Cour d'appel de Paris (juge judiciaire), par dérogation au principe selon lequel de telles décisions administratives sont soumises au contrôle de la juridiction administrative.

L'ARCEP, comme beaucoup d'autres autorités de régulation, dispose également d'un pouvoir de sanctionner les opérateurs qui ne respecteraient pas les règles qui leur sont applicables et qu'elle est en charge de faire respecter. Là encore, le Conseil constitutionnel, qui avait déjà, le 17 janvier 1989[9], à propos du Conseil supérieur de l'Audiovisuel, affirmé le principe que «la loi peut (…) sans qu'il soit porté atteinte au principe de la séparation des pouvoirs, doter l'autorité indépendante chargée de garantir l'exercice de la liberté de communication audiovisuelle de pouvoirs de sanction dans la limite nécessaire à l'accomplissement de sa mission», a réaffirmé ce principe à propos de l'Autorité de régulation des télécommunications en précisant «qu'il appartient toutefois au législateur d'assortir l'exercice de ces pouvoirs de sanction de mesures destinées à sauvegarder les droits et libertés constitutionnellement garantis».

Enfin, l'ARCEP appartient aux rares autorités administratives indépendantes qui disposent d'un pouvoir réglementaire subordonné, c'est-à-dire, qu'elle peut adopter des décisions qui précisent les lois et décrets applicables, et pour l'essentiel, ces décisions sont soumises à homologation du ministre en charge des communications électroniques. Sur ce point, le Conseil constitutionnel, par sa même décision du 23 juillet 1996, a énoncé que *l'article 21[10] [de la Constitution] ne fait pas obstacle à ce que le législateur confie un pouvoir réglementaire à une autorité autre que le Premier ministre, «à la condition que cette habilitation ne concerne que des mesures de portée limitée tant par leur champ d'application que par leur contenu».*

---

[8] 23 juillet 1996 – Décision N° 96–378 DC.
[9] 17 janvier 1989 – Décision n° 88–248 DC.
[10] Qui dispose notamment que le Premier ministre assure l'exécution des lois et, sous réserve des dispositions de l'article 13, exerce le pouvoir réglementaire; qu'il peut déléguer certains de ses pouvoirs aux ministres.

4. Perspectives

Ainsi, l'essentiel des questions juridiques majeures liées au principe de l'existence et des pouvoirs confiés aux Autorités administratives indépendantes ayant été résolu, elles ont vraiment trouvé leur place dans le paysage administratif français. Si des critiques persistent, nul ne songerait à envisager leur suppression pure et simple.

En revanche, il est vrai que leur émiettement, plutôt que leur prolifération, est parfois critiquable, tant en termes de coût budgétaire que d'efficacité.

Il est donc souhaitable qu'elles coopèrent entre elles, quand elles interviennent sur des secteurs proches, et que, dans certains cas, des regroupements soient envisagés. C'est ainsi que la coopération entre la Commission d'accès aux documents administratifs (CADA) et la Commission nationale informatique et libertés (CNIL), entamée depuis une dizaine d'années, est indispensable.

De même, l'ARCEP ou la CRE (Commission de régulation de l'énergie) prennent certaines de leurs décisions après avis de l'Autorité de la concurrence, laquelle doit également les consulter, avant de prendre des décisions dans les secteurs que ces autorités régulent.

Enfin, des regroupements peuvent être envisagés. La fusion de l'ARCEP avec le Conseil supérieur de l'audiovisuel, qui avait été proposée un temps, n'est plus d'actualité, du moins, dans l'immédiat. Mais des réorganisations de compétences entre ces deux autorités sont indispensables pour faire face aux défis de la régulation du numérique à l'ère de la convergence entre activités de réseaux de communications électroniques, et activités de «contenus», c'est-à-dire les informations, flux d'images ou de musiques qui circulent dans ces «tuyaux».

Dans un tout autre domaine, la loi organique et la loi ordinaire du 29 mars 2011 mettent en place, conformément au nouvel article 71-1 de la Constitution, un Défenseur des Droits, qualifié d'autorité constitutionnelle indépendante, dont les attributions reprennent et enrichissent celles du Médiateur de la République, du Défenseur des enfants, de la Commission nationale de déontologie et de la sécurité (CNDS) et de la Haute autorité de lutte contre les discriminations et pour l'égalité (HALDE).

Ainsi, la création des AAI et des API a incontestablement contribué à la modernisation d'un Etat plus modeste, mais agissant en interaction et en concertation permanente avec les usagers et les secteurs économiques régulés, sous le contrôle du Parlement et des juges. Un effort de rationalisation de ces autorités reste à faire, en termes de synergie, et de contrôle déontologique, tant des nominations, que de l'exercice de leurs missions par leurs membres.

Das Schweizer Bundesamt für Landestopografie swisstopo: Möglichkeiten und Grenzen von FLAG

JEAN-PHILIPPE AMSTEIN

Inhaltsverzeichnis

1. Einleitung	325
2. Das Bundesamt für Landestopografie	326
3. Eignung als FLAG-Amt?	328
4. FLAG-Grundlagen allgemein	329
5. FLAG-Erfahrungen von swisstopo: Möglichkeiten	330
6. FLAG-Erfahrungen von swisstopo: Grenzen	332
7. Fazit	333

1. Einleitung

In den 90er-Jahren wurde unter dem Schlagwort «New Public Management» ein neues Modell zur Verwaltungsführung propagiert, das einen etwas andern Fokus aufwies als die herkömmliche, Input-orientierte Steuerung: Die Wirkungsorientierung wurde als Kriterium der Steuerung von Verwaltungseinheiten zusätzlich aufgenommen.

Der neue Führungsansatz beginnt bereits mit der Zuweisung der Rollen zwischen Legislative und Verwaltung: Das Parlament hat nicht mehr nur die Ressourcen möglichst detailliert pro Rubrik und Vorhaben vorzugeben, sondern konzentriert sich auf die strategischen Zielsetzungen. Damit steht der Output im Vordergrund, also die Wirkung, die mit den gesprochenen Ressourcen erzielt werden soll.

In der Schweiz hat der Bundesrat (Exekutive) 1996 einen Projektauftrag lanciert, um ausgewählten Verwaltungseinheiten die Möglichkeit zur wirkungsorientierten Führung zu geben. Das Programm heisst «FLAG», «Führung mit Leistungsauftrag und Globalbudget» und basiert auf dem Modell des «New Public Managements». Durch die Erteilung eines Leistungsauftrags über mehrere Jahre und die Formulierung wirkungsorientierter Zielsetzungen erhält eine Verwaltungseinheit mehr Handlungsspielraum als bei herkömmlicher, inputorientierter Verwaltungssteuerung. Der Verwaltungseinheit wird ein Globalbudget zur Verfügung gestellt, mit dem die Verwaltungseinheit die strategischen Ziele bestmöglich erreichen soll. Das operative Geschäft wird innerhalb der Verwaltungseinheit nach betriebswirtschaftlichen Kriterien optimiert, ähnlich wie bei Unternehmungen in der Privatwirtschaft.

Das Bundesamt für Landestopografie swisstopo war eines der beiden Pilotämter in der Schweiz, die als erste Verwaltungseinheiten mit dem neuen Führungsmodell FLAG starten konnten. Mit der Einführung 1997 weist swisstopo heute eine über 10-jährige Erfahrung mit diesem Modell der Verwaltungsführung auf. In diesem Beitrag werden die Möglichkeiten des FLAG-Modells skizziert, aber auch die Grenzen aufgezeigt, die sich aus der Erfahrung in der praktischen Umsetzung ergeben haben.

Zur nachfolgenden Darstellung der kritischen Erfolgsfaktoren zur FLAG-Umsetzung sind drei einschränkende Vorbemerkungen anzubringen:

- Erstens sind nicht alle Verwaltungstätigkeiten in gleicher Art geeignet, um mit FLAG geführt zu werden. Das Bundesamt für Landestopografie swisstopo hat als Fachamt mit relativ geringer politischer Brisanz eine günstige Voraussetzung zur wirkungsorientierten Führung. Dies ist nicht bei allen Bundesaufgaben und Ämtern gleichermassen gegeben.
- Zweitens ist zu beachten, dass die Umsetzung der FLAG-Führung stark vom Umfeld abhängig ist. Nicht nur die Führung der Verwaltungsstelle selbst, sondern auch die Haltung übergeordneter Instanzen dem wirkungsorientierten Modell gegenüber sind entscheidend für eine erfolgreiche Umsetzung. Insofern sind gewisse Aussagen aus der Erfahrung von swisstopo nur beschränkt übertragbar auf andere Verwaltungseinheiten.
- Drittens ist die Messbarkeit der erreichten Wirkung zu erwähnen, die als «pièce de résistance» in der Beurteilung des Erfolgs von FLAG gilt. Eine umfassende Beurteilung der Erreichung der Wirkungsziele erfordert breit angelegte, externe Befragungen, für die oft das Geld und die Zeit fehlen. Entsprechend müssen Schlussfolgerungen relativiert und bezüglich ihrer Repräsentativität für die gesamte Verwaltung und die Branche eingeschränkt werden.

2. Das Bundesamt für Landestopografie

Das Bundesamt für Landestopografie bietet als Kompetenzzentrum der Schweiz für Geoinformation und Geologie räumliche Referenzdaten an. Es versorgt seine Partner und Kunden mit den benötigten Daten sowie mit kundenorientierten geodätischen, topografischen, kartografischen und geologischen Produkten in geeigneter Form. Es ist das Oberleitungsorgan über die Belange der amtlichen Vermessung und ist Fachbehörde des Bundes für Geologie.

Das Bundesamt für Landestopografie hat folgende Hauptaufgaben:

- erstellt, unterhält und erneuert die geodätischen und topografischen Grundlagen der Schweiz und koordiniert den entsprechenden Datenaustausch mit den Nachbarländern
- stellt Grundlagedaten für geografische Informationssysteme bereit
- erstellt, unterhält, ergänzt und erneuert das eidgenössische Kartenwerk und die thematischen Karten
- hat die Oberleitung bei der Durchführung und Erhaltung der amtlichen Vermessung und bereitet den Vollzug von entsprechenden Erlassen vor
- koordiniert die amtliche Vermessung mit anderen Vermessungsvorhaben des Bundes
- koordiniert die Bedürfnisse der Bundesverwaltung im Bereich Geoinformation und der geografischen Informationssysteme (GIS)
- führt und unterhält das Militärgeografische Institut der Schweiz
- bietet betriebseigene Verlagsprodukte und Geodaten an
- erbringt Dienstleistungen für Dritte in den Fachbereichen
- betreibt einen Flugdienst zur Beschaffung von Luftbildern
- führt geologische Erhebungen durch
- stellt Grundlagen bereit über die geologischen, geophysikalischen und geotechnischen Verhältnisse der Schweiz
- koordiniert die geologische Landesuntersuchung und stellt die geologische Aufnahme der Schweiz sicher

Bei swisstopo sind über 300 Mitarbeitende beschäftigt, rund 30 davon als Lernende oder Praktikanten. Mit einem Betriebskredit von rund 55 Mio. CHF gilt swisstopo als mittelgrosses Bundesamt der Schweiz.

Es gliedert sich in sechs Bereiche und den Support, wie aus Abb. 1 ersichtlich ist.

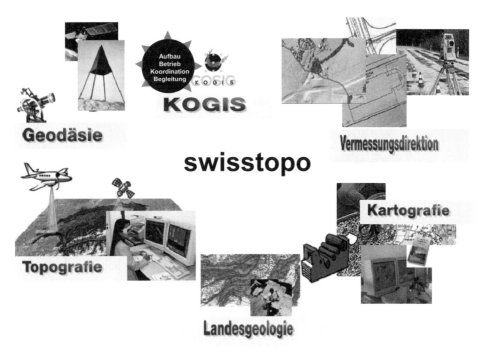

Abbildung. 1: Aufgabengebiete des Bundesamts für Landestopografie swisstopo

3. Eignung als FLAG-Amt?

Nicht jede Verwaltungsstelle ist gleichermassen zur Führung mit Leistungsauftrag und Globalbudget geeignet. Die zuständige zentrale Stelle im Finanzdepartement hat Eignungskriterien für die FLAG-Führung erarbeitet, welche swisstopo uneingeschränkt erfüllt:

- Kritische Grösse   ist mit 300 Mitarbeitenden erreicht
  - Kostendeckungsgrad   wird mit rund 50% erfüllt
  - Abgrenzbarer Markt   Geoinformation ist ein eigenständiges Fach
  - Kundenkontakt   ist bei swisstopo als Produktionsbetrieb sehr wichtig
  - Marktauftritt   Eigenständige Marke mit dem Kürzel «swisstopo»
  - Amtsführung   erfolgt nach betriebswirtschaftlichen Kriterien, unter Beachtung der volkswirtschaftlichen Ausrichtung

4. FLAG-Grundlagen allgemein

Die Führung einer Verwaltungseinheit mit FLAG basiert auf drei Instrumenten:
- Leistungsauftrag, auf 4 Jahre durch den Bundesrat verabschiedet
- Leistungsvereinbarung, jährlich durch das zuständige Departement erlassen
- Reporting, halbjährlich an das zuständige Departement

Im *Leistungsauftrag* sind die Produktgruppen sowie die längerfristigen strategischen Ziele festgelegt. Hier liegt der Fokus auf der Wirkungsausrichtung. Der Leistungsauftrag wird in den Fach- und Finanzkommissionen der beiden Räte behandelt.

In der *Leistungsvereinbarung* erhalten umsetzungsorientierte Zielsetzungen mehr Gewicht. Die Kongruenz der fachlichen Zielsetzungen mit den jährlichen Budgets ist erst auf dieser Ebene realisierbar, da die finanziellen Mittel durch das Parlament für das Folgejahr freigegeben werden.

Mit dem *Reporting* wird zweimal pro Jahr standardisiert über die Erreichung der Zielsetzungen berichtet. Besondere Ereignisse oder grössere Abweichungen werden thematisiert.

Die Führung einer Verwaltungsstelle mit FLAG bringt im Vergleich zur herkömmlichen, inputorientierten Steuerung der Verwaltung grundsätzlich folgende Vorteile:
- Erweiterter Handlungsspielraum mit Globalbudget
- Output-Sicht statt Input-Steuerung
- Wirkungsorientierung
- Strategische Führung durch den Bundesrat, operative Umsetzung im Amt
- Mehrjahres-Planung in der politischen Führung
- Vereinigung von Aufgaben / Kompetenzen / Verantwortung
- Visibilität als Amt im Parlament (Legislative)

Es obliegt den einzelnen Verwaltungsstellen, diese Ausgangslage bestmöglich und in Absprache mit den übergeordneten Instanzen zu nutzen.

Nachfolgend werden die Erfahrungen von swisstopo dargestellt. Wie eingangs erwähnt, lassen sich diese nicht uneingeschränkt auf andere Verwaltungseinheiten übertragen.

5. FLAG-Erfahrungen von swisstopo: Möglichkeiten

swisstopo konnte bereits 1997 als eines der ersten Bundesämter Erfahrungen mit dem Führungsmodell FLAG sammeln. Dies war mit Aufbauarbeit verbunden, die auch rückblickend als Bereicherung für die Amtsführung gewertet werden darf.

FLAG bietet im Wesentlichen folgende Vorteile, welche den Verwaltungseinheiten mit herkömmlicher, inputorientierter Führung verwehrt bleiben:

- *Durchlässigkeit zwischen den Globalbudgets*
  Ursprünglich war für jede Verwaltungseinheit ein einziges Globalbudget vorgesehen, das sowohl die Erfolgsrechnungspositionen umfasste als auch die Investitionen. Mit der Einführung des neuen Rechnungsmodells wurde 2007 eine getrennte Behandlung des Personal- und Sachaufwands sowie der Investitionen eingeführt. Die Durchlässigkeit zwischen diesen beiden Globalbudgets ist – auf Antrag – immer noch gegeben. Sehr wertvoll für die Verwaltungsführung ist die Freiheit, eigenes Personal anzustellen oder Aufträge mittels Dienstleistungsmandate zu vergeben. Damit werden sowohl Internalisierungen (Aufnahme externer Leistungserbringer in den Personalbestand des Bundes) als auch Outsourcing (Vergabe von Aufträgen an Private, Abbau des eigenen Personals) möglich. Hiermit wird zusätzlicher Handlungsspielraum für die Amtsführung geschaffen, was aber entsprechende Führungsinstrumente wie eine aussagekräftige Kosten- und Leistungsrechnung bedingt.

- *Internalisierung von Personal*
  Bei «herkömmlicher» Verwaltungsführung ist nicht selten zu beobachten, dass aufgrund einer Personalbestands-Obergrenze Aufgaben an Dritte vergeben werden, obwohl die Verwaltungseinheit diese selber günstiger erbringen könnte. Mit der Durchlässigkeit zwischen Personal- und Sachaufwand können externe Mitarbeitende als Mitarbeitende der Verwaltungseinheit aufgenommen werden, sofern dies im Rahmen des Globalbudgets des Amtes möglich ist. Dadurch können externe Overhead-Kosten gespart werden, die fachliche Integration zur Aufgabenerfüllung ist erheblich besser und die Führung wird vereinfacht.

- *Bildung von Reserven*
  Eines der wichtigsten Instrumente bei der FLAG-Führung ist die Möglichkeit, Reserven bilden zu können. Zu unterscheiden sind die zweckgebundenen Reserven einerseits, die eine Mittelverwendung auch in Folgejahren für bestimmte Vorhaben garantieren, und anderseits die allgemeinen Reserven, die aus sog. «Mehreinnahmen» gebildet werden können. Die *zweckgebundenen Reserven* gleichen die Nachteile der Jährlichkeit bei der Kreditspre-

chung aus und haben den Charakter einer Kreditübertragung auf künftige Jahre, allerdings eingeschränkt auf die vorgesehenen Projekte oder konkret beschriebenen Aufgaben. *Freie Reserven* können dann gebildet werden, wenn die Verwaltungseinheit die Jahreszielsetzungen erfüllt hat. Dazu gehört insbesondere auch das Erreichen des geplanten Kostendeckungsgrads und die Erreichung der Produktgruppenziele. Aus freien Reserven kann die Verwaltungsstelle künftige Vorhaben finanzieren, die in einem engen Zusammenhang mit dem Kernauftrag stehen. Diese Möglichkeit bringt eine echte Erweiterung des (finanziellen) Handlungsspielraums eines Amtes.

- *Durchlässigkeit zwischen den Kreditarten*
  Während Verwaltungseinheiten mit herkömmlicher, inputorientierter Steuerung pro Kreditrubrik gebunden sind (z.B. Spesen, Materialaufwand, Dienstleistungen), können FLAG-Verwaltungseinheiten innerhalb eines gegebenen Globalbudgets den Mitteleinsatz frei disponieren. Dadurch wird eine ganzheitliche Kreditoptimierung ermöglicht, ähnlich wie in der Privatwirtschaft.

- *Leistungsausweis des Amtes*
  Der Leistungsausweis eines FLAG-gesteuerten Amtes erfolgt in Produkt-Struktur. Es werden nicht die zur Verfügung stehenden Ressourcen pro Kreditrubrik aufgelistet, sondern das Ergebnis, das mit diesen Kreditmitteln erzielt wurde. Damit bietet sich einem FLAG-Amt die Gelegenheit, den Leistungsnachweis bezüglich der Produkte zu erbringen. Für swisstopo ist dies eine einmalige Gelegenheit, in der öffentlichen Rechnungslegung über Kosten und Erlöse der einzelnen Produkte zu berichten. Transparenz und Offenheit einerseits, aber auch Produkt-spezifische Informationen andererseits und Marketing-Anliegen können dadurch eingebracht werden.

- *Wirkungsausrichtung*
  Ein weiteres wichtiges Element der FLAG-Führung ist die Ausrichtung auf die Wirkung. Nicht die Kreditausnutzung pro Rubrik steht im Vordergrund, sondern die längerfristige Schwerpunktsetzung aus politischer Sicht. Damit kann die Verwaltungsführung nach längerfristigen Aspekten erfolgen, obwohl die Kreditsprechung der Jährlichkeit unterliegt. Die Stossrichtung «Wirkungsausrichtung» ist unbedingt zu fördern, auch wenn der Nachweis der beabsichtigten Wirkung nicht in jedem Fall einfach ist.

- *Stufengerechte Führung*
  Mit dem FLAG-Führungsmodell wird eine Aufteilung der Verwaltungsführung in einen strategischen Teil (durch die politische Instanz als Zielvorgabe) und einen operativen Teil (durch die Verwaltungseinheit als Vollzugsauftrag) realisiert. Dieses Modell ermöglicht eine Konzentration auf das Wesentliche, unter Berücksichtigung des Bestrebens, den Handlungsspielraum der Verwaltungseinheit nicht unnötig einzuschränken.

6. FLAG-Erfahrungen von swisstopo: Grenzen

Wo Licht ist, ist auch Schatten: Auch das FLAG-Modell hat nicht nur Vorteile: Nachfolgend werden – aus über 10-jähriger Erfahrung von swisstopo als FLAG-Amt – die Grenzen der praktischen Umsetzung von FLAG dargestellt. Aufgrund der spezifischen Ausgangslage von swisstopo sind die dargestellten Einschränkungen möglicherweise nicht uneingeschränkt auf andere FLAG-Verwaltungseinheiten übertragbar.

- *Jährlichkeit*
  Der Leistungsauftrag gib einen mehrjährigen Rahmenkredit, die konkrete Budgetfreigabe erfolgt jedoch jährlich durch das Parlament. Bei Kürzungen oder anderer Priorisierung müsste eigentlich der Leistungsauftrag entsprechend angepasst werden, was aus Effizienzgründen nur bei massiv veränderten Grundlagen erfolgt.

- *Einreihung*
  Eine mit FLAG geführte Verwaltungseinheit hat die Freiheit, innerhalb des Globalbudgets z.B. zwischen Personal- und Sachaufwand zu optimieren. Im Fall von swisstopo beträgt das Globalbudget insgesamt 55 Mio. CHF. Bezüglich des Lohns der bei swisstopo angestellten Mitarbeitenden ist der Freiraum jedoch kaum gegeben, die sog. «Einreihung» zur Lohnfindung muss jeweils den Oberinstanzen vorgelegt werden.

- *Selbstfinanzierung*
  Grundsätzlich sind mit dem FLAG-Modell zusätzliche Ausgaben möglich, wenn diese durch Mehreinnahmen im gleichen Rechnungsjahr kompensiert werden. Häufig muss allerdings zuerst investiert werden, bevor Erträge anfallen. Dies ist bei längerdauernden Produktionsprozessen nicht immer innerhalb eines Jahrs möglich.

- *Leistungsauftrag/Leistungsvereinbarung*
  Die vorgesetzte Instanz fordert fachspezifische, ambitiöse Zielvorgaben von der Verwaltungseinheit. Die Überprüfung, wie ambitiös die formulierten Zielsetzungen effektiv sind, gestaltet sich häufig als schwierig, da der vorgesetzten Instanz die notwendigen Fach- und Branchenkenntnisse teilweise fehlen, um eine adäquate Beurteilung der Zielsetzung bezüglich Machbarkeit und Anspruchsniveau vornehmen zu können. Im konkreten Beispiel von swisstopo gibt es auf übergeordneter Stufe keine Instanz, die über ausgeprägte Branchenkenntnis verfügen würde, um swisstopo Fachvorgaben erlassen zu können. So bleibt eine politische und finanzielle Führung im Rahmen des Leistungsauftrags und eine Art «best practice» in der Umsetzung, die stark auf die Kontinuität in der Zielsetzung und den Input des Amts bezüglich neuer Ziele abstützt.

- *Führung*
  Der flächendeckende Einsatz von FLAG über alle Produktgruppen führt zu einer Vielzahl von Zielsetzungen. Auch wenn Leistungs- und Wirkungsziele formuliert werden, ist nicht von der Hand zu weisen, dass die finanziellen Rahmenbedingungen faktisch die entscheidende Steuerungsgrösse bleiben. Kürzungen des Globalbudgets bewirken eine Einschränkung der Leistungserbringung, auch wenn der Leistungsauftrag nicht in jedem Fall entsprechend angepasst wird.

- *Wirkungsmessung*
  Die Idee, die Verwaltung aus politischer Optik primär über Wirkungsziele zu führen, mag in der Theorie verlockend sein. In der Praxis erweist sich der Nachweis der langfristigen Zielerreichung jedoch als schwierig, da dieser insbesondere bezüglich Erreichung der Wirkungsziele sehr aufwändig und teuer ist. Einer Verwaltungseinheit bleibt aus Kostengründen oft keine andere Wahl, als sich auf einen punktuellen Wirkungsnachweis zu beschränken. Die Prüfung der Erreichung von Wirkungszielen erfordert eine externe Evaluation, was sehr teuer und zeitaufwändig ist. Eine flächendeckende Überprüfung der Wirkungsziele ist deshalb mit vernünftigem Aufwand in der vorgegebenen Zeit kaum realisierbar. Es kann nicht der Verwaltungseinheit überlassen werden, welche Wirkungsziele durch externe Befragungen evaluiert werden sollen. Hierzu ist der Dialog mit den übergeordneten Instanzen der Verwaltungseinheit und der politischen Vorgabestelle noch intensiver zu führen.

7. Fazit

Die Führung mit FLAG hat sich für swisstopo mit Sicherheit gelohnt, insbesondere aus folgenden Gründen:

- *Kostenbewusstsein*
  Für swisstopo als FLAG-Verwaltungseinheit ist der Deckungsbeitrag ein Steuerungskriterium. Entsprechend wichtig ist das Kostenbewusstsein bei den Mitarbeitenden, da sie damit direkt einen Beitrag zum finanziellen Amtsergebnis liefern können. Zahlreiche Befragungen (auch von andern mit FLAG geführten Verwaltungseinheiten des Bundes) haben gezeigt, dass das Kostenbewusstsein bei FLAG-Führung höher ist als bei herkömmlichen, inputgesteuerten Verwaltungsstellen.

- *Motivation*
  Die Motivation der Mitarbeitenden ist gemäss einer unabhängigen, breit angelegten Untersuchung beim Bundespersonal 2007 wie auch 2009 signifikant höher als bei andern, nicht mit FLAG geführten Verwaltungseinheiten.

- *Handlungsspielraum*
  Die Amtsführung hat dank FLAG einen wesentlich grösseren finanziellen Handlungsspielraum als herkömmlich geführte Dienststellen. Die Durchlässigkeit zwischen Personal- und Sachkrediten sowie bezüglich der Investitionskredite erlaubt eine weitgehende Optimierung der verfügbaren Kredite des Bundesamts. So kann ein Ausgleich geschaffen werden, wenn bei einer Kreditrubrik ein Kreditrest besteht, während bei einer andern ein Mehrbedarf ausgewiesen ist. Die Optimierung liegt auf Stufe Amt, nicht auf Stufe einzelner Kreditrubriken.
- *Wirkungsorientierung*
  Die Zielsetzungen des Amtes werden in Form eines Leistungsauftrags formuliert. Dort nehmen die Wirkungsziele einen wesentlichen Stellenwert ein. Die Politik kann sich auf die Formulierung der strategischen Zielsetzungen konzentrieren, während die Umsetzung Sache der einzelnen Dienststellen ist.
- *Reservenbildung*
  Ein wesentlicher Vorteil von FLAG ist die Möglichkeit, Reserven bilden zu können. Sowohl die zweckgebundenen Reserven zur Abfederung der Auswirkungen des Jährlichkeitsprinzips als auch die allgemeinen Reserven aufgrund von Mehreinnahmen erweitern den Handlungsspielraum einer FLAG-Verwaltungseinheit.
- *Reserveneinsatz*
  Die Optimierung des Mitteleinsatzes einer Verwaltungstätigkeit kann auf andere Art erfolgen, wenn zur Not Reserven zur Verfügung stehen, ohne dass das Parlament um einen Nachtragskredit bemüht werden müsste. Während übertriebene Vorsicht in der Kreditoptimierung früher häufig den geplanten Mitteleinsatz einschränkte, ist dank FLAG die Kreditausnutzung unter Inanspruchnahme interner Kompensation gewährleistet. Mit der Wirkungsorientierung der Zielvorgabe wird durch das Parlament sichergestellt, dass die gesprochenen Kredite auch in der beschlossenen Höhe für den vorgesehenen Zweck eingesetzt werden.
- *Leistungsausweis*
  Die Gliederung des externen Reportings nach Produktgruppen erlaubt es, den effektiven Leistungsausweis der Verwaltungsstelle auch zu erbringen. Für swisstopo als Produktionsbetrieb, der auf dem Markt teilweise in Konkurrenz zur Privatwirtschaft steht, ist es auch wichtig, die Produkte und ihre entsprechenden Kosten und Erlöse transparent darstellen zu können.

Bei all den positiven Punkten der Führung von Verwaltungsstellen mit FLAG ist nicht zu verschweigen, dass auf Bundesebene die *Dualität der Führung* (FLAG/Nicht-FLAG) Probleme bietet. Der Bundesrat sucht nach einem Modell, das die Vorteile von FLAG berücksichtigt und eine Zusammenführung der beiden Führungsansätze ermöglicht. Aufträge zur Prüfung entsprechender Modelle wurden bereits erteilt.

Insgesamt kann festgehalten werden, dass das Bundesamt für Landestopografie von der *FLAG-Führung sehr profitiert* hat. Sowohl die Mitarbeitenden als auch die Amtsführung sind überzeugt, dass FLAG den erhofften zusätzlichen Handlungsspielraum auch wirklich gebracht hat. Nun gilt es, diesen auch weiterhin zielorientiert und im Sinne des übergeordneten politischen Auftrags wahrzunehmen.

Kapitel 7 / Chapitre 7:
Modernisierung der Aufbau- und Ablauforganisation /
La modernisation des structures et des processus

Strategische Geschäftsprozessoptimierung in der Forstverwaltung des Landes Rheinland-Pfalz

HERMANN R. BOLZ

Inhaltsverzeichnis

1. Vorbemerkung 339
2. Das Modernisierungskonzept des Landes Rheinland-Pfalz von 1994 bis 1999 340
   2.1 Institutionelles 340
   2.2 Inhaltliches 341
3. Modernisierung der Forstverwaltung in Rheinland-Pfalz 342
   3.1 Die Entwicklung der rheinland-pfälzischen Forstverwaltung seit 1994 342
   3.2 Verwaltungspolitik 343
   3.3 Organisationsentwicklung 344
   3.4 Rechtsoptimierung 345
   3.5 Neue Steuerungsinstrumente 345
   3.6 Geschäftsprozessoptimierung 345
4. Ausblick 347
Literatur 348

1. Vorbemerkung

Forstleute neigen dazu, in langen Zeiträumen zu denken, etwa in der Größenordnung der Lebensspanne von Bäumen. Man belächelt sie dieserhalben ab und an etwas. Trotzdem hat es einen gewissen Charme, einmal aus Kurzzeitbetrachtungen auszubrechen, die Wahlperiodentaktung zu überwinden und einen längeren Zeitraum ins Auge zu fassen. Die nachstehenden Ausführungen wurzeln daher im Jahre 1994 und reichen von dort an bis in unsere Tage. Dabei wird implizit deutlich, dass einzelne Modernisierungsfelder, wie bspw. die strategischen Geschäftsprozessoptimierung, nicht isoliert betrachtet werden können. Um erfolgsgeneigt zu sein, müssen sie vielmehr in ein schlüssiges Gesamtkonzept eingebunden werden. Besondere Bedeutung kommt in diesem Zusammenhang einer wirksamen verwaltungspolitischen Steuerung zu.

2. Das Modernisierungskonzept des Landes Rheinland-Pfalz von 1994 bis 1999

Das Land Rheinland-Pfalz hat im Jahre 1994 einen umfassenden Modernisierungsprozess der Landesverwaltung eingeleitet, dessen Wirkungen auch heute noch andauern. Bevor auf die darin eingebetteten Maßnahmen der strategischen Geschäftsprozessoptimierung eingegangen wird, werden zum besseren Verständnis die institutionellen und inhaltlichen Aspekte dieses Prozesses insgesamt dargestellt.

2.1 Institutionelles

Der Fall des Eisernen Vorhangs hatte viele Folgen – eine davon wird in der öffentlichen Diskussion kaum erwähnt: Durch den unter erheblichem Zeitdruck stehenden Verwaltungsaufbau in den neuen Bundesländern wurden zahlreiche Verwaltungsstrukturen und -verfahren der alten Bundesländer restabilisiert und die schon in den 80er Jahren spürbare Notwendigkeit einer Verwaltungsmodernisierung im Westen verzögert. Dadurch entstand ein Modernisierungsstau, der sich in Rheinland-Pfalz wirkungsvoll etwa Mitte der 90er Jahre Bahn brach.[1]

Institutionell wurde die rheinland-pfälzische Verwaltungsmodernisierung durch die Verwaltungsmodernisierungskommission (VMK) bei der Staatskanzlei verankert. Ihre konstituierende Sitzung fand am 13.12.1994 statt. Den Vorsitz dieser Kommission führten der Chef der Staatskanzlei, Staatssekretär Klaus Rüter, als organisatorischer und Universitätsprofessor Dr. Carl Böhret, Deutsche Hochschule für Verwaltungswissenschaften Speyer, als fachwissenschaftlicher Leiter. Der VMK gehörten eine Staatssekretärin und drei weitere Staatssekretäre, Vertreterinnen und Vertreter von Hochschulen und Wissenschaft, der Wirtschaft, beruflicher Verbände und des Personals der Landesverwaltung an.

Die Geschäfte der Kommission wurden von einer Geschäftsstelle bei der Staatskanzlei geführt.

Die VMK war die Koordinations- und Bündelungsstelle der Verwaltungsmodernisierung in Rheinland-Pfalz und damit Garant für die Realisierung ressortübergreifender Synergieeffekte des Modernisierungsprozesses.

Begleitet wurde die VMK von einem Beirat, in dem alle wichtigen gesellschaftlichen Gruppen vertreten waren.

---

[1] Einzelheiten zur Verwaltungsmodernisierung in Rheinland-Pfalz wurden in den Schriften zur Verwaltungsmodernisierung in Rheinland-Pfalz «voran» veröffentlicht, die über die Staatskanzlei bezogen werden können.

Die Verbindung zu den Ministerien, der Vertretung des Landes Rheinland-Pfalz beim Bund sowie zu den Bezirksregierungen wurde durch Modernisierungsbeauftragte der Ressorts, die eng mit der VMK-Geschäftsstelle zusammenarbeiteten, gewährleistet.

Einen zusätzlichen Schub erhielt die Verwaltungsmodernisierung nach der Landtagswahl 1996 durch die Gründung einer Expertenkommission für die Neuorganisation der Landesverwaltung nach der Entscheidung der Regierungskoalition, die Bezirksregierungen aufzulösen.

Die VMK legte großen Wert auf die Transparenz des Modernisierungsprozesses. Sie kommunizierte daher die Ergebnisse ihrer Arbeit extern durch die Schriftenreihe «voran» sowie intern durch die Modernisierungszeitung «MOZ» intensiv.

2.2 Inhaltliches

Die Verwaltungsmodernisierung erfolgte in folgenden Modernisierungsfeldern:

- Verwaltungspolitik: Erfolgreiche Verwaltungsmodernisierung setzt eine aktive Verwaltungspolitik voraus. Sie muss den fortschreitenden Modernisierungsprozess dauerhaft verfolgen, ressortübergreifend begleiten, zielorientiert unterstützen und darf nicht vor Auseinandersetzungen zurückschrecken, wenn es beispielsweise um den Abschied von liebgewonnenen Selbstverständlichkeiten und Gewohnheiten geht. Gegenüber den Protesten von Mitarbeiterinnen und Mitarbeitern, Politikerinnen und Politikern und gegenüber Ressortinteressen muss der Modernisierungskurs nachdrücklich beibehalten und durchgesetzt werden.

- Organisations- und Personalentwicklung: Dieses Modernisierungsfeld war insbesondere geprägt von der Vorgabe der Auflösung der Bezirksregierungen. Das neue Organisationsmodell orientierte die Aufbauorganisation an den zu erledigenden Aufgaben, woraus sich insgesamt ein starker Impuls zur strategischen Geschäftsprozessoptimierung innerhalb der Landesverwaltung ergab. So wurde die Zuständigkeit für komplexe Genehmigungsverfahren in den Struktur- und Genehmigungsdirektionen Nord und Süd gebündelt. Aufgaben, die von einer Stelle aus bewältigt werden können, wie bspw. die Kommunalaufsicht, Landwirtschaftsverwaltung und Schulverwaltung wurden in einer Aufsichts- und Dienstleistungsdirektion gebündelt. Naturwissenschaftlich-technische Aufgaben wurden im Landesuntersuchungsamt gebündelt. Insgesamt konnten auf diese Weise 25 Organisationseinheiten in die mittlere Verwaltungsebene integriert werden. Die Arbeitsplätze in den neuen Einheiten wurden mit einer leistungsfähigen Informations- und Kommunikationstechnik ausgestattet. Alle Behörden wurden über das rlp(Rheinland-

Pfalz)-Netz vernetzt. Durch diese Maßnahme wurde der mit der Neuorganisation verbundene Personalabbau abgefedert. Ein weiteres Element der Personalentwicklung war ein anspruchsvolles Fortbildungsangebot.
- Rechtsoptimierung: Besonders hervorzuheben in diesem Modernisierungsfeld sind die Einführung der Gesetzesfolgenabschätzung[2] sowie die Überprüfung sämtlicher Gesetze und Verwaltungsvorschriften auf ihre Notwendigkeit[3].
- Aufgabenumbau: Dieser Begriff umfasste auch die sog. Aufgabenkritik.[4] Schwerpunkt in diesem Modernisierungsfeld war die Frage, welche Aufgaben privatisiert und welche in staatlicher Regie behandelt werden sollten. Im Wesentlichen ging es dabei um die sog. Kernaufgaben des Staates.
- Neue Steuerungsinstrumente: Die Einführung insbesondere folgender neuer Steuerungsinstrumente prägten dieses Modernisierungsfeld:[5]
  - Business Reengineering
  - Budgetierung, insbesondere Personalkostenbudgetierung
  - Zero-Base-Budgeting
  - Controlling
  - Kern- und Betriebshaushalte
  - Kosten- und Leistungsrechnung
  - Leitbild
  - Mitarbeitergespräch
  - Qualitätsmanagement

Der Einsatz dieser Steuerungsinstrumente erfolgte in den verschiedenen Ressorts in unterschiedlicher Weise.

3. Modernisierung der Forstverwaltung in Rheinland-Pfalz

3.1 Die Entwicklung der rheinland-pfälzischen Forstverwaltung seit 1994

Eingebettet in dieses Gesamtkonzept fand auch in der Forstverwaltung des Landes ein umfassender und bis heute wirksam andauernder Modernisierungsprozess statt. Zum besseren Verständnis der Entwicklung der rheinland-pfälzischen Forstverwaltung werden zunächst deren Aufgaben dargestellt.

---

[2] Vgl. hierzu BÖHRET/KONZENDORF, 2001.
[3] Vgl. hierzu Staatskanzlei, Heft 6
[4] Vgl. hierzu Staatskanzlei, Heft 15
[5] Vgl. hierzu Staatskanzlei, Hefte 3, 4 und 10

Unter dem Aspekt der Staatsfunktionen sind die Aufgaben der Forstverwaltung denen anderer Landesverwaltungen vergleichbar. Sie umfassen die

- Fiskalverwaltung
- Leistungsverwaltung
- Eingriffsverwaltung

Schwerpunkte der staatlichen Forstämter im Verwaltungsvollzug sind in Umsetzung der vorstehend genannten Funktionen die

- Bewirtschaftung des Staatswaldes
- Forstfachliche Betriebsleitung im Körperschaftswald
- Beratung und Betreuung im Privatwald

Das Leitbild der Nachhaltigen Entwicklung (Rio 92) wird im Sinne einer

- ökonomische Nachhaltigkeit bei der Waldbewirtschaftung
- sozialen Nachhaltigkeit hinsichtlich der Beschäftigten sowie der gesellschaftlichen Zielgruppen
- ökologische Nachhaltigkeit, insbesondere im Hinblick auf die Erhaltung der Bodengüte, der Biodiversität und die Abfederung der Folgen des Klimawandels im Ökosystem Wald

operationalisiert.

Im Jahre 1994 war die Forstverwaltung des Landes Rheinland-Pfalz dreistufig aufgebaut. Sie ressortierte im Ministerium für Umwelt und Forsten mit Abteilungsstatus. Auf der mittleren Ebene waren die sogenannten Forstdirektionen als Abteilungen in die Bezirksregierungen Koblenz, Rheinhessen-Pfalz und Tier integriert, wobei der personalintensive Aufgabenbereich «mittel- und langfristige Planung (Forsteinrichtung)» lediglich in Koblenz und Rheinhessen-Pfalz abgebildet war. Auf der örtlichen Ebene war die Landesforstverwaltung durch 106 Forstämter (örtliche Sonderbehörden) repräsentiert.

Daneben bestanden als eigenständige Organisationseinheiten die Forstliche Versuchsanstalt in Trippstadt, das Forstliche Bildungszentrum in Hachenburg sowie das Zentrum für Benutzerservice und Informationstechnologie in Emmelshausen.

3.2 Verwaltungspolitik

Die Landesregierung verfolgte hinsichtlich der Modernisierung der Landesforstverwaltung eine konsequente Verwaltungspolitik, die sich wie folgt niederschlug:

- Organisationsverfügung vom 16.9.1994, insbesondere zur Neugliederung auf der örtlichen Ebene der Forstverwaltung
- Verwaltungsorganisationsreformgesetz[6], insbesondere zur Neugliederung auf der mittleren Verwaltungsebene der Landesverwaltung
- Ministerratsbeschluss «Zukunftsfähige Strukturen» vom 26.11.2002 als umfassender Modernisierungsansatz für die Forstverwaltung

3.3 Organisationsentwicklung

Im Jahre 1994 erfolgte ein seit der umfangreichen Territorial- und Funktionalreform aus den Jahren 1967–1972 erster aufbauorganisatorisch wirksamer Impuls: Die Zahl der Forstämter wurde von 106 auf 88, die der Forstreviere von 750 auf 640 zurückgeführt.

Die mittlere Ebene der Landesforstverwaltung wurde durch die vorgesehene Auflösung der Bezirksregierungen unmittelbar betroffen[7]. Das Fachministerium entschied sich für die Bildung einer Zentralstelle der Forstverwaltung, in der die ehemaligen drei Forstdirektionen am Standort Neustadt/W. zusammengeführt und in die die vormals eigenständigen Organisationseinheiten Forstliche Versuchsanstalt, Forstliches Bildungszentrum und Zentrum für Benutzerservice und Informationstechnologie integriert wurden. Diese Organisationsmaßnahme wurde zum 1.1.2000 wirksam. Eine besondere Herausforderung stellte ihre sozialverträgliche Umsetzung dar. Sie konnte durch den Erhalt des nunmehr landesweit zuständigen Aufgabenbereichs «Mittel- und langfristige Planung (Forsteinrichtung)» am Standort Koblenz gewahrt werden, dem Personen, die aus sozialen Gründen räumlich nicht mobil waren, zugeordnet wurden.

Ein weiterer Schritt in der Organisationsentwicklung erfolgte zum 1.1.2002 mit der Überführung der Landesforstverwaltung in den Landesbetrieb «Landesforsten» gemäß § 26 Landeshaushaltsordnung.

Mit Wirkung zum 1.1.2004 wurde die Zahl der Forstämter von 86 auf 45 reduziert. Die Forstreviere werden seither in einen Zielkorridor von 1'400 bis 1'800 Hektar reduzierter Holzboden je Revier geführt. Derzeit bestehen noch 470 Reviere.

---

[6] Verwaltungsorganisationsreformgesetz 1999.
[7] Vgl. hierzu Staatskanzlei Rheinland-Pfalz, Schriften zur Verwaltungsmodernisierung in Rheinland-Pfalz Heft 7.

3.4 Rechtsoptimierung

Die zentrale gesetzliche Grundlage der Forstwirtschaft in Rheinland-Pfalz, das Landesforstgesetz vom 2.2.1977 wurde novelliert und mündete in das Landeswaldgesetz vom 30.11.2000. Das Landeswaldgesetz wurde auf der Basis einer prospektiven Gesetzesfolgenabschätzung entwickelt[8]. Dabei hatten Experten aus allen betroffenen gesellschaftlichen Bereichen in einem eintägigen Workshop drei unterschiedliche Regelungsentwürfe diskutiert und bewertet. Der präferierte Ansatz einer moderaten staatlichen Steuerung sah vor dem Hintergrund einer erfolgreichen Forstpolitik eine umfassende Deregulierung des Forstbereiches vor. So konnten insgesamt 21 von ehemals 65 Paragraphen und 38 Genehmigungs- und Beteiligungsvorbehalte gestrichen werden.

3.5 Neue Steuerungsinstrumente

Im Laufe der Organisationsentwicklung seit 1994 wurden zahlreiche neue Steuerungsinstrumente implementiert:

- Wirtschaftsplan mit aus Leistungsaufträgen abgeleiteten, produktorientiertem Haushalt
- Kosten- und Leistungsrechnung
- Budgetierung und Controlling
- Personalkostenbudgetierung mit einem Abbau des Personalkostenbudgets von 1,8% pro Jahr
- Leitbild
- Mitarbeitergespräch

Diese Instrumente haben sich insgesamt gut bewährt und zu einer beachtlichen Erhöhung der Effizienz und Effektivität in der Forstverwaltung geführt. Besonders wirksam waren in dieser Hinsicht die Einführung eines geschlossenen Budgetierungs- und Controllingsystems. Dies vor allem wegen der damit verbundenen Formulierung von mit Sollprozessen hinterlegten Zielvorgaben.

3.6 Geschäftsprozessoptimierung

Die Geschäftsprozessoptimierung bei Landesforsten war eingebettet und in der realisierten Form nur denkbar in diesem umfassenden Modernisierungsansatz. Ihre wesentlichen Erfolgsfaktoren waren und sind:

---

[8] BÖHRET/KONZENDORF, 2001, S. 50 ff.

- Die strukturelle Verschlankung der Verwaltung von 112 auf 46 Organisationseinheiten.
- Die Verknappung der Personalressource seit 1994 durch ein sinkendes Personalkostenbudget von ca. 3'900 auf 2'800 Personen.
- Die Orientierung an Leistungsaufträgen und den daraus abgeleiteten Produkten in den Geschäftsbereichen
  - Bewirtschaftung des Staatswaldes
  - Umweltvorsorge
  - Erholung und Umweltbildung
  - Leistungen für Dritte, insb. kommunale und private Waldbesitzer
  - Behördliche Leistungen
- Die Prozessanalyse und Prozessoptimierung verbunden mit Sollkostensätzen, die Grundlage für die Herleitung der Finanzbudgets der verschiedenen Organisationseinheiten und des Berichtswesens des Controlling sind. Diese Aufgabe ist inzwischen durch ein eigenständiges Referat auf der mittleren Verwaltungsebene institutionalisiert und wird dv-unterstützt unter fallweiser externer Beratung als Daueraufgabe wahrgenommen.
- Die Zentralisierung von Aufgaben, die dezentralisiert
  - das Überschreiten der Übungsschwelle nicht gewährleisten
  - erhebliche Spezialkenntnisse erfordern
  - im Vertretungsfall nicht durchgängig wahrgenommen werden können
  - nicht hinreichend koordiniert werden können.

  Beispiele hierfür sind die Waldarbeiterverlohnung, der Holzverkauf und das Zuwendungswesen.
- Die Funktionalisierung von schwierigen und komplexen Aufgaben. Diese erfolgte in folgenden Bereichen:
  - Die technische Produktion wurde auf der Forstamtsebene einem Team um einen sog. Technischen Produktionsleiter anvertraut.
  - Die Aufgabenbereiche
  - Umweltbildung
  - Umweltvorsorge
  - Öffentliche Planungen
  - Energieberatung
  - Jagdmanagement

  wurden sogenannten Produktleitern anvertraut, die durch die Straffung der Geschäftsprozesse in allen Bereichen trotz des stattfindenden Personalabbaus hierfür freigesetzt werden konnten.
- Der (noch andauernde) Aufbau einer aussagekräftigen Kosten- und Leistungsrechnung.

Die Umsetzung dieser Geschäftsprozessoptimierung wurde durch den mit dem Personalabbau einhergehenden Leidensdruck sowie die Steuerungsinstrumente Leitbild und Mitarbeitergespräch erleichtert. Als nachteilig erwies sich die Überantwortung der Zuständigkeit für die Abgrenzungen der Forstreviere an die Waldbesitzenden. Sie erschwert die Straffung der Aufbauorganisation und damit die Freisetzung und zielorientierte Umsteuerung von Personal, da insbesondere kommunale Waldbesitzer aus Sorge um die Qualität und Bürgernähe der Waldbewirtschaftung nicht bereit sind, einer Vergrößerung der Forstreviere zuzustimmen. Dadurch wird die Umsteuerung des so gebundenen Personals in Aufgabenbereiche mit größerer Wertschöpfung wie Umweltvorsorge, Umweltbildung oder Walderlebnis/Tourismus verhindert. Insofern entfaltet die im Rahmen der prospektiven Gesetzesfolgenabschätzung vorgenommene Deregulierung und Verantwortungsüberantwortung auf Dritte so nicht erwartete, retardierende Wirkungen auf den Modernisierungsprozess.

4. Ausblick

Inzwischen ist zu beobachten, dass die zunehmende Belastung des verbleibenden Personalkörpers in Verbindung mit dem steigenden Durchschnittsalter kritische Haltungen gegenüber den mitarbeiterbezogenen Aussagen des Leitbildes fördern und immer häufiger Gegenstand der Mitarbeitergespräche werden. Eine diese Entwicklung ausgleichende zusätzliche Geschäftsprozessoptimierung wird zunehmend schwieriger, da die Rationalisierungsreserven im Rahmen der bestehenden Geschäftsprozesse sicherlich noch nicht vollständig, jedoch immer weitgehender ausgereizt sind. Daher rückt spürbar die Frage nach einer grundsätzlichen Aufgabenkritik in den Fokus. Unter den Bedingungen eines weiter anhaltenden Personalabbaus, was angesichts der Auswirkungen der Finanz- und Wirtschaftskrise nicht auszuschließen ist, wird in absehbarer Zeit die Notwendigkeit weiterer organisatorischer Maßnahmen, die möglicherweise den Bereich der Binnenmodernisierung überschreiten werden, eintreten. Verallgemeinert stellt sich hier letztendlich die Frage nach einer belastbaren Begründung öffentlicher Verwaltungen. Entscheidend für deren Positionierung im gesellschafts- und staatspolitischen Spannungsfeld könnte das Maß der jeweiligen Beiträge zur Nachhaltigen Entwicklung der Gesellschaft in Rheinland-Pfalz sein[9].

---

[9] Vgl. hierzu BOLZ, 2007, S. 428 ff.

Literatur

BOLZ, H., Nachhaltigkeit – Worthülse oder Steuerungsinstrument, in: Allgemeine Forstzeitschrift Heft 8/07, S. 428 ff.

BÖHRET, C./KONZENDORF, G., Handbuch Gesetzesfolgenabschätzung, Baden-Baden, 2001.

STAATSKANZLEI Rheinland-Pfalz (Hrsg.), voran – Schriften zur Verwaltungsmodernisierung in Rheinland-Pfalz, Hefte 1–17.

VERWALTUNGSORGANISATIONSREFORMGESETZ (VwORG), GVBl. Rheinland-Pfalz, 1999, S. 325 ff.

L'approche LEAN et la modernisation de l'organisation structurelle et des processus en France

Philippe Vrignaud

Sommaire
1. Quelques illustrations par des exemples à l'étranger   350
2. En France aussi, des expériences ont été engagées, et d'autres sont en cours   351

La mise en œuvre du LEAN comme levier de la transformation de l'Etat est une démarche ambitieuse, essentielle et nécessaire.

La «conduite de la transformation» qu'implique la mise en œuvre du plan de modernisation de l'Etat est en effet en soi une révolution par son ampleur et ses enjeux. Elle concerne en effet toutes les administrations d'Etat, et a donc un impact auprès d'une grande majorité des services rendus aux usagers.

Mais la mise en œuvre d'une réforme n'aura produit tous ces effets que quand l'usager aura perçu dans sa vie quotidienne ses impacts favorables. C'est donc dans ses moindres détails que les réformes doivent être engagées, afin que ce qui peut apparaître seulement comme une simplification des organisations et des structures de l'Etat, se traduise par une confiance renouvelée des citoyens dans leur service public et leur administration.

Agir concrètement, c'est agir au plus près des usagers, par une réflexion approfondie des méthodes de travail déployées, en engageant une démarche d'amélioration continue des processus quand cela n'est pas encore fait, et soutenir les actions en cours quand celles-ci sont déjà initiées. Pour ce faire, la DGME à souhaité engager des opérations d'optimisation des leviers de transformation qui concourent à la modernisation des services publics, à savoir actionner l'ensemble des leviers d'efficacité pour une administration nouvelle (LEAN).

Certains de ses leviers sont bien connus, comme la formation des personnels, la simplification des textes et des réglementations, mais aussi des structures et des organisations, le recours aux nouvelles technologies et à la dématérialisation, mais il en est un que la DGME souhaite tout particulièrement promouvoir, c'est la démarche d'amélioration continue des processus administratifs en déployant la méthode «LEAN».

Le «LEAN administration» vise à lutter contre ce que l'on pourrait appeler la «pollution administrative», réduire toutes ses tâches qui viennent à la fois perturber la réalisation des missions des agents, et dégrader la qualité du service public perçu par l'usager.

Si concernant les trois premiers leviers, l'administration dispose d'actions et de mesures en cours, nombreuses et variées, ce n'est pas encore le cas des démarches LEAN.

Le LEAN est une démarche d'amélioration des processus et un ensemble de méthodes qui cherchent à éliminer les activités n'ajoutant pas de valeurs et les gaspillages. En se plaçant systématiquement du côté du «vécu» de l'administration par l'usager, le LEAN interroge par exemple la totalité d'une démarche et d'un processus, afin que les actions d'amélioration soient «visibles, globales, effectives». Ex, gagner deux heures dans la distribution du courrier dans les services quand le traitement du dossier prend 20 mois, l'usager sera certainement content que cela puisse être, mais pas forcément contant d'attendre 20 mois moins 2 heures.

Dans un contexte de ressources financières et humaines contraintes, cette recherche de l'efficience publique se trouve être une des composantes majeures de la performance globale des services publics.

Initiée à l'origine dans le secteur industriel, et notamment dans l'industrie automobile japonaise, cette méthode trouve une déclinaison de plus en plus grande dans les activités tertiaires, Banques, assurances, et donc maintenant, administration.

La DGME, en décidant de promouvoir cette démarche, n'est pas le premier gouvernement à avoir engagé une démarche en ce sens. D'autres états européens (L'Ecosse, l'Angleterre) nous ont précédés, mais aussi plusieurs états américains.

1. Quelques illustrations par des exemples à l'étranger

En 5 ans, l'Ecosse, mais encore l'état de l'Iowa ont réussi à ancrer une culture d'élimination des gaspillages dans leurs services publics. Les résultats sont spectaculaires. A titre d'exemple, les délais d'instruction pour les demandes de subvention dans l'Iowa sont passés de 12 à 4 semaines tandis qu'en Ecosse, les services déconcentrés ont réduit de deux tiers le temps d'instruction des dossiers. Encore plus proche de nos activités, un dossier de construction d'une unité de purification d'eau est passé de 28,5 mois à 4,5 mois dans l'Etat de l'IOWA.

2. En France aussi, des expériences ont été engagées, et d'autres sont en cours

Les démarches de «LEAN service», à savoir la mise en place du LEAN dans le tertiaire, a commencé à se développer dans le milieu des années 2000.

Deux illustrations dans deux secteurs publics, un hôpital, et un service administratif:

- En 2005, l'Assistance Publique – Hôpitaux de Paris (APHP) a lancé un programme de transformation opérationnelle «LEAN» dans le service des urgences de l'hôpital Beaujon. L'objectif était d'améliorer la qualité de service, la satisfaction des patients (principalement par la réduction du temps de passage moyen) et les conditions de travail, et cela, à effectifs et moyens constants.

Quels ont été les remèdes mis en œuvre:
- La simplification et la clarification des procédures. C'est ainsi que le parcours des patients a été redessiné, les procédures d'accueil ont été standardisées et les ressources, allouées au plus près des besoins. En outre, un système de prévision de la demande de soins a été mis en place afin de diminuer la variabilité de la charge de travail, au sein des Urgences comme dans les services proches-laboratoires, radiologie, pharmacie …
- La redéfinition du rôle des acteurs clé du service. Une personne (médecin ou infirmier) est maintenant responsable de chaque étape de la prise en charge du patient.
- La mise en place d'un dispositif de gestion de la performance. Les indicateurs ont été définis conjointement avec leurs utilisateurs et un système de suivi quotidien, simple (tableau et gommettes) mais efficace, a été instauré.
- Une évolution de l'environnement de travail. Les équipes des urgences ont travaillé conjointement avec les équipes de support technique pour améliorer la disponibilité des outils et l'utilisation des espaces.

Quels résultats ont été obtenus:
- Tout d'abord; le service aux usagers à été amélioré très substantiellement. Le programme a permis, six mois après son lancement, de réduire de 35% le temps d'attente dans le Service d'Accueil des Urgences et de 63% le temps de séjour moyen en Zone de Surveillance de Très Courte Durée (ZSTCD).

En outre, les progrès accomplis ont été pérennisés, comme on a pu le vérifier en début d'année 2008.
- L'absentéisme a diminué et les enquêtes conduites auprès du personnel montrent une amélioration de leur satisfaction, ce qui traduit une évolution favorable des Conditions de travail des employés.
- Enfin l'efficience économique a été atteinte, la réduction du temps de séjour moyen en Zone de Surveillance de Très Courte Durée (ZSTCD) a permis au service des Urgences d'augmenter de 30% les ressources de cette unité à structure constante.

Deuxième exemple, dans un service administratif plus classique, dans le cadre d'une procédure d'instruction de dossier.

Tout dernièrement en effet, la DRIRE de Poitou Charente à souhaité améliorer le service rendu aux entreprises dans le cadre des actions collectives (aides collectives à un groupement de plusieurs entreprises). Une mise à plat du processus d'instruction, des modes de relation avec les entreprises et les autres administrations, la mise en place, avec les agents, d'un tableau de bord simple de suivi des actions à entreprendre, la formalisation des bonnes pratiques, aura permis une réduction des délais d'instruction des deux tiers, et une amélioration de la satisfaction des entreprises. Faire à 12 semaines ce qui prenait parfois douze mois, il n'est pas nécessaire d'expliquer plus les raisons de cette satisfaction ... Pour la petite histoire, la DRIRE finançait des opérations collectives de mise en œuvre de LEAN dans les entreprises de Poitou charentais, et devant les résultats obtenus, le responsable du service s'est demandé s'il ne pouvait pas appliquer cette procédure à son service. Les résultats prouvent que ce transfert n'était pas contre nature.

Des actions engagées, on peut retenir quelques clés de succès.

(1) Des succès rapides sont nécessaires pour motiver les opérateurs et les agents. La faisabilité doit donc être un critère de sélection des processus pilote.

(2) Un fort engagement des décideurs. Le *LEAN* étant plus qu'un simple changement opérationnel, il nécessite une implication importante des dirigeants pour faire évoluer le système de management et la culture.

(3) Une association de l'encadrement intermédiaire, impliqués très étroitement à la définition du changement. Une approche *bottom-up* est requise dans le cadre d'une implantation du *LEAN*.

(4) Une transformation qui doit être accompagnée par des experts du *LEAN* (consultants, universitaires) au départ. La structure doit ensuite développer ses propres capacités.

(5) Le pilotage doit faire l'objet d'une planification détaillée et de réunions d'avancement hebdomadaires associant les agents.

Si le LEAN fait appel à beaucoup de bon sens, l'expression de ce «bon sens», sa traduction rapide dans le concret, son évaluation doit au contraire être organisée pour être efficace et partagée par tous.

La généralisation de cette démarche, et son déploiement, est un axe sur lequel la DGME souhaite s'investir. Compte tenu de sa nouveauté dans le paysage de la modernisation de l'Etat, sa mise en œuvre va demander d'importants investissements en termes de communication, d'information, de formation, et d'implication managériale au sein des ministères.

Les enjeux d'une démarche «LEAN administration» est en effet de transformer les pratiques managériales pour rapprocher le «terrain» de la «stratégie». En ce sens, le «LEAN» est une des conditions de réussite de la mise en œuvre des nouvelles organisations proposées dans le cadre de la RGPP, car il contribue à assurer la liaison (le liant) entre les couches décisionnelles et les couches d'exécution.

Là est la profonde révolution managériale LEAN: une obsession pour la stabilité de chaque cycle de travail. Plus l'entreprise est grande, plus les managers ont tendance à faire l'hypothèse implicite que le système «fonctionne» et à se concentrer sur les grands feux à éteindre. Par conséquent, leur pratique managériale se réduit souvent à trouver des réponses exceptionnelles à des situations exceptionnelles. Travailler dans la perspective LEAN est, pour la plupart des managers, un choc et une révélation. Le «système» fonctionne mal! Mille détails empêchent les interactions quotidiennes entre les collaborateurs et leurs clients externes ou internes de se passer de manière satisfaisante: le formulaire est mal conçu, les codes sont ambigus, l'information est fausse ou en retard, les explications sont confuses, etc. En travaillant sur le terrain avec les collaborateurs pour stabiliser chaque interaction de façon à ce qu'elle se passe bien, les managers découvrent une source de motivation et d'efficacité inespérée.

Il s'agit d'une véritable transformation managériale dans la mesure où elle demande aux hiérarchies de s'intéresser au détail du travail des agents en situation normale, et à les impliquer dans la résolution de problèmes pour améliorer les processus de travail en continu. Il ne s'agit pas de faire des efforts surhumains pour satisfaire un client important ou difficile, mais de créer un système dans lequel chaque situation de service résout complètement le problème du client, sans gâcher son temps en lui fournissant ce qu'il veut, quand il le veut, où il le veut et sans qu'il n'ait à revenir dessus.

Au même titre que les grandes réformes ont eu besoin de la mise en œuvre de plans d'accompagnement ambitieux, la réussite de la mise en œuvre du LEAN dans l'administration passe par un travail sur le long terme de diffusion d'une culture nouvelle au sein des managers. Les échecs passés en matière de management participatif et autres démarches de modernisation du management, ont souvent tenu à l'absence de constance et de mobilisation dans la conduite des actions de modernisation. En effet, s'il est possible de changer les structures et les processus rapidement, une modification du comportement et de la culture des agents doit s'inscrire dans la durée.

Comment agir compte tenu de l'ampleur du défi collectif auquel nous sommes confrontés?

- Démontrer, et montrer:

Il s'agit tout d'abord d'engager avec les ministères qui le souhaitent, à l'instar de ce que l'IOWA avait initié en 2005 dans les ministères, des opérations LEAN sur quelques processus emblématiques. Délivrance de titres, procédure d'instruction de dossiers pour les entreprises ... Il s'agit de montrer que la conduite d'une opération LEAN est de nature, dans des délais restreints, d'apporter des améliorations tangibles du service rendu aux usagers. La réussite de la démarche de «LEAN administration» engagée dans le cadre de la RGPP viendra de cette capacité à valoriser les démarches innovantes, pour bâtir une démarche réaliste, tangible et irréversible.

- Informer et former

Changer les modes de management ne se décrète pas. Faire évoluer les modes de management reste un enjeu. C'est la raison pour laquelle la DGME a inscrit un module de sensibilisation des cadres de l'administration au LEAN au sein des actions de formations des chefs de projets RGPP. Il s'agit d'apporter les éléments de compréhension aux dirigeants, mais aussi aux chefs de projets, chargés des plans de transformation au sein des ministères et des services déconcentrés.

Le plan d'actions que la DGME propose de mettre en œuvre à pour objectif d'installer le «LEAN» de manière progressive, mais continue dans le paysage des leviers mobilisables dans le cadre du chantier de transformation de l'Etat. Les services ne pourront pas faire abstraction de cette réflexion approfondie sur les processus métiers qu'ils mettent en œuvre pour apporter un service de qualité à leurs usagers.

Strategische Organisationsentwicklung im Finanzdepartement des Kantons Luzern

HANSJÖRG KAUFMANN

Inhaltsverzeichnis

1. Der Kanton Luzern kurz vorgestellt — 355
2. Die Ausgestaltung des Luzerner WOV-Modells: eine Erfolgsstory — 356
   2.1 Unser heutiges Führungssystem — 358
3. Zukünftiges Führungssystem — 359
   3.1 Instrumente — 360
   3.2 Aufgabenhierarchie und Steuerungsinstrumente — 361
   3.3 Einführung der Steuerungsinstrumente auf der Zeitachse — 362
4. Fazit — 362

1. Der Kanton Luzern kurz vorgestellt

Luzern ist Zentrum und Durchschnitt zugleich. Der Kanton liegt mitten in der Schweiz und ist sowohl von der Grösse, wie auch von der Bevölkerungszahl her ein mittlerer Gliedstaat der Schweiz. Luzern zählt 360'000 Einwohner, davon lebt rund die Hälfte in der Agglomeration um den Hauptort Luzern. Bezüglich Pro-Kopf-Einkommen findet sich Luzern im hinteren Drittel der Kantone. Das hängt mit der Wirtschaftsstruktur zusammen: Nach wie vor ist Luzern ein starker Agrarkanton. Industrie und Gewerbe basieren zum grössten Teil auf Klein- und Mittelbetrieben, es gibt nur ganz wenige grosse Unternehmen. Im Dienstleistungssektor dominiert der Tourismus, der von unserem grossen Kapital, der wunderschönen Landschaft um den Vierwaldstättersee, und von Luzern als weltbekannter Musikstadt – mit einem der besten Konzertsäle der Welt – profitiert. Alles in allem ist Luzern ein wertschöpfungsschwacher Kanton.

Kennzahlen

Einige Kennzahlen zum Staatshaushalt 2008:

Jahresumsatz	3,3 Mrd. CHF	2,2 Mrd. €
Ertragsüberschuss	193,6 Mio. CHF	127 Mio. €
Selbstfinanzierungsgrad	191%	
Nettoschuld	820,4 Mio. CHF	540 Mio. €
Nettoschuld pro Kopf	2'227 CHF	1'465 €
Staatsangestellte	rund 4'100 Vollzeitstellen	

Legislative – Exekutive – Verwaltung

Der Kantonsrat, das Parlament, umfasst 120 Sitze. Fünf Parteien sind im Parlament vertreten. Zurzeit haben wir eine klare bürgerliche Mehrheit.

Die Regierung des Kantons Luzern setzt sich aus einer Frau und vier Männern zusammen. Jeder Regierungsrat, jede Regierungsrätin ist für ein Departement verantwortlich.

Die Namen der Departemente zeigen die Aufgabengebiete, in welchen der Kanton Luzern tätig ist. 2008 gingen rund 70% des Aufwands in die Bereiche Bildung, Soziale Wohlfahrt, Finanzen (u.a. innerkantonaler Finanzausgleich) und allgemeine Verwaltung. Die restlichen 30% teilen sich in die Bereiche öffentliche Sicherheit, Kultur und Freizeit, Gesundheit, Verkehr, Umwelt und Raumordnung sowie Volkswirtschaft auf.

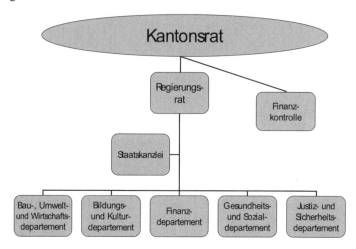

Abbildung 1: Legislative – Exekutive – Verwaltung im Kanton Luzern

2. Die Ausgestaltung des Luzerner WOV-Modells: eine Erfolgsstory

Dreizehn Jahre nach dem Start einer grundlegenden Reform, wie sie der Kanton Luzern jetzt hinter sich hat, ist es relativ leicht, eine Vision zu formulieren, mit der alles angefangen habe. Fest steht: Wir wollten den Staat fit machen für die grossen Herausforderungen, denen alle Gemeinwesen und alle öffentlichen Verwaltungen an der Schwelle zum neuen Jahrhundert gegenüberstanden. Diese Herausforderung bestand darin, angesichts steigender Kosten und immer knapper werdender Mittel die Leistungsfähigkeit und die Handlungsfreiheit des Staates zu erhalten, oder in einzelnen Bereichen gar zurückzugewinnen. Ein Thema, das heute wieder aktueller denn je ist. Dazu brauchte es zwei Dinge: eine neue Steuerung und ein neues Selbstverständnis der Verwaltung.

Wir haben die Zielsetzungen schlagwortartig wie folgt zusammengefasst:
- Trennung von strategischer Steuerung und operativer Führung
- Wandel von der Vollzugsverwaltung zum Dienstleistungsbetrieb

Das in den frühen 90er Jahren nach Europa importierte Modell des New Public Management (NPM) schien für uns ein viel versprechender Ansatz, um diese Ziele zu erreichen.

Es war von Anfang an klar, dass das New Public Management nicht einfach auf unsere Verwaltungen und unsere Staatsorganisation übertragen werden konnte. Es galt ein eigenes NPM-Modell zu entwickeln.

Der Kanton Luzern wählte das Vorgehen über eine mehrjährige Versuchsphase mit anfänglich sechs, zum Schluss 20 Dienststellen (rund einem Fünftel der Verwaltung). Das war nicht der einfachste und auch nicht der schnellste Weg. Er brachte aber den unschätzbaren Vorteil mit sich, dass sich letztlich das Luzerner WOV-Modell von Beginn weg an der Praxis orientierte. WOV steht für wirkungsorientierte Verwaltungsführung. Die Universität St. Gallen begleitete zwar den WOV-Versuch, die Entwicklungsarbeit geschah aber immer in engster Zusammenarbeit mit den beteiligten Dienststellen und den eigenen Verwaltungsfachleuten.

WOV ist nun aber nicht nur eine Verwaltungsreform. WOV bezieht die politische Ebene mit ein. Deshalb ging der Kanton Luzern noch einen Schritt weiter: Auch die Politik wurde von Anfang an in den Entwicklungsprozess integriert. Ein Parlaments-Ausschuss begleitete den WOV-Versuch und beteiligte sich selbst aktiv an der Entwicklungsarbeit.

2.1 Unser heutiges Führungssystem

Die nachstehende Abbildung zeigt unser heutiges Führungssystem:

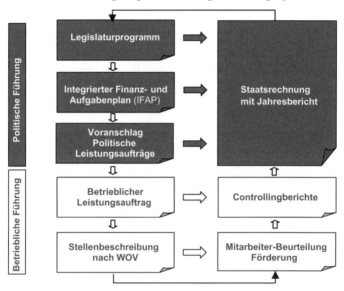

Abbildung 2: Heutiges Führungssystem des Kantons Luzern

Schritt für Schritt wurden seit 2002 die einzelnen Prozesse und Instrumente analysiert und verbessert. Ein besonderes Augenmerk wurde dabei darauf gerichtet, dass die Prozesse und Instrumente der verschiedenen Ebenen aufeinander abgestimmt sind. Prozesse und Instrumente sollten über alle Ebenen der politischen Führung und der betrieblichen Führung durchgängig sein.

Legislaturprogramm: Das Legislaturprogramm, das Instrument der Strategie, wurde in den vergangenen Jahren sukzessive umgestaltet. Das Legislaturprogramm wird vom Parlament zur Kenntnis genommen.

IFAP: Der Integrierte Finanz- und Aufgabenplan (IFAP), ein rollender Vierjahresplan, bildet das mittelfristige Planungsinstrument, mit dem das Parlament die staatliche Tätigkeit primär steuert. Der IFAP wird vom Parlament genehmigt.

Voranschlag/politischer Leistungsauftrag: Der politische Leistungsauftrag fasst je Dienststelle die Leistungsgruppen und die dazugehörigen Globalbudgets zusammen und enthält die übergeordneten Zielsetzungen, Indikatoren und Kennzahlen. Die Leistungsaufträge sind Bestandteil des Voranschlags, der jährlich vom Parlament beschlossen wird.

Betrieblicher Leistungsauftrag: Der betriebliche Leistungsauftrag ist das eigentliche Führungsinstrument der Dienststellen. Darin werden die Vorgaben aus IFAP und Voranschlag sowie interne Vorgaben des Departementes je Dienststelle zusammengefasst.

3. Zukünftiges Führungssystem

Die bisherigen Planungs- und Führungsprozesse haben sich grundsätzlich bewährt. Das heutige Führungssystem beinhaltet alle notwendigen Instrumente für die politische und die betriebliche Führung. Es hat zu schlanken Strukturen geführt, die effizient arbeiten können, und es hat die Unternehmenskultur und die Alltagspolitik massgeblich verändert.

Bei den Instrumenten der politischen Führung gibt es jedoch einige Mängel:

- Das Legislaturprogramm ist nicht das Resultat eines vollständigen Prozesses der Strategieentwicklung.

- Die Zweiteilung der jährlichen und der mittelfristigen Planung im Voranschlag und im Integrierten Aufgaben- und Finanzplan (IFAP) erschwert die jährliche finanzpolitische Diskussion. Dieser Mangel wird dadurch verstärkt, dass der Planungsgegenstand im IFAP die Hauptaufgaben und Aufgabenbereiche des Kantons sind. Der Voranschlag gliedert sich jedoch nach den Institutionen, den Dienststellen.

- Die politischen Leistungsaufträge werden bisher jährlich im Rahmen des Voranschlags vom Regierungsrat dem Kantonsrat unterbreitet. Aufgrund der Jährlichkeit und der hohen Anzahl findet keine vertiefte Auseinandersetzung mit diesem wichtigen Planungsinstrument statt. Wegen der kurzen Periodizität ist es auch kaum möglich, bei den Indikatoren die erwarteten Wirkungen des kantonalen Handelns zu bestimmen.

Wir haben auf der Basis dieser und weiterer Erkenntnisse unser Führungssystem weiterentwickelt (siehe Abbildung 3). Dieses modifizierte Führungssystem hat die Luzerner Regierung am 19. Mai 2009 in die Vernehmlassung gegeben. 2010 ist die politische Beratung im Parlament geplant.

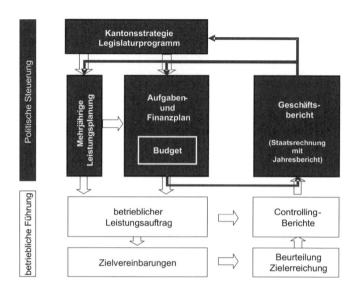

Abbildung 3: Zukünftiges Führungssystem des Kantons Luzern

3.1 Instrumente

Kantonsstrategie/Legislaturprogramm: Der Regierungsrat erarbeitet respektive überarbeitet am Anfang einer Legislatur die langfristige Strategie für einen Zeithorizont von etwa zehn Jahren. Im Legislaturprogramm zeigt er den Weg zur Erreichung der strategischen Ziele auf. Die Kantonsstrategie mit Legislaturprogramm geht über die Steuerung von Finanzen und Leistungen im engeren Sinn hinaus.

Mehrjährige Leistungsplanung: Um die bestehenden Mängel des Planungssystems, insbesondere des politischen Leistungsauftrags, eliminieren zu können, schlagen wir die mehrjährige Leistungsplanung als neues Planungsinstrument vor. Es handelt sich dabei um einen Planungsbericht, der für jeden der 40 bis 45 Aufgabenbereiche erstellt werden soll. Er soll in der Regel vier Jahre gültig sein und dem Kantonsrat gestaffelt unterbreitet werden (rund 10 Berichte pro Jahr).

Wir versprechen uns folgende konkreten Vorteile des neuen Instruments:
– Stärkerer Bezug der Planung der Aufgabenbereiche mit der übergeordneten Planung (Kantonsstrategie und Legislaturprogramm).
– Bessere Voraussetzungen, um Wirkungsindikatoren zu definieren und im Hinblick auf die nächste Aufgaben- und Finanzplanung zu messen.

- Vertiefte Auseinandersetzung des Kantonsrats, des Regierungsrates und der Verwaltung mit der strategischen Entwicklung und den Leistungen der Aufgabenbereiche.
- Höhere Planungssicherheit.

Aufgaben und Finanzplan/Budget: Die heute separat gedruckten Botschaften Integrierter Finanz- und Aufgabenplan (IFAP) und Voranschlag sollen in einem neuen Dokument Aufgaben und Finanzplan (AFP) zusammengefasst werden. Im Bereich der Aufgaben und Finanzen richtet sich der Aufbau nach den zehn Hauptaufgaben des Staates (zusammenfassend) beziehungsweise den rund 40 bis 45 Aufgabenbereichen. Durch die Zusammenführung in einem Dokument kann die bisher mangelhafte Durchlässigkeit der Planungsinstrumente stark verbessert werden. Für die Erfolgsrechnung soll pro Aufgabebereich grundsätzlich ein einziges Globalbudget als Saldo zwischen Aufwand und Ertrag beschlossen werden. Der oder die Verantwortliche des Aufgabenbereichs muss alles unternehmen, damit das bewilligte Globalbudget eingehalten werden kann. Weiter wollen wir den Planungsprozess optimieren, verkürzen und in das zweite Semester verschieben. Dadurch wollen wir vermehrt aktuelle Erkenntnisse und Ergebnisse der Hochrechnungen berücksichtigen.

Geschäftsbericht: Der Geschäftsbericht ersetzt das bisherige Dokument Staatsrechnung. Beim Geschäftsbericht handelt es sich um einen umfassenden Rechenschaftsbericht über die Strategieumsetzung, die Leistungen und die Finanzen des Kantons Luzern. Die jährliche Berichterstattung wird weiterhin recht umfangreich ausfallen. Wir wollen deshalb den Geschäftsbericht in zwei Teile gliedern.

Der Teil I des Geschäftsberichts umfasst rund 30 Seiten und beinhaltet einen Bericht zur Umsetzung der Kantonsstrategie und des Legislaturprogramms sowie den Bericht zur Jahresrechnung.

Die Inhalte des detaillierten Teils II präsentieren sich wie folgt:
- Jahresberichte der Aufgabenbereiche
- Jahresrechnung
- Konsolidierte Rechnung
- Bericht zu den pendenten politischen Vorstösse
- Anhang

3.2 Aufgabenhierarchie und Steuerungsinstrumente

Die funktionale Gliederung gliedert die Aufgaben des Staates in zehn Hauptaufgaben. Diese Hauptaufgaben teilen sich wiederum in Aufgabenbereiche auf.

Hauptaufgabe und Aufgabenbereiche sind in der Schweiz für den Bund, die Kantone und die Gemeinden einheitlich strukturiert. Diese Darstellungsform orientiert sich an der internationalen Finanzstatistik.

Die Aufgabenhierarchie hat einen engen Zusammenhang mit dem Führungssystem. Die Hauptaufgabenbereiche finden sich vorab in der Kantonsstrategie und im Legislaturprogramm sowie im Sinn einer Zusammenfassung auch im Aufgaben- und Finanzplan. Die mehrjährige Leistungsplanung umfasst je einen Aufgabenbereich. Der politische Leistungsauftrag und das dazugehörige Globalbudget wird auf Stufe Aufgabenbereich durch das Parlament genehmigt. Also nicht mehr nach der Organisationsstruktur.

Leistungsgruppen und Leistungen sind Elemente der betrieblichen Führung und können individuell aufgebaut werden. Unter betrieblicher Führung verstehen wird die Ebenen Departement und Dienststelle innerhalb der Verwaltung.

3.3 Einführung der Steuerungsinstrumente auf der Zeitachse

Der Regierungsrat des Kantons Luzern hat das neue Führungssystem Mitte Mai 2009 in die Vernehmlassung gegeben. Die Vernehmlassung läuft bis Anfang September 2009. Die Botschaft des Regierungsrates an den Kantonsrat soll im 1. Quartal 2010 verabschiedet werden, damit die notwendigen Gesetzesänderungen ab dem 2. Quartal 2010 in der Planungs- und Finanzkommission und anschliessend im Kantonsrat beraten werden können.

Das Budget 2012 wird im Jahr 2011 bereits anhand der neuen Rechnungslegung vorbereitet. Die mehrjährigen Leistungsplanungen werden über vier Jahre gestaffelt eingeführt. Das erste Paket wird 2011 vorbereitet und es wird ab 2012 Wirkung zeigen. Die Ist-Daten werden am 1. Januar 2012 nach der neuen Systematik erfasst.

4. Fazit

Luzern gehörte in der Schweiz zu den NPM-Pionieren. Im Zug des langen WOV-Projekts ging hie und da etwas vom ursprünglichen Elan verloren, unerwartete Schwierigkeiten und notwendige Korrekturen liessen das Vorhaben stocken. Doch mit dem Abschluss der Einführungsphase und der konsequent angegangenen Konsolidierung ist Luzern 2006 wieder zur Spitze vorgestossen. Das soll uns aber nicht dazu verleiten, jetzt definitiv auf den Lorbeeren auszuruhen. Die Optimierung einer Organisation ist eine Daueraufgabe. Aus diesem Grund wird unser Führungssystem mit den dargestellten Anpassungen weiterentwickelt. Wir sind überzeugt, dass ein Staatswesen ohne strategisches Führungssystem im heutigen Umfeld nicht mehr zu lenken wäre.

Teil IV / Section IV:
Optimierung der öffentlichen Handlungsressourcen
L'optimisation des ressources de l'action publique

Kapitel 8 / Chapitre 8:
Steuerung und Evaluierung /
Pilotage et évaluation

Einführung neuer Steuerungsinstrumente in der Landesverwaltung Baden-Württemberg: Ziele, Implementierung und Bewertung

LESSLI EISMANN / BERND KRAFT

Inhaltsverzeichnis

1. Einleitung 367
2. Warum Verwaltungsmodernisierung? 368
3. Was zeichnet eine moderne Verwaltung aus? 369
4. Führungsinformationssystem der Steuerverwaltung 371
5. Eckpunkte der Führungsinformationssysteme 375
6. Elektronische Mitarbeiterbefragung/Kundenbefragung 376
7. Neue Steuerung – eine Bilanz 377
8. Ausblick 378

1. Einleitung

Die Modernisierung der Verwaltungen ist seit Jahren ein Thema auf allen Ebenen. Weltweit bemühen sich Wissenschaftler, Unternehmensberater, die Politik, aber vor allem die Beschäftigten der Verwaltung selbst, ihre Verwaltung kontinuierlich fortzuentwickeln. Trotz des gleichen Ziels sind die Wege oft unterschiedlich: Doppisch oder kameral, methoden- oder technikorientiert sind nur einige von vielen konzeptionellen Möglichkeiten der Weichenstellung.

Baden-Württemberg hat sich sehr früh flächendeckend auf den Weg gemacht, denn schon am 22.11.1999 fasste der Ministerrat in Baden-Württemberg – einem von 16 Bundesländern – einen weitreichenden Beschluss: Landesweit sollten Neue Steuerungsinstrumente eingeführt werden. Einbezogen waren über 1'000 Behörden und über 100'000 Beschäftigte in der Landesverwaltung. Die Modernisierungsstrategie baute auf eine erweiterte Kameralistik. Methodische Neuerungen sollten durch Einführung einheitlicher technischer Instrumente unterstützt werden. Die Elemente der Neuen Steuerung waren:

- Einführung eines IT-gestützten Haushaltsmanagementsystems für alle Landesbehörden,
- hierauf aufsetzend eine Kosten- und Leistungsrechnung,

- die mit der Einführung der dezentralen Budgetierung verbunden wird, sowie die
- Einführung eines strategischen und eines operativen Controllings mit Führungsinformationssystemen.

Heute setzen alle deutschen Landesverwaltungen und die Bundesverwaltung – wenn auch in unterschiedlichem Umfang – eine Kosten- und Leistungsrechnung ein. Auch das Führen mit Zielvereinbarungen hat sich in der überwiegenden Zahl der deutschen Länder und im Bund etabliert. Damit kann in Deutschland von einem stattfindenden Paradigmenwechsel hin zu einer ergebnis- und wirkungsorientierten Steuerung gesprochen werden.

Aufgrund der frühen Entscheidung für die flächendeckende Einführung hat Baden-Württemberg einige Erfahrungen gesammelt und als «Pionier» auch Rückschläge erlitten. Nach 10 Jahren ganzheitlicher Verwaltungsmodernisierung wurde aber viel Vorzeigbares erreicht. Darüber berichten die folgenden Seiten.

2. Warum Verwaltungsmodernisierung?

Es besteht ein dringender Reformbedarf nach mehr Effektivität und Effizienz in der öffentlichen Verwaltung. Die Rahmenbedingungen für die Verwaltung werden schwieriger. Ein einfaches «weiter wie bisher» kann es nicht geben. Insbesondere drei Umstände zwingen die Verwaltung dazu, sich weiterzuentwickeln:

– *Steigende Verschuldung öffentlicher Haushalte*
  Nicht erst seit der Finanzkrise ist klar, dass der Staat wirtschaftlicher werden muss. Die Zinslasten schränken die Verwaltungsspielräume ein. Zum Jahresende 2009 erreichte die Verschuldung der öffentlichen Haushalte (Kernhaushalte des Bundes, der Länder, der Gemeinden und Gemeindeverbände und ihre jeweiligen Extrahaushalte) in Deutschland eine Gesamtbelastung von 1'692,2 Milliarden Euro.

– *Demografische Entwicklung*
  Die Alterspyramide steigt in den nächsten 10–20 Jahren weiter an. Die demografische Entwicklung führt zu einem deutlichen Anstieg der Versorgungsausgaben und das Verhältnis der Erwerbstätigen zu den Versorgungsempfängern verschiebt sich: Im Jahr 2000 hatten wir die historische Zäsur, dass es in Baden-Württemberg erstmals mehr über 60-Jährige als unter 20-Jährige gab.

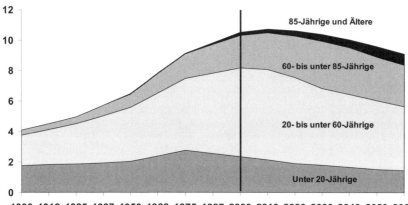

Quelle: Statistisches Landesamt Baden-Württemberg

- Erwartungen der Bevölkerung
  Die Bürger sind «emanzipiert». Sie haben Erwartungen an ihren Staat. Die einfache Begründung für staatliches Handeln, dies erfolge, weil es so im Gesetz stehe, stellt heute – zu Recht – keinen Bürger mehr zufrieden. Die Bürger wollen erklärt haben, warum ein bestimmter Verwaltungsakt erlassen wird und was dahinter steckt. Sie erwarten vom Staat und seiner Verwaltung nicht mehr nur den Rechtsstaat, sondern auch Service, Dienstleistung, Termintreue, Freundlichkeit und Qualität.

3. Was zeichnet eine moderne Verwaltung aus?

Es gibt keine allgemeingültige Definition für eine «moderne Verwaltung». Deshalb haben wir uns in Baden-Württemberg die Frage gestellt, was aus unserer Sicht eine moderne Verwaltung auszeichnet.

Eine moderne Verwaltung strebt eine hohe Qualität der Arbeitsergebnisse bei größtmöglicher Effizienz des Mitteleinsatzes an. Qualität und Wirtschaftlichkeit müssen kontinuierlich verbessert werden. Dabei können sich die Maßnahmen zur Erreichung beider Ziele widersprechen. Die möglichst punktgenaue Abwägung zwischen Effizienz und Effektivität ist Führungsaufgabe. Die Führungskräfte müssen entscheiden, was Priorität hat und was posterior behandelt werden kann.

Um dieses Ziel zu erreichen, verfolgen wir drei methodische Ansätze. Die Behörden und Beschäftigten müssen mit einer hohen Eigenverantwortung ausgestattet werden, d.h. die Entscheidungsprozesse werden vor Ort wahrgenommen. Es ist Sache des nachgeordneten Bereiches, den Weg zum Ziel zu finden und die einzelnen Schritte festzulegen. Sparen ist konkret. Der Einzelne vor Ort kennt die Situation und damit auch die Möglichkeiten, effizient und effektiv zu handeln, am besten. Die Erhöhung der Eigenverantwortung hat aber im Regelfall noch eine weitere wichtige Wirkung: Sie fördert die Motivation, vor allem, wenn die Behörden an den Einsparungen partizipieren, was bei der dezentralen Budgetierung vorgesehen ist. So ausgestaltet steigert der Zuwachs an Verantwortung die Gestaltungsmöglichkeiten und die Zufriedenheit aller Beschäftigten.

Ergebnisorientiertes Arbeiten und Führen mit Zielen steht in unmittelbarem Zusammenhang zur Dezentralisierung. Zielvereinbarungen und Balanced Score Card unterstreichen Output-Orientierung des Verwaltungshandelns. Kennzahlen, ein entsprechendes Berichtswesen und Controlling begleiten die operativ handelnden Behörden. Entscheidend ist nicht, wie viel Personal für welche Aufgaben eingesetzt wird (Input), sondern vielmehr wie viele Fälle (Output) in welcher Qualität (Outcome) erledigt werden.

Im Zusammenhang mit der dezentralen Budgetierung ist die Zielvereinbarung unerlässlich, da sie festlegt, welche Aufgaben mit einem bestimmten Budget erfüllt werden sollen.

Eine zeitgemäße IT-Unterstützung und Qualifizierung der Beschäftigten ist eine notwendige Hilfestellung, um das Ziel einer modernen Verwaltung zu erreichen. Die Abläufe in einer qualitätvoll arbeitenden Verwaltung sind heute so komplex, dass sie manuell – also ohne Automatisierung – kaum mehr zu handhaben sind. Dabei besitzen öffentliche Verwaltungen hinsichtlich ihrer Aufgaben und ihres Haushaltsvolumens eine Dimension, die nicht hinter den größten Wirtschaftsunternehmen zurücksteht. Allein das Land Baden-Württemberg beschäftigt rund 250'000 Menschen und hat ein Haushaltsvolumen von rund 42 Milliarden Euro. Mit dem heutigen Haushaltsmanagementsystem kann das Land, aber auch jede Behörde, jederzeit «auf Knopfdruck» alle für sie notwendigen Informationen aktuell erhalten. Prüfroutinen und Projektsteuerung werden deutlich erleichtert.

Gerade im Bereich der Informationsversorgung, aber auch der Verwaltung von Informationen, erweist sich die IT als wertvolle Hilfe, wie die nachfolgenden Beispiele zeigen werden.

Die geänderten Rahmenbedingungen sowie der Drang nach höherer Wirtschaftlichkeit und Qualität lassen sich nur mit den Beschäftigten bewältigen. Hierfür muss Akzeptanz geschaffen und Motivation aufgebaut werden. Notwendig ist aber vor allem die ständige Qualifikation der Beschäftigten. Dies gilt für technische Bereiche, aber gleichermaßen für methodische und fachliche Kenntnisse.

Besonders gelagert ist die Qualifikation der Führungskräfte. Natürlich gibt es auch Kurse zum Erlernen der erforderlichen Führungsmethodik. Im Prozess der Verwaltungsmodernisierung sind die Führungskräfte darüber hinaus besonders gefordert, denn sie müssen nicht nur die Beschäftigten mitnehmen, sondern vor allem ständig neue Ansätze und Anwendungen für neue Methoden und Instrumente finden. Daher werden in Baden-Württemberg Veranstaltungen zum Erfahrungsaustausch durchgeführt. In ihnen kommen Führungskräfte aus unterschiedlichen Behörden zusammen, die über ihre Erfahrungen mit modernen Steuerungsmethoden und -instrumenten berichten und diskutieren. Ferner wird für Führungskräfte der Landesverwaltung regelmäßig ein Infobrief herausgegeben, in dem Führungskräfte über den Einsatz moderner Steuerungselemente in ihren Bereichen und deren Nutzen berichten.

Anhand von zwei Beispielen

– dem Führungsinformationssystem der Steuerverwaltung und
– der elektronischen Mitarbeiterbefragung/Kundenbefragung

wird erläutert, wie wir uns in Baden-Württemberg eine moderne Verwaltung vorstellen.

4. Führungsinformationssystem der Steuerverwaltung

In Baden-Württemberg gibt es 65 Finanzämter mit ca. 15'000 Beschäftigten. Die Oberfinanzdirektion schließt mit jedem dieser 65 Finanzämter jährlich eine Zielvereinbarung, welche die wichtigsten Bereiche eines Finanzamtes – Veranlagung, Betriebsprüfung und Vollstreckung – abbildet. Ziele und Kennzahlen sind in allen Finanzämtern gleich. Bei der Bestimmung der Zielwerte wird jedoch die unterschiedliche Situation der Finanzämter berücksichtigt. Wir haben uns darum bemüht, insgesamt nur wenige Ziele (z.B. Verbesserung der Qualität risikobehafteter Veranlagungen) mit insgesamt ca. 10 Kennzahlen auszuwählen. Das Steuer-FIS ist so eingestellt, dass die Führungskraft beim Aufruf des Führungsinformationssystems zuerst den aktuellen Bericht zur Zielvereinbarung des eigenen Amtes sieht.

Von dort aus kann sie sich dann in die Details der Kennzahl weiterklicken, um weiterführende Analysen durchzuführen. Hierzu gibt es Einzelberichte, die über verschiedene Filterfunktionen eine Selektion nach Steuerarten, Veranlagungszeitpunkten, Kalenderjahren etc. zulassen. Neben einer Grafik, die einen ersten Überblick gibt, werden die Zahlen im Detail in einer Tabelle dargestellt.

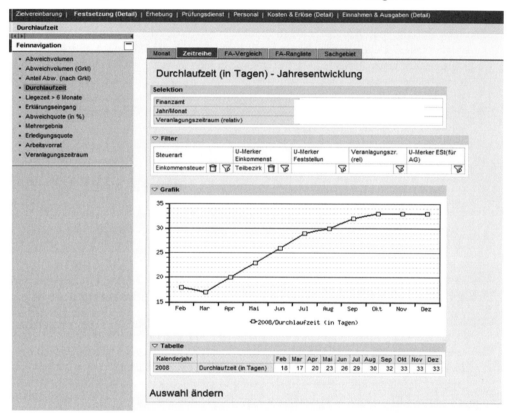

Grafik aus dem Führungsinformationssystem der Steuerverwaltung

Über eine Navigationsleiste können verschiedene Berichte aufgerufen werden. Darüber hinaus können auch Dokumente, die z.B. eine Kennzahl erläutern und ihre Berechnung definieren, hinterlegt werden. Neben Zeitreihenvergleichen ist es für die Leitung eines Amtes von entscheidender Bedeutung, auch beurteilen zu können, wie die Werte ihres Amtes im Verhältnis zu den anderen Finanzämtern einzuschätzen sind. Um den Führungskräften das Benchmarking zu erleichtern, enthält das Führungsinformationssystem der Steuerverwaltung verschiedene Berichte. Zu jeder Kennzahl wird der Wert des eigenen Amtes im Vergleich mit dem Landesdurchschnitt gezeigt. Es gibt Übersichten, die die besten fünf und die fünf weniger guten Finanzämter darstellen, und Berichte, die ein Ranking aller 65 Finanzämter beinhalten. Die Amtsleitung kann tiefer gehend analysieren, wie sich einzelne Kennzahlen in den verschiedenen Arbeitsgebieten ihres Amtes darstellen. Eine Sicht auf einzelne Mitarbeiter ist dabei nicht möglich.

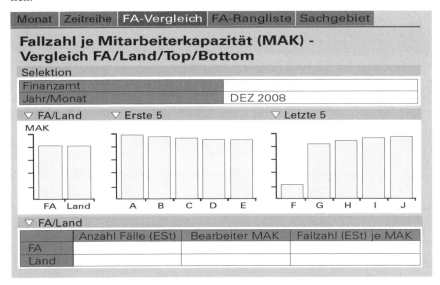

Grafik aus dem Führungsinformationssystem der Steuerverwaltung

Die Nutzung eines Führungsinformationssystems ist ein Bekenntnis zum Leistungsprinzip in doppelter Hinsicht: Zum einen werden die eigenen Leistungen offengelegt und zur Bewertung aufbereitet; durch Abgleich mit den Sollvorgaben der Zielvereinbarung, durch vergleichende Darstellung der einzelnen Arbeitsgebiete und durch Bildung einer Zeitreihe mit vorangegangenen Zeiträumen. Zum anderen erleichtert das Führungsinformationssystem ganz entscheidend den Vergleich mit anderen Behörden – das Benchmarking. Im Sinne der Transparenz sehen alle Amtsleitungen neben ihren eigenen Werten auch die Werte der übrigen 64 Finanzämter. Ziel ist es, die Amtsleitungen dabei zu unterstützen, sich in den Bereichen, in denen ihr Amt nicht im vorderen Drittel liegt, Anregungen zur Qualitätsverbesserung von anderen Ämtern einzuholen.

Über diesen Transparenzbenchmark, also das bloße Bekanntmachen aller Leistungswerte für alle, wird in der Verwaltung die erste Stufe eines Wettbewerbs etabliert. Die Kenntnis der eigenen Werte und der Vergleichsergebnisse anderer Ämter regt den Ehrgeiz an, sich zu verbessern. Zugleich wird die transparente Grundlage gelegt, auf der Diskussionen über Budgets, Personalzuweisungen,

Sollwerte in Zielvereinbarungen, Leistungsprämien etc. anhand von Zahlen und sachorientiert geführt werden.

Besonders interessant sind neben den Vergleichen von Behörden untereinander auch regionale Vergleiche.

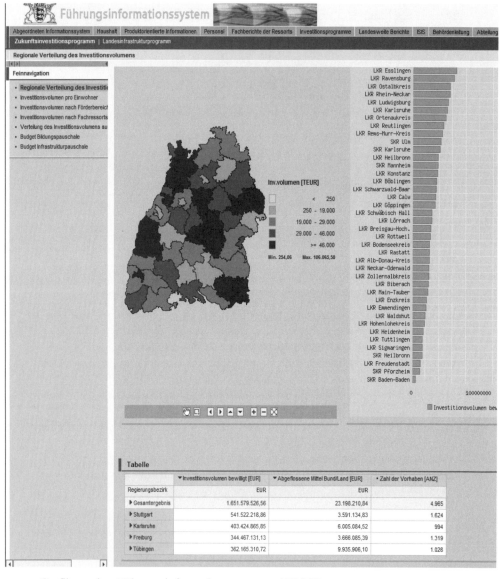

Grafik aus dem Führungsinformationssystem zu ZIP/LIP

Wir haben nicht nur für die Steuerverwaltung ein solches Führungsinformationssystem entwickelt, sondern mittlerweile über 20 Führungsinformationssysteme in Baden-Württemberg eingeführt (siehe Übersicht am Ende).

5. Eckpunkte der Führungsinformationssysteme

Für uns waren folgende Eckpunkte maßgeblich:
- Reduzierung der Informationsflut auf das Wesentliche
- Sammlung konsistenter Informationen über alle Ebenen der Organisation (Single Point of Truth)
- zielgruppenspezifische Aufbereitung für die Führungskräfte
- anschauliche Grafiken, Tabellen und Karten
- Analysemöglichkeiten durch Detailberichte, Selektionen, Filter und Aufrisse
- Transparenz durch Benchmarking
- Offene, ausbaufähige Architektur, der verschiedene Fach- und Vorverfahren vorgeschaltet werden können
- Integration der Strategie (BSC und Zielvereinbarung)

Das Abgeordneteninformationssystem für die Abgeordneten des Landtags von Baden-Württemberg wurde im Jahre 2009 mit dem Computerworld Honors Award 2009 in Washington ausgezeichnet.

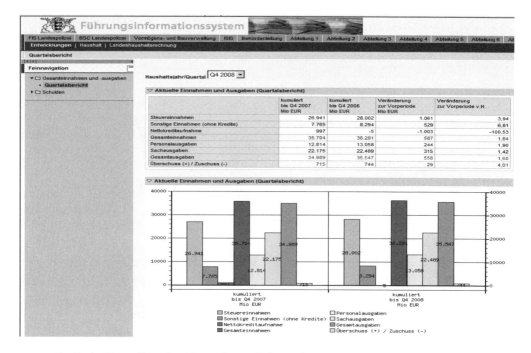

Grafische Darstellung im Abgeordneten-Informationssystem

6. Elektronische Mitarbeiterbefragung/Kundenbefragung

Mitarbeiterbefragungen und Kundenbefragungen sind Instrumente, ohne die eine moderne Verwaltung kaum auskommen kann. Die Zufriedenheit der Mitarbeiter, ebenso wie die der Kunden, ist eine wesentliche Perspektive der Balanced Score Card. Nur zufriedene Mitarbeiter sind in der Lage, die hochgesteckten Ziele einer modernen Verwaltung zu erreichen. In Baden-Württemberg wurde ein Befragungstool entwickelt, das es erlaubt, sowohl Kunden als auch Mitarbeiter in großer Zahl auf elektronischem Wege in eine Befragung einzubeziehen. Die wesentlichen Merkmale des Befragungsprogramms sind:

- intuitive Bedienung durch Webanwendungen auf Basis SAP
- drei Fragetypen (Einfachauswahl, Mehrfachauswahl, Freitext)
- automatisierte Auswertung in Standardberichten
- Bereitstellung der Ergebnisse in Echtzeit
- Gewährleistung der Anonymität
- gleichzeitige Befragung vieler Beschäftigter möglich

Einführung neuer Steuerungsinstrumente in der Landesverwaltung Baden-Württemberg

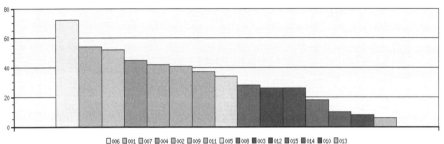

Nr	Alternative	B	Fb	Res
006	Leistungsorientierte Bezahlung	1	1	1
001	Erhöhung der Wirtschaftlichkeit	2	2	4
007	Leistungsanreizsysteme	3	3	3
004	Schlankere Organisationen	4	4	6
002	Konsolidierung des Landeshaushalts	5	5	12
009	Stärkung der Attraktivität des Arbeitsplatzes Öffentlicher Dienst	6	6	5

Grafik: Auswertung der elektronischen Mitarbeiterbefragung

Bei der Entwicklung dieses Tools war es wichtig, dass gerade Mitarbeiterbefragungen anonymisiert durchgeführt werden können und jeder Mitarbeiter von seinem Arbeitsplatz aus an der Befragung teilnehmen kann. Das Ergebnis einer Befragung, die auch über einen Zeitraum von z.B. 4 Wochen laufen kann, steht am nächsten Tag elektronisch zur Verfügung. Im Vorfeld kann ein Ampelsystem hinterlegt werden, so dass die Ergebniserkennung noch leichter fällt.

Mit dem gleichen technischen Tool fragt z.B. das Finanzministerium die Nutzer seiner Kantine nach der Zufriedenheit mit den Mahlzeiten.

7. Neue Steuerung – eine Bilanz

Die Moderne Verwaltung strebt größtmögliche Effizienz des Mitteleinsatzes bei hoher Qualität der Arbeitsergebnisse an. In Baden-Württemberg unterstützt die Neue Steuerung die Verwaltungsmodernisierung auf den drei Feldern: Eigenverantwortung, Ergebnisorientierung und IT-Steuerungsunterstützung. Auf allen Gebieten konnten zählbare Ergebnisse und praktischer Nutzen erzielt werden:

- *Eigenverantwortung:* Die dezentrale Budgetierung der Personalmittel befindet sich in einer sehr breiten Erprobungsphase, in welcher bereits über 10% aller Stellen in die Verantwortung der Behörden gegeben wurden. Bei den Sachmitteln ist die Landesverwaltung mit jährlich rund 500 Millionen Euro schon im Echtbetrieb. Die bisherigen Erfahrungen zeigen, dass die Führungskräfte mit dieser Verantwortung sehr sorgfältig umgehen, denn die Budgetierung führte nicht zu Mehrausgaben, sondern zu mehr Zufriedenheit und Flexibilität beim Einsatz der Mittel für qualitätsvolle Verwaltungsleistungen.
- *Ergebnisorientierung:* Der hiermit verbundene Paradigmenwechsel zur Output- und Outcome-Orientierung ist in Baden-Württemberg in zwei Bereichen weit vorangeschritten: So stellt z.B. im Verhältnis zum Landesparlament als Haushaltsgesetzgeber der produktorientierte Haushalt für alle Verwaltungsbereiche Ziele dar, die mit den zur Verfügung gestellten Haushaltsmitteln erreicht werden sollen. Für jedes dieser Ziele wird der Zielerreichungsgrad in Form von Messgrößen, für die Ist- und Sollwerte hinterlegt sind, dargestellt. Verwaltungsintern werden die Behörden nahezu flächendeckend durch Zielvereinbarungen geführt: In 97% aller hierfür geeigneten Behörden wurden für das Jahr 2010 Zielvereinbarungen abgeschlossen.
- *IT-Unterstützung:* Die Verwaltungsmodernisierung erlebt in Baden-Württemberg eine sehr breite technische Unterstützung: Ein flächendeckendes Haushaltsmanagementsystem unterstützt rund 5'000 Anwender von der Aufstellung bis zum Vollzug aller 13 Einzelpläne der Landesverwaltung. Es beinhaltet den Druck des Haushalts und ein allzeit aktuelles Berichtswesen, einschließlich der Landeshaushaltsrechnung sowie einer Anlagenbuchhaltung. Das Haushaltsmanagementsystem wird durch eine flächendeckende, ebenfalls technisch voll unterstützte Kosten- und Leistungsrechnung begleitet. In über 20 Führungsinformationssystemen mit rund 1'000 Nutzern werden die Führungskräfte kompakt und aktuell mit steuerungsrelevanten Kennzahlen zur fachlichen Leistung, den Kosten und Ausgaben versorgt. Hohe Transparenz ermöglicht Benchmarkingprozesse. Mittlerweile wickeln 28 doppisch buchende Landeseinrichtungen ihre Finanzbuchhaltung über ein einheitliches Landesprogramm ab. Bei Bedarf können diese Einrichtungen auch weitere Module z.B. für Controlling, Materialwirtschaft oder Internetshops nutzen.

8. Ausblick

Hier sollen nochmals zusammenfassend vier Schlagworte genannt werden.
- *modernisierungsfreundliche Rahmenbedingungen:*
  Zielvereinbarung, Dezentralisierung, Anreizsysteme

- *modernisierungsorientierte Führungskräfte:*
  Coaching, Moderation, Führungskräfte-Feedback, Betriebswirtschaft
- *kommunikationsunterstützende Elemente:*
  Intranet, Internet, Newsletter, Balanced Score Card, Erfahrungsaustausch zwischen Führungskräften
- *standardisierte Verfahren und deren Automatisierung:*
  elektronische Mitarbeiter- und Kundenbefragung, Führungsinformationssysteme.

Die Beschäftigten einer modernen Verwaltung sollen in einer Umgebung arbeiten, in der sich qualitative Arbeit, Wirtschaftlichkeit und Kundenzufriedenheit für die Behörde, aber auch für den Einzelnen lohnen. Ohne Führungskräfte wird der Modernisierungsprozess nicht gelingen. Daher müssen wir die Führungskräfte fördern, deren Einsatz für die Modernisierung der Verwaltung, für ein wirtschaftliches und erfolgreiches Arbeiten aber auch fordern. Aktive Kommunikation zwischen Führungskräften und Beschäftigten und zwischen Verwaltung und Bürgern ist der Dreh- und Angelpunkt einer modernen Verwaltung. Hierfür müssen unterstützende Elemente schriftlich, elektronisch, aber auch in Form von Präsenzveranstaltungen genutzt werden. Mehr Effizienz bei gleichbleibender oder gar steigender Qualität lässt sich nur erreichen, wenn die IT-Unterstützung gezielt ausgebaut wird und alle Mitarbeiter entsprechend qualifiziert werden.

Führungsinformationssysteme
der Landesverwaltung Baden-Württemberg (FIS)

	Arbeitsprogramm der Landesregierung	Aktuelle Dokumentation aller Maßnahmen der Ressorts zu strategischen Zielen der Landesregierung
	Fördercontrolling	Berichte über Fördervolumen und -umfang, Verwaltungskosten sowie Leistungs- und Wirkungskennzahlen
	Haushaltsmonitoring	Tagesaktuelle und monatliche Darstellung des kompletten Landeshaushalts
	Informationssystem für Landtagsabgeordnete	Darstellung der Haushaltspläne (einschl. Produktorientierte Erläuterungen)

	Justiz	Darstellung der Ergebnisse der KLR der Gerichte, Staatsanwaltschaften und des Justizvollzugs
	Justizvollzug BSC	Darstellung von insbesondere fachlichen Kennzahlen aus dem Justizvollzug innerhalb einer Balanced Scorecard (BSC).
	KLR und Haushalt	Abbildung der relevanten Haushaltsdaten und der Kosten- und Leistungsrechnung
	Polizei (einschl. BSC)	Abgebildet wird die aktuelle Balanced Scorecard der Polizei mit den strategischen Zielen, Soll- und Ist-Kennzahlen und Ursache-/Wirkungsbeziehungen
	Rechnungshof	Planung und tatsächliche Entwicklung des Ressourceneinsatzes bei Prüfungsprojekten, Kosten und Leistungserbringung des Rechnungshofs
	Regierungspräsidien Benchmarking	Vergleich aller Regierungspräsidien mit festgelegten Kennzahlen über alle Arbeitsbereiche der Regierungspräsidien hinweg
	RP Freiburg	Darstellung von Personaleinsatz, Output-Kennzahlen, Leistungskennzahlen und Kosten ausgewählter Arbeitsbereiche des Regierungspräsidiums
	RP Karlsruhe	Darstellung von Personaleinsatz, Output-Kennzahlen, Leistungskennzahlen und Kosten ausgewählter Arbeitsbereiche des Regierungspräsidiums
	RP Stuttgart	Darstellung von Personaleinsatz, Output-Kennzahlen, Leistungskennzahlen und Kosten aller Arbeitsbereiche des Regierungspräsidiums
	RP Tübingen	Darstellung von Personaleinsatz, Output-Kennzahlen, Leistungskennzahlen und Kosten aller Arbeitsbereiche des Regierungspräsidiums
	Steuer	Darstellung der aktuellen Zielvereinbarungswerte und weiteren steuerungsrelevanten Kennzahlen in Zeitreihen, Tabellen und Grafiken

	Straßenbau	Darstellung von Mittelbedarf, eingegangenen Verpflichtungen und Vertragsüberwachungen sowie Leistungskennzahlen und statistischen Daten
	Unfalldaten/ Verkehrssicherheit	Darstellung aller für das Verkehrssicherheitslagebild relevanten Daten zum Straßenverkehr
	Vermögens- und Bauverwaltung	Darstellung von haushalterischen sowie leistungsbezogenen Kennzahlen
	Zielvereinbarungen	Bildet die Zielvereinbarung zwischen Behörden aller Hierarchieebenen ab
	Zukunftsinvestitions- und Landesinfrastrukturprogramm (ZiP/LIP)	Berichtspflicht gegenüber dem Bund wird elektronisch auf einheitlicher Plattform unterstützt, Berichtswesen zu Programmen, Regionen und Bereichen abgebildet

Baden-Württemberg
MODERNE VERWALTUNG

Politique de la ville et mesure de la performance en France

Dominique Dubois

Ce qu'on appelle la politique de la ville, en France, c'est une politique qui s'intéresse aux quartiers des villes qui concentrent des difficultés sociales. Il s'agit aujourd'hui de plus de 2'000 quartiers, appartenant à un millier de communes, avec environ 8 millions d'habitants soit plus que 10% de la population française. Au plan de l'observation statistique, le ministère en charge de la politique de la ville a mis en place un observatoire qui mesure chaque année la situation sociale de ces quartiers, à travers les écarts de revenus, de chômage, de réussite à l'école entre ces quartiers et la moyenne des agglomérations auxquels ils appartiennent. Ces écarts sont très importants, le taux de pauvreté, le taux de chômage sont plus de deux fois supérieurs à la moyenne nationale. Pour la réussite à l'école, les écarts sont également significatifs. En moyenne nationale, 10% des jeunes quittent l'école sans diplôme ni sans qualification, dans ces quartiers, ce sont 22% des jeunes quittent l'école obligatoire sans diplôme ni qualification.

Depuis plusieurs années, particulièrement depuis la loi sur la rénovation urbaine du 1er août 2003, le gouvernement français s'est donné comme objectif de réduire ces écarts entre ces quartiers et la moyenne nationale avec une observation statistique indépendante qui chaque année remet son rapport au gouvernement et à la presse. Pour réduire ces écarts, le gouvernement met en place des actions correctrices qui s'inscrivent dans des programmes spécifiques, principalement confiés à deux agences. L'une travaille sur le champ de la rénovation urbaine, l'ANRU et l'autre est compétente dans le champ des programmes sociaux en direction des habitants; il s'agit de l'Agence nationale pour la Cohésion Sociale (l'Acsé) que j'ai eue la charge de mettre en place en 2006 et que j'ai dirigée jusqu'en novembre 2009. L'ANRU et l'Acsé sont deux établissements publics, nationaux, disposant de fonds publics, gérés par un conseil d'administration, avec une certaine autonomie par rapport à l'Etat.

Ces deux agences contractualisent les moyens financiers dont elles disposent avec les collectivités territoriales. Ce n'est pas uniquement une politique conduite par l'Etat central, à travers les agences. C'est aussi une politique décentralisée et contractualisée avec les collectivités territoriales au travers de 500 grandes conventions pluriannuelles avec des communes ou des agglomérations, les contrats urbains de cohésion sociale (CUCS). Dans chacune de ces conventions il y a des axes prioritaires, le cadre de vie, l'emploi, la santé, la prévention de la délinquance. Avec un objectif final qui est de faire que ces quartiers ne soient plus à part au sein des villes mais soient bien des quartiers comme les autres dans les agglomérations auxquelles ils appartiennent.

Bien entendu la question de l'impact du milliard et demi d'euros que l'Etat injecte chaque année dans cette politique à travers les deux agences dont il dispose est fondamentale.

Comment cette mesure de la performance s'est-elle introduite? Elle tient d'abord son origine de la loi organique relative aux lois de finance. Une loi organique, c'est une loi plus importante que la loi ordinaire, qui est votée par le Parlement non pas à la majorité simple mais avec une majorité qualifiée. Cette loi organique date, en France, de 2001. Elle concerne tous les programmes budgétaires financés par l'Etat, 150 programmes, et à l'intérieur de ces 150 programmes il y a un programme politique de la ville qui s'appelle le programme 147, qui comprend chaque année des objectifs et des indicateurs de performance qui sont présentés au vote de l'Assemblée Nationale et du Sénat. Puis, chaque opérateur, chaque agence élabore, dans le cadre des orientations nationales votées par le Parlement, les programmes propres qui sont présentés à son conseil d'administration avec un document de performance, qui est plus détaillé que ce qui est présenté au Parlement. Enfin, pour s'assurer que ce que fait l'agence est cohérent avec ce qu'à décidé le Parlement, il doit y avoir un contrat entre l'Etat et l'agence. Cela s'appelle un contrat d'objectifs et de performances.

La méthodologie pour analyser la performance s'intéresse à la qualité du service rendu, son coût et son impact sur la réalité. Si je prends comme exemple le domaine de l'école, il faut des professeurs face aux élèves; c'est un élément de qualité du service. Ces professeurs ont un coût, et leur action un impact qui peut se mesurer à travers le nombre d'élèves diplômés. La performance, c'est à la fois un service de qualité (il y a des professeurs), un service qui a été efficace (le pourcentage de diplômés est élevé), et un service qui est administré à un coût raisonnable et soutenable sur la durée pour les finances publiques.

Pour un opérateur comme l'Acsé, dans un champ de politique publique complexe, celui de populations en difficulté dans des quartiers, comment peut-on mesurer la performance propre de l'agence?

Si on veut obtenir des résultats en termes de qualité du cadre de vie, de développement économique et social d'un quartier, il faut des emplois suffisants, une éducation de qualité, de la sécurité, de la mixité sociale etc. On voit que tout cela découle de multiples interventions, bien sûr des différentes politiques publiques, de ce que fait le ministère en charge de l'éducation nationale, de ce que fait la ville dans le domaine des transports etc. mais aussi de la situation économique générale, et aussi de multiples décisions individuelles des personnes, dans un pays de liberté, où les entreprises décident de leur lieu d'implantation, les habitants du choix de leur logement, de l'école pour leurs enfants etc. Une multiplicité d'éléments, de décisions, qui rend difficile mais pas impossible la mesure de la performance de l'opérateur. En effet cette performance de l'opérateur peut être analysée à partir des responsabilités spécifiques et des objectifs stratégiques qui lui sont assignés.

L'Agence pour la cohésion sociale a été créée dans le contexte des violences urbaines qui ont secoué la France en novembre 2005 et qui ont révélé l'ampleur de la fracture sociale et territoriale que connaît notre pays. L'Agence a été créée après ces violences et a été installée en octobre 2006. Ses missions sont concentrées sur la politique de la ville mais elle travaille également à la mise en place et la promotion du service civique volontaire. Nous voudrions atteindre 10% d'une classe d'âge qui puisse faire un service civique d'au moins six mois en France. L'an prochain, en 2010, nous devrions être à 10'000 jeunes, puis progresser ensuite pour atteindre les 10%. L'Acsé travaille également à la prévention de la délinquance.

L'Agence est organisée sous la forme d'un établissement public, avec la personnalité morale, l'autonomie financière et un conseil d'administration. Et en même temps elle s'appuie sur les préfets dans les régions et les départements. Ses moyens d'interventions sont de l'ordre de 500 millions d'euros qui sont principalement engagés par les préfets dans le cadre de conventions pluriannuelles avec les villes. Des objectifs particuliers sont assignés aux principaux programmes que conduit l'Acsé dans le domaine de la réussite éducative, de la médiation sociale, de la prévention de la délinquance, de l'accès à la santé et de la culture.

Des objectifs stratégiques ont été assignés à l'opérateur par l'Etat. Un premier objectif est de mettre en place rapidement les crédits au bénéfice des collectivités territoriales et de tous les opérateurs locaux, notamment les associations qui travaillent sur les sujets de la politique de la ville, de manière à sécuriser leur intervention et aussi en développant, avec elles, les conventions triennales de financement. Il s'agit de sécuriser les financements, de faire en sorte que les financements publics n'arrivent pas tardivement. C'est un objectif important, que l'agence a atteint dès l'année 2008, deuxième année de son fonctionnement.

Le deuxième objectif est de disposer d'un suivi précis de la consommation des crédits par intervention. Cela suppose d'avoir un système de reporting efficace, qui a été mis en place grâce au système informatique dont dispose l'agence.

Le troisième objectif, c'est l'évaluation permanente des dispositifs mis en place, de façon à pouvoir mesurer leur efficacité et leur coût.

Ces objectifs s'accompagnent d'indicateurs, dits de performance, dont certains figurent dans la loi de finances. Il n'y en a pas beaucoup dans la loi de finances car le Parlement a limité à une dizaine le nombre d'indicateurs par programme. Il y a donc uniquement trois indicateurs votés par le Parlement qui concernent l'agence. En revanche, dans le document qui est voté par le conseil d'administration, qui est l'organe délibératif de l'agence, il y a douze objectifs et indicateurs. Bien entendu nous avons nous-même, en interne, au sein de la direction générale beaucoup d'autres données que nous suivons. Cependant, si on mesure la performance, il faut évidemment être sélectif pour se centrer sur les choses essentielles. Pour que ces indicateurs soient renseignés, il faut un outil informatique et comptable efficace et partagé. Mais cela ne suffit pas, il faut, mais nous l'avons vu tout à l'heure, dans les autres exposés, des enquêtes annuelles, des analyses complémentaires.

Comment sélectionne-t-on ces indicateurs et le choix des thèmes d'enquête? La sélection concerne les programmes financièrement les plus coûteux, que nous mettons en œuvre. Les indicateurs sont établis sur trois années, avec généralement des objectifs de progression d'une année sur l'autre.

Premier domaine: le domaine de la qualité du service. Nous avons un premier objectif, celui que chaque année, dès le mois de juillet, la consommation globale des crédits sur le programme que nous mettons en œuvre, donc le programme 147, soit au moins de 60% et nous l'avons atteint dès 2008. Cette année 2009, nous sommes à 70% et c'est un progrès considérable par rapport à la situation précédente où les crédits publics étaient payés en novembre-décembre. Ce qui n'était pas satisfaisant car les collectivités locales et les associations faisaient l'avance des dépenses et il y avait une très forte demande pour un taux de consommation des crédits plus précoce dans l'année. L'agence a par ailleurs développé les conventions pluriannuelles avec les associations, avec un objectif de 35%; nous sommes à 25% de réalisation en 2008 et le chiffre 2009 devrait être assez proche. Par ailleurs, le Parlement nous demande de vérifier que nous concentrons bien la majeure partie de nos crédits sur les quartiers les plus en difficulté. Là aussi l'objectif a été atteint. Ceci correspond à des objectifs de qualité du service rendu par l'agence. Mais la performance doit se mesurer aussi en termes d'impact et d'efficacité.

L'Agence développe un programme extrêmement important de réussite éducative, qui concerne les élèves qui sont détectés en difficulté dès l'école maternelle et primaire; on sait bien que s'il n'y a pas un effort particulier qui est fait en faveur des enfants en difficulté au niveau des apprentissages de base, on va les retrouver 10 ou 15 ans plus tard sortant du système scolaire sans qualification, ayant décroché par l'absence de réussite et de motivation. La diversité des origines, à la fois sociales et culturelles, aujourd'hui dans nos pays européens, augmente les écarts de réussite entre les enfants et supposent des prises en charge individualisées. Ainsi, nous avons des objectifs concernant la prise en charge individuelle des enfants dans le cadre de ce programme, de façon qu'on ne se contente pas de faire du soutien scolaire en dehors de l'école, ce qui est bien, mais que ces enfants soient suivis toute l'année par une personne extérieure à l'école. Ceci se fait en lien avec l'école, mais de manière extérieure à l'école parce que ce ne sont pas toujours uniquement des problèmes scolaires qui se posent mais des problèmes de soutien à la famille, de santé, de confiance en soi, etc.

Nous avons aussi un programme de médiation sociale, afin de faciliter le contact entre les parents, et notamment les parents d'origine étrangère et les institutions. Pour ce programme, nous avons mis en place un indice de satisfaction, qui nous a montré deux années de suite que l'ensemble des institutions étaient satisfaites à 97% de l'action des médiateurs sociaux. Nous nous sommes dits que ce score était trop élevé pour être suffisamment pertinent. Nous sommes donc en train de faire évoluer cet indicateur et probablement nous allons prendre le nombre de réponses véritables apportées aux questions qui étaient posées par les personnes qui ont sollicité les médiateurs. Ceci montre qu'il faut faire évoluer les indicateurs chaque fois que nécessaire pour améliorer leur pertinence.

Dans le domaine de la santé, nous disposons d'indicateurs d'activité, plus traditionnels: combien d'équipes de coordination sont mises en place, combien d'actions sont en place? Nous n'en sommes pas encore à analyser les résultats obtenus au plan de la santé.

Quels ont les enseignements que l'on peut tirer de tout cela? C'est d'abord la nécessité de disposer d'un appareil d'observation statistique indépendant pour mesurer l'évolution de la réalité sociale. Comment au bout de compte, ces quartiers évoluent-ils? Y-a-t-il eu réduction des écarts ou n'y-a-t-il pas de réduction des écarts? Parce qu'il y a une observation sociale, et une mesure de la performance, il peut y avoir un débat raisonné, où on s'interroge sur la nature des actions mises en place, les moyens financiers disponibles etc.

Mais il ne suffit pas d'avoir une photographie année après année, il faut aussi réfléchir aux trajectoires des personnes, car il y a dans ces quartiers une mobilité géographique extrêmement importante et donc les écarts qu'on mesure ne correspondent pas toujours aux mêmes personnes. Ainsi, vous pouvez très bien avoir des personnes qui ont réussi et qui ont quitté le quartier pour faire place à des populations nouvelles, notamment des immigrants récents et qui eux-mêmes peuvent avoir des difficultés, qui peut-être dans quelques années seront résolues, en partie grâce à l'action publique.

Ce débat sur la performance est encore récent en France, il a été vraiment rationalisé depuis 2001, avec la mise en place de la LOLF. Il est porteur de beaucoup d'évolutions sur le plan de l'administration. Le Parlement dispose là d'un moyen d'analyse et d'évaluation des politiques publiques extrêmement fort, qui est un puissant facteur de modernisation de l'action publique.

Evaluation und Weiterentwicklung der Wirkungsorientierten Verwaltungsführung (WOV) im Kanton Aargau[1]

MICHAEL UMBRICHT

Inhaltsverzeichnis

1. Einführung   389
2. Planhierarchie und Controllingkreislauf   389
3. Der Aufgaben- und Finanzplan   391
4. Ergebnisse der Evaluation   392
5. Weiterentwicklung der Wirkungsorientierten Verwaltungsführung   394
6. Fazit   394

1. Einführung

In der Schweiz haben in den letzten Jahren etliche Kantone und der Bund Steuerungselemente nach der Grundidee von New Public Management eingeführt. Sie haben – in föderalistischer Art – unterschiedliche Lösungen gefunden und unterschiedliche Instrumente erarbeitet. Der Kanton Aargau hat die Idee von New Public Management konsequent umgesetzt und flächendeckend eingeführt. Mittlerweile hat der Kanton Aargau fünf Jahre Erfahrung mit dem neuen Steuerungssystem, er kann die Vorteile nutzen, kennt aber auch die punktuellen Schwierigkeiten. In den folgenden Ausführungen wird zunächst das System der Wirkungsorientierten Verwaltungsführung (WOV) im Kanton Aargau kurz skizziert. Anschliessend werden die Ergebnisse der externen Evaluation diskutiert und Ansätze für die Weiterentwicklung vorgestellt.

2. Planhierarchie und Controllingkreislauf

Das System der Steuerung ist hierarchisch aufgebaut (Abbildung 1): An der Spitze steht das Entwicklungsleitbild, das die Regierungsrichtlinien vorgibt. Auf der unteren Ebene gibt es Instrumente zur Mittelfristplanung und zur Jahresbe-

---

[1] Der Kanton Aargau ist mit 600'000 Einwohnern der viertgrösste Kanton der Schweiz. Er liegt im Zentrum der Nordschweiz zwischen den Städten Zürich und Basel.

richterstattung. Quer eingeschoben gibt es das Element der Planungsberichte, mit denen dem Parlament neue oder wesentliche Änderungen von Aufgaben zur Beratung vorgelegt werden.

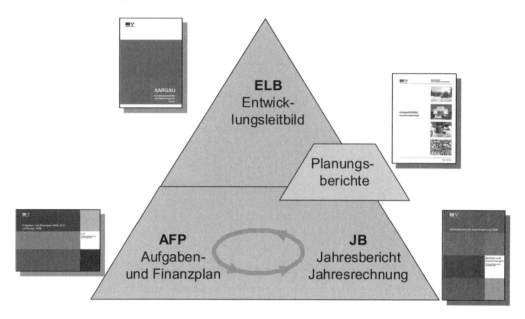

Abbildung 1: Planhierarchie

Die Instrumente sind in einen Kontrollkreislauf eingebettet (Abbildung 2): Der Kreislauf startet mit der langfristigen Strategie, dem Entwicklungsleitbild. Dieses Instrument wird jeweils zum Legislaturbeginn – also alle vier Jahre – aktualisiert, es hat jedoch einen Planungshorizont von 10 Jahren und weist somit weit über die aktuelle Legislaturperiode hinaus. Auf der nächsten Ebene steht als mittelfristiges Planungsinstrument der Aufgaben- und Finanzplan (AFP), in dem die Ziele und die Finanzen zusammengeführt sind. Die Umsetzung des AFP erfolgt in den täglichen Geschäften der Departemente und Abteilungen in einem üblichen System von Bericht und Antrag.

Als Gegenstück zum Aufgaben- und Finanzplan dient der Jahresbericht mit der Jahresrechnung. Er schliesst den jährlichen Controllingkreislauf. Er integriert ebenfalls die Zielerreichung mit den Finanzen auf einer jährlichen Basis. Auch auf der strategischen Ebene bestehen Instrumente, mit denen überprüft werden kann, ob die langfristigen Ziele im Entwicklungsleitbild noch stimmen oder auf Kurs sind. Neben dem bereits erwähnten Planungsbericht zählen dazu periodische Strategieberichte, die auf einem laufenden Umfeldmonitoring basieren.

Abbildung 2: Controllingkreislauf

3. Der Aufgaben- und Finanzplan

Kernstück der Wirkungsorientierten Verwaltungsführung im Kanton Aargau ist der Aufgaben- und Finanzplan. Er enthält sowohl das Budgetjahr als auch drei Planjahre und wird jährlich rollend aktualisiert. Er ist aufgegliedert in 42 Aufgabenbereiche und rund 150 Produktegruppen, verteilt auf die fünf Departemente und die übrigen staatlichen Funktionen (Stabsfunktionen, Legislative, Judikative). Das Wichtigste des Aufgaben- und Finanzplans ist die Verknüpfung der Aufgaben mit den Finanzen, und zwar in jedem einzelnen der 42 Aufgabenbereiche und in jeder der 150 Produktegruppen.

Die Aufgaben werden dargestellt mit einer Umfeldentwicklung, mit Kennzahlen, Zielen und Entwicklungsschwerpunkten. Das folgende Beispiel soll dies illustrieren: In der Umfeldentwicklung des Aufgabenbereichs «Polizeiliche Sicherheit» wird festgestellt, dass die Sicherheit für die Bevölkerung an Bedeutung zunimmt. In den Kennzahlen wird der Hintergrund dafür sichtbar in einer steigenden Anzahl an Gewaltdelikten. Als Reaktion darauf wird die präventive Präsenz uniformierter Polizisten erhöht (Leistungsindikator) und längerfristig erhofft man sich mit dieser Massnahme ein steigendes Sicherheitsgefühl der Bevölkerung (Wirkungsindikator).

Zur Erfüllung der Aufgaben sind finanzielle Ressourcen notwendig. Diese sind ebenfalls je Aufgabenbereich dargestellt. Der Hauptanteil bildet in der Regel ein Globalbudget, in dem alle Personal- und Sachaufwendungen enthalten sind. Das Globalbudget ist zuhanden der Bewilligungsinstanz – also dem Parlament – nicht weiter detailliert. Investitionen und klar abgrenzbare Vorhaben werden als Kredite geführt, die einzeln bewilligt werden, je nach Grösse durch das Parlament oder durch die Regierung. Als dritte Steuerungsgrösse umfassen die Finanzen sogenannte leistungsunabhängige Aufwände und Erträge, beispielsweise für durchlaufende Mittel.

Im Jahresbericht mit Jahresrechnung wird über die Zielerreichung und über den Ressourcenbedarf Bericht erstattet. Dies erfolgt mit den gleichen Steuerungsgrössen wie die Planung und erlaubt somit eine detaillierte Übersicht. Der Jahresbericht mit Jahresrechnung führt somit die Verknüpfung von Aufgaben und Finanzen fort und schliesst den Führungskreislauf.

4. Ergebnisse der Evaluation

Nach vier Jahren operativem Betrieb wurde das System der Wirkungsorientierten Verwaltungsführung evaluiert. Im Fokus stand dabei das Verhältnis zwischen Exekutive und Legislative, die Umsetzung innerhalb der Verwaltung wurde nicht untersucht. Das Parlament beklagte namentlich einen Machtverlust zugunsten des Regierungsrats. Mit der Evaluation sollten vier Fragen geklärt werden: Wie hat sich die Transparenz über staatliche Prozesse und Leistungen verändert, wie werden die neuen Steuerungsinstrumente angewendet, wie hat sich die Arbeitsbelastung für das Parlament verändert und wie ist die Verknüpfung von Aufgaben und Finanzen im Vergleich zu anderen Kantonen zu beurteilen, die ebenfalls WOV eingeführt haben?

Methodisch basierte die Evaluation auf einer Befragung von Parlament und Regierung, auf einer Dokumentenanalyse sowie auf einem interkantonalen Vergleich. Die Befragung bestand sowohl aus einer Onlinebefragung wie auch aus strukturierten Interviews.

Die Evaluation zeigte, dass WOV im Kanton Aargau insgesamt gut umgesetzt ist und dass die Instrumente dem «State of the Art» entsprechen. Die Evaluation zeigte aber ebenfalls, dass der Kulturwandel noch nicht überall stattgefunden hat, und dass bei den Instrumenten Optimierungspotenzial zu erkennen ist. Beispielhaft zeigt sich dies in den Antworten zu den Möglichkeiten des Parlaments

Evaluation und Weiterentwicklung der Wirkungsorientierten Verwaltungsführung (WOV)

zur mittelfristigen Planung und zur Verknüpfung von Aufgaben und Finanzen (Abbildung 3): Insgesamt wurden beide Fragen positiv beantwortet, aber die Streuung zwischen den Fraktionen ist sehr gross, wobei die Mitteparteien das neue System positiver beurteilen als die Parteien im linken oder rechten Spektrum (SP bzw. SVP).

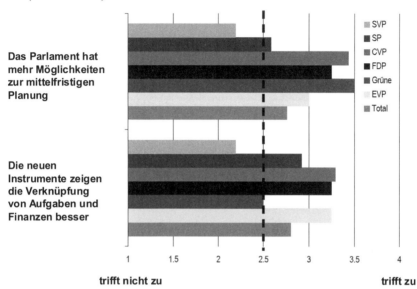

Abbildung 3: Beurteilung der WOV-Instrumente durch die Mitglieder des Parlaments nach Parteizugehörigkeit (SVP = Schweizerische Volkspartei, SP = Sozialdemokratische Partei, CVP = Christlichdemokratische Volkspartei, FDP = Die Liberale, EVP = Evangelische Volkspartei)

Wesentlich kritischer beurteilt wurden die Fragen zur Steuerbarkeit durch das Parlament sowie zur Machtverschiebung zwischen Exekutive und Legislative. Allerdings zeigte hier der interkantonale Vergleich überdurchschnittlich hohe Steuerungsmöglichkeiten für das Parlament: Es bestehen direkte und indirekte Interventionsmöglichkeiten auf die Finanzen und auf die Leistungen, und zwar sowohl in Bezug auf das Budget als auch in Bezug auf die mittelfristige Planung.

Aufgrund der Evaluation wurde Optimierungspotenzial vor allem beim Aufgaben- und Finanzplan festgestellt. Namentlich wurde seine Lesefreundlichkeit bemängelt. Geringeres Optimierungspotenzial besteht bei den Planungsberichten, die anfänglich zu häufig eingesetzt wurden, und zum Jahresbericht mit Jahresrechnung, dessen Transparenz ebenfalls verbessert werden könnte. Gute Noten erhielt namentlich das Entwicklungsleitbild mit seinem zehnjährigen Horizont.

5. Weiterentwicklung der Wirkungsorientierten Verwaltungsführung

In der Schweiz hat die Konferenz der kantonalen Finanzdirektoren im Jahre 2008 Richtlinien zur Harmonisierung der Rechnungslegung verabschiedet. Mit diesem Modell soll die Rechnungslegung des Staates den Rechnungslegungsmodellen der Privatwirtschaft angenähert werden. Nach verschiedenen Vorabklärungen hat der Kanton Aargau beschlossen, das harmonisierte Rechnungsmodell einzuführen. Da dies auch das System der Wirkungsorientierten Verwaltungsführung WOV betrifft, beispielsweise im Bereich der Kreditarten, wurden die Weiterentwicklung von WOV und die Einführung der neuen Rechnungslegung in einem Gesamtprojekt miteinander verknüpft.

Mit dem Gesamtprojekt soll die Steuerung der staatlichen Aufgaben und Finanzen insgesamt verbessert werden. Dazu werden die Instrumente vereinfacht (AFP, Jahresbericht), die finanzielle Sicht wird verbessert (Globalbudget, Globalkredite) und die Zuständigkeiten von Parlament und Regierung werden noch klarer geregelt. Konkret wird das Gesetz zur wirkungsorientierten Steuerung von Aufgaben und Finanzen revidiert, die Instrumente werden erneuert und die Unterstützung durch die Informatiksysteme wird verbessert. Die Arbeiten werden durch mehrere Arbeitsgruppen umgesetzt und durch eine parlamentarische Kommission begleitet. Das «neue WOV» startet per 1. Januar 2014.

6. Fazit

Die Wirkungsorientierte Verwaltungsführung im Kanton Aargau hat sich bewährt. Nur wenige Akteure wünschen sich das alte System der Staatsleitung zurück. Dank mehr Information hat sich die Transparenz der staatlichen Leistungen erhöht. Die strategische Planung konnte stark verbessert werden, und dank eines kohärenten Controllingsystems ist auch die Verbindlichkeit der Planung gestiegen. Allerdings sind die neuen Instrumente auch komplexer und die Miliztauglichkeit ist teilweise in Frage gestellt. In einem zweiten Modernisierungsschritt müssen deshalb die Instrumente vereinfacht werden, ohne dass ihr Kern, die Verknüpfung von Aufgaben und Finanzen, beeinträchtigt wird.

Kapitel 9 / Chapitre 9:
Modernisierung des Finanzmanagements /
La modernisation de la gestion budgétaire

Modernes Haushaltsmanagement im Regierungspräsidium Freiburg

KLEMENS FICHT

Inhaltsverzeichnis

1. Erste Etappe: Zielvereinbarungen   397
2. Zweite Etappe: Auf dem Weg zur dezentralen Budgetierung   398
3. Dritte Etappe: Wissensmanagement – Kosten- und Leistungsrechnung   399
4. Vierte Etappe: Fördercontrolling – Verwaltung von Förderprogrammen   399
5. Fünfte Etappe: Benchmarks – Vergleich anhand von Referenzwerten   400
6. Sechste Etappe: Einbeziehung der Mitarbeiter   400

Das Regierungspräsidium Freiburg ist ein Teil der Landesverwaltung von Baden-Württemberg und hat über 2'000 Mitarbeiter. Seine Zuständigkeiten erstrecken sich bis auf Justiz und Finanzverwaltung über alle Bereiche. Für einen solch großen Aufgabenbereich ist die Etablierung eines modernen Haushaltsmanagements wichtig. Dies ist im Rahmen einer Verwaltungsmodernisierung möglich. Anhand von «Meilensteinen der Verwaltungsmodernisierung» wird in diesem Beitrag das moderne Haushaltsmanagement des Regierungspräsidiums Freiburg vorgestellt. Es wird damit verdeutlicht, welche sechs Etappen erarbeitet wurden, um das Ziel des modernen Haushaltsmanagements zu erreichen.

1. Erste Etappe: Zielvereinbarungen

Die erste Etappe besteht im Vereinbaren von Zielen. Die Ziele werden im Regierungspräsidium Freiburg in einem jährlich erscheinenden Zielvereinbarungskatalog abgebildet. Zielvereinbarungen sind inzwischen ein gängiges und vor allem modernes Führungsinstrument geworden, das die Möglichkeit bietet, Führungsverantwortung zu delegieren. Zum erstem Mal wurde es 1996 angewandt. Seit 2005 wenden alle neun Abteilungen des Regierungspräsidiums das Zielvereinbarungsverfahren an.

Diese Zielvereinbarungen werden zwischen verschiedenen Ebenen abgeschlossen und beruhen auf Gegenseitigkeit. An der Spitze stehen die Ministerien, die Zielvereinbarungen mit der Behördenleitung eingehen. Danach folgt die Behördenleitung mit der Leitung der Abteilungen und zuletzt die Abteilungsleiter mit den einzelnen Referaten. Adressaten sind daher nicht nur nachgeordnete Behörden, sondern auch Ministerien. Die Zielvereinbarungen funktionieren nur dann, wenn der Grad der Zielerreichung kontrolliert wird. Deswegen gibt es ein halbjährliches Zielmonitoring. Die Zielerreichung wird zudem anhand eines sogenannten Ampelsystems visualisiert. Grün besagt einen positiven Erfüllungsgrad, Gelb weißt darauf hin, dass über das Wie des Erreichens des Zieles nachgedacht werden muss. Bei Rot muss überlegt werden, wie man zur Zielerreichung nachsteuern sollte.

Dieser Aufbau kann anhand eines Beispiels verdeutlicht werden:

In Baden-Württemberg sind die Ministerien mit den jeweiligen Aufgabenschwerpunkten ganz oben angesiedelt. Die Ziele werden in Zusammenarbeit mit dem Regierungspräsidium Freiburg formuliert, doch für das Erreichen trägt allein das Regierungspräsidium Freiburg die Verantwortung. Dazu ist ein Umsetzungsplan nötig, wie die Ziele erreicht werden sollen. Ab dem Jahr 2010 sollen auch die unteren Verwaltungsebenen, die Landkreise und der Stadtkreis Freiburg in die Formulierung der Zielvereinbarungen miteingebunden werden.

2. Zweite Etappe: Auf dem Weg zur dezentralen Budgetierung

Das Gesamtbudget des Regierungspräsidiums lag im Jahr 2008 bei rund 100 Millionen Euro und gliederte sich in die Verwaltung der Personalkosten (92%), der Sachkosten (6%) und der Abschreibung (2%). Zu einem modernen Haushalt gehört auch, dass man für ihn Verantwortung übernimmt. Um dies in höchstmöglichem Maße zu erreichen, befindet sich das Regierungspräsidium auf dem Weg zu einer dezentralen Budgetierung. Diese steht für mehr Eigenverantwortung der Abteilungen, da jede Abteilung zu Beginn eines Jahres ein Budget erhält, für dessen Ausgaben und Verteilung sie selbst Rechenschaft trägt. Im Jahr 2008 wurden bereits 15% der Sachmittel «dezentral budgetiert» und das Ziel für die nächsten Jahre liegt in einer Verdoppelung der Quote auf 30%. Als weitreichendes Ziel gilt zudem, die Personalkosten dezentral zu verwalten. Hier fungiert das Regierungspräsidium Karlsruhe als Pilotbehörde. In Freiburg erreichte man im Regierungspräsidium bis dato die dezentrale Budgetierung der Reise- sowie Fortbildungskosten und strebt in einem weiteren Schritt die Ausweitung auf Druckerzeugnisse an.

3. Dritte Etappe: Wissensmanagement – Kosten- und Leistungsrechnung

Ein weiterer wichtiger Punkt für ein modernes Haushaltsmanagement ist die Kosten- und Leistungsrechnung und die daraus folgenden Führungsinformationssysteme, die im Regierungspräsidium bereits eingeführt wurden. Hierbei wird auf die Firma SAP mit Sitz in Baden-Württemberg zurückgegriffen, ein großer Softwareanbieter, der bei der Einführung der Kosten- und Leistungsrechnung und des modernen Haushaltssystems hilfreich zur Seite stand.

Für Führungskräfte sind Kosten- und Leistungsrechnung und Führungsinformationssysteme mittlerweile zu einem zentralen Pfeiler geworden, da sich die Kosten- und Leistungsrechnung inzwischen auf über 500 Verwaltungsprodukte erstreckt. Im Regierungspräsidium Freiburg dient der Erdbebendienst als Beispiel, ebenso wie die Preisüberwachung und Projekte in über 28 Politikfeldern. In das System werden die Entstehungskosten eingespeist, aber auch zusätzliche Daten von über 500 Straßenbauprojekten, die im Regierungspräsidium Freiburg umgesetzt werden; zudem 30 Querschnittprodukte wie etwa Personalverwaltung, Haushalt und Organisation. Im Regierungspräsidium gibt es etwa 100 Kostenstellen. Auch für die Behördenleitung ist eine Kostenstelle eingerichtet, deren Kosten auf die Kostenstelle gebucht werden. Diese Kosteninformationen können in einem webbasierten Führungsinformationssystem abgerufen werden. Dies ist eine Datenbank mit Daten aus allen Politikfeldern. Hier finden Führungskräfte sehr schnell Haushalts- und Personalinformationen. Daneben gibt es auch aufgabenorientierte Führungsinformationssysteme, etwa bei der Polizei, die auch die Aufgabe einer Wissensplattform erfüllen. In Zukunft wird eben diesem Wissensmanagement im Rahmen des Personalabbaus eine immer größere Bedeutung zukommen.

4. Vierte Etappe: Fördercontrolling – Verwaltung von Förderprogrammen

Für ein modernes Haushaltsmanagement ist ein Fördercontrolling, das strukturierte Verwalten von Förderprogrammen, unabdinglich. Ziel ist die Transparenz über staatliche Leistungen an externe Dritte. Da Förderungen keine unmittelbaren Gegenleistungen gegenüberstehen, ist Klarheit wichtig und diese Programme werden beim Regierungspräsidium Freiburg verwaltet.

Eine statistische Übersicht zeigt, dass im Jahr 2007 in Baden-Württemberg insgesamt 250 Landes-, Bundes- und EU-Förderprogramme existierten. Legt man den Fokus nun auf das Regierungspräsidium Freiburg, so sind es 120. Insgesamt betrug das Fördervolumen 3,5 Milliarden Euro, eine stattliche Zahl. Dem Regierungspräsidium stehen für seine Förderungen 400 Millionen Euro zur Verfügung. Angesichts solcher Beträge wird deutlich, dass Fördercontrolling notwendig ist, um eine Übersicht über die Verwaltungs- und Personalkosten zu haben, die benötigt werden, um die Fördermittel ausschütten zu können. Ein nächster angestrebter Schritt des Landes Baden-Württemberg ist die Ausrichtung auf die Wirkung der Programme. Damit wird das Ziel verfolgt zu erkennen, ob die politisch gewünschte Wirkung der ausgeschütteten Fördergelder erreicht wurde. Zu diesem Zweck wurde ein Leitfaden zur Evaluation von Förderprogrammen erarbeitet.

5. Fünfte Etappe: Benchmarks – Vergleich anhand von Referenzwerten

Ein weiterer Bereich der modernen Verwaltung sind die sogenannten Benchmarks, der qualitative oder quantitative Vergleich von Gütern oder Dienstleistungen anhand von Referenzwerten. Mit Hilfe von Benchmarks können Vergleichswerte, beispielsweise zur Personalverwaltung der vier Regierungspräsidien, Unterschiede zeigen, sodass daraus entsprechende Schlüsse gezogen werden können. Dies ist für die einzelnen Verwaltungen nicht einfach, da sie sich den Benchmarks stellen und sich an den besten Werten orientieren müssen. Dies dient jedoch im Rahmen von Kostenvergleichen, die über ein modernes Haushaltsmanagement möglich werden, als Ansatzpunkt zu einer entsprechenden Kostenreduzierung.

6. Sechste Etappe: Einbeziehung der Mitarbeiter

Bei all diesen Prozessen dürfen die Mitarbeiter nicht vergessen werden. Sie müssen so weit wie möglich einbezogen werden. Zusammenfassend lässt sich feststellen, dass das Bottum-up-Prinzip gerade bei den Zielvereinbarungen von Wichtigkeit ist, denn die Mitarbeiter können direkt mitwirken und sich am Zielprozess aktiv beteiligen. Des Weiteren nehmen Führungskräfte die Vorteile der dezentralen Budgetierung an, da sie zugleich Haushaltsverantwortung tragen, aber auch über Freiräume bezüglich der übertragenen Mittel verfügen. Die in den Datenbanken bereitgestellten Informationen ermöglichen sowohl Führungskräften als auch Mitarbeitern den wirtschaftlichen Umgang mit den immer knapper werdenden Ressourcen im öffentlichen Haushalt.

Eine positive und negative Seite hat nach Auffassung vieler Mitarbeiter die Beschäftigung mit den Arbeitsprozessen selbst, die aus ihrer Sicht die Umsetzungsgeschwindigkeit der Verwaltungsmodernisierung verlangsamt. Bei der täglichen Zeiterfassung zum Beispiel bedurfte es anfangs einer langen Überzeugungsarbeit, inzwischen ist sie jedoch Routine geworden.

Die Mitarbeiter müssen von der Verwaltungsmodernisierung überzeugt werden, denn nicht immer erschließt sich der Nutzen auf den ersten Blick. Ein entscheidender Punkt ist auch, dass deutlich wird, dass bei einer Personalreduzierung noch alle Mittel zur effizienten Aufgabenerfüllung zur Verfügung stehen.

In der Betriebswirtschaftslehre mögen es nur kleine Schritte sein, für das Regierungspräsidium sind es große Schritte. «Auch wenn wir nur einen kleinen Schritt nach dem anderen machen, wir sind auf dem richtigen Weg.»

Les services déconcentrés de l'Etat en France: de la gestion budgétaire au management de la performance?

MICHEL LE CLAINCHE

Sommaire

1. Introduction 403
2. Système de la LOLF / Architecture 404
3. La mise en œuvre de la LOLF 406
4. Résumé 409

1. Introduction

La confrontation de la théorie et de la pratique budgétaires, dans la perspective de l'évolution du management public et sous le regard croisé de spécialistes suisses et allemands, est une occasion unique de faire le point sur les réformes budgétaires en cours en France et sur leur impact sur la gestion des services déconcentrés de l'Etat.

Pour la théorie, je me référerai au numéro de la Revue française d'Administration publique «réforme budgétaire et réforme de l'Etat» relatif à la fameuse loi organique relative aux lois de finances (la LOLF)[1] que j'ai coordonné en 2006.

Pour la pratique, je me référerai à ma propre expérience administrative et aussi au colloque que le Professeur Herzog a présidé il y a un mois à Strasbourg, sur le thème: «Les services déconcentrés de l'Etat et de la LOLF, entre bureaucratie et performance».

Les services déconcentrés sont les services de l'Etat dans la région et dans le département. Dans ma région, la Haute-Normandie, cela représente à peu près 30'000 fonctionnaires et un budget d'environ quatre milliards d'euros. La modernisation de la gestion budgétaire, c'est essentiellement la LOLF, la loi organique relative aux lois de finances du 1er août 2001. Elle a marqué une rupture forte dans la gestion financière, mais son succès est plus discutable, ou encore insuffisamment développé en matière de révolution managériale. Dans cette

---

[1] Réforme budgétaire et réforme de l'Etat, RFAP, 2006, n° 117.

revue le Professeur Herzog écrivait: «La rupture n'est pas inscrite dans le texte de la LOLF, elle l'est dans le mode d'emploi de la LOLF, mode d'emploi qui n'est pas encore écrit.» Aujourd'hui nous avons quatre ans d'exercice en mode LOLF et la rupture n'est pas encore tout à fait réalisée. En effet, si la LOLF a posé les bases d'un management moderne, celui-ci est encore largement freiné par le déséquilibre des pouvoirs administratifs.

2. Système de la LOLF / Architecture

La LOLF a instauré un système budgétaire mieux adapté à un management moderne. À la fois parce que la structure budgétaire est plus orientée vers les politiques publiques, parce que les acteurs locaux sont davantage responsabilisés et parce que les contrôles ont évolué.

(1) Les budgets sont structurés désormais en fonction des politiques publiques, en missions, en programmes, en actions. La référence importante pour les services déconcentrés, c'est le programme. Il y a 171 programmes qui correspondent, par exemple, aux logements des personnes défavorisées, à l'amélioration des routes, à l'enseignement des enfants du 1er degré, à la justice etc. Le programme est donc un ensemble cohérent d'actions correspondant à une politique publique.

Il peut y avoir plusieurs programmes par ministère, mais il y a un seul ministère par programme. Il y a donc une relation entre l'organisation administrative et le programme. Mais, au niveau local, cette relation est parfois compliquée puisqu'un service, tel que le service chargé de l'environnement et de l'aménagement, a des budgets qui se rattachent à six ou sept programmes. L'éducation nationale, en 2009, recevait au niveau régional des crédits de six programmes.

Sur le terrain, le programme devient un BOP (budget opérationnel de programme), qui est une déclinaison du programme dans la région. Il y a 1'700 BOP en tout.

Dans ma région, au niveau régional, il y a 47 BOP qui regroupent environ 2–3 milliards d'euros, 300 millions en fonctionnement et l'essentiel en personnel ou en intervention. Mais sur ces 47 BOP, un tiers représente plus de la moitié des crédits. Certains sont importants, d'autres plus petits. Le système est assez instable. Par exemple, dans l'administration financière en Haute-Normandie, en 2008, nous avions quatre BOP départementaux, en 2009 deux BOP au niveau de la région et plus du tout au niveau du département et en 2010, à nouveau deux BOP départementaux. Un jour, nous aurons peut-être un BOP régional, peut-être même un BOP suprarégional. Le système est donc complexe, et pas totalement stabilisé.

(2) Les décideurs sont mieux responsabilisés. Il se met en place une organisation administrative de la LOLF par programme qui doit tenir compte du rôle du préfet.

La LOLF a généré une organisation propre, avec des responsables de programmes au niveau national, des responsables de BOP au niveau des services déconcentrés et des responsables d'unités opérationnelles au niveau le plus fin. Ces responsables ont un rôle stratégique et opérationnel dans l'élaboration du budget, dans son exécution, dans le compte-rendu et la responsabilité. Mais il y a un problème d'articulation au niveau national entre les responsables de programmes et les autres acteurs qui sont les secrétaires généraux du ministère, le directeur des affaires financières, le directeur des ressources humaines. Un équilibre doit être progressivement trouvé.

Au niveau local, le responsable du BOP n'a pas réellement de statut, il n'est d'ailleurs prévu par aucun texte. Lorsque, ce qui arrive le plus souvent, le responsable local du BOP est le responsable hiérarchique du service, cela se passe naturellement. Lorsqu'il y a dissociation, parce qu'il y a plusieurs BOP, c'est beaucoup moins clair. C'est donc un système un peu confus sur le plan organique.

Une complexité qui augmente si on examine le rôle du préfet. La LOLF a tenté d'articuler une logique verticale, celle des ministères qui descend jusqu'au terrain, et la logique horizontale du territoire représentée par le préfet, qui est consulté lors de l'élaboration des BOP à enjeux pour apprécier la comptabilité entre les projets de budget de chaque service (éducation, environnement, justice etc.) et les impératifs du territoire. Il donne son avis assez rapidement et les ministères techniques en tiennent compte, en principe. Le rôle du préfet, pourtant essentiel dans le fonctionnement de l'administration française, est donc assez peu institutionnalisé dans le système budgétaire.

(3) En revanche, la LOLF a permis des progrès induits dans un domaine souvent mal connu, celui des contrôles. D'une part, la comptabilité s'est davantage tournée vers la gestion. Le rôle du comptable a été organisé par les textes. Il est garant de la régularité, de la sincérité et de la fiabilité des comptes. Nous avons ajouté à une comptabilité budgétaire, une comptabilité générale, qui permet de sortir un inventaire et un compte de résultats de l'Etat. Nous commençons à générer une comptabilité d'analyse des coûts. L'ensemble est examiné par la Cour des Comptes qui, à l'issue de multiples contrôles et après un dialogue serré

avec le ministère chargé du budget et des comptes publics, certifie les comptes de l'Etat depuis quatre ans tout en formulant d'importantes réserves.

Quant aux contrôles, ils sont beaucoup mieux intégrés à la gestion. Le contrôle de gestion s'est beaucoup développé dans l'administration française. Nous commençons à voir se développer des contrôles internes, des audits et un processus de maîtrise des risques. Le contrôle financier lui-même s'est transformé en conseil budgétaire. Nous avons donc des contrôles plus professionnalisés, mieux intégrés à la gestion, mieux tournés vers les résultats.

3. La mise en œuvre de la LOLF

Malgré ces progrès et avec les limites que j'ai indiquées, nous sommes encore loin de l'application du «nouveau management public», le NPM, à l'administration française, loin de la révolution managériale que certains, naïfs ou manipulateurs, avaient annoncé et, au colloque de novembre, plusieurs témoins ont parlé de désillusion.

Désillusion parce qu'il est vrai que la modernisation est largement freinée par le déséquilibre des pouvoirs administratifs.

Comment et pourquoi? Parce que l'autonomie des responsables locaux est restée très encadrée par l'administration centrale, parce que le volet performance est resté encore insuffisant et parce que le contexte ne facilite pas non plus l'évolution de la gestion.

(1) D'abord l'autonomie reste encadrée par l'administration centrale. On peut dire que certains espoirs que les gestionnaires avaient mis dans la LOLF ont été déçus.

En effet, le jeu de la LOLF n'a pas toujours été respecté par les administrations centrales. Tout d'abord les mécanismes responsabilisation des gestionnaires ont été neutralisés les uns après les autres. Les BOP, ces budgets qui devaient être des budgets globaux et locaux, ont été progressivement très encadrés. Par exemple, on a sorti la gestion des crédits et des emplois de très nombreux budgets locaux. On a créé des BOP de soutien, au niveau central si bien qu'au niveau local il ne reste plus que les crédits d'intervention à piloter. Il n'y a plus de crédits de personnel et donc il n'est plus possible de faire jouer la globalisation qui permettait de faire passer un crédit d'un secteur à l'autre, ce qu'on appelait la fongibilité.

De même, certains BOP locaux ont disparu. On a assisté à une remontée de certains BOP au niveau national. Par exemple à l'Institut de la Statistique, les responsables régionaux sont devenus les unités opérationnelles d'un BOP national. Par ailleurs, lorsqu'en gérant son BOP local, on génère des économies, l'année suivante, elles sont mutualisées au niveau national. Il n'y a plus cette responsabilisation, cet intérêt à la bonne gestion que la LOLF aurait dû permettre. De même, la LOLF avait prévu un système dit de fongibilité asymétrique, qui permettait de récupérer les éventuelles économies sur les dépenses de personnel afin d'alimenter les dépenses de fonctionnement. Ce mécanisme vertueux, qui permet de mieux gérer, qui donne un enjeu au dialogue social, a quasiment disparu dans tous les ministères.

En amont, la LOLF prévoyait un mécanisme d'élaboration budgétaire en concertation entre le niveau local et le niveau national. On appelait cela le dialogue de gestion. Dans de nombreuses administrations, on en est encore au «monologue de gestion». Le calendrier n'est pas respecté; la discussion a lieu toujours dans la précipitation; il n'y a pas de coordination, ou très peu, entre les différents aspects du dialogue sur les crédits, sur les emplois et sur les indicateurs. Il est donc difficile de faire prévaloir une vision stratégique. Tout cela se fait d'une manière précipitée et morcelée et certains témoins du colloque du mois dernier ont dit que les chiffres mêmes étaient parfois sous-évalués, ce qui ne permet pas d'avoir un dialogue confiant reposant sur une bonne vision stratégique et saine de la gestion.

Ainsi, les mécanismes de la LOLF ont été un peu déformés par les administrations centrales et, par ailleurs le volet performance, qui était le complément du volet strictement budgétaire, n'a pas été encore tout à fait développé.

(2) Cela étant, il est important de s'arrêter sur deux points, d'une part sur la critique des indicateurs et puis sur le mauvais usage de la direction par objectifs.

Chacun sait que le système d'indicateurs devrait être clair, souple, lisible, pertinent, adaptable, etc. et qu'en fait les indicateurs sont complexes, pas toujours pertinents, pas toujours très évolutifs, pas toujours adaptés. Cette critique a été largement développée à la fois dans le numéro spécial de la RFAP, au colloque de novembre, et hier même. Des critiques très fortes sont faites, comme par exemple, au colloque de novembre, où quelqu'un a dit que «les indicateurs ne servent à rien sinon à déshumaniser le travail administratif». Je trouve ces critiques excessives car les indicateurs, qui sont loin d'être parfaits, se perfectionnent progressivement et, de plus en plus, on passe d'indicateurs d'activité à de vrais indicateurs de performance.

En fait, il y a un véritable mauvais usage de la direction par objectifs. Un ministre a parlé de la «culture des indicateurs», qui se substitue à la «culture de la performance», évidemment ce n'est pas tout à fait pareil. Certains auteurs comme Sabine KUHLMANN parlent de la «bureaucratie des indicateurs».[2] Cette expression reflète une part de réalité. Il y a souvent un excès de «reporting» et on travaille parfois pour l'indicateur et il arrive même qu'on agisse un peu en fonction de l'indicateur. Ces critiques sont cependant exagérées parce que, depuis quelques années, tous les fonctionnaires dans tous les secteurs ont pris conscience à travers les indicateurs, de la nécessité, d'une part de réfléchir aux résultats de leur action et d'autre part, de confronter les moyens aux résultats. Les indicateurs, même imparfaits nous ont aidé à progresser, mais nous sommes encore loin d'avoir un système totalement rationnel et intégré, d'autant plus loin que le contexte accroît la complexité de l'organisation.

(3) Il y a deux facteurs de réforme en France qui s'accumulent. L'application de la LOLF d'une part, et ce qu'on a appelé, la RGPP, Révision Générale des Politiques Publiques[3]. Ces deux systèmes ont plusieurs points communs: ils introduisent en France des dispositifs du nouveau management public, ils conservent cependant la tradition française de centralisation, enfin ils se développent dans un contexte de crise économique et donc de rigueur budgétaire qui ne favorise pas l'innovation.

Pour les services déconcentrés, la RGPP se traduit par la réforme de l'administration territoriale de l'Etat qui entraîne principalement des regroupements de services. Ainsi, s'organise en ce moment même dans mon département la fusion de l'administration des impôts et de l'administration de la comptabilité publique. Cela représente des missions étendues, des synergies à organiser, des cultures à rapprocher, la réorganisation d'une gestion qui passe de 1'000 à 2'000 agents. Presque tous les services se regroupent, par exemple les services sociaux: la direction régionale des affaires sociales et les directions départementales des affaires sociales vont disparaître au profit d'une agence régionale de la santé qui va regrouper aussi certains services de la sécurité sociale et d'une direction régionale de la cohésion sociale qui se rapproche de la jeunesse et des sports. Nous avons donc des transformations considérables au niveau local par un regroupement beaucoup plus fort des services de l'Etat que celui des départements ministériels au niveau national.

En même temps cette réforme organise une dissociation de la structure des administrations régionales de celles des administrations départementales. Au niveau de la région, les directions, en nombre limité, déclinent le schéma ministériel. En revanche, au niveau départemental, les directions seront regroupées

---

[2] Cf. Le texte de SABINE KUHLMANN au chapitre I du présent ouvrage.
[3] Voir la chronique régulière de MICHEL LE CLAINCHE paraissant dans la *Revue française d'administration publique* ainsi que l'article de FRANÇOIS LAFARGE «La méthode suivie par la Révision générale des politiques publiques», RFAP, n° 130, 2009, p.409–414.

en deux ou trois directions interministérielles, services déconcentrés du Premier ministre, placés sous l'autorité du préfet. On voit bien l'intérêt de ce dispositif, il renforce le rôle du préfet et permet une adaptation locale. L'inconvénient, c'est de briser la chaîne de commandement et la «tuyauterie» budgétaire du sommet de l'Etat vers la base.

Par ailleurs, les préfets ont essayé de mettre en place des mécanismes de mutualisation entre services, des services communs, des chefs de pôle, des groupes de projet. Pour l'instant, il est difficile d'outiller budgétairement ces mécanismes de mutualisation. Ainsi, les délégations interservices ont fonctionné dans certains secteurs, notamment en matière de gestion de l'eau. En revanche, les délégations de gestion qui permettraient à un ministère ou à un service d'être le chef de file d'une action conjointe sont trop complexes. Un nouveau dispositif, les provisions pour mutualisation, a été envisagé. Pour l'instant, nous n'avons pas les outils budgétaires de travail en coopération des services déconcentrés de l'Etat.

Dernier instrument qui vient compliquer un peu les choses, pour les faciliter dans un deuxième temps, c'est l'adaptation du système d'information. Depuis quatre ans, nous vivons en mode LOLF avec un système d'information conforme à l'ordonnance de 1959, très difficile à adapter. L'administration est en train de mettre au point un nouveau système, appelé «Chorus», qui est un progiciel de gestion intégré comme il en existe maintenant un peu partout dans les organisations publiques. Ce système sera commun à l'ensemble des services de l'Etat et couvrira l'ensemble des dépenses de l'Etat, et l'ensemble des recettes, à l'exception des recettes fiscales. C'est un système lourd à mettre en place qui va déplacer la ligne de séparation des tâches entre l'ordonnateur et le comptable. Le gestionnaire va saisir l'essentiel des données pour qu'ensuite la comptabilité soit générée automatiquement et le comptable va gérer des services facturiers pour accélérer les paiements. Sur le plan juridique, il sera nécessaire de modifier le décret de base de la comptabilité publique du 29 décembre 1962, ainsi que le décret sur le pouvoir du préfet du 29 avril 2004. Sur le plan de l'organisation, la gestion sera basée sur des flux d'information continus et partagés entre l'ordonnateur et le comptable.

4. Résumé

Voilà brièvement résumé cette amorce d'une révolution managériale. Elle est inachevée, mais on peut penser qu'elle permettra à la fois d'échapper à l'ancienne bureaucratie budgétaire et, peut-être aussi, de dépasser la technocratie néolibérale que le NPM risque d'imposer.

Sommes-nous en marche, vers un management du troisième type entre bureaucratie et néo-libéralisme? En matière budgétaire, comme d'une manière générale, le management du troisième type consisterait à réintégrer de l'humain dans le système de gestion. On le voit bien dans le secteur privé aujourd'hui. Réintégrer l'humain en matière de gestion budgétaire suppose deux orientations. D'abord donner plus de responsabilités aux gestionnaires, par la déconcentration, par la globalisation, par une gestion des relations humaines adaptée.

Deuxième point, plus externe: mieux tourner les procédures vers les destinataires du service public, vers les usagers, vers les citoyens. Cela suppose de développer les contrôles qualité, les évaluations de politique publique, la transparence et l'association des citoyens. Souhaitons que la conjoncture financière extrêmement grave que l'Europe traverse ne conduise pas à renoncer à cette recherche d'une gestion, certes plus rigoureuse, mais aussi plus rationnelle et plus humaine.

Finanzmanagement unter WOV im Kanton Solothurn: Bestandsaufnahme und Ausblick

ANDREAS BÜHLMANN

Inhaltsverzeichnis

1. Grundlagen — 411
2. Instrumente des Finanzmanagements unter WOV — 412
   2.1 Legislaturplan — 412
   2.2 Integrierter Aufgaben- und Finanzplan (IAFP) — 412
   2.3 Voranschlag (Budget) — 413
   2.4 Controlling — 414
   2.5 Geschäftsbericht (Rechnung) — 414
   2.6 Weitere Elemente des Finanzmanagements — 415
3. Fazit — 416

1. Grundlagen

Die Wirkungsorientierte Verwaltungsführung (WOV) stellt heute im Kanton Solothurn, einem mittelgrossen Kanton am Jurasüdfuss, mit rund 250'000 Einwohnern und einem Staatshaushalt von 1,9 Mia. CHF den Normalfall dar. WOV wurde schrittweise seit 1996 eingeführt. 1998 wurde eine Versuchsverordnung erlassen, welche verschiedene Dienststellen als Pilotämter definierte und das Parlament von Anfang an mit einbezog.

Seit 2005 wird die Verwaltung durch den Kantons- und Regierungsrat nach dem Grundsatz der Wirkungsorientierten Verwaltungsführung (WOV) geführt. Dieser beinhaltet nach § 4 des Gesetzes über die Wirkungsorientierte Verwaltungsführung (WOV-G) die Steuerung «im Rahmen ihrer Kompetenzen über Wirkungsziele und Leistungsvorgaben sowie über Saldovorgaben. Sie kontrollieren die zielkonforme Verwendung der verfügbaren Mittel».

Im § 34 Ziff. 1 des WOV-G wird weiter die Zielsetzung der Rechnungslegung festgehalten: «Die Rechnungslegung vermittelt ein den tatsächlichen Verhältnissen entsprechendes Bild der Vermögens-, Finanz- und Ertragslage.»

2. Instrumente des Finanzmanagements unter WOV

Als wichtige Planungs-, Führungs- und Kontrollinstrumente dienen zur Umsetzung dieser Grundsätze dem Kantons- und Regierungsrat der Legislaturplan, der integrierte Aufgaben- und Finanzplan (IAFP), der Voranschlag (inklusive Globalbudgets) und die Rechnung, welche im Geschäftsbericht integriert ist. Diese Dokumente sollen auf transparente Weise den zuständigen Behörden die notwendigen leistungs- und wirkungsorientierten sowie finanziellen Entscheidungsgrundlagen zur Verfügung stellen. Zusätzlich werden während dem Jahr jeweils Semesterberichte zuhanden der Regierung erstellt, in einzelnen Departementen bestehen sogar vierteljährliche Berichterstattungen.

Die Erstellung der im WOV-G vorgesehenen finanziellen Berichterstattungen unterliegt einer auf den Tag genau definierten Planung, deren Einhaltung viel Disziplin und Genauigkeit von allen Beteiligten erfordert. Es ist eine Arbeit, die nicht nur im Amt für Finanzen, welches für die Erstellung dieser Dokumente verantwortlich ist, grossen Einsatz und hohe Konzentration erfordert, sondern von der ganzen Verwaltung und selbstverständlich auch von den politischen Behörden, dem Regierungsrat und dem Kantonsrat, welche die Vorlagen schlussendlich zu beschliessen haben.

2.1 Legislaturplan

Inhaltlich beginnt die Arbeit zu Beginn der Legislaturperiode mit der Erstellung des Legislaturplanes. In diesem Dokument, für welches jeweils ungefähr ein halbes Jahr vor den Neuwahlen von Parlament und Regierung die Arbeit beginnt und mit der Genehmigung durch die neugewählte Regierung im Herbst nach der Amtseinsetzung bzw. durch das Parlament in der Dezember-Session nach den Wahlen ihren Abschluss findet, sind die wichtigsten politischen Ziele für die kommende vier Jahre umfassende Legislaturperiode definiert. Die Legislaturziele werden im IAFP aufgenommen, auf verschiedene Massnahmen heruntergebrochen und mit Planzahlen für die nächsten vier Jahre versehen.

2.2 Integrierter Aufgaben- und Finanzplan (IAFP)

Der IAFP hat sich in den vergangenen Jahren zu einem zentralen Führungsinstrument für die Regierung im operativen, für das Parlament im strategischen Bereich entwickelt. Das Besondere am IAFP ist die flächendeckende Verknüpfung von Leistungen und Finanzen. Die Arbeiten für den IAFP beginnen im Januar. Er wird jedes Jahr im März neu vorgelegt und gibt auch über den Stand der Umsetzung der Legislaturziele Auskunft. Für die Erarbeitung des Voranschlages ist er von zentraler Bedeutung. Da er jeweils das nächstfolgende Jahr plus die drei folgenden Jahre umfasst, dienen die Zahlen des ersten Jahres als Richtbudget zur Erarbeitung des definitiven Voranschlages. Seine Genauigkeit ist deshalb sehr hoch, was zur Folge hat, dass sich im Voranschlag jeweils nur geringe Anpassungen ergeben, die sich namentlich nach den Vorgaben der kantonsrätlichen Finanzkommission ausrichten. Je weiter der Planungshorizont geht, desto grösser sind die Unsicherheiten. Deshalb geben die drei weitern im IAFP abgebildeten Jahre eher einen Trend wieder, wie sich die Leistungen und Finanzen unter Berücksichtigung erhärteter Fakten, ohne Korrekturmassnahmen der Regierung, entwickeln würden. In den letzten Jahren fielen die Voranschläge und insbesondere die Rechnungen jeweils besser aus als die Zahlen im IAFP. Dies ist eine logische Folge der Korrekturmassnahmen, welche durch die Regierung dank dem IAFP rechtzeitig und zielgerichtet ergriffen werden können, um den konsequenten Sanierungskurs erfolgreich weiterzuführen. Vorgelegt wird der IAFP zusammen mit dem Geschäftsbericht im März jeden Jahres.

2.3 Voranschlag (Budget)

Die Arbeiten für den Voranschlag beginnen nach der Verabschiedung der Rechnung und des IAFP. In ihrer März-Sitzung legt die kantonsrätliche Finanzkommission unter Berücksichtigung dieser Unterlagen ihre Budgetvorgaben fest. Diese umfassen Mindestziele für das operative Ergebnis der Erfolgsrechnung, die Höhe der Nettoinvestitionen und den Selbstfinanzierungsgrad. Liegen die Vorgaben der Finanzkommission vor, wird die Regierung ihre Vorgaben an die Departemente mittels eines Regierungsratsbeschlusses (RRB) kommunizieren. Darin wird festgelegt, welche Verbesserungen gegenüber dem Richtbudget aus dem IAFP zur Erreichung der Vorgaben der Finanzkommission noch zu leisten sind und innerhalb welcher Fristen die entsprechenden Eingaben im Rechnungswesen-System (der Kanton führt sein Finanz- und Rechnungswesen auf einem System des IT-Anbieters SAP) gemacht werden müssen. Wird die Zielvorgabe innerhalb dieser Frist erreicht, kann der Voranschlag weitgehend erstellt werden. Wenn nicht, erfolgt eine wiederum mittels Regierungsratsbeschluss eingeleitete zweite Budgetrunde, in welcher die Departemente klare Zielvorgaben erhalten, wie der vorliegende Voranschlag noch verbessert werden muss. Dieser Prozess muss spätestens im Juni abgeschlossen sein, damit der Voranschlag rechtzeitig der Regierung zum Beschluss vorgelegt werden kann. Abzuwarten sind dann noch die Zahlen für die Finanzgrössen vom Bund (Anteil Bundessteuern, Anteil aus dem Neuen Finanzausgleich [NFA] etc.) und insbesondere der Abschluss der Lohnverhandlungen zwischen den Sozialpartnern gemäss dem Gesamtarbeitsvertrag (GAV). Ende August beschliesst die Regierung den Voranschlag. Bestandteil des Voranschlages sind über 40 Globalbudgets der Dienststellen, wobei jedes Jahr rund ein Drittel neu vorgelegt werden und für drei Jahre mit einem Verpflichtungskredit versehen vom Kantonsrat zu bewilligen sind. Bei den neu vorzulegenden Globalbudgets, welche Ziele und Indikatoren zur Leistung bzw. Wirkungserzielung je Produktegruppe enthalten, wird eine Qualitätskontrolle durch das Amt für Finanzen durchgeführt. An einer Medienkonferenz wird der Voranschlag durch den Finanzdirektor und den Vorsteher des Amtes für Finanzen der Öffentlichkeit präsentiert. Von diesem Zeitpunkt an liegt das Geschäft beim Parlament, welches die Budgethoheit hat und den Voranschlag zuerst durch die Sachkommissionen und dann durch die Finanzkommission minutiös durcharbeitet und allenfalls Änderungsanträge formuliert. Sind sich die Sach- und die Finanzkommission dabei nicht einig, findet ein Differenzbereinigungsverfahren zwischen den Kommissionen statt. Die Anträge werden in der Dezembersession des Kantonsrates zusammen mit möglichen zusätzlichen Anträgen der Fraktionen besprochen und darüber abgestimmt. Schliesslich wird der Voranschlag verabschiedet und schafft damit die rechtliche Grundlage, dass der Staat Solothurn auch im folgenden Jahr handlungsfähig bleibt.

2.4 Controlling

Der Regierungsrat wird während dem Jahr über den Geschäftsverlauf und den Stand der Finanzen orientiert. So wird über die ganze Verwaltung hinweg ein Semesterbericht über die Globalbudgets erarbeitet und der Regierung und dem Parlament zur Kenntnis gebracht. In einzelnen Departementen werden auch Quartalsberichte zur Kontrolle insbesondere der Globalbudgets erstellt. Ebenfalls quartalsweise wird eine Hochrechnung erstellt, welche Auskunft über den voraussichtlichen Abschluss des Finanzhaushaltes per Ende Jahr erteilt.

2.5 Geschäftsbericht (Rechnung)

Noch bevor der Voranschlag für das kommende Jahr verabschiedet ist, beginnt bereits im November die Arbeit für den Jahresabschluss des laufenden Jahres. Dann wird durch das Amt für Finanzen das sogenannte «Abschlusspaket» an die Dienststellen weitergegeben. Darin enthalten sind verschiedene Weisungen zur Erstellung des Abschlusses. Dieses Paket wird durch die Dienststellen abgearbeitet und landet Ende Januar – versehen mit der Vollständigkeitserklärung des Dienstchefs – bei der Abteilung Finanz- und Rechnungswesen im Amt für Finanzen. Im Februar liegt dann ein erster «Rohabschluss» vor, welcher allerdings noch keine zentralen Abschlussbuchungen (Abschreibungen, Rückstellungen etc.) enthält. Diese werden – in ständigem Kontakt mit der Finanzkontrolle, welche letztlich die Richtigkeit und Vollständigkeit des Rechnungsabschlusses zu bestätigen hat – erarbeitet und im System eingegeben. Im März findet dieser Prozess seinen Abschluss mit der Genehmigung der Rechnung und des Revisionsberichtes der kantonalen Finanzkontrolle durch die Regierung. Wiederum wird das Ergebnis an der Pressekonferenz durch den Finanzdirektor und den Amtsvorsteher des Amtes für Finanzen vorgestellt und kommentiert. Das Parlament setzt sich in Vorberatungen in den Kommissionen und an seiner Juni-Session mit dem Geschäftsbericht auseinander und genehmigt schliesslich den Abschluss. Seit 2007 wird der Geschäftsbericht in zwei Teilen präsentiert: Teil 1 enthält das Wichtigste in Kürze und ist nebst der Verwaltung und dem Parlament auch für die breitere Öffentlichkeit bestimmt. Deshalb erscheint er mit einem Vorwort des Landammanns und wird auch mit Illustrationen versehen. Teil 2 umfasst den eigentlichen detaillierten Zahlenteil inklusive aller Globalbudgets und dient in erster Linie als Arbeitsunterlage für die Parlamentarier zur Beratung der Rechnung.

2.6 Weitere Elemente des Finanzmanagements

Asset- and Liability-Management (ALM)
Die Bewirtschaftung der Liquidität und der Verbindlichkeiten des Kantons ist in einem separaten Reglement festgelegt. Die Kurz- und Mittelfristplanung erfolgt systematisch, das Reglement enthält klare Zuweisungen von Kompetenzen und Vorgaben für die Bewirtschaftung der Liquidität. Die Anlagepolitik ist so ausgerichtet, dass hauptsächlich im Geldmarkt investiert wird, Derivate nur zur Minderung des Zinsrisikos erlaubt sind und alternative Produkte gänzlich gemieden werden. Damit Klumpenrisiken verhindert werden können, besteht ein klares Limitensystem. Dabei ist das Rating und das Eigenkapital der Gegenpartei für die Limite massgeblich. Vierteljährlich wird das ALM-Komitee (bestehend aus dem Finanzdirektor, dem Chef des Amtes für Finanzen, der Chefin der Tresorerie und einem externen Experten) mit einem Bericht bedient, welches diesen diskutiert und die Anlagepolitik gegebenenfalls anpasst. Jährlich erhält der Regierungsrat einen ALM-Bericht zur Kenntnisnahme.

Kosten und Leistungsrechnung (KLR)
Grundsätzlich führt jede Dienststelle eine Kosten- und Leistungsrechnung (KLR). Die KLR ist ein wichtiges Führungsinstrument für die Departemente bzw. die Dienststellen. Verantwortlich für die Erstellung der KLR ist dezentral die Dienststelle, welche aber jederzeit die Beratung des Amtes für Finanzen in Anspruch nehmen kann. Die Ausprägung der KLR ist aber nicht überall gleich. Der Detaillierungsgrad ist abhängig von den Aufgaben der Dienststellen.

Dienststellen mit klar definierbaren Produkten mit quantifizierbaren Messgrössen (bspw. Motorfahrzeugkontrolle, Amtsnotariate etc.) erfordern eine detaillierte KLR. Andere mit eher qualitativen Aufgabenstellungen, deren Leistungen schwieriger zu messen sind (z.B. Departementssekretariate), erfordern eher eine «Light-KLAR».

Beteiligungsstrategie und -management

Die vom Regierungsrat festgelegte Beteiligungsstrategie dient als Grundlage für die Fragen:

- Wann werden Aufgaben aus der Zentralverwaltung in eine Unternehmung ausgegliedert,
- wann beteiligt sich der Kanton an einer bestehenden Unternehmung,
- welche Rechtsform erhalten Beteiligungen, welche Aufgaben werden ausgegliedert,
- wie sind die Grundsätze zur Corporate Governance.

Für jede Beteiligung wird eine Eignerstrategie entwickelt. Darin wird das verfolgte Ziel mit der Beteiligung festgehalten und der Grad der finanziellen Beteiligung festgelegt. Weiter enthält die Eignerstrategie ein Risikoprofil und Aussagen zum Risikomanagement. Es wird festgelegt, wie das Controlling über die Beteiligung zu erfolgen hat und welche Corporate-Governance-Richtlinien einzuhalten sind (diese richten sich in weiten Teilen nach den Corporate-Governance-Richtlinien des Privatrechtes).

Jährlich wird das Beteiligungsportefeuille des Kantons durch das Amt für Finanzen überprüft und mittels einem Bericht an die Regierung festgehalten, wie sich dieses entwickelt hat, wo die wesentlichen Risiken sind und welche Massnahmen allenfalls einzuleiten sind.

3. Fazit

Die Einführung von WOV im Kanton Solothurn wurde durch die schlechte Finanzlage in den 90er-Jahren sicherlich beschleunigt. Heute kann man festhalten, dass sich das WOV-System für die Verwaltung insgesamt bewährt hat. Das Kostenbewusstsein konnte gesteigert werden, der Kanton Solothurn hat eine der kostengünstigsten Verwaltungen der Schweiz, wie eine Untersuchung der Universität Zürich von 2008 aufgezeigt hat. Gleichzeitig hat WOV auch dazu beigetragen, dass der Kanton Solothurn heute praktisch keine Nettoschuld mehr hat und die Finanzen wieder im Lot sind (2009: Ertragsüberschuss von 191,9 Mio. CHF, Eigenkapital 472,8 Mio. CHF, Nettoverschuldung lediglich 60.– CHF je Einwohner).

WOV muss unterhalten werden. Es findet halbjährlich verwaltungsintern eine Review statt, bei welcher ein allfälliger Reformbedarf abgeklärt wird. Im Vordergrund stehen bei Reformen pragmatische, unbürokratische Lösungsansätze. Die bisher vollzogenen Reformen haben zu Vereinfachungen der Abläufe und der Dokumentationen geführt.

Wichtig im Reformprozess ist das Verhältnis zum Parlament. In der Schweiz sind die Kantonsparlamente Milizorgane. Die Daten müssen so aufbereitet sein, dass die Milizparlamentarier damit arbeiten können, sonst entsteht bei den Parlamentsmitgliedern oft der Eindruck, dass sich die Kompetenzen zu Gunsten der Exekutive und der Verwaltung verschieben. Diese Grundproblematik hat in einigen Kantonen auch dazu geführt, dass man nicht auf das WOV-System umgestellt hat. Im Kanton Solothurn ist es bisher gelungen, diese Balance zu halten, weitere Anstrengungen sind dazu aber nach wie vor notwendig.

Kapitel 10 / Chapitre 10:
Modernisierung des Personalmanagements /
La modernisation des ressources humaines

Konzepte und Entwicklungslinien des öffentlichen Personalmanagements in Deutschland

GERT FIEGUTH

Inhaltsverzeichnis

1. Ausgangssituation 421
2. Neue Steuerung und Personalmanagement 423
3. Personalmanagement im kulturellen Wandel 424
4. Paradigmen im Personalmanagement von 1960 bis heute 425
5. Und verspricht ein Blick in die Zukunft? 427
6. Zukunft des Personalmanagements in öffentlichen Verwaltungen 428
7. Personalmanagement und dezentrale Ressourcenverantwortung 429
8. Hygienefaktoren und Motivatoren 430
9. Ein ambivalentes Beispiel: Das Vorgesetzten-Mitarbeiter-Gespräch 431
10. Fazit 431
Literatur 432

1. Ausgangssituation

Wenn wir versuchen, die derzeitige Situation kurz und knapp zu beschreiben, dann können Karikaturen zumindest Hinweise geben. Nehmen wir also einen großen Karren, in dem sich die die Aufgaben der öffentlichen Verwaltung sammeln. Hier insbesondere die Aufgaben für die kommunale Ebene, die ja von «oben», d.h. von der Bundesebene über die Länderebene, oft ganz stark nach unten zu den Kommunen durchgereicht werden. Vor dem Karren ist ein sehr abgemagertes Pferd gespannt: das ist nicht nur das Selbstbild vieler Kommunen, sondern vieler öffentlicher Verwaltungen. Eine Unmenge an Aufgaben, die es zu bewältigen gibt, aber viel zu knappe Ressourcen. Zumindest wird es so gerne empfunden und dargestellt.

Abbildung 1: Ausgangssituation (nach???)

In Deutschland gehört das Klagen über die zu knappen Ressourcen für die Bewältigung öffentlicher Aufgaben zum Standardrepertoire. Es ist nur die Frage, ob die Ressourcen knapp oder – wie derzeit – ganz besonders knapp sind. Diese Selbstwahrnehmung und -darstellung der kommunalen Ebene dient nicht nur dazu, im Pokerspiel um Finanzausgleiche auf Landes- bzw. Kommunalebene eine möglichst gute (d.h. in diesem Fall natürlich besonders schlechte) Ausgangs- und Verhandlungsposition zu finden. Dieses Selbstverständnis durchdringt die Wahrnehmung der Bürger ebenso wie die der Verwaltungsmitarbeiter. Und zwar unabhängig davon, wie gut oder wie (zugegebenermaßen recht oft) schlecht die Lage wirklich sein mag.

Eine solche Sichtweise relativiert sich allerdings sehr schnell, wenn man einen Blick über die Landesgrenzen hinweg wirft. Dort finden wir ganz andere Ressourcenverhältnisse. Oft verbunden mit entsprechenden Problemen, oft aber auch in Relation gesehen recht gut funktionierend.

Die Karikatur entspricht dem Selbstbild vieler Verwaltungen und hat sich tief eingebrannt. Es stellt sich nun natürlich die Frage: Was macht man mit diesem abgemergelten Pferd, d.h. mit dem Personal der öffentlichen Verwaltung? Wie bringt man dieses Personal, ausgemergelt und klapprig, dazu, den großen Karren eben doch zu ziehen? Da gibt es zwar etwas Futter als Anreiz. Aber gleich schränkt der Bauer, nicht zufällig einem ehemaligen deutschen Finanzminister ähnelnd, ein: Von diesen offensichtlich minimalen und kaum ausreichenden Ressourcen sollte möglichst wenig genutzt werden.

Also: Die Ressourcen sind knapp und gleichzeitig gibt es viel zu tun. Was machen wir mit den Mitarbeitern? Wir machen New Public Management. Und im New Public Management ist das Personalmanagement von zentraler Bedeutung, denn ohne die Mitarbeiter geht es nicht, oder anders gesagt: Ohne ein vernünftiges Personalmanagement wäre die Neue Steuerung nicht umsetzbar. Das ist die These, die auch hinter diesem Teil der Konferenz steht.

2. Neue Steuerung und Personalmanagement

Was passiert nun in der Neuen Steuerung mit dem Personalmanagement? Verfolgt man die Diskussion über den Bereich Personal, dann fällt zunächst ein sehr lockerer Umgang mit den Begriffen auf. Die Mitarbeiter stehen im Mittelpunkt, das Personal gilt es zu fördern, damit es die Aufgaben im Sinne der Organisation erledigt. Aber was ist denn eigentlich Personalmanagement im engeren Sinne? Bei genauerer Hinsicht ist Personalmanagement, definiert im obigen Sinne, beschränkt auf den Bereich der Verhaltenssteuerung. In der Praxis erlebe ich sehr oft, dass Personalmanagement sich auf die Verhaltenssteuerung reduziert: Wie führt man Mitarbeiter am besten, wie bringt man ihnen, gerade angesichts knapper Ressourcen, bei, dass sie möglichst hoch motiviert und intensiv arbeiten?

Neben der Verhaltenssteuerung ist aber die Gestaltung des gesamten Personalsystems wesentlicher Bestandteil eines richtig verstandenen Personalmanagements: die Gestaltung des gesamten Zyklus eines Personallebens, welcher mit der Bedarfsmessung von Personal beginnt und über die Beschaffung, die Pflege, die Entwicklung und den Erhalt des Personals bis zum «Outplacement» reicht (Abbildung 2).

Abbildung 2: Handlungsfelder im Personalmanagement

Personalmanagement in der Neuen Steuerung bedeutet die ständige Verbesserung auf beiden Seiten. In der Praxis geht es aber oft durcheinander und keineswegs systematisch voran.

3. Personalmanagement im kulturellen Wandel

Als Triebfeder für Veränderungen im Personalmanagement wird immer wieder der kulturelle Wandel und die sich damit verändernden Anforderungen und Bedürfnisse sowohl von Kunden als auch Mitarbeitern genannt. Gleichzeitig dient dieses Argument wiederum als Entschuldigung für die langsamen Fortschritte im Personalmanagement: Der kulturelle Wandel, die kulturelle Neuausrichtung von Verwaltungen brauchen eben sehr viel Zeit.

Zur Illustration des kulturellen Wandels zwei Bilder. Das erste ist aus der Komödie «Eins Zwei Drei»[1] von Billy Wilder. Es zeigt ein Büro und die klassische Hierarchie. Ein Büro, wo der Chef der Chef ist, den Hut auf hat, wo die Schreibtische hintereinanderstehen und nicht gegenüber und wo die Hierarchien auch klar sind: Wer den größeren Schreibtisch hat, ist weiter oben. Das ist der Ausgangspunkt im Personalmanagement in den 50er- und 60er-Jahren. Es gibt klare Regelungen, klare Zeiten, Arbeit und Freizeit sind streng getrennt, eher tayloristische Arbeitsmodelle herrschen vor, gefragt ist eine hohe Loyalität gegenüber dem Arbeitgeber.

---

[1] gedreht im Jahre 1961 in Berlin und München.

Abbildung 3: Kultur und Werte vor 50 Jahren

4. Paradigmen im Personalmanagement von 1960 bis heute

Das Personalmanagement in der öffentlichen Verwaltung ist seit seinen Anfängen von einem ständigen Paradigmenwechsel (oft in Form der Ergänzung bestehender Paradigmen) geprägt. Die erwähnten 60er Jahre waren sehr tayloristisch und hierarchisch: Die Administration des Personals und das Führen von Personalkonten standen im Vordergrund. Richtig starke Personalabteilungen gab es (noch) nicht. Auch der Begriff Personalmanagement existierte in der hier verwendeten Form nicht. Aber es etablierte sich langsam das Gebiet der Personalarbeit.

In den 70er Jahren kam es, auch politisch bedingt, zu einem starken Trend in Richtung Humanisierung des Arbeitslebens.[2] Die Mitarbeiter wurden wichtiger, nicht nur als Kostenfaktor, sondern im Sinne derjenigen, die eine Organisation zu tragen haben. Der Fortbildung wurde ebenso wie der Mitarbeiterpartizipation eine hohe Bedeutung zugesprochen.

Ab den 80er Jahren kam der Aspekt Wirtschaftlichkeit und Finanzen (wieder) intensiv ins Spiel. Der Faktor Mensch wurde stärker ökonomisiert. Es wurde

---

[2] Das gleichnamige Förderprogramm des Bundes (HdA: Humanisierung des Arbeitslebens) führte zu unzähligen Initiativen und Ansätzen sowohl in der Privatwirtschaft als auch in der öffentlichen Verwaltung.

flexibler mit Personal umgegangen. Auch die damaligen Dezentralisierungsbestrebungen hatten eine stärkere Flexibilisierung zum Ziel, u.a. um besser auf sich verändernde Umweltanforderungen reagieren zu können.

In den 90er Jahren, primär in der Privatwirtschaft, gab es starke Versuche, den Mitarbeiter als eigenständigen Subunternehmer zu etablieren. Dieser übernimmt nicht nur viel Verantwortung – wenn nicht als Subunternehmer, dann als Mitunternehmer – und trägt Risiken (z.B. Altersvorsorge) stärker selbst. Das lebenslange Lernen wurde heftig propagiert.

Phase	Zeitraum	Inhalte
Bürokratisierung	bis 1960	Führung von «Personalkonten»
Institutionalisierung	ab 1960	Professionalisierung: Personalverwaltung
Humanisierung	ab 1970	Mitarbeiterorientierung: Weiterbildung, Partizipation
Ökonomisierung	ab 1980	Wirtschaftlichkeit: Flexibilisierung, Dezentralisierung
Unternehmerische Orientierung	ab 1990	Mitarbeiter als «Mit-Unternehmer»; lebenslanges Lernen

Abbildung 4: Historische Entwicklung im Personalmanagement

Natürlich halten manche dieser Entwicklungen auch heute noch nach. Vorhergehende Paradigmen verschwanden nicht unbedingt, sondern wurden durch neue Paradigmen ergänzt. Und teilweise überlagert. Manches Relikt aus den 60er Jahren spüren wir dadurch heute noch.

5. Und verspricht ein Blick in die Zukunft?

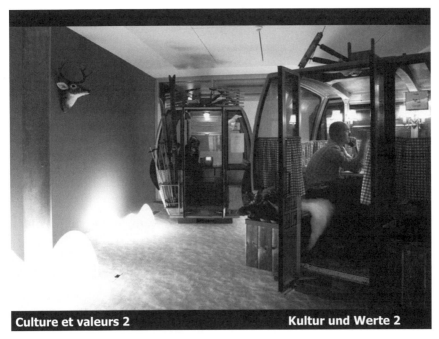

Abbildung 5: Kultur und Werte heute

Das Bild stammt aus dem Firmensitz von Google in Zürich: Dort wird in Großraumbüros sehr locker miteinander umgegangen. Aber auch Google-Mitarbeiter müssen mal ruhig telefonieren. Dann können sie sich in ausrangierte Gondeln zurückziehen und die Tür zumachen. Der Freizeitcharakter der Arbeit, d.h. die Aufhebung der Trennung von Freizeit und Arbeit, wird so unterstrichen.

Für die öffentliche Verwaltung sind solche «Büros» noch kaum denkbar. Zu sehr würde man sich dem Spott und der Häme von Presse und Bürgern aussetzen. Aber ein Blick in so manches Bürgerbüro zeigt ähnliche Tendenzen.

Heute, und das hat wenig mit der Neuen Steuerung zu tun, sondern generell mit dem gesellschaftlichen und wirtschaftlichen Wandel, stehen eher Prozesse, Produkte und die Dienstleistungen im Vordergrund. Es geht ganz stark um die Zusammenarbeit. Da war die Privatwirtschaft der öffentlichen Verwaltung, zumindest in Deutschland, voraus. Aber es gibt ganz kräftige Schritte auch in der öffentlichen Verwaltung. In Baden-Württemberg beispielsweise stellt sich die

Finanzverwaltung auf Teamarbeit um.[3] Das hätte man nicht vermutet, denn die meisten mit einer Steuererklärung geplagten Menschen unterstellen, dass gerade dort die tayloristischen und hierarchisch geprägten Ansätze nach wie vor den Alltag bestimmen müssten. Hierarchie gibt es natürlich nach wie vor, sie ist aber ein wenig subtiler geworden.

Zudem ist der heutige Arbeitsalltag, im Gegensatz zu den 60er und 70er Jahren, von einem stärkeren «Jobhopping» geprägt. Auch innerhalb der Verwaltung binden sich Arbeitgeber und Arbeitnehmer nicht mehr so stark und so lange.

6. Zukunft des Personalmanagements in öffentlichen Verwaltungen

Auf der normativen Ebene wird derzeit viel im Hinblick auf «corporate governance» diskutiert. Mitarbeiter sollen sich an Leitbildern orientieren. Allerdings ist die Erarbeitung von Leitbildern oft schon einige Jahre alt. In den Köpfen der Mitarbeiter sind Leitbilder zudem nicht unbedingt stark verankert. Dies vor allem dann, wenn die Arbeitswelt immer wieder von Erlebnissen geprägt wird, welche den Leitbildideen zuwiderlaufen.

Auffällig ist bei vielen Verwaltungsmitarbeitern nicht nur eine Reformmüdigkeit, sondern eine regelrechte Veränderungsresistenz. Eine immunisierende Haltung, die darauf setzt, dass man auch die nächste Veränderung irgendwie schon überleben wird. Am besten durch freundliche Ignoranz.

Hinsichtlich der Qualifikationen wird immer wieder lebenslanges Lernen gefordert. «Employability» muss im öffentlichen Sektor aber auch bedeuten, dass entsprechende Stellen vorhanden sind bzw. dass entsprechende Entwicklungsmöglichkeiten da sind, für die sich das lebenslange Lernen lohnt. Jedoch fehlen diese in vielen Bereichen. Entwicklungsmöglichkeiten für Mitarbeiter im Sinne des Aufstiegs sind durch die Bildung flacher Hierarchien (und Kosteneinsparungen) stark eingeschränkt. Da sind dann doch viele im Alter von 40 bis 45 Jahren bei EdeKa (Ende der Karriere) in der Schlange. Dies muss nicht unbedingt Demotivation bedeuten, ist aber sicher keine zusätzliche Motivation.

Ganz wichtiger und stets betonter Zukunftstrend: der demographische Wandel. Das bedeutet aktuell, dass qualifizierte Verwaltungskräfte sich die Stellen aussuchen können. Angesichts dieser Fachkräftelage müssen sich die öffentlichen Verwaltungen intensiv darum kümmern, dass sie gutes Personal nicht nur finden

---

[3] Vgl. FEUERSTEIN/FISCHER.: Erfolgsfaktoren für die Teamarbeit in der öffentlichen Verwaltung; Kooperationsprojekt FH–Kehl mit der Oberfinanzdirektion Karlsruhe.

und einstellen, sondern auch auf Dauer halten können. Aktives Personalmarketing von Seiten der Verwaltung her wird zum Muss.

7. Personalmanagement und dezentrale Ressourcenverantwortung

Es gibt drei Hauptziele, wenn wir über Personalarbeit reden. Die *Aufgaben* sollen gut bewältigt werden, die beteiligten *Menschen* (Mitarbeiter, Führungskräfte, Kunden) sollen ihre Bedürfnisse befriedigt bekommen und insgesamt sollen die *Kosten* in einem angemessenen, niedrigen Rahmen gehalten werden.

Im Hinblick auf die Aufgaben im Personalmanagement war der wichtigste Schritt die dezentrale Fach- und Ressourcenverantwortung. Die Leitbilder hatten zumeist nicht die erwünschte nachhaltige Wirkung gehabt, aber die dezentrale Fach- und Ressourcenverantwortung wirkt und zeigt Konsequenzen. Das Personal wird jetzt stärker dezentral beplant und bewirtschaftet. Das bedeutet auch, dass die Personalfunktion stärker dezentralisiert wird. Dazu gehören auch große Teile der Fortbildung und Personalentwicklung.

Was bedeutet es aber konkret, wenn das Geld knapp wird für einen Fachbereich? Er spart als Erstes an der Fortbildung, denn die lässt sich leicht zusammenstreichen. Das zweite, was man streicht, ist der Rest der Personalentwicklung, sofern sie nicht zwingend notwendig ist. Diese Beispiele kennen wir eigentlich aus der Privatwirtschaft. In den 80er Jahren arbeitete ich als Werkstudent bei einem großen Automobilhersteller. Damals wurden dort die Budgets und die Personalverantwortung dezentralisiert. Was machten einige Abteilungen? Sie verlagerten ihre Fortbildungen zur Volkshochschule. Das war deutlich günstiger. In einem Fall hatte der Abteilungsleiter gar in seinem Privatkeller ein Computerlabor eingerichtet und dort seine Leute geschult. Das war der kostengünstigste Weg gewesen, allerdings unter Umgehung aller Qualitätsstandards, die das Unternehmen eigentlich gesetzt hatte.

Auch in der öffentlichen Verwaltung scheint mir die dezentrale Ressourcenverantwortung im Bereich Personalentwicklung – bedingt durch die beschriebene Logik – eher zu Lücken und zu Defiziten zu führen. Hinzu kommt, dass das Personalamt als Querschnittsamt stärker in der Rolle eines internen Dienstleisters und im Service tätig ist. Das ist funktional gesehen sicher nicht falsch. Bei den automatisch mit der Neuen Steuerung verbundenen machtpolitischen Veränderungen steht der Personalbereich aber eher auf der Seite der «Verlierer», während die «Gewinner» im Bereich Finanzen und Kämmerei zu finden sind. Dass dies keine zwangsläufige Entwicklung sein muss, zeigen Beispiele aus Skandinavien oder etwa auch aus Südafrika.

8. Hygienefaktoren und Motivatoren

Was hat die Neue Steuerung im Hinblick auf die Mitarbeiter bewirkt? Beziehen wir uns auf die Zwei-Faktoren-Theorie von Herzberg[4]. Demnach sind Hygienefaktoren notwendig, damit man nicht unzufrieden wird mit der Arbeit. Dazu gehört beispielsweise eine angemessene Bezahlung. Motivatoren hingegen sind die Faktoren, welche Mitarbeiter dazu bringen, zufriedener zu werden.

Wie hat sich die Neue Steuerung auf Hygienefaktoren und Motivatoren ausgewirkt? Hier eine sehr persönliche Einschätzung, welche (noch) nicht empirisch belegt ist.

Hygienefaktoren		Motivatoren	
Bezahlung	?	Anerkennung der Leistung	?
Interpersonelle Beziehungen	?	Arbeitsinhalt	✓
Physische Arbeitsbedingungen	✓	Verantwortung	✓
Arbeitsplatzsicherheit	?	Aufstieg	?
		Möglichkeit zur Selbstverwirklichung	?

Abbildung 6: Auswirkungen auf Hygienefaktoren und Motivatoren

Hygienefaktoren: Hinsichtlich der *Bezahlung* ist im öffentlichen Sektor mehr Unsicherheit entstanden (welche aber im Vergleich zur Privatwirtschaft natürlich nach wie vor sehr gering ist). Die leistungsorientierte Bezahlung wurde mit viel Aufwand eingeführt, ist aber dann stark «entschärft» worden. Im Moment herrscht eine Art Moratorium, und mein Eindruck ist, dass dadurch bei den meisten Mitarbeitern maximal nur Irritationen ausgelöst wurden. Werden nur Einzelne «belohnt», dann gibt es mehr «Verlierer» als Gewinner dabei. Wird dagegen weit gestreut, dann verpufft jeder Anreiz. Haben sich die *interpersonellen Beziehungen* innerhalb der Organisation verbessert? Das kann ich nicht beurteilen. Die *physischen Arbeitsbedingungen* sind in der öffentlichen Verwaltung recht gut. Die *Arbeitsplatzsicherheit* war immer schon sehr hoch gewesen und wird jetzt im Moment ein bisschen fragiler. Nicht dass man den öffentlichen Sektor verlassen müsste, aber der jeweils spezifische Arbeitsplatz ist nicht mehr unbedingt gesichert. Also auch ein Fragezeichen, wenn auch auf hohem Niveau.

---

[4] HERZBERG, 1959.

Motivatoren: Die Anerkennung der Leistung und die Leistungsbeurteilung fließen in manchen Organisationen ins Gehalt ein. Das bedeutet ein Mehr an Wahrnehmung der Mitarbeiter durch die Vorgesetzten. Ob es dafür auch ein Mehr an *Anerkennung der Leistung* und Lob gibt, das hängt sehr von den jeweiligen Vorgesetzten ab. Die *Arbeitsinhalte* sind stärker produktorientiert geworden, da lässt sich mehr Identifikation erkennen. Die *Verantwortung* der Einzelnen hat zugenommen. Das ist prinzipiell für alle ein Motivator. Außer für diejenigen, die nur zur Arbeit gehen, weil sie Geld verdienen müssen und per se keine Verantwortung übernehmen wollen. Und auch solche kennen wir durchaus. *Aufstiegsmöglichkeiten* sind angesichts flacherer Hierarchien schwieriger geworden. Bei der *Möglichkeit zur Selbstverwirklichung* bin ich mir unsicher, ob die Neue Steuerung zu einer Verbesserung geführt hat.

9. Ein ambivalentes Beispiel: Das Vorgesetzten-Mitarbeiter-Gespräch

Das Vorgesetzten-Mitarbeiter-Gespräch ist keine Erfindung der Neuen Steuerung oder des New Public Management. Es ist ein altbekanntes Instrument, welches im Rahmen der Neuen Steuerung wieder hochaktuell wurde. Mindestens einmal jährlich sollen der Vorgesetzte und ein Mitarbeiter vertrauensvoll miteinander reden. Diese Gespräche sind, zumindest in Deutschland, unter dem Aspekt eingeführt worden, dass zwischen den Mitarbeitern und Vorgesetzten ein offener, vertrauensvoller Dialog stattfinden soll, quasi hierarchiefrei. Ein sehr gutes und bewährtes Instrument, welches auch in vielen Verwaltungen in Deutschland gut anlief.

Dann aber kam die leistungsorientierte Bezahlung. Nun sollten die Vorgesetzten neben dem vertrauensvollen Gespräch auf gleicher Augenhöhe auch die Leistung der Mitarbeiter beurteilen, damit die leistungsorientierte Komponente ausbezahlt werden kann. Aus dem Vorgesetzten-Mitarbeiter-Gespräch wurde, auch aus Zeitökonomie, ein Mitarbeiter- und Beurteilungsgespräch. Nur: Wie offen und vertrauensvoll ist ein Mitarbeiter in einem solchen Gespräch und wie ambitioniert werden Ziele formuliert, wenn das Ergebnis des Gespräches die Entlohnung bestimmt?

10. Fazit

Nicht nur im obigen Beispiel laufen sich prinzipiell sinnvolle Reformansätze entgegen und hemmen sich gegenseitig. Es gibt durchaus Reformerfolge im

Personalmanagement, aber diese werden stark konterkariert. Bei den Mitarbeitern entsteht Reformresistenz.

Wenn wir öffentliche Verwaltungen als Eisberge sehen, dann haben wir oberhalb der Wasserlinie den formalen und strukturellen Teil. Dort befinden sich auch die Methoden und Instrumente der Organisation. Auf dieser formalen Ebene hat sich einiges getan im Zuge der Neuen Steuerung. Es sind neue Instrumente eingeführt und Aufbauten sowie Abläufe geändert worden. Zwar erfolgten diese Veränderungen nicht immer ganz systematisch und nicht immer in einer geordneten Reihenfolge, aber es ist einiges passiert.

Die informale Ebene ist der unter der Wasserlinie liegende Teil des Eisbergs. Dort finden sich die Werte, die Normen, die normativen Orientierungen, die Einstellungen der Mitarbeiter, der Umgang mit Konflikten und Ähnliches wieder. Diese Ebene ist weniger stark verändert worden. Und dort, wo es Veränderungen gab, führten sie nicht unbedingt zu einer erhöhten Lernbereitschaft und Flexibilität der Mitarbeiter.

Oben hui – unten pfui

Es gibt noch einiges zu tun. Aber bitte nicht mehr unter dem Namen «Neue Steuerung».

Literatur

FEUERSTEIN, H./ FISCHER, J.: Erfolgsfaktoren für die Teamarbeit in der öffentlichen Verwaltung; Kooperationsprojekt FH–Kehl mit der Oberfinanzdirektion Karlsruhe.

HERZBERG, F. et al.: The Motivation to Work. New York: Wiley, 1959.

La rénovation de la gestion des ressources humaines de l'Etat en France: enjeux et perspectives

DOMINIQUE SCHUFFENECKER

Sommaire

1. Le contexte et les enjeux 433
   1.1 La DGAPF DRH Groupe de l'Etat 433
   1.2 Le rôle de la DGAFP dans l'accompagnement de la réforme de l'Etat 434
   1.3 Les contraintes budgétaires 435
2. De la GPEC à la GPRH 436
3. Les quatre axes de la rénovation de la gestion des ressources humaines 437
   3.1 Tout d'abord s'adapter aux besoins et à l'évolution des services 437
   3.2 La personnalisation de la gestion des ressources humaines 438
   3.3 Piloter le changement 439
   3.4 Professionnaliser la gestion des ressources humaines 440

1. Le contexte et les enjeux

1.1 La DGAPF DRH Groupe de l'Etat

La direction générale de l'administration et de la fonction publique (DGAFP), placée auprès du Premier ministre depuis sa création en 1945, est désormais sous l'autorité du ministre du budget, des comptes publics, de la fonction publique et de la réforme de l'Etat.[1]

Ce positionnement nouveau renforce son rôle de *DRH Groupe* de l'Etat qu'elle assure depuis quelques années en sus de ses missions traditionnelles. La gestion des ressources humaines constitue en effet un puissant levier et une condition de la réussite de l'ambitieux projet de réforme de l'Etat engagé par le gouvernement en juin 2007 qualifié de *révision générale des politiques publiques*.

En tant que *DRH Groupe* de l'Etat, la DGAFP est chargée de:
- veiller à la cohérence des politiques de ressources humaines pour maintenir l'unité de la fonction publique et mettre en œuvre les orientations gouvernementales;

---

[1] Situation en 2009.

- s'assurer des conditions effectives du dialogue social;
- apporter un appui aux employeurs publics pour développer les nouvelles approches de gestion des ressources humaines;
- diffuser de l'information et des connaissances sur les évolutions de l'emploi public et des ressources humaines.

Ainsi en matière de gouvernance de la fonction publique, la DGAFP anime un dispositif de pilotage à cinq composantes:

- *les conférences annuelles de gestion prévisionnelle des ressources humaines* qui concernent l'ensemble des ministères et permettent de connaître leurs orientations stratégiques, de suivre leur mise en œuvre, de repérer les bonnes pratiques afin de les diffuser et de les mutualiser, d'adapter les organisations aux nouveaux enjeux, de disposer d'une vision prospective sur les missions, les métiers et les moyens et enfin de définir un plan d'actions ressources humaines qui réponde aux besoins des services;
- *les séminaires des Directeurs des ressources humaines (DRH) de l'Etat* qui se réunissent tous les deux mois pour faire le point sur les sujets en cours;
- *le comité des DRH public/privé* qui regroupe des représentants d'entreprises privées et publiques et contribue à l'échanges des bonnes pratiques de ressources humaines;
- *les réseaux européens* qui favorise les partages d'expériences et la connaissance des réformes touchant à la fonction publique en Europe, la DGAFP participe activement au réseau européen des administrations publiques (EUPAN) qui réunit plusieurs fois par an les représentants des directions homologues des 27 pays de l'Union européenne;
- *les statistiques et études sur l'emploi public et la diffusion de l'information* qui participent du nécessaire effort de transparence de l'emploi public sur les trois versants de la fonction publique pour informer les citoyens et éclairer les décideurs en matière d'emploi public, de gestion des ressources humaines et de modernisation des administrations.

1.2 Le rôle de la DGAFP dans l'accompagnement de la réforme de l'Etat

La réforme de l'Etat, engagée en 2007, consiste à *remettre à plat* l'ensemble des politiques publiques et à adapter les moyens mis en œuvre aux besoins de la société et aux attentes des citoyens. L'objectif de cette réforme est d'obtenir un Etat plus simple, plus efficace et plus économe.

Ainsi l'organisation de l'Etat a été profondément simplifiée depuis le 1er janvier 2010 en passant de 20 à 8 grandes directions au niveau régional (la région devient le niveau territorial de pilotage des politiques publiques sous l'autorité du Préfet de région) et de 10 à 2 ou 3 directions départementales interministérielles au niveau départemental sous l'autorité du Préfet de département (territoires, protection des populations et cohésion sociale), le département devient ainsi le niveau territorial de mise en œuvre des politiques publiques.

Cette profonde réorganisation de l'administration territoriale de l'Etat doit permettre des économies d'emploi par une plus grande mutualisation des fonctions «support» (ressources humaines, logistique, administration générale, finances, informatique, juridique et communication).

La réduction des effectifs de la fonction publique de l'Etat, selon un rythme de non remplacement d'un départ sur deux à la retraite depuis 2008, soit une suppression de plus de 30'000 postes par an, doit se poursuivre jusqu'en 2013 et conduire à une diminution de près de 10% des effectifs.

1.3 Les contraintes budgétaires

La mise en place en 2006 de la *loi organique sur les lois de finances* (LOLF), nouvelle «constitution financière» de l'Etat, dont l'objectif principal est de renforcer la «transparence» budgétaire à l'égard des parlementaires et de responsabiliser davantage les gestionnaires de crédits en les incitant à passer *d'une logique de moyens vers une logique de résultats,* a, en quelque sorte, lancé le mouvement de réforme. Contraintes budgétaires concernent l'ensemble des pays de l'Union européenne, l'objectif numéro 1 est bien de maîtriser les dépenses publiques. La crise économique rend ce besoin encore plus fort. En France, le déficit budgétaire et la dette publique vont atteindre des montants historiques. L'enjeu en termes de dépenses publiques est vraiment essentiel. En termes de gestion des ressources humaines, comme en Allemagne, nous avons en France un statut de la fonction publique auquel les fonctionnaires sont très attachés, d'abord parce qu'il est protecteur, mais aussi parce qu'il incarne les valeurs du service public, à savoir l'égalité des citoyens devant le service public, sa continuité, et surtout sa neutralité. Les Français, et plus particulièrement les fonctionnaires, sont très attachés aux valeurs du service public. La question des valeurs est essentielle. Sous l'effet des politiques de *new public management,* certains pays sont allés très loin dans les réformes et ont perdu cette notion de valeurs du service public. La France ne souhaite pas s'engager dans cette voie: l'objectif est d'évoluer d'une fonction publique de corps vers une fonction publique de métiers tout en préservant le statut de la fonction publique.

2. De la GPEC à la GPRH

Cette réforme nécessite de rénover profondément la gestion des ressources humaines, tant en ce qui concerne les politiques que les pratiques de gestion des ressources humaines.

Elle n'aurait vraisemblablement pas été possible, du moins dans cette ampleur, sans le choc démographique que constitue le retrait de la vie active des «baby-boomers», phénomène qui ne concerne d'ailleurs pas que la seule fonction publique.

Il est ainsi devenu nécessaire de faire évoluer la gestion prévisionnelle des emplois et des compétences vers une gestion prévisionnelle des ressources humaines. Cette notion de GPRH est plus large que la seule Gestion Prévisionnelle des Emplois et des Compétences (GPEC) qui a eu beaucoup de succès dans les années 1980 et 1990, mais il faut maintenant dépasser ce stade en élargissant le périmètre de la démarche à l'ensemble des problématiques de ressources humaines.

Le choc démographique entraîne nécessairement des tensions sur le marché de l'emploi. L'enjeu pour l'Etat est de continuer d'attirer des jeunes talents: il convient ainsi de mieux recruter, de mieux former, de mieux prendre en compte la performance dans la rémunération et de veiller à la qualité du dialogue social.

Pour illustrer la nécessaire évolution de la gestion prévisionnelle des emplois et des compétences vers une gestion prévisionnelle des ressources humaines, je voudrais citer un universitaire, en l'occurrence Patrick GILBERT, qui rappelle ce qu'est la gestion prévisionnelle: «la gestion prévisionnelle n'est rien d'autre que l'introduction dans la tête des décideurs, d'une réflexion sur le futur qui pèse réellement sur les décisions qu'ils s'apprêtent à prendre aujourd'hui.» Si la démarche est extrêmement simple en théorie, l'exercice s'avère plus compliqué lorsqu'on le confronte à la réalité. Il s'agit dans un premier temps d'établir la «photographie» de l'existant (quelles sont les ressources disponibles), puis de faire «vieillir» la photographie (les départs à la retraite potentiels) et de prendre en compte l'évolution des missions en fonction des informations disponibles (options stratégiques, priorités politiques, évolutions des réglementations etc...). La difficulté réside dans l'évolution, quelquefois difficilement prévisible, des options politiques et du manque de visibilité des missions à remplir sur la période d'application du plan de gestion prévisionnelle (en général trois ans). Si tout bouge très vite, les services de l'Etat disposent généralement d'objectifs stratégiques. Il s'agit ensuite de mesurer les écarts entre la cible stratégique et les ressources disponibles pour définir un plan d'action des ressources humaines.

La différence entre la gestion prévisionnelle des emplois et des compétences et la gestion prévisionnelle des ressources humaines réside dans le fait de ne pas se limiter à des questions d'emploi et de compétences mais d'intégrer aussi tous les autres processus de ressources humaines. Il faut ainsi prendre en compte l'évaluation des agents, qui dépasse la simple notation, en prenant en compte les objectifs de départ et les résultats atteints, la reconnaissance de leurs efforts et de leur expérience professionnelle, le conseil de carrière et les parcours professionnels car les structures et les missions bougent, il faut inciter les gens à évoluer tout en faisant attention de ne pas leur donner le sentiment de «bouger pour bouger.»

Puis les aspects rémunération et motivation doivent être pris en compte. Beaucoup d'enquêtes montrent que la rémunération n'est pas la préoccupation première, que celle-ci serait plutôt la reconnaissance. On peut être reconnu par d'autres moyens que l'argent, par une progression de carrière notamment, par l'écoute et par la prise en compte de l'expérience professionnelle.

3. Les quatre axes de la rénovation de la gestion des ressources humaines

Nous en arrivons au troisième point qui concerne les mesures que nous sommes en train de mettre en place, les quatre axes de la rénovation de la gestion des RH: s'adapter aux besoins et à l'évolution des services, personnaliser la gestion des RH, piloter le changement et enfin professionnaliser la gestion des RH.

3.1 Tout d'abord s'adapter aux besoins et à l'évolution des services

La réforme de l'administration territoriale de l'Etat est la plus importante depuis 1945, désormais, au niveau départemental, les directions sont interministérielles.

Aujourd'hui, même s'il a une vocation interministérielle et s'il représente le gouvernement, le Préfet dépend du Ministère de l'Intérieur. Les directions départementales interministérielles placées sous l'autorité du Préfet seront pilotées par le Premier ministre.

Pour réussir cette réforme, il faudra renforcer la déconcentration managériale, cela veut dire rapprocher les décisions des agents, faire en sorte que les responsables locaux soient de véritables patrons, qu'ils puissent décider d'un grand nombre de mesures de gestion des ressources humaines. Aujourd'hui, nous en sommes encore très loin, notre organisation reste encore très centralisée, beaucoup de décisions se prennent à Paris même si les avis sont donnés aux différents échelons.

Nous aimerions aussi faire évoluer les mobilités au sein des bassins régionaux. Nous avons 22 régions et aimerions avoir un véritable marché de l'emploi public régional, ce qui représente également une évolution importante. Nous avons mis en place une équipe (5 personnes expertes en ressources humaines) par région, qui sous l'autorité du préfet de région, doivent faciliter les mobilités interministérielles au niveau du bassin régional.

Nous voulons développer les mutualisations, nous avons une organisation très verticale, très ministérielle, et jusqu'à présent, les services des régions et départements ne se parlaient que très peu. Le dialogue se faisait ministère par ministère. L'objectif est d'introduire davantage de transversalité dans la gestion des ressources humaines en favorisant les échanges de bonnes pratiques entre les responsables des ressources humaines des services de l'Etat dans les régions et départements. Nous pourrions très bien envisager des formations communes par exemple pour les gestionnaires de ressources humaines des différents ministères, car le travail de ces gestionnaires est très proche d'un ministère à l'autre.

3.2 La personnalisation de la gestion des ressources humaines

Nous avons un programme ambitieux: mieux recruter, mieux former, mieux évaluer, mieux rémunérer.

Mieux recruter, c'est-à-dire ne pas uniquement axer les épreuves de sélection sur la culture générale mais centrer le recrutement sur les compétences et les aptitudes professionnelles recherchées de telle sorte que les gens soient opérationnels professionnellement. Nous sommes en train de modifier le contenu des concours de recrutement, quel que soit le niveau. Nous conservons la culture générale uniquement pour les profils de cadre.

Mieux former en réduisant la formation initiale et en développant la formation continue. Le dispositif classique de recrutement permettait de recruter des généralistes «adaptables» en toutes circonstances. Désormais, il convient de développer les formations «métiers», plus courtes, avec plus de stages, de contact avec le terrain, pour avoir une vision plus pragmatique des choses.

Mieux évaluer en mettant un terme à la notation au profit de l'évaluation qui permet de fixer des objectifs en début d'année et de procéder à leur évaluation un an après.

Mieux rémunérer, en établissant un lien entre l'évaluation et la rémunération. Nous souhaitons introduire une prime de résultats. Nous sommes en train de réformer le système de primes, et vous savez que pour certains corps de fonctionnaires, la part «primes» dans le salaire est très importante. Nous sommes en train de mettre en place une prime de fonction et de résultats.

Une partie de la prime dépendra du poste occupé, cela veut dire qu'il convient de coter les postes, certains seront considérés comme plus contraignants que d'autres, et la prime dépendra aussi du résultat.

Mais pour ne pas tomber dans le travers de la seule reconnaissance du mérite individuel et risquer ainsi de créer des tensions interpersonnelles dans les équipes, nous allons parallèlement mettre en place une prime d'intéressement collectif. Si le service atteint un objectif, une prime d'un montant identique sera distribuée à chaque agent, quel que soit son niveau de responsabilité.

3.3 Piloter le changement

La conduite du changement passe par une concertation la plus large possible des représentants du personnel. La refondation du dialogue social constitue une priorité gouvernementale. Un projet de loi sur la modernisation du dialogue social vise à renforcer le dialogue social et à promouvoir la négociation au sein de la fonction publique.

Il s'agit essentiellement d'assouplir les conditions d'accès aux élections professionnelles, de rénover les lieux de la concertation (création d'un conseil supérieur de la fonction publique commun aux trois fonctions publiques: Etat-hôpitaux et collectivités territoriales, de promouvoir la négociation au sein de la fonction publique en élargissant le champ (en sus de la rémunération, formation, action sociale, protection sociale, hygiène et sécurité, insertion professionnelle des personnes handicapées et égalité des chances) et enfin en renforçant les moyens des organisations syndicales.

Parallèlement au dispositif de gouvernance de la fonction publique développé dans la première partie de cet article, la DGAFP vise à faire émerger une culture de la performance des ressources humaines dans la fonction publique de l'Etat par la mise en place d'un tableau de bord interministériel de la performance «RH» qui a pour objet de mesurer les progrès réalisés par les ministères dans la mise en œuvre de leurs pratiques de ressources humaines au moyens d'indicateurs de performance (quel ministère pratique l'évaluation, pour quel type de personnels, lequel a mis en place une fonction de conseil de carrière, lequel a introduit la rémunération à la performance etc...). Nous espérons mettre en place ce tableau de bord d'une vingtaine d'indicateurs dès l'année prochaine.

3.4 Professionnaliser la gestion des ressources humaines

Nous voulons développer la gestion personnalisée, c'est-à-dire proposer à tous les agents du conseil et de l'orientation pour leur carrière et pour leur mobilité. Nous voulons aussi développer, ministère par ministère, un référentiel de métiers et des compétences.

Depuis 2006, nous avons en France un référentiel interministériel de métiers de l'Etat, il s'agit d'un outil de gestion prévisionnel, mais aussi d'un outil de connaissance et de reconnaissance des métiers de l'Etat.

Enfin, nous avons mis en place *l'école de la gestion des ressources humaines*, qui est une école virtuelle qui réunit deux fois par an les professionnels de la gestion des RH lors de rencontres inter-régionales dans l'optique d'échanger les expériences, de favoriser la diffusion de bonnes pratiques et la mutualisation des outils et méthodes.

Modernisierung des Personalmanagements in der Schweizerischen Bundesverwaltung

THOMAS SCHMUTZ / SIBYLLE SCHMID / THIERRY BOREL

Inhaltsverzeichnis

1. Einführung	441
2. Staat und Verwaltung auf Bundesebene	444
3. Reformprogramme in der Bundesverwaltung	445
4. Personalmanagement in der Bundesverwaltung	447
5. Fazit und Ausblick	449
Literatur	451

1. Einführung

In dieser Einführung werden einige grundlegende politische und wirtschaftliche Merkmale aufgenommen, in welchen sich die Schweiz von den anderen Staaten, die an der Tagung teilgenommen haben, unterscheidet. Der kurze Überblick soll helfen, den in der Schweiz beschrittenen Reformpfad besser zu verstehen.

Die Fläche der Schweiz ist etwas grösser als das Bundesland Baden-Württemberg, weist jedoch mit 7,9 Millionen eine um knapp drei Millionen kleinere Wohnbevölkerung auf.

Als kleine Volkswirtschaft ist die Schweiz stark vom Aussenhandel abhängig[1]. Die Aussenpolitik wird deshalb in hohem Masse durch die Wirtschaftspolitik bestimmt, denn die Schweiz ist auf offene Märkte sowie auf gute Beziehungen zu ihren Handelspartnern angewiesen. Die Schweiz verdient jeden dritten Franken über seine Beziehungen zur Europäischen Union (EU) und gehört – zusammen mit den USA, China und Russland – zu den vier wichtigsten Handelspartnern der Union. Zurzeit leben gegen 400'000 Schweizerinnen und Schweizer in der EU, rund 900'000 Bürgerinnen und Bürger aus der EU sind in der Schweiz wohnhaft. Ungefähr 700'000 Personen überqueren täglich die Schweizer Grenze. Dennoch ist die Schweiz bis heute – der EU nicht beigetreten. Der Weg zum Beitritt führt über eine Volksabstimmung, und diese wäre derzeit kaum zu gewinnen.

---

[1] Jeder zweite Franken der Wirtschaftsleistung wird durch Aussenhandel eingenommen.

Der Arbeitsmarkt in der Schweiz ist im Vergleich mit anderen europäischen Staaten liberaler ausgestaltet, insbesondere der Kündigungsschutz ist wesentlich schwächer ausgeprägt, doch sind Beschäftigungseinbrüche auch von sozialen Abfederungen begleitet, was etwa mit dem Begriff der «Flexicurity» bezeichnet wird. Dies erlaubt es den Unternehmen, rasch und flexibel auf Konjunktureinbrüche zu reagieren. Im Gegenzug werden im Aufschwung auch rascher wieder neue Stellen geschaffen.

Vier Landessprachen (Deutsch, Französisch, Italienisch und Rätoromanisch) bereichern die Sprachkultur und wirken sich zusammen mit dem ausgeprägten Föderalismus erheblich auf das politische Leben aus. Der Föderalismus ist Ausdruck des Bundesstaates, der 1848 aus einem zunächst losen Staatenbund der Kantone entstanden ist. Die Kantone haben bei der Gründung des modernen Bundesstaates definiert, welche Aufgaben sie an die Bundesebene delegieren. Der Föderalismus zeigt sich im Alltag auch daran, dass die Bürgerinnen und Bürger in erster Linie Aargauer, Basler, Genfer oder Tessiner sind, sich also vor allem mit ihrem Kanton identifizieren und sich erst in zweiter Linie als Schweizer verstehen.

Neben dem Föderalismus, der den Kantonen und Gemeinden hohe Autonomie gewährt, gehört die Konsensdemokratie zu den bedeutenden Merkmalen des politischen Systems der Schweiz. Dies prägt auch die Staats- und Verwaltungsführung stark. Einerseits finden Reformanstrengungen im Bereich der öffentlichen Verwaltung auf verschiedenen Ebenen statt, wobei manche Kantone als Vorreiter gelten, während Reformen auf Gemeindeebene stark von der Grösse der betreffenden Gemeinden abhängen und auf Bundesebene das Umsetzungspotential je nach Bereich mehr oder weniger ausgeschöpft ist.[2] Andererseits ist der Erfolg einer Reform stark abhängig vom Einbezug aller relevanten politischen und gesellschaftlichen Kräfte. Die starken direktdemokratischen Instrumente und die Konsensdemokratie setzen voraus, dass die politische Führung in der Stimmbevölkerung Mehrheiten finden muss und dass sie Reformen mehrheitsfähig ausgestaltet.[3] Dieses Handlungs- oder Verhaltensprinzip finden wir auf Bundes-, Kantons- und Gemeindeebene.

Obgleich in den meisten Staaten eine Zurückhaltung gegenüber Behörden und staatlichen Institutionen festzustellen ist, mag es sein, dass Skepsis und kritische Haltung gegenüber der öffentlichen Verwaltung bei den Schweizerinnen und den Schweizern besonders stark ausgeprägt ist. Zwar sind Nutzen und Notwendigkeit der Verwaltung im Grundsatz unbestritten und anerkannt; trotzdem

---

[2] Vgl. LIENHART, 2008, S. 183–200.
[3] Der Zürcher Professor BRUNO S. FREY betrachtet die direkte Demokratie als einen wesentlichen Faktor des subjektiven Wohlbefindens oder, anders gesagt, des «Glücksempfindens» der Bevölkerung.

fürchten viele Bürgerinnen und Bürger, in ihrer Freiheit eingeengt zu werden und ihre Selbstbestimmung zu verlieren. Dies könnte eine Erklärung dafür sein, dass ein Beitritt zur EU, die als übermächtige und realitätsfremde Regulationsbehörde wahrgenommen wird, in der Bevölkerung auf grosse Ablehnung stösst. Ein Gradmesser für das Gewicht der Verwaltung ist die Anzahl von Angestellten der öffentlichen Verwaltung (inkl. Post, Schweizerische Bundesbahnen SBB, Kantone und Gemeinden) im Vergleich zur Anzahl von Angestellten in der Privatwirtschaft. Es liegt aktuell bei 1:10^4.) Diese geringe «Beamtendichte» ist ein Spitzenwert unter den OECD-Staaten und besonders in Kontinentaleuropa unüblich.

Die Inkraftsetzung des Bundesgesetzes über das Öffentlichkeitsprinzip der Verwaltung[5] auf den 1. Juli 2006 brachte der Bundesverwaltung den Wechsel vom bisher geltenden Geheimhaltungsgrundsatz hin zum Öffentlichkeitsprinzip. Das bedeutet mehr Transparenz, einfacheren Zugang zu amtlichen Dokumenten und dadurch für die Bürgerinnen und Bürger des Landes gestärkte demokratische Kontrollrechte. Das Öffentlichkeitsprinzip soll dazu beitragen, das Vertrauen der Bürgerinnen und Bürger in die staatlichen Institutionen zu stärken. In der täglichen Verwaltungspraxis führt dies dazu, dass nahezu alle Regierungsbeschlüsse zugänglich sind oder auf Nachfrage offengelegt werden müssen. Bei den parlamentarischen Kommissionen und den Parlamentsdiensten gilt das Öffentlichkeitsprinzip nur, soweit deren Verwaltungstätigkeit betroffen ist. Das Parlament wird durch das Öffentlichkeitsprinzip dazu geführt, sich noch intensiver mit der Regierungs- und Verwaltungsarbeit auseinanderzusetzen. Die Verwaltungstätigkeit findet dadurch quasi in der Öffentlichkeit statt. Medien sowie Bürgerinnen und Bürger befassen sich zwangsläufig intensiver mit der Verwaltungsführung als zuvor. Parlamentarierinnen und Parlamentarier sind bemüht, ihre Kenntnisse über die Verwaltungsführung und die politischen Sachfragen auf hohem Niveau zu halten. Ausserdem versuchen sie wegen der hohen Transparenz, Fehlentwicklungen früh zu erkennen und nehmen ihre politische Verantwortung noch entschiedener wahr als früher. Soweit überblickbar, ist das Öffentlichkeitsprinzip in keinem anderen europäischen Land so stark ausgebaut.

Im Folgenden werden die Reformbemühungen, im Speziellen die Modernisierung des Personalmanagements, auf der Ebene der Bundesverwaltung analysiert. Zum besseren Verständnis werden zunächst die wichtigsten Merkmale des schweizerischen Bundesstaatswesens und der Bundesverwaltung vorgestellt.

---

[4] Quelle Bundesamt für Statistik, Schweizerische Arbeitskräfteerhebung (SAKE).
[5] SR 152.3.

2. Staat und Verwaltung auf Bundesebene

Der Schweizerische Bundesrat bildet die oberste Exekutive des Landes. Dem Bekenntnis zur Konkordanz Rechnung tragend, setzt sich der Bundesrat traditionellerweise aus Vertretern der massgeblichen Parteien zusammen. Die Anzahl von sieben Bundesräten ist seit der Gründung des modernen Bundesstaates 1848 unverändert geblieben.

Die Bundesräte bilden zusammen eine Kollektivbehörde, in der die Entscheide nach dem Mehrheitsprinzip gefällt und gemäss dem Kollegialitätsprinzip gemeinsam nach aussen vertreten werden. Jährlich wählt die Vereinigte Bundesversammlung ein Mitglied des Bundesrates zur Bundespräsidentin oder zum Bundespräsidenten. Der Bundespräsidentin oder dem Bundespräsidenten stehen als *primus inter pares* keine besonderen Rechte zu, vielmehr leitet er oder sie die Bundesratssitzungen und nimmt Repräsentationspflichten wahr. Einzig Magistratspersonen werden durch das Parlament gewählt. Staatssekretäre/Staatssekretärinnen und Amtsdirektoren/Amtsdirektorinnen bekleiden keine politischen Ämter; sie sind Verwaltungsangestellte, welche nach einer öffentlichen Stellenausschreibung auf Antrag des zuständigen Departementschefs durch den Bundesrat gewählt werden.

Jeder einzelne Bundesrat, jede einzelne Bundesrätin führt als Mitglied der Landesregierung ein Departement (Ministerium). Die Ausgestaltung der sieben Departemente ist bezüglich Grösse und Aufgaben höchst unterschiedlich. Ein Drittel der knapp 37'000 Angestellten der Bundesverwaltung arbeitet im Departement für Verteidigung, Bevölkerungsschutz und Sport (VBS). Im Unterschied zu anderen europäischen Staaten sind Polizisten, Lehrer oder das Pflegepersonal der öffentlichen Spitäler keine Bundesangestellten, sie sind Kantonspersonal und nach 26 unterschiedlichen Personalreglementen angestellt. Der Anteil der Frauen in der Bundesverwaltung liegt bei 31,3 Prozent und ist in den vergangenen Jahren stetig gestiegen. Trotzdem ist er im Quervergleich mit anderen europäischen Staaten tief. Dafür dürften primär zwei Gründe verantwortlich sein: Einerseits haben die traditionell männerdominierten Berufe im Sicherheitsbereich einen grossen Anteil am Gesamtbestand der Bundesverwaltung und andererseits sind die Berufsgruppen, in denen die Frauen einen hohen Anteil aufweisen, wie Lehrerinnen und Pflegepersonal, Angestellte der Kantone. Klammert man die Bereiche Verteidigung[6] und Grenzwache[7] aus, so beträgt der Frauenanteil in der Bundesverwaltung 42,8 Prozent. Das Durchschnittsalter der Bundesangestellten liegt mit 43,9 Jahren im Bereich des Durchschnittsalters von

---

[6] Definition der Staatsaufgabe nach internationalem Standard (OECD).
[7] Uniformierte und bewaffnete Angestellte der Zollverwaltung.

Grossunternehmen in der Privatwirtschaft und den übrigen öffentlichen Verwaltungen.

Die Gesamtfluktuation ist im Jahr 2009 aus verschiedenen Gründen (Änderungen in der Pensionskasse, Arbeitsmarkt) eingebrochen und lag bei knapp 5 Prozent. Hinzu kommen die Stellenwechsel innerhalb der Bundesverwaltung (die so genannte Binnenfluktuation) von 1,3 Prozent. Die Bundesverwaltung kennt drei Amtssprachen: Deutsch, Französisch und Italienisch. Alle Angestellten haben das Recht, Texte und Dokumente in ihrer Hauptsprache zu verfassen, sofern es sich um eine der drei Amtssprachen handelt. Der Anteil der Teilzeitbeschäftigten beläuft sich auf 22 Prozent, und der Anteil der Lernenden bezogen auf die Anzahl der Angestellten beträgt 4,3 Prozent. Beide Werte können im Vergleich mit der Privatwirtschaft und den Kantonen als gut betrachtet werden. Der jährliche Personalaufwand der Bundesverwaltung beträgt knapp fünf Milliarden, was einem Anteil von 9 Prozent an den Gesamtausgaben des Bundes entspricht.

3. Reformprogramme in der Bundesverwaltung

Die grösstenteils finanziell motivierten Reformen führten in der Bundesverwaltung zu enormen Veränderungen und Modernisierungen.

Drei teilweise sich konkurrenzierende Ansätze sind Gegenstand von Diskussionen über Reformen in der öffentlichen Verwaltung. Der *Gestaltungsansatz* geht davon aus, dass proaktive Strategien vor allem dort zum Einsatz kommen, wo einerseits die finanziellen, aber auch die personellen Grundlagen vorhanden sind. Eine Reform also, die auf die Überzeugungsarbeit von Promotoren aus Politik und Verwaltung angewiesen ist. Hingegen geht der *Krisenansatz* von einer grundsätzlichen Reformfeindlichkeit des Staates aus. Reformen werden demnach nur unter Leidensdruck durchgeführt, wenn die vorhandenen Strukturen nicht mehr ausreichen, um die anfallenden Aufgaben zu lösen. Beim *situativen Ansatz* können Gestaltungs- oder Krisenelemente als erklärende Faktoren vorkommen. Darunter fallen kaum beeinflussbare Faktoren wie unvorhergesehene Ereignisse, Skandale oder günstige Personalverhältnisse.

Gestaltungs- und Krisenansatz widersprechen sich in wesentlichen Teilen: Während der Gestaltungsansatz davon ausgeht, dass Reformen stattfinden, wenn genügend Handlungsspielraum vorhanden ist, nimmt der Krisenansatz an, dass Reformen nur im äussersten Notfall getätigt werden. Steiner[8] hingegen stellt fest, dass die verschiedenen Ansätze sich nicht nur konkurrenzieren, sondern

---

[8] STEINER, 2000; *www.iop.unibe.ch/Dateien/NPM%20in%20der%20Schweiz.doc.*

sich auch ergänzen können. «Eine besonders reformfreundliche Ausgangslage dürfte dann vorhanden sein, wenn sich ein gewisser Leidensdruck abzeichnet, die finanzielle Situation es jedoch nach wie vor erlaubt, grössere Reformprojekte zu lancieren und gleichzeitig, vielleicht aufgrund eines Generationenwechsels in den Entscheidungsgremien, motivierte Personen aus Politik und Verwaltung nach neuen Lösungen suchen.»

Bei den seit den 1990er Jahren eingeleiteten Reformen sind kriseninduzierte Faktoren leicht auszumachen. Die 1990er Jahre waren in der Schweiz gekennzeichnet durch den Strukturwandel in der Industrie, durch geringes wirtschaftliches Wachstum und durch massive Kostensteigerung der sozialen Wohlfahrt. Daraus folgten enorme staatliche Defizite und eine explosionsartige Neuverschuldung des Staates. Die Spitzenposition der Schweiz im internationalen Standortwettbewerb wurde dadurch gefährdet. Dieser Druck führte zu einem enormen Entwicklungsschub in der Privatwirtschaft, aber auch in der öffentlichen Verwaltung. Ziel war es, den Staatshaushalt zu sanieren und ausgeglichene Budgets zu erreichen, ohne gleichzeitig die Steuern zu erhöhen. Die Früchte dieser Anstrengungen sollten jedoch erst nach der Jahrtausendwende geerntet werden können. Das Instrument dazu war die *Schuldenbremse*.

Das Schweizer Volk hat 2001 in einer Volksabstimmung mit einem überwältigenden Ja-Stimmen-Anteil von 85 Prozent dieser Schuldenbremse zugestimmt. Sie zwingt den Staat, den Finanzhaushalt über einen Konjunkturzyklus ausgeglichen zu gestalten. Defizite sind also in einer Rezession möglich, müssen jedoch durch Überschüsse in guten Jahren kompensiert werden.

Die Einführung der Schuldenbremse im Jahr 2003 bewirkte einen erneuten Reformschub, wobei sich die verschiedenen Reformprogramme in zeitlicher Hinsicht teilweise überlagerten. Die Reformen führten in der Bundesverwaltung zu einem Stellenabbau von rund 12 Prozent. Diese sollte jedoch auch in dieser Sanierungsphase ein verlässlicher Arbeitgeber bleiben. Das Ziel sollte auf der Basis des geltenden Bundespersonalrechts erreicht werden. Dies war eine Grundvoraussetzung dafür, dass die Reformen vom Personal und den Gewerkschaften überhaupt mitgetragen wurden. Der Stellenabbau wurde im Rahmen des Projekts *Umbau mit Perspektiven* bewältigt. Dessen Ziel war es, den Stellenabbau möglichst ohne Entlassungen zu vollziehen. Personen, die von einem Stellenabbau betroffen waren, sollte eine alternative Stelle angeboten werden. Berechnungen ergaben nämlich, dass den 4'000 einzusparenden Stellen durch die kumulierte Fluktuation im gleichen Zeitraum doppelt so viele freie Stellen gegenüberstanden. Dies bedeutete, dass im Prinzip jede zweite Stelle intern durch Mitarbeitende, die vom Stellenabbau betroffen waren, besetzt werden musste, damit keine Entlassung notwendig wurde. So führte der Abbau dieser rund 4'000 Stellen schliesslich nur in etwas über 100 Fällen zu einer Entlassung.

Die Durchführung des grössten Stellenabbaus in der Geschichte der Bundesverwaltung wurde möglich dank der Transparenz gegenüber dem Personal, dem frühen Einbezug der Gewerkschaften in die Reformarbeiten und einem Programm, das trotz stürmischen Zeiten Vertrauen und Sicherheit schuf.

4. Personalmanagement in der Bundesverwaltung

Das Beamtengesetz aus dem Jahre 1927[9] war zwar seit seiner Inkraftsetzung immer wieder in Einzelbereichen angepasst worden, enthielt aber immer noch Verkrustungen und allzu detaillierte Vorschriften, die mit einem modernen Verständnis von Führung nicht mehr vereinbar waren. Die Zeit war in den 1990er Jahren reif, es durch ein völlig neues, schlankes Gesetz zu ersetzen. Auslöser waren namentlich parlamentarische Vorstösse ab 1990 und der Wille des Bundesrats. Die Inkraftsetzung des Bundespersonalgesetzes[10] im Jahr 2002 war ein Meilenstein, der nach einem Reformstau auch in der Personalpolitik die Wege für Verbesserungen frei machte. Die Abschaffung des Beamtenstatus und der Ersatz der vierjährigen Amtsperiode durch öffentlich-rechtliche Anstellungsverhältnisse hatten einen hohen Symbolwert und brachten materielle Änderungen mit sich, die einen Kulturwandel einleiteten.

So erlaubte die Reduktion der Regelungsdichte in Gesetz und Ausführungsbestimmungen eine stärkere Delegation an die Personaldienste der Departemente und Bundesämter und eine bessere Wahrnehmung von Führungsverantwortung durch die Linie. Das neue Bundespersonalgesetz legte auch die Rechtsgrundlage für ein vereinfachtes Lohnsystem mit Leistungsdifferenzierung und variablen Lohnbestandteilen. Ausgangspunkt ist ein mehrstufiger Zielvereinbarungs- und Beurteilungsprozess (MBO[11]).

Gegenstück zur Delegation ist nach dem Grundsatz «Kompetenz gegen Transparenz» ein gut ausgebautes Controlling und Reporting. Gestützt auf das Bundespersonalgesetz vereinbaren Bundesrat und Parlament Form und Inhalt der Berichterstattung. Heute werden die Aufsichtskommissionen und die Finanzdelegation der eidgenössischen Räte in mehreren ausführlichen Berichten jährlich über den Stand von Personalwirtschaft und Personalmanagement in der Bundesverwaltung, über das Personalmanagement in den verselbständigten Organisationseinheiten und über die Entlöhnung und Anstellungsbedingungen der obers-

---

[9] SR 172.221.10; nicht mehr in Kraft.
[10] SR 172.220.1.
[11] Management by objectives.

ten Führungskräfte der bundesnahen Unternehmen sowie, alle zwei Jahre, über die Ergebnisse der Personalbefragung informiert.

Zuständig für Koordination und Durchführung ist das Eidgenössische Personalamt als Teil des Finanzdepartements. Die meisten der Berichte werden veröffentlicht.

Controlling bedeutet bekanntlich Steuerung. Um diesem Aspekt eine stärkere Bedeutung zu verleihen, legte der Bundesrat in verschiedenen Bereichen Sollwerte für die Bundesverwaltung fest, welche bis 2011 erfüllt sein sollen. Zur Förderung der Gleichstellung von Frau und Mann soll in der Bundesverwaltung ein Frauenanteil von mindestens 30 Prozent (nach Hierarchieebenen abgestuft) erreicht werden. Das Diagramm zeigt die Entwicklung seit Festlegung des Sollwerts.

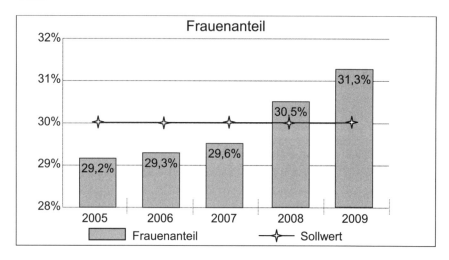

Mit strategischen Grundsatzpapieren zum Thema «50 plus» und mit der Einführung eines Instruments zur vorausschauenden Simulation der Altersstruktur konnten wir die Auseinandersetzung mit der demographischen Entwicklung fördern. Dementsprechend sind Kennzahlen zur Altersstruktur und zum Pensionierungsverhalten Bestandteil von Controlling und Reporting.

Um den Bedarf an Nachwuchskräften zu decken, strebt der Bundesrat einen Lernendenanteil von mindestens 4 Prozent an. Bei der Weiterbeschäftigung von Lernenden hat ein Paradigmawechsel stattgefunden. Früher wurde dafür plädiert, die Auszubildenden nach dem Lehrabschluss in die Privatwirtschaft zu entlassen. Heute versuchen wir, möglichst vielen Lernenden nach Abschluss ihrer Ausbildung eine Stelle in der Bundesverwaltung anzubieten, um der Bundesverwaltung deren berufliches Wissen und Können zu sichern. Allerdings musste der Bundesrat in seinem letzten Reporting feststellen, dass sich die Einschränkungen bei der Wiederbesetzung von Stellen negativ auf die Verbleibquote der Lehrabgängerinnen und -abgänger auswirkte.

Der Mehrsprachigkeit der Schweiz Rechnung tragend sollen Vertreter der vier Landessprachen prozentual zu ihrem Anteil an der Wohnbevölkerung in der Bundesverwaltung beschäftigt sein. Deshalb informiert der Bundesrat das Parlament jährlich auch über Veränderungen der Sprachenanteile im Personalbestand.

Die Einführung von modernen Reporting- und Controlling-Instrumenten waren dem Kulturwandel in der Bundesverwaltung und der Diskussionsbereitschaft förderlich. Sie erhöhten die verwaltungsinterne Transparenz, verbesserten das gegenseitige Verständnis von Parlament und Verwaltung und erleichterten Vergleiche mit den Verhältnissen in der Privatwirtschaft, die zum Teil als so genannte Gute Praktiken interessant sind.

In der letzten Zeit konnte ein Modernisierungsschritt mit der Definition von klaren und bundesweit durchgängigen Personalprozessen, der Einführung von Shared Service Centers für operative und vollziehende Aufgaben der Personaladministration und in der Neukonzeption der Aus- und Weiterbildung abgeschlossen werden.

In materieller Hinsicht hat der Bundesrat kürzlich das Entlöhnungsniveau insbesondere des Kaders jenem in der Privatwirtschaft angenähert. Das Personalmarketing schliesslich hat nach mehrjährigem Aufbau einen guten Stand erreicht; es strebt vorab an, junge gut qualifizierte Mitarbeitende zu gewinnen und zu halten. Im Gegensatz zu multinationalen Konzernen sind der Bundesverwaltung bei einer weltweiten Rekrutierung Grenzen gesetzt.

5. Fazit und Ausblick

Die Zyklen der Erneuerung werden immer kürzer. Nachdem das Beamtengesetz über 75 Jahre in Kraft war, wird bereits über eine Revision des erst 2002 in Kraft getretenen Bundespersonalgesetzes nachgedacht. Darüber hinaus hat der Bundesrat das Eidgenössische Personalamt beauftragt, ihm bis Ende 2010 eine neue Personalstrategie für die Bundesverwaltung zu unterbreiten. Als mögliche Themenfelder hat er Planung und Steuerung, Anstellungsbedingungen, Mitarbeitenden- und Kaderentwicklung, Führung des Personals, Diversity, Personalmarketing und Personalmanagement bezeichnet. Die Arbeiten sind im Gange.

Die finanzielle Lage des Bundes hat sich nach dem sehr guten Jahresabschluss 2009 (Überschuss von 2,7 Milliarden Franken) verdüstert. Der Haushalt muss in den nächsten Jahren wegen der steuerlichen Entlastung der Familien und einem neuen System zum Ausgleich der kalten Progression strukturell entlastet werden, damit die Forderung der Schuldenbremse eingehalten werden kann. Aus diesem Grund hat der Bundesrat am 4. November 2009 der Verwaltung ein Konsolidierungsprogramm in Auftrag gegeben, das den Haushalt jährlich um 1,5 Milliarden entlastet. Die bisherigen Erfahrungen haben gezeigt, dass finanzielle Reformprogramme im Parlament nur mehrheitsfähig sind, wenn auch der Eigenbereich (Verwaltung) einen angemessenen Anteil leistet. Der Bundesrat hat deshalb beschlossen, rund 140 Millionen im Personalbereich einzusparen.

Im Personalbereich können die Massnahmen im Grundsatz zwei Stossrichtungen verfolgen: Es kann lohnseitig, das heisst bei den Löhnen und Zulagen, oder stellenseitig, das heisst beim Mengengerüst, angesetzt werden.

Aus der Sicht der Personalpolitik dürfen die jüngst realisierten substantiellen Verbesserungen im Entlöhnungsbereich nicht wieder schrittweise rückgängig gemacht werden. Sie waren zentrale Bausteine der Angestelltenpolitik und haben der Bundesverwaltung ermöglicht, ihre Position im Vergleichsmarkt zu stärken. Diese Position nun wieder zu schwächen wäre mit Blick auf die sich abzeichnende wirtschaftliche Erholung ein falsches Signal.

Die Massnahmen sollen deshalb überwiegend stellenseitig ansetzen. Deshalb werden etwa zwei Prozent der Stellen abgebaut. Dies entspricht einem Abbau von etwa 600 bis 700 Stellen. Um eine sozialverträgliche Umsetzung zu ermöglichen, soll die Einsparung stufenweise erfolgen. Im ersten Finanzplanjahr (2011) beschränkt sich der Abbau auf rund ein Prozent, bis spätestens 2013 ist das zweite Prozent abzubauen. Umfang und Abstufung scheinen auch mit Blick auf die langjährige durchschnittliche Fluktuationsquote von rund 7 Prozent pro Jahr vertretbar.

Neben all diesen Effizienzsteigerungen muss man sich aber auch der systembedingten Grenzen bewusst sein. Das politische System, die Gliederung und der rechtliche Rahmen der Verwaltung verlangen immer wieder einen Interessenausgleich, der zwar Prozesse verlangsamt, die Entscheide aber längerfristig tragfähig macht. Politische Prioritäten bestimmten zudem Schwerpunkte wie die Mehrsprachigkeit der Verwaltung (drei Amtssprachen) oder Bereiche, in denen die öffentliche Verwaltung in den Augen weiter Kreise Vorbildcharakter haben muss.

Literatur

LIENHARD, A., 2008: «New Public Management im Staats- und Verwaltungsrecht. Grundlagen und Entwicklungstendenzen in der Schweiz». dms – der moderne Staat. 2008/01.

STEINER, 2000: New Public Management in den Schweizer Gemeinden. *www.kpm.unibe.ch/dateien/4.pdfdatei.pdf.*

Abkürzungen / Abbréviations

Deutschland

AG	Aktiengesellschaft
DIFU	Deutsches Institut für Urbanistik
EU	Europäische Union
GmbH	Gesellschaft mit beschränkter Haftung
GG	Grundgesetz
Hrsg	Herausgeber
IT	Information Technology
KGSt	Kommunale Gemeinschaftsstelle für Verwaltungsvereinfachung
LVG	Landesverwaltungsgesetz
MOZ	Modernisierungszeitung
NATO	North Atlantic Treaty Organisation
NPM	New Public Management
NSM	Neues Steuerungsmodell
ÖPNV	Öffentlicher Personennahverkehr
PPP	Public Private Partnership
VMK	Verwaltungsmodernisierungskommission
BALIMA	Basis- und Liegenschafts-Informations- und Managementsystem

France

AAI	Autorité Administrative Indépendante
ACP	Autorité de Contrôle Prudentiel
API	Autorité Publique Indépendante
ARAF	Autorité de Régulation des Activités Ferroviaires
ARCEP	Autorité de Régulation des Communications Electroniques et des Postes
CADA	Commission d'Accès aux Documents Administratifs
CAF	Caisse d'Allocations Familiales
CALRE	Conférence des Assemblées Législatives Régionales Européennes
CDLR	Congrès des Pouvoirs Locaux et Régionaux (Conseil de l'Europe)
CIE	Conseil Immobilier de l'Etat

CNDS	Commission Nationale de Déontologie de la Sécurité
CNIL	Commission Nationale Informatique et Libertés
COB	Commission des Opérations de Bourse
CSA	Conseil Supérieur de l'Audiovisuel
CRE	Commission de Régulation de l'Energie
DGAFP	Direction Générale de l'Administration et de la Fonction Publique
DRH	Direction des Ressources Humaines
EBM	Equipements et Biens Mobiles
EPCI	Etablissement Public de Coopération Intercommunale
EUPAN	Réseau européen des administrations publiques
GPEC	Gestion Prévisionnelle des Emplois et des Compétences
HADOPI	Haute Autorité pour la Diffusion des Œuvres et la Protection des Droits sur Internet
HALDE	Haute Autorité de Lutte contre les Discriminations et pour l'Egalité
LOLF	Loi Organique sur les Lois de Finances
PEAP	Pole Européen d'Administration Publique
PMU	Pari Mutuel Urbain
REGLEG	Régions européennes à pouvoirs Législatifs
RH	Ressources Humaines
SAN	Syndicat d'Agglomération Nouvelle
SCOT	Schéma de Cohérence Territoriale
SIVOM	Syndicat Intercommunal à Vocation Multiple
SIVU	Syndicat Intercommunal à Vocation Unique
TPU	Taxe Professionnelle Unique
TPZ	Taxe Professionnelle de Zone
UE	Union Européenne

Schweiz

AFP	Aufgaben und Finanzplan
CHF	Confederatio Helveticae Francae (Schweizer Franken)
EFD	Eidgenössisches Finanzdepartement
EFV	Eidgenössische Finanzverwaltung
FDK	Finanzdirektorenkonferenz
FLAG	Führung mit Leistungsauftrag und Globalbudget
GIS	Geografisches Informationssystem
IDHEAP	Institut De Hautes Etudes en Administration Publique (Lausanne)

IFAP	Integrierter Finanz- und Aufgabenplan
IOP	Institut für Organisation und Personal
KdK	Konferenz der Kantonsregierungen
MBO	Management by Objectives
NFA	Neugestaltung des Schweizer Finanzausgleichs
NWO	Neue Verwaltungsführung Obwalden
NSB	Neue Stadtverwaltung Bern
PFI	Private Finance Initiative
PPP	Public Private Partnership
SAKE	Schweizerische Arbeitskräfteerhebung
SBB	Schweizerische Bundesbahnen
SGVW	Schweizerische Gesellschaft für Verwaltungswissenschaften
VBS	Departement für Verteidigung, Bevölkerungsschutz und Sport
WOV	Wirkungsorientierte Verwaltungsführung

Weiterführende Internet-Ressourcen zum Thema Reform von Staat und Verwaltung / Sites internets dédiés à la réforme de l'Etat et de l'administration publique

PEAP http://www.peap.fr/
EGPA/IIAS http://www.iias-iisa.org/egpa/e/Pages/default.aspx

France

DGME http://www.modernisation.gouv.fr/
Cercle de la réforme de l'Etat http://www.reforme-etat.org/
Société française de l'évaluation http://www.sfe-asso.fr/
RFAP http://www.cairn.info/revue-francaise-d-administration-publique.htm

Deutschland

Bundesregierung: http://www.verwaltung-innovativ.de
Bertelsmann-Stiftung http://www.bertelsmann-stiftung.de/
Hochschule Speyer http://www.dhv-speyer.de/
Deutsche Sektion IIAP http://www.deutschesektion-iias.de/

Schweiz / Suisse

CH Sektion IIAS http://www.sgvw.ch

Verzeichnis der Autoren / Liste des auteurs

JOËLLE ADDA, Président assesseur, Cour administrative d'appel de Paris

JEAN-PHILIPPE AMSTEIN, Directeur de l'Office fédéral suisse de topographie swisstopo, Wabern

JEAN-BERNARD AUBY, Professeur de droit public, Directeur de la chaire «Mutations de l'action publique et du droit public», Sciences Po Paris

JOACHIM BECK, Direktor des Euro-Instituts, Kehl

SUSANNE BIRK, Seniorberaterin im Geschäftsfeld Public Management, Prognos AG, Düsseldorf

JÖRG BOGUMIL, Professor, Ruhr-Universität Bochum, Fakultät für Sozialwissenschaft Lehrstuhl Öffentliche Verwaltung, Stadt- und Regionalpolitik

HERMANN BOLZ, Direktor der Zentralen Forstverwaltung Rheinland-Pfalz, Neustadt a.d.W.

THIERRY BOREL, Personalcontroller im Eidgenössischen Personalamt (EPA), Eidgenössisches Finanzdepartement (EFD), Bern

ANDREAS BÜHLMANN, Amtschef, Amt für Finanzen, Kanton Solothurn

MICHEL CASTEIGS, Inspecteur Général de l'administration publique, Professeur associé, Université de Pau et des Pays de l'Adour – I. A. E. des Pays de l'Adour

JEAN-PAUL CHAUVET, Secrétaire exécutif de la Chambre des Régions, Congrès des pouvoirs locaux et régionaux du Conseil de l'Europe

DOMINIQUE DUBOIS, Préfet, Conseiller maître en service extraordinaire, Cour des Comptes, Paris

BERTRAND DU MARAIS, Conseiller d'Etat, Professeur de droit public, Université Paris Ouest Nanterre La Défense

LESSLI EISMANN, Leiterin der Stabsstelle Neue Steuerung und Umwandlung von Landeseinrichtungen, Ministerium für Finanzen und Wirtschaft Baden-Württemberg, Stuttgart

YVES EMERY, Professeur, Institut de Hautes Etudes en Administration Publique (IHEAP), Université de Lausanne

KLEMENS FICHT, Regierungsvizepräsident, Regierunspräsidum Freiburg

GERT FIEGUTH, Professor, Hochschule für öffentliche Verwaltung Kehl

KLAUS-ECKART GEBAUER, Direktor.b.Landtag Rheinland-Pfalz a.D., HonProf. DHV Speyer, Vorstandsmitglied Deutsche Sektion IIAS (Brüssel)

Verzeichnis der Autoren / Liste des auteurs

GERHARD GIRMSCHEID, Präsident des Expertennetzwerks des Vereins PPP Schweiz, Eidgenössische Technische Hochschule Zürich, Institut für Bauplanung und Baubetrieb

HERMANN HILL, Professor, Deutsche Hochschule für Verwaltungswissenschaften Speyer

RUDOLF HRBEK, Professor, Europäisches Zentrum für Föderalismus-Forschung, Institut für Politikwissenschaft, Universität Tübingen

STEPHAN JAUD, Leiter des Referats «Strategische Verwaltungsentwicklung», Innenministerium Baden-Württemberg, Stuttgart

HANSJÖRG KAUFMANN, Leiter der Dienstelle Finanzen, Finanzdepartement, Kanton Luzern

JÜRGEN KEGELMANN, Professor, Hochschule für öffentliche Verwaltung Kehl

DANIEL KETTIGER, Rechtsanwalt, Berater, Bern

BERND KRAFT, Vorsteher des Finanzamts Leonberg, Baden-Württemberg

SABINE KUHLMANN, Professorin, Deutsche Hochschule für Verwaltungswissenschaften Speyer

DIRK KÜHNAU, Mitglied des Vorstands, Bundesanstalt für Immobilienaufgaben, Bonn

FRANÇOIS LAFARGE, Chercheur au Centre d'expertise et de recherche administrative (CERA), École nationale d'administration, Strasbourg, Maître de conférences associé à l'Université de Strasbourg

FABRICE LARAT, Directeur du Centre d'expertise et de recherche administrative (CERA), École nationale d'administration, Strasbourg

MICHEL LE CLAINCHE, Administrateur général des finances publiques de Haute-Normandie

JOEY-DAVID OVEY, Marktfeldleiter Organisation und Steuerung im Geschäftsfeld Public Management, Prognos AG, Düsseldorf

TANJA POHLE, Wissenschaftliche Mitarbeiterin, Eidgenössische Technische Hochschule Zürich, Institut für Bauplanung und Baubetrieb

MANFRED RÖBER, Professor, Wirtschaftswissenschaftliche Fakultät, Universität Leipzig

SIBYLLE SCHMID, Fachspezialistin Personalcontrolling im Eidgenössischen Personalamt (EPA), Eidgenössisches Finanzdepartement (EFD), Bern

THOMAS SCHMUTZ, Stellvertretender Direktor des Eidgenössischen Personalamts (EPA), Geschäftsbereich Personalwirtschaft und Controlling, Eidgenössisches Finanzdepartement (EFD), Bern

DOMINIQUE SCHUFFENECKER, Chef du bureau de la gestion prévisionnelle de l'emploi public, Direction générale de l'administration et de la fonction publique (DGAFP), Ministère du Budget, des Comptes publics, de la Fonction publique et de la Réforme de l'Etat, Paris

AXEL SEIDEL, Partner und Geschäftsfeldleiter Public Management, Prognos AG, Düsseldorf

GUY SIAT, Maître de conférences de droit public, Responsable du Master «Administrations Locales et Régionales en Europe» à l'Institut d'Ètudes Politiques de Strasbourg, Université de Strasbourg

HANS MARTIN TSCHUDI, Regierungsrat a.D. des Kantons Basel-Stadt, Partner bei Furer & Karrer Rechtsanwälte, Basel, Lehrbeauftragter an der Universität St. Gallen

MICHAEL UMBRICHT, Leiter Strategie und Controlling, Staatskanzlei Kanton Aargau, Aarau

PHILIPPE VRIGNAUD, Chargé de mission à la création d'entreprises, Direction générale de la compétitivité, de l'industrie et des services, Ministère de l'Économie, de l'Industrie et de l'Emploi, Paris

JEAN WEBER, Président du Pôle européen d'administration publique, Strasbourg

GÉRARD WETTSTEIN, Leiter der Sektion Finanzausgleich, Abteilung Finanzplanung, Budget, Rechnung, Finanzausgleich, Eidgenössisches Finanzdepartement (EFD), Eidgenössische Finanzverwaltung (EFV), Bern